"十二五"国家重点图书

31

财政政治学译丛

刘守刚 主编

上海财经大学
公共经济与管理学院

Public Finance in a Democratic Society (Volume Ⅲ)
The Foundations of Taxation and Expenditure

西方社会中的财政（第三卷）

税收与支出的基础

[美] 理查德·A. 马斯格雷夫（Richard A. Musgrave） 著

王晓丹　王瑞民　刘雪梅　译

刘守刚　统校

上海财经大学出版社

图书在版编目(CIP)数据

西方社会中的财政.第三卷,税收与支出的基础/(美)理查德·A.马斯格雷夫(Richard A. Musgrave)著;王晓丹,王瑞民,刘雪梅译.—上海:上海财经大学出版社,2023.8
(财政政治学译丛/刘守刚主编)
书名原文:Public Finance in a Democratic Society Volume Ⅲ:The Foundations of Taxation and Expenditure
ISBN 978-7-5642-3957-2/F·3957

Ⅰ.①西… Ⅱ.①理…②王…③王…④刘… Ⅲ.①财政学-西方国家-文集 Ⅳ.①F811-53

中国版本图书馆 CIP 数据核字(2022)第 030314 号

图字:09—2021—0986 号
Public Finance in a Democratic Society Volume III
The Foundations of Taxation and Expenditure
Richard A. Musgrave

© Richard A. Musgrave 2000

All Rights Reserved. No part of this publication may be reproduced, stored in a retrieval system or transmitted in any form or by any means, electronic, mechanical, photocopying, recording, or otherwise without the prior permission of the publisher.

Authorized translation from the English language edition published by Edward Elgar Publishing Limited.

CHINESE SIMPLIFIED language edition published by SHANGHAI UNIVERSITY OF FINANCE AND ECONOMICS PRESS, Copyright © 2023.

2023 年中文版专有出版权属上海财经大学出版社
版权所有　翻版必究

□责任编辑　廖沛昕
□封面设计　张克瑶

西方社会中的财政(第三卷)
——税收与支出的基础

[美]　理查德·A.马斯格雷夫　著
　　　(Richard A. Musgrave)
王晓丹　王瑞民　刘雪梅　译
　　　刘守刚　统校

上海财经大学出版社出版发行
(上海市中山北一路 369 号　邮编 200083)
网　　址:http://www.sufep.com
电子邮箱:webmaster@sufep.com
全国新华书店经销
上海叶大印务发展有限公司印刷装订
2023 年 8 月第 1 版　2023 年 8 月第 1 次印刷

710mm×1000mm　1/16　35.25 印张(插页:2)　540 千字
定价:158.00 元

总 序

"财政是国家治理的基础和重要支柱",自古以来财政就是治国理政的重要工具,中国也因此诞生了丰富的古典财政思想。不过,近代以来的财政学发展主要借鉴了来自西方世界的经济学分析框架,侧重于财政的效率功能。不仅如此,在此过程中,引进并译介图书,总体上也是中国人开化风气、发展学术的不二法门。本系列"财政政治学译丛",正是想接续近代以来前辈们"无问西东、择取精华"的这一事业。

在中国学术界,"财政政治学"仍未成为一个广泛使用的名称。不过,这个名称的起源其实并不晚,甚至可以说它与现代财政学科同时诞生。至少在19世纪80年代意大利学者那里,就已经把"财政政治学"作为正式名称使用,并与"财政经济学""财政法学"并列为财政学之下的三大分支学科之一。但随着20世纪经济学成为社会科学皇冠上的明珠,财政经济学的发展也在财政学中一枝独大,而财政政治学及其异名而同质的财政社会学,一度处于沉寂状态。直到20世纪70年代,美国学者奥康纳在他的名著《国家的财政危机》中倡导"财政政治学"后,以财政政治学/财政社会学为旗帜的研究才陆续出现,不断集聚,进而成为推动财政学科发展、影响政治社会运行的积极力量。

当前以财政政治学为旗帜的研究,大致可分为两类:一类是从财政出发,探讨财政制度构建与现实运行对于政治制度发展、国家转型的意义;另一类是从政治制度出发,探索不同政治制度对于财政运行与预算绩效的影响。在"财政政治学译丛"的译著中,《发展中国家的税收与国家构建》是前一类著作的典型,而《财政政治学》则属于后一类著作的典型。除了这两类著作外,举凡有利于财政政治学发展的相关著作,如探讨财政本质与财政学的性质、研究财政制度的政治特征、探索财政发展的历史智慧、揭示财政国家的阶段性等作品,都在这套译丛关注与引进的范围内。

自2015年起,在上海财经大学公共政策与治理研究院、公共经济与管理学院支持下,"财政政治学译丛"已经出版了30本,引起了学界的广泛关注。自2023年7月起,我们公共经济与管理学院将独立承担起支持译丛出版工作的任务。

上海财经大学公共经济与管理学院是一个既富有历史积淀,又充满新生活力的多科性学院。其前身财政系始建于1952年,是新中国成立后高校中第一批以财政学为专业方向的教学科研单位。经过70多年的变迁和发展,财政学科不断壮大,已成为教育部和财政部重点学科,为公共经济学的学科发展和人才培养做出了重要贡献。2001年,在财政系基础上,整合投资系与设立公共管理系,组建了公共经济与管理学院,从而形成了以应用经济学和公共管理的"双支柱"基本架构,近年来,学院在服务国家重大战略、顶天立地的科学研究和卓越的人才培养等方面均取得了不错的成绩。

我们深信,"财政政治学译丛"的出版,能够成为促进财政学科发展、培养精英管理人才、服务国家现代化的有益力量。

范子英
2023年7月7日

致　谢

出版者希望对以下有关各方致以谢意,他们慷慨地提供了以下资料的使用版权。

Australian Tax Research Foundation for article 'The Nature of Horizontal Equity and the Principle of Broad-Based Taxation', in J. Head, (ed.), *Taxation Issues in the 1980s*, 1983, 21—33.

American Economic Association for articles 'Reconsidering the Fiscal Role of Government' *The American Economic Review*, 87 (2), 1997, 156—9 and Devolution, Grants and Fiscal Competition', *Journal of Economic Perspectives*, 11(4), 1997, 65—72.

Blackwell Publishers for article 'Public Finance and Distributive Justice', in D. Greenaway and G. K. Shaw (eds), *Public Choice, Public Finance and Public Policy: Essays in Honour of Alan Peacock*, 1985, 1—14.

Cambridge University Press for article 'Social Science, Ethics and the Role of the Public Sector', in Michael Szenberg (ed.), *Eminent Economists: Their Life Philosophies*, 1991, 190—201.

Duke University Press for article Tableau Fiscale' in Lorraine Eden (ed.), *Retrospectives on Public Finance*, 1991, 351—61.

Elsevier Science Publishers for articles 'Social Contract, Taxation and the Standing of Deadweight Loss', *Journal of Public Economics*, 49, 1992, 369—81 and 'Excess Bias and the Nature of Budget Growth', *Journal of Public Economics*, 28, 1985, 287—308.

Kluwer Academic Publishers for articles The Longer View', *International Tax and Public Finance*, 1, 1994, 175—81 and The Role of the State in Fiscal Theory', *International Tax and Public Finance*, 3, 1996, 247—58.

Macmillan Press Ltd for article 'Merit Goods' in J. Eatwell, M. Milgate, and P. Newman (eds), *The New Palgrave, A Dictionary of Economics*, 3, 1987, 452—3.

Metropolis Verlag for article 'Crossing Traditions', in H. Hagemann (ed.), *Zur deutschsprachigen wirtschftswissenschaftlichen Emigration nach 1939*, 1997.

Mohr Siebeck for article 'Public Finance and Finanzwissenschaft Traditions Compared', *Finanzarchiv* N. F., 53, 1996, 145—93.

National Tax Association for articles 'Horizontal Equity, Once More', *National Tax Journal*, 43, 1990, 113—22 and 'Federalism, Grants and Fiscal Equalization' with Peter Mieszkowski, *National Tax Journal*, June 1999.

Oxford University Press for article Tax Reform in Developing Countries', in D. Newbery and N. Stern (eds), *The Theory of Taxation for Developing Countries*, 1987, 242—63.

National Cheng-Chi University for article 'Combining and Separating Fiscal Choices: Wicksell's Model at its Centennial', *Public Economics Review*, June 1996, 1—34.

Routledge Ltd for article 'Micro and Macro Aspects of Fiscal Policy', in E. Blejer and T. Ter-Minassian (eds), *Macroeconomic Dimensions of Public Finance: Essays in Honor of Vito Tanzi*, 1997, 13—26.

Sage Publications for article 'When is the Public Sector Too Large?' in C. Taylor (ed.), *Why Governments Grow*, 1983, 50—58.

School of Policy Studies, Queen's University, Ontario for article 'Fiscal Functions of the Public Sector', in R. Boadway et al., *Defining the Role of the Government: Economic Perspective on the State*, 1994, 1—54.

Springer-Verlag for article 'Comments on James M. Buchanan'The fiscal crisis, in welfare democracies' in H. Shibata (ed.), *Welfare State, Public Investment and Growth*, 1999.

University of Florida for article 'Horizontal Equity: A Further Note', *Florida Tax Review*, 1(5), 1993, 354—9.

Verlag Wirtschaft und Finanzen for article 'Pigou on Taxation', in K. Grüske, (Herausgeber), *Arthur Cecil Pigou's 'Wealth and Welfare'*, 1998.

出版者曾经努力联系了所有的版权持有者，但如果有任何疏漏之处，出版者乐意在第一时间做出必要的调整。

前　言

这本论文集,和上一本一样,以一种宽广的视野来研究财政制度、性质及功能。要从宽广的视野来研究,普通的经济分析工具也许可以用,但并非所有情形下都可以。财政运行,由于其特有的性质,存在着分配正义问题、国家和政治理论问题,而这些超出了帕累托经济学的范围。在财政领域,有效交换的逻辑仍然是问题的一部分,但更难以捉摸的权利、社会契约、社会合作等也是问题的一部分。因此,真正重要的是设计一种混合的规则,让它既可以调节政府和市场的作用,又能调节自利和共同关切的作用。

本书第一部分,主要是通过多视角探讨德国、北欧和英国的财政思想,来描绘一个更大的图像。当我开始研究财政时,德国的传统财政学(German Finanzwissenschaft)仍在讨论之中,它将国家及其财政职能视为由政治和历史塑造的制度。这一看法提供了讨论公共服务提供和分配问题的背景,在其中共同体欲求与个人利益相伴相生。维克塞尔的北欧模型反而以税收和支出决策的投票过程为特色,用这样的投票过程来显示个体对公共品的偏好,并用来克服搭便车问题。继这些欧陆观点之后,出现了功利主义基础上的英国模式以及庇古在税收方面集公平、效率于一体的观点。新兴的公共品理论和社会福利函数的包容范式(the encompassing norm),完成了将公共部门融入更广泛的福利经济学模型的整合。回顾过去,我们可以看到,每一种方法,都有助于我们更全面地理解公共部门该如何运作,以及在实践中该如何接近这一结果。

本书第二部分,考察了税收公平和分配正义的多个方面。按照英国传统,优良税收的标准被认为是独立于预算的支出方面，是一种获取（taking）而不是交换的问题，后者说的是维克塞尔式受益税的精神。税收的公平，要求税收负担的分配与税收支付能力一致。可在边沁的功利主义框架中，税收公平意味着牺牲相等，若使用边际的术语，那就可以转化为最小的总牺牲。这样的话，税收公平与福利最大化的效率原则就融合在一起了。税收公平与特定的社会福利函数的假定联系在一起，而且与其所依赖的社会契约联系在一起。

可以考虑用社会伦理来补充经济效率，以便作为优良税收的标准，但这样会产生匹配冲突（pairing conflicts）的问题。为保持中性，税收需要采用一次性总额税的形式，但追求税收公平则需要税基反映支付能力。税收无论是课征于收入还是支出，都会引发纳税人的反应，干扰资源的有效利用，带来无谓损失。这些损失是边际税率的函数，因此运用再分配性税收的理由就被减弱。然而，在社会契约的背景下，这种成本的地位（the standing）[①]问题仍然存在。

本书第三部分，讨论了国家在空间和纵向上的组织造成的财政问题。即便是在单一制国家的框架下，也并非所有的财政制度和职能都集中于中央。多种公共服务的受益范围不同——国家、地区或基层——受益者最能判断需要哪些服务。因此，服务费用将由各自受益区域的居民来支付，这样在各个层级使用的税收，其负担都由内部承担，而不是输出到外部。有些税种更适合在一个或另一个层级使用，这可以通过设计一种适当的税收结构，以便在各个层级之间划分税基。

基于受益税的地域性，对分配的考虑必定限制了单一制模式。分配正义是全民关注的问题，在这个意义上，再分配政策是国家的一项核心职能；但如果从邻里关系（neighbourhood terms）的角度来看，就可能需要由基层政府来实施。不管怎样，在实践中，地方性再分配的可行性是有限的，所以累进税和向低收入者实行转移支付是中央政府的必要职责。鉴于这个原因，第二次世

[①] 在本书中，马斯格雷夫反复使用了"standing"一词，该词的含义比较费解，英汉词典的解释中"持续性""地位"等意思相对接近，本书一律将其译为"地位"。——译者注

界大战之后的几十年里,预算的增长主要集中在中央政府。

当我们从单一制模式转向联邦制时,就需要更进一步的考虑。基于其历史背景,联邦成员在管辖权上可能希望保持一定程度的财政独立,并管理它们自己的财政机构。分权的恰当模式,此时就会受到历史、种族、宗教、政治等因素的影响。此外,联邦成员辖区的管辖权,可能在财富和辖区之间(不同于个体之间)的公平问题上有所不同。政府间拨款可作为进一步的政策工具,且税收协调问题也会出现。

在国际层面也会出现类似的问题。由于民族国家的经济日益被贸易和要素流动联系在一起,它们的税基变得相互交织、相互重叠。税收竞争和要素流动让任何一个国家制定自己政策的自由度下降,并常常迫使税率在低水平上保持一致。协调措施已成为全球经济的中心问题。

本书第四部分,我回过头来谈一谈预算增长以及预算规模往往过于庞大的流行说法。毫无疑问,预算绝对值的增长着实让人惊讶。随着 GNP 的增长,公共部门的规模可能会随之扩大。因而,更可靠的做法,是用预算占 GNP 的比率来衡量公共部门份额。在大多数工业化国家,这一比率于第二次世界大战十年间急剧上升,在那之后,又慢慢回落,现在已稳定在 35%~45%。因此,公共部门的规模扩大了,但是不能就此得出这一增长已经过度的结论。为检验这一假设,有必要首先定义适当的规模由什么构成。我想说的是,这涉及(1)私人品和公共品的最优配比;(2)配合出台主要以税收-转移支出为形式的政策,以保障收入的公平分配。结合二者,并考虑无谓损失的抑制性影响,最优预算规模的设定就成为福利最大化全过程的一部分。进入该过程的因素会随着时间而变化,最优预算份额并不能以静态的方式确定。

恰当预算规模的标准决定之后,仍然存在如何应用这些标准的问题,而预算规模过大的说法针对的就是这一过程的不完善。选民会在不考虑纳税的情况下去支持一些项目,并经多数票决定通过大规模预算的方案。不同利益集团的勾结,也会让无效率的预算项目通过。另外,自利的"官僚"和政客可能操纵预算过程,以谋求扩张预算,并使之对自己有利。这些缺陷都会导致预算过大,但在每一种情况下,政治进程的缺陷也可能发生在相反的方向上(即让预算规模过小)。

最后,本书第五部分讨论了在税制改革中一直存在的问题,并再一次讨论,一个"好的"政策的标准是什么?在实践中如何才能最好地实现它?税收负担应当公平分配,应该避免过度的纳税遵从成本,并应尽量减少对经济有效运行的干扰。此外,人们不太了解的是,征税过程应有助于有效地确定该提供哪些公共服务。我们可以为这些目标中的每一个提出很好的理由,但它们可能会相互冲突,因此必须加以平衡。

半个多世纪以来,税制改革的重点一直放在个人所得税上。在个人所得税中,实际税率伴随所得的不断提高而上升,这么做被认为符合支付能力这一恰当的标准,也因此个人所得税被认为是最好的税收形式。若将所有收入来源合并成纳税人的综合税基,就能避免歧视不同的收入来源,并奠定公平征税(无论是在横向还是在纵向意义上)的基础。在个人所得税制下,纳税人意识到自己对预算做出了贡献;出于对个人回报的关心,他们会因此关心预算的有效执行。但这样的理想从未实现,它只是提供了一个被广泛接受的目标。

近来,这个目标受到了从公平、中性、简化三个方面的质疑。理想的综合所得税的实施,被发现是行不通的:一是因为消费而非收入才是支付能力的恰当度量物,二是因为"最优税收"理论已经挑战了基于效率的宽税基的观点。这场辩论最终将如何解决,仍有待观察。如果对工资收入征收单一比例税率所得税并代扣代缴,那么再向消费税基转变,就会在简化税制和减少遵从成本的同时产生可观的收益。然而,这样做将会以严重的公平牺牲和个人税收损失为代价。这些缺陷可以通过转向个人的和累进的支出税来避免,但代价是在很大程度上放弃了简化带来的好处。不论是用收入还是用消费来界定支付能力,总之公平、中性、简化这三个方面存在着冲突。

正如书中所示,为一个良好的财政制度提供资金并非易事。在确定应该用什么标准时,我们需要考虑相互冲突的因素,而且现实的障碍也会妨碍这些标准的实施。然而,寻找好的制度是一项值得做的工作。实用主义者应该认识到,如果不知道最优标准应该是什么,就不可能在次优和第三优解决方案之间做出选择;悲观者应该注意到,如果不想办法做得更好,西方社会的可能结果就是做得更糟。

我所做的,如接下来的内容所示,就是描述过去的以及当前的一些思想,这些是理解我们这个领域的丰富性所需要的。同时,在与朋友和同事的交流中,我也收获了许多,他们的名字不胜枚举,我应该感谢他们。最重要的是,我要感谢佩吉·马斯格雷夫(Peggy B. Musgrave)——我的妻子、合著者和同事,感谢她多年来的贡献和支持。

目　录

第一部分　基础理论

第一章　财政理论中国家的角色（1996）/003
　　一、矫正市场缺陷：服务性国家/004
　　二、调节分配：福利性国家/007
　　三、共同体国家/010
　　四、政策失灵：有缺陷国家/015
　　参考文献/017

第二章　跨越传统（1997）/021
　　一、何事？何时？何地？/021
　　二、德语财政学和英语财政学/031
　　参考文献/036

第三章　英语财政学和德语财政学：两种传统的比较（1996）/039
　　一、公共品和共同欲求/039
　　二、优良税制：对什么征税/059
　　三、优良税制：向谁征税/072
　　四、结论/079
　　参考文献/084

第四章 将财政选择结合进来还是分离出去：纪念维克塞尔模型100周年（1996）/091

一、维克塞尔-林达尔模型/091

二、区分配置职能和分配职能/097

三、资源配置职能的预算分支/104

四、代议民主和多数规则/111

五、结论/113

参考文献/114

第五章 社会科学、伦理学以及公共部门的角色（1991）/117

一、人生路上的各种风景/118

二、为什么是公共部门？/123

三、结论/129

第六章 财政学的发展（1991）/131

一、20世纪30—40年代/133

二、20世纪50—60年代/134

三、20世纪70—80年代/138

四、意识形态和价值观/140

第七章 优值品（1987）/142

一、优值品、私人品和公共品/142

二、生理学的案例/143

三、社会流行的支配/143

四、社会偏好/144

五、分配领域的家长主义/144

六、多种偏好或"更高的价值"/146

七、结论/146

参考文献/147

第二部分 税收公平

第八章 公共财政与分配正义（1985）/151

一、引言/151

二、权利和自然秩序/152

三、从边沁到庇古/156

四、新福利经济学/159

五、作为公平的正义/160

六、结论/163

参考文献/164

第九章 横向公平的性质与宽税基原则：一个友好的批判（1983）/167

一、什么样的宽税基？/167

二、对这一范式的挑战/175

三、税前和税后平等/179

四、从理论到政策/181

参考文献/182

第十章 社会契约、税收和无谓损失的地位（1992）/184

一、引言/184

二、洛克的天赋权利和受益税/185

三、福利最大化和总牺牲最小化/189

四、公平的规则/194

五、结论/195

参考文献/196

第十一章 再论横向公平（1990）/199

一、分配正义中的税收公平/200

二、次优情境中的横向公平与纵向公平/205

三、进一步的问题/211

参考文献/213

第十二章　横向公平:进一步的阐释(1993)/215

一、引言/215

二、最优情形设定/216

三、次优设定/217

四、与现实的相关性/220

第十三章　跨辖区的税收公平(1993)/222

一、封闭经济中的税收公平/223

二、独立的多个辖区间的公平/230

三、联邦国家中的公平税收设计/237

四、总结和结论/253

参考文献/255

第十四章　庇古论税收(1998)/258

一、预算的规模/259

二、税收原则/260

三、对工资收入征税的最小总牺牲原则/262

四、均等牺牲的工资收入所得税/264

五、牺牲最小的储蓄所得税/264

六、遗产税/266

七、用税收和补贴来纠偏/266

八、在无储蓄状态下产品税的差异化/268

九、理想的税收/268

十、国际方面/270

十一、结论/271

参考文献/272

第三部分 多辖权中的财政问题

第十五章 联邦制、补助与财政均等化（1999）/277

　　一、横向公平均等化原则的学说发展史/278

　　二、对横向公平均等化原理与财政能力均等化原理的质疑/286

　　三、比较财政能力均等化和横向公平均等化下的总额转移支付/295

　　四、案例研究/301

　　五、总结和结论/305

　　参考文献/307

第十六章 应该由谁征税？在哪里征税？对什么征税？（1983）/310

　　一、引言/310

　　二、辖区间的"无政府"状态/312

　　三、各独立辖区间的税收协调/316

　　四、联邦内自我筹资的协调/323

　　五、带有财政均等化目的的税收协调/330

　　参考文献/332

第十七章 国家间的公平（1972）/335

　　一、历史背景及当前实践/336

　　二、单一来源国家：公平的类型/339

　　三、单一来源国家：国家间公平的标准/342

　　四、单一来源国家：公司问题/346

　　五、有关单一来源情形的结论/350

　　六、多种来源情形下的公平问题/353

　　参考文献/357

第十八章 权力下放、补助与财政竞争（1997）/358

　　一、提供公共服务：共担的任务/359

二、收入分配：中央职能/360

三、补助款：联系各辖区的桥梁/361

四、竞争抑或协作？/363

五、结论/364

参考文献/365

第四部分　预算增长

第十九章　公共部门何时过于庞大(1983)/369

一、公共品的提供过度了吗？/370

二、再分配的范围/375

三、结论/377

参考文献/378

第二十章　过度偏差和预算增长的性质(1985)/379

一、引言/379

二、产品和服务的预算提供(1)：投票偏差/380

三、物品和服务的预算提供(2)：官僚强加/391

四、再分配政策/392

五、结论/399

参考文献/400

第二十一章　论财政搅动(1988)/403

一、无法相互抵消的财政搅动/403

二、作为财政政治结果的财政搅动/411

第二十二章　论公共部门的财政职能(1994)/419

一、引言/419

二、公共品的有效提供/419

三、分配问题/428

四、财政职能与宏观政策/436

五、财政联邦主义/439

六、公共部门失灵/443

七、竞争/447

八、结论/452

附录/454

参考文献/461

第二十三章　政府财政角色的再思考(1997)/464

一、缩小规模/464

二、权力下放/466

三、联邦税改革/467

四、预算平衡/469

五、社会保障/470

六、卫生/470

七、结论/471

第二十四章　更为长远的视角(1994)/472

一、从过去到现在/472

二、未来的视角/476

参考文献/479

第二十五章　对布坎南"福利民主国家的财政危机"一文的评论(1999)/481

第五部分　税制改革

第二十六章　澄清两个税制改革方案中的问题(1996)/489

一、单一税率税方案的困境/490

二、拿什么作为税基？/492

三、平等对待各种所得？/496

第二十七章　发展中国家的税制改革(1987)/500

一、税制改革和发展政策/501

二、分配模式/505

三、所得税基与消费税基/508

四、个人所得税/510

五、公司税/515

六、产品税/518

七、对财产和土地征税/520

八、结论/522

参考文献/523

第二十八章　财政政策的微观方面和宏观方面(1997)/524

一、变化中的情境/525

二、相互冲突的目标/530

三、开放经济方面/536

参考文献/538

本书翻译分工/540

译丛主编后记/541

第一部分

基础理论

第一部分

基础理论

第一章 财政理论中国家的角色(1996)[①]

财政学研究国家的财政工具,探索如何有效使用财政工具以达到公共政策的目标。因此,不同的财政学研究路径与不同的国家理论联系在一起,这不足为奇。财政工具如何发挥作用是经济学的问题,但其目标的设定,则取决于人们心目中如何看待"理想社会"以及在这种社会中的"国家"的作用。因此,我想补充说明的是,财政理论并不仅仅从属于经济学,它还有自身的魅力。

从18世纪以来直至现在,财政理论与国家理论一直相连,接下来我将从历史的视角对此加以概述。国家和财政理论之间的关系,可以划分为以下四种。

第一种,我称之为服务性国家(the service state),国家仅行使极为有限但必要的职能,即对作为产品提供者的市场在运行效率方面产生的漏损,国家予以修补,而且修补时模仿市场的方式。

第二种,我称之为福利性国家(the welfare state),它准许国家参与分配,即国家力图矫正由市场决定的收入和财富分配状态,使之趋向社会所认为的效率或公平状态。在以上两种类型中,国家都是为了实现个人的选择和偏好而运行。

第三种,与上面两种类型不同,我称之为共同体国家(the communal state),它的政策目标是根据国家自身的需要而设定,或者更温和地说,是根据它的成员的公共需要(不同于私人需要)设定的。

[①] 本章在1995年8月21日提交给"历史与理论视野下的国家职能"第一届全体大会(IIPF Congress,里斯本),现选自 *International Tax and Public Finance*,3,1996,247—58。

第四种，我称之为有缺陷国家(the flawed state)，此时财政理论不再像前面三种那样关注规范的解决方案，而关注达成规范解决时的失灵状况，这样的失灵可能来自技术原因，或者更糟糕的，来自行使国家控制权的代理人追求自利。于是，财政问题的重心就由市场失灵转向国家失灵。

诚然，上述四种模式(patterns)，仅仅是纯粹的或理想的种类(types)。任何特定时期的国家，都会呈现出混合的样态。服务性国家和福利性国家，在职能方面通常是共存的，甚至在相当个人主义的社会，国家也服务于某些共同的利益；而即便是运行最好的国家，也会有瑕疵和弊端。然而这四种模型(models)[①]也反映了不同的对未来的想象(visions)，并塑造出不同国家的公共财政传统。英国、美国和斯堪的纳维亚国家(Scandinavian)的财政思想都落在服务性国家和福利性国家框架内，德国的财政传统则根植于共同体国家的背景中，而意大利学者很早就将矛头对准了国家，认为它是一个有缺陷的机构(a flawed institution)。

一、矫正市场缺陷：服务性国家

财政学的英国传统与古典经济学来自相同的土壤，并进而发展成为古典经济学的一个内在组成部分，它的渊源可以追溯到亚当·斯密和他的《国富论》。在斯密这里，重商主义模型，因主张政府干预与国家扩张政策而被摈斥。财政理论的重心由此转到个人，认为个人才是社会的驱动力量，财政学应促进个人福利的增进。政府不再负有"监督私人产业"的职责(引自亚当·斯密)，而是依靠"一个明白而简单的天然的自由体系建立起经济自身的协调"(Smith，1776：180)。在竞争市场的行为准则引导下，看不见的手确保了有效率的结果，从而使私利与公益(common good)一致。

在这样的财政理论中，国家不再具有中心地位，但也远非置身事外。"按照自然自由体系"，国家需要履行三种"确实非常重要，但对常人理解来说又是直白明了"的职能(Smith，1776：180)。这些职能包括保卫社会不受外敌入

[①] 在这一章，马斯格雷夫分别是用了 pattern、type、model 这三个不同的英文单词来表达对上述四种国家的划分，意思也基本一致。译者分别用模式、种类、模型三个词来对应翻译。——译者注

侵,防止社会成员受到其他成员的不公正对待。此外,国家还要建立和维持公共机构和公共设施。尽管这些公共机构和公共设施在最大程度上有利于一个伟大的社会,但它们的性质导致自身收益永远无法弥补个人或少数人的投入,也因此就无法指望个人或少数人来建立这些公共机构和公共设施(Smith,1776:211)。另外还有穷人的基础教育是必需的,因为"国家可以从他们受教育当中获得可观的利益"(Smith,1776:269)。

外部性作为市场失灵的一个来源,早已为人们所认知,并设法加以应对。斯密并不是第一个发现市场失灵问题的人。早在半个世纪前,大卫·休谟就已发现,两户邻居可以通过协商一致来共同为草地排水,但一千个人就做不成这事,因为每个人都试图把责任放在其他人身上。用休谟的话来说,"桥梁是在政府关照下建造起来的。而政府恰恰是由具有所有人性弱点的人们所组成。但在某种程度上,组成的政府却能克服这些人性弱点。这实在是人类一项完美且精妙的发明创造"(Hume,1739:539)。用现代的说法就是,为了克服公共品供给的搭便车问题,我们需要有政府的存在。

约翰·斯图尔特·密尔也研究过这一主题。"尽管自由放任应当是普遍实行的"(Mill,1848:314),"但在许多情形下,政府承担责任、行使职能也能受到普遍的认可……是因为这样做有助于增进普遍的便利(general convenience)。"(Mill,1848:150)追随亚当·斯密的说法,法律制度、防卫、教育在他这里又重新被提起作为政府的职能,而国家干预的范围扩展至"各种可提供重要公共服务的情形。在这些情形下,既没有个人对提供这些服务感兴趣,也不会自然地产生足够的报酬或自发的参与……没有人会出于自利的动机去建造灯塔,因为没有办法排除别的受益者从中获益,只有通过国家强制征收才能取得投资回报"(Mill,1848:342)。

从休谟到斯密再到密尔,财政学或者如今所说的"公共经济学"的核心问题,早就被认识到;但直到 19 世纪 80~90 年代,精确的、系统的形式化工作(formulation)才出现。萨克斯(Sax)、维塞尔(Wieser)等奥地利学者,与包括潘塔莱奥尼(Panteleoni)、马佐拉(Mazzola)、艾茵奥蒂(Einaudi)、德·维蒂·德·马尔科(De Viti de Marco)在内的一群意大利学者一道(Buchanan,1960),将草地和灯塔问题融入价值的边际效用的新理论中。在公共品提供方面存在的市场失灵,此时被追溯到它们的非竞争性和/或非排他性的性质上。不过,公共品的提供效率,与私人品地提供一样,遵循相同的规则,也就是,消费者应该支付的价格等于他们从中获得的边际效用;但是二者的规则运用不同:对私人品的消费者应收取相同的单位价格,且可以选择不同的消费数量;提供给公共品消费者的是相同数量的产品,但收取的价格与他们的边际评价并不一致。由此可知,受益税提供了一个有效率的解决方案。

上述原则,维克塞尔将其当作"财政经济的法则"(law of fiscal economy)并欣然加以接受,但对它是否能成为"财政行动的指导"则有所怀疑(Wicksell,1896:81)。对于靠征税或收费(charge)来提供的公共品来说,需要知道它们的受益情况,而这就必须进行评估;要评估,就必须知道消费者的偏好,解决偏好显示问题。与私人品市场上消费者必须通过出价来显示他们的偏好不同,共同获得非竞争性公共品的消费者可能会扮演搭便车者的角色。这样的话,就需要建立起税收-支出相关联的投票(tax-expenditure voting)机制来克服此问题。通过投票来显示自己对公共品的偏好,这样个人就能决定符合受益税原则的一定水平的公共服务及需要支付的税收价格。在理想情况下,投票应按一致同意原则进行,而且此种投票遵从自愿的过程。在实践中,只能采用一个有效多数(a qualified majority)的原则,以限制交易成本并避免少数人的阻挠。为了确保投票结果被遵守,我们必须引入一定的强制性因素。后来林达尔在市场类比中延伸了这一思想(Lindahl,1919),在供给曲线和由私人需求曲线垂直相加形成的总需求曲线的交叉点处,市场达到均衡状态。这就是我们的基本方法,用一个公共选择的办法(a public choice approach)来决定预算。

财政理论的这一发展,即以模仿市场结果来解决公共品提供问题,本应受到英语学者的赞许,但由于这个新学派是用意大利文或德文写作的,因此思想未能被英语学者发现。尽管庇古在《福利经济学》(1920)一书中研究过外部性问题,但他关注的是公害品(public bads),而不是公益品或公共品(public goods)。在他的财政学论著《财政学研究》(1928)中,庇古称税收为福利经济学的问题,并只在最小限度上关注了预算的支出侧。他的研究,并未参考维克塞尔-林达尔模型。10年之后,这些19世纪80~90年代的财政理论才进入英语语言的讨论中。在基于博士论文的一篇文章(Musgrave,1939)中,我考察了维克塞尔和林达尔的贡献和之后鲍温(Bowen)的贡献,并探究了20世纪50~60年代出现的有关社会物品(social goods)的活跃讨论。

在此之后,财政思想发展呈现出两条路线。一条路线,以萨缪尔森为首,摒弃了维克塞尔的偏好显示问题,而假定有一个无所不知的裁判员,知道每个人的偏好。基于这个前提,他们提出的有效解决方案是,要求在生产中的公共品对私人品的边际替代率和在消费中的公共品对私人品的边际替代率相等(Samuelson,1954)。尽管维克塞尔和林达尔早期的受益税构想仍是该方案的一个特例,但这个更通用的解决方案避开了税收价格问题。另一条路线是,考察各种社会物品,探索偏好显示问题(Musgrave, 1959; Head, 1964; Buchanan,1968)。于是公共选择作为一个新的领域发展起来,并成为财政学的自然扩展(Buchanan and Tullock,1962)。

当我们回顾公共品理论及其发展时可以看到,从休谟和斯密到维克塞尔和萨缪尔森,思想的延续是明显的。非竞争性消费和/或非排他性导致了市场失灵。这种失灵可以被服务性国家以及为确保偏好显示所需的政治过程所克服。因此,服务性国家和看不见的手相结合,实现了近似于市场提供私人品的情况。这个"的确非常重要"的职能,如斯密所言,远远超出了最小国家或"守夜人"国家的职能范围。

二、调节分配:福利性国家

至此我已介绍完服务性国家,以及它在公共品提供方面如何确保达到帕累托最优。接下来我将转向福利性国家以及它所关注的分配问题。正如我们已经看到的,亚当·斯密认为公共服务的提供十分重要,但他并没有要求国家来重新分配收入。他基本接受了洛克的格言:获得勤劳收入的天赋权利,由自然法则决定(entitlement to earnings is given by natural law)。"哪里有巨大的财富,哪里就有巨大的不平等",公民政府(civil government)必须保护"多年劳动所获得的有价值财产"(Smith,1776:199)。商业的繁荣需要积累,且积累必须由富人来承担。他们能够消耗的只有这么多,并且从"伟大经济里使用的小饰品和小玩意"(baubles and trinkets)中所获不大(Smith,1759:304)。他提倡对穷人的有限支持,但除此以外,他认为收入分配应由市场来决定。

虽说如此,但税负分配公平问题在财政学中不可避免地出现了,而且也确实得到了考虑。"每个国家的臣民",如斯密在他的税收第一原则中所说,"都应该尽可能地按照各自的能力,为支持政府做出贡献;他们的贡献与他们在国家保护下各自享有的收入成比例……遵奉或无视这个原则,就构成所谓的税收公平或不公平。"(Smith,1776:306)这个原则不容易解释,因为它似乎结合了两个不同的规则,量能(即按支付能力)税规则与受益税规则。斯密可能同时考虑了以国家保护下获得的收入来衡量受益人受益和税负承受者的支付能力,以便让这两个指标重合。或许如此,但此后量能原则仅适用于税负分配,完全独立于获得的收益。财政分析在此逐渐划分出两个不同的部分,财政表的一侧是税收问题,另一侧是支出问题。

从密尔开始,量能税是从承受牺牲的角度来考虑的。相等牺牲有不同的版本(绝对牺牲相等、比例牺牲相等和边际牺牲相等),被一一地发展出来。先是埃奇沃斯(1897),后来是庇古(1928),将边际牺牲相等加封为"正确的"版本。此时,"边际"牺牲相等又被解读为"最少"总牺牲,于是分析的范式就从公平规范转向福利最大化的结果。如果假定(1)可用于分配的收入是固定数额;(2)收入函数统一适用且边际效用递减,那么近一个世纪前边沁提出的收入均等化和累进征税的功利主义主张(Bentham,1789:3;1802:305),又可以被重新提出。追求"公平"的税负分配,就此转变为福利经济学中以效率为基础的税负原则。洛克的天赋权利说已被废弃不用,福利性国家(正如我此处适用的术语)一词出现了。

在此之后,税收理论和福利经济学并行发展。优良税制所面临的挑战是,如何以最小的社会成本筹集到所需要的收入。这样的框架一经确立,即刻出现两个问题。首先,原来众所周知的理论前提(在效用函数中效用可比且为基数)受到了质疑,于是取而代之的是社会福利函数的构造。就是说,以个体社会成员的主观看法为基础,尝试进行重新安排以达到互利,以此为前提来推导社会福利函数(Bergson,1938)。尽管在某些情况下这样的构想是有吸引力的,但它几乎没办法解决不同税负分配方案的选择问题,这些选择沿着最优边界进行,在边界上总是有人失、有人得。在分配的初始状态还未决定的情况下,即使考虑到 A 能从把自己的收入转给 B 的再分配行为中获得满足,也无法得到答案。最近,人们尝试从无知的面纱之后选择收入分配的伦理前提,以便让社会福利函数的推导更趋合理。在此基础上若采用极端风险厌恶的假定,就可以推导出社会福利函数的最大最小解(Rawls,1971);或者,用功利主义的话来表述,那就是,可以证明这个解取决于占主导地位的风险厌恶的具体模式(Harsanyi,1955)。然而,函数如何表达出来的问题仍然存在。维克塞尔的投票过程给出了一种答案。如若不然,政策结果就可以根据假定的社会福利函数的形式(Atkinson,1983:310)进行排序,无论是因为它们反映了作者本人的偏好还是反映了共同体对不平等的好恶程度。

第二个问题以及带来的发展是,从杜普伊特(Dupuit,1844)、马歇尔(1890)到庇古(1928),这些人改进了衡量税负的方法。诚然,在税收领域,与征收额相比更值得关心的是负担,但这并不是新问题。边沁和埃奇沃斯虽然主张在固定收入基础上实现税负的均等化,但是考虑到这么做会对现行可税税基有不利影响,他们接着又对这一结论做出了限定。在庇古指出税收的公告效应(announcement effects)之后,学者们普遍关注的是,要将这种公告效应更严格地以经济选择受干扰而产生的超额负担或无谓损失来衡量。这样的思想后来发展成最优税制理论(Diamond and Mirrlees,1971),于是优良税制不再仅仅是一个正确地分配税负的问题,而且(如一些人认为的那样,主要的)也是筹集资金时让总负担最小化的问题。由于无谓损失趋于以边际税率的平方增长(Harberger,1974),故累进的功利主义方案的可行性就受到了削弱。

和在服务性国家的情况下一样,财政理论和一般经济学(如今是福利经济学)之间的紧密联系,也再次显而易见。鉴于财政现在有两个目标,于是我们就需要进行政策的协调。随着服务性国家的目的与福利性国家的目的结合在一起,税制面临着两个看似不相容的任务:一方面,为了确保偏好显示,税收预算和公共服务预算应当联合投票表决,并以边际净收益为基础征税;另一方面,要实现福利最大化并确保最优分配,就要基于社会福利函数而实行税收-转移支付制度。维克塞尔注意到了这一问题,他指出,要使受益税既公平又高效,那受益税立足的收入分配基础也必须是公正的(Wicksell,1896:143)。本着这样的精神，我们就需要分设两个财政部门，其中一个按照受益原则提供公共服务并筹资，另一个去调整税前的收入分配状况(Musgrave,1959)。

财政学与一般经济理论之间的联系，正如它在公共品和收入分配方面所展现出来的那样，主要是与微观理论的联系。到了20世纪30年代，财政学与宏观理论的进一步联系出现在凯恩斯经济学中。作为服务性国家的一项新添加的功能，为了维持充分就业，如今需要补偿财政(compensatory finance)来克服市场失灵(Hansen,1941;Lerner,1944)。要把宏观稳定职能与政府更传统的服务职能和分配职能相协调，我们再次需要一个多学科的方法(Musgrave,1959)。财政学，此时被称作为功能财政学(functional finance,Lerner,1944)，成为宏观经济学的核心，但是其职能减弱，重点又回到了公共部门更为传统的职能上。近年来，日益国际化的财政事务提供了新的视野，它将财政问题与经济生活的其他方面更加紧密地结合在一起。

三、共同体国家

现在我开始讨论第三种模型。此时国家不再仅仅是一个简单的工具，用来克服外部性，或者是根据其成员的私人偏好而对收入分配加以调整。前面的观点基本上是个人主义的，但现在，国家或共同体(the state or community)区别于它的私人成员个体，它可以发挥自己的作用。在更广泛的社会框架及其变化形式中，个人和共同体不断地相互作用。这就是19世纪德语财政学(Finanzwissenschaft)[①]对共同体的设定。无须补充说明的是，今日德国的财政分析已加入到了标准模式之中，不再受害于(或受益于)该传统的影响。

因在学术上持有共同体的设定，德国财政学并未发展成为国民经济学(Volkswirtschaft)或一般经济学组成部分。从一长串的专业文献积累中，德语财政学可以展现出自己作为一门独特科学的地位；与之相反，英国传统中的财政问题是在一般性研究中予以讨论的。德国财政学研究形成的历史文献，可以汇成十几或二十几个大卷，而英国的只有一小册。这并不是说德国的财

---

① 在此处马斯格雷夫用的是一个德文词 Finanzwissenschaft，意思就是财政学。为了表达马斯格雷夫的专指意思，下文凡是出现这个词，一律译为德语财政学。——译者注

政学研究,忽视了国民经济学在财政事务方面的深刻见解。国民经济学的学术见解会被考虑进去,但是基于国家利益的特有目标背景而进行的。这样的观点可以追溯到重商主义及其政治经济学,即17世纪尤其是18世纪的官房学派(the cameralist)的学说。为了负责处理国君的经济事务,在官房学中逐渐发展出详细的财政管理制度,在公共土地收入和国王特权收入不足时,税收也成为备受关注的问题。除了维持王室开支,国家还要协调各个经济部门,并通过提供道路系统和其他公共工程以方便各方的联通。德语财政学,是作为实际应用的指导而非形式上的理论,它注重具体的操作和不断变化的制度。

德语财政学对国家利益的关注,也源于它成长于其中的哲学背景。如前所述,英国学者从洛克和休谟的模式出发,认为组织社会的目的是保护和满足私人利益,于是国家就只有服务这一项职能。这种观点也曾出现在德国思想家康德的国家观中;他对个体在国家之中的角色的看法,与英国模式只是略有不同。但康德的这一思想并没有在德国占据主流。随着浪漫主义思想的兴起(从费希特、李斯特、谢林到黑格尔),他们摒弃了18世纪的理性主义,而从另一种角度来思考国家。这一理论关注的是整体而不是局部,于是国家利益就成为首要的关切。此外,当时德国巴尔干化的权力分裂局面,以及德国人寻求建立统一国家的愿望,也是这一理论关注整体的原因。因此,"德语财政学"的出现被描述为是"一种原创的民族产品,是德国精神的独特表达(characteristic expression)"(Meisel,1926:246)。

一个早期的、极端的浪漫主义版本由亚当·米勒(Adam Müller)提出,它将国家视为"人类事务的整体"(Müller,1809,vol. 1:48)。他反对竞争和交换,赞成互惠和价值创造,将重点落在关注国家内部个人之间的共同联系(communal linkage)上。税收被视为个人的"圣贡"(holy contributions,vol. 1:56),而国家给个人以无形的精神资本作为回报;有了税收,国家就可以为了整体利益而使经济努力更有效率(vol. 2:445)。"事物的价值在于它对国家及其持续复兴所具有的重要性"(Spann,1929 [1910]:101)。

并非所有的德国学者都在这种国家主义的框架(statist frame)下讨论问题。在较早期的学者中,尤其是冯·雅各布(von Jakob,1821),还有赫尔曼(Hermann,1832),并经由劳(Rau,1837)的过渡,都承继了亚当·斯密的思想。此后,若用更温和的形式来说的话,那就是共同体国家这个主题出现了。虽然作为主题自身的需要,人格化国家的形象已经淡出,但个人仍被视为具有两种不同的角色,即有私人需求的个人和有共同需求的共同体成员。对共同需求的关注盛行起来,若换种说法的话,那就是在19世纪末,冯·斯坦因(von Stein)、谢夫勒(Schäffle)和瓦格纳(Wagner)这三个学者形成了"三人组"——德国传统财政的三巨头(von Beckerath,1952:416),在著作中对德语财政学赋予了独特的形式。

冯·斯坦因是三人中最敏锐的一个,他认为国家在包含个人时有两种形式:(1)在人类共同体中人人平等;(2)在社会中人与人不平等(von Stein,1885,part 1:5)。在黑格尔的方法中,这两种形式就是两种职能间的冲突,冲突将最终促使"公民社会"(staatsburgerliche Gesellschaft)的产生,二者也会在此处得以调和。国家的财政职能,就是服务于各种形式的共同体生活。为了提供服务,就必须征税,但私人部门的资本必须得到保护,以便能重新创造国家的基础。并不存在唯一正确的税制。随着社会的发展,获得收入的形式也在变化。捐税(Levies)在国家的各个阶段都是需要的,但税收(taxation)作为自由、平等的个人对国家的贡献的理念,只在公民国家出现以后才会有(part 2:439)。经济转型和国家转型的相互作用以及熊彼特提出"税收国家"(Steuerstaat,1918)的概念,是预料之中的。冯·斯坦因的全面设计令人印象深刻,不过"共同体需要"(communal needs)这一概念对他的构想虽然至关重要,却仍不清晰。相反,他的论点转向了服务性国家的职能精神。他认为,支出要用在"单独的个体通过私人购买无法获得的服务"上(vol.1:97)。

谢夫勒则从哲学的考察转向生物学的考察,他把社会看成是一个相互作用的有机体。他认为,社会的每个部分都有自己的功能,但只是作为整体的一部分而发挥功能。各部分之间需要协调,"国家的目的就是通过行使统一的意志来实现共同体的利益"(1896,vol.2:433)。德语财政学的最高原则是均衡地满足国家和私人的需要(1873:110),这是庇古后来提出的公共与私人的边际净收益相等原则的早期观点。尽管国家的收益必须超过其成本,但国家能保证在私人企业无利可图的地方也有收益。它必须提供的,是那些不能通过共同体的个体成员"一点一滴地"提供资金的服务(1873:113),但却不能解释为什么会发生这种情况。

谢夫勒有关社会及个人在其中的职责的有机体理论,也塑造了他在征税方法上的看法。从亚当·斯密以来,英国学者提出要将税基作为一组要素份额的"客观"观点;谢夫勒对此持批评态度,他寻求发展一种更为主观的方法(1861)。由于集中关注个体在社会中的地位,于是税基的界定就与个体的人格地位(personal position)和应税能力的来源有关。自此,将收入界定为增值(accretion)就呼之欲出。这样的概念界定早在赫尔曼(1832)的著作中就已有了预示,并因香兹(Schanz,1896)的贡献而形成,后来成为德国对国际财政文献宝库最重要的贡献,尤其表现在第二次世界大战后美国税制的发展上(Haig,1921;Simons,1950)。我要遗憾地补充说,在当前的税制改革环境中,它对税基设计的原则性指导可能会消失。

在三巨头中最有影响力的是瓦格纳,他既反对亚当·斯密经济学所依据的"纯个人主义"国家理论,也反对无视个人动机、危害自由的社会主义模式,而主张在这两种观点之间进行调和(Wagner,1892:23)。他认为,在需要服务于公共品的地方,我们必须调整财产和竞争制度。这样,狭隘而理性的国家观被历史的和有机的国家观所取代,国家不再是必要的恶,而是一种积极的力量(与休谟之前提到的观点没什么不同!)和"共同体经济的最高形式"(Wagner,1883:7)。

于是,动机问题就此被提出来,并把动机区分为以下三种形式:个人主义,共同体主义,慈善主义。第一种即个人主义动机,通过市场、自利和交换来满足。最后一种即慈善主义动机,仅涉及自愿行动。共同体主义动机介于二者之间,它要求提供各种各样的服务,特别是那些"尽管个人能感受得到,但只能以共同的形式并通过共同的利益才能满足需要"的服务。人类,正因为他们是人类,共同体原则(communal principle)才不会完全占优而需要强制。虽然"需要"(need)由个人体验,但负担分配应与其所获利益相一致的观点(正如Sax所持有的)还是遭到拒绝。瓦格纳认为,在真正的共同欲求(communal wants)的情形下,受益份额是无法分开的,因此要按照支付能力来征税(Wagner,1883:17;1890,part 2:223)。

瓦格纳在另外两个方面的贡献也值得注意。首先是他的著名的政府活动不断扩张法则（law of expanding government activity）。正如亚当·斯密也曾主张的那样，所需公共服务的范围必须放在历史背景下考察。随着收入增长和技术进步，公共服务的范围可能会发生变化，对它的需求也将会增加（Wagner，1883，vol. 1：76）。其次是他的社会政策原则（principle of social policy，或者说 sozialpolitisches prinzip）。该原则要求利用社会项目（social programs）和税收，去缓和市场决定的收入分配所存在的不平等。与英国传统中追求福利最大化的功利主义原则衍化出来的收入分配要求不同，由社会政策原则产生的缓和措施被视为社会正义的需要。为此，现代国家将提供足够生存的物资和广泛参与文化价值的机会（Wagner，1890：207）。作为俾斯麦时代"讲坛社会主义者"（Kathedersozialisten）的领军人物，瓦格纳主张，税收应该承担起为公共服务提供资金以及调整收入分配的双重职能。

在上述三人组的全盛时期之后，德语财政学的发展一度失去了动力。不过在20世纪20年代，又出现了新一轮的热烈讨论，早期的传统又恢复了。此时，不愿将财政理论建立在公共品经济性质上的做法仍占主导地位。里彻尔（Ritschl）提议，恢复极端形式的浪漫主义流派（Ritschl，1931），而科尔姆（Colm）则将自己的理论建立在瓦格纳的模型之上。他们认为，政策选择由掌管国家的人决定，而经济学家的首要任务限于计划和执行（Colm，1927）。财政社会学的贡献也丰富了讨论的内容，但讨论结果并未能达到熊彼特早先对这一理路的高度期待。

当我们比较服务性国家、福利性国家、共同体国家三种模型时，第一种最易于适用经济分析框架。公共品和私人品之间非竞争性和竞争性的区别是显而易见的，并可用经济学家的传统术语来描述。而收入分配状况和基于分配状况的有效偏好，则被认为是给定的。在原则上，受益税提供了最佳解决方案。剩下来仍令人困惑的，只有偏好显示问题以及如何解决这个问题。切换到福利性国家模型，此时分配状况不再是给定的。收入分配以及相应的税负分配，本身成为政策关注的中心。帕累托最优的避风港不复存在，于是政策转向更不确定但同样重要的福利经济学世界。

福利经济学中的经济学，或者是经济学家所说的经济学，它仍然在那儿。不过，在共同体国家模型下问题就更为棘手了。尽管私人品和公共品间的区别是明确的,但共同体欲求和私人欲求之间的区别却是复杂的,这是一个涉及心理学和哲学层面的概念。当然,对共同体模式发展有贡献的那些较明智的学者,放弃了将国家本身视为欲求主体的强硬观点(hard-line view),而将个体视为欲求主体,但他们仍然区分了作为私人的个体与作为共同体成员的个体。这对德语财政学来说,既是减分因素也是加分因素。

从减分的一面看,德语财政学注意区分私人欲求和共同体欲求,为此挤掉了对私人品和公共品之间区别的关注。结果,作为服务性国家模型的自然组成部分的公共品理论,它的发展在很大程度上就被德语财政学忽视了。然而,其实并无必要这么做,因为这两个问题既不相同也不重叠。私人欲求可以通过公共品来满足,正如公共欲求可以通过私人品来满足一样。由于未能区分这样的问题,并将公共品与公共欲求、私人品与私人欲求混在一起,德语财政学未能按自己的方式解决灯塔这样的公共品问题,从而失去了与标准经济学的联系。

从加分的一面看,德语财政学不应该因为引入对共同体的关注(communal concerns)而受到指责。当然,这种关注并不是经济学家喜欢处理的问题,但如果关注的话也不会让他们变得愚蠢。国家"本身"有自己的需要,这样的理念很容易被人抵制;但是,个体作为私人存在和作为共同体成员存在,两个角色之间的区别值得认真考虑。正如我们再清楚不过的,极端浪漫主义所带来的共同体概念有风险,而这些风险在自利的避风港中可以得到避免。然而,只把世界看作建立在私人和自利导向的基础上,会遗漏社会环境的重要作用,即无论是从规范的还是实证的角度来看,个人都是在社会环境中发挥作用的。对财政学来说,它面临的挑战不是忽视这一问题,而是以富有成效的方式去解决它。我提出"优值品"概念,就是为了朝这个方向助推(Musgrave,1959;1987)。

四、政策失灵:有缺陷国家

我们还没有讨论第四种模型,即有缺陷国家。这种模型不是用规范的术语去看待国家及其财政工具,而是将国家视为有缺陷的机构。于是,财政问题的重心就从市场失灵转向公共部门失灵。

在这里,我们再次注意19世纪80～90年代意大利的财政理论研究。对于边际主义学派及与其相反的观点来说,意大利学者的研究都做出了开拓性的贡献。意大利学派的极端表达(像帕累托理论就是),否定了经济分析和逻辑选择对公共部门的适用性(Pareto,1916)。在他看来,作为行动主体的个人,已被轮换的统治精英所取代,这些精英追求的是自己少数人的利益。财政事务被看作是阶级斗争,但它又与马克思的观点不同:帕累托的精英和阶级的概念,是在更广泛的层面来考察的,而不仅仅是在经济层面。普维亚尼(Puviani,1903)的态度同样是批评性的,但观点要温和一些。他指出,当政府设法制造财政幻觉以掩盖税收负担并夸大纳税人来自财政支出的受益时,财政选择是缺乏效率的。在没有一致同意规则的情况下,巴罗内(Barone)强调了财政过程具有的强制性(Buchanan,1960)。

近几十年来,有关财政运行的观点已从规范性研究转到实证性和批判性研究,并得到了广泛的支持。其中一条研究路径强调,在达成令人满意的投票结果过程中存在着内在的技术问题。沿着维克塞尔早期将投票作为一种偏好显示手段的思路,公共选择理论研究了投票过程中结盟作用、策略以及投票决策的政治过程等。阿罗不可能性定理则质疑有效投票结果的可能性,而对诸如中位选民模型这样的简单构想也予以拒绝。另一条研究路径,是解决关于政府代理人、政客和官僚的作用问题。在这一路径的研究中,富有成效的领导力被放在一边,而重点在于探究利己行为。于是,滥用赤字财政被认为会引起低效和过高的预算,而这就需要新的政策工具和对政府行动的宪法限制(Brennan and Buchanan,1977)。有关财政运行的观点,还有一条研究路径将关注点从封闭环境下的财政制度运行,转移到开放经济中财政制度的运行,并将政府间竞争和权力下放视为补救手段。

在此处,我不想尝试评价这些观点以及它们提出的补救措施的有效性。在我看来,投票的缺陷可能会引起预算不足,也可能会引起过高的预算;政府的代理人,包括政客(或政治家?)和官僚(或公务员?)可能会领导得好,也可能会领导得糟糕(Musgrave,1981)。在很大程度上,这取决于思考所处的时间和地点。此外,还需要注意社会力量、利益集团和阶级的形成,而不仅仅是个体代理人的策略行为。政府失灵的概念,从其本身的逻辑看,也隐含了对如何做得正确的看法。正如我们都同意的那样,要做得正确就需要有效地实现既定的目标,但这也需要选择目标,即美好社会应该和可以是什么样的,以及国家在其中所起的作用。所以,在不同的传统中,财政理论都超越了帕累托最优分析,并与相关国家理论联系在一起。当然,这很麻烦,因为它将公共财政置于难以分离的效率和价值考量的边缘。但是,正如我在一开始时就指出的,这也使我们的领域具有独特的魅力。

参考文献

Atkinson, A. B. (1983), *Social Justice and Public Policy*, Brighton: Wheatsheaf Books.

Beckerath, Edwin von (1952), 'Die Neuere Geschichte der Deutschen Finanzwissenschaft', in W Gerlof (ed.), *Handbuch der Finanzwissenschaft*, vol. 1. Tübingen: Mohr.

Bentham, Jeremy (1789), *The Principles of Morals and Legislation*, New York: Haffner, 1948.

Bentham, Jeremy (1802), 'Principles of the civil code', in J. Bowring (ed.), *The Works of Jeremy Bentham*, vol 1. New York: Russell and Russell, 1962.

Bergson, Abraham (1938), 'A reformulation of certain aspects of welfare economies', *Quarterly Journal of Economics*, 52, 310—34.

Bowen, Howard (1943), 'The interpretation of voting in the allocation of resources', *Quarterly Journal of Economics*, LVIII, 27—48.

Bowen, Howard (1948), *Toward Social Economy*, New York: Rinehart.

Brennan, Geoffrey and James M. Buchanan (1977), Towards a tax constitution for Leviathan', *Journal of Public Economics*, 8, 255—74.

Buchanan, James M. (1960), 'La scienza delle finanze: the Italian tradition in fiscal theory', in James M. Buchanan, *Fiscal Theory and Political Economy*, Chapel Hill, NC: University of North Carolina Press.

Buchanan, J. (1968), *The Demand and Supply of Public Goods*, Chicago: Rand McNally.

Buchanan, James M. and Gordon Tullock (1962), *The Calculus of Consent*, Ann Arbor: University of Michigan Press.

Colm, Gerhard (1927), *Volkswirtschaflliche Theorie der Staatsausgaben*, Tübingen: Mohr.

Diamond, Peter and James A. Mirrlees (1971), 'Optimal taxation and public production I: optimal production and efficiency and II tax rules', *American Economic Review*, 61.

Dupuit, J. (1844), 'On the measurement of the utility of public works,' reprinted in *International Economic Papers*, 1, 1952.

Edgeworth, F. Y. (1897), The pure theory of taxation', *Economic Journal*, VII, 46—70, 226—38, 550—71.

Haig, A. (1921), *The Federal Income Tax*, New York: Columbia University Press.

Hansen, Alvin (1941), *Fiscal Policy and Business Cycles*, New York: Norton.

Harberger, Arnold (1974), *Taxation and Welfare*, Boston: Little, Brown, p. 35.

Harsanyi, John (1955), 'Cardinal welfare, individualistic ethics and interpersonal comparisons of utility', *Journal of Political Economy*, 73, 309—21.

Head, J. (1964), 'Lindahl's theory of the budget', *Finanzarchiv*.

Hermann, F. (1832), *Staatswirtschaflliche Untersuchungen*, Munich, (new edition, Munich: Ackermann, 1874).

Hume, David (1739), *A Treatise of Human Nature*, L. A. Selby-Bigge (ed.) (1888), London: Oxford UniversityPress.

Jakob, L. H. von (1821), *Die Staatsfinanzwissenschaft*, Halle: Hemmerde und Schwetschke.

Lerner, Abba (1944), *The Economics of Control*, New York: Macmillan.

Lindahl, Erik (1919), *Die Gerechtigkeit der Besteuerung*, Lund: Gleerupska.

Locke, John (1689), *Two Treatises of Government*. R Laslett (ed.) (1960). London: Mentor.

Marshall, Alfred (1890), *Principles of Economics*, London: Macmillan.

Mazzola, Ugo (1890), *I dati scientifici delta finanza pubblica*, Rome. Also in Richard A. Musgrave and Alan Peacock (eds), (1958). London: Macmillan.

Meisel, Franz (1926), 'Geschichte der Deutschen Finanzwissenschaft im 19. Jahrhundert bis zur Gegenwart', in W. Gerloff and F. Meisel (eds), *Handbuch der Finanzwissenschaft* 1, Tubingen: Mohr.

Mill, John Stuart (1848), *Principles of Political Economy*, London: Penguin (1985).

Miiller, Adam (1809), *Die Elemente der StaatsKunst*, Berlin: Offentliche Vorlesungen. Jacob Butterfield (ed). Vienna: Wiener Literarische Anstalt.

Musgrave, Richard A. (1939), The voluntaryexchange theory of the public economy',

Quarterly Journal of Economics, 53, 213—37.

Musgrave, Richard A. (1959), *The Theory of Public Finance*, New York: McGraw-Hill.

Musgrave, Richard A. (1981), 'Leviathan cometh — or does he?', in Helen E. Ladd and Nicholas Tidemann (eds), *Tax and Expenditure Limitations*, Washington, DC: Urban Institute Press; also in A. Musgrave (1986), *Public Finance in a Democratic Society*, vol. II, New York: New York University Press.

Musgrave, Richard A. (1987), 'Merit goods', in J. Eatwell (ed.), *The New Palgrave*, vol. 3, 452—3, New York: Macmillan. Also Chapter 7, this volume.

Musgrave, Richard A. (1992), 'Social contract, taxation and the standing of deadweight loss', *Journal of Public Economics*, 49, 369—81. Also Chapter 10, this volume.

Musgrave, Richard A. and Alan Peacock (eds), (1958), *Classics in the Theory of Public Finance*, London: Macmillan.

Pareto, Alfredo (1916), *The Mind and Society*, New York: Harcourt Brace.

Pigou, A. C. (1920), *The Economics of Welfare*, 4th edition, London: Macmillan.

Pigou, A. C. (1928), *A Study in Public Finance*, London: Macmillan.

Puviani, Amilcare (1903), *Teoria della lllusione nelle Entrate Publiche*, Perugia. See also Buchanan, (1960).

Rau, Karl-Heinrich (1837), *Grundstitze der Volkswirtschaftslehre*, Leipzig: Winter.

Rawls, John (1971), *A Theory of Justice*, Cambridge, MA: Harvard University Press.

Ritschl, Hans (1931), *Gemeinwirtschaft und Kapitalistische Marktwirtschaft*, Tubingen: Mohr.

Robbins, Lionel (1938), 'Interpersonal comparisons of utility: a comment', *Economic Journal*, 48, 635—41.

Samuelson, Paul A. (1954) The pure theory of public expenditures', *Review of Economics and Statistics*, November, 387—9.

Sax, Emil (1887), *Grundlegung der Theoretischen Staatswirtschaft*, Wien: Also Musgrave and Peacock (1958).

Schaffle, Albert (1861), 'Mensch und Gut in der Volkswirtschaft', *Deutsche Vierteljahrsschrift*.

Schaffle, Albert (1873), *Das Gesellschaftliche System der Menschlichen Wirtschaft*, vol. 2, 3rd edition, Tiibingen: Laupp.

Schaffle, Albert (1880), *Die Grundsatze der Steuerpolitik*, Tubingen: Laupp.

Schaffle, Albert (1896), *Bau und Leben des Sozialen Korpers*, vol. 2, 2nd edition, Tubingen: Laupp.

Schanz, Georg (1896), 'Der Einkommensbegriff und die Einkommenssteuergesetze', *Finanzarchiv*, 13.

Schumpeter, Joseph A. (1918), 'Die Krise des Steuerstaates,' reprinted in Schumpeter (1956), *Aufsatze zur Soziologie*, Tubingen: Mohr.

Simons, Henry C. (1950), *Federal Tax Reform*, Chicago: University of Chicago Press.

Smith, Adam (1759), *The Theory of Moral Sentiments*, ed. E. West (1959), New Rochelle: Arlington House.

Smith, Adam (1776), *The Wealth of Nations*, vol. 2, London: Everyman's Library, Dent and Sons (1910).

Spann, Othmar (1929), *Die Haupttheorien der Volkswirtschaftslehre*, Leipzig: Quelle.

Stein, Lorenz von (1885), *Lehrbuch der Finanzwissenschaft*, 5th edition, Leipzig: Brockhaus.

Wagner, Adolph (1883), *Finanzwissenschaft*, ErsterTheil, 3rd edition, Leipzig: Winter.

Wagner, Adolph (1890), *Finanzwissenschaft*, Zweiter Theil, 2nd edition, Leipzig: Winter.

Wagner, Adolph (1892), *Grundlegung derPolitischen Oekonomie*, ErsterTheil, Erster Halbband, 3rd edition, Leipzig: Winter.

Wicksell, Knut (1896), *Finanztheoretische Untersuchungen nebst Darstellung undKritik des Steuerwesens Schwedens*, Jena: Fischer. Also in Musgrave and Peacock (1958).

Wieser, Friedrich von (1889), *Der Natiirliche Wert*, Wien: Holder.

第二章 跨越传统(1997)[①]

本章内容记录的是我的思想从移民到融入、舍弃、撷取、添加等全部经历。幸运的是,我及时离开德国,得以躲过了灾难,而且我还年轻,足以让我在新家园的专业团体中逐渐成长。我早期的研究,又让我能在理论传统的交汇中充实自己。

一、何事？何时？何地？

1930年我进入慕尼黑大学,基于对公共事务和社会事务的广泛兴趣,那时我选择将经济学作为研究的一个领域,希望此举能给我带来不仅在德国,而且在国外的广泛机会。为此,我把对文学、哲学等其他学科的兴趣搁置一旁。不过,尽管这些学科被置于次要地位,但它们仍是我知识风景(intellectual landscape)的一部分,甚至在跨越大洋之后也是如此。

我成长于20世纪20年代的德国,知识的包裹确实因此而复杂。至今我仍有对第一次世界大战的童年记忆,沃尔特·拉西诺(Walter Rathenau)被暗杀是政治灾难的序曲,失控的通货膨胀带来了混乱,以及早期纳粹冲锋队(SA,Sturmabteilung)发动清洗……所有这些都表明,社会的进程在最好的情况下也是脆弱的。与此同时,我们对魏玛共和国的忠诚以及对民主理想的自豪,是在今天很容易被忽视的德国历史的一部分。尽管低估了不断上升的纳

[①] 引自 H. Hagemann(ed.), *Zur deutsch sprachigen wirtschaftswissen schaftlichen Emigration nach 1939*, Marburg:Metropolis,1997,63—79.

粹威胁,但始于第一次世界大战前青年运动的浪漫情怀,以及20世纪20年代丰富的文学艺术氛围,在我进入大学后仍然存在。里尔克(Rilke)诗歌的坚定之美,布莱希特(Brecht)的精湛诗篇和淳朴的启示,黑塞(Hesse)的浪漫、神秘气息,施特凡·格奥尔格(Stephan George)魅力颂歌带来的烦扰——这些都是在我进入经济学领域之前的记忆。这一时期为我们留下了一种丰厚之感,但也留下了一个严厉的警告:隐藏在德国的智性传统中的情感和理性的不慎混合,成为灾难的预警。

现在我想谈一下从慕尼黑开始我与经济学更亲密的接触。那一年用的讲义,我记得有阿道夫·韦伯(Adolph Weber)的导读和魏迪根(Weddigen)的公共财政,还有一篇洛兹(Lotz)写的枯燥冗长的文本。最著名的课程是冯·兹威迪克-西登霍斯特(von Zwiedineck-Südenhorst)讲授的庞巴维克(Böhm-Bawerk)经济学和边际主义,这些在当时于我是高深莫测的,但课程内容无疑是高质量的。当时学习经济学的重点仍然放在法律方面,所以我的课程表还包括了柯施(Kisch)讲授的有趣的《德国民法典》第一草案和第二草案(BGB I and II),以及拉威尔斯基(Nawiasky)的公法讲座,他俩不顾纳粹冲锋队的干扰勇敢地提供了这些课程。我在谢林大街的房间正对着《人民观察家报》(Volkischer Beobachter)通讯社,能看到他们的政党活动。冲锋队干扰作为预兆,是我在房间里每天能看到的景象的一部分。慕尼黑大学生活以外的事物,比如剧院和阿尔卑斯山脉,也自有其角色。

1931年秋天,我转到海德堡读书,开始认真研究经济学。马夏克(Marschak)当时还是个年轻的编外讲师(Privatdozent),他举办研讨班讨论凯恩斯的著作以及将财政资金流融入国民收入账户中。由于莱德勒(Lederer)去了柏林,就由布林克曼(Brinkmann)和萨尔斯(Salz)接着上微观理论的课程。伯格斯特拉瑟(Bergstrasser)的研究更多地涉及社会科学的哲学方面内容(记得在他的研讨班上我曾写过一篇关于阿奎那思想的论文),而阿尔弗雷德·韦伯(Alfred Weber)则提出了一个宽泛但难以理解的社会学体系。在法律领域,我记得耶利内克(Jellinek)和拉德布鲁赫(Radbruch)开设了课程;在哲学领域,雅斯贝尔斯(Jaspers)开设了课程。

我最感兴趣的是20世纪20年代发生的财政理论的复兴,它恢复了19世纪60~90年代的伟大传统,那时德国的财政思想正处于鼎盛时期。在此时,奥托·普夫莱德尔(Otto Pfleiderer)是阿尔弗雷德·韦伯的助手,刚刚发表了他关于公共部门的研究成果(1930),在此之前,已有一大批类似主题的著作,包括里彻尔(Ritschl,1931)、卡塞尔(Cassel,1925)、科尔姆(Colm,1927)、耶赫特(Jecht,1928)和萨尔坦(Sultan,1932、1952)等人的著述。所有这些著述都提出了一个观点(虽然视角有所不同),即作为经济组成部分的财政体系,它不同于私人部门但又与之相互关联。在经过了几十年的低谷状态之后,财政理论的德国传统此时得以再度升温,公共财政成了热门话题,而我也幸运地受益于这一复苏。在很大程度上,我后来的努力和对这一领域的持久兴趣都受益于此。

和在慕尼黑时一样,我在海德堡时的记忆也有阴暗的一面。越来越不祥的政治局势,海德堡大学旧礼堂(Alte Aula)前的焚书事件,伟大的海德格尔大步走在纳粹学生前面,纳粹冲锋队接管了我们的恩索斯塔(INSOSTA)大楼,阿尔弗雷德·韦伯勇敢地取下纳粹党的"卐"字旗,当我在菲尔德山上滑雪时听说了德国国会大厦(the Reichstag)着火的消息……这些记忆依然存在。

1932年,我幸运地适时获得了德意志交流总署的奖学金,得以在1933年秋天离开德国前往美国学习。离开的是民主在崩溃的魏玛共和国,到达的是深陷经济萧条的美国,但那时的美国人仍充满希望地想在罗斯福新政中建设更美好的未来。经济学就此走到了政治的前沿,对我的研究工作来说,这是极为有利的环境。在罗切斯特大学的第一年(the fellowship year)里,我熟悉了新环境,并在克劳辛(Clausing)教授指导下阅读了马歇尔(Marshall)的著作,还获得了吉尔伯特(Gilbert)教授有关美国财政制度方面的入门指导。大家热情、友好地接受了我,我在美国的生活也都是如此,道路向我敞开着。

随着灾难逼近德国,毫无疑问,我只能在美国寻找新的家园,并抓住它提供的机会。在霍尔泽(Holzer)奖学金的支持下,我于1934年转学到哈佛大学,并在1937年获得博士学位,不久之后成为美国公民。再一次地,好运使我在恰当的时间到达了恰当的阶段和恰当的地方。关于恰当的阶段,我的意思是说我已经完成了入门训练,但是在德国时研究尚未走得太远。这让我有机会和我的同学一起学习英美的经济学分析,而不会像那些年长的移民一样,感觉差异太大。关于恰当的地方,不仅是指我在此受益于名师的指导,而且同样重要的是,还受益于与一群杰出的同学交往——从保罗·萨缪尔森(Paul Samuelson)和劳埃德·梅茨勒(Lloyd Metzler)开始,他们在未来几年成为引领这一专业领域的经济学家。最后,关于恰当的时间,我指的是盛行于那些年代的经济政策和学说的变革。紧随其后,以哈佛大学张伯伦(Chamberlin)的著作为代表,不完全竞争理论替代了完全竞争市场模型;以阿尔文·汉森(Alvin Hansen)为核心,一批人在宏观经济理论领域倡导凯恩斯主义革命;序数效用取代了基数效用,社会福利函数也被引进。随着教师和学生积极参与到这些革新中来,经济学世界似乎得到了改造和校正。后来发生的事情表明,说是胜利有些为时过早,但确实看上去像是一场胜利,它也成为我兴奋与热情地从事研究工作的辉煌背景。

由于包括熊彼特(Schumpeter)、哈伯勒(Haberler)、列昂惕夫(Leontief)、斯塔尔(Staehle)在内的德语区移民的到来,大学内的师资力量更加雄厚了。在研究生中,除我之外,还有一些来自德国的其他学生,包括亨利·海瑟(Henry Heuser)、沃尔特·斯特特纳(Walter Stettner)、沃夫冈·斯托波(Wolfgang Stolper)、亨利·沃里克(Henry Wallich)、赫伯特·扎森豪斯(Herbert Zassenhaus)等人,他们注定要在学术领域和华盛顿有杰出的事业发展。早一年来到这里的熊彼特,在第二个学期接替了陶西格(Taussig)的入门理论课程。于是,以苏格拉底式教学法讲解李嘉图理论让步于瓦尔拉斯方程和现代经济学景象。哈伯勒讲授贸易理论,他对凯恩斯模型提出了建设性的批评。列昂惕夫讨论定量分析的各个方面,这也是他的投入-产出模型的起源。当哈伯勒和列昂惕夫轻易就融入院系活动之时,熊彼特留下的却是有几分孤独的身影。非常引人注目的是,他致力于将经济理论当作"工具箱"[这是琼·罗宾逊(Joan Robinson)的术语,熊彼特喜欢这样引用],他的欧陆框架(continental framework)之恢宏,让他与那些持"让经济发挥作用"的观点的同事之间,拉开了距离。除此之外,作为一个在自由主义背景下的保守主义者,他有些孤独;他对凯恩斯主义的迅速传播也有些不满,认为其思想很大程度上得益于他早期的工作。或许有些自相矛盾,但与我所认为的他具有的黑格尔式特质一致,熊彼特更接近于马克思主义的思维模式(如果说带有反转迹象的话),而不是商业世界及其企业家的思维模式。对于企业家,熊彼特崇拜他们发挥的功能,但觉得他们的文化是低劣的。他的经济学说史课程尤其吸引人,但如果欧洲的局势(European history)能允许他继续留在那里的话,他的作用就不应该也不会如此而已了。最近他的理论在美国的再度流行,本可以成为他对局凯恩斯的迟来的胜利;但是熊彼特,就他那样的人来说,很难会对自己19世纪80年代的形象和他新赢得的追随者感到舒服。

尽管以上这些教师的贡献都很重要,但阿尔文·汉森的财政政策研讨班才是最核心的也是最活跃的交流场所。在此一年前才从明尼苏达州过来的汉森,满腔热情地接受了凯恩斯主义思想。由于关注财政政策在维持充分就业方面的作用,他的研讨班成为我们学习新经济观的聚集地。在分析层面上,新经济观需要发展新的定理(在保罗·萨缪尔森的大力推动下),于是发现加速器、内置弹性、平衡预算乘数就势在必行。在政策层面上,汉森参与了华盛顿的政策研究,为理论与政策搭起一座活跃的桥梁,探索公共工程、补偿性财政、社会保障的作用。这就是行动中的经济学(economics in action),经由华盛顿来的常客不断充实内容,从而让经济学远离了原来的"沉闷科学"(dismal science)的名声。

然而,我并没有在这条常规轨道上着手写论文。相反,我回到了早年在海德堡时的兴趣,想为公共部门建立一般理论,也就是如今视为将经济分析的标准工具应用于非市场性质情形下的模型。庇古的《公共财政研究》(1927)将税收分析与福利经济学相结合,提出了公告效应(announcement effects)这一恐怖幽灵(the spectre)。他将支出考虑为总福利最大化的一种措施,但只在绪论那一章作了简短的论述,似乎仍不足以构成完整的见解。虽然外部性作为市场失灵的一个根源,在他的《福利经济学》(1926)一书中得到了论述,但仅被视为一种管制问题,而未扩展到公共品的一般理论中加以讨论。亚当·斯密注意到,某些服务虽然对个体来说有用,但不能在个体的基础上以盈利方式提供,事实上已尝试提出支出理论的基础问题,但他并没有沿着这个线索继续探求下去。除了马尔萨斯这样的例外,学者们都忽视了公共部门的生产性贡献。从李嘉图到密尔、埃奇沃斯,再到庇古,他们的注意力都集中在税收上。

正如我从早先的研究中所了解到的那样,更积极地研究预算支出的理路,要到德国的财政传统中去寻找。德国学者非但没有把预算支出视为一种内在的浪费,反而强调了它产生的贡献。卡尔·迪策尔(Carl Dietzel)将公债和国家视为非物质资本(immaterial capital)的观点(1855),冯·斯坦因(Von Stein,1860)的税收再生产理论(1860),谢夫勒的公共资源和私人资源比例使用原则(1867),所有这些都证明了公共支出具有生产性的贡献。瓦格纳将公共部门视为"生产性经济"(Produktionswirtschaft,1880)部门的观点也是如此,他的"社会政策原则"(sozialpolitich. es Prinzip)为支出政策进一步增加了论据。与此同时,对于为什么某些产品应当通过预算来提供,在这些文献里几乎没有经济学的思考,而将这一判定留给了国家的智慧。对萨克斯(1887)、马佐拉(1890),或最为重要的维克塞尔(1896)的贡献,大家很少或者根本没有关注到。将公共品的需求追溯到个体消费者的偏好,这一观点似乎与德国研究路径下的国家有机论不相容。正如下面将提到的,在海德堡的研究环境中也是如此,但我那时已经意识到有另一种研究路径以及它所包含的信息。对这些欧陆文献我已熟知,但当时以英语为母语的学者却对这些文献知之甚少,这是我移居国外所携带的有价值的"行李",给了我相当大的优势。这些文献也为我的第一次期刊投稿(1938)提供了素材,我想,它们也促发了保罗·萨缪尔森(1954)随后的投稿。当然,对我来说还有很多工作要做,而论文只是一个开端。

在1937年获得博士学位后,我被任命为讲师,并与伯班克(Burbank)教授一起教了几年财政学课程。1941年,我前往华盛顿,接受了联邦储备系统理事会提供的经济研究员的职位。在接下来的10年(从1938年到1948年),我都是在理事会度过的。从稳定战时经济运行到向和平的过渡,这是一段激动人心的岁月。一开始我从事商业银行业务,很快就转到财政事务上来,并负责该部门。作为财政部战时税设计的联络人,我可以观察到现代所得税的兴起;在与纽约储备银行打交道时,我开始熟悉错综复杂的债务财政。在后来的几年里,作为马瑞纳·伊寇斯(Marriner Eccles)——联邦储备委员会主席、早期新政(the New Deal)的领头人物的特别助理,我得以有机会去见识顶层政策的设计过程。

对我来说,从学术界转到华盛顿政界既是一个新挑战,又是一个在恰当的时候出现的机遇。我可以学习了解政府是如何运作的,有哪些可用的数据来源,从哪里获取信息……所有这些,不仅对当时当地,而且对我后来的工作,无论是做研究还是为财政部和其他机构做咨询,都非常有价值。这还不是全部。在战争年代,华盛顿是经济学家聚集的地方,他们在那里帮助改善战时国家的经济状况。来自德国的移民是这个团队的一部分,其中包括曾担任过预算局(Bureau of the Budget)首席经济学家的格尔哈德·科姆(Gerhard Colm)、戈特弗里德·哈贝勒(Gottfried Haberler)、弗里兹·马克卢普(Fritz Machlup)、亚历山大·格申克龙(Alexander Gerschenkron)、沃尔特·莱德尔(Walter Lederer)以及许多其他人。除了战时事务外,他们还开展了大量关于战后经济应如何进行的讨论。战后的世界,是否会像许多人预期的那样,在经济上会回到20世纪30年代的停滞局面,还是会出现资本短缺和通货膨胀问题呢?如何在布雷顿森林体系下建立新的货币秩序?西摩·哈里斯(Seymour Harris)在理事会组织的每周研讨会,提供了一个外国政要可以在上面发表观点的论坛,包括罗伯逊(Robertson)和凯恩斯(Keynes)等人,他们都预测战后会出现资本短缺而不是储蓄过剩。

　　事实证明,我在华盛顿的经历是无价之宝,但到了20世纪40年代末,是时候回到学术生活并继续我在论文中已开始的任务。1948年,我搬到密歇根大学安娜堡分校(University of Michigan at Ann Arbor),在那里度过了20世纪50年代。在那10年里,院系同事,包括同是移民的沃夫冈·斯托波(Wolfgang Stolper)、乔治·卡托纳(George Katona)和伊娃·穆勒(Eva Mueller),提供了最有凝聚力、最有成效的环境。对公共部门理论的研究是我关注的中心问题,同时公共财政和宏观经济学的教学,特别是财政研讨班,也是新兴模型的试验场。我的成果——《财政学原理》(Theory of Public Finance)于1959年出版,其内容囊括了我所承继的各种理论传统,在此做一点简要的说明。

　　我建立这一模型,首要任务是将有效利用资源的原则应用于公共品,或一个与之相当的术语——社会物品(social goods)地提供。如前所述,在此方面我对欧陆文献尤其是北欧文献有所了解[节选的内容纳入了我与艾伦·皮考克(Alan Peacock,1958)共同编辑出版的文献中],而这一点具有决定性的作用。可以肯定的是,社会物品或公共品与私人品的不同之处在于,它们在消费上没有竞争性,但在满足个体消费者需求方面,与私人品是相似的。保罗·萨缪尔森(1954)的贡献在于,定义了这种商品供应的效率条件,但进一步的任务是寻求一种有效执行的机制。正如林达尔所建议的,理想的解决方案是实行受益税制度,即根据每个消费者对共同消费量的边际评价而收税。但是在排除那些不切实际或效率低下的情形之后,我们会发现通过市场是得不到公共品的偏好显示的。相反,我们需要有政治过程才能确保偏好的显示,并进而成为解决财政问题的固有部分。按照这一思路,我把提供公共品的任务分派给我所谓的预算的资源配置分支(the allocation branch of budget)。

我考虑的第二个主要任务是处理收入分配问题。从斯密,经过密尔、埃奇沃斯,一直到庇古,英国税收理论的核心问题一直是怎么按照支付能力原则分配税收负担。后来,均等牺牲规则被用来决定税负分配的正确模式。以庇古为例,他提出,正确的解决方法是让税负带来的边际牺牲相等或使总牺牲最小。然而,这种分析只限于为给定的服务预算提供资金,而未涉及税收和转移支付政策以及更为广泛的分配问题。与此相反,德国学者已认识到,收入分配是预算政策的核心问题,这在瓦格纳的"社会政策原则"(sozial politisches prinzip)中表现尤为突出。维克塞尔也清楚地意识到这一问题。正如他指出的,要使受益税公平,首先必须建立一个公平的税前分配状态。因此,收入分配调整是整个财政过程的一个组成部分。虽然公共服务的筹资由受益税来解决,但是税收转移方案(后来称为"负所得税")有助于根据社会感知的社会福利函数来纠正市场决定的分配状况。由此,它的实施由预算的收入分配分支(the distribution branch of the budget)来决定。

最后,必须考虑财政在宏观政策中的角色。在早期的德国财政文献中就有这样的考虑,正如迪策尔在对公债分析(1855)中所做的那样。不过,对宏观问题的强调,只是随着凯恩斯革命才进入了英国财政思想的主流,但随后就报复性地兴盛起来。在把这个与宏观问题相关的职能分配给预算的经济稳定分支(the stabilization branch)后,我的财政职能三分模型(three-branch model)就完成了。在实施过程中,财政职能三分模型所处理的事务可能会有交叉,但经过适当设计,每个分支都可各负其责,不会干扰其他分支实现职能。公共服务可以凭借预算的资源配置分支(the allocation branch)通过受益税且以分配中性(distributionally neutral)的方式来筹集资金。对收入再分配的调整,可以通过税收和转移支付来进行,完全可以不对消费者的选择造成重大干扰。经济稳定措施可以采取按比例征税或转移支付的形式,这样的话,就不需要在"挖沟填沟"这样的无效活动中浪费资源,也不需要为确保经济稳定而去削减有价值的公共服务。因此,要认识到,这样的财政职能三分模型各有不同的支撑理由,同时财政政策的各种职能都可以有效率的方式实现,并可以被纳入一以贯之的净预算(net budget)中。到现在我回头再去看,发现财政职能三分模型当然还需要做一些修正,但基本结构仍然有效。

1958年,我转到约翰·霍普金斯大学。对该校院系内的专题研讨班,我至今仍保留着特别美好的记忆。该研讨班由弗里兹·马克卢普(Fritz Machlup)主持,并因西蒙·库兹涅茨(Simon Kuznets)博学的学术贡献而变得丰富多彩。他俩都是杰出的移民。该研讨班提供了知识的凝聚,为系里的所有成员、教员和学生,都提供了交流的机会。随后在1962年,我进入普林斯顿大学新成立的伍德罗·威尔逊公共事务学院(Woodrow Wilson School of Public Affairs),并举办一个关于财政联邦制的研讨班,开设了一门对我在那里工作至关重要的宏观理论课程。约翰·海德(John Head)和艾伦·威廉姆斯(Alan Williams)分别是来自澳大利亚和英国的朋友,他们富有成效的访问也是我温馨的回忆。

1965年,我回到哈佛,接受了经济系和法学院的联合聘书。在系里,我与马丁·费尔德斯坦(Martin Feldstein)共同开设财政课程,其中包括再次举办财政政策研讨班。虽然此次研讨的主题和方向与40年前完全不同——彼时重点放在公共部门对市场失灵的修复,而现在的重点放在如何将公共部门对市场的损害最小化——这个研讨班再次提供了一个鼓舞人心和令人振奋的论坛,一群杰出的学生为之注入了活力,他们中的许多人如今已成为这个领域的引领者。到了20世纪70年代,为了应对时代的思想巨变,我的教学内容和研究兴趣拓展到举办一个"经济与社会"研讨班。我们追随着马克斯·韦伯的设想,致力于在更广泛的社会科学领域中定位经济学的地位,并在约翰·罗尔斯(John Rawls)和罗伯特·诺齐克(Robert Nozick)研究的启发下,去探索经济学家参与社会哲学的研究。于是,我的关切又回到了工作的早期阶段,特别是在海德堡的那些年中我自认为的至关重要的问题。托马斯·阿奎那(Thomas Aquinas),这个很久以前在海德堡研讨班上的主题人物,与洛克、斯密、马克思和马克斯·韦伯一起,作为经济学思想视野中的重要人物,再一次地出现了。

在法学院任教,我主要是与斯坦利·萨里(Stanley Surrey)合作,关注存在已久的所得税制的设计问题。几十年来,我一直是一帮税收经济学家中的一员,这个群体包括哈维·布拉泽(Harvey Brazer)、乔治·布雷克(George Break)、理查德·古德(Richard Goode)、哈罗德·格罗夫斯(Harold Groves)、沃尔特·海勒(Walter Heller)、约瑟夫·皮奇曼(Joseph Pechman)、卡尔·舒普(Carl Shoup)、比尔·维克瑞(Bill Vickrey)等,大家一起致力于推动实现宽税基所得税的愿景,表现为:在"所得"被定义为"增值"的前提下,所得税制可以提供最好、最公平的联邦税收工具。"增值"这个概念由格奥尔格·香兹(George Schanz,1886)在德国首次提出,后来由亨利·西蒙斯(Henry Simons,1938,1950)加以推广。萨里(Surrey)也是这个群体的重要成员,作为律师,他为我们的努力带来了对细节和实用性的判断。多年来,萨里一直教导我们,对结果进行经济分析很重要,但也必须考虑到实践的局限性和行政的可行性。在20世纪60年代肯尼迪和约翰逊政府期间,他任职于财政部,我曾与他合作过。我发现,我们之前在税收政策研讨班上的合作延伸至此是一个自然的结果。我们的合作,还召回了将财政问题的经济和法律方面联系起来的德国传统。我与奥利弗·奥德曼(Oliver Oldman)一起参与的在法学院的国际税收项目,同样延续了自己长期以来对推动经济发展的财政职能的兴趣。自20世纪40年代我参与罗伯特·内森(Robert Nathan)在世界银行驻缅甸使团后,就有机会参与并指导哥伦比亚和玻利维亚设计所得税的试验。我在财政研究方面的范围因此拓宽,并为后来出版的一卷关于经济发展的财政因素的著作(1969)提供了素材。

我在法学院的其他工作,包括早期与圭多·卡拉布雷西(Guido Calabresi)合作开设法经济学(Law and Economics)课程,其研究方法自那以后席卷了整个经济学领域,现在已有走得太远的危险。虽然这样的研究有助于为侵权行为和契约制定法律规则提供理论依据,但经济学只是故事的一部分。毕竟,法律既服务于正义规范也服务于效率规范,因而帕累托最优并不是问题的全部。

这些年来,通过加入国际财政学会(International Institute of Public Finance)并参加公共经济学研讨班(20世纪70年代我们建立的研究团队),我一直保持着国际交往。在20世纪30年代和第二次世界大战期间,我们与德国经济学家间的直接联系暂停了,但此后不久又得以恢复。1948年,我和沃尔特·赫勒(Walter Heller)、阿尔文·汉森一道作为美国代表团成员访问波恩,当时我们的任务是调查德国对美国援助的需求。霍伊斯(Heuss)校长热情好客,他的儿子恩斯特·路德维希(Ernst Ludwig)是20世纪20年代和我同校的校友。随后我们频繁地访问德国,也有机会欢迎德国的学者访问美国。1983年,在我获得政治经济学硕士学位(Diplom Volkswirt degree)50周年之际,海德堡大学给了我特别褒奖,为我颁发了一个荣誉学位。从当时已回到法兰克福的老一代人弗里茨·诺伊马克(Fritz Neumark)开始,我们双方的接触很快就延伸到后来的几代人,进而延伸到如今正在崛起的新一代美国方式财政学者。最近我被任命为慕尼黑经济研究中心(Munich's Center for Economic Studies)的名誉成员,这为将来的合作提供了额外的桥梁。一路走来,我珍视德国同事给予我的热情款待;我也很高兴地认为,我对公共财政的看法,通过洛尔·库尔默(Lore Kullmer)教授对我们文本的出色改编,在德国的学术舞台上产生了影响。也许这可以看作是我在那里接受的基础训练和我带到美国的思维模式的小小回馈。

二、德语财政学和英语财政学[①]

我简要地回顾一下我早期在德国的学习中接触到的财政学传统以及我之后在美国接触的财政学传统。二者之间存在着不同,到后来都跟我自己的思

[①] 此处原文为 FINANZWISSENSCHAFT AND PUBLIC FINANCE,其实都是财政学的意思。不过前者是德语,马斯格雷夫专用来指从19世纪至第二次世界大战前的德语财政学(包括德国和奥地利两国学者的财政学),后者马斯格雷夫专指在英国和美国的财政学,因此分别译为"德语财政学"和"英语财政学"。

想相结合。德语财政学(Finanzwissenschaft),在当时的经济学分支中一向享有极高的甚至是首要的地位。为了认识到这一点,我们可以回溯至19世纪初,在那时经济学被分为理论经济学、经济政策、公共财政三个分支,而公共财政是唯一可被赋予独有的教授职位的应用领域。这种特殊的地位,在当前仍为我的德国同事所享有,反映出人们认为财政学是一门独特的科学,它建立在官房学者的传统基础上,超出了普通经济学的范围之外。尽管在19世纪上半叶,财政学文献在官房学者传统和斯密模式之间存在分歧,但自劳(1850)开始,人们对国家的经济作用的看法明显转向更为积极的观点。正如德国的历史学家冯·贝克拉斯(von Beckerath,1952)所说,这一积极的观点引导了德国财政的"三巨头"——冯·斯坦因(1856)、谢夫勒(1867)、瓦格纳(1880)的著述。1872年社会政策协会(Sozialpolitische Verein)的成立,更像是对这一观点的庆祝。

在这个伟大的传统中有许多值得钦佩的地方。学者们在不断变化的历史背景下考察财政制度的作用、结构和绩效,以及财政制度与其他经济、社会和政治制度的相互作用与反应。不仅是冯·斯坦因和谢夫勒的"阶段理论"(Stufentheorien),还有熊彼特那篇著名的关于税收国家的未来(1918)的文章[①],都沿用了这种变迁模式——一种财政发展理论,引导财政在第一次世界大战前的国家中发挥作用。德语财政学涵盖了经济学、社会学和国家哲学,它渴望创建一门自己的学科,甚至(或许是非常狂热地)自称为"德国精神的独特之处"(eine Eigenart des Deutschen Geistes,Meisel,1925)。

伴随着这种认知气息(Teschemacher,1928;Gerloff,1952;Neumark,1961)且与之相关的,是对以私人欲求为基础的公共品理论的排斥,取而代之的是采用欲求决定的共同体或政府的视角。从国家理论的角度来看,财政制度的功能倾向于被认为是满足"集体欲求"(Gemeinschaftsbedürfnisse)或共同体欲求,这与个人基于自身利益的、可在市场上得到满足的私人欲求截然不同。亚当·米勒(1809)一开始就假定了共同体或"集体"(Gemeinschaft)的先在性(pre-existence)。冯·斯坦因的黑格尔派国家观,面对的是在市场上

[①] 此处指的是熊彼特于1918年发表的"税收国家的危机"一文,中译文可参见格罗夫斯著:《税收哲人》附录,上海财经大学出版社2018年版。——译者注

不平等的个体与在国家中平等的角色之间的相互作用。谢夫勒和瓦格纳承认，个人是公共服务的基本受益人，但不认为公共服务的提供是私人偏好的函数。相反，公共服务的提供仍被认为从属于国家的强制性，就像"统制经济"（Zwangswirtschaft）①中那样。尽管有萨克斯的最初贡献，而且也有少数的例外（Cassel, 1925），但在德国文献中基于个人偏好的财政理论并没有立足之地。到冯·贝克拉斯这里，仍以批判的眼光看待这一理论（1952），诺伊马克（Neumark, 1961）也仍认为该理论注定会失败。

在英国传统中，对财政学的态度较为冷静，没有德国人那样的热情。自然法和市场赋予个体以自由，而经济学作为一门研究基于私人偏好的市场效率的科学而出现。从这个角度来看，公共部门往往是一种不正常的存在，只是被勉强认可为用来纠正某些市场失灵的"必要的恶"（necessary evil）。税负归宿分析是受欢迎的，因为它为价格理论提供了一个方便的试验场，并将边际主义应用于使总税负最小化的研究。预算表中的税收一侧得到考虑，但如前所述，对它的考察是独立于支出一侧的。亚当·斯密早先引领的理论并没有得到跟进，庇古也没有提出公共品理论。以我在 1939 年的研究和波恩（H. R. Bowen, 1943）的研究为开端，且只在萨缪尔森对效率条件的应用（1954）之后，公共品理论才成为人们关注的中心。随后维克塞尔-林达尔（Wicksell-Lindahl）的传统得以恢复，尤其是在我（1959）和詹姆斯·布坎南（1968）的著作中。公共部门经济学的特殊性得到了最终的承认，并被置于一般经济理论的背景下。德国的学说曾经摒弃以个人欲求为基础的方法而支持一种共同体概念，英文著作此时也开始予以接受，并将它作为一种适宜的表述，虽然有些晚。

像我上面宽泛的描述，不可避免地会夸大其词，而且总会有例外。英国的柏克（Burke）就是德国浪漫主义的崇拜者，而且马尔萨斯也觉察到了公共支出的生产性作用。在德国，康德对个人权利和守夜人国家（Nachtwächterstaat）的看法与洛克很接近，而且 19 世纪上半叶的德语财政学者大多遵从的也是个人主义的传统。奥地利经济学家萨克斯（1887）是第一个将边际效用分析应用于公共品的人（Musgrave and Peacock, 1958），而在对国家发动的自由至上主义批

---

① 即一国经济服从战时需要，国家以行政手段直接干预或管制生产、流通、分配等社会再生产的各个环节和国民经济各部门。——译者注

评中,冯·米塞斯(von Mises)和后来的冯·哈耶克(von Hayek)的贡献无人能及。然而,就德语财政学而言,这些人只是例外而非普遍规律,并因此造成德国财政学与英美财政学这两种有显著区别的传统。

我在海德堡学习的那些年,对共同体欲求路径(communal wants approach)的关注一直是个流行的话题,正如里彻尔(Ritschl)、普弗莱德雷尔(Pfielderer)、科尔姆在那时发表的论著中所显示的那样。里彻尔(1931)顺应政治气候,回归到亚当·米勒(1809)的浪漫主义看法。他所说的共同体经济(Gemeinwirtschaft),主旨不是去满足个体消费者基于自身利益的欲求(wants),而是去满足国家所代表的共同体需要(needs)。虽然共同体需要由个体作为共同体成员来感受,但这些需要被看作是客观给定的所有成员的共同经验,且在他们的个人偏好模式之外。"在社会中"(In der Gesellschaft),伴随而来的是不祥的征兆,"同样的钱滚滚而来,但在共同体中流着同样的血"(rollt das gleiche Geld, in der Gemeinschaft aber das gleiche Blut)。科尔姆(1927)和普弗莱德雷尔(1930)的研究方法不像这样脱离常轨,但仍在个人主义模式之外。继瓦格纳之后,受马克斯·韦伯有关类型理论(categories)的强烈影响,学者们首先关注的是私人代理人和公共代理人的不同运作模式。在前一种情况下,由公司组织生产以满足市场需求。在后一种情况下,由行政官署(Behörde)按主管机关或有关当局(Instanz)的指示行事。公司和行政官署都应该是有效率的,因此都应被视为经济活动者。但是,一旦做出这一有用的区别,人们对主管机关如何做出决定就持有一种相当粗略的看法。决策的做出,被认为基于许多考虑,包括无视私人偏好的强制性消费,以及提供虽然个人想要但市场无法提供的服务。在这种情况下,非排他性和联合消费(joint consumption)得到了注意,但并没有被挑出来作为公共供给的关键因素。相反,重点都被放在了主管机关的决策权上。为了实施决策,主管机关必须征收强制性的税收资金,而个人的偏好体系与偏好显示的民主过程并没有融为一体。相反,在公共部门的性质中保留了强大的共同体因素或命令因素。若考虑到科尔姆和普弗莱德雷尔都是自由民主党人,那就可以证明早期财政学传统具有持久的力量。

在我移居美国时脑中携带的这些想法和内容,有哪些要保留,有哪些要丢弃呢？我认为，最重要的保留，是对公共部门的积极看法——公共部门同市场一样都是经济体系的必要组成部分，收入分配也应作为需要财政考虑的问题。我还保留了一种规范模型的思想，用韦伯的话来说，就是"理想类型"，它将定义公共部门的职能应如何发挥。可以肯定的是，现实将会背离理想状态，只有次优的解决方案才行得通。但如果没有最优结果的形象，可行的（也许是次优的）选项就无法进行排序。正如我在1958年的著作中所指出的那样，选择理论应该在朝向最优结果方面做出重要贡献；不幸的是，选择理论目前已经受到我所认为的反公共部门偏见的影响（Musgrave, 1981）。最后，按照诺伊马克（Neumark, 1961）的说法，我将公共部门划分为三个分支，或许可以反映出一种典型的德国传统财政的分类倾向。也许是这样，但不仅如此。这三个分支的用意并不是作为一个方便的目录，尽管它们已被广泛使用，它们反映的还是各种预算职能的不同原理。

我对原有观点的最重要的背离，是接受了个人主义的维克塞尔-林达尔的公共品理论。这个理论的观点认为，预算的资源配置分支所提供的产品是为了满足私人需求，而这些产品，由于消费上的非竞争性，是无法通过市场提供的。无论人们对社会和国家的个人主义和共同体特征是否有深刻的感受，这种感受都与公共品和私人品之间相当平常的区别毫无关系。非竞争性消费的特点可能依附在完全平凡单调的服务上，比如交通灯或垃圾处理，而潜在的共同体感受和价值可能依附在其他竞争性项目上，如个人可获得的学校教材的内容。若不能区分这两个问题，就会阻碍将公共品经济学纳入资源有效使用的统一框架中。这是德语财政学的重要缺陷，我已经把它抛在了身后，它也必须被抛弃。

但是，尽管消费的非竞争性是公共品问题的核心，但这并不意味着自利交换（无论是通过市场还是投票）是唯一有意义的社会互动形式。诚然，共同体视角的关切（communal concerns）很难定义，接纳起来也有危险，但它从柏拉图时起，就一直是我们学术场景的一部分。我提出的优值品的概念（同样适用于私人品和社会物品），就是为共同体视角的关切提供一个有限的开端（Musgrave, 1959, 1987）。公务员恪尽职守仍然是一个建设性的概念，负责任的公共领导者也是一样。尽管他们现在容易被嘲笑，但这一不同于自利个人的模式对于民主的运作也是至关重要的。权利和分配正义的问题,同样不能简化为交换原则;必须先搞清楚如何解决这些问题,才能让共同体视角的模式发挥作用。德语财政学传统根基广泛,它与国家理论和财政社会学的联系(Musgrave,1980)也有助于我们认识这些问题,而且这种认识与以私人欲求为基础的公共品理论相当一致。

毋庸赘述,我这里所说的德语财政学,指的是几乎60年前我离开德国时的情况。如今德国的财政学与英美财政学几乎没有什么不同,而传统财政学的特征中,哪一些(如果有的话)会被保留或将重新出现,仍有待观察。但这跟我在这里要说的无关。我的任务是展示自己对这一科学的看法是如何形成的,这是一种(德国、英国、美国和北欧)思想的混合体,可以说是一种知识迁移的案例研究。幸运之神允许我以一种我希望的建设性方式将这些内容连接起来。可以肯定的是,这一切都离不开美国、我的新家以及妻子和同事对我的帮助。

参考文献

Adams, H. (1898), The Science of Finance: An Investigation of Public Expenditures and Public Revenues, New York: Holt.

Beckerath, E. von (1952), 'Die neuere Geschichte der Deutschen Finanzwissenschaft (seit 1800)', in Handbuch der Finanzwissenschaft, vol. I, 2nd edition, Tubingen: Mohr, 416—68.

Bowen, H. (1943), 'The interpretation of voting in the allocation of resources', Quarterly Journal of Economics, LVIII, 27—48.

Buchanan, J. (1968), The Demand and Supply of Public Goods, Chicago: Rand McNally.

Cassel, M. (1925), Die Gemeinwirtschaft, ihre Stellung und Notwendigkeit in der Tauschwirtschaft, Leipzig: Derehert.

Colm, G. (1927), Volkswirtschaftliche Theorie der Staatsausgaben, Ein Beitrag zur Finanztheorie, Tubingen: Mohr.

Dietzel, C. (1855), Das System der Staatsanleihen im Zusammenhang der Volkswirtschaft betrachtet, Heidelberg: Mohr.

Gerloff, W. (1952), 'Grundlegung der Finanzwissenschaft', in *Handbuch der Finanzwissenschaft*, vol. 1, 2nd edition, Tubingen: Mohr, 1—65.

Jecht, H. (1928), *Wesen und Formen der Finanzwirtschaft*, Jena: Fischer.

Lindahl, E. (1919), *Die Gerechtigkeit der Besteuerung*, Lund: Gleerupska.

Mazzola, H. (1890), 'The formation of the prices of public goods', in Musgrave and Peacock (1958).

Meisel, F. (1925), 'Geschichte der deutschen Finanzwissenschaft im 19. Jahrhundert bis zur Gegenwart', in *Handbuch der Finanzwissenschaft*, vol. I, Tiibingen, Mohr, 245—90.

Miiller, A. (1809), *Elements der Staatskunst*, Vienna: Wiener Literarische Anstalt.

Musgrave, R. (1938), 'Voluntary exchange theory of public economy', *Quarterly Journal of Economics*, 53, 213—37.

Musgrave, R. (1959), *The Theory of Public Finance*, New York: McGraw-Hill.

Musgrave, R. (1969), *Fiscal Systems*, New Haven, CT: Yale University Press.

Musgrave, R. (1980), 'Theories of fiscal crisis', in H. Aaron (ed.), *The Economics of Taxation*, Washington, DC: Brookings Institution, 361—90.

Musgrave, R. (1981), 'Leviathan cometh-or does he?' in H. Ladd and N. Tideman (eds), *Tax and Expenditure Limitations*, Washington, DC: Urban Institute Press.

Musgrave, R. (1985), 'Excess bias and the nature of budget growth', *Journal of Public Economics*, 28, 287—308. Also Chapter 20, this volume.

Musgrave, R. (1987), 'Merit Goods', in J. Eatwell, M. Milgate and P. Newmann (eds), *The New Palgrave, A Dictionary of Economics*, vol. 3, London, Macmillan 452—3. Also Chapter 7, this volume.

Musgrave, R. and Peacock, A. (eds) (1958), *Classics in the Theory of Public Finance*, London: Macmillan.

Neumark, F. (1961), 'Nationale Typen der Finanzwirtschaft', in F. Neumark, *Wirtschaftsund Finanzprobleme des Jnterventionsstaates*, Tubingen, Mohr, 81—95.

Pfleiderer, O. (1930), *Die Staatswirtschaft und das Sozialprodukt*, Jena: Fischer.

Pigou, A. C. (1926), *The Economics of Welfare*, London: Macmillan.

Pigou, A. C. (1927), *A Study in Public Finance*, London: Macmillan.

Rau, K. H. (1850), *Lehrbuch der politischen Okonomie*, vol. 3. *Grundsatze der Finanzwissenschaft*, 3rd edition, Heidelberg: Winter.

Ritschl, H. (1931), Gemeinwirtschaft und Kapitalistische Marktwirtschaft, Tubingen:

Mohr.

Samuelson, P. A. (1954), 'The Pure Theory of Public Expenditure', *Review of Economics and Statistics*, 36, 387—9.

Sax, E. (1887), *Grundlegung der theoretischen Staatswissenschaft*, Wien: Holder.

Schäffle A. (1867), *Das gesellschaftliche System der menschlichen Wirtschaft. Ein Lehr- und Handbuch der Nationalokonomie*, 2nd edition, Tubingen: Laupp.

Schanz, G. (1886), 'Der Einkommensbegriff und die Einkommensteuergesetze', *Finanzarchiv*, 13, 1—87.

Schumpeter, J. (1918), 'The crisis of the tax state', *International Economic Papers* (1954): 4.

seligman, E. (1911), *The Income Tax. A Study of the history, Theory and Practice of Income Taxation At Home and Abroad*, New York: Macmillan.

Simons, H. (1938), *Personal Income Taxation*, Chcago: University of Chcago Press.

Simons, H. (1950), *Federal Tax Reform*, Chicago: University of Chicago Press.

Stein, L. von (1860): *System der Staatswissenschaft*, vol. 2. *Die Gesellschaftslehre. Erste Abteilung. Der Begriff der Gesellschaft und die Lehre vonden Gesellschafts-klassen*, Stuttgart/Augsbure: Brockhaus.

Sultan, H. (1932), 'Über die Aufgaben der Finanz-Soziologie', *Handbuch der Finanz-wissenschaft*, vol. I, 2nd edition, Tübingen, Mohr, 66—98.

Teschemacher, H. (1928), 'Über den traditionellen Problemkreis der deutschen Finanzwissenschaft', in H. Teschemacher(ed.), *Festgabe für Georg von Schanz*, Tübingen: Mohr, pp. 422—41.

Wagner, A. (1880), *Finanzwissenschaft*, Leipzing: Winter.

Wicksell, K. (1896), *Finanztheoretische Untersuchungen*, Jena: Fischer.

第三章　英语财政学和德语财政学：两种传统的比较(1996)[①]

本章将比较两种财政学传统，一种存在于英语的财政学文献中，另一种存在于德语的财政学著作中。[②] 接下来我将从三大主题出发进行探讨，包括：(1)公共品和共同欲求(communal wants)，或者为何需要公共提供；(2)收入的来源和税基的概念；(3)财政制度中的税收公平与分配正义。诚然，举出这三个主题只是作为区分两种财政学传统的样本，我将略去像公债的作用和经济稳定等问题。在此处我只能笼统地描绘两种传统，不过仍可以显现出某些关键的差异。

一、公共品和共同欲求

在财政学中有一个基本问题，即为什么需要公共部门？在这一点上，两种财政学传统的本质区别最为明显。在英语财政学传统中，人们关注的焦点一直是矫正公共品提供中的市场失灵，这个始终如一的主题初现于18世纪，并一直延续到现代的公共支出理论中。在德语财政学传统中，人们一直聚焦的是共同欲求(Gemeinschaftsbedürfnisse)，这样的关注最初由官房学者发起，

[①] 感谢来自 N. Andel, O. Gandenberger, K. Mauser, C. Roskamp, B. Schefold 和 K. Schmidt 有益的评论。本章选自 Finanzarchiv N. F., 53 1996, 145—93。

[②] 与第二章翻译的处理相似，本章在翻译马斯格雷夫对比 Public Finance 和 Finanzwissenschaft 时，将它们分别翻译为英语财政学与德语财政学；而在马斯格雷夫并非强调二者对比的地方，则将 Public Finance 翻译为财政学。——译者注

一直延续到19世纪80年代与90年代德国财政学研究达到顶峰之时。

(一)英语财政学传统

从亚当·斯密开始,英语财政学对上述基本问题的看法,就锚定在启蒙运动对自然秩序的看法上,即社会由一系列自利的个体组成。在"看不见的手"的指引下,市场成为产生和谐结果的主要工具。虽然个体是基本的行动者,制度围绕个体而安排,但政府的存在还是有必要的:它既要为市场发挥作用奠定法律基础,又要纠正市场失灵。

1. 古典时期

从一开始,市场失灵就被英语财政学认为是问题的症结所在,不过人们花了一个多世纪才弄清楚其中的原因。

亚当·斯密 在批判重商主义政策和国家致富术(enrichment of the state)之后,亚当·斯密提出,政府的限制一经废除,"最明显且简单的自然自由制度就会自动建立起来"(1776,vol. 2:180)。然后,在竞争性市场上"看不见的手"引导资源为公益(common good)服务,政府不再履行"监督私人产业"的职责。不过,自然自由制度仍需要君主去执行多种任务,其中包含三种职责,"这三项职责确实非常重要,不过即便对普通的理解力(common understandings)而言也是简单易懂的"(1776:180)。

社会必须被保护以免受外来侵略,社会中的每一个成员都要受到保护以免遭受他人的不公正待遇。除此之外,政府还必须提供某些公共机构(institutions)和公共工程。

基础教育是公众关心的话题。公众一旦注意到公共资助高等教育会导致懒惰和滥用(给教员支付的工资跟提供给学生的服务无关)之后,就会强烈地支持对基础教育实行公共提供。没有这样的基础教育,劳动分工虽然可以带来专业化的技巧(specialized dexterity),但获得它是以牺牲勤劳的穷苦人在"智力上、社会上和军事上的德性(virtues)为代价的"(1776,vol. 2:264)。出于道德的、经济的以及军事的原因,政府必须设法阻止这一进程。斯密在这句话中暗含了教育涉及外部性,但在讨论公共工程部分的时候,对公共提供的明确标准才被最为清楚地认识到。

第三章 英语财政学和德语财政学:两种传统的比较(1996)

"君主或联合体(commonwealth)的第三项也是最后一项职责,"斯密写道,"是建立和维护那些公共机构和公共工程。它们虽然可能在最高程度上对伟大社会有益,然而就其性质来说,它们的利润永远都无法补偿任何个人或少数个人的花费,所以也不能指望任何个人或少数人去建设或维护它们。"(1776:210—211)斯密承认市场在某些产品的提供方面有缺陷,但他没有进一步说明这些产品的花费为什么不能得到补偿。斯密也没有提及休谟在早期描述过的一件事,即两个邻居可以达成一致共同排干一块草地上的水,但对一千个人来说却由于每个人都想把全部负担推给别人而无法达成一致意见。"因此",休谟总结道,"桥梁……是在政府的监督下建造的;尽管政府是由那些受限于人类所有弱点的人组成的,但通过人们可以想象得到的最为精致、最为巧妙的发明,政府变成了一种在某种意义上能够不受所有这些弱点影响的制度性安排。"(Hume,1739:539)虽然对公共品问题的严谨阐述到很久以后才出现,但它的基础早已在这里奠定。

约翰·斯图尔特·密尔 和斯密一样,密尔同样认为"自由放任应该是普遍的做法,除非有某种巨大的益处,否则对自由放任的任何背离都必定是一种罪恶"(Mill,1848:314)。也和斯密一样,密尔发现有很多重要的例外。这些情况包括政府的一般职能,例如,为自由放任制度提供安全条件的法律制度;此外,在许多情形下,"政府还可在得到普遍认同的情况下行使权利、履行职能,而这些权利和职能所依据的理由除了增进普遍的便利外,不可能再找到其他任何理由"(1848:150)。在这些职能中,不仅包括造币,还包括提供桥梁、灯塔和堤坝。这些事务"需要法律的干预,这不是为了推翻个体的判断,而是为了使那些判断得以生效;因为人们只有协调一致才能使之生效,而协调一致也没有约束力,除非它得到法律的效力和认可"(1848:329)。

密尔因此认为,在个人不能认识到自己真正利益的情况下,干预或许是合理的。未受过教育的人会低估受教育的好处,由此导致对教育的需求不足,这样就需要公共提供教育。儿童不能靠自己行事,必须受到社会的保护。进一步,政府干预"同样可拓展到一些需要提供重要公共服务的场合,没有个人对提供这些服务特别感兴趣,因为他们提供的话也不会自然地或自发地得到适当的报酬"(1848:342)。对此有很多例证可以提供。探险航行、科学研究或灯塔提供,都可能会产生巨大的公共价值,"但却没有一种方式能从获利的人那里截取部分收益,以便作为报酬付给发起者"(1848:342)。

从休谟到斯密、再到密尔,他们早期的贡献为英语财政学提供了一个良好的开端:(1)人们认识到,公共品和私人品一样,都是为满足个人欲求而提供的;(2)人们已懂得,市场虽然在提供私人品方面有效,但在提供公共品方面会失败;(3)失败的原因在于,不能将受益个体排除在外;(4)因此,政府必须进入公共提供领域,由税收来为公共提供供应资金。此时学者们尚未认识到的是,公共品在消费方面是非竞争性的,这意味着即使可以排他,政府也要提供公共品。

2. 过渡时期

尽管前面说的英语财政学开端显示出广阔的前景,但关于为何某些产品需要由政府提供的分析,却被忽视了近一个世纪。这一时期学者们将注意力转到了税收问题上,从今天来看是忽视了预算的支出端。也有人再次孤立地提到灯塔问题,就像西季维克(Sidgwick,1883:412)在文献中所提及的那样。他再一次地指出,当灯塔服务的好处无法由提供灯塔服务的人占有时,私人就不会主动去做。但这样的分析只是例外。学者们的主要注意力都转到税收上,将其视为一个独立的问题而未与预算支出端联系起来。马歇尔在他那本无所不包的《经济学原理》(1890)一书中,没有关注为何需要公共提供。巴斯塔布尔(Bastable)的《公共财政》(1892)一书,在当时是主要的财政学文本,它以德国学者的风格,从历史的角度论述了支出问题,但也未系统地探讨为什么需要政府支出。

庇古在《福利经济学》(1920:183ff.)一书中说,如果为某个人提供的服务也给其他人带来损害,那么边际私人品和边际社会物品就不再一致,在此处他非常接近于重提支出端的问题。庇古注意到了外部成本的问题,但没有追究作为镜像存在的外部收益问题以及与公共品的关系问题。他在后来的专著《公共财政研究》(1928)中,谈的几乎全是税收问题,对公共支出只做了简要的考虑。比如,公共支出应该扩大到边际社会效益等于边际社会成本的地方,在消耗性支出和转移性支出之间应该做出区分等。关于何时何地需要消耗性支出的问题,他只进行了简单的评论。当公共服务不能"切实可行地通过向个人收费的方式提供"时,就是消耗性支出(1920:49)。由于共同体被看作是一个整体的存在,这样的支出应该分配和执行到不仅整个共同体而且每个人都实现边际满意度和边际成本相等的程度。比如,战舰是不能由个人单独去消费的,任何一个人的贡献意愿将取决于其他人提供多少。因此,"政府作为公民的集体代理人,必须对他们个人实行强制"以确保获得必要的资金(1920:52)。非竞争性消费的本质似乎隐藏在这样的文字表面之下,但学者们并没有深究这个问题。后来的公共财政文本也没有阐明公共品的本质,以及为什么需要公共提供。

在休谟、斯密和密尔启动了一个早期的、充满希望的开端之后,公共支出理论却逐渐衰落,该进程持续了近一个世纪后才再次复兴。在此期间,财政学变成了税收经济学,被作为一个独特的和独立的问题来处理。斯密早期模型所具有的一个基本而明智的特征(即把税收和支出相关联)被丢弃了。

3. 公共品时期

在19世纪最后的几十年里,一群欧洲学者,其中包括萨克斯(1887,1924)、马佐拉(1890)、冯·维塞尔(1889)、维克塞尔(1896)等人,致力于将新发展出来的边际效用分析工具应用于公共品理论之中。由于相关文献是用德语和意大利语写成的(Buchanan,1960),因此他们的开创性贡献就被英语学者忽视了。这一疏忽实在令人遗憾,尤其是因为这个新的视域恰好完全符合亚当·斯密的精神,也符合他视公共品为满足私人需要的观点。

直到20世纪30年代末,公共品模型才被引入到英语文献中,这次是由美国学者引入的。在我来到美国之前,已经在德国开始了研究。对德国在此方面研究的信息,我个人已经很熟悉并利用了自身的比较优势,即选择德国的财政思想作为我的博士论文题目。我的第一篇论文是关于维克塞尔-林达尔模型(1939)的,我认为,它有助于当时在哈佛读研究生的萨缪尔森注意这个问题。随后是鲍文(Bowen)的书(1948)和其他人的文献对此进行讨论,这样现代支出理论的舞台就搭建好了。在其中有两大发现涌现出来:(1)公共品的非竞争性本质会改变资源有效使用的条件;(2)需要一个显示偏好的政治过程来克服搭便车问题。

萨缪尔森,在假定了有个对消费者偏好无所不知的裁判员之后,就抛开第

(2)点而只关注第(1)点,即更容易处理的资源有效使用问题。在那篇有重大影响的论文(The Pure Theory of Public Expenditures,1954)中,他认为,对具有非竞争性的产品而言,资源有效使用的条件可以推导出来,那就是要求边际转换率等于消费中的边际替代率之和。于是,那个假定中的裁判员就确立了私人品和公共品最优组合的效率边界,包括一个在消费者之间加以可能区分的指引(vector)。进一步而言,最佳优化(the optimum optimorum)是要通过诉诸一个社会福利函数来决定的,这个函数允许对消费者的福祉进行排序。因此,该解决方案同时决定了私人品和公共品的组合以及在个体之间的福利分配两个问题。林达尔的定价解决方案(参见下文)成为满足这些条件的众多结果中的一个。因此,萨缪尔森的构想可以被看作是针对谢夫勒早期的比例满意律(law of proportional satisfaction,参见下文)和庇古构想所重做的缜密表述。

相反,维克塞尔关注的是第(2)点,即必须克服搭便车问题,而这又是通过投票程序来确保偏好显示。这就为公共选择在预算理论中的应用奠定了基础。作为财政问题的一个新维度,公共选择问题在近几十年来获得越来越多的关注,尤其是在美国的学术文献中(Buchanan and Tullock,1962)。

(二)德语财政学传统

我们现在离开英语财政学的传统,回到与之风格截然不同的德语财政学传统上。

1. 背景

我们发现德语财政学传统与英语财政学传统在哲学背景上有明显的不同。英国学者从洛克和休谟的个人主义模型出发,认为社会是旨在保护和满足私人利益而组织起来的。在此时的英国,对国家的有机论看法已经出现,比如在柏克和斯宾塞(Spenser)的著作中,但尚未进入经济学领域。由于所有的欲求本质上都是私人的,而公共品的特殊性质解释了公共提供的必要性(即由于公共品的特殊性质决定了它们不适于市场提供)。但德语财政学传统的哲学背景中却不是这样的。康德关于人的自由的概念、财产的神圣性以及国家的最小职能等,与洛克的观点很接近,但这样的观点在当时的德意志并不盛

第三章 英语财政学和德语财政学：两种传统的比较(1996)

行。从费希特、李斯特、谢林，再到黑格尔，浪漫主义逐渐兴起，它摒弃了18世纪的理性主义思想，另提一种对社会的看法，即注重"整体"而不是"部分"。他们认为，国家和共同体有自己的需要，私人品和公共品之间的技术区别(即英语财政学传统中所说的竞争性和非竞争性)，就被公共欲求和私人欲求之间更加哲学的区别超越了。

这样的观点实际上高度根植于官房学者的财政学根源之中。在德意志封建社会的背景下，君主的需要以及如何处理宫廷事务一直是官房学者关注的焦点，因此他们不得不注重行政管理实践，而不是理论和原则。然而，18世纪的学者，例如冯·尤斯蒂(von Justi,1762)，对政策目标应该是什么并非没有概念。君主的富足固然重要，但肯定不是唯一要关注的问题。社会作为一个"整体的福祉"(Glückseligkeit)才是更大的目标，它包括宫廷、公共机构、国家及其臣民的福祉，其中的每一项都不是单独的，而应被视为整体的一部分(Schefold,1993)。此外还应注意的是，那时德意志存在着司法权的割据和多重管辖问题，以及随之而来的对统一民族国家的追求。事实上，德语财政学的繁荣恰恰发生在俾斯麦帝国统一之后的几十年里。

在英国，民族国家可以被视为理所当然，而财政学是主流经济学的一部分并随之一起发展，其自身并不被作为一门独立的学科。就像在斯密与密尔的著作中一样，关于财政学的章被放在正文的后面部分(通常是最后一章)，以产品价格和要素报酬份额为理论背景来加以探讨。李嘉图那种对税负归宿的分析，则是微观经济理论的一个应用。马歇尔将税收问题当作价值理论不可缺少的组成部分(1890:870)，依此阐明准租金(quasi-rent)和以此为参照的消费者剩余的概念。在巴斯塔布尔(1892)之前，没有重要的专门文本探讨财政问题。甚至是在他之后，包括庇古(1928)、道尔顿(1936)、希克斯(1947)等人在内，都鲜有专门的文本讨论财政问题。在他们之中，只有庇古的著作做出了重大贡献。财政学的进步更多反映的是整个经济学的普遍进步。

德语财政学是与国家经济学(Staatswirtschaftslehre)和政治理论相结合而发展起来的，它与历史学派及其社会科学观非常接近(Teschemacher, 1928:423)。与英语财政学相比，它不仅提供了一个更丰富的框架，而且在经济学方面也不那么严格。在此过程中，作为中心问题的私人品和公共品之间的技术区别,被国家的作用以及个人作为共同体成员的地位这样更为哲学的问题取代。这不足为奇,毕竟,"德国人的哲学洞察倾向和英国人的实践意识"(Menger,1923[1871]:7)都应该反映在他们各自的研究路径中。因此,德语财政学的发展被形容为"固有理性的产物,德国精神的独特之处"——一种天赋的民族产物、德国精神的特有表达(Meisel,1925:246)。与英语财政学传统不同的是,国家充当了纠正市场失灵的维修工,因此理论界出现了一种倾向,即赋予国家神秘甚至光荣的职责(Neumark,1961:87)。正如我们将要看到的,问题在于,如何将赋予国家的这一力量(strain)与对共同事务的审慎考虑区分开来。

2. 有机论

亚当·米勒提出的成熟的国家有机论,开启了19世纪德语财政学的大门。在《治国术的要素》(*Elemente der Staatskunst*)(1809)一书中,亚当·米勒说,"国家不是在个体之间所做的一种方便的安排,而是人类事务的全体"(die Totalitat der menschlichen Angelegenheiten vol. 1:48)。人际关系的重点,应该放在合作而不是竞争上,应该放在价值创造的过程而不是价值交换的过程上,应该放在国家中个体之间的共同联系上——事物的价值在于,它对国家以及国家持续振兴具有什么样的意义(Spann,1929[1910]:101)。

社会对国家的贡献,是对国家提供的"无形精神资本"(unsichtbares geistiges Kapital)做出回报;依靠这种无形精神资本,为全体利益而在经济上努力才有效(Müller,1809,vol. 2:445)。本着这种精神来缴税,就被视为"圣贡"(heilige Beitrage),即神圣的贡献(1809,vol. 2:56)。回到中世纪时期人们的思想,那时人被视为一个有机整体的一部分,而不是一个单独和独立的行动者。在这样的前提下,谈不上国家会为了促进私人欲求的实现而发挥作用。

3. 转型时期

冯·赫尔曼,在早期德意志学者中最具有洞察力,他对"欲求"(Bedürfnisse)作过详细的分析。赫尔曼清晰地刻画了个体或个人的欲求与集体的或共同的欲求(Gemeinschaftsbedürfnisse)之间的明显区别,而后者包含了个体的欲求,但这些个体欲求通过集体制度以及"就其本身而言与共同体的目标必相关联的真正的集体欲求"得以满足。这样的话,政府就以两种方式介入,一种是应对市场失灵,另一种是走出市场环境。由此,赫尔曼清晰地划出了二者之间的区别,但他并没有对此跟进和展开(1832:95)。

其他早期的文本,包括冯·雅各布(1821)和劳(1864)的著作,在斯密主义者的观点和浪漫主义观点之间架起了一座桥梁。迪策尔(1855),则回归到密尔的设想,认为国家是"非物质资本"的提供者,对私人部门的利益有帮助。而早期宏观经济学的看法是,公共资本的形成,与公共信贷作为一种融资手段发挥生产性作用有关。

4. 三巨头

说完了这些早期的作者与文献,我们来说说 19 世纪的最后几十年,以及德语财政学的"黄金时代"。在这一时期,出现了冯·斯坦因、谢夫勒和瓦格纳"三巨头"(Dreigestirn)(Meisel,1925:289;von Beckerath,1952:416)。他们的目标是创建自成起结的制度(self-contained systems)[①],这些制度能够把国家财政的作用,从一般原则到制度细节以及不断变化的模式,都表现出来。米勒将国家视为公共欲求(public wants)的终极主体,这一观点并不周密,但个体作为共同体成员和共同欲求(communal wants)主体的角色仍以某种形式存在,这样的角色不同于他们的私人角色以及对私人欲求的感知。

洛伦茨·冯·斯坦因 "在德国,没有谁对财政学的论述,能传达出比冯·斯坦因更深层次的精神内涵"(von Beckerath,1952:425)。冯·斯坦因的《财政学教程》(1885)一书共四卷,在国家公共管理理论和历史变革的大背景下探讨各种财政问题。

斯坦因认为,国家是以人格化的形式(personalized form)呈现出来的,它作为人类共存的一种表现,包含了在人类共同体中的平等个体以及在社会中的不平等个体之间的关联(von Stein,1885a:5—6)。国家的理念本身是永恒的,尽管它的形式会随着时间而改变。以黑格尔的方式来看,在共同体(community)和社会(society)之间的斗争,最终道路通向公民社会(staatsbürgerliche Gesellschaft),在那里,共同体和社会在一个和谐的整体中得到了调和。于是

[①] 此处采用贺麟先生的译法,意思是这样的制度呈现出终点绕回到与起点结合、首尾相应的样子,是一个完整的全体(参见黑格尔著:《小逻辑》,贺麟译,商务印书馆 1980 年版,第 319 页)。——译者注

国家就变成了"普遍人格(general personality)的秩序,在这种秩序中,普遍人格既是所有单独的个体的最高结合,又是他们个人主权的最高形式"(1885a:53)。国家的发展由自己的公民个体的发展来衡量(1885a:25);当公民社会实现时,共同体的需要(needs)和私人需要和谐地结合在一起(1885a:24)。

发挥财政职能的国家,包含着各种形式的共同体生活(community life),国家经济和私人部门经济之间的循环流动是维持这二者的必要条件。"毫无疑问,国家的共同活动(communal activity)是必不可少的,这样每个人才能实现资本形成的目标"(1885a:25)。为了自身的维续,国家必须反过来再造自己的基础;为了做到这一点,它必须提供私人经济所依赖的资本。对私人企业来说,为维持公共服务而支付的税款应被视为生产成本。

与早期社会形态中的征收和勒索不同,税的"再造功能"反映了更高的发展状态。"因此,个人为共同体生活做贡献的普遍必要性,并不在于个人的选择,而在于国家人格的性质及其双重形式(即作为共同体和作为单独的个体);然而,税收的概念,是伴随着国家的概念而产生的"(1885b:349)。当冯·斯坦因在他的历史回顾中进一步发展这一观点时,他提出了一个与后来熊彼特的概念"税收国家"(Steuerstaat)相似的观点。

公众家庭(public household)①的支出方面,也可以从其历史背景来考察。公共服务从实物交易到现金交易的演变,与税收从实物到现金的演变是并行的。经济的行为准则已经确立(1885b:92—7),其中支出的再生产性要求最为重要:只要预算支出产生的回报相当于国家自身的资本投资和"行政"支出的回报,那么预算就应该扩大,而且不会过度,因为它会增加整个经济的资本。这样的预算活动涵盖了国家承担的所有任务,"因为单独的个体无法通过单个支出来完成这些任务"(1885b:97)。然而,没有人尝试着去探究为什么此时个体行动会无效。支出要花多少钱,应交由政治家来决定,而不是由财政学来规定。作为成本-收益分析的先声,即冯·斯坦因呼吁设计一个"高等的官房

---

① 20世纪20年代,德国和奥地利的学者在讨论国家财政问题时,常使用"公众家庭"一词。他们将经济活动分为三个领域:家庭经济、市场经济和公众家庭。公众家庭,在社会学上,带有家庭问题和共同生活的含义;从预算的角度看,指对财政收入及开支的管理。在马斯格雷夫的《财政学原理》一书中,公众家庭这个概念贯穿全书。——译者注

第三章 英语财政学和德语财政学:两种传统的比较(1996)

学"(höhere Kameralistik),目的不是为了去评价目标,而是最小化给定项目的成本(1885b:99)。

比较德语财政学和英语财政学,后者的缺陷在于只停留在经济学范畴内。由于这一原因,英语传统下的财政学既没有建立起"科学的国家经济体系"(wissenschaftliches System der Staatswirtschaft),也没有建立起严格意义上的"财政科学"(eine eigentliche Finanzwissenschaft)自身(1885a:141-2);反之,德语财政学的理论路径受到了赞扬,因为它建立在国家理论的基础上;并从中衍生出自己的科学(Wissenschaft),从而使其有别于市场经济学(1885a:138;1885b:89)。在这里我可以补充一句,德语的"Wissenschaft"有别于英语的"Science",它涵盖了所有的学术追求,不像英语术语那样带有自然科学的取向。

在哲学和史学范畴,冯·斯坦因的远见卓识令人印象深刻,但我们难以轻松地进行概括。他将马克思与具有冲突力量的黑格尔式背景(a Hegelian setting of conflicting forces)联系起来,从而带来一种共同体规范(communal norm)和个人主义规范的结合。说到底,只有个体才是重要的,但他们与国家的关系不是简单的等价交换(quid pro quo)。二者间的关系,需要在冯·斯坦因对共同体和社会二分法中,以及个体在其中的"双重角色"这样更广泛的背景中去考察。作为英语财政学传统的中心话题,如何建造灯塔这样直截了当的问题,在德语财政学中让位于个人、社会和国家之间相互作用的哲学概念。

阿尔伯特·谢夫勒 冯·斯坦因立足于国家的哲学模型之上,而谢夫勒则与生物科学相类比,将社会视为由一系列相互作用的有机体组成:在其中每个有机体都有自己的功能,但没有整体的话,单个有机体也无法存在。社会的发展应该从历史的角度来考察,从这个角度看,人扮演着"伦理主体"(ethical agent),总是在寻求提升自己的物质和精神状况。谢夫勒称赞斯密,因为他在《道德情操论》(1759)一书中使用"同情"一词来设想这样一个主体,但指责他在《国富论》(1776)一书中以自利的个体取而代之。鉴于人并非单独地而是作为社会的一部分生活,因此伦理的和自利的两种动因必须结合起来(Schäffle,1861:291)。

"国家的目的是实现共同利益,该利益只有通过共同的、统一的行动才能实现"(1896:433)。"国家必须经济地行动,但是国家以自己的方式行事,往往能在私营企业不经济的领域获得收益"(1873:109)。国家必须介入这些领域,因为共同需要(communal needs)无法由共同体中的个体成员来满足(1873:113)。在私人投机无法获得净收益(net gain)的情况下,国家也许能得到好处(benefits)。谢夫勒注意到,在这种情形下政府投资很重要,但却没有去探究为何此时个体行动会失败。

同所有经济活动一样,国家经济获得的利益也必须超过成本,资源的使用也应按公共需要和个体需要的比例加以分配。在私人欲求和公共欲求之间,必须取得平衡(1873:111),但这种平衡并不适用于每个个体。

"在征税方面,个体不仅要为其从国家活动中获得的利益买单,而且还必须为受历史和空间限制的共同体的更大发展做出贡献。国家是在个体之上的更高的人格(higher person)"(1873:109)。

就像冯·斯坦因所认为的那样,此时个体仍保持着核心的作用,而且他们的私人关切受到了尊重,但这并不是全部。有一些共同欲求,也必须得到满足。个体通过政治过程来参与决策,而不是和满足私人需要那样是以等价交换的方式。

阿道夫·瓦格纳 瓦格纳,是三巨头中最有影响力的一位。在《政治经济学教程》(1892,1893)和《财政学》(1883,1890)两大著作中,他探讨了国家的财政作用。他还阐述了一套详尽的财政原则,并给出了大量的历史资料和制度资料。

"英语"财政学模式,包括它对利己个体的关注,以及那种被视为是机械的、理性的而非历史的方法,再一次受到了瓦格纳的排斥。他用一种"共同的"(gemeinwirtschaftliche)观点取代英语财政学的观点;"共同的"观点认为,所有的个体都是共同体的成员,并受限于个人自由和财产权(1892:9)。康德的"保护目的"(Schutzzweck)国家观,在瓦格纳这里让位给了一种有机的、历史的观点(1883:45)。国家远非必然之恶,而是成为社会生活最高形式的必要条件。

竞争不再是绝对可靠的调节器,所以私人体系和公共体系必须相互作用。分配问题成为国家要关注的问题,但需要适度进行。"在经济个人主义之下平

第三章 英语财政学和德语财政学：两种传统的比较(1996)

等受损,在社会政策之下自由受损"(1892:24)。社会政策原则和个人主义原则之间需要妥协。

共同欲求(communal wants)缘于个体的社会共存现状,以及个体的权利和义务;但正如瓦格纳所看到的那样,共同欲求并不否认个体的福利才是中心目标。尽管如此,共同利益(communal concerns)可能需要优先考虑。

"尽管共同体并非为它自己的目的而存在,而是为了满足个体成员生存的所需、所感、所想,然而,对他们来说,共同体并不是像个孤立的原子存在着,而是作为人们结合而成的整体而存在。因此,共同体显得更高级、更重要、更持久,至少与单个个体相比来说是这样的"(1893:830)。

瓦格纳区分了以下三种形式的动因和相应的制度,反映了基于这三种动因的不同经济活动的心理差异。"个体的或个人主义的原则"(privatwirtschaftliche oder individualistische Prinzip)(1893:773),要求由市场竞争力量基于自利、交换和为服务付费来形成秩序(an ordering)。"慈善原则"(charitative Prinzip),用自由的伦理行为来取代私利行为。"共同原则"(gemeinwirtschaftliche Prinzip)介于前二者之间,用来满足具有共同利益的个人群体所产生的需要。在某些情况下,共同需要(communal needs)可能会有自愿行为来满足,但仅凭"共同精神"(Gemeinsinn)和这样的自愿行为是不够的。这一点在古代是很容易理解的,此处瓦格纳引用了柏拉图和亚里士多德的话,然后说"尽管我们有现代的原子主义——个人主义的概念和个体的优先权,但国家的强制和个体对它的接受还是被视为社会生活的一个重要组成部分"(1893:859)。

然后,瓦格纳将注意力转向为满足共同欲求而提供的服务。尽管他没有给出一个严格的定义,但在很多地方都提到了这个问题。"在诸多个体发现没有集体行动就无法获得充分供应的地方,需要有共同产品(communal goods)的供应"(1893:835)。

在其他地方,瓦格纳进一步尝试着去解释为什么会这样。

"为特定目的而提供的公共服务,其本质是,一旦服务被提供,消费者就不能被排除在好处分享之外。即便消费者人数在增加,可提供这项服务的费用却增加很少或者根本不增加。无论如何,费用的增加与供给的增加都不成比

例。个人的收益无法精确地衡量,交换价值也无法确定。"(1893:919)

此外,公共服务不能进行市场销售(speziell verkäuflich),这样的服务无法收费(Endgeltlichkeitsverhältnis)(1893:831;1883:14)。"只要人类还是那个样子,强制性税收筹资就有必要。"(1893:863)

正如上面这些段落中所显示出来的,瓦格纳并非不知道公共供给背后存在技术问题。非排他性、不可分割性、固定成本、搭便车等问题,其实都已浮出水面。与冯·斯坦因或谢夫勒相比,瓦格纳的观点更接近于公共品模式。但是,私人欲求是公共品理论的基础,要接受这样的前提,德语财政学就必须抛弃个体的"共同"角色。

尽管共同欲求和私人欲求不同,瓦格纳和冯·斯坦因、谢夫勒一样,都要求国家按照与私人部门相同的成本与回报原则来管理"家务"(household)。但是,公共开支不像私人家庭那样会受到固定额的限制。恰当的公共开支水平取决于公共服务的效用、它们对经济生产力的贡献,以及可支配的自由收入(free income)水平。

和冯·斯坦因一样,瓦格纳也是从历史角度来考察国家活动的性质的(1892:892ff.)。国家活动会扩张,因为新的需要会出现,而旧的需要会得到更充分的满足。这就涉及增加供给以实现广泛的职能,包括文化和福利方面的供给(1892:900)。瓦格纳的政治和社会哲学,与他那个时代德国其他"讲坛社会主义"(Kathedersozialisten)领袖的哲学一样,这样的哲学预示了罗斯福新政及20世纪中叶西欧的发展。但是,瓦格纳没有提到,这样的扩张将在多大程度上采取提供公共服务的形式,又在多大程度上采取转移支付的形式。与后来重视转移支付形式相反,瓦格纳关心的似乎是公共服务的提供形式。还有值得注意的是,尽管在他的税收哲学中如此强调社会政策目标,但他对社会政策目标的关注并不是这里的重点。虽然瓦格纳在讨论税收问题时自由地使用"社会政策视角"(1890:383)、"税收的社会政策理念"(1890:270)等术语,但他似乎并没将"社会政策原则"延伸适用于整个预算并涵盖支出和收入两个方面。

5. 边际主义者

冯·斯坦因、谢夫勒和瓦格纳等人在著作中提倡国家导向的财政过程观

第三章 英语财政学和德语财政学：两种传统的比较(1996)

时，奥地利、意大利和瑞典经济学家正着手改进个人主义方法并将新发展出来的边际效用分析工具应用于公共部门。这些文献基本上都是用德语写成的，所以它们传达的信息不像英语学者的文献那样容易受重视。然而，此时占据主流的德语财政学并不欢迎边际主义新方法，因为它不符合长久以来的传统。不过，德语学者对这一新学派的发展仍做出了重要的贡献，从而为后来英语财政学中的现代支出理论设定了框架。因此，我们在此处再简要地回到这一话题上来。

卡尔·门格尔 门格尔，在他的《国民经济学原理》(1871)一书的第一版中论述了商品与商品价值的本质，但在第二版（由他的儿子出版于1923年）中补充了对欲求（Bedürfnisse）产生方式和表达形式的考察。欲求之间是否有区别，取决于满足欲求是基于利己动机还是利他动机，或是说如何分享得以实现的满足。

在这里有必要区分不同的情况。在第一种情况下，品位相似的人需要通过相似的产品或从相似的来源获取满足，这一情况仍属于纯粹的私人欲求领域。就集体欲求（或者说kollektivbedurfnisse）的产生而言，我们就有了第二种情况："许多拥有类似私人欲求的个体，需要一种单一的产品（而不是可分开使用的一个个产品）来满足他们的私人需要。"(1923:8)交通设施或供水系统（如果可能，门格尔会加上密尔的灯塔）就是例证。在这种情况下，欲求的主体不是作为"较高组织单位中共享个体的整体（totality of the sharing individuals），也不是单个个体，而是所有单个个体的总和（每个个体与所有其他个体连带在一起）"(1923:8)。个体是欲求的最终主体，而共同特征的出现只是因为消费采取了联合的形式（joint form）。与这种"普遍的私人欲求"(allgemeine Privatbedürfnisse)不同，门格尔指出了"团体欲求"(Verbandsbedürfnisse)的情况。此处指的是团体组织"本身"成为欲求主体的情况。当为了满足个体的共同欲求（或者更好的表述是，需公共行动的个体的欲求）而形成的组织在其"传导机构"(transmitting institution)引导下发展出独立性质时，就会产生这种欲求。门格尔，正如前面提到的那样(Schmidt, 1964:336)，增加了一个真正的共同欲求(communal wants)的概念，尽管其含义不同于三巨头在德国财政学传统中表达的共同关切的含义。

埃米尔·萨克斯 埃米尔·萨克斯在他的著作《国民经济学理论原理》(1887)一书中，首次尝试以现代形式去阐述财政理论。随后他又在一篇论文《税收的价值理论》(1924)中，对此进行了重述。在他的模型中，财政过程是对个体的偏好而不是对国家的偏好做出反应。这些偏好由私人欲求和公共欲求组成，但它们之间的区别已不再是动机上的区别。最重要的不是欲求在本质上的差异，而是为满足欲求所需的公共品和私人品具有不同的特征。

所有的欲求都要得到有效率的满足，也就是说，要把资源投入更有价值的用途而非价值较低的用途。所有的欲求都通过私人品来实现满足，这些私人品被分为两类，其中一类的收益可以归属到特定个人身上，另一类（满足共同欲求的）的收益却做不到这一点。在前一种情况下，公共提供的资金可以依靠征收受益税来筹措，这类似于市场解决的方法。就共同欲求本身来说，它的特点是无法评定个人的受益份额，只能确定整个共同体获得的收益。正是因为无法为单独行动的个体确定受益份额，所以评价才必须建立在集体的基础上。

在民主环境中，这就要求通过投票来解决问题。在这种情况下，特定群体的利益就可以在评价过程中得到表达和反映。按照萨克斯所说的，由于无法估量个体的受益，因此不能根据受益情况分摊成本。相反，应该实行的"对等原则(rule of equivalence)，即要求按收入比例征税"。这种以满足集体需要为目的而征收的税，要求"基于个体成本分担的对等性，进行以互惠关系为条件的集体成本评估"(1924:187)。

由此可见，萨克斯把自己悬置于个人主义的评估过程和共同主义的评估过程之间。正如他所说的，由于公共服务的好处是"不可分割的"，个人无法评估自己从中获得的好处，而只能评估群体获得的好处。正因如此，这就要求按比例征税来筹措资金，之后选民就可以在此基础上选择自己喜欢的公共提供水平。由于误解了不可分割性的含义，萨克斯没有看到，瓦格纳(1893:769)和塞里格曼(1928:205)也没有看到——共同消费同一非竞争性服务时的分享是兼容的，虽然这种服务在物理上不可分，但每个人都能评估他/她自己获得的个人受益。

弗里德里希·冯·维塞尔 在萨克斯之后，冯·维塞尔在《自然价值》(1889)一书的最后一节中，重新开始寻求对公共品问题的经济学阐述。市场

第三章　英语财政学和德语财政学：两种传统的比较(1996)

上的个体在互动过程中,将价值看作是交换价值;但对每个个体来说,使用价值才是决定性的因素。在这些形式的背后是自然价值的概念,它本身是商品数量及其效用的函数;同样的基本原则也适用于国家经济(state economy)之中的价值。

在当时,冯·维塞尔驳斥了这样一种观点,即私人经济满足个体作为私人自身的欲求,而国家经济服务于共同的或集体的需要,即个体作为国家成员所感受到的需要。他补充道,共同的关切经常由个体的私人决定来应对,而个人的利益经常由集体行动来满足。"因此,这一定是一种与决定经济任务分工的欲求之本质无关的情形。"(1889：214)由于没有认识到这一点,德语财政学无法处理公共品的核心问题。

冯·维塞尔认为,自然价值原则同样地适用于私人经济和公共经济,但其适用范围不同。对于私人品来说,由市场来完成从数量到价值的转换,然而对于公共品来说,其价值取决于利益相关方模糊不清的、仅凭印象的估计。不过,冯·维塞尔认为,认识到同样的基本经济原则适用于实际政策,这一点非常重要。资源应在私人用途和公共用途之间进行分配,以获得最大程度的满足,并据此确定收入中该划分给国家的部分。个人应根据自己对公共服务的评价支付费用,且这一数额将随收入的增加而增加。"等额税收具有不相等的价值,相等的价值由不相等的税额决定。"(1889：233)他补充说,这就需要实行累进的税制。

奈特·维克塞尔和埃里克·林达尔　在一个世纪前,维克塞尔开创性的《财政理论考察,兼论瑞典的税收制度》(1896)一书带来了重大突破。该著作对现代公共品理论的贡献我已论述过,但在这里加以进一步的审视是有必要的。维克塞尔-林达尔模型的灵感来自萨克斯和边际主义学派的其他贡献者,该模型用德语写成。虽然它是我们故事的一部分,但正如目前所指出的,它的启示并没有被德语财政学接受。

维克塞尔的模型理所当然地认为,所有的产品,无论是由私人提供的还是由公共提供的,都是为了满足个体的欲求。共同欲求(communal wants)的概念被完全抛弃了。欲求,无论是由私人提供来满足还是由公共提供来满足,都一起进入了个人的效用函数中。在集体欲求被排除在外的情况下,要求公共提供的理由明显地转到了产品方面而不是欲求方面。

至于私人品，个体受益者应支付的价格要等于他/她消费最后一单位的边际效用，与公共品的不同只在提供的过程。私人品的情况是，受益可以分割并限于特定受益人；市场上的竞价过程可以产生出一个统一的价格，但是消费者购买的数量不同。就公共品而言，所有人共享相同的供给，但要对此支付不同的价格。

维克塞尔欣然接受了边际效用与价格相等的原则，从而提倡对公共品实行差别定价。在他看来，这是"财政科学的法则"（finanzwissenschaftliches Gesetz），而不是"财政政策的规则"（finanzpolitisches Postulat，1896：8）。自主抉择的个体是不会自愿为公共服务提供作贡献的。"无论他支付的钱是多是少，对公共服务水平的影响都是如此地微乎其微，以至于实际上他根本就看不到有什么影响。"（1896：100）。因此，偏好不会显露出来，"公共服务的提供不可能是单个个体的事情"（1896：101）。这样一来，就必须通过个体与所有其他个体或其代表之间进行磋商来确保平等。那么如何安排这样的磋商以实现这一目标呢？（1896：82）

维克塞尔接受了这样的意见，即联合的或非竞争性的消费是问题的症结所在，但他并没有就其影响效率的条件进行后续研究。相反，他关心的是如何在实践中获得有效率的结果。于是，偏好显示和搭便车问题是问题的关键。与萨克斯一样，维克塞尔也认为要通过投票过程来找到解决方法，但是其内容不同。萨克斯是假定按比例征税，然后要选民选择公共提供的水平。维克塞尔则希望诱导个体显示出他们的偏好，然后要他们对服务提供水平以及他们自己在服务成本中所占的份额进行投票。在理想情况下，若没有交易成本（后世发展出的一个术语），那就会达成全体一致的帕累托最优解决方案。在实践中，将会采用多数票决策规则达到近似的结果，以免给少数人否决权。

后来，林达尔对上述模型进行了扩展。在《正义税收：一个实证解》（1919）一文中，他展示了如何在供给与由个体需求垂直相加得到的总需求安排的交点处获得非竞争性公共品供应的准市场解决方案。该文还讨论了这样一个市场如何能在不完全竞争的条件下运作。

结论 萨克斯的研究，虽不完整，但展现出一个新的视野，并被后人称作是财政理论中最重要的德语学者的贡献之一(von Beckerath,1952:449)。与此同时,它却几乎没有得到德国主流财政学者的支持。就萨克斯而言,他那累赘的阐述也许应负一些责任,但更根本的问题是,他的视野过于个人主义,不适合德语财政学的环境。卓有盛名的《财政学手册》(*Handbuch der Finanzwissenschaft*)第一版,就拒绝接受萨克斯研究中的"纯经济的"和基于边际效用的方法,认为该方法忽视了问题的法律、伦理和社会方面(Meisel,1925:274)。同样,在《财政学手册》第二版,冯·贝克拉特也宣布萨克斯的模型是失败的,因为它忽视了国家行动在本质上的政治性,没有认识到税收-价格类比与政治行动性质之间存在着"不可逾越的鸿沟"(von Beckerath,1952:455)。诺伊马克(Neumark)也作过类似的判断(1961:59)。总而言之,萨克斯主张的边际效用方法此时仍被德语学者拒绝,不仅因为它不切实际,而且还因为它过于个人主义,与德国财政学强调得更为"共同"(communal)的传统不合。

6. 20 世纪 20 年代

在冯·斯坦因、谢夫勒和瓦格纳三巨头之后,未纳入边际主义模型的德国财政学渐渐陷入沉寂。就历史学派而言,虽然在其他学科中它早已失利,但在财政学中它的传统以及对制度的关切仍很盛行(Mauser,1994:147)。

20 世纪 20 年代,一场关于财政本质的活跃论战在短期内被重现。然而,这次讨论并没有将德国财政学转向边际主义学派。除了 M. 卡塞尔(M. Cassel)将研究方法建立在萨克斯的理论上(1925)之外,这场论战仍停留在传统的话题上,即国家的性质,以及国家在管理公众家庭中的作用。

在这场论战中的一个极端是,H. 里彻尔(H. Ritschl,1931)回到了亚当·米勒关于国家的浪漫主义观念,认为公共部门和私人部门的运作方式(modus operandi)有着根本的差异。就算可以认为私人欲求和共同欲求都由个体来体验,但在这两种场景下的体验是不同的。后来,里彻尔背离了冯·斯坦因的双重解释以及他自己在早期时更为温和的观点(1925),而用纳粹党的习语来重述共同体的情况:"在社会上滚着一样的钱,在共同体中流着一样的血。"(1931:34)。在里彻尔看来,缴税不应被视为一种等价交换(quid pro quo),而应该被视为是一种用以维持共同体需要的"神圣的责任"(米勒的说法)。此时,共同欲求占据了舞台的中心,并区别于私人消费。不过此时,共同欲求和私人欲求之间并没有划出清晰的界限。

格哈德·科尔姆(Gerhard Colm),在他的《政府支出的经济理论》(*Volkswirtschaftliche Theorie der Staatsausgaben*,1927)一书中,回避了公共欲求(public wants)和公共品的本质问题,他将注意力集中在预算的支出方如何运作上。按照瓦格纳的观点,国家经济被视为是一种凭借自身力量就可存在的经济体系,原则上它不同于市场,但二者应遵循同样的经济效率基本规则。科尔姆把私营企业和政府作为行动单位进行比较:前者为追求利润并根据市场需求而运作,后者执行上级机关最终是国家最高机关分派给它的任务(1927:7)。公共经济必须有效率地完成这些任务,科尔姆关心的是,确保公共经济有效运作的方式。由于国家并不出售自己的服务,因此公共服务的价值必须用它们的成本来记录(1927:74)。公共经济的运作程序由主导当局以制度形式来设置(受历史的制约),比如,在现代条件下的民主政府制度。

科尔姆认为,财政分析并不去选择项目,它的任务只是确定潜在的项目是否值回成本,以及在当局(the Instanz)认为的公平标准下来弥补成本。要类比的话,大致相当于实现计划经济中的既定目标。计划本身,被认为由政府(受历史条件约束)决定,这一看法与冯·斯坦因对重商主义功能的看法没什么不同。

和科尔姆一样,奥托·普夫莱德尔(Otto Pfleiderer,1930)也回避了国家满足什么需要的问题。相反,他关注的是,如何把由此产生的支出流和收入流纳入国民收入账户中。基于德国对收入分析的传统关注,他的看法为私人部门和公共部门的融合开辟了一个新视角,并为财政政策在宏观经济中发挥作用以及在大萧条时期财政政策的崛起奠定了基础。

这一时期出现的财政社会学文献也值得注意(Schumpeter,1918;Goldscheid,1926;Sultan,1932;Mann,1928)。在一定程度上这类研究以马克思主义为基础,并恢复了冯·斯坦因早期著作中的社会学视角,但是它们的发展未能达到熊彼特在1918年对财政社会学提出的巨大期望。

到20世纪20年代,这里所说的德语财政学的传统在很大程度上已走到了尽头。第一次世界大战结束后,当德国的经济学家们重拾财政分析时,他们已本着英语财政学模式的精神进行了。于是德语财政学融进了"公共经济学"之中。

二、优良税制:对什么征税

我们的第二个主题是追溯税基的概念,即什么可以且应该被征税。再一次地,我们发现两种传统之间有明显的差异。英语学者倾向于关注要素报酬份额和产出的"客观"类别,最终税基由转嫁过程决定。而德语学者转向寻求一种对人的(personalized)应税收入概念,该概念的界定,目的是反映个体的支付能力并能公平地分担税负。再一次地我要说,英语财政学符合标准经济分析的框架;而德语财政学采用的视角,是把自己当作一个独特的领域。

(一)英语财政学传统

在英语财政学传统下,税基分析跟随着要素回报和产品价格分析同步发展。事实上,大量的"分配理论",作为一种要素报酬份额理论(a theory of factor shares),出现在税基分析的语境中。

1. 经典理论

从斯密到李嘉图再到密尔,关于税基的经典概念都是从要素报酬份额理论中演变出来的。

亚当·斯密 亚当·斯密对税基的论证,始于重农主义者的"收入净额"(produit net)的概念。在重农主义看来,由于土地和劳动是仅有的两个生产要素,而劳动只是在维持自身,因此土地的租金就成了唯一可能的税收收入来源。在重农主义理论基础上,斯密(1776, vol. n:318)认为,土地租金是主要的税基,对地租征税将由地主支付,对农产品征税(正如他错误地补充的那样)也将由地主支付。对工资征税则是徒劳的,因为工资额被设定在仅供现有劳动力生存所需的水平上(1776, vol. n:346)。

在斯密这里,资本作为第三个要素进入,利润被加到税基中(1776, vol. n:329)。与私人财产的总收入和净收入相似,斯密说社会的真正财富取决于净收入,而不是总收入。社会总收入包括全部的年产出,而净收入等于"扣除维护费用——首先是固定资本,其次是流动资本——后的剩余自由收入;或者是,在不侵占他们的资本的情况下,他们储存起来用于即期消费或用于他们的生存、便利和消遣的总量"(1776,vol.1:251)。

从社会的角度看,就像从私人财产(private estate)的角度看一样,我们必须扣除用于维持固定资本的全部成本后才能获得净收入。而且,私人财产还必须扣除流动资本的全部维护费用;但从社会的角度来看,维护固定资本的那一部分不应被扣除,因为它"从不在社会净收入中提取年产值的任何一部分"(1776,vol.1:253)。如下所述,德语财政学者指出,这一主张未能明确区分公司的回报和归属于个体(或社会整体)的收入。

接着,斯密就把私人财产的收益分成了不同的部分。斯密认为,对风险回报和对企业家努力征税,是不能被企业消化的,该税收会被转嫁给消费者,但是可以向利息收入课征。与土地租金类似,利息收入被视为是固定的货币存量所产生的收益,因此是可征税的(1776,vol.2:329)。但是货币存量可以很容易地就转移到其他地方,因此对其征税很难,"以此种方式估征的税收极端地不平等、不确定,只能通过极端的调节方式加以补偿"(1776,vol.2:331)。

斯密认为,旨在平等地向所有人征收的税,可以采取人头税或消费商品税的形式。显然,按等级征收人头税会因不平等而受抵制,但是根据"推定的个人财富按比例"征收人头税,也因不切实际而受抵制。"由于不可能对人们按收入比例征税,这似乎就为征税于消费品带来了理由。"(1776,vol.2:351)如果对必需消费品征税,税收将反映在物价和工资的上涨上,结果与对工资征税相同。然而,若对奢侈品(包括"穷人的奢侈品")征税,情况就不是这样了。正如斯密所建议的那样,富人还不如接受这样的税收,因为若对工资和必需品课税,他们同样要承受负担(1776,vol.2:355)。

大卫·李嘉图 李嘉图,缺少斯密那样的智慧,他认为税收是一种纯粹的罪恶,因而赞成萨伊的名言"最好的税收是数量最少的税"(1817:159)。但是,公共开支若已经发生,那税收就必须征收。"正是在这里,我们需要最完美的科学知识。"事实上,"政治经济学,当其简单的原理一旦被理解,它就只在指导政府采取正确措施时才有用"(Shoup,1960:8)。

地租税还是由地主支付的,不过,纠正一下斯密的说法,这里不是指农产品税。由于土地租金是一种边际内回报(intramarginal return),农产品的价格是由不付租金的边际土地(at the margin)决定的,因此对农产品征税的话,税收就不得不被转嫁给消费者。对工资征税,仍然是徒劳的。由于劳动供给和工资基金(the wages fund)水平在短期内是固定的,如若不能将工资压低至最低生存线以下,对工资征税就不可能由工人承受;从长远来看,随工资税而来的将是劳动供给的马尔萨斯式减少(Malthusian reduction)。因此,对工资征税,负担就会落到利润上,这就使得征工资税和征利润税的结果相似。征工资税和征利润税,两种税收实际上都由资本家承担。于是资本家的反应是,要么削减奢侈品消费,要么削减资本存量。所以,短期的税基里包括租金和利润;而从长远来看,只有通过削减奢侈品消费来承受利润税才是合理的。否则的话,资本形成就会减少,税基会萎缩,经济也随之崩溃。再一次要说的是,最终的税基由土地租金和奢侈消费构成。

约翰·斯图亚特·密尔 以上所述李嘉图的理论体系及其所依赖的马尔萨斯之锚(Malthusian anchor)还是有吸引力的,虽然它被熊彼特斥责为"一个极好的永不会受反驳的理论,除了意义之外什么也不缺"(1954:473)。该理论从一个简单的分析框架得出了至关重要的结论,而税基问题则被简化为可管理的条款(manageable terms)。密尔认为,约束条件可以允许实际工资上涨和劳动供给有弹性,于是他依此对经典模型进行了拓展。这样,马尔萨斯式人口反应不再适用,工资收入作为要素收入现在可以征税,而低收入可以因社会政策原因而被免税。随着对税基选择的经济约束放松,分配问题和公平问题变得重要起来。如下所述,税收中的公平成为首要关心的话题。

2. 新古典主义

在19世纪80～90年代边际主义重构经济学的过程中,李嘉图理论体系中的约束被进一步打破。所有的要素回报现在都服从于相同的一般定价规则(与各自边际产出一致)。斯密所说的净收入可以从所有因素中获得,并都可以被征税。然而,来自各种要素报酬份额的净收入获取方式不同,税收的征管问题也不同。接下来,就是用一种所得税的调整设计(scheduler design)来对不同来源的收入进行区分,这么做即便不是为了税收公平,也是为了征管简便。

从斯密那时起,学者们就已开始对税负转嫁与归宿进行分析,而对税基的分析则指出了由转嫁过程决定的税负的最终停留之处。因此,税基分析与微观经济理论相联系并一同发展,归宿分析则成为价格理论固有的一部分。詹金(Jenkin,1871)首先从需求和供给条件来考察单位税(a unit tax)的归宿,马歇尔(1890)则将准租金(quasi-rent)的概念应用于归宿问题的研究。埃奇沃斯(1897)还特别分析了其他市场结构中的税负归宿问题,并将其作为价格理论的练习场。

3. 效率税收(efficient taxation)

随后,税基分析也开始与福利经济学联系起来。此时,对税基的探寻不再只是寻找可行的财政收入来源。大家的注意力转向如下的问题,即如何以有效率的方式来获得财政收入。数量相同的总财政收入,可以通过各种方式筹集,但由此产生的成本会有所不同。

税收的征收应将每一元收入的负担降到最低,这样的理念并非初见,且已用概括性方式标示出税收有不良影响。斯密在优良税收的准则中,早已提出征税要"让它从人民口袋中取出的钱加上掉在钱包外的钱,与送入国库的钱,差额尽可能地小"(1776,vol. 2:311)。李嘉图警告说,税收若降低资本存量,会带来"苦难和破坏"(1817:95)。密尔也提出过类似的警告,埃奇沃斯提出的是,要提防税收的"生产性"后果(productional consequences)。此时学者们担心的是"供给侧"的效应,即税收对资本形成与增长的影响。詹金(1871)在将归宿看作是需求弹性和供给弹性的函数时,探讨每个人的损失是怎样超过所缴纳的税款的。马歇尔的《经济学原理》(1890:467)一书发展出消费者剩余的概念,并衡量了税收负担带来的损失。大致上,需求和供给的弹性越大,征税产生的负担超过税款就越多。

从庇古(1928)开始,"宣告效应"(庇古的术语)。[1] 在税收理论中就占据了中心位置。为了达到最小总牺牲的目标(更多详情见下文),征税时不仅必须在纳税人[2]之间有一个最佳的税负分配,而且税负水平还要通过避免宣告效应而降到最低。随之而来就是政策上的重要意义。就直接税而言,无谓损

---

[1] 相当于无谓损失。——译者注
[2] 原文为 payee,疑为 payer 之误。——译者注

失对边际税率的相关性削弱了累进税率的地位。对商品税来说，拉姆齐(Ramsey,1927)证明，在特定的简化假设下，采取某种税率模式（所有产品的消费量按比例削减），就能最小化无谓损失。在无弹性劳动供给前提下，这可以通过征收比例税来实现。就这样，上述基础性工作为后来的效率税收的发展，包括霍特林(1938)和利特尔(1951)的文献，奠定了基础，并最终形成了成熟的有关"最优税收"的戴蒙德-莫里斯模型(Diamond-Mirrlees model,1971)，该模型后来成为税收理论的核心。

4. 以收入为税基还是以消费为税基？

对于税基，亚当·斯密基本上以收入为基础，他的看法反映了对要素报酬份额和可支配自由收入的关注，消费税也被他加进来，但只是作为获取更高税收收入的次优方法。尽管霍布斯(1651:386)在更早的时候就提出了以消费为税基的肯定性说法，但以收入为税基的观点仍然占据了统治地位。

J.S.密尔以不同的形式，重申了他对以消费为税基的支持(1848:166)。正如他主张的，所得税会导致双重征税，且与当前消费相比，所得税歧视了未来的消费。"因此，除非对储蓄免征所得税，否则所得税是对纳税人的储蓄征了两次税，虽然在获取收入时只征一次税。"(1848:164)结果是低效的，因为征税干扰了消费与储蓄之间的选择；结果也是不公平的，因为它惩罚了延迟消费的人。后来由马歇尔(1890:354)和庇古(1928:137)接受的以消费为基础的理论，成为英国税基学说的一部分。尽管如此，鉴于对人的消费税（personalized consumption tax）实在难以操作，而且销售税具有累退性，所得税仍然是次优解决方案。

对人征收消费税（即支出税）的可行性问题，最先由欧文·费雪(1942)提出，之后有卡尔多(1955)追随费雪。其结果是，累退税与消费税基之间的联系，已不再那么理所当然。

（二）德语财政学传统

德语财政学旨在用一种"实证-历史"的研究方法取代英国学者所追求的"理性的税制"。德国学者拒绝把税收重点放在"客观"的要素报酬份额上，认为这样的看法过于狭隘，他们把税收置于国家及其中个人之地位的有机论背景中进行考察(Wilke,1921:1)。这样德语财政学有关税收就有三大主题：推导对人的所得税税基，设计一个内在一致的税制(cohesive tax system)来达到这一目标，将税收作为社会政策的工具。此处只研究前两个问题，第三个问题将在下一节讨论。

1. 以收入作为税基

收入再一次地成为最终的税基，但现在收入被视为获取者效用的一个来源，而不是对要素贡献的一种补偿。

早期的学者　19世纪初，德国学者们在亚当·斯密设定的框架基础上，开始超越将要素收入作为税基的范畴，而向个人层面净收入的概念迈进。此处特别提醒注意一下洛兹(Lotz)和赫尔曼(Hermann)两人的贡献。

学者们以前把重点放在原始要素的收入上，洛兹(1807)提出，应包括在随后交易过程中获得的派生收入(abgeleitete)。这样的话，我们就必须厘清这个拓宽的收入流结构，追溯学者们是怎么从最初的收入来源出发，到最后去计算最终收入接收者的对人税[①](the personal tax)税基额。

弗里德里希·冯·赫尔曼　历史再次证明，冯·赫尔曼是早期学者中最有洞察力的那个。正如他所主张的，国家收入是所有已生产出来且在扣除用于资本维持后可供消费的商品(1832:583)。个人收入，可以是劳动报酬，也可以是个人自用的劳动成果，或是期初持有财产的回报。财产回报的形式，可能是个人自用，也可能是把财产改造成可供他人使用而得到的报酬。这种回报，类似于为使用借来的财产而支付的利息，它被排除在国民收入之外，但进入个人收入层面。财产的自用，例如，在自有房屋内居住，给财产所有者带来了收入（用现代术语来说就是推算的租金价值）。从个人收入到国民收入总额的计算，纯粹交换被排除在外，而只计算个人层面的净增量。因此，赫尔曼摸索出一个广义的个人收入概念，这是现代"增值"概念的早期设想(G. von Schmoller,1863:19)。

阿尔伯特·谢夫勒　谢夫勒对古典学派的要素报酬来源观的抨击，重新开启了对个性化收入概念的探索。他的挑战首先出现在他那篇标题就令人望

---

①　即根据每个人的消费支出额，累进征收支出税。——译者注

第三章 英语财政学和德语财政学:两种传统的比较(1996)

而生畏的文章(1861)中,"经济中的人与产品,或经济学的伦理——人类学的观点与理财观,并特别参考税收原理"。

谢夫勒在这篇文章中呼吁,看待经济的方式要进行"革命性"的改变,要拒绝斯密那种专注财富创造和资本积累的过于狭隘的观点,要考虑经济活动带来的产出的享受和生活的丰富。谢夫勒认为,要拓宽仅将净回报作为税基的观点,而把重点放在个体以及从获取的收入之中取得的利益。尽管他的文章晦涩难懂,经济学论证也不大清楚,但却标志着税基讨论的一个转折点。

正如谢夫勒所说,收入创造构成一个相互依存的过程,涉及大自然与人类努力的共同贡献。与重农主义传统相反,从各种要素回报获得的收益并不能清楚地进行份额分割。从土地和资本使用中产生的收益,不能仅仅归因于这些要素,不能认为它们能自行运作。要素对产出的贡献,包括了使用要素的人的努力。古典理论,因其对要素报酬份额进行截然的分割,遭到了谢夫勒的摒弃。

在他的批评中,谢夫勒可能忽略了李嘉图关于土地的边际收益与边际内收益(marginal and intramarginal returns)的区别。但正如他可能回应的那样,如果没有加以人的努力,即便是边际内收益也是不可能得到的。他关心的是人的努力而不是有效率的要素定价所起的作用,重点在所有收入流的共同点(commonality)上。有共同点的收入流(common stream),是共享的独立收入源,它反过来要求建立全面和对人的收入基础。

由于经济活动的最终目的由获取收入者的福利决定,因此界定税基应该反映经济过程中收入与使用两个方面的情况。在确定一个人的应税能力时,收入与使用两方面都应考虑到。如果只对净收入征税,那消费方面,也就是"财产持有人"(Vermögenspersonlichkeit)的消费部分,就会被忽略。

于是,谢夫勒在他的税基概念中既包含了收入,又包含了消费,这么做存在重复计算的风险,也没注意到密尔对歧视未来消费的关切。鉴于收入本身并不能充分衡量应税能力,收入及其使用两方面都应该包括在内。对特定的收入而言,其内在的应税能力取决于收入赚取和使用的不同情况。所以,对税基的个性化处理需要同时注意账目的收入来源和收入使用两个方面。虽然所得税直接针对勤劳收入这一侧征税,但它也可用作对平均奢侈消费水平征税的一个工具。

作为税基的所得,是指由个人取得的收入,而不是指社会整体产生的收入。"派生收入"(Abgeleitetes)以及在生产中获得的收入,都应包括在收入接收者的税基内。正如谢夫勒所说,地主付给他的管理人的工资,应算作管理人的收入,即使租金本身计算为地主的收入。同样,遗赠也应列入(应税能力因此提高的)受赠人的收入中。"纯国民收入并不是简单地加总所有私人的收入。"(1861:271)。尽管谢夫勒在表述上仍然混乱,但他的这一论点事实上探索了将增值当作收入。

古斯塔夫·冯·施莫勒　谢夫勒的文章一问世,冯·施莫勒(Von Schmoller)就称赞它是一个重大突破(1863:1),认为它呼吁"对税收理论进行深刻的修正",并提供了"对经济分析的伦理学-哲学的深化"(eine ethisch-philosophische Vertiefung)。

谢夫勒提出的这个新方法,反驳了斯密和李嘉图将收入视为企业净回报的观点。相反,在他看来,收入应被看作由个体收到且可用来满足他们需要的东西,这样的话,学者就应把注意力从源头上的要素收入转移到个人层面的进款(receipt)。斯密将净收入视为企业收入减去包括工资薪金报酬在内的所有成本的观点,在这里遭到了否定。工资薪金虽然对企业来说是成本,但对工人来说却变成了收入,因此企业的净收入是低于国民收入及其税基的。在斯密早先对固定维护成本和流动资本之间的区分中,并没有在税基里面包括生产当期产出时所支付的工资。

冯·施莫勒改进了谢夫勒对国民收入和个人收入的区分,将后者定义为:"在一定时期内可供消费而无须动用存量财富的产品总额。"(1863:19)通过区分个人收入与公司收益,他把收入从公司会计中没有"人的色彩"的项目转变成衡量人的福利和能力的指标。虽然国民总收入、国民净收入和个人收入等概念的区分,在这里还看不清楚,但施莫勒已经迈出了重要的一步。后来在20世纪20年代德国分析家们对国民收入核算发展所做的贡献,可以说是上述理论的延伸(Pfleiderer,1930)。

格奥尔格·冯·香兹　冯·香兹(Von Schanz,1896)推动了个人收入概念的发展,并取得了重要的成果。基于谢夫勒和冯·施莫勒的早期工作,冯·

香兹将源自特定对象——诸如土地或特定活动——的"回报或收益"(Ertrag)的概念，与个人所获得的"收入"(Einkommen)的概念，进行了明确的区分。回报与来源相关，而收入与接收主体相关；前者提供了一种经济分析工具，而后者则为理解与支付能力相关的税基概念所需。

冯·香兹进一步阐明了可税收入的定义，即在保持资本无损的情况下，作为潜在消费的那些收入。一个人的税基，不必是产生于生产过程中所获的回报；它也可能以礼物、彩票中奖或资本增值的形式出现，这些项目反映的是社会财富的转移而不是净增加。在增值概念的界定中，个人可税收入的总和将不必再与国民收入总额相匹配(1896:31)。因此，冯·香兹通过把收入重新定义为增值，驳斥了那些将勤劳收入之外的收入排除在税基之外的看法，也批评了那些要求应税收入必须持续出现(permanent in form)的学者。

后来，"收入即增值"的概念由 R. M. 黑格(R. M. Haig,1921)重新发现，之后在德国学者研究的基础上，亨利·西蒙斯(1938)将其发扬光大。第二次世界大战后，西蒙斯(1950)的增值概念成为美国所得税理论和改革的核心，并持续了 40 年之久。直到最近，它的中心地位才受到了质疑，这是因为兴起了一场争论，即对消费征收对人税是否具有潜在的优势。

2. 税收制度设计

在与此相关的主题中，德国学者根据具体税种为对人税税基(the personalized base)做出的贡献，来探索如何推导出有关税收结构的一致看法。这一努力的特点是，德语财政学关注"整体"，即整个税收制度，而不是它的单独部分。在英语财政学模式中，税收结构源自其经济背景；而在德国学者的设计中，税收结构要符合对国家的理想看法，以及公正地对待国家的成员(Wilke,1921:46)。在此，我们的讨论将仅限于三巨头著述中的相关部分。

洛伦茨·冯·斯坦因 冯·斯坦因的税收理论源自他的国家理论，被誉为是他著作中的"宝石"(Glanzstück)(von Beckerath,1952:427)。这一税收理论从各历史阶段进行追溯，并在人格化国家的需要和组成共同体的个体需求之间，架起了桥梁。因此，个体与国家间的关系，由预算的两端组成。公共服务创造了一个环境，在这个环境中，共同体中的个体成员不断活动并为该服务缴纳税款。然而，税收并不是个体成员与国家的等价交换或者说不属于市场关系;个体分享着归属于整个共同体的利益,并应根据自己的能力缴纳税收。

尽管财政在本质上不同于市场,但它们在市场经济的背景下运作,市场经济需求必须得到尊重。冯·斯坦因此给出了三条征税原则(1885b:355)。首先是"经济原则"(volkswirtschaftliches Prinzip),即税收必须保护资本存量,资本存量是所有财富产生的源泉。人力资本,与实物资本、金融资本一样,必须得到保护,因此所有可行的税收都必须从净收入中缴纳,这样最终所有的税都变成了净收入税。其次是"财政原则"(finanzielles Prinzip),即税收收入必须能够满足国家对收入的要求,而且应以便捷的方式去征收。最后是"基于国家经济的原则"(staatswirtschaftliches Prinzip),即要求通过税收的使用来再生(reproduce)税基。税收的价值不是用它的收入来衡量的,而是用它在使用中所能带来的资本形成衡量的。每一种税的真正目的,必须是再生(1885b:358—359)。

尽管净收入是最终的税基,但要达到这一税基需要缴纳各种各样的税。在公司层面,生产成本,包括资本的维持部分(the maintenance of capital),要从进款(receipts)中扣除,以求得"自由收入"(free income)。要留心对公司的收入只能征一次税,避免对公司及其所有者就相同的收入征税而导致重复课税(1885b:408)。公司支付的工资转而成为雇员的应纳税所得,但若公司的收入太少而不能形成资本——包括维持劳动者的人力资本,那就不需要缴税。

直接税适用于对资本回报课税。对企业净收入征税(Ertragssteuer),针对的是不含个人劳动投入的资本所产生的收益,自我雇佣税(Gewerbesteuer)适用于与劳动投入连在一起的资本收益,交易税(Verkehrssteuer),是对资本交易征税。由于公司可将税收负担转嫁给消费者,因此要对工资收入课税的话,可主要通过征收产品税(product taxation)来实现。为了让产品税成为工资所得税的替代,税制上可以对那些投入劳动较多的产品采用较高的税率;而为了限制工资所得税于"自由收入"之内,税制上可以对生活必需品免税。冯·斯坦因的这一整套税收结构,虽然针对的是所得课税,但却包括了间接税部分。

上面这些税收,只是接近真实的收入基础。作为税收制度的第三个组成部分,需要征收一般所得税,即"所得税本身"(income tax proper),以平衡各种直接税带来的差异。然而,它的税率应该保持在低水平,以免阻碍资本形成(1885b:519)。

冯·斯坦因还研究了各种税收在征管中的内在问题,并发展出适用于税制设计的多种概念(1885b:420),包括要素层面的税基单位(Steuereinheit)、纳税人层面每单位税基的税收(Steuerfuβ)和税额(Steuerbetrag)等复杂的概念。他区分了以下两种情形:在可以实现收入分离于资本的情况下,对收入直接征税;在无法将收入从资本中分离出来的情况下,通过对消费品征税来税及收入。随着税收的发展,对要素层面的税基单位以及对税基,形成了一种更加谨慎的定义和测量方法。税基设定好之后,接下来就是设定纳税人层面上每单位税基的税,但需要不同的形式(例如百分比或定额)来均衡不同部分税基的负担。

与上述复杂且不易遵循的概念结构相比,冯·斯坦因对税收转嫁的经济学关注甚少(1885b:550—561)。"财政转嫁本身"(eigentliche finanzielle Uberwälzung der Steuer)(1885b:551)和"税收的生产"(Produktion der Steuer)(1885b:556)之间是有区别的。

财政转嫁本身反映了转嫁的传统概念,它考虑的是卖方试图将负担转嫁给买方的方式。在这里,冯·斯坦因很少关注在什么条件下转嫁是可能的或不可能的,他也忽略了租金和其他来源的收入之间的经典区分。他认为,不应该单纯担心谁来承受最初的税负。无论谁承担最初的税负,税负调整的过程都将继续,并反映在随后的交易中;在交易中,后来的每一方都支付另一方先前作为成本而承担的税款。税收"从一个主体传到另一个主体"(1885b:554),税负最终归于谁的问题,正如他所说,不能依据税收转嫁类型来解决。

这种转嫁过程的"机械论"观点,后来被"税收生产的经济归宿分析"(staatswirtschaftliche Inzidenz der Steuerproduktion)所取代(1885b:558)。这种方法是为了说明作为生产成本的税收如何反映在产出价值中,并由纳税人的生产贡献来支付。这背后也许是一个动态平衡过程的愿景,但它的逻辑分析方法还没有发展出来。在冯·斯坦因的分析中最薄弱的部分,正是英国学者的杰出贡献之处。

阿尔伯特·谢夫勒 如前所述,按比例满足私人需要和国家需要的原则,不仅适用于大范围经济,而且适用于每个私人家庭内部资源的使用。"这种配置恰是按照真实能力对负担进行普遍的和成比例的分配"(1880:22)。为达到这一目的,直接税和间接税都是需要的。对收入或财产征收直接税只能税及有收入者的平均能力,而收入和财产本身的价值并不能反映真正的能力。"由来源和用途来揭示支付能力的诸要素,其本身必须显示出有这个能力"(1880:59)。为此,就有必要对收入及其使用征收各种直接税。

尽管谢夫勒在早期提倡的是一种税基广泛的收入概念,但他并不认为所得税是一种理想的单一税种。此外,他还主张多重征税,这不仅是因为税基广泛的所得税难以实施,而且是因为收入本身并不能真正反应能力(即便能正确地衡量)。

阿道夫·瓦格纳 与冯·斯坦因一样,瓦格纳也从历史角度去考察税收,认为其内容包括国家不断变化的收入需要、经济体制的变迁、有关公平标准的态度变化等。鉴于历史依赖性,对优良税收体系的寻求并不能提供唯一的解决方案。作为反映这种变化的一部分,现代社会的税收不仅要满足财政收入的需求,而且还必须成为"社会政策的工具"(Sozialpolitik)。

瓦格纳强烈支持政府在经济事务中发挥作用,但并没有忽视政府的局限性。如前所述,这需要在市场要求和社会关切之间做出妥协。正如他所主张的,财政收入必须能够满足国家的需要,但税收水平不能高到侵犯国民财富的程度。资本必须得到保护,因此可持续的税基仅限于净收入,即人们在一定时期内可用于消费而不至于减少财富的那部分。

继谢夫勒和冯·斯坦因之后,为了能税及这一税基并应对现代经济中日益复杂的法律制度,国家就需要征收多种税收。瓦格纳由此得出了"税制差异化法则"(Gesetz der Differenzierung des Steuersystems)(1890:495),并区分出以下三种税收来源(1890:315):(1)收入(Einkommen);(2)用于生产的财产(das als Produktionsmittel dienende Vermogen);(3)用于消费的财产(Gebrauchsvermogen)。

在以上三者中,收入是主要的税收来源。从经济视角看,一个国家的基本税源由国民收入及其在私人收入中的反映所决定。对收入征税,方式可以是

第三章 英语财政学和德语财政学:两种传统的比较(1996)

主体形式(subjective form),即把归于某一特定主体的所有收入来源合并;也可以是客体形式(objective form),对各种类型的收入单独加以处理。在这二者中,瓦格纳认为主体形式更适合现代经济(1890:542)。不过,他也表达了对征收综合个人所得税的怀疑。他认为,由于产生收入的各种来源存在差异,国家很难做到征税的全覆盖,因此保留使用客体形式还是有必要的。

若把财产作为税源,那么从经济的角度来看,就需要保护国家的生产性财产(productive property)不受税收的影响。与此同时,在考虑对私人领域的财产征税时,这一点就不必坚持。在私人领域,收入将是主要税源,但对财产征税也可能是适宜的(1890:318)。对私有财产的选择性征税,并不一定会减少资产净值(Volksvermögen)。在资本利得、彩票中奖和遗赠领域,财产的获得可能并不反映自身的努力。此外,还可以根据社会政策的要求对私有财产征税(1890:318)。

最后,瓦格纳不赞成把消费作为税收的第三个来源。他认为,一般消费税因不公平而应被摒弃,因为它惩罚了消费时用掉的收入,而给被储蓄的收入优惠待遇(1890:611)。密尔早已指出征税时要对延迟消费和当期消费实行差别处理,但瓦格纳提出了持续积累(continuing accumulation)的问题。瓦格纳说,要确定一个人的综合消费基础并不比确定他的收入基础更简单。冯·斯坦因提出征收消费税以填补征收所得税所留下的缺口,这一主张也被瓦格纳摒弃。在特定情况下,只有选择性消费税才能被接受,例如征收关税,或对不统计在家庭收入范围内而被家庭消费掉的那些产出征税。

瓦格纳意识到,要让税基的各个部分都能被税及,取决于税收如何转嫁。他否定了卡纳尔(Canard)关于税负转嫁导致税负普遍扩散的结论,而接受了需要对转嫁进行具体分析的看法。但对这个问题的探讨,瓦格纳依旧没有深入下去。税负转嫁或许是可行的,也或许不可行;转嫁的结果也许可能均衡税收负担,也许未必。他概述了决定转嫁可行性和转嫁方向的条件,其中包括讨论通过提高效率以消化税收负担的可能性。他注意到了通过压低已税固定资产的价值来均衡税后收益的资本化过程。原来冯·斯坦因对税收归宿分析的消极态度,在瓦格纳这里得到了纠正。但再一次要说的是,这一主题并未被深入探讨;在瓦格纳的四卷本著作(1890:340—372)中,对此主题只给出了很少的篇幅。

三、优良税制：向谁征税

在第三部分，我要比较两种传统下的税收公平的方法，在一些重要方面二者有分歧。在英语财政学传统下，税收公平分析从税负公平分配的概念开始，但很快就转向功利主义的效率标准（即总负担最小化的概念）。于是，公平变成了福利经济学研究的内容。在德语财政学传统下，税负公平的核心问题是如何衡量能力，在此基础上探讨公平与税基定义之间密切的联系。在不同处境中的人之间如何实现差别负担，德语财政学认为这是政策判断的问题，而不是去遵循严格的功利主义路线。

（一）英语财政学传统

在英语财政学传统中，财政学按照要素定价经济学探究税基问题，而对税收公平的研究则遵循功利主义模型以及由其发展来的福利经济学进行。

亚当·斯密 斯密清楚地认识到，来自公地和存货（stock）的财政收入已经不足，因此必须主要依靠税收。他有关税收的第一条准则就谈到了谁应该纳税的问题。他认为，"国家的每一个臣民"，都应该根据他们各自的能力，尽可能地为支持政府而做出贡献；就是说，按照他们在国家保护下各自享有的收入，按比例纳税。政府向一个大国中的个人（individuals of a great nation）收费，就像是管理者向庄园的共同承租人收取费用，而所有的承租人都有义务按各自在庄园中获利的比例来分摊管理费用。遵循这一准则，就是所谓的税收公平；忽视这一准则，税收就是不公平的。(1776:307)

仔细考察，你会发现，斯密的说法结合了两个看似不相容的规则。斯密先是赞同了量能原则，然后又要求根据受益情况来纳税。这两条规则在这里被表达成是一致的，似乎斯密认为量能和受益都与收入成正比。于是从这两方面出发，财政公平要求按比例征税，以及在财政（不仅是税收！）过程中坚持收入分配的中立性。而这又反过来符合洛克对自然法的看法，即赋予勤劳收入及使用这一勤劳收入以天赋的权利(Smith,1759:304)，无论是用它来购买私

第三章 英语财政学和德语财政学:两种传统的比较(1996)

人品还是公共品。

随后,斯密对他的比例规则补充了一些限定条件。在比例阶梯(the scale)的下端,用于维持生存的收入不能被征税,否则这将破坏工资的基础;在比例阶梯的上端,一些偏离比例规则的征税行为也许是可以接受的。他指出,课税于房租,税负主要落在富人身上。接着他补充说:"在这种不平等中,或许没有什么是非常不合理的。富人不仅要按其收入的比例而且要超出该比例来为公共开支做贡献,这并非很不合理。"(1759:324)与此同时,奢侈品的价值(那些"在伟大经济中使用的小装饰品")也被贬低。据此他认为,富人的消费并不比穷人多多少。"'一只看不见的手'引导他们在生活必需品中得到的消费状况,几乎跟土地平均分配给全体居民之后他们的消费状况一样。"(1759:184)

杰里米·边沁 前面说到,斯密将一般的受益规则(a generalized benefit rule)与勤劳收入的天赋权利相结合,而边沁(Bentham,1789)则采取了截然不同的策略。边沁抛弃了基于勤劳收入的天赋权利而形成的公平分配命题,而以效用原则取而代之。个人的幸福是要被最大化的;在个体成员组成共同体后,"共同体的利益是什么?是组成共同体的个体成员的利益总和。"(1789:12)。因此,政府应该设法追求社会幸福的增加。一个人的幸福随着他的财富增加而增加,但增速是递减的(1802:306)。因此,人们提出了平等的理由,但很快就碰到对财产及其作为财富来源的安全的需要。"当安全和平等处于对立状态时,不应有任何犹豫:平等应该让位。"(1802:311)尽管有局限性,但边沁在原则上提出了累进税的功利主义理由。税收,现在看来是独立于支出效益的,应该为国家提供所需的财政收入,为的是对整体幸福造成的损害最小。

基于边沁的而不是斯密的平等牺牲规则,人们开始从量能原则或牺牲原则而不是受益原则的角度来看待税收公平。

在引用斯密的税收准则并表示赞同之后,密尔遵循边沁的理论,将税收公平与支出效益分开来考虑。正如他所说,效益是无法衡量的,政府必须被视为"关怀所有人"(1848:157)。因此,税负分配的基本原则是平等牺牲。

"为什么公平应该成为所有税收问题的规则呢?这是因为在所有事务中政府都应该如此。作为政府,它不要因为人们或阶层的要求有多强而去有所区别,无论需要他们做出什么牺牲,都应该尽可能地将同样的压力施加在他们身上。必须指出的是,这么做就是让整体牺牲最小化。因此,税收平等作为一项政治准则,意味着牺牲的均等。"(1848:155)

请注意,这里要求的是"压力"的平等,而不是纳税金额的平等。虽然从相等的绝对额(而不是相等的边际)牺牲中引导出总牺牲最小是错误的,但均等牺牲已成为衡量税收公平的标准。密尔补充说,均等牺牲将通过按比例征税来实现。

F. Y. 埃奇沃斯 在 50 年后(1897),埃奇沃斯更为仔细地区分了绝对牺牲均等、比例牺牲均等和边际牺牲均等(因此总牺牲最小);至于以哪一种牺牲原则作为课税形式,取决于收入边际效用的收入弹性。为了实现绝对牺牲的均等,到底适用累进税、比例税还是累退税,取决于边际收入效用相对于收入的弹性是大于、等于还是小于 1。对于均等比例牺牲来说,没有简单的规则。最终,最小总牺牲规则需要在福利函数呈下降趋势时,对所得税实行最大程度的累进。在这三者之中,正如埃奇沃斯所言,"最小总牺牲,是纯粹功利主义原则的直接产物,是税收的最高原则。"(1897:107)马歇尔将税负分配视为"建设性伦理"(constructive ethics)中的一个问题,同样也赞同将最小总牺牲作为最终的准则。和边沁一样,他们都警告说,必须考虑税收的有害影响。值得注意的是,埃奇沃思还进一步解释了为什么功利主义者应该接受最小总牺牲的规则。鉴于量能原则和受益原则两派的实力相当,从长远来看,埃奇沃斯认为,双方的观点都不可能赢得更大的认同。因此,同意总福利最大化是走出霍布斯丛林的一条明智之路,这与勒纳(Lerner,1944:30)等人后来提出的论点类似。

A. C. 庇古 继埃奇沃斯之后,庇古基于"总福利最大化"始终是"政府行事的正确目标"这一前提(1928:59),而把最小总牺牲遵奉为"税收的终极原则"。不过,在此方面重点也开始转移。对斯密和密尔来说,尽管量能纳税主要是一项公平原则,但由于均等边际牺牲规则的优越地位,量能纳税成为功利主义效率的一项原则。以此为前提,庇古进一步完善了均衡负担的概念。在他看来,应考虑税收的"宣告效应"(即后来所说的超额税负或无谓损失)。早

第三章 英语财政学和德语财政学:两种传统的比较(1996)

期学者对税收有害影响的那些模糊关注,此时在更严谨的形式中得以思考。税收带来的牺牲,现在被重新界定,以便考虑效用的损失;这样的损失,不仅包括已付税款本身带来的损失,而且还包括因税收扭曲了有效选择而造成的损失。如前所述,考虑到消费者剩余的损失,我们需要有一套最优的商品税设计(Ramsey,1927);由于无谓损失的增长速度往往快于边际税率,实行累进所得税的理由因此受到了削弱。学者们在接下来的 40 年时间里所采用的最优税收模型,在此已经奠定了基础(Diamond and Mirriees,1971)。

社会福利函数 庇古仍在早期功利主义思想的框架内处理最小总牺牲问题,其隐含的效用函数前提是每个人函数相同、效用为基数且可比。这样的话,通过一次性资金总额转移,就可完成针对穷人的向下分配,并提高社会福利。在罗宾斯(Robbins,1932)之后,上述效用函数前提不再被认为是既定的,旧福利经济学及其在税收公平方面的含义都因此受到了质疑。取而代之的是,"新福利经济学"尝试建立一套准则,以便增加社会福利或者实现福利最大化(Bergson,1938)。但这样的准则仍需一些伦理判断来支持。在其中有些准则可能具有普遍的吸引力,例如,不允许嫉妒并将帕累托改进视为福利增加;另一些准则会引起争议,特别是涉及另选税负分配方案带来损失和收益之时。此外,还需要一个基于共同体个体成员主观看法的合作过程来确定社会福利函数中的权重,并最终达成一个让人接受的社会福利函数。

对集体决策能否获得一致性的质疑,让事情变得更加复杂(Arrow, 1951)。如前所述,公共选择问题已成为财政学的一个中心部分。在累进税制的前提下,在评估其他政策后果时,我们的判断也许还会把递减的边际效用(如今是由社会认可的)指定给连续的收入单位。然而,这样的指定,不再依赖于旧福利经济学中的"事实观察",而反映社会对什么构成公平的一种认可。如果对标准没有形成共识同意的话,分析者可能会参考其他福利函数来判断政策的优劣(Atkinson,1983:310)。为了摆脱相对主义的缺陷(relativistic vein),学者们尝试从中立前提出发来推导社会福利函数(Rawls,1971),并基于风险厌恶重新构建功利主义模型(Harsanyi,1955)。对于这样的分配正义的哲学基础,理论界掀起了一场激烈的辩论,但该辩论超出了本书的讨论范围。

不过,我们仍有必要短暂地回归到维克塞尔模型上。如上所述,维克塞尔主要关心的是,基于现行收入分配情况来实现公共品的有效提供。然而,他标榜自己的发现是"正义税收的新原则"(1896:76),而不是对有效税收的新设计。这二者之间的关联源自他的洞见——要使受益税既正义又有效率,就必须先有正义的收入分配(1896:143)。与公共品的提供一样,如何进行分配也要通过投票程序来决定;尽管"一致同意"是提供公共品的理想选择,但在分配方面并不是最优的投票规则。这样,对社会福利函数的需要就进入了广义的维克塞尔体系,就像它进入庇古模型一样。

(二)德语财政学传统

在19世纪上半叶,德国学者既支持受益原则也支持量能原则。冯·雅各布(1821)和洛兹(1807)认为,所得税是因为受益于公共服务而缴税,按比例缴税则被视为一种公平的方式。从支付能力的角度出发,劳(1864)得出了同样的结论。关注收入定义的人指出,重要的是要平等地对待同等境况者[1],而不是区别对待不同境况者[2]。这两种处理方式的赞成者都同意豁免低收入者的税收,以便让他们能应对困境并维持人力资本。

洛伦茨·冯·斯坦因 与英国学者基于牺牲的学术方法相反,冯·斯坦因有关税收公平的观点源自他自己的概念,即税基是衡量资本形成和奢侈品消费能力的标准。对低收入者免税,他称为"税收减免的社会政策"(soziale Steuerbefreiung)。在他看来,没有资本形成能力的个人应该被排除在征税范围之外(1885b:409)。

对于较高的收入水平,冯·斯坦因说了一句不容易翻译的话,大致可以理解为,税率的累进性应该与额外资本单位的资本形成能力相匹配(1885b:432)。由此我们可以得出两个结论:由于收入转化为资本形成能力的增长速度快于收入的增长速度,因此需要征收累进税;但累退税率也是必要的,因为按照"资本规模法则"(Grossengesetz der Kapitalien),每增加一单位资本,其所获收入会随资本的增加而下降。把这两方面结合起来的结论是,资本形成

---

[1] 即横向公平。——译者注
[2] 即纵向公平。——译者注

第三章 英语财政学和德语财政学:两种传统的比较(1996)

能力会随收入的增加而下降(1885b:432);反过来说,这样的结论要求要有递减模式的税率,并稳定在一个中等水平上(Heilmann,1984:133)。虽然结论背后的假定是作为"基本事实"提出的,但随着单位资本的增加,资本形成能力下降,这一说法似乎混淆了国民的资本存量回报率递减和一家公司扩张时所动用的资本的回报率递减。

对所有收入来源适用单一模式税率,遭到了冯·斯坦因的抵制。他的说法是,各种来源的收入在应税能力上不同,所以需要不同的税率模式。因此,我们必须确保根据真实的能力,横向统一地对待对各种收入来源。鉴于在这里关注不同来源的收入,而不是在个人总基数上的加总,读者会奇怪,在比例税率之外如何平等地对待境遇相同的人。

艾尔伯特·谢夫勒 正如谢夫勒所言,国家欲求和非国家欲求必须按比例满足的原则,不仅应适用于整个社会,而且应平等地适用于每一个私营经济主体(1880:23)。如果这是划分税收负担的规则(谢夫勒未详加说明这一结果),那纳税人一定觉得用于缴税的边际收益与用于自己私人支出的边际收益应该相等。而这一受益税观点,暗含了一个符合林达尔观点的解决方案。然而,当谢夫勒谈到税收设计时,这一观点就消失了,因为只考虑税收方面的问题。

谢夫勒的观点是,应聚焦于税及"在特定时间存在的、每一主体拥有的具体、真实、个人的能力"(1880:75)。依冯·斯坦因之见,在收入或财产相似的主体之间,这样的能力可能有所不同。因此,直接税只能税及拥有相似水平收入或财产的人群的平均能力;这就要求征收间接税作为补充,即经济主体通过共享的税基来显示纳税的能力。因此,直接税和间接税二者都要使用。可能影响应税能力(Steuerkraft)的因素是多样的,于是就要有多种形式的税收。

随着收入或财产水平的提高,平均应税能力也在提高,在高水平的收入或财产上应税能力变得"极高"(1880:78)。因此征税需要累进税率,但不能超过5%或6%,以便保护资本的形成。虽然谢夫勒没有使用英国学者的牺牲术语,而只是笼统地用支付能力来探讨,但他的方法仍属于一般的方法(general approach,Seligman,1909:170)。然而,让他与众不同的,是他对个体纳税主体具有的"真正"能力的关注,这种能力甚至在同等收入者之间也有所不同。

阿道夫·瓦格纳 和冯·斯坦因、谢夫勒一样，瓦格纳强调，被人们视为正义的东西，其本质在不断变化(1890:379)。随着社会从封建制向公民社会(staatsbürgerliche)环境转变，正义税收开始聚焦于个人的地位而不是阶级或等级(Stände)的地位。在个人享有平等权利的前提下，税收遵循以下两个原则：(1)普遍性(Allgemeinheit)原则，要求所有人都要缴税；(2)统一性原则(Gleichmäßigkeit)，要求所有人都能被一致地对待(1890:380)。

瓦格纳认为，如果我们接受这样一个前提，即竞争性市场中的收入分配是公正的，那么税收的安排就应避免干扰市场对收入的分配。在此前提下，普遍性(comprehensiveness)不允许对哪怕是非常低的收入实行免税，而统一性(conformity)则要求按比例征税。这个结论是由上述前提得出的，但瓦格纳继续说道，这个前提却是错误的(1890:377,383)。目前市场中的收入分配状况不单单是由竞争造成的，它还反映了其他因素的影响；即使市场是竞争的，也没必要认为竞争性结果就是公正的。

因此，在收入分配方面可以考虑其他因素。这样一来分配状态如何，就成为一个政策考虑的问题，于是瓦格纳随后提出"税收的社会政策概念"(sozialpolitische Steuerbegriff,1890:207,383)。税收就不再仅仅提供所需的收入，而且还是纠正收入分配的一种手段。在过去的"市民国家时期"(staatsbürgerliche Periode)，纯财政原则占主导地位；而社会政策，正如瓦格纳准确预测的那样，将在未来受到越来越多的关注。

因此，必须重新解释普遍性(generality)和统一性(uniformity)规则，以便能顾及社会原则。瓦格纳修改了普遍性规则，以允许对维持最低生活保障的收入免税。对统一性原则，他又有两种解释。第一种解释是，税收是纳税人针对自己得到的公共服务而支付的，它与纳税人所获得的利益(the Genuprinzip)成比例，或与纳税人为该利益而分担的成本(the Assecuranzprinzip)成比例。不过，这第一种解释被瓦格纳拒绝。这是因为受益原则与国家的性质不符(国家是一种共同经济，因此要求强制参与)；而且，该解释也是不切实际的，因为个人的受益份额并不能加以指明(1890:435)。

在摒弃了受益税的情况下，社会原则之下的统一税可以理解为是符合支付能力(Leistungsfähigkeit)的税收①。基于共同体的成员身份,个人有义务根据他们的能力为全体的福利做出贡献,而这反过来要求所有的人都要承受同等比例的牺牲(1890:384)。由于自由收入(free income)的份额随收入的增加而增加,为此目的就应采用累进税率(1890:457)。与此同时,财政原则也不能完全忽视。因此,瓦格纳的综合税制(combined system)要求,对总收入应征收温和的比例税,然后主要依靠征收累进税,同时允许有免税,且只对自由收入征税。

追随冯·斯坦因和谢夫勒的观点,瓦格纳也认为支付能力因收入类型而异。他说,对财产收入(funded income)和其他形式的非工作收入,应该适用更高的税率;在这样的情形中,获取收入者完全可以再用他的劳动挣得工资收入(1890:456)。瓦格纳没有提及纳税人用增加闲暇来代替劳动的情况。他还考虑过对资本收益和其他形式的"非勤劳"收入征收更高的税收,认为可能需要征收更高税率的所得税,或者可能需要征收财产税和资本税。特别的,征收遗产税的情况就是从社会原则中推导出来的(1890:385)。

最后,我要简单地回到瓦格纳为反映两种税收哲学而对财政原则和社会原则所作的区分上。他认为,财政原则反映了市场精神,即获取收入者有权利拿到他们的劳动成果。可社会原则否认这样的权利,允许政府调节分配状况。也有人提出一种相似的建议,要求分开与此貌似相同的财政的配置职能与分配职能(Musgrave,1959:Part 1)。然而,瓦格纳在将受益税指派给社会原则时混淆了这个问题。一旦预算的支出方和收入方都考虑进来,正如斯密早就暗示过的那样,那跟市场收入分配中立性相匹配的正是受益原则。而在我所称的预算的资源配置职能分支中,受益税(或者与其近似的税)适用于对公共服务的融资,这样的话,一个独立的收入分配职能分支就可以实现以社会原则为基础的分配目标。

四、结 论

英语财政学和德语财政学的知识传统可以概括为上述三个重要主题,即

---

① 这就是与前文相对的第二种解释。——译者注

公共品和共同欲求的性质、税基的设计、税收公平。综观以上对这三个主题的回顾，人们发现这两种知识传统是不同的。

英语财政学以个人主义的观点看待社会，以市场原则为主导。政府作为一种工具介入，为的是纠正因外部效应的存在而造成的市场失灵。尽管这样的政府行动是市场规则的例外，但它仍在市场解决方案形成的效率框架内运作。因此，英语财政学是一般经济学不可缺少的部分，并与之共同发展。

德语财政学面对的是一个多维度的社会，包括个人领域和共同领域，在其中国家以不同于市场的方式发挥作用。德语财政学以一门独立的学科身份发展起来，它与历史学、政治学、经济学都有联系。因此，德语财政学在经济研究上较弱但研究范围更广。

(一)公共品和共同欲求

毫不奇怪的是，上述这种系统性的差异在我们讨论的第一个主题中表现得最为明显，即为什么某些产品和服务需要公共提供。

1. 英语财政学

英语财政学从一开始就关注公共品的性质，比如关注草地如何排水，灯塔如何管理。所有的欲求，无论是针对公共品的还是针对私人品的，都是个体作为其偏好系统的内在部分来体验的。共同欲求的问题在此没有出现，区别"公共的"和"私人的"仅仅根据产品来划分。

早在休谟和斯密引入公共品时，他们对公共品的关注就把预算的收入和支出两端作为问题的共同部分联系起来。可是到了李嘉图和密尔那里，注意力转向以税收为中心，这样的联系就消失了。支出理论被搁置在一旁，直到20世纪40～50年代才再度出现。此时再回顾过去被忽视的19世纪晚期欧陆学者的贡献，可以发现公共品的关键特征可以追溯到非竞争性，而市场失灵被证明是由搭便车问题造成的。在存在公共品的情况下，资源有效利用的条件被重新表述，学者们的注意力也因此转到显示偏好的政治程序上。

当公共品分析以现代形式出现时，它恰好符合更为广泛的微观经济理论框架，其重点是有效的资源使用。市场规则是通用规则，但政府也自有其位置。用休谟的话来说，政府是"人们能想象得到的最精微、最巧妙的发明之一",它填补了市场失灵留下的坑洞。

2. 德语财政学

公共品并不是德语财政学赖以发展的国家哲学基础。在德语财政学中，国家是社会结构中不可分割的部分。在极端形式中，人格化的国家本身作为欲求的主体出现，并凌驾于自己成员的私人偏好之上。在较温和的形式中，只存在个体体验的欲求，但个体的私人欲求和共同欲求之间仍然有区别。满足私人欲求是为了私利，而满足共同欲求则涉及对共同体整体的义务。

因为对私人欲求和共同欲求之间区别的关注，德语学者没有去关心区分私人品和公共品。在19世纪80年代和90年代兴起的边际主义方法被德语财政学者忽视或摈弃，不仅是因为这种方法不切实际，还因为这种方法在精神上过于个人主义。在此过程中，德语财政学错误地将动机（自利还是对共同体的义务）的区别与私人品、公共品之间的区别联系起来。它没有看到，私人欲求，作为利己的事务来追求，仍然可能要求提供公共品；正如共同的欲求，作为一个义务问题来满足，仍然可能要求提供私人品。因此，德语财政学未能将欲求问题和产品问题分离开，进而忽视了更为直接的公共品问题，从而放弃了在财政学中建立与经济学的紧密联系。

在德语财政学的整个传统中，公共关怀显然是存在的，但仍然难以捉摸。尤其是瓦格纳的作品。有时，公共义务似乎已减少到这样的程度：接受为克服公共品提供中的搭便车问题而征收强制性税收。这种接受可能基于自身利益，旨在避免霍布斯式丛林的后果，但这还不是全部。在共同体中的成员资格，也蕴含着超越自身利益的价值，并赋予超越自身利益的义务。

显然，与公共品一样，共同欲求和共同义务都经不起经济学家用工具来当场分析（ready analysis）。然而，这并不意味着，在提出共同关切的问题时以及在超越自利动机的问题上，德语财政学就是错误的。英语财政学很可能过于狭隘地认为，以自利为基础的行动就是一切。国家或共同体虽然"就其本身而论"无法成为欲求的主体，但个体关心的私人问题和共同问题之间的区别，不可能那么轻易地打发掉。在功利主义框架下，共同关切的作用不能通过考虑人际效用的相互依赖来解决。人们仍然有一种不安的感觉，觉得少了点什么。对优值品的欲求这一概念（Musgrave and Peacock, 1958; Musgrave, 1987）和绝对公平(categorical equity)的概念(Tobin,1970),弥补了其中的空白,但要以令人满意的方式解决共同欲求问题,还有许多工作要做。对经济学来说,虽然共同体的概念可能令人不舒服,并且一旦被滥用,它就会变得危险,但这个概念依然重要。

(二)税基与税收结构

再一次地,英语财政学的税基分析与经济学的标准范畴联系在一起,而德语财政学则继续探讨因其自身需要而特有的概念。

1. 英语财政学

对于英语财政学而言,分析起点由要素回报的性质给定。由于工资是劳动力存量再生产所必需的,所以税基由土地租金和(超过维持劳动力存量所需的)资本的回报构成。在征税时,市场会做出反应,直到税负落在这两个税基上为止,这就让税负转嫁和归宿分析成为税基问题中一个必不可少的部分。后来可用的税基被英语学者进一步扩大,高于生存水平所需的工资收入被纳入,归宿理论也因运用了边际主义对要素定价的处理方法而发展。

随后,税收负担的概念因考虑到无谓损失而得以改进,有效税收理论要求选择征收那种将无谓损失最小化的税种。密尔在早期将消费作为更有效率的税基,这一观点成为征税普遍规则的一部分。因此,从实证和规范两个角度来看,英语财政学的税基概念能很好地适用于微观经济理论框架及帕累托效率准则中。

2. 德语财政学

而德语财政学则反驳了英语财政学对收入来源的客观分类和可以对什么征税的成见。在德语财政学看来,税基的概念与经济活动的最终目的无关,相反重点应放在收入的获取和使用上,还应放在考虑对什么征税上。税基的主观概念应提供一种衡量可税能力的方法,使税负能公平地分配。在英语财政学的处理方式中,税基概念与收入的产生有关;而在德语财政学这里,税基概念与评估个体的纳税能力是否公平有关。

斯密在著作中说,可持续的税收只能从国家的净收入中征收,但人们更关注的是税收在经济过程中的流动,重点在于个人获得的收入而不是企业获得

第三章 英语财政学和德语财政学:两种传统的比较(1996)

的回报。在探索综合观点的过程中,经济学家们仔细研究了二者之间的相互关系。尽管到那时为止仍缺乏国民收入核算在后世取得的进展,但人们还是很早就认识到,定义为纳税能力衡量标准的是个人收入,而与整个国家获得的总收入不同。从冯·赫尔曼开始,并在谢夫勒、冯·施莫勒、冯·香兹后来的文献中完成的,对个人收入的研究是一个基础广泛的概念。

基于一种对人税的税基观(a personalized view of tax base),德语财政学对税收分析做出的最重要的贡献是,将增值作为收入。与此同时,德语财政学对税负归宿与有效税收的经济学分析几乎没有贡献,而这恰恰是英语财政学表现得最好的领域。

(三)公平

除了早期阶段外,德语财政学和英语财政学都认为应该用量能术语而非受益术语来考察税负公平,这两种财政学都主张用税负分配来改变由市场决定的收入分配状况。但是这两种财政学对此的论证并不相同。英语财政学建立在严密的功利主义论证基础上,而德语财政学则依赖于个体的共同义务理论和对社会政策的普遍关切。

1. 英语财政学

我们对英语财政学传统中有关税收公平理论的回顾,从亚当·斯密的双重视角开始,即斯密结合了受益观点和量能观点两方面的考虑。此后,受益观点退出,衡量公平只采用量能观点。自密尔起,衡量支付能力就意味着要求均等牺牲,而"均等"概念又有不同的区分。埃奇沃斯和庇古选择了均等边际牺牲及最小总牺牲,以其作为正确的解决方案。于是,研究范式就从公平转向了效率,回到边沁对累进税持有的功利主义观点上。

在提供公共品方面,英语财政学按照斯密主义的市场经济的精神进行分析,政府只是一个用来进行矫正的因素。然而,从边沁到埃奇沃斯再到庇古,他们在税收公平方面的观点都摒弃了斯密主义的框架。由自然秩序产生的获得劳动收入的天赋权利,被弃置一旁。学者们遵循边沁的功利主义原则,认为理想的收入分配应该源于福利的最大化。在他们看来,税收的效率成本必须考虑在内,但洛克式的天赋权利可以抛弃。

2. 德语财政学

英语财政学在税收公平的纵向维度上有所扩展,而德语财政学则强调税收公平的横向维度。康德的平等价值规则(rule of equal worth)要求平等对待境况相同者,而这反过来又要求对个人的税基进行有意义的界定。于是对税基来说,经济学的要求跟它作为公平规范的作用紧紧联系在一起,在其中境况相同者得到同等对待是首要问题。

在对待境况不同者的问题上,德语财政学者把受益原则和量能原则皆作为思考的出发点,然后量能原则再次胜出。不过,德语财政学著作并不遵循功利主义模型以及它从边际效用函数的斜率来推导的累进税率形式。密尔的论证被一般性地注意到,但德语学者并没有像之后的埃奇沃斯那样展开正式分析。

冯·斯坦因之所以得出支持累进税制的结论,是因为他觉得,参与资本形成的能力比收入增长得更快,而谢夫勒则认为支付能力的增长是理所当然的事情。然而,瓦格纳的"社会政策税收观"(sozialpolitischer Steuerbegriff)做出了一项重大的创新,它让矫正收入分配成为财政职能的一个正当部分。经济结构的变化以及社会态度的变化,都要求征收具有再分配性的税收。不过收入分配作为一个理想的目标虽然得到了支持,但这一支持是从历史的术语而不是从规范的术语给出的。

参考文献

Arrow, K. J. (1951), *Social Choice and Individual Values*, New York: Wiley.

Atkinson, A. B. (1983), *Social Justice and Public Policy*, Brighton: Wheatsheaf Books.

Bastable, C. F. (1892), *Public Finance*, London: Macmillan.

Beckerath, E. von (1952), 'Die Neuere Geschichte der Deutschen Finanzwissenschaft', in W. Gerloff und F. Neumark (eds), *Handbuch der Finanzwissenschaft*, vol. 1. 2nd edition, Tubingen: Mohr, 416—68.

Bentham, J. (1789), *An Introduction to the Principles of Morals and Legislation*, ed. J. H. Burnsand and H. L. Hart 1970, London: Hafner.

Bentham, J. (1802), 'Principles of the Civil Code', in J. Bowring (ed.) (1931), *The Works*

第三章 英语财政学和德语财政学:两种传统的比较(1996)

of Jeremy Bentham, vol. 1. New York: Clarendon.

Bergson, A, (1938), 'A Reformulation of Certain Aspects of Welfare Economics', *Quarterly Journal of Economics*, 52, 310—34.

Bowen, H. (1948), *Toward Social Economy*, New York: Rinehart.

Brennan, G. and J. Buchanan (1977), 'Towards a Tax Constitution for Leviathan', *Journal of Public Economics*, 8, 255—74.

Buchanan, J. (1960), 'La scienza delle finanze': The Italian Tradition in Fiscal Theory, in J. Buchanan, *Fiscal Theory and Political Economy*, Chapel Hill: University of North Carolina Press, pp. 24—74.

Buchanan, J. and G. Tullock (1962), *The Calculus of Consent*, Ann Arbor: University of Michigan Press.

Cassel, M. (1925), *Die Gemeinwirtschaft — Ihre Stellung und Notwendigkeit in der Tauschwirtschaft*, Leipzig: Derchert.

Colm, G. (1927), *Volkswirtschaftliche Theorie der Staatsausgaben*, Tubingen: Mohr. Dalton, H. (1936), *Principles of Public Finance*, London: Routledge.

Diamond, P. and J. Mirrlees (1971), 'Optimal Taxation and Public Production, I. Production Efficiency; II. RateRules', *AmericanEconomicReview*, 61, 8—27; 261—78.

Dietzel, C. (1855), *Das System der Staatsanleihen im Zusammenhang der Volkswirt — schaft betrachtet*, Heidelberg: Mohr. Fisher, I. (1942), *Constructive Income Taxation*, New York: Harper.

Edgeworth, F. Y. (1897), 'The Pure Theory of Taxation', *Economic Journal*, 8, reproduced in F. Y. Edgeworth (1925), *Papers Relating to Political Economy*, vol. 11, London: Macmillan, pp. 63—12

Fisher, I. (1942), *Constructive Income Taxation*, New York: Harper.

Goldscheid, R. (1926), 'Staat, öffentlicher Haushalt und Gesellschaft. Wesen und Aufgaben der Finanzwissenschaft vom Standpunkte der Soziologie', in W. Gerloff und F. Meisel (eds), *Handbuch der Finanzwissenschaft*, vol. 1, Tubingen: Mohr, pp. 146—84; in part translated in R. A. Musgrave and A. T. Peacock (eds) (1958), *Classics in the Theory of Public Finance*, London: Macmillan, pp. 202—13.

Haig, R. M. (1921), *The Federal Income Tax*, New York: Columbia University Press.

Harsanyi, J. (1955), 'Cardinal Welfare, Individualistic Ethics and Intergenerational Comparisons of Utility', *Journal of Political Economy*, 73, 309—21.

Hauser, K. (1994), 'Finanzwissenschaft der zwanziger Jahre und das Ende der Historischen Schule', in H. Rieter (ed.), *Studien zur Entwicklung der ökonomischen Theorie* XIII, Schriften des Vereins fur Socialpolitik, N. S. 115/ XIII, Berlin, 143—64.

Heilmann, M. (1984), *Lorenz von Stein und die Grundprobleme der Steuerlehre*, Heidelberg: Mohr.

Hermann, F. von (1832), *Staatswirtschaftliche Untersuchungen*, new edition 1874, Miinchen: Ackermann.

Hicks, U. K. (1947), *Public Finance*, London: Nisbet.

Hobbes, T. (1651), *Leviathan*, ed. C. B. Macpherson 1968, New York: Pelican Classics.

Hotelling, H. (1938), The General Welfare in Relation to Taxation and Utility Rates, *Econometrica*, 6, 242—69.

Hume, D. (1739), *A Treatise of Human Nature*, ed. L. A. Selby—Bigge, 1896, London: Oxford University Press.

Jakob, L. von (1821), *Die Staatsflnanzwissenschaft*, Halle: Hemmede.

Jenkin, F. (1871), 'On the Principles which Regulate the Incidence of Taxes', in *Proceedings of the Royal Society of Edinburgh*, Session 1871—72, Edinburgh. Justi, J. von (1762), *Ausfilhrliche Abhandlung von denen Steuern und Abgaben*, Königsberg: Waltersdorf.

Kaldor, N. (1955), An Expenditure Tax, London: Allen.

Lerner, A. (1944), *The Economics of Control*, New York: Macmillan.

Lindahl, E. (1919), *Die Gerechtigkeit der Besteuerung*, Lund: Gleerupska.

Little, I. M. D. (1951), 'Direct vs. Indirect Taxes', *Economic Journal*, 61, 577—84. Lotz. J. (1807), *Revision der Grundbegriffe der Nationalwirtschaftslehre*, Koburg: Palm and Enke.

Mann, F. K. (1928), 'Die Gerechtigkeit in der Besteuerung', in H. Teschemacher (ed.), *Beiträge zur Finanzwissenschaft. Festgabe für Georg von Schanz zum 75. Geburtstag 12. März 1928*, vol. II, Tübingen: Mohr, pp. 112—40.

Mann, F. K. (1933), 'Finanzsoziologie. Grundsätzliche Bemerkungen', *Kölner Zeitschrift für Soziologie*, 12, 1—20.

Marshall, A. (1890), *Principles of Economics*, London: Macmillan.

Marshall, A. (1917), *After War Problems*, London: Macmillan.

Mazzola, H. (1890), 1 *dati scientifici della fmanza pubblica*, Roma; in part translated in

第三章 英语财政学和德语财政学:两种传统的比较(1996)

R. A. Musgrave and A. T Peacock (eds) (1958), *Classics in the Theory of Public finance*, London: Macmillan pp. 37—47.

Meisel, F. (1925), 'Geschichte der deutschen Finanzwissenschaft im 19. Jahrhundert bis zur Gegenwart', in W. Gerloff und F. Meisel (eds), Handbuch der Fin wissenschaft, vol. I. Ttibingen: Mohr, pp. 245—90.

Menger, C. (1871), Grundsätze der Volkswirtschafislehre, ed. K. Menger 2nd edition, 1923, Wien.

Mill, J. S. (1848), Principles of Political Economy, London: Penguin.

Müller, A. (1809), Die Elemente der Staatshmst, Berlin: Öffentliche Vorlesung.

Musgrave, R. (1938), 'The voluntary exchange theory of the public economy', Quarterly Journal of Economics, 53, 213—37.

Musgrave, R. A. (1939), 'The voluntary exchange theory of public economy', Quarterly Journal of Economics, 53 (November), 217—37.

Musgrave, R. A. (1959), The Theory of Public Finance, New York: McGraw—Hill.

Musgrave, R. A. (1987), 'Merit Goods', in J. Eatwell (ed.), The New Palgrave, New York: Macmillan. Also Chapter 7, this volume.

Musgrave, R. A. and A. T. Peacock (eds) (1958), Classics in the Theory of Public Finance, London: Macmillan.

Neumark, F. (1961), 'Nationale Typen der Finanzwissenschaft', in F. Neumark, Wirtschafts— und Finanzprobleme des Interventionsstaates, Tübingen: Mohr, pp. 81—95.

Pfleiderer, O. (1930), Die Staatswirtschaft und das Sozialprodukt, Jena: Fischer.

Pigou, A. C. (1920), The Economics of Welfare, 4th edition London: Macmillan.

Pigou, A. C. (1928), A Study in Public Finance, London: Macmillan.

Ramsey, P. P. (1927), 'A Contribution to the Theory of Taxation', Economic Journal, 27, 47—61.

Rau, K. (1864), Grundsätze der Finanzwissenschaft, Leipzig: Winter.

Rawls, J. (1971), A Theory of Justice, Cambridge: Harvard University Press.

Ricardo, D. (1817), The Principles of Political Economy and Taxation, Everyman's Library, 1957, New York.

Ritschl, H. (1925), Theorie der Staatswirtschaft und Besteuerung, Tübingen: Mohr.

Ritschl, H. (1931), Gemeinwirtschaft und kapitalistische Marktwirtschaft, Tübingen; in part translated in R. A. Musgrave and A. T. Peacock (eds), 1958, Classics in the Theory of Public Finance, London: Macmillan pp. 233—41.

Robbins, L. (1932), The Nature and Significance of Economic Science, London: Macmillan.

Samuelson, P. (1954), 'The Pure Theory of Public Expenditures', Review of Economics and Statistics, 36, 387—9.

Sax, E. (1887), Grundlegung der theoretischen Staatswirtschaft, Wien: Holder.

Sax, E. (1924), Die Wertungstheorie der Steuer, Zeitschrift für Volkswirtschaft und Sozialpolitik, N. S. 4. pp. 191—240; in part translated in R. A. Musgrave and A. T. Peacock (eds) (1958), Classics in the Theory of Public Finance, London: Macmillan, pp. 177—89.

Schäffle, A. (1861), 'Mensch und Gut in der Volkswirtschaft', Deutsche Vierteljahresschrift, 232—307.

Schäffle, A. (1873), Das Gesellschaftliche System der Menschlichen Wirtschaft, 3rd edition, vol. 2, Tübingen: Laupp.

Schäffle, A. (1880), 'Die Grundsätze der Steuerpolitik und die schwebendenFinanzfraen Deutschlands und Österreichs, Tübingen: Laupp. '

Schäffle, A. (1896), Bau undLeben desSozialen Körpers, 2. Band, Specielle Sociologie, 2n d edition, Tübingen: Laupp.

Schanz, G. von (1896), 'Der Einkommensbegriff und die Einkommenssteuergesetze', Finanzarchiv, 13, 1—87.

Schefold. B. (1993), "Glückseligkeit und Wirtschaftspolitik: Zu Justi's 'Grundsätze der policey—Wissenschaft'", in B. Schefold (ed.), Vademecum zu einem Klassiker des Kameralismus, Düsseldorf, pp. 5—44.

Schmidt, K. (1964), 'Zur Geschichte der Lehre von den Kollektivbediirfnissen', in N. Kloten et al. (eds), Systeme und Methoden in den Wirtschafts— und Sozialwissenschaften. Erwin von Beckerath zum 75, Geburtstag, Tübingen: Mohr, pp. 335—62.

Schmoller, G. von (1863), 'Die Lehre vom Einkommen', Zeitschrift für die Gesamte, Staatswissenschaft, 19, pp. 1—86.

Schumpeter, J. (1918), 'Die Krise des Steuerstaates', in J. Schumpeter (1953), Aufsätze zur Soziologie, Tübingen, pp. 1—71.

Schumpeter, J. (1954), History of Economic Analysis, New York: Macmillan.

Seligman, E. (1909), Progressive Taxation in Theory and Practice, 2nd edition, Princeton/New York: American Economic Association Quarterly, New York.

第三章 英语财政学和德语财政学:两种传统的比较(1996)

Seligman, E. (1928), 'Die gesellschaftliche Theorie der Finanzwirtschaft', in H. Mayer (ed.), Die Wirtschaftstheorie der Gegenwart, vol. 4, Wien: Springer, pp. 205—45.

Shoup, C. (1960), Ricardo on Taxation, New York.

Sidgwick, H. (1883), The Principles of Political Economy, London: Macmillan.

Simons, H. (1938), Personal Income Taxation, Chicago: the University of Chicago Press.

Simons, H. (1950), Federal Tax Reform, Chicago: University of Chicago Press.

Smith, A. (1759), The Theory of Moral Sentiments, ed. D. D. Raphael and A. L. Macfie, 1976, Indianapolis: Liberty Press.

Smith, A. (1776), 'The Wealth of Nations, vol. 2, Everyman's Library, 1958, London.

Spann, O. (1929, [1910]), Die Haupttheorien der Volkswirtschaftslehre, Leipzig: Quelle.

Stein, L. von (1885a), Lehrbuch der Finanzwissenschaft, Erster Theil, 5th edition, Leipzig: Brockhaus.

Stein, L. von (1885b), Lehrbuch der Finanzwissenschaft, ZweiterTheil, Erste Abteilung, 5th edition, Leipzig: Brockhaus.

Sultan. H. (1932), 'Über die Aufgaben der Finanz—Soziologie', Vierteljahresschrift für sozial—und Wirtschafisgeschichte, 25.

Sultan H. (1950), 'Finanzwissenschaft und Soziologie', in W. Gerloff and F. Neumark(eds) Handbuch der Finanzwissenschaft, vol. 1, 2nd edition, Tübingen: Mohr, pp. 66—97

Teschemacher, H. (1928), 'Uber den traditionellen Problemkreis der deutschen Finanzwissenschaft', in H. Teschemacher (ed.), Beiträge zur Finanzwissenschaft. Festgabe für Georg von Schanz zum 75, Geburtstag 12, März 1928, vol. 2, Tübingen: PP. 422—41.

Tobin, J. (1970), 'On Limiting the Domain of Inequality', Journal of Law and Economics, 13, 263—77.

Wagner, A. (1883), Finanzwissenschaft, Erster Theil, 3rd edition, Leipzig; in part translated in R. A. Musgrave and A. T. Peacock (eds) (1958), Classics in the Theory of Public Finance, London: Macmillan, pp. 1—8.

Wagner, A. (1890), Finanzwissenschaft, Zweiter Theil, 2nd edition, Leipzig; in part translated in R. A. Musgrave and A. T. Peacock (eds) (1958), Classics in the Theory of Public Finance, London: Macmillan, pp. 8—15.

Wagner, A. (1892), Grundlegung derpolitischen Oekonomie, Erster Theil, Grundlagen der Volkswirtschaft, Erster Halbband, 3rd edition, Leipzig: Winter.

Wagner, A. (1893), Grundlegung der politischen Oekonomie, Erster Theil, Grundlagen der

Volkswirtschaft, Zweiter Halbband, 3rd edition, Leipzig: Winter.

Wicksell, K. (1896), Finanztheoretische Untersuchungen nebst Darstellung und Kritik des Steuerwesens Schwedens, Jena; in part translated in R. A. Musgrave and A. T. Peacock (eds) (1958), Classics in the Theory of Public Finance, London: Macmillan, pp. 72—118.

Wieser, F. von (1889), Der Natürliche Werth, Wien: Holder.

Wilke G. (1921), 'Die Entwicklung derTheorie des staatlichen Steuersystems in der deutschen Finanzwissenschaft im 19. Jahrhundert', Finanzarchiv, 38, 1—10.

第四章　将财政选择结合进来还是分离出去：纪念维克塞尔模型100周年(1996)[①]

我对维克塞尔-林达尔模型的着迷,可以追溯到自己早期对财政问题的关注(Musgrave,1939)。这一模型对我在《财政学理论》(*The Theory of Public Finance*,1959)一书中发展财政经济学研究路径,发挥了重要的作用。我在此路径上的研究基于下述命题,即应该区分财政政策的不同职能,这些职能包括提供公共品、矫正分配状态、维护经济稳定三个分支。到现在我仍然认为,这是理论分析和政策选择的恰当框架。尽管维克塞尔没有提出经济稳定职能,但对配置职能和分配职能的区分已经暗含在他的下述批评中:只有基于分配正义的背景,税收正义才有意义。伴随上述财政职能区分的,有一条相对的规则(the opposite rule),那就是在每种财政职能中,都必须同时处理预算的收入端和支出端。考虑到这样的规则确有道理,那众多的财政理论,绝大多数的预算实践在此方面并不符合标准,就很让人惊讶了,因为它必然带来理论分析和决策过程的混乱。本章的目的在于,重新审视实行这些规则时所出现的各种问题;在此过程中,将我自己置于维克塞尔的轨道中。

一、维克塞尔-林达尔模型

在一开始,先让我简单陈述一下我认为的维克塞尔模型以及后来经林达

[①] 载于 *Public Economics Review*,June,1996,1—34.

尔拓展而成的模型的基本特征。

在维克塞尔的《财政理论研究》(1896)①出版之前(距今刚好一个世纪前),那是一个热烈讨论财政理论、公共欲求及其公共提供的非凡时期。其中有一个思想流派强调在政治过程中的权力关系,这样的内容后来成为意大利财政文献中的一个重要主题,并在当代有关官僚主义及利维坦国家的著作中得以复兴。另一个思想流派,采取模仿市场提供私人品的方式,探索公共品提供的原则。维克塞尔关注的是后者,并特别关注萨克斯和马佐拉的贡献(Musgrave and Peacock,1958)。由公共品来满足的欲求,被视为是消费者偏好系统的一部分,而非必须经由某种集体性主体来体验。像门格尔将边际效用计算应用于选择私人品的研究一样,学者们将类似的方法也应用于公共品的研究,如此得到的结论是,纳税人缴纳的税收应该与其获益一致。对于公共品而言,所有消费者获得的是相等的供给,但是他们对其评价却不一样,因此他们支付的税收价格也应不同。

维克塞尔发现这些早期作品阐述得不够清晰,但是接受了它们所包含的核心推理,即遵照"价值和边际效用的现代解释"来确定国家活动的边界(Musgrave and Peacock,1958:79)。他认为,这些作品的主要问题在于表达的方式太抽象(以为只要有原则就足够了!),另外也没说明合意的结果怎么才能得到执行。这些作品论证,如果个人在公共用途和私人用途间分配支出以使二者在边际收益上相等,那么福利就会最大。可维克塞尔说,要让理论有用,这样的证明还不够。就其自身而言,这"实际上是无意义的要求"(Musgrave and Peacock,1958:81)。个人在无所不知或者在摆脱自利动机后会干些什么,这样的问题并不值得担心(Wicksell,1896:90)。基于自利动机行动并自行其是的个人,是不会主动缴纳捐税(contribution)的。若作为众人中的一人而行动,这些人缴纳的捐税只能弥补总成本的一小部分,这对总的供给没有多大作用,供给方也不值得去做。

所以,任何一个人能获得的公共品数量都取决于所有其他人的捐税,公共

---

① 该书的核心内容有一部分收录于马斯格雷夫、皮考克主编的 *Classics in The Theory of Public Finance*(1958),相应的中译文见《财政理论史上的经典文献》(刘守刚、王晓丹译,上海财经大学出版社 2015 年版)第 112—159 页。——译者注

第四章　将财政选择结合进来还是分离出去:纪念维克塞尔模型100周年(1996)

服务的水平必须由受益者的联合判断(combined judgement)来决定。因此,边际成本和边际收益的相等,必须通过谈判过程来实现——通过谈判,才可以达成上述联合判断。这样,纳税就成为等价(quid pro quo)交换行为。维克塞尔意识到,在捐税决定中,这样的"利益原则"扮演了核心角色,发挥了决定性的作用。要确定最优结果很简单,但是如何达到这一结果则是问题的关键。在规范分析和操作性分析二者之间建立起联系,成了维克塞尔模型的核心。因此,维克塞尔模型不同于庇古的预算解决方案——让已知的边际收益和边际成本相等(Pigou,1928,ch. VII),也不同于萨缪尔森的公式[①]——通过该公式,无所不知的裁判确定最优的资源配置方式(Samuelson,1954)。

(一)税收-支出同时选择

如同维克塞尔所论证的,这一"谈判过程"会很困难,但是其实施并非不可能。个人(由政党来代表)将就各种替代性的一揽子财政方案展开谈判,并在每种情形下,对不同的供给水平和不同的成本分摊模式进行匹配。就像在市场交换情形中那样,由于确信另一方一定会信守承诺,这就让谈判成为有价值的方案。在具有连续性的多种安排中,有一种会得到相关主体的自愿接受;得到所有各方都同意的安排,就是最好的方案。在此方案中,每个人都发现自己的边际收益将等于边际成本。因此,利益原则以及因此按受益征税就带来最优的解决方案;一旦该方案达成,所有各方都会接受它为最优方案。

就其自身性质而言,这样的过程要求以税收-支出打包的形式展开谈判,即任何既定水平的供给都伴随着成本如何分摊的决定;或者,按照预算的术语来说,任何支出必须由对应的税收安排来匹配(Musgrave and Peacock,1958:91)。然而,这并不意味着每种支出功能都必须有为其单独服务的、从不同税基征收的税收。为任一公共服务而缴纳的税收,都可以用相同的税基来衡量(1958:116);但在选择税基时,应该依赖直接税,因为直接税以看得见的方式分配税负(1958:97)。

[①] 即著名的萨缪尔森条件,前面说过的边际转换率等于消费的边际替代率。——译者注

(二)有效的多数原则

然后,维克塞尔将谈判过程视为对各种替代性一揽子财政方案连续表达同意或进行投票的过程。为了让同意有意义,参与各方都将受它的约束;为了让各方自愿,每个参与者都必须拥有否决权。换言之,投票通过必须是全体一致的。接下来,维克塞尔对这种全体一致的要求又进行了多方面的限制。

首先,因公共服务的性质而要求固定供给的场合,这种全体一致原则并不适用。这是因为,此时在税收份额和供给水平之间无法进行匹配与权衡。其次,如果团体中的某些成员认为这一公共服务无用,那就必须暂停这一原则的运用。最后,对于履行以前同意的承诺(比如涉及的债务服务),那也不能要求运用全体一致原则。在上面的情形中,运用全体一致同意原则会威胁公共服务的充分供给,而用多数票决策规则就已足够。此时如果按照传统的量能原则分摊税负,就可以做到秩序井然。

然而,维克塞尔并没有到此为止,而是继续放松他的全体一致规则,甚至延伸至一般情形。他要求参照的标准,从全体一致规则转变为"(相对)一致原则和自愿税收安排原则";这是因为,若要对各种公共服务供给及成本分摊组合进行连续投票的话,那会很费劲。即使在未来,通过使用"在美国已经得以采用的电子设备",让投票工作变得简便,但是"仅仅因为实践的原因",就必须放松绝对一致同意的要求(Musgrave and Peacock,1958:91)。不过,维克塞尔认为,可以通过诸如"四分之三、六分之五或者甚至十分之九"的有效多数,让少数派尽量得到保护(1958:92)。

在维克塞尔看来,财政事务若按受益原则来安排,税收就不再被视为负担,相反,人们将以其本来的样子来看待税收,即它是给整个共同体及每个阶级带来特定利益的手段,而这是其他手段做不到的。如果社会中的每个成员都知道,以税收形式拿走的私人品,肯定能完全用于有益的、对自己真正有利的用途(无论其目标是纯粹自私的还是利他的)上,那他们就会感到很高兴。当然,这将比任何其他东西都更能唤醒并维持好公民的精神(Musgrave and Peacock,1958:97)。因此,如同维克塞尔所认为的那样,现在留给私人开展的很多活动,都可以转归公共部门,"其结果将对每个人有利"(1958:73)。

第四章 将财政选择结合进来还是分离出去:纪念维克塞尔模型100周年(1996)

维克塞尔看到,按照受益原则征税是"解决税收分摊公正及恰当的税收规模这一双重问题"的唯一办法(Musgrave and Peacock,1958:95)。这个问题涉及的两个方面都很重要,但是不同于当时通行的观点,维克塞尔主要强调前者。

维克塞尔的观点(即按受益原则征税是"正义"的),依赖于他称为法治之下的民主和平等等现代原则。该原则将最大化个人选择的自由,使其不仅免受王朝君主心血来潮干预的侵害,还免受议会多数统治的干扰。因此,少数派的利益必须通过给予否决权来保护,这就要求必须实现全体一致,或者要求有限制的全体一致。这样做的话,我们就可以避免强制,而给予投票者自愿同意的权利。

按受益原则征税是正义的,因为它让纳税人能在以下二者之间进行自由选择(而且确实如此):是把收入花在自己享用的公共品上,还是把收入花在私人品上?维克塞尔以有些神秘的方式补充道,按受益原则征税是否带来对公共品更多的需求,是一个无法确定的问题(Musgrave and Peacock,1958:90)。维克塞尔似乎认为,不同消费者获得的消费者剩余的不同增加,尽管在私人品的有效提供中是正义的,但在公共品场合不具有合法性。这样的观点,也可以在缪尔达尔后来的著作中发现(Myrdal,1954)。不过,必须将这一缺陷在交易中予以考虑,以便确保通过谈判显示偏好。

但正如前所述,维克塞尔对税收正义的关注并没有到此为止。他补充说,将税收正义定义为按受益原则征税的观点,依赖于潜在的假设,即存在一个正义的税前分配状态(Musgrave and Peacock,1958:143)。除非个人对收入有天赋的权利,否则以此为基础并按受益原则征税就不再是正义的了。人不可能从不正义的整体抽离出正义的部分。因此在按受益原则征税并为公共品提供资金之前,必须确立正义的分配状态。而要这么做,就必须对现行的收入分配状态进行矫正,此时显然不能采用全体一致的原则。这是因为,此时若采用全体一致原则,那受损的少数派肯定会动用否决权让再分配不发生。用当代的语言来表述,那就是,再分配是零和博弈,它不同于公共品提供时的正和博弈。因此,维克塞尔承认,瓦格纳的"社会政策原则"(sozialpolitisches Prinzip)是财政问题更深层的部分。

但以上的想法,维克塞尔只给予了有限而谨慎的关注。正像他承认的,通过征税来实现收入分配的矫正(矫正性税收),可以独立于为提供公共服务而获取财政收入的要求,但它不同于以税收-转移支付方案实现的收入调整。维克塞尔认为,从矫正性税收获得的收益可用来弥补过去承诺过的开支(比如支付公债利息等)。总体上,他认为矫正性税收的范围相当有限,主要是人们认为不那么理所当然的一些收入来源——比如租金、资本收益、遗赠财产——不是为减少不平等而实行的一般再分配。尽管维克塞尔对当时普遍的社会状况持批评态度,但他建议要谨慎行事,以免轻率行事造成经济损失,将来会后悔不已。他指出,今天的少数派在将来会成为多数派;今天社会上层反对社会立法,在将来可能就转为社会下层的过度干预。再分配问题也应该用实质性多数(substantial majority)来表决。

(三)林达尔定价

如同我们已经见到的,维克塞尔的核心命题是:自愿谈判的制度或全体一致同意的投票规则,将产生一个既正义又经济上正确的解。林达尔的博士论文对维克塞尔之前的工作进行了拓展(Lindahl,1919)[①],他后来的文献(1928)又对该主题再进一步发展。A 对公共服务的需求曲线(在既定的服务成本下)可以被 B 视为供给曲线,在两个人承担的税收份额加起来等于 100% 的交点上,是一个正确的解(Musgrave and Peacock,1958:170)。或者,如 20 年后学者所表达的那样(Bowen,1943),A 和 B 的需求曲线被垂直加总,在合并的需求曲线和供给曲线的交点处形成均衡,同时 A 和 B 每个人各自支付的价格相加得到总价格。

但是,林达尔写道,最优解几乎难以达成。有两个纳税人的情形类似于双边垄断,A 和 B 会在一系列解上达成一致,因为他们两人认为这些解都很优越。但是在这一系列解中,最终能以什么样的解提供公共品,取决于二者各自的谈判能力。林达尔吸收了意大利财政文献对政治过程的讨论,即用隐性税收和其他措施会创造出"财政幻觉",而这又会带来多少是不完美的结果

[①] 该文核心部分的中译文可参见《财政理论史上的经典文献》(刘守刚、王晓丹译,上海财经大学出版社 2015 年版)第 218—227 页。——译者注

第四章　将财政选择结合进来还是分离出去:纪念维克塞尔模型100周年(1996)

(Musgrave and Peacock,1958:175)。但林达尔认为,如果以公认的正义财产秩序为起点,谈判力量就能实现平衡,于是林达尔价格解仍可适用。

二、区分配置职能和分配职能

在概述完维克塞尔-林达尔模型后,现在我转而考察其中存在的一些关键问题。下面我先从区分配置职能和分配职能开始。

和现代经济学家一样,维克塞尔关心的是为预算问题找到一个有效解(或者如同他所认为的"经济上正确的解");但是不同于今天的众多学者,他坚持这个解同时也是正义的。受益原则满足了有效解这个条件,维克塞尔认为,该原则也是正义的,只要税前占主导地位的收入分配状态是正义的。因此,在政策上必须处理前后相连的两个不同问题:(1)确立一个正义的分配状态;(2)确保公共服务的正确(既有效又正义)提供。这样一来,就有必要区分我所说的预算职能的收入分配分支和资源配置分支。如果再加上经济稳定职能分支的话,那么一个多职能分支模型就成为编写教科书的一种便利方式。但更重要的是,对于用作分析工具和预算设计的指南而言,这一模型很有作用。

(一)区分的可能性

区分配置职能与分配职能是否可能,这一问题可以从两个层面来考察。确立正义分配的前提(维克塞尔模型的第一步),是先解决哲学家们以分配正义为名来探讨的深奥问题。在这个问题上,我们必须从洛克的天赋权利规则、功利主义的福利最大化目标、罗尔斯的最大最小原则等诸多原则中进行选择。这样的选择,最终简化为对不同的道德前提进行选择,而不是服从于唯一的解。它是道德哲学层面的问题,区别于经济学家在此之后要处理的问题;经济学家要处理的问题相对比较琐碎,他们要把选定的道德标准转化为相应的资源配置与分配行为。

不过,此处还有一个不容易过关的问题,即确定道德标准能否独立于经济学要处理的第二步问题。从既定的劳动收入状态(state of earnings)开始,我们可以将收入分配职能视为要实现正确的收入分配状态。但是分配正义如果要有意义的话,它就必须和福利的分配相联系,而这不仅取决于收入的分配,还取决于所有物品(包含公共品在内)的相对价格。收入分配职能的政策确定了收入的分配,资源配置职能的政策确定了公共品的定价,这二者都影响了福利的分配。因此问题就产生了——两个职能分支的政策是否必须以一种相互依赖的方式加以实施?

对上述问题的思考通常基于福利观来进行,不过在这么做之前,我先考虑一种以天赋权利为基础的分配正义规则。现在我们设想有一个由约翰·洛克主持的哲学家委员会,该委员会已决定分配正义的含义是赋予人们获取劳动收益的权利且可以自由地使用收益。这样一来,在此处并不存在收入分配职能的位置。另外,我们还可以设想,让人尴尬的公共品需求此时还没有产生。而由经济学家组成的委员会,在某种意义上居于从属地位并发挥作用,即在哲学家委员会之后设法确保资源的恰当使用。在经济学家委员会中有一个年轻的奇才,他很高兴地发现,竞争性市场是确保资源有效使用的机制。随着收入的分配由天赋权利的收益权确保,资源的有效配置由市场确保,这两个问题于是就以截然不同且可区分的方式分别得到处理。经济学家委员会可以度假去了。

然而,进一步的考虑表明,上述两个步骤之间的一致性似乎并不明显,因此必须建立一个哲学家与经济学家的联席会议。经济学家们建议,要体现出一致性,哲学家们就需要详细说明他们所确定的权利规则,这样才能支持那些产生于要素市场和产品市场的剩余或福利水平。在性质上这样的建议是实用主义的,于是他们强烈地要求在特定的规则方面需达成一致,因为在此时(仅仅是此时)才能有现成的执行机制。由于在正义方面没有令人信服的理由来说明划分剩余有其他更可取的方式,同时对自然秩序中的仁慈也有信仰,于是哲学家委员会主席表示同意。他乐于看到,"看不见的手"被提升到既能带来正义后果又能带来效率结果的地位。在此处我要再次区分收入分配职能和资源配置职能,因为权利被解释为按照竞争性定价原则来获得剩余。

现在引入公共品进行讨论。在维克塞尔观点(根据消费者的偏好来谈判或投票以形成或接近形成林达尔定价)基础上,我们可以将类似的推理运用于公共品的提供上,而只需细微的修正。在私人品市场上形成有效解为

第四章　将财政选择结合进来还是分离出去:纪念维克塞尔模型100周年(1996)

$MRT=MRS_a=MRS_b$的过程,现在由政治市场来取代,此时形成的有效解为$MRT=\sum MRS$。一旦前面的天赋权利规则被修改为按此定价原则来提供公共品,那么"看不见的手"的范围就会扩展至涵盖公共品提供。然而,请注意维克塞尔之前的评论,这是"所能做到的最好的",它暗示维克塞尔也许倾向于认为,分配从公共品中获得的收益,所遵循的正义分配规则是以总量而非边际的形式呈现的。但如果是这样的话,维克塞尔会将相同的观点拓展到分配从私人品中获得的效用,并因此破坏"看不见的手"及市场的善行吗?

现在让我们离开以天赋权利为基础的分配正义观,来考虑更为常用的背景设置。在其中,分配正义状态由社会福利函数来定义,无论这一函数是功利主义的、罗尔斯式的或者是其他形式的。总的来说,下面是维克塞尔的设定:由市场决定劳动收入,按照合意的福利观(desired welfare norm)来修正收入分配的状态。就私人品而言,对于任何既定的收入分配状态以及由此形成的福利分配结果,竞争性市场都将形成有效的资源配置结果。在竞争性定价的前提下,消费者通过选择行为会形成最优的收入分配状态并因此形成合意的福利分配结果。基于维克塞尔的"政治市场能形成近似于林达尔解"的假定,我们可以将类似的推理运用于公共品的提供中。在林达尔定价前提下,由此形成恰当的收入分配状态和合意的福利分配情形。注意此处对资源配置职能和收入分配职能的区分并不是循环式的:基于私人品竞争性定价、公共品林达尔定价的前提,收入分配得到了调整,形成了合意的福利分配结果。这样的定价规则转而成为唯一正确的原则(carry unique standing),因为它们提供了实现有效资源使用的机制。

在萨缪尔森设置的条件下,由于最优解是通过无所不知的计划者(对他而言,所有的偏好都是已知的)来发现的,这样的定价规则就不再是唯一正确的原则(Samuelson,1954)。由计划者确定最优的资源使用,包括在私人品和公共品之间进行选择,在消费者之间划分前者的数量。收入分配规范通过既定的社会福利函数的形式来确定,剩下的事情就是努力推导出最优结果。按照这样的说法,问题就以高度抽象的方式得到解决,而不会涉及像收入分配这样世俗的(mundane)变量。

但我们假设计划者有多余的时间并同意重新开始游戏,此时在他的模型中包含了收入分配。然后他会发现,对于任何给定的收入分配状态而言,可以有许多有效解,这些解涉及不同的公共服务水平和税收分摊份额的组合,并形成了不同的福利或效用分配状态。尽管每个有效解的集合里都包含了一个林达尔解,"对于每个效用分配及产生相同结果的最优服务水平",现在存在着"无限的总额转移支付和成本份额组合"(Aaron and McGuire, 1969:35)。这样,有效的结果不再必须与林达尔定价相关。无论是将收入分配作为税收份额和服务水平调整的出发点,还是先确定税收份额和服务水平然后再调整收入分配,都有多种不同的方式可以达到福利最大化解。

在萨缪尔森那个无所不知的裁判框架下,林达尔解不再具有特别的价值。由于偏好被假设为已知,因此就不再需要维克塞尔式经由谈判显示偏好的过程。此外,由投票来确保偏好显示的可能性,也被排除。于是,林达尔解的基本前提崩塌了。如果消费者像搭便车者那样行动,那么再也不能认为,他们在发现自己的税收价格等于边际替代率时会感到舒适(Samuelson, 1955)。

这样一来,我们就置身于两个似乎不可调和的处境中。萨缪尔森认为林达尔定价提供了一个纯粹的"虚假解",它基于人们会显示自己偏好的虚假假设。在他看来,经济学家所能做的,无非是确定无所不知的裁判所能得到的那个解。相反,维克塞尔则坚持认为,"如果人们无所不知且有利他倾向,那他们会做什么,这样的问题几乎不值得考虑;我们不应该接受下面的虚构,即集体会再现人们在无所不知且利他时所做的事情"(Wicksell, 1896:90)。这样的话,我们就必须尽可能地确定人们的偏好,同时依赖谈判过程以形成近似解。

上面两种观点哪一个是"正确"的?"众神争论之处,人类陷入险境。"不过,对这个问题我们无法回避。一方面,无论是因为科学好奇心,还是因为毕竟产生了一些有用的提示,都足以说明,确定什么会是最优解仍有意义。另一方面同样明显的是,必须持续地提供所需要的公共品以确保偏好显示,这并非毫无希望的任务,而且可以证明其中一些方法优于其他方法。因此,我们的底线不在于投票过程是否会产生最优的结果,而在于投票过程是否优于武断的解决方案(arbitrary solution)。在此处,维克塞尔的肯定回答可以成立,而这就带来了我们要设计可行的最优程序(也许是次优)的任务。

此处可以提一提财政职能区分问题的其他方面。在提供公共品并为此筹

第四章 将财政选择结合进来还是分离出去:纪念维克塞尔模型100周年(1996)

资时,相对的要素回报和私人品价格也会受到影响,并因此改变之前的分配状态。因此,引进公共品,不仅带来了如何分配内在于公共品消费的福利收益问题,而且提出了怎样考虑公共品影响劳动收入与产品价格产生的收入分配问题。在维克塞尔的模型及天赋权利术语下,要考虑将天赋权利和林达尔定价联系起来。在福利的术语体系下,矫正收入分配也被用来分配劳动收入,并影响源自公共品提供而形成的相对价格体系。在此意义上,要同时确定私人品和公共品的选择,但是如同我之前所说的(Musgrave,1958),这并没有让区分收入分配职能和资源配置职能失去价值。

接下来的问题是,基于收入再分配可以采用实物形式而非现金形式这一事实,那区分财政职能的观点是不是变得无效了呢?尽管确实经常采用实物形式进行收入再分配,但不应将实物再分配视为资源配置职能;为资源配置而提供公共品与消费者偏好保持一致。实物再分配,并不是根据消费者偏好提供实物;而且实物再分配一般都针对私人品而非公共品(比如提供食品或低价住房)。因此,这些项目应该被视为收入分配职能的一部分,可用分配正义的概念进行重新表述;这一分配正义概念把不一样的平等标准用于挑出来的物品,而这些物品也不是普通物品,我把它们称为"分配性优值品"(distributional merit goods)。

最后,怎么将自愿再分配嵌入资源配置与收入分配这两个职能之中呢?在实现了分配正义的标准后,我们可以通过自愿机制再作进一步的调整。如果捐赠者的收益来自施加给予而得到的满足,那么给予就成为一种私人品,无关集体问题。但是,如果从给予获得的收益来自看到受捐赠者的处境被改进而得到的满足,那无论是谁给予,维克塞尔式的谈判都将是恰当的措施。在此情形下,给予产生了外部收益,并充当了公共品的角色。不过,这样的给予不仅是捐赠者偏好的函数,也是捐赠者收益的函数。因此,"给予"跟原先确立的社会所认为的分配正义状态是不同的。

(二)实施

如同维克塞尔-林达尔模型所要求的,财政过程应该区分出以下的预算:一种预算服务于收入分配的矫正职能,以便满足分配正义的合意标准;另一种预算服务于提供收入分配职能所要求的公共品。

在目前通行的财政实践中,几乎没有做这样的区分,而是将再分配目标与公共品提供混在一起。由于投票者对这两个问题有不同的偏好,而且这两个问题之间也没有系统的联系,因此投票结果不乐观。支持平等分配的人不喜欢公共品;反之亦然。因此,若使用累进税为公共品筹资,就会带来公共品供给过少的后果,因为那些支持公共品提供的投票者可能排斥收入再分配。或者,倡导收入再分配的人发现,用累进方式为公共服务筹资比使用现金来转移支付、再分配的结果更好,那他们会大力支持公共品的供给以至于过度。这样的话,公共品提供水平就沦为再分配斗争的牺牲品,在现代预算政治特别是在美国的经验中,此种问题尤为重要。

如果将财政中的交易活动划分为两种预算:一种预算包含针对收入再分配的税收-转移支付方案,另一种预算包含用于公共品的支出及为其筹资的税收。这样的话,前面说的扭曲就可以得到避免。如前所述,实物性再分配可以包含在前一种预算中,特别是在涉及的物品是私人品而非公共品时,情况尤为如此。

在针对收入再分配职能的预算分支中,什么才是适当的工具呢?这里再次将实物性转移支付排除在外,并强调在实施转移支付时,预算表的收支两端都应避免个人偏好的干预。由于性质所限,用总额税与转移支付相配合,并不能用来矫正现存的收益模式。如果我们要达到次优结果的话,那恰当的工具需要广泛地界定且以个人为基础。此外还剩下一个次要的问题,即这一过程应该以收入为基础,还是以支出为基础,这样的问题同样发生在为一般预算筹资时针对个人征税的辩论中。我们必须考虑以下各种问题:如何衡量每一种税收基础,以便确保广泛地涵盖;注意收-支的单位;注意时间间隔,因为各种税收基础都是以这种时间间隔为基础衡量的;等等。所有这些类似的问题都会重现,这并不让人吃惊。量能原则,至少是总牺牲最小和最优税收理论,都将预算的收入端视为独立于公共品支出端。因此,量能原则税收理论属于收入分配职能的分支,但这样的理论框架并未得到发展,在其中收入分配能够调整的范围受到了既定支出水平的限制。

在选择了适当的税收基础后,我们必须再确定税率安排(包括负税率和正

第四章 将财政选择结合进来还是分离出去:纪念维克塞尔模型100周年(1996)

税率)。现行的收入分配状态越不平等,基本的分配正义观所要求的分配模式就应该越趋于平等,这样税率安排就越富有累进性。由此税率所呈现的形状,与用来满足受益原则而给公共品筹资的所得税安排,就越没有关系。如前所述,因为未能区分这样两个方面的内容,预算决定政治学就很不完善。

前面已经提及,维克塞尔并没有详细地探讨收入分配职能,也没有提议类似于税收-转移支付的方案。相反,他的解决办法指向针对特定形式的收入(比如意外所得、地价升值、接受遗赠)征税,再将这样的收入用来为诸如公债利息等固定财政义务筹资。与税收方面的政策建议不同,维克塞尔强调把自由竞争原则扩张到教育与财产所有权等方面。

考虑到收入分配职能和资源配置职能二者存在着基本的差异(零和博弈vs.正和博弈),维克塞尔承认,全体一致的要求对收入分配职能而言太高了。那些注定会有损失并基于自利动机行动的个体,将否决所有不利的议案,也因此将不会出现收入再分配行动。但是如果用多数票决策的话,那么所需的多数将如何设置,由谁来设置?维克塞尔并没有开出处方,他随后的讨论也没有给出结论。基于自利与简单多数规则,我们得到的可能是面向中产阶级的再分配结果(迪雷克托法则)[①];但是由于简单多数规则的要求比较低,因此有可能不会形成稳定的解。如何设置规则,如何达成初始的社会契约,这样的问题可以被视为要建立一个"镜厅",反映所有的一切,正如自由至上主义者(libertarian)会满意地注意到的那样(Peacock,1992:108)。

哲学-经济学家(或经济学-哲学家?)可以采用一种较少引起怀疑的方法,即让个人在幕后进行投票(这样的投票者不知道自己将在收入分配结果中处于什么位置),从而尝试着将上面的问题转化为一个正和博弈问题。在此基础上,假设个人具有规避风险的特质,那就可以达成全体一致的选择(Harsanyi,1953;1955)。这样的结论是基于投票者赞成从幕后进行选择而得出的,但在这么做时,他们实际上已经同意了遵循康德所谓的中立性前提(premise of impartiality)。如果是这样的话,那么合意的收入分配模式就能直接形成,而

---

① 迪雷克托法则(Director's Law)是由芝加哥大学法学院教授、芝加哥学派重要代表人物阿隆·迪雷克托(Aaron Director,1901—2004)所提出的一条经验法则,即公共支出主要让中产阶级受益,其税负的相当部分由穷人和富人承担。——译者注

无须经由幕后投票这样的迂回构想。

所以我发现,按下面说的去做可能让人更加满意:将投票者视为按自己所理解的社会福利函数——在该函数中,投票者不仅会给他们自己的福利赋予一定的权重,也会给其他人的福利赋予权重——来行动,以克服零和假定。这样,投票的角色就变成同意在不同的收入分配偏好之间达成妥协;而绝对多数会认为,应对每种偏好赋予相同的权重。

无论如何,维克塞尔对更高比重的多数票要求,并没有反映上述有点乌托邦色彩的构想。由于收入分配调整是一种零和博弈,自利的行动和规范的结果二者间将不再达到幸福的合拍,尽管这对资源配置职能而言是有效的。然而在他的方案中,分配正义的概念仍是一个基本的要素。他乐于做出如此的认定,反映了19世纪的一种信念(我仍然倾向于分享这样的信念),那就是分配正义的动机高于自利的动机。

三、资源配置职能的预算分支

现在我离开收入分配这一让人不安的领域,转向资源配置职能预算分支中更为直接的问题。在维克塞尔著作的导言中,他告诫读者,他的目的是建立一个完整的、一致的系统(a closed and consistent system)。这一系统到底是单纯的学者设想(armchair speculation)还是能用在实践中,将由实践者来决定(Wicksell, 1896:viii)。不过,维克塞尔所说的主旨是,他打算做得更多。在他看来,自己的解决方案不仅一致且正确,而且对于实践也有指引的作用。

(一)作为预算规则的定向筹资

维克塞尔的模型要求,将收入分配脱离于资源配置的选择,在此基础上再同时决定税收和支出。现在我们假设收入分配预算已经从公共品预算中分离,且收入分配的"正义"状态已经得到确立。接下来的预算活动,要求每个支出项目单独决定,而且都按受益原则征税来筹资。对于每个项目而言,谈判或投票过程都应该达到或接近林达尔价格,该价格满足维克塞尔式正义标准,以及萨缪尔森的效率条件。定向筹资的原则,完全能满足将每个项目的税收和

第四章　将财政选择结合进来还是分离出去：纪念维克塞尔模型100周年(1996)

支出联系起来加以决定的要求。预算的总规模、整体的征税水平抑或税负分配(即由各种不同的受益税形成的混合模式)，在这里都是毫无意义的概念，因为它们都只是由各个单独项目的加总形成，而不是基于它们自身而决定的政策变量。

就理想情况而言，分享公共服务X的收益的消费者A、B、C，将根据自己所获收益分别地接受税收估征(assess)。但是，由于不存在自愿的偏好显示，因此必须设计指标以评估他们所获收益的价值；为了在实践中能行得通，还必须在此指标基础上开展收益评估与征税活动，且为此目的要将总的家庭收入或支出作为可能的候选指标。如同在收入分配环境下所提及的那样，此处对税基的恰当定义再次涉及所得税改革中碰到的那些类似问题。以空气质量改进公共服务为例，这一公共服务会让某个特定区域的所有居民都受益。现在我们只对该区域的居民评估收益并征税。尽管所有的居民都享受相同数量水平的空气质量改进，但不同居民对此的评价却不尽相同。收入较高的个体，对边际单位的空气质量改进赋予更高的价值，因此按照林达尔定价原则(征收定向筹资税，且随着收入提高而增加收税)向他征更多的税。这样，我们就可以通过所得税的模式来得到近似的差异化定价方法，而这种税率模式以在私人市场中可观察到的、多少类似的购买行为所反映的需求及其供给弹性为基础。在确立了这些前提后，我们再基于这一筹资模式来投票表决项目水平。

除此之外，在有些情景中我们可以从个体推导公共服务收益水平，并与可观察到的指标挂钩，比如与公路使用有关的汽油消费，或者公园的游客量。此处恰当的定价方式就类似于私人品定价，也即向所有人收取相同的单位价格。在排他(exclusion)可行并会发生拥挤的地方，公共服务就具有了私人品的属性，因此可以留给市场来解决；但是如果排他不可行或者没有发生拥挤，那情形就并非如此，此时限制使用会无效。尽管由使用者付费遵循了定向筹资的原则，但在使用费不可行且要求用公共预算来筹资的地方，定向筹资原则仍可使用。

尽管定向筹资在原则上要求分项目决策，但因为公共品提供涉及大量项目，所以为了便于执行预算就需要对其进行分组。问题在于，为了在既定的预算约束下确定特定预算项目的水平，我们应该依赖何等详细的消费者(投票者)选择?分类越详细,涉及的谈判成本将越高;分组越宽泛,对于消费者品位的考虑就越不完善,选择就越要委托给预算官员来进行。在遵循全体一致决策规则的过程中,上升的交易成本和改进的结果质量之间,也存在着类似的关系(Buchanan and Tullock,1962)。

有多种打包的原则,可供我们考虑。有一个明显的例子是,将需要结合起来使用的多种服务经费打包在一起,比如,在提供教育服务时将涉及的教师薪水、教材和校舍等支出打包在一起;将军队的各个分支使用的经费打包在一起,它们共同形成国防服务;或者把构成某个公路系统的各条公路经费打包在一起。其他维度的打包方式还会有,比如将下面的多种服务组合在一起:服务的收益限于特定区域的居民享用,或者是特定的人口群体(比如老年人)受益。在更具试验性的层面上,可以按照偏好关系来分组打包,比如把登山路径和滑雪斜坡分在一起,或者把图书馆和博物馆分在一起。最后但并非最不重要的是,在按受益原则征税的前提下,将具有类似收益归属并因此要求相似筹资模式的各种项目打包在一起。因此,打包不仅仅是一种计算工具,它还对谈判或投票过程的质量产生直接的影响。

实际上,所有的预算制度都涉及分类(通常按政府部门分类),即使单纯出于会计和控制的目的也需要分类。产生于维克塞尔理论中的问题是,要进行有意义的选择,设计这些分类以及作为其结果的拨款类别,能产生多好的结果?我们可以从这个视角来评估不同国家的预算制度以及联合国推行的标准制度,这是一个很重要的研究项目,但在此处不再展开。

(二)一般基金预算

现实中的预算实践,远远达不到上述模型的要求。它们最多接近于下面一种程序:每个项目单独投票,同时考虑项目筹资所需的收入,但是此时所有项目的筹资模式(不同个体承担的税收份额的设置)是一样的。这种安排在文献中被称为一般基金筹资,它注定会得到一个较差的结果。让我们追随约翰森(Johansen,1963)的论述,考虑有两个个体 A 和 B,两种公共品 X 和 Y,一种私人品 Z。让我们进一步假设,这两种公共品的筹资模式为,A 支付 s,B 支付 $(1-s)$ 的成本份额。在预算约束下,要最大化 A 和 B 的效用,这会导致一种

第四章 将财政选择结合进来还是分离出去:纪念维克塞尔模型100周年(1996)

由多因素决定的系统(overdetermined system),不存在满足一阶条件的税收份额。双方都倾向于对X和Y采用不同的税收来筹资的方案。

从维克塞尔的框架来看,一般基金筹资不仅不存在裁判,而且还存在进一步的甚至更严重的问题。由于未能将税收的来源和项目的类型关联在一起,一般基金筹资削弱了投票过程显示普遍偏好的能力。投票者仍然会在不同的预算规模和组合之间进行选择,但是他们不能再自由地让每个项目的边际收益和边际成本相等了。一些预算规模和项目组合会比其他的更加可取,但是不再有各方都公认的最好解决方案。

在多数投票决策制度下,比较定向筹资和一般基金筹资两种方案后,我们发现,后者可能会导致武断结果的产生。尽管在定向筹资的情形下,任何投票者对公共服务需求的增加都将提高公共服务的供给水平,但在一般基金筹资的情形下未必如此。在一般基金筹资时,这种水平可能会增加也可能会减少,究竟如何取决于具体的情形(Buchanan,1963;Browning,1975)。

尽管一般基金筹资是较差的决策规则,但它更接近真实世界的规则设置——在其中,基本的税制结构通常在过去就已被固定下来。预算规模和所需的收入水平,可以通过改变税率水平而加以改变,但是这种调整必须以"公平中性"的方式做出,比如对以前形成的纳税义务做出多少是相同的百分比变化(增加或减少)。对"公平中性"变化的要求,再次破坏了税收和支出之间的联系,因此也阻碍了偏好的显示。投票者仍然可以在固定的税收份额的基础上公开表明他们对支出变化的喜欢或不喜欢,但是较之同时考虑税收份额的变化来说,他们的选择效率会较低。

(三)固定预算约束下的一般基金筹资

现实中的预算实践,甚至可能会更糟,会增加进一步的限制。此处说说这样一种规则设置,它不仅税收份额是固定的,而且预算总额的确定也和项目组合无关。在这种方案下,此时可以说是将一般基金筹资和一般基金支出组合在一起,问题就被简化成了零和博弈。A所偏好的项目若资金增加,则B所偏好的项目资金就要减少。二人可以把较差的选择排除出去,但是无法达成最终的一致。因此,对相关变量的内在依赖的决策(interdependent determination)所施加的连续限制,会导致结果的恶化,而这会影响规则和"宪法安排"的作用。我们必须设置诸如多数票决策等规则,但在宪法中设置诸如税制结构的构成等其他规则却不合适。尽管获得预期的稳定性是一种收益,但合意的支出组合需要调整,维克塞尔式税收份额也因此做相应地自由调整。

(四)结论

从上述考虑出发形成了一种预算方案,该方案涉及数量有限的项目包,每个项目包和其相应的税收一起单独进行投票。大多数项目的税收份额将按共同的税基征收,该税基按所得税或个人支出税形式来界定,但具有不同的税率结构,以便反映对公共服务边际单位的不同评价。

然而,这样的预算方案设计也许过于雄心勃勃。作为一种近似替代,让我们假设中央政府预算分成5个支出包,即国防、基础设施、教育、卫生、行政管理。为了简化起见,假设所有的经费都可以通过比例所得税或个人支出税来筹资。的确,这么做离完美的定向筹资解决方案有很大的差距;但是与现行的对税收和支出分别投票的方案相比,它将是一种实质性的改进。

在地方政府层面,相应的预算包包括以诸如教育、警察、道路、市政服务(消防)等名称所提供的服务项目。我们可再次以收入或支出为基础来征税,并在税收管理方面跟中央政府进行合作。然而,地方政府提供的公共服务比中央政府提供的更具体,可以更容易获得征税的抓手,比如按照街道清扫中的路面(road frontpage)、消防服务中的房地产价值来征税等。在可以获得这种抓手的地方,这些税基可用来替换一般税收中的份额。和前面说的一样,每种服务的税收—支出包都可以作为一个单元来投票,同时每个包和其他包也分开进行投票。

再说一次,我们所说的方案离完美的维克塞尔解还很远,但却是对现行实践的实质性改进。同时请记住,这只是故事的一部分。在维克塞尔方案中认定的为公共服务筹资而依赖比例税,将和税收—转移支付方案结合在一起,从而确立所认定的分配正义状态。在此前提下,所提方案不会和下面的主张混淆:把支持定向筹资作为规避财政制度再分配职能的方法。相反,资源配置与收入分配两项职能区分的目的,是让收入分配职能独立而清晰,并因此使公平

第四章 将财政选择结合进来还是分离出去:纪念维克塞尔模型100周年(1996)

且有效地提供公共服务成为可能,而不会(像现在这样)因为插入了再分配目标而扭曲了公共服务的决策。

(五)进一步的考虑

在此情形下,我们可以提出许多进一步的问题。但在此处我只提出少数几个。

1. 税收的可视性(visibility)

无论采用预算的哪种特定形式,最重要的是税收应该清晰可见。在民主社会,隐性税收是预算的罪孽,它会破坏理性的预算选择。如同普维亚尼(Puviani)很早前提到的,隐性税收会产生财政幻觉和错误的选择(Wagner,1976)。这样的混乱结果,可从间接税广受支持看出来:间接税吸引了两种反对累进税的人,一种人希望用间接税取代所得税,另一种人希望通过间接税的隐性特征实现更大规模的预算。因此,直接税不仅使得更平等的税负分配成为可能,而且也有助于改进预算的选择。由此可见,增值税越来越受欢迎的现象,可以被视为财政堕落的一个指标。

2. 平衡预算

维克塞尔的原则(同时决定公共服务的提供与筹资)意味着有这样一个隐含的要求,即在年度支出和税收收入相抵冲的传统意义上,预算必须平衡。对此,我们若加以更仔细地考虑会发现,这样的结论无法得出。

定向筹资确实要求支出责任安排要与收益相配合,但它也允许在经常性支出和资本性支出之间进行有意义的区分。在一般基金筹资规则下,可以在一般收入之外通过向公众发债来获得资金以弥补投资支出。在定向筹资规则下,受益者会被要求为政府承担债务责任,这种责任类似于接受抵押贷款的承诺,在整个受益期内负责分期偿还债务本息。然后政府可以在市场中出售这种债务,以便取得投资所必需的资金;或者,它可以在市场中借贷,然后要求受益者为其债务偿还本息。通过创建这样的直接联系,与一般基金筹资规则相比,在定向筹资时所谓的李嘉图等价命题将更具有现实性。

因此,资本支出的债务筹资原则可以很容易地嵌入维克塞尔模型中。然而,为了经济稳定的目的而偏离平衡预算规则,要求预算承担的是第三个职能分支,而这超出了维克塞尔的理论系统。不过,我们仍可以使用维克塞尔的逻辑。如同我在职能三分系统中所论证的(Musgrave,1958),这要求满足经济稳定职能,以便不去干扰资源配置职能和收入分配职能。也就是说,增加或减少总需求的措施,将用与之相称的现金转移支付或征税的方式开展,而不用通过改变公共品提供水平的方式开展。这至少是实现经济稳定职能的基本原则,尽管(如同所有规则那样)也会出现例外,比如,在失业最严重的地方开展公共工程。

3. 税负转嫁及无谓损失

维克塞尔模型中有精巧的地方,它把按受益原则征税设想为本质上由各人自愿地为提供彼此有利的公共品做贡献,这一点仍应提起。该模型坚持,公共品必须经过谈判达成一致后,才能引入强制的因素,不过市场在提供私人品时也要经过谈判达成一致。如果我们接受弱于全体一致的协议,那就可能产生严重违背效率的结果,尽管出于"实际的"(practical)原因而可能不得不如此。不过,维克塞尔的"利益原则"中包含的基本精神是自愿贡献。

以这样的精神为前提,税负转嫁及无谓损失等问题就和维克塞尔模型不相容。我们应该将维克塞尔决策过程中的个人视为已经承担了预算成本一定份额的人,跟在市场上买东西一样,他在这里承担预算成本目的是交换公共服务。但在实践中,税收"支付"(payments)[为了避免税收"义务"(liabilities)这样的非维克塞尔式表达!]并没有采用总额税的形式。它们必须和诸如收入或支出这样的指标联系在一起,由此产生替代效应。纳税人因此减少了税负,并从避税中获得了净收益,虽然无谓损失增加了,而且其他人被转嫁了一部分税负。这样的结果不仅在通常无谓损失分析的意义上是无效率的,而且由于两个进一步的原因,对于维克塞尔模型而言也是有麻烦的。这两个原因是:税负转嫁干扰了将投票过程作为偏好显示工具的效率;结果的公平或正义程度受到了损害。实际上,此处提出的问题是:当纳税人努力规避(avoid)他们的税负[不同于偷逃(evade)税]时,他们带来的无谓损失在维克塞尔式的税收正义环境下是否具有一定的"地位"(standing,Musgrave,1992b)。我们至少可以这样说,应该选择维克塞尔式的税基,以便让避税的选择最小化。

类似的想法,也可加于之前在收入分配职能中考虑过的交易。在该情形

第四章　将财政选择结合进来还是分离出去:纪念维克塞尔模型100周年(1996)

下,它们实际上更相关,因为再分配政策可能要求更高的边际税率。对维克塞尔而言,在收入分配事务中应保持谨慎态度,一个令人信服的理由是需要兼顾规范模型和现实世界的实践。

四、代议民主和多数规则

在结尾处,我将讨论维克塞尔模型的另外两个方面,包括它与代议民主的相容性,以及有限制的一致同意规则(a qualified unanimity rule)的情况。

(一)授权与代议民主

如前所述,维克塞尔相信投票者有选择的能力;对下述想法他也感兴趣,即未来的技术进步将允许民众通过直接投票来参与财政选择过程。不过,在当时他对财政选择问题的看法仍落在代议民主上。他认为,普遍地扩大投票权利,伴之以比例代表制,这样将允许代表来表达个体投票者的偏好。此时,财政决策能在国会、议会或者执行层面上做出;在这些场合由于参与谈判过程的人很少,因此可以迅速地形成结论。这种向代表授权的方式,让民众的选择自由受到了某些损失,因为不是所有支持某个代表的人在一切议题上都能达成一致,但是由代表来谈判更具有操作性,收益显然超过损失。

因此,如果代表们确实反映了他们支持者的偏好,那么授权(delegation)这种形式可以和维克塞尔模型兼容。根据唐斯的研究,这意味着要假设政治家的行为就是设法让投给自己的支持票最大化,而不去判断他们的支持者所赞成的项目价值如何。据此,唐斯得出了有关民主的经济理论,其基本前提是"各个党派为赢得选举而制定政策,而非为制定政策而赢得选举"(Downs,1957:28)。也许确实如此,但是我怀疑,维克塞尔是否会持有如此极端的立场,熊彼特也不会如此(他跟踪研究了政策制定的过程)(Musgrave,1992a)。要求当选的代表去遵循支持者的最后指示,这么做并没有排斥代表们发挥自身的领导能力,即使这样会让他们冒支持减少和重新选举的风险。

类似的考虑也适用于辅助性工作人员的角色,这些人员是挑选、分析和陈述议题所需要的。也就是说,他们从事成本—收益分析工作,以便帮助选民及其代表做出明智的选择。跟在任何大型组织中一样，这些辅助性功能也为后续项目的执行和管理所需。我的想法是，所有这些都可以很容易地纳入维克塞尔模型中。

然而，上述关于代议民主的观点不同于另一个模型，即不把政府看作可行的民主机构，而视为独立的权力机构，它能够将自己的意志与代理人（官僚和政治家）的自我利益施加在多少是无助的公众头上。基于后一个视角，要采取的弥补措施是施加相应的规则来限制那样的行为，并最小化政府活动的范围(Buchanan, 1975; Brennan and Buchanan, 1980)。我已经在其他地方应对了这一模型带来的挑战(Musgrave, 1981)，此处我不再参与对此模型的辩论。尽管该模型偶尔和维克塞尔的名字联系在一起，但我认为它和维克塞尔的传统刚好相反。

（二）有限制的全体一致？

维克塞尔有关自愿缴纳的税收，其核心思想依赖于下述命题：所有人注定将从带来林达尔价格解的谈判过程中受益。由于会形成这样的收益，因此由自利动机驱动的个体将自愿从事诚实的谈判，以便产生林达尔解，然后同意遵守它。如前所述，他认为这一过程将让预算膨胀，而非相反。不过，维克塞尔发现，有必要承认，"由于实践的原因，必须排除绝对的全体一致"(Musgrave and Peacock, 1958: 92)。这在他的模型中留下了一个令人不安的空白，否则这个模型会显得很严密。

我们先假设，谈判各方在进行连续的选择和修改，他们像诚实的谈判者那样行动。这么做会花费时间，并因此产生通常所说的交易成本。随着对多数票决策人数要求的提高，边际交易成本将增加，并最终等于因扩大谈判过程而形成更完美解决方案所增加的边际效用。如同布坎南和塔洛克最早建议的(Buchanan and Tullock, 1962)，这样的计算可以被用于推导多数票决策的最优水平。但这真的是本质问题吗？在直接民主的环境下，由于投票者有几百万人，而且相互之间交流不够，因此基于时间而产生的谈判成本实际上非常巨大。然而，在代议民主制环境下几乎不会如此，因为此时谈判者的数量大大减少，并可以使用先进的计算机设备来帮助。此时作为时间成本的交易成本将

第四章 将财政选择结合进来还是分离出去:纪念维克塞尔模型100周年(1996)

变得很小,也不再能提供充分的解释。

当放松诚实谈判的假设时,维克塞尔提到的"实践原因"就变得更有说服力了。与林达尔所提及且早前由维克塞尔做过数学论证那样,最终的结果更有可能是一种双边垄断(Musgrave and Peacock,1958:172)。这一问题已经得到了学者们的详尽探讨,此处予以省略(Musgrave,1959;Johansen,1963;Head,1964;Shibata,1971)。在很大程度上,该问题不是因不断上升的时间成本而增加的交易成本,而是因"诚实谈判"过程延长而来的交易成本。重要的是要考虑,随着多数票决策规则变得更严格,策略性行为的范围以及达成一致的可能在多大程度上受到了影响。

不过,在维克塞尔所说的通过自利谈判确保最优解这一命题与谈判必须以"诚实"且非策略性的方式展开这样的假设之间,仍然存在着冲突。也许这样的冲突并不让人感到吃惊,因为相同的谜题也体现在下述类似的悖论中:经济学家认为理性的公民不会去投票(因为公民个人对结果的影响特别小),但是在现实中的人却真的会去投票。由于人们确实参与投票,民主制多少实现了令人满意的结果。为了解决这样的谜题,我们必须承认,人们以自利为基础的行为,确实得到了相互合作的调和,尽管这样的想法和"公共选择"的假设(Mueller,1979:1)以及当前众多文献的立场相反。

五、结 论

在结尾处,我要说说自己在维克塞尔的轨道上处于什么位置呢?在维克塞尔模型中,有许多内容是我喜欢的。首先,它将分配正义作为财政问题不可或缺的一部分。其次,它承认存在着以有效的方式提供公共品和以正义的方式提供公共品这样两种不同的任务。由于缺少一个无所不知的裁判,这两种不同的任务必须通过偏好显示联系在一起。对税收和支出的决策,如它们所应该的那样,被维克塞尔结合在一起,而不是作为预算的独立部分来分别决策。好财政制度的结果应该是什么?维克塞尔把对该问题的规范思考和对产生结果的机制的关注结合在一起。尽管维克塞尔模型中的完美解仅仅只是一种想象,但该模型仍提供了一种建设性框架,在此框架下可以进行财政选择。

除非我们能够确定最优解,否则即使我们去寻找第三优解(third-best solution),也不会知道自己可以做什么。最后但并非最不重要的是,我分享了维克塞尔内在的那种乐观主义(否则他为何要发展这样的一个系统?),即我们的社会能够以相当有效的、公正且民主的方式解决共同关注的问题。我知道,现在并不是这种乐观主义假说的最好时代,它的到来还需要一些时间(there is more time to come)。

参考文献

Aaron, Henry and Martin McGuire (1969),'Efficiency and equity in the optimal supply of a public good', *Review of Economics and Statistics*, 51 (February), 31—9.

Black, Duncan (1964),'Wicksell's principle in the distribution of taxation', *Economic Essays in Commemoration of the Dundee School of Economics*, Dundee.

Bowen, Harrod R. (1943),'The interpretation of voting in the allocation of economic resources', *Quarterly Journal of Economics*, 58 (February), 27—48.

Brennan, Geoffrey and James M. Buchanan (1980), *The Power to Tax*, Cambridge: Cambridge University Press.

Browning, Edgar (1975),'Collective choice and general fund financing', *Journal of Political Economy*, 83 (April), 377—90.

Buchanan, James M. (1963),'The economics of earmarked taxes', *Journal of Political Economy*, 71 (October), 457—69.

Buchanan, James M. (1975), *The Economics of Liberty*, Chicago: Chicago University Press.

Buchanan, James M. and Gordon Tullock (1962), *The Calculus of Consent*, Ann Arbor: University of Michigan Press.

Downs, Anthony (1957), *An Economic Theory of Democracy*, New York: Harper. Harsanyi, John (1953),'Cardinal utility in welfare economics and in the theory of risk-taking', *Journal of Political Economy*, 61 (October), 434—5.

Harsanyi, John (1955),'Cardinal welfare, individualistic ethics and interpersonal comparisons of utility', *Journal of Political Economy*, 63 (August), 309—21.

Head, John (1964),'Lindahl's theory of the budget', *Finanzarchiv*, 23 (October), 421—

第四章 将财政选择结合进来还是分离出去:纪念维克塞尔模型 100 周年(1996)

54. Johansen, Leif (1963), 'Some notes on the Lindahl theory of determination of public expenditures', *International Economic Review*, 4 (September), 346—58.

Lindahl, Erik (1919), *Die Gerechtigkeit der Besteuerung*, Lund, Sweden: Gleerupska.

Lindahl, Erik (1928), 'Einige strittige Fragen der Steuertheorie', in Hans Mayer, *Die Wirtschaftstheorie derGegenwart*, vol. 4, Vienna: Gerupska.

Mueller, Dennis (1979), *Public Choice*, Cambridge: Cambridge University Press. Musgrave,

Richard A. (1939), The voluntary exchange theory of public economy', *Quarterly Journal of Economics*, 53 (November), 217—37.

Musgrave, Richard A. (1959), *The Theory of Public Finance*, New York: McGraw-Hill.

Musgrave, Richard A. (1981), 'Leviathan cometh-or does he?', In Helen F. Laddand T. Nicolaus Tidemann (eds), *Tax and Expenditure Limitations*, Washington, DC: The Urban Institute, and in Richard A. Musgrave (1986), *Public Finance in a Democratic Society*, New York: New York University Press.

Musgrave, Richard A. (1992a), 'Schumpeter's crisis of the tax state', *Journal of Evolutionary Economics*, 2 (August), 89—113.

Musgrave, Richard A. (1992b), 'Social contract, taxationand the standingof deadweight loss', *Journal of Public Economics*, 49 (December), 369—81. Also Chapter 10, this volume.

Musgrave, Richard A. and Alan T. Peacock (eds) (1958), *Classics in the Theory of Public Finance*, London: Macmillan.

Myrdal, Gunnar (1954), *The Political Element in the Development of Economic Thought*, Cambridge, MA: Harvard University Press.

Peacock, Alan T. (1992), *Public ChoiceAnalysis inHistorical Perspective*, Cambridge: Cambridge University Press.

Pigou, Arthur (1928), *A Study in Public Finance*, London: Macmillan.

Rawls, John (1971), *A Theory of Justice*, Cambridge, MA: Harvard University Press.

Samuelson, Paul A. (1954), 'The pure theory of public expenditures', *Review of Economics and Statistics*, 36 (November), 387—9.

Samuelson, Paul A. (1955), 'Diagrammatic exposition of a theory of public expenditures', *Review of Economics and Statistics*, 37 (November), 350—56.

Samuelson, Paul A. (1969), 'Pure theory of public expenditures and taxation', in Julius

Margolis and Henri Guitton (eds), *Public Economics: An Analysis of Public Production and Consumption and Their Relations to the Private Sectors: Proceedings of a Conference Held by the International Economic Association*, London: Macmillan.

Shibata, Hirofumi (1971), 'A bargaining model of the pure theory of public expenditure', *Journal of Political Economy*, 79 (January-February), 1—29.

Wagner, Richard E. (1976), 'Revenue structure, fiscal illusion and budgetary choice', *Public Choice*, 25 (September), 45—61.

Wicksell, Knut (1896), *Finanztheoretische Untersuchungen nebst Darstellung und Kritik des Steuerwesens Schwedens*, Jena: Fischer.

第五章　社会科学、伦理学以及
　　　　公共部门的角色(1991)[①]

　　曾经有人请我写下我的人生哲学,并解释它如何影响我的社会科学观。对这本书的读者而言,这么做有什么意义吗?这种人生哲学当然不只是对我个人有利,一个人在生命旅程中的发现,实际上可以用来进一步地指引他人的生命旅程。在本章的开始,我要说我的人生哲学在很大程度上遵循的是线性发展道路,这样说似乎会让人觉得缺乏想象力。几十年来尽管我受到了各种喧嚣事件的影响,但我的人生哲学在本质上并无变化,那就是努力去创造一个服务于确保个人尊严的社会环境,这不是让人生活在与世隔绝的状态中,而是让人作为成员身系于且受益于一个共享权利与义务的共同体之中。按照我对自由一词的理解,它涉及的就是这样两个方面。诚然,对于什么构成一个好社会,可以有多种构想,科学并不能提供最终的答案。

　　科学的确可以告诉我们,什么能实现或不能实现,但是在可行选项间进行选择时,最终肯定要归结到在多种价值间进行评判——注意我没有用"价值判断"这一可疑的术语——而这是由每个个体来进行的。

　　但是请注意,一组价值是一回事,它们如何得以实现是另一回事。科学能管的,正是后者。因此,告诉我们物价水平上升会与失业率下降相伴随,是经济分析可以发挥的功能。进一步地,超出经济学范围,我们可以说,确定可行机会的边界正是社会科学的功能,无论是在汉堡或热狗之间进行简单选择,还

[①]　摘自 M. Szenberg (ed.), *Eminent Economists: Their Life Philosophies*, Cambridge: Cambridge University Press, 1991, 190—201.

是在复杂的社会组织形式与个体在其中的地位之间进行选择。在可选择的多种"最佳"结果既定的情况下,必须根据个人的社会价值观来决定某个结果。

头脑冷静的朋友们会回应说,从这样一种规范观点出发,将会走上一条危险的道路。因此他们急急忙忙提醒说,如同历史告诉我们的,人类的弱点只允许我们采用次优、第三优或第 n 优的解决方案。也许确实如此,但如果不知道什么是次优解,就无法确定第三优解;如果不知道什么是最优解,也无法确定次优解。因此,我从未受到以下问题的困扰,即非要把各种结果的规范观点与如何实现它们的实证分析结合在一起。相反,正是应该是什么和将会是什么之间的相互作用,才是我如此着迷于经济学和社会科学的主要原因。

当社会科学家探索社会变量(从相对价格水平到出生率)之间的相互作用时,这一工作跟植物学家希望探究亚马孙河流域植物的种类或者天文学家追踪行星的运动,并没有多大差别。对社会科学家来说感觉有些不快的是,他会面对更复杂且持续变化的各种关系,但是基本任务还是一样的:认识因果间的相互作用,以此为基础来预测变量 X 将如何(或将不会)对变量 Y 的变化做出反应。在这里,重要的是要进行客观分析。然而,要选择某一种假说进行检验时,问题就来了:能用于研究的时间和资金都是有限的,到底选择哪一种必须做出决定。和其他领域的科学家一样,经济学家在做出这一选择时,其动力可能来自增进自己对特定领域(particular universe)的理解,以及尝试分析有趣问题的愿望。但是社会科学家在选择某一假说时,引导他的可能是看哪个目标更合意(desirable)。在此处可能特别的是,即使在分析开始的地方停止价值判断,研究者的价值观也会介入。让分析受到价值偏见的扭曲,可能的确愚蠢。这样的偏见不仅会让我们误解社会变量实际上如何相互作用,也会让我们得出错误的政策结论或者得不到合意的结果。

一、人生路上的各种风景

然而,上面这些都与我要讲的无关。我出生于1910年,成长于第一次世界大战时期的德国以及20世纪20年代步履维艰的魏玛共和国。我童年时期对政治现实的记忆有战败军队的返回、1918年的革命,以及随后法国人的占

第五章 社会科学、伦理学以及公共部门的角色(1991)

领,再后来就是沃尔特·拉特瑙①被谋杀,在我心中,他是民主的德国会成为什么样子的标志,而这还不是我一生中经历的最后一次悲剧性事件。在青少年时代,也就是20世纪20年代,我对文学很有兴趣——歌德、陀思妥耶夫斯基、黑塞(Hesse),尤其是里尔克②——而不是对亚当·斯密和卡尔·马克思感兴趣。这一兴趣伴随着户外浪漫主义,而这种浪漫主义植根于德国青年运动的传统,它是美国20世纪60年代学生运动的先驱,尽管有很多不同,比如说前者更认真。当然,我的兴趣还有政治关切、公众集会、飞旗自行车队(bicycle flag),这些泛泛而言代表了(如果说不成功的话)德国在民主政治方面第一次徒劳的尝试。

在完成中学学业后,我转向学习经济学,因为经济学似乎给人以这样的希望(正像回顾过去能证明的),它是认识社会如何运作的最佳入口。因此,我早年更为广泛的兴趣逐渐退居幕后,至少暂时是这样,但并没有消失。我大学第一年是在慕尼黑大学度过的,接下来的两年在海德堡大学度过。1933年,我在海德堡大学拿到了我的第一个学位。那些年课程表的安排,有更多的时间实际上用来学习法律而非经济学。而且,那时候学术追求已经受到纳粹兴起的骚扰,特别是在大学校园里和讲堂上。我早期思想的主要影响既不是来自经济学,也不是来自法学,而是来自那个伟大的社会学家马克斯·韦伯③建立的学术传统。尽管韦伯已经在1920年去世,他的精神仍在海德堡大学延续;通过玛丽安妮·韦伯④在家里举办的研讨会、韦伯的弟弟且同为社会学家的

---

① 沃尔特·拉特瑙(Walter Rathenau,1867—1922),德国犹太裔政治家、工业家、哲学家,相信民主,创建了德国民主党。1921年5月担任德国重建部部长,1922年1月31日担任德国外交部长。1922年6月24日,在去办公室的路上,被德国右翼狂热分子暗杀。——译者注

② 里尔克(Rainer Maria Rilke,1875—1926),奥地利诗人。代表作有《祈祷书》(1905)、《新诗集》(1907)、《新诗续集》(1908)及《杜伊诺哀歌》(1922)等。——译者注

③ 马克斯·韦伯(Max Weber,1864—1920),德国公认的现代社会学和公共行政学最重要的创始人之一。韦伯学习与研究的领域极为广泛,包括法律、历史、经济学、神学、政治学等诸多领域,并在诸多领域中都取得杰出的成就。他以论文《中世纪商业组织的历史》取得了他的法律博士学位,以《罗马农业制度的历史对罗马公法与私法的重要性》的著作获得教授资格。韦伯著述广泛、思考深入,以《新教伦理与资本主义精神》《经济和社会》和宗教社会学系列著作,以及积极发起的方法讨论而深刻影响到当时的学术界。韦伯1882年就读于海德堡大学法律系,1896年获聘为海德堡大学教授。——译者注

④ 玛丽安妮·韦伯(Marianne Weber)是马克斯·韦伯的妻子,著有《马克斯·韦伯传》。——译者注

阿尔弗雷德·韦伯①举办的研讨班(我参加过),韦伯精神仍保持在活跃状态。就像马克思的思想一样,韦伯思想仍有横扫一切的社会力量,在多个维度上发挥影响,比如他有关加尔文教伦理对资本主义的影响,还有市场的作用、官僚制以组织的形式所发挥的作用等思想。所有这些韦伯的思想都得到了探究,合在一起的结论是,在客观分析各种假说的优点(merit)②之后再进行以价值为导向的选择。这种韦伯式的二元论,允许科学家像人那样有人性地行事,也允许人以科学的方式行事;它也已成为我专业工作的指导原则(尽管未必能达到,但仍是努力的目标)。在海德堡的岁月中,我还能记住的是雅各布·马尔沙克(Jacob Marschak)有关凯恩斯《货币论》附录的研讨会,而这本书当时刚刚出版。

1932年,在父亲的指导下,我申请并获得了国际交换生的奖学金,去美国学习一年。于是1933年秋我离开了德国,并因此逃脱了接下来希特勒发动的大屠杀。我的第一年在罗切斯特大学度过,接下来去哈佛大学学习(1934)。再一次地说,我很幸运那几年在哈佛度过了我的研究生学习阶段。在此之后,熊彼特横扫经济思想的著作大放异彩,他将经济分析的科学进展和它们所处时代的知识与政治运动联系起来;在此之前,当新政实验正在进行时,有关经济政策的辩论以完全开放的方式进行着。除此之外,在历史舞台上还出现了经济分析的两个重大突破(至少在当时它们似乎是这样)。第一个是有关不完全市场的新理论,它由琼·罗宾逊和爱德华·张伯伦在大西洋两岸分别发展出来③,是对古典经济学教条及其竞争性模型的重大背离。第二个是更激动人心的凯恩斯革命。储蓄-投资平衡、失业均衡的概念、乘数和加速器的概念等,都是崭新的、令人迷惑的概念,让人不得不去深究。如何通过扩张性财政政策去克服萧条,这一问题成为惊人的挑战。阿尔文·汉森(Alvin Hansen)

---

① 阿尔弗雷德·韦伯(Alfred Weber, 1868—1958),马克斯·韦伯的弟弟,德国经济学家、社会学家和文化理论家。他的著作《工业区位论》(1909),创立了工业区位理论,深刻影响了现代经济地理学的发展。阿尔弗雷德·韦伯于1907—1933年在海德堡大学任教,1933年因批评希特勒主义被解雇。为纪念他的贡献,海德堡大学经济系设有阿尔弗雷德·韦伯经济学研究所。——译者注

② 参见 Max Weber, 'Science as a Vocation', *From Max Weber*, *Essays in Sociology*, ed. Gerth and Mills, Oxford University Press, New York, 1946.

③ 1933年,大西洋东岸剑桥大学的罗宾逊夫人出版《不完全竞争经济学》,大西洋西岸哈佛大学的张伯伦出版《垄断竞争理论》。——译者注

第五章 社会科学、伦理学以及公共部门的角色(1991)

的财政政策研讨班是新经济学的中心,作为参与其中的学生,我们感觉自己是跨越经济学新边界的先锋。从保罗·萨缪尔森和劳埃德·梅茨勒(Lloyd Metzler)这些人算起,有许多后来引领经济学界的大名鼎鼎的名字都是我们群体的成员。对于充满激情的研究生阶段学习而言,如此理想的环境真是难以复制。

在当时,这里也是一个多产的环境,在其中我发展了自己对公共部门的兴趣,尽管关注的焦点是微观的而非宏观的。之前在德国时,我已做了一些早期工作,因此拥有熟悉欧洲大陆学者(意大利、奥地利及斯堪的纳维亚学者,特别是维克塞尔和林达尔)早期贡献的比较优势。一开始这些学者的贡献不为英语国家的经济学者所知,到后来才和萨缪尔森对公共品有效提供条件的研究结合在一起,并成为公共部门理论的基础。我的学位论文成为发展公共部门规范模型的首次尝试,它将维克塞尔的传统和庇古的福利经济学结合起来。尽管我并没走很远(很少有学位论文能走很远),但它为我后 20 年的研究工作打下了基础。

完成我的博士学业后,我又教了几年书,然后在 1942 年离开高校去华盛顿加入联邦储备委员会的研究部。由于我的研究是处理财政事务和证券市场,这为我提供了极好的机会,去观察经济如何运作,并见证政策如何制定。再一次地,我很幸运地处于经济活动的中心,即时关注美国经济在战时的巨大扩张以及财政在其中的贡献。那时持续进行的美联储研讨会,吸引了诸如希克斯和凯恩斯这样的客人,一起思考战后的世界,并在布雷顿森林策划一个新的国际秩序。[①] 在当时,我已担任马瑞纳·伊寇斯(Marriner Eccles)的个人助理,他是美联储的杰出主席,是新政时期银行改革的设计师。这样的机会让我能观察国会山的运作,有许多个夜晚,我都在为老板准备国会证词。

尽管我在华盛顿的经历很精彩(年轻经济学家都应该有这样的经历!),可我一直将其视为从学术工作的暂时离开。1948 年,当接到密歇根大学的工作邀请时,我很高兴地接受了,在那里度过了下一个 10 年。在这 10 年里,由于

[①] 1944 年 7 月 1 日,44 国代表在美国新罕布什尔州布雷顿森林镇召开了著名的布雷顿森林会议。会议宣布成立国际复兴开发银行(世界银行前身)和国际货币基金组织(IMF)两大机构,确立了美元对国际货币体系的主导权,构建了战后国际货币体系的新秩序。——译者注

跟一群极棒的同事、激情四射的研究生在一起工作,我有机会重回到早期对公共部门建模的工作。我的《财政学理论》一书于1958年出版,它尝试做的就是构建一个有效且公平的公共部门。这样的部门,承担着提供社会物品、调节收入分配、维持宏观经济稳定三重任务。尽管在目标方面不同,但三个任务可以全部实现且不冲突。自那以后情况有了很多变化,三重任务的公共部门模型分析也不断予以改进,但我仍然喜欢此模型的结构,以及它暗含着的以下命题:可以设计一个运作良好的公共部门,以便对市场制度提供必要的补充。

度过在安阿伯①学术高产的10年后,我于1958年离开,赴约翰·霍普金斯大学任教,西蒙·库兹涅茨(Simon Kuznets)是那里的大人物。1962年,我又前去普林斯顿大学任教,那里刚成立伍德罗·威尔逊(Woodrow Wilson)学院。② 再一次地,我又得到了一个意气相投的环境。不过,当哈佛大学1965年邀请我回母校任教时,我无法抵挡回到自己学术出发点的诱惑。这一职位具有双倍吸引力,因为它由经济学系和法学院联合提供。在前期,我主要的财政学课程和研讨班是和马丁·费尔德斯坦联合开设的;到后来,我又增加了"经济学与社会"研讨班。这个研讨班因韦伯的影响(Weber's image)而命名,它探讨的话题非常广泛,从分配正义(自罗尔斯论文发表后成为热门话题),到经济学与法学的议题(和法学院的同事们一起探讨)。在法学院,我的主要工作是主持一个联邦税收的研讨班,斯坦利·萨里(Stanley Surrey,他是一个真诚的卓越的税制改革捍卫者)和我一起主持该研讨班,我还为律师们开设一门经济学基础课程,并为"经济学与法学"做了一些早期工作。

除了这些学术性的事业外,在这些年里我还经常抽空去华盛顿,为财政部和其他部门提供咨询(特别是在肯尼迪政府时期),在国会提供证词,并为一些发展中国家的税制改革提供一些指导。所有这些为我提供了最好的机会,既可以进行学术分析,也可以在本专业领域开展实际应用研究。我发现,这种组合是极令人愉快的,实际上对于多产的学术工作也是必不可少的。在我于1981年从哈佛大学退休后,我妻子佩吉和我离开坎布里奇,去了圣克鲁兹

---

① 安阿伯(Ann Arbor)为密歇根大学所在地。——译者注
② 该学院以美国总统伍德罗·威尔逊的名字命名。伍德罗·威尔逊自1890年起长期在普林斯顿大学任教,并于1902年起担任该校校长。——译者注

(Santa Cruz),在那里她加入加州大学圣克鲁兹分校(UCSC)。在圣克鲁兹,我又做了一些教学工作,包括一个"法律规则的公平与效率"研讨班。我也继续我的写作,不时抽些时间去航海或钓鱼。

二、为什么是公共部门?

(一)社会物品

在前面我描绘了自己的职业经历,是希望它能有助于读者理解我所遵循的路径,由此路径出发去研究在健康民主的社会中公共部门扮演的角色。首要的问题是,为什么需要公共部门? 在提出这个问题时,我接受下面的命题,即在许多种不同的经济活动中,私营企业和市场机制确实是生产和提供经济产品的最有效方式。由政府来确定消费者应该在肉和鱼上各花多少钱,或者指导生产什么颜色的衣服,是很荒谬的。诸如此类事情,涉及大量经济活动,可以由市场过程很好地处理。然而,仅仅因为在处理特定问题时会发生市场失灵,就同样产生了对公共部门活动的需要。

先来假定有一类物品(指的是社会物品或公共品),其性质是,消费者 A 加入消费中去,不会减少消费者 B 和 C 可消费的数量。国防或地震警报系统,就是这样的例子。如果一个城市有空袭防护装置,那它产生的益处属于所有居民;没有人会被排除在外,即使值得这么做。在警报系统的例子中,特定个体若未付费,是可以将其排除在消费范围之外的,只要让他的电视机收不到信号即可。此时确实可以使用市场机制(让消费者付费),但是将未付费者排除在外将是一种浪费,因为由此产生的消费总收益将会减少。总之,有一类物品和服务,对它们而言,将消费者排除在外是不可能和(或者)无效率的。结果是,这种服务无法通过私营企业来提供,因为私营企业靠向个体消费者销售服务来过活。在这种情况下,个体没有理由在市场上出价以显示自己的偏好,因为无论如何他们都可以获益。于是,自愿支付机制失灵了,可这个机制对于市场发挥作用而言必不可少。所以,这样的物品必须通过公共预算来付款和提供;对它们的消费者而言,必然是免费获得。但这并不是说,它们需要由政府来生产。与大多数私人品一样,它们可以由私营企业来生产,然后由这些企业把产品卖给政府而非个体消费者。

为了确定什么时候需要公共提供以及需要提供多少,我们必须用政治过程来代替消费者在市场的出价:由受自我偏好指引的投票者来决定应该提供什么、如何用税收来支付,并决定包括他们自己在内每个人应该缴多少税。因此,有效的公共品提供需要政治过程,并且和市场中消费者选择私人品一起运作。政治过程也是解决外部成本问题(比如环境污染)所必需的,这种外部成本是私人生产活动的副产品。效率原则要求,这种成本必须清楚地计算出来并且要加以削减(尽管并非完全消除),方式是对私人生产活动产生的损害征税或者实行管制。在这些情形中,由于市场失灵,公共部门都必须采取矫正性的行动。

接下来的问题是,如何设计公共选择的政治过程,以便最大程度地接近个体消费者的欲求。公共部门的批评者立刻就注意到,这是一个非常困难的过程,因为私人部门会失灵,而公共部门也有失灵的可能性。政治过程会产生一些选项,而这些选项可能并非来自消费者的欲求;之所以如此,是因为多数规则过程存在缺陷,或者是政府行政机构的行动所导致。这些机构,现在被嘲笑为"官僚机构"(bureaucracy),以前被称为"文职部门"(civil service),它们可能会产生自己的意志,要么基于自利(如同批评者所认为的那样),要么因为它们觉得自己有权将意志加入政策形成过程中。当然,这些都是需要考虑的问题,近年来得到了越来越多的关注。

不幸的是,这些关注并没有追随维克塞尔的传统,去寻求更有效的程序,而是产生了意识形态的偏见,想要表明"公共之手"具有先验的、与生俱来的无效率。有些人会认为它反映了历史正义,以抵消过去也许相反的趋势。但是用一种偏见去弥补另一种偏见,很少会带来进步。可以肯定的是,在一些领域,确实需要公共提供,而且它们能够有效地运行。

让我再次回到韦伯的客观分析与价值判断二分法。公共提供(或者说"政府采购",如同GNP统计里所提到的)现在占了GNP的20%左右。若不包括国防的话,公共提供所占比例是13%,且几乎完全由州政府和地方政府来实施。这一比例是太大了还是太小了?如同我以前说过的那样,这可以用客观分析的方式来回答,但现实中往往变成政治争论的主题。市场制度的提倡者喜欢降低对公共提供的需要,而公共部门的支持者则往往相反。原因在于,社会物品的存在,让"看不见的手"的主导地位出现了缺陷,而这又产生了广泛的意识形态含义。因此,困难在于将以下两个问题分离开:(1)客观问题,需要多少社会物品(即公共预算中的采购部分应该多大)来满足消费者偏好;(2)主观问题,需要的社会物品量让特定的观察者高兴或不高兴。关于(2),我发现对社会物品的需要具有令人愉悦的特点,因为它要求社会组织采取混合形式(包括通过政治过程来关心共享问题,以及通过市场做出自利的选择)。关于(1),我的发现是,13%的比率以及它包含的所有内容(从道路到警察,从司法机关、教育到公共卫生)并没有过度,尽管基于我刚刚提到的有关(1)的内容,有读者可能会怀疑我未能适当地将(1)与(2)分离。

(二)收入分配

迄今为止,我考察公共部门的职能都是从有效使用资源(也即有效提供社会物品)这一角度进行的。这样的提供,与私人品提供一样,取决于消费者的偏好,尽管它是通过政治过程来实现,而非通过个体在市场上的购买行为来达到。为了让消费者偏好这一前提能发挥作用,我们必须假设存在着特定的收入分配状况,并基于这样的收入来实现需求。这种由市场过程决定的分配状态,反映了获得收入的方式:来自劳动力、土地或资本,以及来自资源的所有权、赠与和遗产。要素获得的收入,反映了它们对产出的边际贡献,以及市场的不完全、并非建立在效率基础上的制度安排。因此,市场形成了它自己的分配模式。在美国,超过40%的可支配收入(劳动收入加转移支付减去个人所得税)流向收入最高的20%的人口,5%流向收入最低的20%的人口。如果不考虑税收优惠和转移支付的话,不平等程度会更大。这种收入不平等超过了大多数工业化国家,而且近些年来一直在上升。无论如何看待这些事实,都必须使用某种分配正义的标准。尽管有些经济学家认为,我们的关注点应该只限于效率,但我觉得,我们的研究显然无法绕过分配正义这一至关重要的问题。

至于如何确定分配正义标准,圣经经文或自然法并没有给出答案,但是给出了对价值观的考虑的各种不同风格。道德哲学及其各种不同的流派,在历史上对这些价值观也都给予了说明。托马斯·阿奎那和经院哲学的学者们认为,劳动报酬是应得的,但资本是否有权获得收益则有疑问。洛克认为,一个人对于自己的劳动果实具有自然权利,但是对于土地上的产出则没有自然权利,因为土地是共有的资源。到后来,亨利·乔治追随了这一思考模式。在《国富论》中,斯密将要素的收益权视为理所当然,但在他的《道德情操论》中,相关观点却更为复杂。尽管公正的旁观者会考虑他人的福利,但原则上劳有所得的承诺会激发经济上的努力,并因此创造出财富。所以人受利益驱动时,并不知道最终所获甚少;就像斯密认为的那样,路边乞丐的幸福感,并不亚于坐着马车经过的贵族。① 几十年后,边沁和功利主义者们离开了要素收益权这一前提。相反,他们使用效率标准,认为将既定的总收入平均分配,会实现社会福利的最大化。之所以如此,是由于边际效用会随收入的增加而递减。然而这一结论是有限制条件的,因为提供必要的激励以创造产出,还是需要收入不平等的。当罗尔斯于20世纪70年代发展分配正义准则时,他重新激起了有关分配正义问题的辩论。公平要求(在无知之幕下达成)不偏不倚的判断,要求用税收-转移支付方案来调节收入,以便让最低收入者的福利达到最大。②

为了绕开如何定义公平分配,经济学家使用了社会福利函数这一政策工具。该函数表达了社会对不同收入水平所赋予的价值;或者换句话说,该函数表达了社会对不平等水平的厌恶程度。与此同时,该函数还允许社会来决定函数的形式。在我看来,社会福利函数应该反映罗尔斯的下述假设,即按要素禀赋分配市场收益解决不了分配正义的问题;要解决分配正义,需要社会就公

---

① 参见 Adam Smith, *The Theory of Moral Sentiments*, Liberty Classics, Indianapolis, 1969, pp. 303, 113. Also see my 'Adam Smith on Public Finance and Distribution', in T. Wilson and A. Skinner, (eds), *The Market and the State, Essays in Honor of Adam Smith*, Clarendon Press, Oxford, 1976.

② 参见 John Rawls, *A Theory of Justice*, Harvard University Press, Cambridge, MA, 1971. 尽管我同意,分配正义应该基于公平规则,但我与罗尔斯的答案有些分歧。如果个体以公正的方式做出选择,也就是说,个体愿意将自己置于无知之幕下,从而无法知道自己将处于什么样的特定地位,那么为什么他们会希望基于风险规避来选择行为模式?对他们而言,在知道调整前后所处的地位会是什么情况下,参与选择一个可接受的税收-转移支付方案,难道不是更加直接吗?见我的 'Maximin, Uncertainty, and the Leisure Trade-Off', *Quarterly Journal of Economics*, 1974。

第五章 社会科学、伦理学以及公共部门的角色(1991)

平的规则达成一致。我的观点是,这样的一致将反映有关什么是好社会的观点,其中肯定要避免过度的不平等。

在实践中,社会并不是按所认定的正义准则来重新分配的。相反,它从由市场所决定的分配状态开始,然后进行相应的调整。公民有权据有其在法治状态下获得的财产(比如,通过交换服务、交换财产、赠与或遗传获得的财产),如果没有经由法律的正当程序(权利法案,宪法修正案第十一条①)财产就不能剥夺。② 但是这一正当程序条款,允许经由多数人决策采取预算行动,即通过征税(权利法案,宪法修正案第十六条③)和向低收入群体转移支付资金(或实物性服务),来调节市场的收入分配状态。这种预算行动要走多远,取决于投票者的观点;他们的观点,可能会随时代变迁而变化。考察最近几十年所得税的历史可以发现,人们最开始是支持累进税制,然后又从此观点后退。在1986年《税收改革法案》中,高档税率的急剧下降证明了这一后退,尽管作为补偿措施,更宽的税基使得有效税率基本不变。④ 然而,伴随这一变化的,是预算表中支出一方再分配的效果不断扩大(主要通过转移支付的增长),所以预算的再分配范围总体而言是增加了。就是说,和通过累进税来抑制高收入产生的不平等相比,似乎用支出措施来缓解低收入者的贫困更值得(当然,低收入者是否获得足够的收入是另一个问题)。1986年的税制改革支持这样的判断。

无论如何,我们的社会明确意识到,由市场决定的收入分配本身并不公正。因此分配正义问题确实存在,并要求社会对此进行一定的矫正。在某种程度上,分配正义问题可以通过慈善活动的自愿提供来矫正,但是这样的矫正范围有限,并且忽视了人们的应得权利(the entitlement)的问题。因此,最终

---

① 美国联邦宪法修正案第十一条:"合众国的司法权,不得被解释为可以扩展到受理由他州公民或任何外国公民或臣民对合众一州提出的或起诉的任何普通法或衡平法的诉讼。"(译文引自[美]詹姆斯·麦迪逊著,尹宣译,《辩论:美国制宪会议记录》第 776 页,译林出版社 2014 年版)。此处可能是马斯格雷夫的一个笔误,从文意来看,应是宪法修正案第五条中规定的"不经正当法律程序,不得被剥夺生命、自由或财产。不给予公平赔偿,私有财产不得充作公用"。——译者注

② 马斯格雷夫原文用的是"derive",疑为"deprive"之误。这里按后者翻译。——译者注

③ 美国联邦宪法修正案第十六条:"联邦议会有权制定和征收所得税,不论何种来源,不按邦分摊,与人口普查或清点无关。"(译文引自[美]詹姆斯·麦迪逊著,尹宣译,《辩论:美国制宪会议记录》第 779 页,译林出版社 2014 年版)。——译者注

④ 见我的'Short of Euphoria',*Journal of Economic Perspectives*,A. E. A.,vol.1,1987.

只能由公共部门来承担分配正义的职能。由公共部门进行这样的活动,应该在多大程度上开展,取决于以下两方面:(1)人们基于价值观而形成的分配正义观念;(2)进行收入调整的成本。在公共部门进行分配的过程中,可能会带来收入的下降和无谓损失等问题,这就要和因不平等程度下降而使社会获得的收益进行比较。再次,我们要对以下两个问题进行区分:(1)耗用成本的客观结果,(2)对分配收益赋予的主观价值。如前所述,我发现,对一个健康的民主社会而言,极端的不平等并不适合。几乎没有必要补充说,实现收入分配目标的最好手段,并不是通过转移支付性质的再分配,而是通过政策设计来提高生产力,以保证充分的收入机会。

(三)宏观经济稳定

公共部门的职能中还需要提及的,是维持宏观经济稳定。市场经济需要货币作为交换的媒介以及流动性的来源。这样的货币有很多以银行信用的形式存在,而信用水平无法自我调节。因此有必要由货币当局来管理货币供应量,也就是说,要避免会带来通货膨胀的过度供应,或者避免会带来衰退和失业的供应不足。在货币当局应遵循什么样的精确规则上,经济学家也许达不成一致意见,但这样一个货币机构的存在还是有必要的。我在美联储的经历,完全可以证明这一点。

然而,管理货币的供应,并不是简单地让货币按照实际产出稳定地增长,也不仅仅是按照一个固定的比率稳定增长。由私人部门推动的经济活动水平会有波动,但经济效率和社会福利却要求,不要有长期的广泛失业及资源闲置,也不要有持续的通货膨胀。对此,货币政策可以发挥至关重要的作用,但也需要财政政策的合作。在凯恩斯经济学发展的早期阶段,当时遇到的问题是恢复高度萧条的经济,此时主要强调采用财政政策作为经济增长的手段。凯恩斯经济学认为,增加财政支出会增加总需求,但相对来说增加货币供应量则属无效。在第二次世界大战期间,产出大规模增长证明了这一观点。到20世纪50年代和60年代,经济显现出持续增长的力量,此时货币政策再次被认为是有效的政策工具。经适当组合的货币政策和财政政策,可以刺激或限制经济增长。1964年的肯尼迪减税方案(我们许多人都涉身其中)表明,经济扩张行动可以通过税收政策来实现。这一方案达到了财政稳定政策的最高峰。

自那以后,对宏观政策有能力稳定经济的信心,受到了一系列事件的损害。在越战期间过度扩张性的财政政策,伴随着20世纪70年代油价上涨,让通货膨胀水平一波一波地上升,最终在70年代末引起了物价的急剧上涨。接下来的货币紧缩政策让通货膨胀停止,但却以严重的经济衰退为代价,而且导致新的宏观经济困境。货币紧缩政策加上过度的财政赤字,形成了畸形的政策组合。尽管这样做能成功地维持价格稳定,并保证相当高的就业水平,但代价是日渐增加的贸易赤字。这是因为日益增加的美国政府债券,主要由流入的外国资本来购买,而这种高消费的经济代价则由后代承担。为了宏观经济转好,人们呼吁放松货币且增加税收,但这一呼吁被政府的减税政策挫败,国防以外的支出预算被迫削减。尽管政策受到了误导,但这并不是说,经济运行可以离得开宏观政策,或者断言,基于之前的货币—财政分析框架所实施的经济稳定工作没有效果。相反,我们需要的是,学习如何做得更好。

三、结 论

如果对社会现象采用无偏见的角度进行考察,我们就会知道,经济运行需要公共部门和私人部门相互合作、互相影响。这样的互动有多个维度,此处只说到了与公共预算运行有关的三个维度。就运用公共政策这只"看得见的手"来补充市场这只"看不见的手"而言,当然还有其他的维度。在不完全竞争市场上恢复竞争状态,需要有政策干预;在金融市场上要保护投资者,需要有监管机构;在保护环境方面,需要有保护措施等。除了经济运行规则外,还要有公共政策才能设定社会在其中运行的框架结构,包括从宪法指引的广泛行为方式到一系列具体的法律规则,如合同法、债法、刑法,以及由家庭法所规定的权利与责任。总之,现代社会没办法在无政府主义下运作。如同斯密在其《道德情操论》中阐明的那样,"看不见的手"的奇迹(自利行为带来公益)在走出一定距离后,就必然需要"看得见的手"来合作。在我看来,这不是事物本性有什么缺陷。如前所述,在市场自利原则之外要求合作,会带来更好的环境。

尽管在20世纪90年代听起来有点奇怪,但让我们回想一下霍尔姆斯①大法官的名言:税收是自由的代价。②

和所有的好事一样,对合作和政府的需要,也会带来风险。在决定共同行动时,我们需要某种形式的多数决策规则,但与此同时,必须保持个人权利与多数意愿之间的平衡。政府应该反映并服务于公民的利益,但是不允许统治团体强加他们自己的意愿。正如市场一样,公共政策也会带来自身失灵的危险。为了让民主社会发挥作用,市场和公共政策应该在各自领域内适当地运作,并以协调的方式来进行。社会科学家必须对此做出贡献,这一挑战性的任务让我着迷。

最后,让我再次回到之前说到的主题,那就是社会科学家的工作允许同时采用:(1)客观分析,即寻求无偏见地理解社会变量之间的相互作用;(2)使用客观分析的结果来达到这样的目标,它们反映社会科学家对形成良好社会的主观设想。在分析过程中,客观性当然至关重要,但是人类互动行为(包括在经济领域内)背后的社会伦理与价值观也很重要。最终我们的挑战是,必须同时确定并设法结合以下两方面:(1)客观上可以是什么;(2)主观上应该做什么。

---

① 奥利弗·温德尔·霍尔姆斯(Oliver Wendell Holmes,1841—1935),美国著名法学家,曾任美国最高法院大法官。——译者注

② 更精确的表述是,他用"不,小伙子,我喜欢纳税,我用它们来购买文明"来回应一个秘书的"你难道不恨纳税吗?"见 Felix Frankfurter, *Mr. Justice Holmes and the Supreme Court*, Harvard University Press, Cambridge, MA, 1961, p.71.

第六章　财政学的发展(1991)[①]

在过去 60 年,也就是卡尔·舒普(Karl Shoup)为财政学事业做出杰出贡献的这段时间,财政学的地位已经从一个"继子"成长为经济学中最活跃、最吸引人的分支。随着公共部门这些年的膨胀,有越来越多的人注意到,在经济中有不少必须解决但却不能由市场轻易解决的问题。于是经济分析在此过程中打开了新的窗口,财政学就从仅限于处理公共筹资问题扩展为公共部门的经济学。接下来,我打算在这篇回顾性的文字中,对财政学的发展进行总结,引导大家在财政经济学的世界中进行十分钟旅行。

在为期两天紧张的论文报告会的最后[②],我不该再带你们走一段费力的旅行。就让我用比较轻松的方式来完成任务吧。下面我用一张"财政学发展表"(见表 6-1)作为工具,来说明财政学的发展情况。从表 6-1 中,你们可以跟踪到财政学在不同分支上的进展。我这么做是在追随古诺(Cournot)令人钦佩的远见卓识,在他看来,如果经济学中所有事情都已说过也做过,那就可以把核心内容简化成一张表格。不过,要这么做仍有一个问题,那就是如何设计这样一张表。由于我使用的表格只有两个维度,于是就把财政学发展的关键时期从左到右地列出,再把关键主题从上到下地列出。在表 6-1 中,各个主题出现的时期,是指在它们发展的核心阶段,而不是说在其他时期它们就

[①] 引自 L. Eden(编),《财政学回顾》(*Retrospective on Public Finance*),北卡罗来纳州达勒姆:杜克大学出版社,1991 年,第 351—361 页。(原标题为法文 Tableau Fiscale,指的就是文中那张说明财政学发展阶段与状况的表格,作为标题不符合中文习惯,此处中译文调整了标题名称——译者注)

[②] 即卡尔·舒普纪念会。

处于静止不动的状态。经过一番尝试后,我接下来还是按时间顺序而不是按主题来讲故事,尽管两种顺序都可以。按时间顺序,我可以把经济分析展现得像时尚产业一样,一波一波地前进,在其中每一代学者都选择一个主题来显示自己的才智。从表6—1还可以看出,我们这些学者对财政发展进程的某个阶段或另一阶段做出了贡献。不过为了加快我的旅程,除了偶尔提到舒普和曾经的关键人物外,我将不再提及具体的人名。

表6—1 财政学发展表(Tableau Fiscale)

主题＼时期	20世纪30—40年代	20世纪50—60年代	20世纪70—80年代
一般公共部门理论		社会物品、优值品、财政职能三分模型、地方公共品	财政选择
税收学: 　优良税制 　所得税 　消费税 　税负归宿 　其他	庇古模型 增值(Accretion)	 完全税基 增值税 税负估计 一般均衡分析 税收使命 国际协作	最优税收 完整税基 支出税 一般均衡下的税负估计 税收使命 国际协作
支出	社会保障 公共工程	成本-收益分析	教育 医疗 养老
公共企业		边际成本定价	边际成本定价
宏观理论	凯恩斯模型 功能财政	新古典模型 政策组合 增长	理性预期
效用和社会福利	主观函数 社会函数	期望效用最大化	公共选择 经济学与法学 环境
意识形态	支持公共部门	批评公共部门	

第六章 财政学的发展(1991)

一、20 世纪 30—40 年代

我的回顾之旅从 20 世纪 30—40 年代开始，因为卡尔·舒普是在 1930 年拿到博士学位的。众所周知，研究生学习阶段是一个考察历史的基准线，据此我们可以追踪相应的过去状况，这也是我将要做的。

出版于 1928 年庇古的《财政学》，达到了英国财政学传统理论长期发展的高峰，我就以它作为此次旅行的出发点。优良税制的最小牺牲模型(可以追溯到边沁、密尔、埃奇沃斯和塞利格曼)，在此书中得到了最终的表达形式。这一模型采用了可测量、可比较的基数效用以及实际上是均一的效用函数等简单假设，在此基础上税负分配的结果是让边际牺牲相等，并因此使总牺牲最小。然而，这一模型的结论是纳税人的收入要自上而下均等化，不过庇古强调，因"宣告效应"(announcement effect)的存在，收入均等化不能实行。这一断言预示了 50 年后最优税收理论的兴起。

庇古模型运用的是简化的效用假设，主导时间很短。到了 20 世纪 30 年代早期，理论界拒绝了这种基数的且可比较的个人效用函数假设，也拒绝了从调查数据(clinical data)中推导社会福利函数的想法。取而代之的是采用个人的主观函数，这一函数反映了每个个体对如何计算社会福利的想法。通过政治过程，这些函数可以转换成社会福利函数，该函数作为工具可用于估计税收及其他政策在分配上的效应。于是，我们就重新得到一个值得重视的分析工具，而这个工具也不再像它早期那样"天真"(innocence)。

更晚出现的，是在第一个 10 年期间处于最前沿且作为宏观政策关键工具之一(如果不是唯一的话)的财政政策。财政政策源自早期凯恩斯模型中平坦的 M 曲线、垂直的 I 曲线设定，在这样的设定中预算赤字会作为"黄金骑士"出现，它会引导经济走出萧条。在其他时期，财政经济学家并不能以扮演如此精彩的角色为荣；可在这个时候能这样，因此此时做研究生多么有趣啊！[这是基于我对 20 世纪 30 年代阿尔文·汉森(Alvin Hansen)及哈佛的个人记忆而做的判断，也许我有点失控]我们当然需要考虑由赤字积累带来的债务后果，但我们可以在 GNP 增长过程中从容应对它。这一时期学术界关注的经济学焦点集中在公共工程、社会保障制度(新政的重要特征),以及在社会福利和充分就业基础上形成的公共政策愿景(vision)。

如同我们在历史上看到的,凯恩斯主义实验在20世纪30年代并不太成功,接下来它很快就发展为第二次世界大战期间的战时经济,此时公共支出的大量增加带来了产出的巨大扩张。预算赤字对经济有刺激能力、预算盈余对经济有抑制能力,这一切就像勒纳(Lerner)的术语"功能财政"所说的那样,我们带来了一个有希望的未来,在那里幸福有保障,没有萧条和通胀。从事后眼光看,这其中有许多喜悦建立在过分简化的宏观经济体系上,不过财政学领域确实因此发生了根本的转变。在宏观政策中预算政策成了主要工具,这是财政新增加的职能,它远超传统财政供应公共服务并为此筹资的任务。

在此期间,财政学还有另一个极为重要的发展,那就是个人所得税成为税制的核心。引起这种变化的,是实践和理论两方面联手的结果。在实践方面,第二次世界大战期间的联邦财政极度扩张,并主要靠个人所得税获得财政收入。从那时开始,主要依靠个人所得税就成为联邦税制的基本特征。在理论方面,那时关注的焦点是,个人所得是衡量纳税能力的最佳指标以及最公平的税基。亨利·西蒙斯(Henry Simons)在回顾香兹(Schanz,1896)和黑格(Haig,1921)的研究工作时,就将增值(accretion)视为公平女神。他的看法,为后来几十年争取宽税基和所得税改革奠定了基础。我们当中的许多人都曾在此领域努力过,成就虽然不是非常大,但也并非只是一点点。

二、20世纪50—60年代

在20世纪50—60年代,财政学领域的新发展进一步推动它转型为公共部门经济学。其中最为重要的是有关公共品的新理论,该理论也许是财政经济学中最核心的话题。尽管庇古的分析框架对预算表中支出端甚少关注,但理论的新发展却要求将支出端包含在内(如果说不是要求主要关注支出的话)。于是,美国财政理论恢复了欧洲大陆在19世纪80年代末期和90年代的讨论,并重提维克塞尔在1896年做出的重要贡献——在那个关键的年份也诞生了增值的概念——以及林达尔在后来所做的工作。公共品理论的目的在于,解释为什么有一些物品无法由市场提供而必须由公共预算来提供。作为公共品的基本特征,消费的非竞争性有两个重要的含义。在纯粹理论层面,它意味着必须重述资源配置达到帕累托效率的条件,新的表达是生产的边际替代率等于消费的边际替代率之和。但在更为实际的层面,结果是,个人会发现,显示偏好并不符合自己的利益(就像之前维克塞尔强调的,实际上休谟也提到了),可由个人显示出偏好是市场实现效率的基本前提。因此,我们不得不用政治过程来确保偏好的显示。由政治过程来确定税收价格,这样的模型和征税的受益原则这一古典概念(参见斯密)联系起来了。多年来受益原则这一分析视角一直让路给量能原则,而量能原则则认为,税制和预算的支出端无关。

为了能区分并协调财政问题的不同部分,有人设计了一个财政职能"三分模型",包括以下内容:(1)基于收入公平分配的假设,按受益原则征税以便提供公共服务;(2)为确保这样的收入分配建立在社会福利函数基础上,设计一种税收-转移支付过程;(3)为了宏观经济稳定,使用财政工具。财政学接下来的任务,就是在一般均衡系统中设计财政过程,以便让以上三种财政职能以相互依赖且无干扰的方式得以实现。

20世纪50年代发展起来的新公共品理论,使用的仍是个人主义偏好评价框架,由个人在消费偏好函数中对公共品与私人品进行排序,而公共品具有的消费非竞争特征似乎只与生产方面有关。如此形成的和谐状态,只受优值品概念的干扰,因为这一概念似乎打破了公-私的界限,所以不能轻易地运用个人主义框架进行分析。如同约翰·黑德(John Head)提交给本次会议的论文所说明的,这一概念仍然具有刺激性,它是财政模型中仍然有待解决的问题。

上述有关公共品的新理论,不久就证明它对考察财政制度的地区结构能提供新的洞察力。那就是,将公共品区分为全国性公共品和受益范围有限的地区性公共品,前者应该由全国财政来提供,后者由地方财政来提供。对于后者而言,如同蒂博特模型(Tiebout model)所表明的,用脚投票会提供显示偏好的渠道。但是,为实现分配目标(若按受益原则征税则无法实现)而提供公共品,仍会造成效率上的扭曲,除非能通过财政协作来纠正。

在整个20世纪50—60年代,有关所得税基的讨论一直在活跃地进行,并扩展到探讨公司税的角色,以及个人所得税与公司所得税合并的问题。下面的问题被反复加以讨论:来自公司的所得,是另行按绝对额征税,还是在个人所得税制中仅将其作为税基的一部分来处理?此外,税收分析者还把注意力转向增值税,关注增值税在欧洲各国逐渐替代了有缺陷的流转税(turnover taxes)。计算机技术的发展,使估算税负分配成为可能,可以基于家庭数据并使用替代性税负归宿的假设来进行。与此同时,正式税收归宿分析被纳入一般均衡框架中进行,在其中公司税的归宿得到特别的关注。

在这一时期,税制设计还在国际背景下形成了新视野。舒普的税收结构分析,在早期以"日本使团"(Japan mission)闻名,现在被应用到发展中国家。此外,欧洲共同市场成员国之间的国际税制协作也成为热点话题。在这一主题中,也是舒普在扮演领导角色。

20世纪60年代财政领域的一项重大创新是,将传统上用于税收领域的应用分析(applied analysis)延伸到财政收支表的支出端,并因此兴起成本-收益分析。要确定某个支出项目是否值得做,以及该对它怎么排序,就需要知道它的成本与收益。在启动一个项目前,公共机构应该综合考虑它的边际成本和收益。前面说到没有偏好显示就无法评估公共品收益,这一问题仍无法解决,但如果进行成本-收益分析的话,那就要求仔细确认项目成本以及产生的收益类型。这样的成本-收益分析,会将外部收益和外部成本包含在内,也会很好地考虑折扣率的选择(由此确定项目收益的现值和成本流)。这样的方式,实际上是对支出项目采用更像商业的态度,以提高在项目选择上的效率。在日益上升的国防支出领域,成本-收益分析不断得以使用。受此激励,在联邦、州和市级项目评估时,成本-收益分析也得到广泛的使用。总之,成本-收益分析方法的发展,是财政分析应用于实践的主要例证。

一个相关的问题是公共企业的定价策略,这也是财政学一直以来热烈讨论的主题。效率要求,公共企业按边际成本定价。但如果该企业处于边际成本递减的条件下,那就会产生亏损。而这正是要求由公共企业来经营(或者补助私人企业来经营)的原因所在。由此产生了为政府补贴而筹资的问题,尽管该企业生产的物品可能是竞争性的并可以显示出偏好。公用事业企业的定价策略,尤其成为这一分析的主题,并因此成为在实践中应用理论工具产生有价值结果的另一个领域。

在此期间,财政在宏观稳定政策方面的角色一直受到高度重视,尽管它采取的是一个更为谦逊的立场。在限制凯恩斯模型的早期假设并对货币主义模型采取更灵活态度之后,宏观稳定政策转向了"新古典综合",在其中财政工具和货币工具的有效性都得到了承认。这样,财政政策就不再处于唯一的、全能的地位,宏观分析的注意力也因此转向探讨政策混合的恰当性。在此基础上,宏观稳定既关注就业,又同等甚至更加关注通货膨胀,并将越来越多的注意力转向结构性政策(不同于总量政策),无论是财政或货币措施都是如此。

此外,在分析上极具重要性的是,财政学越来越多地将注意力投向经济增长。宏观理论集中聚焦于在充分就业经济中确定均衡增长率,以及货币-财政政策组合可以为此发挥的作用。凯恩斯主义早期的建议,如对储蓄征税且不压制消费,至此得以扭转。尽管这样的建议在宏观经济学领域扮演了重要角色,但财政学也反映了财政角色应该转变的观点。

在此处应该提一下与效用理论相关的发展,以及它对预算分配函数的影响。在冯·诺依曼(von Neumann)及摩根斯特恩(Morgenstern)工作的基础上,效用理论将风险纳入,并表述成期望效用的最大化。如果我们对赌博行为进行考察,就可以发现收入效用函数斜率的证据,而这个问题此前尚未进行过经验的检验。这就意味着,最优收入分配的财政理论需要关注,将不确定性纳入考虑的效用最大化可能会改写功利主义原则。原来认为在遵循公正伦理规则的个人,现在可以看作是在有同等概率跟他人处在同样位置(in the shoes of all others)的前提下,个人于多种分配状况中进行选择产生的结果。按照贝叶斯推断(Bayesian reasoning),理性的选择者应该挑选的是能最大化平均效用的状态。如果用于分配的收入数量固定,那结果就是要求平均分配,尽管会因平均分配带来反激励效果并产生最理想程度的不平等(an optimal degree of inequality)。罗尔斯使用了极端的风险回避假设,并得出支持最大最小值原则的结论。上述分配正义的赌博模型尽管对经济学家确有吸引力,但最终也许会证明其价值可疑。但我们可能会不无自豪地注意到,经济推理对道德哲学这样一个崇高的领域已有强而有力的影响。

三、20世纪70—80年代

现在让我们转向要讨论的最后一个时期。如果用一种新视角来看待公共部门行为的话,我们就能发现在税收领域内出现了重大的进展,这样的想法进而可以扩展到相关的其他领域。

在20世纪70年代初出现的税收新理论,既是理论上的重大创新,也是对庇古传统的一种回归。与庇古那时一样,现在的税收新理论在规范目标上也是要设计一个税制,以便让总牺牲最小,但二者也有区别。一方面,对税负背后的社会福利函数(用它来权衡个人税负)采取了更为复杂的观点;另一方面,也是更重要的,那就是在衡量税负时着重强调庇古所称的宣告效应(现在称为无谓损失)。这一最优税收理论是在拉姆齐1926年论文观点上拓展而成的,当时这篇论文正是因庇古的要求而写作的,它探索寻找一组商品税税率,以使无谓损失最小化。在单一税率的商品税制下,除非采用高度简化的假设,否则我们无法找到答案;而在差别税率的商品税制下,答案则取决于特定市场中商品的供求弹性状况。在这样的税制中,所得或者部分收入,可以和产品一样纳入课税对象中,只不过所得税基不再有优先地位。

尽管在理论上显得很优美,但税制的最优设计显得很复杂,以至于在实践中不可能实行。最优税制中包含了多重商品税率,目的不仅是要通过调整以便让无谓损失最小化,还要把社会福利的权重考虑进去;而这些若不确定的话,最优税制理论就无法加以应用。最后,使用统一的税基(如果用所得或消费来衡量)仍然是最可行的解决办法(虽然它是次优的办法)。与此有关的是,人们现在把目光投向最优所得税的税率模式,要求实行累进性较小的税率安排(跟过去不考虑无谓损失相对而言)。

于是比起收入来,消费显得更像是务实的、真正的最优税基。从J. S. 密尔和欧文·费舍尔(Irving Fisher)以来,所得税一直被认为歧视了储蓄和未来的消费,这种歧视既不公平也无效率。如果从所得税税基中扣除利息,或者对消费而非所得征税,那就可以避免这种歧视。于是就有人建议——像费舍尔和卡尔多(Kaldor)就是代表——把消费额作为个人税的税基(带有免税额度且累进征收)。这样,此前被视为消费税基的内在缺陷,即累退性,就消失了;而且跟真实的综合所得税相比,消费税税基更容易在实践中测度。当然,是否确实如此,还有待观察。1986年的所得税大改革是一个转折点,不过并不是我们(指的是我们中的年长者)一生中所得税梦想的实现。消费税税基本身可以是,也可以不是正确的解决办法,但支出税的确越来越受欢迎(特别是在年轻一代的财政经济学者中),越来越活跃,并因此实质性地改变了税收理论的视野。

在使用一般均衡模型估计税负分配方面,也取得了重要进展,当然这一领域仍属于有待拓展的新事业。由于人口老龄化的趋势,学者们持续关注养老保险与代际平等等问题。在不断兴起的理性预期学派(宏观理论模型方面的另一场革命)影响下,财政政策在宏观经济稳定方面到底该扮演什么角色,也被人反复讨论。复兴的李嘉图等价定理(尽管李嘉图自己对此命题并未严肃地对待),可能大大削减了财政政策在经济稳定方面的作用(如果说不是完全抹杀的话)。再一次的,我要说,有关宏观经济的新观点尚未决定性地进入政府政策拟定中,但它确实让财政学的宏观部分在理论讨论时变得活跃。

如同最近层出不穷的新杂志上所显示出来的那样,以上这些内容可以而且必将会写上很多页,但在这里却没法说太多。不过有两件特别有趣的事,必须在此处说一说。其中之一是,公共选择作为财政分析的新工具不断发展。公共选择分析符合维克塞尔的传统,也符合财政三分模型,因为它将预算的收支两端联系在一起,但这种新研究路径用实证方法取代了以前的规范视角。由于目标指向解释现实的表现,这一研究路径在精神上相似于(如果说在方向上很不同的话)较早的以马克思主义为理论基础的财政社会学。该研究路径有很多(也许太多了)分析建立在财政决策一定会扭曲的假说基础上,并受国家利维坦观点的指引。不过,该研究路径由于持续地对财政行为进行实证分析,因而丰富了财政研究的领域,也打开了新的研究道路。到适当的时机,这一研究路径甚至可能会带来更好的规范性方案。

最后我要说的是,财政学的思考成果已经溢出了领域的边界,其中最重要的是"法与经济学"的兴起。这一研究路径的核心思想是,构建法律规则应该基于对经济效率的考虑,该思想已对法学思考产生了重要影响。经济理性特别适用于侵权行为和合同领域的思考,它不仅为制定法规提供了有效的指导,也解释了为什么几十年来司法证据采取了它们现在的形式。但是用于外部性评价时问题仍然存在,人们担心作为公平的正义这一框架过于脆弱,以至于轻易地成为经济学及其"帕累托正义"这种强大工具的牺牲品。

财政学思考成果的另一个重要的拓展,是进入环境保护领域。人们极为担忧环境成为技术进步的牺牲品,在财政学上这基本上是外部成本问题,表现为"公害"(public bads),与外部收益和公共品正好相反。环境经济学由于必须考虑市场所忽视的外部成本,于是跟考虑外部收益的财政经济学拥有相同的根源。这样突破原来我们自己设定的狭隘领域限制,将分析工具拓展使用的做法,也许会丧失某些专业认同性,但在这一过程中,我们获得了影响力,带来了好处(我们希望如此)。

四、意识形态和价值观

在快速讲完财政分析的故事后,我想简单讨论一下意识形态或价值观的角色,以此作为结尾。我认为,意识形态或价值观对于经济思想史学者很重要,对财政思想史学者尤为重要。我们可以把经济学的进展,看作是分析工具不断丰富的过程。分析工具箱确实重要,但它不是故事的全部。意识形态(我指的是有关社会制度的价值集合)同样重要。提醒关注意识形态的作用,我的意思并不是说在一些例子中,政治偏见会带来计量经济学的结果欺骗(无论是通过篡改结果,还是忽略那些带来令人不快结果的变量)。相反,我的观点是,我们提的问题、我们从事的项目,都是由我们自己选择的,在选择时我们深陷所处的时代与所持的价值观。我们(在场较为年长者)工作的环境大多具有我们所研究的市场失灵问题,但我们仍在其中快乐工作。外部性的存在,是个有待处理的挑战,而不是人性的不幸滑坡,也不是需要忘记的麻烦事。分配问题以及宏观层面的不稳定问题,也是如此。处理的焦点,不仅仅是回应经济事件,而且要反映时代的性情(temper of the times)。近些年来,财政分析的焦点从处理市场失灵转向关注公共部门失灵,批判公共部门的观点占据了舞台的中央。这一转变,部分是对过往政策失灵经历的反应。不过,除此以外,它也反映了社会态度的普遍变化,以及对良好社会看法的变化。

有一个小故事也许能表明我的想法。假设你坐在西格蒙德·史密斯(Siegmund Smith)教授的长沙发上,这位著名的奥地利学派虚构人物请你讲述最近做的梦。于是你说梦到自己漂浮在具有外部性的大海上,这位好医生问你对此有何感想。假设你们中的一些人会说,大海是清澈的,清爽的风留下了自我有序的市场。众议院筹款委员会的主席也在海上漂流,他提供的所得税表格,尝起来像巧克力饼干。你们中的其他人会讲述不同的故事。他们会说,大海令人不快而又浑浊不清,同时有一群国内收入总署的鲨鱼竭力阻止人们抵达私人品黄金海岸的努力。你们的说法被提交给统计博士(史密斯教授的初级研究助手)去分析,他开发出外部性规避指数,然后用这些相同的变量对你们的出生日期进行回归。几年后,教授的论文发表了。在冗长的数学介绍后,论文报告了一个相关系数为 0.99 和 0.1 的标准差。这个结果让整个专业感到很困惑。

我会说,这是一个期待中的结果。经济学家,哪怕是财政经济学家,都是自己所处智力场景的一部分,深受他们周围世界不断变化的认知的影响。从现在起 10 年或者 20 年后,相似的回归会显示出相反的符号,我们对于财政经济学的理解在此过程中不断加深。有一件事我们可以确定:舒普和在场的较年长者很难抱怨说,我们是被要求在一个无聊的季节去工作。我相信,在场的年轻人到我们这个年纪时,将感觉到同样的情况。

第七章 优值品(1987)[①]

自从 30 年前我引进优值品(merit goods)这一概念起(Musgrave,1957,1959),它得到了广泛的讨论,也有不同的解释(相关文献回顾见 Head,1966;Andel,1984)。由于这一术语没有专利权,因而很难有唯一的定义。然而,大多数对优值品的解释与下述情形有关,即对物品(优点或缺点)的评估,不仅仅来自消费者主权的标准,也涉及一些替代性的标准。接下来,我将探讨不同的情形,以及这些情形对优值品概念产生的影响。

一、优值品、私人品和公共品

尽管优值品概念是在财政理论的环境中提出来的,但它具有更广泛的应用性,同时不应与公共品的概念混淆(Musgrave,1957,1959)。私人品和公共品(或社会品)之间的区别,源自从中可获取的效用(收益)方式不同,也就是说,在私人品情形下是竞争性的,在公共品情形下是非竞争性的(见"公共品"词条)。最终,达成帕累托最优的条件也不同,就跟合适二者的选择机制不同一样。但是无论是通过市场过程(私人品)还是政治过程(公共品)来达到帕累托最优,这两种选择过程以及对结果所做的规范评价,都完全以个人偏好为前提,消费者主权同时适用于这两种情形。但优值品(或者就此而言,劣值品)的概念则对个人偏好前提提出了质疑。因此,它超越了传统上私人品和公共品

[①] 引自 J. Eatwell, M. Milgate and P. Newman (eds), *The New Palgrave. A Dictionary of Economics*, vol. 3, London: Macmillan, 1987, 452—3.

的区分,并因此提出了一些更加基本的问题。事实上,这些问题并不能轻易地置入微观经济学的传统框架中分析,因为后者是基于清晰界定的消费者自由选择概念而进行的。

二、生理学的案例

接下来,我们考虑几种环境,在这些环境中解决问题,消费者主权原则仍然得到尊重,但要落实消费者主权却有困难。最极端的情形,与精神缺陷或小孩有关。在这样的情形下,需要外在的某种指导,由别人作为监护者代为选择。然而,这些情形可以视为例外,不将其当作基本的优值品问题。同样明显的是,理性选择要求有正确的信息,但如果信息不完全或者具有误导性,那选择的质量会受到损害。在教育项目的设计中就是这样,在一开始时将选择权委托给初始信息具有优势的人,到后来这些受益者根据自己的偏好进行选择的能力改善,最终根据他们做出选择的质量来评价教育项目。再一次地,按个人偏好来选择在此时受到了一定的影响,但是不用怀疑,在规范层面上它们仍占支配地位。

在疏忽或缺乏远见时,理性选择会受到妨碍,这样就会带来其他一些情形。在有些时候,即使消息灵通,也有从事选择的能力,个人也可能会偏离理性选择。这样相对于当前消费来说,人们往往低估未来消费的价值(Pigou, 1928)。公共服务可能会因为看起来似乎是免费的,而使公众高估它的价值,或者由于不喜欢税收而低估公共服务的价值。在冒风险的场合,理性选择也会受到妨碍。由于上述这些理性选择中的问题,有一些物品会供应不足,或供应过度,这样就要想办法推销,或者限制其消费。这样的情形都偏离了理性选择的前提,但它们要的是纠正消费者主权实施时存在的问题,而不是拒绝将它作为一种标准。

三、社会流行的支配

如果假设个人有良好的偏好结构但有时会受到干扰,那么就能回避下面的事实：个人的偏好并非独立固定的，而是会受到个人身处其中的社会环境的影响。在个人偏好受社会环境影响方面，极端的观点（Galbraith，1958）会否认存在独立的偏好，而认为个人的偏好是社会流行（fashion）的镜像，反映的是社会所赞成或喜欢的东西。但这一观点实在太极端了。尽管社会的影响会进入个人的偏好，但它们毕竟是经由个人反应而达成的，这就让不同个人之间能形成彼此区分的有效偏好。虽然个人偏好受社会环境的影响，但自我偏好也会加进来塑造个人对社会环境影响的反应。因此，将优值品概念等同于社会流行观念似乎是不恰当的。

四、社会偏好

跟社会流行的支配不同，设想有一个环境，作为社会成员的个人在其中接受了某种共同体价值观或偏好，即使他们个人的偏好并不一样。比如说，关心历史遗迹保护，尊重国家假日，关心环境或者学问与艺术等，这些都是恰当的例子。对这种社会偏好的接受，转而会影响个人对私人品的选择，或让他支持公共品的预算（即使自己的偏好并不认同）。由于同样的原因，社会可能会排斥或惩罚一些被视为劣值品（demerit goods）的活动或产品。这样的例子可能有，因对人性尊严的冒犯而限制吸毒或卖淫，这些与潜在的外部成本不同。因此，是共同体的价值带来优值品或劣值品的产生。固执的读者可能会把这些纯粹视为是社会流行的例子并加以处理。但是情况并非如此。我们无须诉诸"有机共同体"这样的概念，就可以将共同的价值当作反映了个体间互动历史过程的结果，并带来共同价值或共同偏好的形成，以及在之后的传播（Colm，1965）。如同 Colm 看到的，这是优值品或劣值品的概念发展最适当的环境，在其中替代性标准取代了消费者主权。

五、分配领域的家长主义

迄今为止我们在考虑个人选择和偏好问题时，都假设个人在做出选择时所拥有的禀赋是既定的。此外还有一组问题有待考虑，这些问题是在分配的环境下产生的。

我们从自愿给予(Hochman and Rogers,1969)的案例开始。捐赠者 D 给予接受者 R 东西,也许会从中获得效用,但是如果这样的给予是以实物(如牛奶)形式而非现金(被用于买啤酒)形式,捐赠者会获得更多的效用。这样的家长主义给予行为,干扰了 R 的偏好。即使被给予实物,R 也不会有损失(因为他或她可以拒绝),虽然收益要比现金形式要少。这样的家长式慈善行为,实际上是把 D 的偏好强加给 R,或者说将 D 认为是优值品的物品强加给 R。与此同时,就捐赠者而言,实物形式的给予跟他在捐赠时的消费者主权一致,因为 D 的满意度取决于 R 的消费。而 R 不会遭受任何损失,因为他(她)可以拒绝这一捐赠。

通过多数决策规则的政治过程进行再分配,也会产生类似的问题。在这里,同时涉及接受和给予的问题。尽管接受者倾向于接受现金,但他们若接受了捐赠者感兴趣的实物,效用水平也会提高。因此,通过多数投票来实施再分配行为,就会采用实物形式。再一次地,捐赠者将自己的偏好强加给接受者,只不过受制于社会契约条款,该条款允许通过多数规则来实施这样的干预。给穷人提供服务(比如卫生、福利、廉价住房)的预算项目,有许多正是这种类型,实际上可以被归类为优值品(OECD,1985)。

以上考虑的是优值品的再分配问题,但是还需要提一下优值品对更基本的初始分配问题的影响。分配正义模型有各种形式,包括洛克传统中的劳动成果权、功利主义分配原则、"公平份额"的权利(Vickrey,1990;Harsanyi,1960;Rawls,1971)。"公平份额"的权利,意思是在收入和财富分配中获得公平的份额,但对其使用则留给个人去选择;或者,也可以把它看作是在特定物品(或者物品组合)中获取公平份额。就后者来说,优值品的角色就出现了,它实际上和哲学家的"基本物品"(primary goods)概念有某种关系,二者可能有多种方式联系在一起。社会也许认为按下面的方式做是公平的,即通过税收一转移支付方案来调整收入分配,同时在市场规则之外安排特定物品(比如稀缺的医学治疗)的分配(Tobin,1970);或者,社会也许希望确保充足的最低供应,但方式是通过提供一组必需品实物,而不是提供等额的收入让接受者自主选择消费。于是,让一部分商品脱离市场而由政府进行分配,这样的商品可以被视为优值品。

六、多种偏好或"更高的价值"

读者会注意到,到现在为止,以这种或那种方式,我们处理的都属于一定程度上偏离消费者主权规则的问题。我们还需要从更深层次来考虑,在消费者主权背景下看问题。这一研究路径假定,偏好是在冲突场景中形成的。这样的研究路径在漫长历史中被反复使用,从亚里士多德的"atrasia"概念,到康德的绝对命令(imperative)和浮士德的"双重灵魂",再到斯密(Smith,1759)的中立的旁观者。后来,相同的思想出现在海萨尼(Harsanyi,1955)对主观偏好和伦理偏好的区分中。最近的例证,相继出现在罗尔斯(Rawls,1971)的中立的选择(disinterested choice)概念中(Sen,1977)、森对承诺的使用中。优值品术语,此后被用来指按"伦理优越者"(ethically superior)偏好所选中的物品。尽管在公共品的情形下,因为分担税负,优值品更为廉价,因而它们更可能出现,但是这样的选择,私人品和公共品都会有(Brennan and Lonuskey,1983)。

七、结 论

就像前面的讨论所表明的,优值品的概念已用于许多情形。在第一部分,我们已经提到,不应该将优值品概念和公共品概念混淆在一起。在第二部分,我们提到,在多种情形下,需要干预个人选择,但与此同时不要怀疑个人选择作为基本准则的正确性。在第三部分,我们承认,个人偏好会受社会环境的影响,但并未达到需要排斥以个人偏好为基础的程度。以上情形并没有提供可以使用优值品或劣值品概念的合适环境。在第四部分考虑的情形(为个人选择施加了共同体价值的约束),确实适合使用优值品概念,正如我所说的,我们开始进入优值品概念的核心。第五部分提出了在分配主题下的有关议题,比如自愿给予被证明允许捐赠者将自己的偏好强加于接受者;如果强制程度轻一点的话,这样的事情也可发生于政治决定的再分配,这种再分配往往发生于

第七章 优值品(1987)

捐赠者认为对接受者有价值的物品身上。如果转向初始分配的话,我们提到,社会可以决定现金形式或实物形式的公平分配份额,但实物形式的分配是按照什么对接受者有价值的标准来决定的。只有在第六部分,我们仍然在消费者主权概念之下使用优值品概念,但现在涉及的是较高类型或较低类型的偏好(优值或劣值需要)。总之,我们似乎难以给优值品这个术语指定唯一的含义。如前所述,本章作者的偏好是,主要在第四部分涉及的情形下使用该术语,不过在第五部分和第六部分情形下也可以使用。

参考文献

Andel, N. (1984), 'Zum Konzept der meritorischen Guter', Finanzarchiv, N. S. 42(3), where extensive literature references are given.

Brennan, J. and L. Lonusky (1983), 'Institutional aspects of merit goods analysis', Finanzarchiv, N. S. 41 (2),183—206.

Colm, G. (1965), 'National goals analysis and marginal utility economies', Finanzarchiv, N. S. 24, July, 209—24.

Galbraith, K. (1958), The Affluent Society, Boston: Houghton Mifflin.

Harsanyi, J. (1955), 'Cardinal welfare, individual ethics and interpersonal comparison of utility', Journal of Political Economy, 63, 309—21.

Harsanyi, J. (1960), 'Cardinal welfare, individualistic ethics, and interpersonal comparisons of utility', Journal of Political Economy, 63, August, 309—21.

Head, J. C. (1966), 'On merit goods', Finanzarchiv, N. S. 25 (1) March, 1—29. Hochman, H. H. and Rogers, J. D. (1969), 'Pareto—optimal redistribution', American Economic Review, 59 (4), September, 542—57.

Musgrave, R. A. (1957), 'A multiple theory of budget determination', Finanzarchiv, N. S. 17 (3), 333—43.

Musgrave, R. A. (1959), The Theory of Public Finance, New York: McGraw-Hill. OECD (1985), The Role of the Public Sector, Paris: OECD.

Pigou, A. C. (1928), A Study in Public Finance, London: Macmillan.

Rawls, J. (1971), A Theory of Justice, Cambridge, MA.: Harvard University Press. Sen, A. (1977), 'Rational fools: a critique of the behavioral foundations of economic theory', Philosophy and Public Affairs 6 (4),317—44.

Smith,A. (1759),The Theory of Moral Sentiments,Reprinted New York:Liberty,1969.

Tobin,J. (1970),'On limiting the domain of inequality',Journal of Law and Economics,13,263—77.

Veblen,T. (1899),The Theory of the Leisure Class,New York:New American Library.

Vickrey,W. (1960),'Utility,strategy,and social decision rules',Quarterly Journal of Economics,74 (4),November,507—35.

第二部分

税收公平

今古奇觀二

平公狐情

第八章 公共财政与分配正义(1985)[①]

一、引 言

本章的目的在于探究有关社会正义的哲学与财政理论发展过程中再分配职能之间的关系。尽管我意识到分配与财政理论的其他方面也相互作用,而且我们的会议旨在研讨公共财政的实证问题而非规范问题,但我仍准备这么做。我怀疑"实证-规范"这样的二分法被轻易地绝对化。在我看来,一方面,以规范分析准则为背景进行实证探索是有意义的——这也是社会科学不同于植物学的地方;另一方面,理念是重要的,即使在事件发生过程中也是如此,而且事件迟早会渗进哲学家的大脑中去。因此,我想本章的主题可能是我们所纪念的皮考克(A. Peacock)先生感兴趣的,我和他共同编辑了《财政理论史上的经典文献》(Musgrave and Peacock,1958)一书,本章或许可作为该书的一个脚注。

分配正义理论对财政原则的发展产生过重大影响,它包括以下内容:(1)洛克的自然法应得权利原则(principle of entitlement by natural law);(2)基于理性而追求幸福最大化的功利主义原则;(3)从作为公平的正义衍生出来的分配规则。更早时期霍布斯描述的冲突解决框架,本章不再论及,因为那一框架指向博弈论而非规范分析。此外,在霍布斯自己的表述中,由于假设

[①] 选自 D. Greenaway and O. K. Shaw (eds),*Public Choice,Public Finance and Public Policy: 5 Essays in Honour of Alan Peacock*,Oxford:Basil Blackwell,1985,1—14.

在自然状态下,讨价还价发生在实力相同的个人之间,因此它作为分配正义的问题而变得贫瘠。

二、权利和自然秩序

我们在此部分考察由约翰·洛克(John Locke)建立并经亚当·斯密修正的基本框架。

约翰·洛克 洛克主张,人人都"拥有"他自己,也必然拥有自己劳动所得的产品,"在大自然赋予的资源上混合他自己的劳动,从而使其成为自己的财产"(Locke,1960:328)。洛克并没有为上述命题提供论证,而是将其视为基于自然法和神法的教导而不言自明的真理。随后为取得财产,洛克添加了两项附加条款(provisos)。根据第一项附加条款,可以许可的财产积累受到不得浪费原则的限制。根据第二项附加条款,人可以自由地将自己的劳动与土地混合并获取收成,但前提是也要给他人留下至少"同样好和同样多的"土地。然而,土地为人类共有,当土地变得稀缺时这一应得权利将终止。洛克指出,随着仓储和贸易的发展,第一项附加条款已经失效,但他在解释第二项附加条款时不太成功。事实上,它成为长期以来将土地视为主要的(如果不是单一的话)税源论者的理论基础。

虽然上述内容是洛克学说的迷人之处,不过我们将绕过土地和劳动的二分法,只讨论后者。[①] 在确定劳动收入的应得权利后,就须建立政治或公民社会以保护财产。但是,人生而自由平等,不能未经自己的同意或多数票决策规则而直接服从。为了筹措保护财产的经费,每个社会成员都应该从自己的财产中贡献出一部分。然而,亚当·斯密在后来注意到,洛克并未述及公路和运河建设;税收的再分配用途——与自愿捐赠不同——也落在洛克的体系之外。因此,由应得权利原则压阵的洛克模式,实际上指向的是一种最小国家。

从现代眼光看,"应得"(desert)作为核心假定,似乎缺乏分析基础。正因如此,像诺齐克(Nozick)这样的现代洛克主义者,因未能论证他们的前提而受

[①] 关于土地问题的讨论,参见 Musgrave(1983)。

到批评(Nagel,1975)。尽管我自己并不认同洛克理论的前提,但分配正义的理论确实必须最终源自伦理基础,而非仅从理性来进行演绎。

然而,仍有必要具体说明并明确界定洛克原则到底意味着什么,这一点无论是洛克本人还是诺齐克的现代阐释都未能做到(Nozick,1974)。因此,我们需要考量来自资本的收入与来自劳动收入,是否都基于同样的应得前提。圣·托马斯(St Thomas)和经院哲学家们,并不认为这是不言自明的。此外,还有一个问题,那就是作为转让所有权合法手段的交换,必须在竞争性市场中进行还是简单地要求自愿原则就已足够。对这一问题的回答很重要,因为只有在竞争性情形中,洛克的正义——如同 J. B. 克拉克(J. B. Clark,1914)论证的——才同时符合经济效率的要求。再者,这个问题还得面对外部性的挑战。如果 A 的行为产生了外部性,干扰到 B 的产权,那洛克的正义原则就要求通过赔偿及其他措施来保护财产权利。接下来的问题是,如何处理死亡时的财产转让,因为它会带来有人获得并非自己劳动成果的财产(的问题)。罗利和皮考克(Rowley and Peacock,1975)从洛克的基础出发,经研究发现,资格问题需要进一步地设法解决。

亚当·斯密 我们现在转向财政思想史之旅惯常的出发点——亚当·斯密。[①] 在《国富论》第五卷中,亚当·斯密花费大量篇幅探讨,为什么某些服务必须公共提供。他讨论的是国防、司法和教育,还有某些公共工程。"这些公共工程绝不是为了任何个人或一小部分人的利益而建立并维护的;因为对他们而言,公共工程服务的利润永远无法覆盖其成本,虽然它对一个伟大社会所做的贡献远超成本。"

社会物品之谜,以及市场为什么无法提供这些物品,虽然经常碰到但在理论上一直未解决。财政制度中的分配内容,更是少有人论及。可以肯定的是,政府应该对普通民众的教育表示关心,以免劳动分工摧毁了他们的智力、社会和婚姻价值观。此外,斯密还批评《居住法》对穷人不公平,但对于将严重不平等视为社会秩序的当然成分的人来说,这些都是非常次要的例外。

为了理解上述观点,我们必须转向斯密的《道德情操论》。在这部更早的

[①] 关于这一迷人议题的大量文献,参见 Viner (1927),Stigler (1975b),Peacock (1975),Mizuta (1975),Cropsey (1975),Wilson (1976),Cairnes (1976),Buchanan (1976) 和 Musgrave (1976)。

论著中——这对理解斯密非常重要——我们获得了一幅迷人的全景图,它既勾勒了人类状况,又描述了构成天赋自由秩序的复杂体系。我们发现,一个由个体行动者的激情和抱负所驱动的社会引擎,将产生出合意的互动(无论是通过自然法还是神法)以确保互惠的结果。诚然,自利是最强烈的个人动机,而自我保护也是一个值得追求的目标。但是自利并不是这个故事的全部。斯密并不认同"霍布斯丛林"的观点,即社会产生于人们为了寻求保护而通过功利主义契约而形成。对财产的保护是社会秩序的一部分,而谨慎(追求自身利益)是三大主要美德之一,但却是三者之中"最不令人钦佩的",正义的排位要高于谨慎,而仁慈则被视为最高的美德。个体认为自己的行为与这些美德息息相关。他从一个"中立的旁观者"(impartial observer)的视角,观察来自外界的景象,寻求自己与他人的同意。但是,"身内的人"(man inside)不仅寻求赞许,也寻求"值得赞许"。因此,自利受到更高层级的美德的制约。利用这一人类心理学结构——及其各式各样的美德、邪恶和愚蠢——"看不见的手"会将上述微观万象转化为和谐的整体。在这一过程中,"看不见的手"并非通过玩弄把戏来形成得体的行为。但是自然法(或神法)提供了这一秩序,不利用好这一宏大且仁慈设计的人是愚蠢的。

由此可见,斯密对世界的看法显然不是单一维度的,他并未将自利视为"唯一的主导力量"(the only game in town)(如同一些现代斯密主义者试图让人们相信的那样)。① 斯密也不认同曼德维尔(Mandeville)的观点,即把繁荣视为私人恶德(即"自利")的结果,斯密认为恶德与美德追求不兼容。斯密持中间立场,关心缓解作为经济引擎有效运转钥匙的自利与作为最高美德的仁慈同情之间的紧张状态。这是通过论证"自利、自我保护的责任,虽仅是微小的美德,但在市场运转与保障公益(common good)中不可或缺"来实现的。斯密可能会说,人类世界自堕落后(after the fall),不能仅靠最高美德(highest virtues)来运转。这位《道德情操论》的作者,必须接纳《国富论》的作者,以建立一个可行的制度。

对于构建一个符合道德而又可行的秩序的同样关切,也出现在斯密的分

---

① 例子参见 Stigler(1975b),他责怪斯密未能通过自利机制将所有问题都视为可解决的问题。

配理论中。正义,这个排名第二的美德,仅被界定为公认的(putative)正义,内容仅限于保护个人及其财产权利免受侵扰。在这一点上,斯密是一个激进的平等主义者,认为所有人都应该被平等地、不偏不倚地对待。但在财富分配方面却非如此,斯密并未表示出对洛克应得权利观点的明确支持,也不认为获得劳动所得的权利正当性,唯有自利才能推动制度运行。

但对分配问题,斯密显然感到不安。一方面,高度不平等的分配被认为是自然秩序中必要的一部分。另一方面,由此产生的富裕与贫困的反差显然困扰着这位道德哲学家,或者他所谓的"中立的旁观者"。这一点,可以从斯密认为有必要论证为什么不平等包含在普遍利益中推断出来。在《国富论》中,他指出,市场体系创造的经济进步大大提高了全社会的福利水平,受益的不仅是富人,穷人的地位虽低于奢侈的富人,却"超过了许多非洲的国王"。此外,如同《道德情操论》中论证的那样,从财富中获得的收益在很大程度上是虚幻的。在想象中富裕的地主可以吃掉他所有的收成,但"心有余而胃不足,实际上吃得不会比最不起眼的农民多",富人消费的量比没什么余粮的穷人多不了多少。接下来是一个引人入胜的段落,第一次出现了"看不见的手":"因此,他们(地主)被一只'看不见的手'引导着,生活必需品的分配如同土地在所有居民中的分配那样均等。"此外,富人还需要承担一些不会落到穷人身上的负担,"而这些构成了人类生活真正的幸福"。斯密写道,"穷人们完全不逊色于那些看起来地位远高于他们的人。在逍遥自在与内心平和方面,所有的生命差不多都在同一层级上,路旁晒太阳的乞丐拥有国王都在奋力寻求的安全感。"

即使是斯密的狂热崇拜者也不得不承认,斯密描述的事实有些夸大,他本人也似乎的确对他的分配正义模式感到不安。但是,唉,上苍再一次把人性的弱点朝向最好的目的转化。着迷于美丽宫殿的人,他就愿意为之努力奋斗,"确实大自然在这件事上对我们施加了压力。正是这一'骗术'(deception)源源不断地唤起并保持着人类努力工作的动力"。动力与结果一样重要;天赋自由(natural liberty)体系将运用"骗术"作为核心策略,以保持人类进步的火车头不断前行。

在结论中,斯密认识到像公共服务,还有像运河、公路等设施的必要性,它们因为无法给私人带来利益而不可能由私人提供,但斯密没有安排太多篇幅给支出政策在分配方面的目标。而自然秩序,即使承认外部性(用现代的术语来说),也不要求这样做。这一背景,也是我们在考察他有关税负分配观点时应该考虑的。他对税负分配的解决办法是以收费来融资,这并不奇怪;而在收费不合适的领域,他认为可通过利益代理(benefit proxy)的方式保障税负分配中性,因此,"任何一个国家的臣民都应该为自己所受到的政府支持而缴税,比例上应尽可能与其能力相称;也就是说,与其在国家的保护下各自分享的收入相称"。尽管在另一段中,斯密提到某种程度的累进税是值得期许的,并强调无论如何不能对最低生存工资征税,但他的基本立场是按比例征税。我们此处整理出来的斯密的观点,应该更多地看作是按受益原则征税(假设每一元财产的保护成本是固定的),而非按能力原则征税。

个人通过市场进行互动确实至关重要,但政府在社会秩序中也自有其作用。公共福利事关重大,而"政府基本制度(constitutions of government)的价值,体现在致力于提升生活于其下之民众的幸福"。斯密建议君主牢记这一点,而且看上去对君主愿意这么做充满信心。但政府不应僭越其自然角色,那些制度人[①]想用自己的设计重构自然秩序,注定会走向失败。

三、从边沁到庇古

现在我们转入功利主义的设定,斯密心目中的人类动机和神圣设计的神秘世界一去不复返。拥有理性的人类,需要靠自己应对挑战以获得最好的境遇。不过,和谐的结局仍然是可以达成的,因为每个个体都会通过理性的努力来实现幸福最大化,社会作为整体的职责是保障全部成员整体实现幸福最大

[①] 制度人(the man of system),是亚当·斯密的一个重要概念,与人性人(the man of humanity and benevolence,即利用理性与言辞说服人而不使用强力)相对,指的是那些在政府中掌权的强力人物,喜欢用强制力量去实施自己有关国家与社会的理想计划,这些人"往往自以为聪明。他往往十分醉心于自己的那一套理想的政治计划所虚构的美丽,以致无法容忍现实和那一套理想的任何部分有一丝一毫的偏离。他埋头苦干,一心只想把那套理想的制度全部建立起来,完全不顾各种巨大的利益或顽强的偏见可能会起来反对该套制度。他似乎以为,他能够像棋手安排棋盘上的每颗棋子那样,轻而易举地安排社会里的各个成员。他没想到,棋盘上的那些棋子,除了棋手强迫它们接受的那个移动原则之外,没有别的移动原则。但是,在人类社会这个巨大的棋盘上,每一颗棋子都有它自己的移动原则……"(亚当·斯密著:《道德情操论》,中央编译出版社2011年版,第295页)。——译者注

化。每个个体都在市场约束条件下追求效用最大化,而作为整体追求的社会,应旨在使全体成员的福利最大化。但是,总的幸福也取决于分配状况,所以功利主义准则将分配作为首要议题。这在总蛋糕的大小是给定的情况下最为明显,一旦分配被认为会影响蛋糕的大小(尽管以更复杂的形式),或者用现代术语来说,影响再分配的效率成本时,就总是如此。

杰里米·边沁 令人称奇的是,功利主义从一开始就清楚地说明了自己的分配立场。早在1803年,杰里米·边沁就提出:(1)一个人的幸福随其财富的增加而增加;(2)随着财富的连续增加,幸福的(边际)增量会减少;因此(3)总幸福将随着财富的平等化而增加。然而,从财富中获得的满足只是幸福的一部分,安全也同样重要,而且是创造财富的前提条件。"如果所有的财产都被定期平分,那必然会导致目前没有财产可分。"换句话说,不平等可以降低但并不能消除;当发生冲突时,它必须让步于安全。考虑到上述主题在讨论伊始就被阐明,所以随后两个世纪在此方面的努力,只是一种改进而已。

约翰·斯图亚特·密尔 约翰·斯图亚特·密尔在他的《政治经济学原理》(1849)中,首次抛出如下问题:社会是在私有财产的体系下,还是在欧文(Owen)、圣西门(St Simon)或傅立叶(Fourier)倡导的社会主义模式下运转得更好?不过,他随后便以私有财产为前提进行讨论,并且导出下列法则:"自由放任应是通行的做法,除非应某种伟大的善所要求,否则每一次偏离自由放任,都是一种确定的恶。"然而,上述限制仍留下了若干职能给政府履行。这些职能包括保护人身和财产安全,建立商业赖以运转的法律制度,以及提供那些私人没有兴趣、没有足够激励或不会自发提供的"重要公共服务"。"灯塔"被作为说明上述道理的示例,但在理解社会物品的性质方面,理论并没有取得重大进展。

对于提供上述服务的税收,密尔不认同负担分配的受益原则。利益过于笼统,以至于无法分配,而应用这一规则事实上可能会导致累退性,因为穷人更需要保护。报偿(quid pro quo)不应作为基本原则,而平等原则应适用于所有的政府事务。就税收而言,征税平等意味着牺牲平等,而牺牲平等则要求按比例征税。对此,他错误地补充道,这是一种对整体而言牺牲最小的模式。密尔显然不接受也不认同边沁关于边际效用递减的早期学说,这一早期学说本可让他呼吁"最大程度的累进"。

但是,平等原则只适用于为公共服务筹资,并不能用来为预算职能扩展到再分配领域辩护。诚然,密尔意识到了救助的要求,这是由贫穷造成的,因而有必要建立公共慈善体系。就是说,不应该让穷人挨饿。但公共支持应限定在最小的范围内,以免滥用。除了上述个别例外,收入分配的不平等被认为是自由制度的一部分。但是需要做两方面的限定:一是土地所有权,正如洛克所主张的那样,土地所有权应该共有;二是曾被洛克接受的遗赠权,应该受到非常严格的限制。

密尔在他的《功利主义》(1861)一书中再次讨论了分配正义问题。在这里,平等和平等对待问题被置于更为广泛的背景下。同边沁一样,密尔假定"每个人算且仅算一份子",而目标则是"最大总幸福"。与边沁不同的是,密尔并未在假定边际效用递减基础上认同从一个人向另一个人的收入转移。相反地,"对所有形式(all the means of)的幸福的平等要求",似乎直接源自对幸福是等值(equal worth)的主张及对黄金法则的认同。不过,和边沁一样,密尔关于平等的论点也是试探性的——这一准则受到"生命中的必要条件和普遍利益"的限制,"它会屈从于每个人持有的社会实用观(ideas of social expediency)"。

西奇威克和埃奇沃斯 随后的功利主义者更多追随边沁的路线前进。西奇威克(Sidgwick,1883)从边沁的前提出发,得出了"明确的结论",即平等的财富分配将会使社会总体的牺牲最小化。不过,与边沁一样,他也允许用财富之外的那些影响总产出和社会状况的其他因素来限定自己的结论。

埃奇沃斯在《税收的纯理论》(1897)一文中,以怀疑的态度看待边沁对最大总幸福的推导。在埃奇沃斯看来,这一原则是自利的各方之间讨价还价的结果。在缺乏竞争机制的情况下,从长期来看,参与讨价还价的任何一方都无法奢望获得更大份额的福利。显然,在这里,霍布斯"对人的同等力量"的假定得以恢复。鉴于上述讨价还价的景象,集体效用最大化也将使每一参与方的个体效用最大化。继而,"牺牲最小化,是纯粹功利主义原则的直接发展(direct emanation),是税收的最高原则"。因此,税收应该自最富有者开始征收,直到筹集到所需要的收入。此外抽象的解决方案是,"为了穷人的利益,应向富人征税，直到财富完全均等"。如是，传统社会主义学说的巅峰将昙花一现，但随即就蒙上怀疑和保留意见的阴云。对于边沁和西奇威克而言，上述疑虑包括对产出和增长的不利影响，以及对"沉闷的平等"(dull equality)的恐惧，另外他们还提到了幸福能力的差异。因此，"高度平等的场景"无法实现，事实上推行累进税和收入均等化举措的余地很大。

庇古 几十年后，庇古(1928)接着讨论上述问题，但基本框架仍保持不变。他保留了收入阶梯中边际效用下降和效用可比较的假定，并且将均等边际牺牲原则置于绝对牺牲原则和比例牺牲原则之前。在功利主义精神中，均等边际牺牲原则是效率问题(为确保最小的总牺牲)而非公平问题(保证平等对待)。并且，如前所述，可期望的累进程度和再分配状况受实际效果的限制。庇古的主要创新在于，如何看待这些效应。

庇古运用马歇尔的消费者剩余术语分析税负，比较了用不同种类税收来筹集相同收入引起的"公告效应"，并探讨了福利的额外损失(即纳税人在税收之外的损失)。由此，庇古奠定了现代最优税收理论的基础。最小的总牺牲原则要求：从单个纳税人那里筹集一定的税收收入时，应使其负担最小化；在众多个体纳税人之间分配税负时，应确保总牺牲最小。这一要求可能让税率结构的累进程度，大大低于达到边际收益为零时对应的税率累进程度。

四、新福利经济学

庇古的"牺牲说"仍停留于传统福利经济学的框架内，但其理论基础很快就受到了质疑。罗宾斯(Robbins,1938)之后，在效用函数中包含的基数效用、人际间效用可比性和所有人的函数相似等假设都被驳倒。这是因为，它们在科学上是不可接受的，也不能经受经验的验证。在此领域的经济分析就剩下两种选择：一是，退出最优分配议题的讨论，在帕累托效率确立的安全水域中寻求生存。根据这一观点，经济学家的任务只是为了解决效率问题，而与分配问题无关。二是，以更站得住脚的方式(more tenable fashion)处理分配问题。

分配议题对财政理论而言，比对其他任何经济学分支都更为重要。可以肯定的是，在帕累托效率的背景下对分配问题仅能进行有限处理。鉴于人与人之间的效用具有相互依赖性,为了自己的福利最大化,个人可能会做出给予的行为(Hochman and Rogers,1964)。如果这样的满足行为仅限于个体自身的给予,那将完全是私人事务。但是,若这一满足行为源自看到了穷人地位的改善,而不管是谁给予的,那么搭便车问题就会再次出现,此时就需要通过公共预算(税收-转移支付)行动来提供解决方案。然而,即使在这种情形下,最终的分配状况仍然是市场初次分配(在给予之前)的函数,因此初次分配存在的基本问题仍悬而未决(Musgrave,1970)。如果不允许嫉妒的存在,那我们可以很容易就能达成以下共识:从边界内的一点开始,向东北方向移动是可取的。但是,如果没有伦理判断的话,我们就无法选定在边界上的点。没有伦理判断(也就是说,没有社会福利函数)的话,也无法通过从边界出发向外移动来改善福利(Samuelson,1948)。

由于许多财政问题均涉及上述伦理判断,因此财政分析依赖于对社会福利函数的使用就不足为奇了。近年来通常的做法是,在成本收益分析的情形下,给分配一定的权重并将其应用于不同的结果中,而最近则进一步地将其运用到最优税收问题的分析中。典型的做法是,随着货币收入的上升,我们配置给它的社会效用权重就不断下降。这样,原来通过排除人际间效用可比性的假定而"杀死"旧福利经济学的论断,就不再适用:社会效用权重反映了社会—政治判断(对待个体"就像"他们的效用是可比的),并在此基础上立论。但并不是所有的类似判断都同等有效,同时又出现了新问题,包括:得出这一判断的过程是什么? 得到一个明确的、不再循环的结果是否可行? 对于想将这一标准用于理解社会希望施加的伦理判断的经济学者而言,这也是重要的。他无论是一个涉猎者,还是一个职业学者,都可以更好地探讨上述伦理判断中的内在结构与一致性问题。

五、作为公平的正义

自从约翰·罗尔斯(John Rawls)的《正义论》(1971)问世以来,人们开始将公平概念作为洛克的权利原则或功利主义原则之外的理论起点。公平,与

第八章　公共财政与分配正义(1985)

《圣经》中的黄金法则①或康德的普遍性原则一致,即想要别人如何对待自己,就要如何对待别人。将此要求运用到给定蛋糕的分配中,那就是,A 虽然更强壮,但不会拿走整个蛋糕,这是因为,如果角色颠倒,他也不希望 B 这样做。如是,A 将满足于分得一半,这是因为要求得更多(或更少)不符合黄金法则的精神,最终的结果将是平均分配。这与霍布斯所说情形下的结果相同,但原因有别。根据霍布斯的理论,在势均力敌的前提下,经讨价还价产生平均分配;若没有势均力敌的假定,则讨价还价(或争斗)将维持不平等的结果。无论结果如何,这些都不是基于正义的解决方案。此外,在公平原则下,相对"力量"并不重要,因为公平不需要考量这一因素。处理两个不同收入者之间的分配问题时,这样的原则同样适用。A 赚 10 而 B 赚 5,饼的大小为 15。在非洛克主义前提下,分配不是基于挣钱能力,而是黄金法则。再一次地,如果 A 是 B(而 B 是 A),他会希望 A 向他转移 2.5;而且,作为 A,这也是他愿意向 B 转移的数额。反之对 B 来说,同样也成立,因为若他是 A,他也不愿意给予更多。

对基于伦理前提进行论证感到不安的经济学家们,将人在黄金法则下的行为分为两步。第一步,仍然是伦理性质的,要求表现出不偏不倚,即先不考虑自身力量或挣钱能力。第二步,在不确定性前提下追求效用最大化的行为将转而带来更适的结果。回到前面论述地对给定蛋糕或固定收入的处置,现在让 A 和 B 面对获得从 0 到 100%份额的同等可能性。在(轻微或极端的)风险规避的假设下,两个人都会选择各 50%的分配方案,因为这样做可以在不确定性情况下最大化自己的效用。由此可见,这样的结果与直接应用黄金法则殊途同归。结果的相似性并不令人惊讶,因为 A 和 B 乐意以相同赔率参与"对赌",那就表明他们愿意接受黄金法则的解决方案。

尽管从勒纳(Lerner,1944)、维克瑞(Vickrey,1945)到海萨尼(Harsanyi,1953),这些以"对赌"视角看待分配问题的经济学家们观点不尽相同,但对于风险规避,我认为颇为可疑。它意味着,在愿意接受平等赔率的前提与形式下,解决方案实际上源于帕累托计算(效用最大化),而非出于公正无私(disinterestedness)。但是,先接受平等赔率(即按照黄金法则行事),然后最大化其

---

① 黄金法则,指的是"你想别人怎样对待你,你就怎样对待别人"。——译者注

效用(即追求自身利益),这难道不是前后矛盾吗?有人建议,通过明确区分"立宪状态"(constitutional state,在此状态中公正无私占据主导地位),和"后继状态"(subsequent condition,此时需要宪法规则来规范自私的社会),可以克服上述矛盾。我认为这很难接受。当然,宪法规则是必要的,以避免不断地重建社会秩序并核准寻常事务的进行。然而,制定宪法(或制定基本规则)很难在特定历史时点一劳永逸,它需要每一代人重新考量(Musgrave,1974)。

可能有人认为刚才说的那些都不重要,因为不确定性下的黄金法则和效用最大化都指向了平等分配。但是,在更复杂和更现实的情况(劳动力供给可变)下,平等分配这一判断便不再适用。假设A得到的工资高于B,但他们在无知之幕后行动(就像不知道自己的身份那样),然后让每个人都追求自己的效用最大化。此时,他们的选择必做进一步的考量:税收会减少劳动力供应,因此"饼"的大小与再分配程度成反比。现在的结果,将取决于风险规避程度。在极端风险规避的情形下,再分配的力度将最大;而如果风险规避不那么严重,即收入的边际效用下降得不那么快,那么再分配程度将有所下降。

在上述情况下,直接应用黄金法则将不再出现原来的结果。假如,在不平等的情况下,A的收入为100,而B只有50。根据规则,A将转移25给B,因为若角色颠倒时A也希望B提供这么多。但是分配带来了对劳动力供给的抑制效应[这是效用最大化模型允许的,而效用最大化与极端的风险规避对罗尔斯的最大最小方案(maxmin solution)来说至关重要],但这种效应是黄金法则禁止的。我要再次指出这令人费解,一个接受上述伦理准则而在幕后行事的人,为什么会在征税情况下不减少自己劳动力的供应?前后矛盾的问题再次出现,且将对结果产生重大影响。

如何把有关分配正义问题的分析,转化为对风险规避问题的思考,是很有意思的话题。此处的答案似乎是收入的边际效用递减带来的双重作用。这样的递减是显著的,因为:(1)它关乎不同收入的个体间的相对福利地位(这是哲学家的分配正义问题);但也(2)作为发展关于"对赌"行为和风险规避行为经济命题的基础。上述技术联系使得分析从(2)滑向(1),即使它们处理的是完全不同的问题。在经济学家的引领下,哲学家的注意力也从基本的公平主张开始转移。

当然，纯粹的正义理论与其应用之间还是有区别的。很少有人指出，黄金法则的运用在实践中是不可行的。不愿遵守该法则的人会做出回应，以便产生公告效应，而且那种知晓潜在挣钱能力的中立裁判并不存在，这样一来与纳税义务相关的可能是潜在的收入而非实际的收入。但这并不能证明，以前后矛盾的方式构建分配正义理论就是正确的。更重要的是，我们的担忧可能并不是没有实际意义的。所以，有人可能会质疑，我们是否应该构建作为实施再分配政策依据的社会福利函数，以便考虑到所有的无谓损失。可以肯定的是，在设计对 A 征税以及给 B 补贴时，应尽量减少其中的无谓损失。B 之所得，应该以 A 承担最低成本的方式实现。这个范围完全适用最优税收约束。剩下来的无谓损失应纳入社会福利函数，并用来判断所需要的再分配程度，但这并非显而易见。上述损失，起源于对使用特定公平规则的社会意图的背离。而这些对抗公平规则的个人，是否该因其不合作行为产生的后果，就去"奖赏"他们，这是值得怀疑的。[①]

上述内容提出了一种诉求，要求用一种更一致的方式来界定公平。但这并不意味着，我们应把"公平"作为唯一的控制标准。社会可能选择洛克式应得权利原则与"公平"原则的结合体作为分配正义。将这两个原则以不同的权重进行组合，就可以构建出各种形式的社会福利函数。因此，公平原则可能仅限于提供特定水平的最低收入（无论这是一个绝对值还是一个中位数的比例），同时允许所获收入流的其余部分符合洛克原则。

六、结 论

最后，我简要回顾一下分配正义理论如何影响公共财政。我的前提是，分配（和再分配）问题是财政理论和实践的内在固有部分。尽管我多年来坚持（并且仍将坚持）认为，资源配置和收入分配在理论上是可分离的，并且大多数时候在实践中也可以很好地分离，但二者仍然交织在一起。在维克塞尔的体系中，用投票产生公共品价格可以接近正义的解决方案，但是正义的收入分配

[①] 如果分配正义的焦点转移到相对工资率而不是收入（或福利）地位，也许可以避免其中的一些困难。然而，上述构建会因非工资工作的差异而变得复杂。

要作为先决条件(Wicksell,1896)。维克塞尔非常明确地阐明了正义分配的优先性,但现在的维克塞尔主义者却往往会忽视它,他们关注的只有:在给定分配状况的基础上,怎么有效利用资源。在萨缪尔森的模型中,帕累托效率部分首先在论证中出现,然后产生效用边界,但在最优选择时采用了隐含福利分配观点的社会福利函数。在这两个模型中,分配正义理论都是完整的公共财政理论的固有部分。但是,分配正义理论不可能仅从经济分析的工具中推导出来,尽管这些工具能够分析不同分配安排所产生的后果。因此,公共财政理论必须超越通常意义上的经济学。我并不认为这是一个缺点,而且还相信我们盛赞(laureate)的维克塞尔会同意这一点。

我也不认为哲学推理可以证明特定的分配正义理论具有唯一的正确性,这样的理论到最后必须以另外的理论作为前提。无论是对公平模型来说,还是对功利主义者和洛克式解决方案而言,情况都是如此。因此,我们首先要做的是清晰地界定每个模型,并了解其内部逻辑需要什么。接下来,我们不是在理论上进行审视,而是在真实世界的约束下探究其实施后果。这么做,可能导致两个分别赞成模型 X 和模型 Y 的观察者,同意将模型 Z 作为最可行的方案。在理论上显得炫的优先解决方案,在社会事务中很少行得通。但是,如果没有规范的分析框架作为参考,我们就无法对可获得的结果进行排序。财政理论必须将这两个维度都包含在内。

参考文献

Buchanan, J. (1976), 'Public goods and natural liberty', in A. Wilson and T. Skinner (eds), *The Market and the State*, *Essays in honour of Adam Smith*, Oxford: Clarendon Press.

Cairnes, A. (1976), 'The market and the state', in A. Wilson and T. Skinner (eds), *The Market and the State*, Oxford: Clarendon Press.

Clark, J. B. (1914), *The Distribution of Wealth*, New York: Macmillan.

Cropsey, J. (1975), 'Adam Smith and political philosophy', in A. Skinner and T. Wilson (eds), *The Market and the State. Essays on Adam Smith*, Oxford: Clarendon Press.

Edgeworth, L. (1897), 'The pure theory of taxation', in R. Musgrave and A. Peacock (1958), *Classics in the Theory of Public Finance*, New York: Macmillan.

Harsanyi, J. (1953), 'Cardinal utility in welfare economics and the theory of risk taking', *Journal of Political Economy*, 61, 434—35.

Hochman, M. and J. Rogers (1964), 'Pareto optimal redistribution', *American Economic Review*, 54, 542—76.

Lerner, A. (1944), *Economics of Control*, London: Macmillan.

Locke, J. (1960), *Two Treatises of Government*, ed. P. Laslett, New York: Mentor Books.

Mizuta, M. (1975), 'Moral philosophy and civil society', in A. Skinner and T. Wilson (eds), *Essays on Adam Smith*, Oxford: Clarendon Press.

Musgrave, R. A. (1959), *The Theory of Public Finance*, New York, McGraw-Hill. Musgrave, R. A. (1970), 'Pareto optimal redistribution: a comment', *American Economic Review*, 60, 991—93.

Musgrave, R. A. (1974), 'Maximin, Uncertainty and the Leisure Trade-off', *Quarterly Journal of Economics*, vol. LXXXX VIII.

Musgrave, R. A. (1976), 'Adam Smith on Public Finance and Distribution' in T. Wilson and A. Skinner (eds) *The Market and the State*, *Essays in Honour of Adam Smith*, Oxford UniversityPress, Oxford, U. K.

Musgrave, R. A. (1983), 'Private labor and common land', in G. Break (ed.), *Stateand Local Finance*, Madison: University of Wisconsin Press.

Musgrave, R. A. and A. Peacock (eds) (1958), *Classics in the Theory of Public Finance*, London: Macmillan.

Nagel, T. (1975), 'Liberalism without foundation', *Yale Law Journal*, 58.

Nozick, R. (1974), *Anarchy*, *State and Utopia*, New York: Basic Books.

Peacock, A. (1975), 'The treatment of the principles of public finance in the *Wealth of Nations*' in A. Skinner and T. Wilson (eds), *Essays on Adam Smith*, Oxford: Clarendon Press.

Pigou, A. C. (1928), *A Study in Public Finance*, London: Macmillan.

Rawls, J. (1971), *A theory of Justice*, Cambridge: Harvard University Press.

Robbins, L. (1938), 'Interpersonal comparisons of utility', *Economic Journal*, 48, 635—41.

Rowley and Peacock (1975), in D. greenwood and C. K. Shaw, *Public Choice*, *Public finance*, *and Public Policy*, *Essays in Honour of Alan Peacock*, Oxford University Press, Oxford, U. K.

Samuelson, P. (1948), *Foundations of Economc Analysis*, Cambridge: Harvard University Press.

Sidgwick, H. (1883), *The Principles of Political Economy*, London: Macmillan.

Stigler, J. (1975a), *The Citizen and the State*, Chicago: Chicago University Press.

Stigler, J. (1975b), 'Smith's travels on the Ship of State', in A. Skinner and T. Wilson (eds), *Essays on Adam Smith*, Oxford: Clarendon Press.

Vickrey, W. (1945), 'Marginal utility by reaction to risk', *Econometrica*, 13, 319—34.

Viner, J. (1927), 'Adam Smith and Laissez-Faire', *Journal of Political Economy*, 35, 198—232.

Wicksell, K. (1896) *Finanztheoretische Untersuchungen nebst Darstellung des Steuerwesens Schwedens*, Jena: Fischer. Also in R. Musgrave and A. Peacock (1958).

Wilson, T. (1976), 'Sympathy and interest', in T. Wilson and A. Skinner (eds), *The Market and the State*, Oxford: Clarendon Press.

第九章　横向公平的性质与宽税基原则：
一个友好的批判(1983)[①]

本章将探讨以下三个问题：(1)假定宽税基可以实现税收的横向公平，那么这样的税基该如何定义？(2)如何使综合计税要求和横向公平原则可行且有效？(3)横向公平概念下的平等指标(index of equality)，应该用在税前还是税后？基于对上述问题的纯粹思考，我的结论是在政策运用上应该持有某些保留意见。

一、什么样的宽税基？

界定税基有两种方法：一种源于税收横向公平原则的要求，即地位平等的人应被平等对待。"平等为什么应成为税收的原则？"密尔指出，"那是因为，在所有政府事务中都应遵循平等原则。"[②]另一种方法基于对效率的考量，要求征税应尽可能造成的负担或牺牲最小。两种方法密切相关，但是让我们不妨先从公平原则入手。

如是，问题就被简化为，怎么定义我称为恰当的"平等指标"？两个人需要有怎样的经济地位特征，才能够认为他们在税收意义上是"平等"的？特别需

---

① 引自 J. Head (ed.), *Taxation Issues in the 1980s*, Canberra, Australia: Tax Research Foundation, 1983:21—33.

② 见 Mill(1921:804)，我们认为这是社会公平正义的基本原则，其有效性并不取决于他基于功利主义的假设推导。即使证明这一原则在某些情况下与功利主义学说不相容，也不能排除其效力。见 Stiglitz (1982)。

要指出的是,应该根据所得指标还是消费指标来衡量平等?

(一)所得与消费

平等指标应该是这样的,在划分的平等地位的分组(group as equals)内,拥有相同纳税能力的个体,应享有相同的福利水平。因此,该指标提供了一个有意义的税前福利度量。收入是最为常用的传统指标,但近年来消费却急速占据第二的位置。

在香兹-黑格-西蒙斯(Schanz-Haig-Simons)的传统理论框架下,所得(income)就是增值(accretion),是某人在一段时期内的所有收入(gains),包括所有形式的增值或收入,而与增值或收入从何处来、用到何处无关。[①] 如是,上述总的"所得"可以分成消费与储蓄,即从用途的角度把所得界定为消费与储蓄之和,或者说消费与净资产增值之和。但这些对特定分类的考察,并不是界定所得的核心。它不影响所得的总额,因为基本所得的概念是从来源的角度定义的。上述概念旨在描述特定个体从经济权力(economic power)中获得的收入,以充当"平等"课税目的下的度量指标。这并不意味着上述分类适合用于其他用途,如国民收入核算或资本理论原则。

在我们之中,那些在香兹-黑格-西蒙斯传统框架下成长并从事研究者(其中一小部分甚至现在仍然活跃),往往想当然地认为所得是衡量支付能力的最佳标准。因此,所得也成为税收横向公平分析中度量平等的最佳指标。同等所得的人将被平等对待,并被平等征税。这显然是一种直观的诉求。[②] 所得是更综合的衡量指标,因为它既包括储蓄又包括消费,因而似乎比仅考虑消费对经济实力的衡量更到位。但税基自身的宽度并非决定性的,否则总收入(gross receipts)就会被优先考虑。这一基础概念需要寻求更充分的支持。

诚然,在重新界定宽税基所得的概念并探索如何将它运用到实践中时,前人已经做了大量的工作。这些工作,以亨利·西蒙斯(Henry Simons)的基础

---

① 见 Simons(1938),回顾了以德国为主的大量文献。

② 见 Goode(1980:52),他认为,一个人消费市场产出能力的增加而非这一能力的行使能够更直观地反映其支付能力。Goode还指出,所得税考虑到了财富积累的差异,而消费税则没有(1976:24)。

第九章 横向公平的性质与宽税基原则:一个友好的批判(1983)

性贡献为先导,[1]讨论了扣除折旧和其他成本以获得净所得、资本收益处理、将源自公司的收入合并进个人所得税基等议题。虽然无法从实践中得到一个完全综合的增值概念(concept of accretion),但一个具有实际意义的广泛所得概念却产生了。这是一项重大的成就,因为它提供了一个判断所得税法详细条款的指南,但是所得税理论家却没有成功地解释为什么增值(假设它可以实现)是度量平等的最佳指标。相反,它的优越性在很大程度上被认为是理所当然的。

反对以所得作为课税基础者,纷纷对此展开批判。由密尔首先抛出的基本主张:

"在恰当的所得税征收模式中,其征收范围应仅限于消费支出,储蓄部分则应免税。储蓄或者投资只需在获取利息或者利润的时候缴纳所得税,而不需要对已经缴税的部分重复纳税。因此,除非豁免储蓄所得税,否则储蓄部分将缴纳两次所得税,而消费部分只缴纳一次所得税……法律不应人为干预储蓄动机和花费动机之间的自然竞争。但是我们已经看到,法律对储蓄征税,而非在花钱时征税,已经扰乱了上述自然竞争。"[2]

阿尔弗雷德·马歇尔(Alfred Marshall)同样批评所得税干扰人们在消费与储蓄之间的选择,他还指出对消费征收累进税在原理上是正确的,但不具有可操作性。[3] 欧文·费雪(Irving Fisher),一位强烈反对以所得为课税基础的学者,指出对存款征税后又对存款收益征税,本质上是对同一样东西双重征税。[4] 为了避免双重征税,储蓄应该从课税基础中免除(但利息不在免除范围内),即应对消费征税。不幸的是,费雪坚持将这种税称为所得税,这也造成了随后的许多混乱。不过,值得赞扬的是,费雪也是第一个提出现金流量法的人,他把支出税(expenditure tax)变为具有可操作意义的概念。庇古也认为,

---

[1] 见 Simons(1950),在那里早期发现的一个实际应用被纳入考量。几十年来,这本书成了美国税务改革者的基本蓝图。

[2] 见 Mill(1921:813—14)。

[3] 见 Marshall(1925:350)。

[4] 见 Fisher and Fisher(1942:56)。这本书包含了对费雪观点的最新阐述,回顾了他关于资本理论的早期论述以及近几十年的(学术)追求。

在一个连续的税收体系中,课税收入的基础不包括储蓄但应包括消费。[①] 他从效率视角出发,认为对储蓄征税违反了牺牲最小的课税原则。除非收入的两种用途的需求弹性有明显差别,否则应以相同的税率纳税,同时他指出,这可以通过免征储蓄税或免征利息税实现。[②] 卡尔多(Kaldor)最终对支出税的主张,并非基于对资本收入双重征税的担忧,而是因为对此类收入征收所得税非常困难。[③] 想要税及富人,累进支出税是必要的。

面对上面那些令人生畏的批评,一批支持以所得作为课税基础者是如何回应的呢?西蒙斯详实地阐明了这一问题,他认为这很大程度上是"术语"造成的。[④] 困惑的产生,源于将所得(income)既用于费雪(Fisher)理论中的收益(yield)概念,又用于香兹-黑格-西蒙斯理论中含义相当不同的"增值"(accretion)概念混用。而且,即使费雪的概念从资本理论角度考虑是正确的(西蒙斯甚至对此也提出质疑),但其在横向公平背景下也是不正确的。西蒙斯的质疑是有道理的。需要注意的是,这两个概念不同,作用不同,我们无法区分哪一个概念提供了适当的度量指标及其原因。考虑到储蓄活动的开展是包括财富持有优势以及推迟消费等诸多原因的结果,以消费为课税基础的设想(详见下文)并未遭到挫败。最后,西蒙斯得出了更为实际的结论,即以所得为课税基础更好,因为它已经成为一个能够被接受的指标,且变革已经为时已晚。[⑤]

因此,有必要更系统地测试以所得为课税基础的合理性。如果这是在平等的背景下进行的,那么建立在所得税扭曲的公告效应之上的庇古式案例(Pigouvian case),并不是决定性的。公平与效率的考量不需要相互协调,而需要另一种评判标准。为此,我们将从如下前提出发加以考虑:两个地位平等的人,如果他们面临同样的选择,就应该被平等地对待。

基于这一规则,首先考虑收入情况。两个人在同一时期获得一样多的收入,他们有相同的消费或储蓄的选择。因此,只有平等地对待他们,并要求他们缴纳同样多的税收才是公平的。若对储蓄免税,则有失公允。正如庇古所

---

① 见 Pigou(1928:135)。
② 见 Pigou(1928:138,148)。
③ 见 Kaldor(1955)。
④ 见 Simons (1938:89—100)。
⑤ 见 Simons (1938:98)。

第九章　横向公平的性质与宽税基原则：一个友好的批判(1983)

言,如果我们以一个周期的视角(one-period view)来看,这样显得很有意义。但是,建立在理想课税基础上的税收体系,应该有一个更长远的视角。若 A 在第一阶段储蓄、在第二阶段消费,所需要支付的所得税现值高于在第一阶段花光所有收入的 B,这公平吗？难道 A 在增值标准下享受第二阶段额外的收益,就应该缴纳额外的税收吗？是的,因为增值(或在多期模型中收益的总和)是最基本的指标。但应该是这样吗？假如某人在一生中花光了所有的收入,没有留下任何遗产,现在的积累目的是维持未来的消费。如果是这样,平等的纳税人应该被定义为具有相同现时与未来消费选择的人,也就是说,能维持同样的现值消费流的人。由此定义的平等待遇是由消费税来实现的,该消费税向两个人征收同样的现值税,这两个人的初始增值允许他们处置相同现值的消费流。它不是通过向未来消费者 A 征收更高的现值所得税实现的。虽然我成长在所得税传统的环境中(我在一本早期著作中捍卫了这一课税基础),但如今我发现上述理由相当有说服力,并且对所得税基础的传统辩护感到不安。①

与此同时,基于一个更为纯粹的模型,上述结论支持以消费作为课税基础。不过它又涉及以下几个可能相当不切实际的假设:(1)收入只能用于当前或者未来的消费,但是正如我们所看到的,情况并非如此。(2)费雪式(Fisherian)模型暗含如下假定,即所有人都能进入完美的资本市场,面对相同的贴现率,然而事实并非如此。(3)以消费作为课税基础,其实质是从跨期(最好是一生的时长)来看待纳税横向公平问题,因此平均化的需求(由于累进税率)比所得税下更重要。此外,改变税率应允许连续重新计算过去的负债。(4)如何处理转型问题,也面临着巨大挑战,即采用税收改革手段而非推倒重来。那些已经缴纳了所得税且现在准备动用储蓄金去消费的储户,应该得到怎样的保护？② (5)同时还存在着行政可行性问题。③ 以消费作为课税基础避免了所得税的某些特定困难,尤其是与未实现的收益和折旧相关的那些问题,而且较少受到通货膨胀的扭曲。不过,与此同时,它在界定消费时也提出了新的尚未检

---

① 见 Musgrave(1939)。更符合本章的最新观点,见 Musgrave(1976)。
② 见 Pechman(1980);US Treasury Department(1977) and Meade et al.(1978)。
③ 同上。

验的问题。记住这些是重要的,以免我们用于比较的是现有的不完善所得税与理想化的无漏洞消费税。

如果打算开征支出税,那并不需要从一开始就完全取代所得税。慎重起见,我们需要进行更多的试验。这样的试验最好是在收入水平较高的情况下进行,用支出税部分地替代所得税,再辅之以必要的财产税(estate tax)进行调整。在把所得税转为支出税的过程中,我们不应该在以下两个方面宽容对待:(1)收入来源端的资本收入;(2)收入使用端的储蓄。这样的一个过程似乎反映了美国的趋势,导致税收覆盖的只是用工资收入消费的部分,这当然不是一个可以接受的课税基础定义。

(二)更多的选择

我的方法的核心主题是面临相同选择的人需要被平等对待。到目前为止,仅有现在的消费和未来的消费两种可供选择。我们必须考虑到一个明显的事实,即也有其他选择。

1. 遗产

假定一个人在他的一生中花光全部所得,这是简便的,但并不现实。由此遗产和赠与必须纳入考虑中。我们的平等选择规则怎样才能把它们涵盖进来呢?

有一种观点认为,遗产应从税基中排除。[1] 一个人应享有三种选择:(1)即时消费;(2)延后消费;(3)留作遗产。在三种选择中他都可以获得效用,而在情形(3)中,立遗嘱人的效用源自继承者的消费。由于这样的满足关系到扣除遗产税后的继承者消费净额,因此在对遗嘱人征收遗产税之后,再对继承者的消费征税,就造成了对遗产的税收歧视。因此,平等对待原则要求把遗产从税基中排除出去。

但有两个理由,反对上面这一结论。

其一,继承者若不消费上述遗产,那会发生什么?那就是这份遗产将代代相传,这样的话将遗产从税基中免除就意味着对此永不征税。此外,如果继承

---

[1] 见 Brennan(1978)。

第九章 横向公平的性质与宽税基原则:一个友好的批判(1983)

者不消费,那必定会倾向于持有财产,因为他们可以从中获得满足感。在此情形下,遗嘱人在知道其继承人可以持有其遗赠的财产时也会获得满足。若是这种情况,将遗产排除在税基之外会使人更倾向于将财富留作遗产。基于这样的原因,遗产应包括在税基中。

其二,一个进一步的理由更适用于继承者消费遗产的情形。人们可能认为,对横向公平的考虑,应该与个人花自己的钱得到的满足感相关,而不是来自他们的继承者。如是,留下遗产将会被视为一种自用,等同于消费。[1] 我大致倾向于将公平的概念扩展到代际之间,从而将公平置于一个动态的基础(dynastic basis)之上。在继承者消费之处,可能会产生对遗产的税收歧视,但我愿意付出这一效率成本的代价,以实现在一生的课税基础上的横向公平标准。

2. 财富持有

即使在一个没有遗产的世界里,也需要注意到,储蓄不仅可以增加一个人的未来消费,还可以在使其变得富有的同时,给予他愉悦感(安全、权力及威望)。因此,是否该对从财富持有中获得的效用额外征税的问题就产生了。

若从以增值为基础的理论视角来看所得税,那答案是否定的。正如西蒙斯和其他人所指出的,推迟消费只是诸多储蓄动机之一。[2] 上述所有的动机都会影响相对于可得收益的预期储蓄率(desired rate of saving)。财产的价值等于收益的资本化,对财产征税就是对财产收入形成增值的一部分征收额外税收。

然而,如果在我们的平等选择方法或中立方法的背景下,持有财产所带来的满足感变成一个更有力的因素。在一个没有财富持有满足感的世界,消费税的引入会让储蓄的收益保持不变。但是,正如近来有人指出的那样,这可能并不适用于获得财产持有满足感的场合。[3] 此时,税收降低了当期和未来的

---

[1] 同理,增值的概念要求将继承人所得税税基的遗赠排除。见西蒙斯(1938:57)。在这两种情况下,可以把近亲家庭中的有限转移当作例外。

[2] 见 Simons(1938:96)。

[3] 见 Brennan 和 Nellor (1982)。

消费，但可能未征税于储蓄中以持有满足感形式产生的部分回报。[①] 这样的话，推迟消费是有利的。为了抵消上述偏差，对持有财富及相应的持有满足感征税，就是该做的。或者，根据矫正的观点，要对利息而非资本征税，此时就有必要对资本收入征收附加所得税。

所有这一切，当然留下了一个疑问：社会是否该基于其他考量而对财富征税？如是，或许可以在受益税（benefit tax）的背景下征收财富税，[②]或者社会可能希望对持有巨额财富征收累进税来抑制财富过于集中的不良社会影响。上述税收有可能是可取的，也有可能并不可取，但这在横向公平或效率分析的定义下，都不是问题。此外，如果开征这一税收，其课税对象更可能是总收入而非净收入，因为社会控制与前者的联系更加直接。

3. 闲暇

上述讨论都是基于闲暇固定这一假设上，这样财产所有者仅能在当前消费、未来消费、遗赠三者之间做出选择。可随着闲暇成为可变因素，那对闲暇的消费就成为新选项。于是收入和消费两个指标不能充分地度量平等地位，因为税法上对拥有高闲暇偏好的人更加优待。这样的话，面临同样工资和税率的个体，享有平等的选择；但是，在平等工资率（或更确切地说，潜在的小时工资乘以 8 小时，等于潜在的日收入）上定义的平等指标很难用于实践。此外，任何一个人都可以选择具有不同负效用或愉悦感的工作，这一复杂性将会带来不同的工资率。

假如实际的选择限于收入和消费等次优的方式，那么闲暇的可变性会对这两个指标的比较优势有何影响？答案取决于当前消费与闲暇的替代程度（与未来消费与闲暇的替代程度的比较）。如果未来的消费与闲暇是互补关

[①] 值得注意的是，在布伦南和内勒考虑的情况下，财富持有的效用是第一阶段储蓄的函数。或者，更实际一些，在利息累积的情形下它可被视为第二期财富的函数。假定财富效用是财富持有与第二期财富被消费时纳税总和的函数，结论（消费税有利于储蓄）仍然成立。如果财富效用被视为第二期扣除税收后的财富净额的函数，那么消费税就是中性的。因此，争论取决于财富持有如何进入效用函数。如果财富持有被视为对未来消费快乐的预期，消费税是中性的。如果财富持有被视为享有经济和社会权力，那么消费税就是非中性的。在这一点上我很感谢罗纳德·葛里森的讨论。

[②] 见 Hobbes（1968:386）。应该指出，霍布斯的主要理由是消费税是受益税，奇怪的是公共保护只适用于消费而不是财富。消费税避免了英国被"私人的豪华浪费所欺骗"的命题仅出现在该部分的末尾处。

第九章　横向公平的性质与宽税基原则：一个友好的批判(1983)

系,而与当前消费呈竞争关系,那么征收所得税很可能是可取的,它不利于当前消费的偏见可能成为对闲暇征税的替代。反之,则可能适用反向替代条件。或许这一假定更符合常理,也是一个有趣的话题,但此处不再探究。

二、对这一范式的挑战

我们在上述中视为理所当然的横向公平和综合税基(global base)目标,在目前已经饱受批评,现在我们来对此再加以思考。

(一)一个真正的综合税基可行吗?

批评宽税基原则的人说,在实践中并没有一种简洁的方法能衡量总的增值(accretion),他们强调说税法在此方面是失败的。例如,家庭妇女或居家人士(house persons)的收入就被忽视了。因此,我们最好放弃假装拥有某种基础的、有意义的收入概念。对什么征税、对什么不征税,必须务实、逐一地界定。[1]。这在本质上是英国的传统,而与德国和美国(香兹-黑格-西蒙斯)学派针锋相对。但这一观点无法说服我。任何经济概念都不能完美地应用于理论,在实践中就更不可行。因此,如果一个人想要变得足够纯粹,那么对他来说任何真实的东西都是没有意义的。不过批评者的陈述,夸大了其中存在的困难。诚然,宽税基在应用中存在缺陷和不一致性,但这样批评并没有否定一个核心概念具有的意义。相反,现实越混乱,就越需要一个焦点或测量标杆来评判具体的议题。否则,就不能制约恣意妄为与政治腐败了。更不用说,我并不主张只要能抵抗邪恶,任何标准(例如,纳税人的体重或出生日期)都比没有标准好的观点。虽然随机分配的税收可能比恶意的歧视更可取,但我们并不需要退缩到如此地步。综合税基的概念(不管以收入还是以消费为基础),对经济能力总体上进行了有意义的度量,其近似值(即使是不完美的)是一个有价值的次优解。

---

[1] 见 Bittker et al. (1968)。

(二)效率与综合税基

作为一种税收政策范式的综合税基,它面临的更严峻的挑战是必须以效率成本最低的方式来征税。事实上,这一挑战不仅扩展至宽税基概念,还涵盖了横向税收公平这一理念。

假设以消费为税基,这一税收可以通过一般零售税的方式征收。当所有的商品都包括在内时,综合税基的要求就得到了满足。然而,这样做违反了税收的最低效率成本的要求。由庇古最早提出,最近几年在最优税收旗帜下得以发展的观点认为,只有在闲暇固定且所有商品的需求弹性都相同的特殊情况下,商品税才要求按照统一的从价税率来征收。如果商品的需求弹性不同,税率也应随之反向变化。如果闲暇是可变的且弹性不同,那么按照拉姆齐(Ramsay)法则(简化版)的要求,税率需要进行相应地变化,以便使各种商品的支出等比例地降低,并依此类推。[1]

同样的道理也适用于所得税。如果某些要素的供给或服务更有弹性,则需要以差别化的税率降低效率成本;而这又与所得的综合税基原则要求相反,即所有来源的收入都应包括在内并一视同仁。因此,效率成本最低的税收体系将显然背离宽税基原则及同等对待所有收入用途或来源的(征税)要求。

(三)效率与横向公平

更糟糕的是,效率要求可能不仅会与宽税基理论相冲突,而且还会与更为基本的横向公平目标相冲突。如果只有一个纳税人,就不会产生上述冲突。原因很简单,在只有一个纳税人的设定下不存在横向公平问题。在有两个纳税人且其效用函数相似的情形下,这一结论仍然成立。虽然宽税基原则受限于效率规则,但平等对待的条件仍然保持不变,因为相同的差别税率仍然适用在两个纳税人身上。由于这是最优税收理论运用的典型案例,所以很容易就能看出该理论的发展为什么不与横向公平传统相联系。但是,一旦我们考虑到两个人有不同的偏好,情况就会有所不同。假设 A 的劳动供给是固定的,

---

[1] 见 Atkinson and Stiglitz(1982:ch.12)。

第九章 横向公平的性质与宽税基原则：一个友好的批判(1983)

与工资率无关，而 B 的劳动供给是有弹性的。基于最优税收理论的效率考量，应从 A 中提取全部收入，除非考虑引入社会福利函数中的纵向公平。假设社会对此保持中立，那么 A 的全部收入就会被抽取作为税收，但这与横向公平相矛盾。A 和 B 面对同样的选择，他们应该被平等地对待。两个人也都应贡献一部分税收。同样的原则也适用于以消费为税基的情形。由于注意力集中在等效用函数上，最优税收理论忽略了问题的一个重要部分。最近，已有学者尝试将这两个议题结合起来讨论，但仍任重而道远。

不过，横向公平原则也是有问题的。在实践中"平等地对待"常被解释为平等的纳税义务金额，而不是平等的税收负担，后者不仅包含税收金额还包括纳税过程中的超额负担。对横向公平的恰当解释应该是，要求在纳税人 A 和 B 之间分配税负时实现相等的福利损失，就是说税收金额加上因超额负担带来的福利三角形损失(the "triangle" of excess burden)。如果效用函数不同的话，那么 A 要缴纳的税额数量可能会超过 B，而非相同。

但即使把"平等地对待"按这样的方式加以纠正，横向公平的要求仍与效率原则相冲突。总的效率成本不会最小化，因为 B 承受了部分负担。效率原则不仅与综合税基原则不相容，而且也和横向公平要求不相容。由于两种政策目标不相容，在二者之间进行取舍就是必须的。也就是说，横向公平必须作为独立的考虑进入社会福利函数中，且需要量化并确定代价。社会必须决定自己需要多少横向公平。

(四)单一税率结构

不作过度的深入讨论，也能注意到要求对所有纳税人实行单一税率结构是有限制的。在最纯粹的理论形式中，最优税收和(重新定义的)横向公平要求，要把(基于消费或收入的)不同的税率模式运用于有不同偏好的个体。消费或收入税基的不同模式，必须与偏好的模式有差别。

(五)平均偏好模式

实践中，上述要求是不可能达到的。同样的税率体系，以及与此有关的相同税基差异模式，必须适用于所有的纳税人。这意味着税基差异应该反映某一类型的平均偏好模式。这一"次优"的约束对我们之前的结论有什么影响呢?

先从消费税基开始考察。结论是,具有相同消费潜力的人应该遭受相同的福利损失,而这要对不同个体或多或少有相同需求弹性的商品征税。但具有上述特征的商品集,可能不同于需求(在平均意义上)相对缺乏弹性的商品集。因此,基于横向公平考虑的税基差异选择,与基于最低的效率成本考虑的选择是不同的。由此产生了进一步的权衡问题,需要对效率成本进行评估,以保证值得将横向公平考虑进来。

再一次地,以所得为税基也可用同样的方法。横向公平要求,对具有类似收入潜力的个人所拥有的供给弹性大致相同的要素征税,而效率原则要求征税集中于(平均意义上)供给缺乏弹性的要素身上。同商品税一样,这也需要进一步地权衡。

(六)纵向公平

随着将纵向公平纳入考量,事情会变得更加复杂。从消费税基出发,我们可以假定纵向公平要求税收负担(税收金额加上消费者剩余损失)随着由社会福利函数确定的总支出的增加而增长。通过对低收入弹性产品课以低税率,对高收入弹性商品课以高税率,这一目标或可实现。需要应用的是一个普遍适用的税率结构,它涉及四个相互冲突的标准:选择征税商品的标准,该商品的需求价格弹性与征税效率有关;需求的收入弹性,它与纵向公平有关;在给定的收入水平上价格弹性的离散程度,它与横向公平有关;对特定商品的收入弹性的离散程度,它将再次影响横向公平。

或者,纵向公平可以通过对总消费采取累进税率来实现,这样就放弃了在商品间进行区分而形成的效率,但(可能)获得了基于横向公平的效率。考虑到即使在理论上也很难做到多维区分,那后者将更加可行,尽管这在理论上是较差的选择。

和之前一样,所得税基中也存在相同的情况。纵向公平要求增加资本税、降低工资所得税,而自亚当·斯密以来,上述考量就是对劳动所得征税给予优惠的理由。但效率原则可能不支持这一结论。此外,宽税基与累进税率的结

第九章　横向公平的性质与宽税基原则：一个友好的批判(1983)

合,可能是更具吸引力和更切实可行的解决方案。

总之,对所有纳税人实行相同税率,这样的限制再加上纵向公平,将会把上述争论推回到一个宽税基的方向。此外,也会将其推向按所得税基征税的方向。至少在我们能假设要素供给弹性(在具有相同收入潜力的人之中)比产品需求弹性差别较小的情况下是如此。

三、税前和税后平等

我们前面说过,横向公平要求对同等地位的人同等对待,同等地位是基于拥有同等的选择界定的。我们的方法要求,对税前地位相同的人同等对待。如是,他们被同等征税后的地位仍然相同。因此,横向公平可以定义为以下二者之一：(1)税前收入相同的人待遇相同；(2)征税使得税前平等的人在税后也平等。虽然前者是传统用法,但如今后者已经居上,两种定义对同等地位的界定是相同的,即拥有同等的选择。[①]

为了阐明真实的所得税实践,考虑劳动力供应分别为 S_a 和 S_b 的两个纳税人 A 和 B(见图 9—1)。他们的税前工资率是 w,税后工资率是 $w(1-t)$。征税以后他们的总收入等于 $ODEG$,税收等于 $CDEF$,净收入等于 $OCFG$。同等对待税后总收入相等的人意味着,他们缴纳了同样数额的税款,且税后的净收入相同。但是随着 B 的负担 $CDLF$ 超过 A 的负担 $CDHF$,他们的总负担是不一样的。如果平等是按税后总收入来定义的,虽然在税收方面他们是被平等对待的,但在福利损失方面则不平等。就税收与(生产者)剩余损失之和的平等而言,需要对 B 适用低税率。但是,如果这样做,他们将不再具有相同的税后总收入。

进一步的问题是,平等是从 A 和 B 税后总收入相同的角度界定,还是从征税前拥有相同收入的 B 和 C(其劳动力供应为 S_c)的角度来界定？B 和 C 缴纳的税款分别为 $CDEF$ 和 $CDUN$,C 缴纳更多。各自的福利损失是 $CDLF$ 和 $CDLU$,C 的损失比 A 大 FLU。若要求福利损失相同,则必须给 C 一个更

[①] 见 Feldstein(1976)。

低的税率,但这与他们税前的平等地位并不冲突。

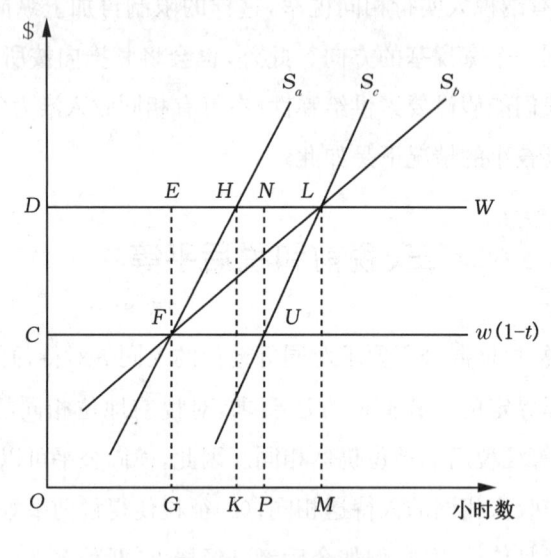

图 9—1 所得税实践

简言之,如果我们把平等定义为 A 和 B 那样的平等,平等的税收待遇会产生平等的税收负担,但会造成不平等的福利损失。如果我们把平等定义为 B 和 C 那样的平等,相等的税率就造成不平等的税收负担和福利损失。选择使得 B 和 C 承受相同福利损失的税率,适用于 B 和 C 这样在税前拥有相同收入的情况,使其在税后也处于类似的地位。这是因为他们遭受了同样的福利损失。因此,论证的逻辑指向了如下的适当解决办法,即对 B 和 C 施加差别税率以使其承受同等负担。实际情况就是这样,征税程序存在双重错误:使税收负担相同而不是福利损失相同,而且将同等的税收负担施加在错误的人身上。由于 L 点以及 C 和 B 的配对不是一个可见的数据,这无疑是将造成不公平的责任归咎于所得税的设计者(当然,也同样适用于支出税)。这是可悲但又真实的。

仔细考量后,我们甚至怀疑 C 和 B 是否应该被判定为同等地位。虽然他们面临同样的选择(工资率),在没有征收税收的情况下,收入也是相同的,但用生产者剩余衡量的福利是不一样的。C 优于 B,并且与因工作小时数不同或工资率不同而税前收入不同的 D 可能处于同等地位(从生产者剩余的角度而言)。乌托邦式的解决方案是在没有税收的情况下,将具有相同生产者剩余的人定义为地位平等的人,然后按照使其生产者剩余同等程度地减少的税率征税(各自的工资率和供给弹性给定)。但是,这是一个不可能实现的梦想(或噩梦)。看来,施行真正意义的横向公平理念,是不可行的。即使有人愿意(像我一样)用社会福利函数来衡量福利损失以进行人际比较,情况也是如此。

四、从理论到政策

总之,很显然,税基决定和横向公平的纯粹理论是极其复杂的。仅从效率角度来看,最好的解决方案是对税基的不同部分建立一套复杂的差别税率体系。但该解决方案与实现横向公平的最优税率方案是冲突的。政策必须在两个"最优"解决方案之间进行平衡。这项任务很复杂,因为特定的单一的税率制度必须适用于所有纳税人。面对上述复杂的情况,传统的对所得课税及其要求的宽税基便经不起推敲。但纯粹理论是一回事,税收政策实践是另一回事。虽然要确定什么是正确的解决方案是必要的(这也是税收理论的中心任务),但也必须考虑各种构想在实践中如何运作。

从税收实践来看,很明显,对宽税基原则的背离是普遍存在的。同样明显的是,宽税基也不是基于征收效率或横向公平而引入的。它们是税收政治的结果,而非高效、公平的税收制度的反映。因此,很有可能,向宽税基的转变将利大于弊,而且这样还有效率和横向公平的理由。它也将带来如下好处,允许以较低的税率获取相同的税收收入。[①] 对税收政治的考虑同样让人怀疑,对以消费税基课税的倡导是否会导致制定综合的支出税,或者为进一步取消所得税基提供机会。这些恼人的生活事实,无论让理论家们多么愤慨,都会使得税收政策建议成为一种微妙的艺术,而非生硬的科学。

[①] 但请注意,降息的好处只适用于以前纳入的收入,以前尚未纳入的收入现在按更高的税率征税。

参考文献

Atkinson, A. B. and J. E. Stiglitz (1982), *Lectures on Public Economics*, New York: McGraw-Hill.

Bittker, B., C. Galvin, R. A. Musgrave and J. Pechman (1968), *A Comprehensive Income Tax Base*? New York: Federal Tax Press.

Brennan, H. G. (1978), 'Death and taxes: an attack on the orthodoxy', Public Finance, 33, 201—24.

Brennan, H. G. and D. Nellor (1982), 'Wealth, consumption and tax neutrality', National Tax Journal, 35, 427—36.

Feldstein, M. (1976), 'On the theory of tax reform', Journal of Public Economics, 6, 77—104.

Fisher, I. and H. W. Fisher (1942), *Constructive Income Taxation*, New York: Harper Bros.

Goode, R. (1976), The Individual Income Tax, Washington, DC: Brookings Institution (rev. edn).

Goode, R. (1980), 'The superiority of the income tax', in J. A. Pechman (ed.), *What Should be Taxed: Income or Expenditure*? Washington, DC: Brookings Institution, PP. 49—113.

Hobbes, T. (1968), *Leviathan*, ed. C. B. McPherson, London: Penguin Books.

Kaldor, N. (1955), *An Expenditure Tax*, London: George Allen & Unwin.

Marshall, A. (1925), 'Social possibilities of economic chivalry', in A. C. Pigou (ed.), Memorials of Alfred Marshall, London: Macmillan.

Meade, J. E. et al. (1978), *The Structure and Reform of Direct Taxation*, London: Institute for Fiscal Studies.

Mill, J. S. (1921), *Principles of Political Economy*, ed. W. J. Ashley, London: Longmans, Green & Co.

Musgrave, R. A. (1939), 'A further note on the double taxation of savings', American Economic Review, 39, 549—50.

Musgrave, R. A. (1976), 'ET, OT and SBT', *Journal of Public Economics*, 6, 3—16.

Pechman, J. A. (ed.)(1980), What Should be Taxed: Income or Expenditure? Washington,

第九章 横向公平的性质与宽税基原则:一个友好的批判(1983)

DC:Brookings Institution.

Pigou, A. C. (1928), *A Study in Public Finance*, London: Macmillan.

Simons, H. C. (1938), *Personal Income Taxation*, Chicago: University of Chicago Press.

Simons, H. C. (1950), *Federal Tax Reform*, Chicago: University of Chicago Press.

Stiglitz, J. E. (1982), 'Utilitarianism and horizontal equity: the case for random taxation', *Journal of Public Economics*, 13, 1—33.

U. S. Treasury Department (1977), *Blueprints for Basic Tax Reform*, Washington, DC: Government Printing Office.

第十章　社会契约、税收和无谓损失的地位(1992)[①]

一、引　言

  如何在社会成员之间分配税收负担，是普遍关注的核心议题之一。就如何构建一个好的税收制度，学者们提出了各种各样的理论，这些理论也反映出他们对各种前提条件和联结个体的社会契约的不同认识。本章的目的，是要考察它们之间的联系及其对无谓损失的地位(the standing of deadweight loss)的影响。可以肯定的是，没有一个版本的社会契约可以宣称自己是唯一正确的。对社会契约的建构，有的是基于自然法的劳动所得的权利，有的是基于功利主义对最大化总福利的承诺，还有的是基于支付能力或最大最小(maximin)的公平规则。在这些社会契约中做选择，不仅仅要考虑经济效率，还必须考虑个人自由与社会和谐等结果；与此同时，观察者自身的分配正义观也将进入考虑过程。在本章，我并没有尝试做出什么选择。相反地，我想考察的是规范性的税收理念如何进入不同社会契约设定的内部逻辑中。正如熊彼特(1954:946)恰如其分地指出的，断定什么是必要的，可能是也可能不是经济学家的任务，但在给定的情形下分析"必要"所产生的影响，肯定是经济学家的任务。

  [①] 本章选自 *Public Economics*,49,1992:369—381。我在此很高兴地致谢来自 Robert Cooler,Otto Gandenberger,John Head 以及审稿人极有帮助的评论意见。

这种与无谓损失的"地位"(standing,这是彼得·戴蒙德向我提议的一个术语)错综复杂的联系是特别有趣的。伴随着最优税收模型的发展,无谓损失这一概念已经成为税收理论的核心。作为一种理念,无谓损失并不是一个全新的想法,它可以追溯到马歇尔、拉姆齐以及庇古等人。将无谓损失纳入税负考量,仅仅是为了迎合功利主义以总损失最小化为税收最高准则的要求。然而,聚焦于无谓损失并将其归为税负的一个内在要素,深刻地改变了税收分析的传统思路。如果征税成本高于政府所获得的税收,那么公共服务的真正成本就会被放大,而其有效规模则会减小;如果无谓损失随着边际税率上升,累进税的效果就会减弱。从这两点来看,无谓损失指向了公共部门运作中存在的固有缺陷。过去,人们关注私营部门在提供公共品时的失灵,现在人们转向关注公共部门表现的不足。因此,忽视无谓损失,将会高估公共部门的恰当规模,就像在累进税中那样。

二、洛克的天赋权利和受益税

首先,我们从洛克关于劳动所得的天赋权利及其必然结果——受益税谈起。正如洛克所言,鉴于自然的理由或上帝的启示,自然自由体系(the system of natural liberty)将自然产生的果实留给人类共有,但是劳动产生的果实归劳动者个人所有。洛克(Locke,1790:328)指出,"尽管地球及其低等生物都归人类共有,但是每一个人对他自己的人身享有一种所有权。除了他自己,其他任何人都没有这种权利……他将任何资源从自然界的原始状态中移出,并保有它,混合自己的劳动进去,再加入一些他自己的东西,这就形成了他的私人财产。"如是,每个人都拥有"上天给予人类的共同财富"的若干部分,并且不需要经过其他共有人的允诺(Locke,1790:327-328)。没有任何合理的理论解释为什么会是这样,这样的自然秩序被假定为讨论的前提(Nozik,1974:17)。若将天赋权利视为上帝的启示,收入创造的过程也就产生了公正的分配。因此,在洛克的体系里面,并没有再分配的空间。

由于收入权利是基于对自身努力的奖赏,所以自然资源的回报并不包括在内,它仍受"共有"的制约。这就遗留一个问题,即上述"共有"部分应该如何分配给个人,以及如何与经济学家视租金为有效税收首要基础的观点相结合。[①] 至于其余的,我们将把洛克主义的天赋权利应用于资本和劳动收入。尽管他讨论的是劳动的回报,但资本和劳动都涉及"从自然界分离",其回报都可被归为天赋权利的要求。因此,我们越过一个问题(即工资是否更为应得),而这个问题从亚里士多德到阿奎那的哲学传统中就一直被怀疑,至今在税法中仍然存在法定的"劳动所得"与"非劳动所得"的区别。

然而,必须考虑的问题是,天赋权利适用于所有的劳动所得还是只适用于竞争性市场中的劳动所得,即基于与边际产品相等的补偿率的真实回报。洛克没有给出答案,但是他的自然秩序的理念暗示了肯定的回应。竞争性定价是必要的,生产者所得和消费者剩余都被视为应得的。只有这样,市场这一"看不见的手"才能保障结果既有效率又公正。作为经济效率问题,竞争性定价独立于公平的含义;但是,这两条标准都是洛克对自然秩序的善意看法的核心,也是亚当·斯密理论的前提(1776),即自利永远为公益(common good)服务。

正如洛克和斯密所深知的,市场不是万能的。财产必须被保护,且这一保护应被付费。按照洛克(1790:408)自然秩序精神的要求,每个享受保护的人都应该从他的财产中拿出相应比例的费用来维持这一保护。因此,公正的税收在他的体系中就意味着受益税[②];而受益税,与天赋权利规则一致,要求社会物品也像私人品一样在竞争性市场中定价。尽管同一原则适用于社会物品和私人品两种情形,但仍存在着差异。私人品的消费是竞争性的,但社会物品不具有竞争性。私人品 X,如果已经被 A 消费,那么 B 就不能再消费。但是社会物品的效益是非竞争的,可被二者所共享,并且不互相干扰。因此,效率要求将社会物品的供给扩展到边际成本等于消费者边际效用之和这一平衡点(Samuelson,1954)。效率规则提出了如何分配成本的问题,但洛克的天赋权

---

① 诺奇克(Nozick),在他那本令人钦佩的讨论洛克体系的论著中(1974:114ff)提议,通过确定一个日期作为基准线来克服这一困难,即超过这一基准线,就放弃共有的要求。但这一做法忽略了一个事实,即新的土地租金是在经济发展过程中产生的。

② 与洛克相同,诺奇克(1974:26)承认,即使是在最小的国家也需要保护性服务,但认为下面的财政具有再分配性,"达到这样的程度,它迫使一些人为保护他人付出代价"。令人惊讶的是,诺奇克忽视了通过征收受益税来避免再分配行为。

利要求林达尔定价与边际收益相一致;获得相同份额社会物品的个体对自己获得的边际效用的评估却不同,最终对消费者剩余的公正分配就要求实施差别化的税收定价。

按照受益税对社会物品进行定价,其基本原理很容易得到遵循;当需求在社会的、非竞争性模式下能得到满足时,注重效率的经济学家应该对此感到庆幸。作为社会物品的资源,其好处应该在更大范围内共享。但不幸的是,如何有效供给这类商品,仍然成问题。为了获取私人品的好处,消费者必须在市场中出价,从而显示其偏好;除非付款,否则被排斥在消费之外。可对于社会物品而言,排斥性就不适用,要么是因为不合适,要么是因为排斥将导致利用不足。因为无须付费也能享用,所以消费者就不会出价。除了那些存在讨价还价的少数特殊情况,个体均会表现出搭便车的行为。在偏好显示机制缺位的情况下,市场失灵将导致消费者的出价过程被决定预算的政治过程所取代。

洛克认为自己有关财产权利的自然秩序无须社会契约即可成立,但现在必须补充一份社会契约来加速这一进程。与天赋权利规则的统一应用一致,每个人都被赋予相同的权重,且预算规定的支出项目和税收分派都必须经由投票表决。在税收分派必须予以满足的前提下,投票者发现支持自己所偏好的预算模式是有利的。如果收入和偏好相同,那么将会产生一致的投票结果。但在实践中并非如此,因此必须将多数原则写入社会契约当中(Wickseu, 1896)。有些规则会比其他规则更好,但也仅能产生次优解决方案。这并不奇怪。在洛克意识到对社会物品的需求时,对社会物品的供给落在他的自然秩序之外,并且无法轻易地调和。上述意识形态上的含义,也解释了为什么社会物品,或更普遍地说外部性的存在,仍然充满争议,尽管它们在资源高效利用方面的问题并不难解决。

利维坦国家在政治或官僚治理方面表现不佳,投票规则也存在缺陷,这些问题在此处都被忽略了(Musgrave, 1981)。但有一个不足必须提醒注意。在设计投票规则时,税收价格应接近支付者的偏好。如果个体之间的收入和偏好相同,那么同样的税收价格就会到处适用。投票决定预算后,税收可以一次性地征收。但如果收入和偏好在个体之间不同,他们对公共服务的评估会因此不同。对此进行区分是必要的,但若考虑可行性就知道,在税收投票时无法列出数百万个单独的税收价格。如是,我们需要对个体进行分组,且需要选定一个普遍适用的公式;对公式的要求是,可从中确定个人纳税义务的税基和税率结构。该公式应能反映出纳税人对公共服务的评估状况,如同其经济特征所显示的那样。由于对给定公共服务水平的估值取决于收入水平,因此一个定义广泛的税基将是恰当的[①],其边际估值将随着收入的增加而上升,适当的税收价格也将随之上升。如是,税率结构将取决于需求的收入弹性。然而,上述近似值是以高效征税作为保障的。征税后,纳税人发现他们的净工资率降低了,会以闲暇替代收入,以现时消费替代未来消费。税收负担由此会减少,但也会产生无谓损失(表现为消费者剩余的降低)。避税(这是一个区别于非法逃税或不遵守法律的概念!)仍然让纳税人获得净收益,但其总负担超过了财政部门获取的税收收入。

这么说很直接,但是如何在受益税背景下看待避税以及由此导致的无谓损失呢?标准的经济分析认为,同其他成本一样,无谓损失也是为获得有效率结果所必须花费的成本。避税行为被视为是对相对价格变化的一种效用最大化调整行为,本质上与市场价格变动引起的类似调整没有什么不同。避税是一种既有效又公正的行为。在利用各自资源优势的权利基础上,避税是长期存在的,无谓损失是采用受益税时必要的成本。然而,上述推理忽略了一个要点。税楔(tax wedge)插入带来的净工资率的下降,不同于市场行为导致的要素价格变化。像天气一样,市场行为导致的价格调整与纳税人自己做的事情无关,而与洛克的天赋权利原则一致,因受益而征税反映的是既定社会物品供给水平下消费者的边际估值。在理想情况下,受益税将以总额税形式征收,以便像提供私人品时那样使受益程度与纳税人的付出价格相匹配。但因为偏好是未知的,这一税额无法以总额形式征收。税收负担不得不被设定为特定税基的函数,这样纳税人就可以通过避税来少缴税。于是无谓损失就产生了,并超过了纳税人因避税而少缴的部分,而公共品[②]的受益状况保持基本不变。

[①] 上述论点是在所得税和受其影响下的要素供给(factor supply responses)背景下提出的,该论点可以很容易地适用于个人支出税。

[②] 通常财政学文献习惯使用的概念是公共品(public goods),但马斯格雷夫本人却习惯于使用社会物品(social goods),只会偶尔使用公共品一词。此处即是一例。——译者注

第十章 社会契约、税收和无谓损失的地位(1992)

虽然避税是有利可图的,但也违背了受益税的理念。社会契约被违反,无谓损失也失去了地位。

假设两个纳税人具有相似的收入,且对公共品(public good)有着相同的需求收入弹性。在理想的受益税情况下,他们将被分派以相同的总额税。但如果征税使用的是相同的税率,那么劳动供给更富弹性的纳税人将避税更多,支付的税额更少,并产生更大的无谓损失。如果这一损失被看作是其成本的一部分,那就应该给他一个更低的税率,以便均衡负担。但这会奖励违约行为。相反,我们不应增加额外的无谓损失成本,而应采用相同的税率。如是,税收负担的分配将趋近于总额税的情形。①

正如我的批评者所指出的那样,上述推理取决于社会契约如何设计。只有当社会契约要求税收的分派与对公共服务的边际评价相一致,并运用于无税时的收入身上,无谓损失才会失去地位。社会契约的另一种定义可能允许避税,并且要求税收分派时能够均衡两个纳税人的负担(现在包括无谓损失),并给予劳动供给更富弹性的纳税人以更低的税率。此时无谓损失将有地位,并允许税率的差异。既然在这两种情况下都只有次优方案,后一种解决方案不是该跟前一种一样好吗?若税收形式基于洛克的天赋权利理念及其逻辑体系,那答案是否定的。考虑到自然秩序通过竞争性定价定义了真实收入的公正分配,那这一规则不仅应该在私人品的一般情形下成立,也应(也许只能近似地)适用于社会物品的情形。但是,即使对社会契约的定义存有争议,无谓损失也会让人感到不安。

三、福利最大化和总牺牲最小化

现在我们来看看情形完全不同的功利主义模型。此时天赋权利的主张被

---

① 要注意在此处我们处理的是,将受益原则用于一种社会物品(a social good)中,就是说,存在一种状况,相同的服务进入所有个人的效用函数中。它不同于公路设施,消费者虽然使用情况不同,但能通过征收公路使用税来接近消费者的受益情况。在这种情况下不会产生避税问题,因为选择少缴税跟自己减少从公路受益相匹配。这一状况与私人品情况相似,统一单位定价符合洛克式社会契约中的条件。但该公路一旦出现拥挤情况,上述解决方法就不再有效率,原因在于过度使用(英文原文为 underutilization,怀疑作者用反了——译者注)。

189

抛弃,由自然法规定的公正分配形态这一前提也不再采用。于是人类可以自由地安排包括分配状态在内的秩序,由理性计算来给出正确的解决方案。正如边沁的《道德与立法原理》(1789:1)开篇所述:"自然将人类置于两个统治者——快乐和痛苦的主宰之下。只有它们才能指示我们应当做什么,以及决定我们将要做什么。"一项行动被批准或被拒绝,取决于它能否创造效用,也就是说,取决于它增加还是减少了快乐或满足。这不仅适用于政府行动,也适用于私人行动,边沁(1789:3)由此得出一个相当勇敢的结论(heroic conclusion):"社会共同体的利益是什么?——就是其组成成员利益的总和。"因此,能最大化这一总和的行动就是正确的行动;收入或财富作为获得幸福的一种手段来配置,以使由此而获得的总体幸福感最大化。从这样的前提出发,边沁假设可供分配的收入是固定的,在此基础上(1802:46)他后来又增加了以下几个命题:(1)人的幸福感随着财富的增加而增加;(2)富人的幸福感增量没有其财富增量大;(3)因此财富分配越公平,总体幸福感就越大。就是说,总体幸福感最大化需要平等的收入分配。在命题(2)中隐含了财富或收入效用边际递减的假设,这一假设一直是功利主义模型中的核心。这样就可以将再分配对收入水平的不利影响纳入考量,也可以由此确证平等主义的解决方案。除非可以享受劳动成果,如边沁继续提到(1802:57)的那样,否则产业将会被摧毁;在平等和财产安全发生冲突的地方,前者必须屈服。因此,平等主义者和供给学派都可以引用他的权威,而这又取决于选择哪一部分。

在洛克模型中,税收涉及社会物品的融资,而边沁要解决的是收入分配问题。福利最大化原则直到后来才被应用于社会物品的融资,作为税收支付能力理论的辅助手段。这一原则由密尔和西奇威克最初提出,他们要求的是绝对牺牲相等或比例牺牲相等;到19世纪80年代边际效用分析兴起后,才增加了边际牺牲相等作为第三种变体。边际牺牲原则得到了埃奇沃斯的赞成,并很快席卷了整个领域,随后得到庇古的认可,称其为"终极的征税原则,直接凭直觉就能确定可行性"(Pigou,1927:42)。这一直觉的基础是,平等的边际牺牲是最小总牺牲的关键,并可实现福利的最大化。因此,在这里就发生了公平性规则从支付能力到福利最大化(作为功利主义效率标准)的范式转换。

正如边沁的总幸福最大化原则要求对总额固定的收入实行均等分配一

样,现在要使总牺牲最小化,就要求对固定收入从上开始不断地截取,直到达到必要的税收收入量。但是,在边沁的例子中,平均主义的结论以及对累进税制的极端论点,再一次因有害影响而受到限制。过去是说它会造成收入水平下降,现在是从无谓损失(Diamond and Mirrlees,1971)的角度来说明。避税行为会产生无谓损失,这将成为负担的一部分并应予以最小化。由于每一块钱收入损失的幅度,随着边际税率的提高而增加,因此,最小牺牲原则就不再要求最大程度的累进。为了使总负担最小化,必须在以下二者之间取得平衡:(1)平滑税率以减少无谓损失;(2)加剧累进以便将负担置于边际效用较低的地方。同时考虑二者,最优累进就与之前设想的情况相去甚远。因此,考虑无谓损失会改变累进税的经济学,更不用说累进税的政治经济学了。

为了评估无谓损失的状况,我们必须再次研究潜在社会契约的性质。为什么理性的人和自私的人,要接受边沁最大化总福利的英雄主义目标(heroic goal)？为什么具有较高收入能力的人同意与那些收入较低的人分享自己的优势？他们可能觉得达成社会契约符合自己的利益,因为这能让他们逃避霍布斯丛林的不安全感(Buchanan,1976),但这一社会契约很难实现总福利最大化。冲突的消失,可能是像休谟所说的那样,由"同情"产生真正的满足(Hume,1739),或者如斯密的中立的旁观者说的那样,由于想要寻求他人的认可(Smith,1759)。于是,个体会通过遵守边沁的规则来最大化自己的满足感。但是休谟和随后的斯密都不相信这一建议对人类行为具有决定性的意义。提升国家财富的不是旁观者的忠告,而是对财富的自利追求(Smith,1776)。密尔也认为,道德行为不能再基于上述理由进行解释。相反,功利主义者被告诫要像休谟的假设是正确的那样行事。"在自己的幸福和他人的幸福之间",他说(Mill,1861:16),"功利主义要求他像中立而仁慈的旁观者一样严格公正。按照拿撒勒[①]人耶稣的黄金法则行事,我们就读懂了效用伦理的完整精神。"尽管可能不喜欢,但人们还是被要求去重视他人的满足感,就好像这是自己的满足感一样。正如罗尔斯(1974:189)所指出的那样,边沁的功利主义解决方案最终取决于极端利他主义的道德观。

[①] 现今以色列的北部城市,位于历史上的加利利地区。自中世纪大部分被阿拉伯基督徒占领。传说耶稣在该城附近的萨福利亚村度过青少年时期,是基督教圣城之一。——译者注

这可与功利主义追求自我满足的理性形象相矛盾,仅凭理性来解释是不够的。"单靠理性的概念,或单靠对人道主义道德的承诺,都无法产生有用的伦理学理论。相反,我们需要将二者结合起来"(Harsanyi,1982:61)。接受了密尔的公正原则并加入了一个使总福利最大化的契约,个体会接受一个更为有限的目标,即在分派既定的税单时将总损失降至最低。与之相应,他们应该随时准备好在无税的情况下就其收入缴税,要像缴纳总额税那样做出回应。这样的做法,不会产生替代效应,因此也就不会产生无谓损失。但是,总额税的恰当水平仍然是未知的,缴税前的收入并不是既定的,而且征税时所面对的收入是在有税的环境中获取的。通过避税可以减少税收义务,但导致无谓损失;这样的无谓损失挑战了功利主义契约中指派的税收义务,按此义务纳税本可使总损失最小化,于是无谓损失就失去了其地位(standing)。若通过减免(crediting)来补偿纳税人的无谓损失,那就意味着对违约进行了奖励,这样的话不如干脆忽略无谓损失。由于在没有税收情况下的收入是不可知的,因此只能近似地得出正确的解决方案。就是说,基于假定的供给弹性和规定的税率,校正通过观察得到的税前收入,再构建出无税状况下的收入推定值。接下来,根据这一收入和一次性总额税来设计税率结构,以使福利总成本最小化。更简单地说,我们可以(对于任何给定的收入)设置税率结构,以使总福利损失最小化,这是基于如下假设而做的计算:所观察到的税款已经按一次性总额税形式估定,并且征收到有税情形下观测到的税前收入水平上。如是,恰当的税率表,将比考虑无谓损失的税率表,更加陡峭。两个在没有税的条件下收入相当的人,劳动力供给更具弹性的那个人面对税收时仍然会少付些税款,但是不考虑无谓损失的话,上述优势就会有所减少。显然,在实践中征收正确的税很困难,但并不能否认以下事实:在契约层面计入无谓损失是不正确的。

上述结论再次取决于我们如何签订社会契约。如果公正性前提能够修改以允许避税,那么无谓损失将保持不变。正如边沁所说,在两种善发生冲突的地方,较小的善必须做出让步。由于避税可以带来净收益,因此它应该有地位(standing)。这种实用主义很吸引人,但很难与密尔要求的公正前提相吻合。避税否定了对正确税收的接纳,即以一次性总额税形式征收从而将总牺牲最小化的税收。作为避税产物的无谓损失,失去了地位(standing)。至少,我们可以再一次得出结论,地位(the standing)是一个问题。换句话说,最优税收解决方案并不像该术语所暗示的那样最优。

值得一提的是,功利主义模型后来进行了两次修正,对无谓损失的地位(standing)都有影响。早期的功利主义表述隐含了一个可观察的基数效用函数假设,即群体中各成员之间效用相似且可比较。在此基础上且在特定函数形式下,因收入转移或提取而产生的福利总收益或总损失均可进行计算。虽然这样的函数形式仍是庇古提出的边际牺牲相等原则的基础,但其中隐含的假设不断遭到质疑和拒绝,并很快被基于主观的社会福利函数构造所取代。于是先前的反对意见此时不再适用,但为了得出政策结论,现在必须将主观函数合并为一个代表性的函数(a representative function)。基于人人价值相等的前提,所有人的观点都被赋予相等的权重,但考虑其中涉及的困难(Arrow,1951),最后的结果只能是提供次优解决方案。不过,现代功利主义者规定并常规性地运用这一函数;在其中将社会权重分配给各纳税人承受的负担(包括无谓损失),在此基础上将总损失最小化。与功利主义直觉一致(如果说并非反映社会的判断的话),该函数呈现出社会边际效用递减的特征。早期的功利主义者曾认为,福利最大化的基础是可以观测得到的满足感;现在的福利最大化则基于社会规定的福利函数,使总牺牲最小化的负担分配取决于社会福利函数的形状(Cooter and Helpman,1974; Atkinson and Stiglitz,1980)。尽管这是一项重大的修正,但有关无谓损失的结论并没有改变。那些已同意该函数形状的个人,也应遵守基于此函数将总损失最小化的规定。此时避税仍然会造成干扰,其地位仍然令人怀疑。

功利主义模型的进一步修正,涉及重新解释在不确定条件下从事选择的公正性(impartiality)问题。这个问题的早期提法,已从密尔的公正性伦理约束径直转向分配的后果。公正的 X,将 Y 的满意视同自己的满意,如果一种重新安排对 Y 利益的增加大于自己利益的折损,那么 X 将会同意。若一种契约能使再分配总收益最大化(或使税收总负担最小化),那它就被当作直接遵从了公正性规则。冯·诺依曼-摩根斯坦效用函数说的是在不确定性条件下从事选择,受此影响,公正性被认为要求在不确定性条件下进行选择,即个体要在不知道自己最终地位的情况下,从多种分配方案中做出选择。[1] 接下来他们就会找到符合自己利益的解决方案,以寻求总福利的最大化,或类似于在固定人数情形下寻求平均福利最大化的解决方案(Vickrey,1945；Harsanyi,1953,1955)。如果可分配的总收入是上天赐予的,那他们就会选择平均分配(equal distribution);如果可分配收入不受税收的影响(即不存在避税行为),那他们同样会选择平均分配。但存在避税行为的情况下,可分配收入就成为税收的函数,而公正选择往往会带来不平等的分配。但是,避税行为几乎不符合公正原则。个体若同意在面纱之后从事选择,那也应同意忽视自己的优势。这样一来,他们就不应放弃自己的立场,就是说不应通过避税追求自身利益。于是无谓损失的地位(standing)仍然可疑。

四、公平的规则

在被转化为边际牺牲相等和总牺牲最小形式之前,平等的牺牲规则是分配税收负担的公平规则。享有税前收入的权利被接受为普遍规则,但为公共服务支付的费用各不相同,且应该以"公平"的方式来分摊。对绝对牺牲平等的要求,反映的是对人人价值平等的原则,而比例牺牲平等则要求将公平视为保持相对地位不变。避税行为再次干扰了规则的意图,这些规则基于无税状态下的支付能力而产生,本来是要定义为公平的税款上缴义务的。

随着罗尔斯的最大最小化原则(principle of maximin)成为公平分配状况的指引(Rawls,1971),有一种特殊状况出现了。类似于功利主义模型,此时天赋权利的主张被放弃了。个体采用两个基本的正义原则,即(1)每个人享有与他人相容的同等自由权。(2)社会和经济的不平等应确保如下条件:(a)处于最不利地位的人获得最大化的期望收益;(b)机会均等。然后,像海萨尼(Harsanyi)设定的那样,个体从面纱之后选择替代性的分配方案。在可能结

---

[1] 如果理性选择必须与道德前提相结合(Harsanyi,1982),那么前者是否必须涉及在不确定性条件下进行选择？如果将公正性解释为个人将他人的福利视同自己的福利,那么要使总体福利最大化,只需做一点算术就可以得出结论。在不确定性条件下引入自利选择,会带来更多功利主义的表象,但也会导致尴尬的矛盾,即要求无私地接受"面纱",然后在面纱之后进行自利的选择。我担心,哲学家太容易被经济学家对不确定性分析的乐趣所俘虏,尽管在其他情况下这很有用。

第十章 社会契约、税收和无谓损失的地位(1992)

果之间进行的选择,再一次被认为是社会契约的必要理性组成部分(Rawls, 1971:172)。我们早前的疑虑在这里也出现了。[①] 如果用总福利最大化代替条件2(a)(Rawls,1974),并加入极端风险规避的假设(即最底层的收入对应的边际效用无限高),那么最大最小规则下的解决方案可与功利主义设想的方案协调。由于害怕自己可能最终处于最不幸的地位,人们将会同意最大最小规则。但是,如果维持生计的收入是有保障的,仅对高于该水平的收入存在不确定的分配状况,那么上述推理的合理性就被打破,此时不确定条件下的选择可能会导致更大程度的不平等(Arrow,1973)。为了使最大最小规则成为一般规则,厌恶风险的伦理观(an ethic of superiority dislike)必须代替公正观。

在最大最小规则下,避税和无谓损失状况如何呢?只有当劳动收入可变时(即纳税人选择避税),该规则才会变得有意思。在收入固定的情况下,得到采用的是平等主义的解决方案。因此,避税和无谓损失是内在于最大最小命题中的。与其要求密尔式的公正和洛克主义的一点天赋权利,现在不如要求保持闲暇并签订允许避税的社会契约。这样的解释,也与罗尔斯将闲暇排除出分配问题之外的观点是一致的(Rawls,1974)。在这里无谓损失也是有地位的(standing)。

五、结 论

前面的讨论,是将另一种社会契约的逻辑应用于设计一个好的税收制度。毫不奇怪的是,我们发现这样的安排与原先隐含的社会契约在性质上有所不同;但它对无谓损失有代表性的思考证实了无谓损失的地位确有疑问(questionable standing)。然而,这并不是说,税收的效率成本就无关紧要。当两个税基在实现社会契约目标方面的表现相近时,应选择无谓损失较小的一个。我们不建议把无谓损失的意义放大,认为它是对破坏社会契约行为的惩罚。此外,也不是说完全不考虑无谓损失。政策可能会在经济学的效率概念与社会契约认可的正义概念之间寻求平衡。

[①] 参见第196页脚注①。

总之,我们可能会注意到,我们的问题与长期以来的法哲学争论之间存在相似之处,即应如何看待惩罚的痛苦。① 一个极端是,边沁的功利主义立场认为对不法行为者施加的惩罚应与受害人承受的痛苦量相等。另一个极端是,康德的报应主义立场(retributivist position),即对犯罪的惩罚本身就是对的,不会为社会带来负效用。将这两个极端与无谓损失的地位相提并论,涉及两个问题:一个是,在避税过程中是否发生过犯罪或不法行为;如果是的话,那另一个是,施加的惩罚是否恰当。前者取决于社会契约签订的方式,而我的立场是,无论是在洛克主义还是在功利主义背景下,社会契约的意图均表明不允许避税。对于后者,我对无谓损失地位的质疑与康德的立场是一致的,那就是要求"惩罚",途径是不认可税负分派中的无谓损失以及不理会最小化总牺牲。

我承认,在这两个方面都有辩论的余地,但是无谓损失的地位理所当然是不可接受的。经济学家并非是在不参考潜在社会契约的情况下,就去先验地制定有关好税收的规则。

参考文献

Arrow K. (1951), *Social Choice and Individual Value*, New York: Wiley.

Arrow K. (1973), 'Some ordinalist-utilitarian notes on Rawls' theory of justice', *Journal of Philosophy*, 70, 245—63.

Atkinson, A. B. and J. E. Stiglitz (1980), *Lectures in Public Economy*, New York: McGraw-Hill.

Bentham, J. (1789), *The Principles of Morals and Legislation*, ed. L. Lafleur, New York: Hafner Press.

Bentham, J. (1802), 'Principles of the civil code', in C. B. McPherson (ed.), *Property*, Toronto: University of Toronto Press, 1978, 41—58.

Brennan, G. and J. M. Buchanan (1980), *The Power to Tax*, Cambridge: Cambridge University Press.

Buchanan, J. M. (1976), 'A Hobbesian interpretation of the Rawlsian difference principle',

---

① 有关这一主题的类似观点的最新讨论,请参见(Lewin and Trumball, 1990)。

第十章 社会契约、税收和无谓损失的地位(1992)

Kyklos 29,5—25.

Cooter,R. and E. Helpman (1974),'Optimal income taxation for transfer payments', *Quarterly Journal of Economics*,88,656—70.

Diamond,P. A. and J. A. Mirrlees (1971),'Optimal taxation and public production',*American Economic Review*,61,8—27 and 261—78.

Harsanyi,J. C. (1953),'Cardinal utility in welfare economics and in the theory of risk taking',*Journal of Political Economy*,61,434—5.

Harsanyi,J. C. (1955),'Cardinal welfare,individualistic ethics and interpersonal comparisons of utility',*Journal of Political Economy*,63,309—21.

Harsanyi,J. C. (1982),'Morality and the theory of rational behavior',in A. Sen and B. Williams (eds),*Utilitarianism and Beyond*,Cambridge:Cambridge University Press 39—62.

Hume,D. (1739),*A Treatise of Human Nature*, ed. E. D. Lindsay,1911,London and New York.

Lewin,R. and W. Trumball (1990),'The social value of crime',*International Review of Law and Economics*,10 (3),271—84.

Locke,J. (1790),*Two Treatises of Government*,ed. P. Laslett,Cambridge:Cambridge University Press.

Mill,J. S. (1861),*Utilitarianism*, on liberty and considerations on representative government,London:Dent and Sons,16.

Mirrlees,J. A. (1971),'An exploration in the theory of optimal income taxation',Review of Economic Studies,38,J 75—208.

Musgrave,R. A. (1976),'Adam Smith on public finance and distribution',in T. Wilson Oxford:Clarendon Press,296—319;also in Musgrave (1986),Vol. 2.

Musgrave,R. A. (1981),'Leviathan cometh—or doth he?' in H. Ladd and T. Tideman (eds),*Tax and Expenditure Limitation*,Washington,DC:Urban Institute,72—118;also in Musgrave (1986),Vol. 2.

Musgrave,R. A. (1986),*Public Finance in a Democratic Society*,vols 1 and 2,Brighton:Wheatsheaf Press.

Nozick,R. (1974),*Anarchy,State and Utopia*,Oxford:Blackwell,176.

Pigou,A. C. (1927),*A Study in Public Finance*,London:Macmillan,27.

Rawls,J. (1971),*A Theory of Justice*,Cambridge,MA:Harvard University Press,189.

Rawls, J. (1974), 'Concepts of distributional equity, some reasons for the maximin criterion', American Economic Review, Papers and Proceedings, 141—6.

Samuelson, P. (1954), 'The pure theory of public expenditures', *Review of Economics and Statistics*, 36, 387—9.

Schumpeter, J. A. (1954), *History of Economic Analysis*, New York: Oxford University Press.

Smith, A. (1759), *The Theory of Moral Sentiments*, Indianapolis: Liberty Classics, 162—303.

Smith, A. (1776), The Wealth of Nations, vol. 2, ed. E. Cannan, London: Putnam, 310.

Vickrey, W. (1945), 'Measuring marginal utility by reaction to risk', *Econometrica*, 13, 319—33.

Wicksell, K. (1896), *Finanztheoretische Untersuchungen*, Jena: Fischer. For excerpts from Wicksell and Lindahl, see Musgrave, R. A. and A. Peacock (eds), (1958), *Classics in the Theory of Public Finance*, London: Macmillan, 72—118 and 214—32.

第十一章 再论横向公平(1990)[①]

对税收公平的要求,通常包括横向公平(HE)规则,即地位平等的人被平等地对待,另外还包括纵向公平(VE)规则,即恰当区分地位不平等的人并分别予以对待。看起来横向公平没有争议,它不仅为纳税人提供了保护以防止任意歧视,而且还体现了人人价值平等(equal worth)的基本原则。美国宪法规定,"法律之下,人人平等"。与此相似的,有一位杰出的功利主义者这么说,"制定法律不亚于执行法律,所有武断地影响个人利益且不能给出充分理由的不平等,都是不公正的"(Sidgwick,1874)。也可以引用横向公平领域的精神领袖亨利·西蒙斯的话,"无论是谁,在相似处境中就应承担相似的税收,这是一个共识"(Simons,1950)。"相似处境"有待进一步加以界定,例如增值(accretion)还是消费,是从年度来说还是就终生而言,但地位平等的人应被平等对待已被普遍地接受。相反,纵向公平本质上是有争议的,因为需要为此选择适当的差异化模式,但人们将对如何进行差异化有分歧。横向公平是公平的最低准则,而纵向公平涉及社会品味和政治争议。因此,1986年税收改革策略是团结中上收入阶层,旨在争取他们对改善横向公平的普遍支持,但在有争议的纵向公平问题上则保持中立。

尽管横向公平规则明显得到了优先考虑,但有关税收公平的文献却将纵

[①] 选自 National Tax Journal 43,1990:113—122. 我很高兴为纪念莫里斯·贝克(Morris Beck)献上本章,并感谢莫里斯·贝克基金会(Morris Beck Fund)的支持。我要感谢沃尔特·赫提奇(Walter Hettich)、卡尔·肖普(Carl Shoup)、佩吉·马斯格雷夫(Peggy Musgrav)、梅尔文·怀特(Melvin White)以及乔治·佐德罗(George Zodrow)的有益建议。

向公平视为首要问题,并否认横向公平规则作为独立规范的重要性。可以这么说,对纵向公平的遵从已经确保了对横向公平的遵从,而遵从横向公平本身并不能保证对纵向公平的遵从。因此,纵向公平被视为基本规则,而横向公平只是纵向公平的结果。这个结论在卡普洛向这本杂志[①](Kaplow,1989)的最新投稿中得到了支持,我在几十年前也提出了类似的推论:

也许最广泛接受的税收公平原则是,地位平等的人被平等地对待。这种平等或者说横向公平的原则,是量能方法的基础,而量能方法要求对能力相同的人平等地征税,而对能力不等的人差异化地征税。除此之外,平等原则也被许多不太重视量能方法的人接受。尽管关于纵向公平问题或不同地位的人的税收应如何差别征收的洞见比较少见,但确实有人提出过横向公平规则是正当的。

这样的说法很难加以证明。横向公平和纵向公平是同一枚硬币的两面。如果没有明确理由支持对地位不平等的人区别征税,那有什么理由来防止区别对待地位平等的人呢?如果没有纵向公平的标准,那么横向公平的要求充其量只能成为防范实施反复无常的歧视的保障——随机地分配税收也可以保证同样的平等。更重要的是,横向公平的规则必须在明确了解纵向公平的背景下才能予以审视(Musgrave,1959:160)。

后来我又重申过这一点(Musgrave,1976)。现在我发现,有必要重新考虑这一结论。横向公平的独立角色变得显而易见,只要我们不再关注最优结果而追求相对而言的次优解决方案。

一、分配正义中的税收公平

卡普洛(Kaplow)坚决认为,税收公平有意义的衡量标准必须从天赋权利和分配正义这样的先验条件出发。如何看待这些先验条件,决定了税收公平的不同内容。这也是我们分析的起点。

---

① 指的是《国家税收杂志》(*National Tax Journal*)。——译者注

(一)勤劳所得的天赋权利

根据洛克(Locke,1689)的说法,自然法赋予每个人保留自己在市场上挣得收入的权利。一个普遍的要求(common claim)是,人仅能从自然资源而非自然资源之外获取收益。假设这一普遍要求已由特定的"基准协议"(baseline agreement, Nozick)解决,那无须再分配。不过我们仍然需要为社会物品支付税款,天赋权利的逻辑要求是,按照受益程度纳税。

那么,横向公平和纵向公平是如何进入这一受益税的征收的呢?对境况相同与境况不同的人来说,受益原则意味着他们应该分别面对什么样的税收待遇呢?在私人品的世界中,个人有权享受以统一的市场价格购买而得到福利。给定需求收入弹性为正,那么高收入消费者将购买更多的商品并获得更大的消费者剩余,就这一点来说他们是受益的。提供社会物品的不同之处在于,所有的消费者都必须消费相同的量。品味相同、收入相同的人,对社会物品的边际估值也相同,并因此应缴纳相同的税款。此时,横向公平原则得到了实现。但是,如今收入较高的消费者对社会物品边际单位的货币估值也较高。类似于私人品情形下的受益情况,价格等于边际效用,因此他们应该支付更多的税款。当收入弹性分别低于、等于或大于社会物品需求的价格弹性时,相应的负担分配分别应是累退、等比例或累进的。尽管天赋权利原则将再分配排除在外,但在受益税的背景下纵向公平原则仍有一席之地。这种基于需求的收入弹性和价格弹性而产生的税收根据,与功利主义背景下的情况完全不同。

(二)量能原则

虽有某种程度的不安,但亚当·斯密在其较早的哲学著作中(Smith, 1759)还是支持了天赋权利原则。但是随后在1776年的著作中处理税收公平时,他用公平获取原则代替了受益原则。因此,他的第一条税收格言是"国家的臣民应尽可能地根据各自的能力,为政府服务贡献相应税收……"而收入被他当作衡量纳税能力的标准,比例税被视为分配负担的公平方式。尽管他没有将自己的公平原则分解为横向公平和纵向公平两部分,但他主张的按照支付能力(即量能)缴纳税款满足了这两个维度公平的要求。

因此,斯密被认为是主张量能原则的理论家,但这似乎与他格言的第二部分相矛盾。他继续写道:"……这与他们分别在国家保护下所享有的收入成正比。"结合起来看,这两部分似乎把量能原则和受益原则强行组合一起。斯密可能确实想二者兼而有之,或者他可能已经意识到(如果没有明确说明的话),量能原则和受益原则可以通过对社会物品的需求收入弹性联系在一起。这样的话,他的量能原则就可以视为受益原则的实现方式。

密尔消除了斯密的歧义之处,他把对税收公平的分析与预算的支出方分离。此后无论好坏(几乎是更糟),这一分离一直主导着税收分析。密尔(Mill,1848)发展了斯密量能原则的理念,然后将平等的能力转化为平等的牺牲。他以相同的效用函数和收入的边际效用递减为前提,分析后得出,收入相等的个人应该支付相同的税款,而收入较高的人应该支付更多的税款。密尔认为,公平意味着差别征税后应该让不同的收入承受相等的绝对牺牲额。尽管他指出(在此方面他错了),这么做总牺牲将最小化,但是总牺牲最小并不是他的基本要求。他把以公平的方式征税定义为平等的绝对牺牲,横向公平和纵向公平的要求在此也再次得到了满足。

(三)福利最大化

斯密和密尔都认为,税前收入是劳动所得也是天赋权利,他们都讨论了应如何以公平的方式征税来满足政府有限的收入要求。但边沁的功利主义模型放弃了天赋权利观,而提出了分配安排的最优原则。他将幸福视为人类活动的目标,并假定所有人的幸福均应得到同等的重视,这样总体福利最大化就成为政府的目标。为了实现这一目标,一切有理性的人都应该定期纳税(Bentham,1789)。假设对固定总收入实行最优分配,收入的边际效用递减且人与人之间收入边际效用相同,那么平均分配将使总满意度最大化(Bentham,1802)。这是纵向公平要求累进征税的基本情形,尽管边沁也在多个方面对它进行了限定。比如说,必须考虑税收对收入水平及影响满意度的其他因素(如安全和自由)所产生的不利影响。

埃奇沃斯(Edgeworth,1897)和庇古(Pigou,1928)延续了密尔的讨论,而且进一步区分了绝对牺牲平等、比例牺牲平等、边际牺牲平等等规则。其中,边际牺牲平等是正确的版本,不是因为其即时的公平诉求,而是因为它可以作为实现总牺牲最小化或福利最大化的功利主义目标的工具。庇古认为,总牺牲最小化无疑是征税的终极原则,直接遵循了使总满意度最大化的最高目标(Pigou,1928)。他认识到"最原始形式"的税收公平需要实现平等的人被平等对待,但在赞同西奇威克的主张时显得颇为犹豫,该主张认为应将横向公平视为分配正义的终极原则(Sidgwick,1874)。在他看来,既然已经将横向公平包含在总牺牲最小化的规则中,那横向公平就没有必要作为独立规范的角色存在。

不久之后,庇古的功利主义计算遭到了两方面的反对:一方面,找不到现成的方法来衡量收入的边际效用随收入增加而下降的速度;另一方面,人们对效用函数相同且可比较的传统假设提出了质疑(Robbins,1938)。传统的社会福利函数观点此时已经瓦解,取而代之的是分崩离析的版本。对于收入分配应该是什么样子,每个人都有自己的看法,并因此对社会福利函数有自己的想法(personalized image,Bergson,1938)。于是社会福利函数方法的早期目标被弃之一边,但这样做的代价是失去了与政策之间必要的联系。个人主义的社会福利函数若要成为政策选择的基础,需要整合为一个代表性的福利函数(a representative one)。

为此,社会必须就决策规则问题达成共识,以便确定一个代表性的福利函数。假设我们可以克服界定明确决策规则的困难(Arrow,1951),那么就有一种契约式的解决方案;但是纵向公平的最终状态,反映的不再是一个基于总体满意度的令人信服的客观标准,就像功利主义模型所构造的那样。相反,纵向公平被简化为对公平分配的各种个人观点的调和。在这一过程中,功利主义模型中被普遍接受的道德前提失去了,即把他人的满足感视同为自己的。任何一个人的公平分配观点,都可能被他/她自己的劳动所得的潜力所塑造,这是天赋权利而非功利主义模型的前提。

(四)面纱的构想(the Veil Construct)

维克瑞(Vickrey,1945)和海萨尼(Harsanyi,1953)在"新功利主义"模型中,恢复了人人价值平等的前提。这一模型提出了如下的社会契约,即个人将从面纱之后选择替代性的分配模式,这么做可以忽略自己的收入能力和在最终结果(在再分配之后)中的位置。若给定用风险规避程度来表示的相似的效用函数,那么个人将会就一种更受偏爱的分配方式达成一致,以使得个体效用的总和或均值最大化(Harsanyi,1957)。如果用于收入分配总额的是固定的量,那将带来平均的分配。但是,出于再分配目的而征税会减少可税的收入,因为会导致闲暇对收入的替代。考虑到这一点,新功利主义模式下的最终分配状态将不会是平均分配。

像新功利主义模型一样,约翰·罗尔斯(Rawls,1971)视正义为公平的观点也拒绝天赋权利的前提,呼吁重新分配收入。再一次地,他的讨论从无偏选择(impartial choice)和面纱构想等前提开始。但是与新功利主义模型不同,罗尔斯添加了无限的风险规避假设。因此,那些不知道自己在结果中所处位置的个人,会选择的解决方案是给最低收入者分配最大的收入。由于税收减少了可税收入,罗尔斯的方案同样不符合平均主义的解决方式,但再分配的力度将比新功利主义模型下还要大。不过,上述假设是极端的。若在下面两个方案之间选择,即位于底层的确定的少量收入,位于上层的不太确定的大量收入,个人可能会更倾向于后一个。

通过面纱构想来恢复无偏性(无论是新功利主义还是罗尔斯式的表述),迎合了经济学家对不确定性的迷恋,但同时也带来了新问题。尽管风险规避提供了一种检验收入效用函数形状的有用方法,但是如果风险规避留有余地,允许对好恶冒点险(gambling likes and dislikes),那么不确定性结构就会被扭曲。对好恶冒点险,其实在实现分配正义方面几乎不应该起核心作用。更重要的是,面纱构想涉及一个尴尬的矛盾,那就是首先假定个人为了进行无偏选择而订立社会契约,然后允许他们自由地用闲暇替代收入来回应征税以影响结果。因此,面纱构想对天赋权利和公平原则,尤其是在最大最小原则方面,进行了尴尬的组合。与最差者的地位进行对比,很可能被直接假定为社会道德的前提,这种方法也内置于罗尔斯的公式中,但是它从面纱构想中得出的推论难以令人信服。

我们回过来讨论在面纱构想方法中横向公平和纵向公平的角色。在新功利主义者和罗尔斯主义者看来,收入相等的人再一次地要支付相等的金额,而收入较高的人将支付更多的金额。这个看法再次保证了两个公平规则之间的一致性，但是面纱模型所定义的纵向公平所处的背景并不相同，它跟经典的功利主义主张也不相同。

(五)结论

正如这份简短的概述所显示的，在分配正义的各种形式下，横向公平的要求基本上保持不变，无论分配正义的形式是洛克的天赋权利方案、功利主义方案还是公平方案。不过，不同方案中的纵向公平，发生了翻天覆地的变化。虽然各种纵向公平的结果都能满足横向公平，但这并不意味着横向公平源自纵向公平。如果是这样的话，那就表明横向公平是一个更强大的基本规则。就社会道德而言，横向公平不仅以其自身的规范基础出现，而且比纵向公平根深蒂固。毫不奇怪，它也更受欢迎。

二、次优情境中的横向公平与纵向公平

即使排名能够完全以"客观方式"完成，此处也不是对各种分配正义模型或其组合进行排名的地方。其中，会牵涉不同的个体与价值观。取而代之的是，我们仍然回到功利主义模型的经济学标准方法，即假设要给出一种社会福利函数，然后再考虑如何评估税收制度的公平性。为简化起见，我们一开始假设税前收入水平不会随征税而变化，而福利只是收入的函数；再假设所有人的效用函数是统一的，那么收入相等的人将处于相同的位置。这些假设在以后还会重新再考虑。

(一)税收制度质量的衡量

我们可以定义各种指标，以便依此来衡量和比较税收制度在横向公平和纵向公平方面的质量。

(二)福利成本和纵向公平表现

首先，我们确定税收制度带来的总实际福利成本为 ΣWC_a。该成本通过

引入凹形(concave)社会福利函数来衡量。然后,我们将实际负担分配下的成本与最优分配中的最低成本进行比较。超额成本以实际成本的百分比来表示,它给出了福利成本表现的指标,定义如下:

$$\frac{\Sigma WC_a - \Sigma WC_m}{\Sigma WC_a} \times 100$$

其中,ΣWC_a 是实际负担分配施加于整个纳税人群体的总福利成本,而 ΣWC_m 是在最优分配中的最低成本。在最理想的表现中,指标值等于零;随着不完美程度的增加,指标值在增长。

在功利主义背景下,也可以采用相同的指标来衡量纵向公平的表现。由于完美的纵向公平是用最小总成本来定义的,所以这两个目的均可用相同的公式。

(三)横向公平

接下来,我们探讨横向公平的表现。对于任何一组平等的人来说,横向公平的衡量标准是该组的实际总福利成本超过该组平均分配情形下总福利成本的百分比。这一指标由下式给出:

$$\frac{\Sigma WC_{ea} - \Sigma WC_e^*}{\Sigma WC_{ea}} \times 100$$

其中,ΣWC_{ea} 是特定群体实际分配情形下的总福利成本,而 ΣWC_e^* 是在平均分配情形下的总福利成本。因此,该表达式可衡量由于未实现横向公平而导致的超额成本,以实际成本的百分比表示。当指标值为 0 时,表明完美遵从了横向公平;在此基础上,随着不完美遵从程度的增加,指标值将增长。因此,未实现横向公平而形成的超额成本,对于每一个由平等的人组成的群体来说都是可度量的。

但是,适用于由平等的人组成的特定群体的横向公平是不够的。为了评估整个系统的横向公平程度并实现与其他负担分配情形的比较,需要对横向公平进行整体的测量。构造这样的指标很困难,因为横向公平本质上仅涉及平等的人之间的比较。但是,可以把人结合成组,进而将对平等的人的方法扩展到对平等的组,以进行整体的度量。这两个组的横向公平指数的简单平均值无法获得,因为需要对由于不遵守横向公平而导致的相应福利损失做出更

明确的考量。因此,我们定义整个群体的横向公平指标为:

$$\frac{\Sigma WC_a - \Sigma WC^*}{\Sigma WC_a} \times 100$$

其中,ΣWC_a 是整个群体的实际福利成本,而 ΣWC^* 是在每组平等的人中对实际的总负担进行均等划分而产生的成本。因此,既给出了总体情况,同时也避免了不平等的人之间的不恰当比较。指标值为 0,表示对横向公平的完美遵从,指标值随着不完美遵从程度的增加而增长。

值得注意的是,上述横向公平衡量方法并没有像近年来提出的各种指标那样,着眼于改变不平等的人之间的差异。对税收引起的收入水平流动性变化(Atkinson,1980)和基尼系数变化的度量(King,1983)很有意义,但它们并不能衡量横向公平的变化。位次的变化也被认为是横向公平概念的重要组成部分(Feldstein,1976)。所有人的税前和税后收入差异的比较(Kaplow)优先于位次变化,因为它可以在位次不改变的情况下进行比较,但这又涉及交叉的横向公平和纵向公平这样的混合议题。我们需要区分以下两个方面:(1)地位相同的人的不同税收待遇(按其自身来看待每一组地位相同的人);(2)地位不等的人之间的不同税收待遇。第一个方面涉及横向公平,第二个方面涉及纵向公平。如果在 L 和 H 两组中均设定一种不完美的横向公平,那么 L 和 H 两成员间的差异(例如,H_1 和 L_1 之间与 H_2 和 L_2 之间的差异)可能也会有所不同,但是这些差异(和其中的变化)反映了横向公平和纵向公平特征的混合,并混淆了这两个基本问题。

一个进一步的考量需要注意。读者可能会反对通过超额福利成本来衡量横向公平表现的质量,因为我们是按功利主义分析框架的精神来探讨,却未直接根据横向公平准则自身的立场来处理。我们必须考虑因不遵守横向公平准则而产生的福利成本,这是因为,平等对待原则以及由此产生的考虑,不仅涉及金钱的差异,还涉及社会效用的差异。所以,我们的表述可被视为衡量有效差异的第一步,随后还要根据其中存在的不足程度进行调整,根据纵向公平的缺陷进行权衡。

(四)调整后的纵向公平

回到我们先前用 ΣWC 度量的纵向公平,我们得出的结论是,不需要单独的纵向公平指标,因为它的目的已由其产生的福利成本体现出来。由于在功利主义背景下纵向公平的标准是从遵守成本最小化规则得出的,因此该指标也可以用来衡量纵向公平。之所以可以这样做,是因为把对地位平等的人形成的小组之间(within the subgroups of equals)因偏离横向公平而形成的纵向公平差距包括了进来。

为了修正这样的重叠,定义一个不受横向公平缺陷影响的调整后的纵向公平指标,就可能会有用。这与我们先前的命题一致,即横向公平的度量应避免越界,以免与纵向公平重叠。为此,可以像之前定义福利成本那样,来定义一个调整后的纵向公平(VEA)指标;不同之处在于,现在将各个纳税人承担的实际成本替换为本应由每组地位平等的人所均等负担的实际税额。因此,调整后的纵向公平(VEA)指标为:

$$\frac{\Sigma WC^{**} - \Sigma WC_m}{\Sigma WC^{**}} \times 100$$

其中,假设由境况相同者组成的各组内负担划分形成的实际分配相等,那ΣWC^{**}是整个组的总福利成本,而ΣWC_m是最优分配下各个组的最低总成本。调整后的纵向公平指标(VEA)与横向公平指标结合使用,就有将纵向公平表现与横向公平缺点区分开的优势,但也存在需要参考假设情况中的缺点,也带有忽略横向公平表现会影响ΣWC结果的缺点;反之亦然。

我们选择使用上述指标,是为了以最简单的形式表达我们的观点,可以在此基础上发展出更复杂的指标构造。但是,应该注意的是,结果甚至位次,对相关的社会福利函数形状(Hettich,1983)非常敏感,对要征收的税收收入额也是。这就是该问题的本质,并不令人惊奇。

(五)税收制度之间的比较

上述指标现在可用于比较不同税制的质量。为此,用数字来说明会很有帮助。如表11-1所示,我们考虑了四个人之间的分配情况,其中包括两个低收入的L_1和L_2,每个人获得5美元,两个高收入的H_1和H_2,每个人获得10美元。在30美元的总收入中,有8美元将通过所得税来筹集。第一至第四列显示不同的税收模式和税后收入。为了将税款转换为各种指标中呈现出来的福利成本，我们使用了假设的社会福利函数，该函数为的第一笔收入分配了10美元的价值，第二笔收入为9.1美元，第三笔收入为8.19美元，依此类推，每增加一美元的收入，相应权重就会下降10%。对函数特定形状的选择是任意的，但符合经济分析中通常（且很方便！）假定为凹函数的基本条件。我们还暂时假设征税不会影响税前收入水平，这是一个不现实的假设，下面将重新考量。

表 11—1　　　　　　　　　次优方案下的位次排序

	初始收入	Ⅰ 税收	Ⅰ 净收入	Ⅱ 税收	Ⅱ 净收入	Ⅲ 税收	Ⅲ 净收入	Ⅳ 税收	Ⅳ 净收入
1. L_1	5	0	5	1	4	0.4	4.6	0	5
2. L_2	5	0	5	1	4	1.3	3.7	0	5
3. H_1	10	4	6	3	7	2.5	7.5	3	7
4. H_2	10	4	6	3	7	3.8	6.2	5	5
5. 总计	30	8	22	8	22	8	22	8	22
指标									
6. ΣWC	—	0		6.2		6.2		1.7	
7. 横向公平 L 组	—	0		0		2.3		0	
8. 横向公平 H 组	—	0		0		3.5		1.6	
9. 总计	—	0		0		2.1		1.6	
10. 调整后的纵向公平（VEA）	—	0		6.2		5.4			

给定这样的社会福利函数，再假设税前收入保持不变，那第一栏的总福利成本 ΣWC 最小，该栏的负担平均分配给 H_1 和 H_2。与此相同，L_1 和 L_2 也被同等对待，以便始终满足横向公平。第一列记录了所有指标在最优方案中的完美分值（零值）。

但是，在现实世界中几乎没有最优解决方案。税收政策承受着来自政治、技术、行政等方面的诸多压力，这些压力限制了政策措施的选择。因此，政策选择仅限于不完善的安排，如第二至第四列所示。我们首先根据 ΣWC（第 6 行）和整体横向公平（第 9 行）对这些结果进行排名。比较Ⅱ和Ⅲ，二者在 ΣWC 方面都具有相同的劣势，但是Ⅱ在横向公平方面具有优势。若没有横向公平的规范基础,那将使Ⅱ和Ⅲ之间的选择没有区别,但是横向公平至关重要,Ⅱ被认为是更优的。Ⅲ和Ⅳ之间的比较表明Ⅳ在两个方面都具有优势,但是如果在Ⅱ和Ⅳ之间做出选择,则冲突会重新出现,其中,Ⅱ在横向公平方面优于Ⅳ,而Ⅳ在ΣWC方面则优于Ⅳ。为了建立位次排名,需要在Ⅱ的横向公平优势和Ⅳ的ΣWC优势之间进行权衡。

接下来用调整后的纵向公平指标(VEA)代替ΣWC,作为纵向公平的衡量指标,我们现在比较第 6 行和第 10 行。我们发现Ⅲ在纵向公平方面超过Ⅱ,并且Ⅳ相对于Ⅱ和Ⅲ的纵向公平优势得到了提高。鉴于已经按照其自身的方式考虑了横向公平,因此很可能倾向于选择使用调整后的纵向公平指标,这一指标抵消了横向公平特性。

在将新的税收收入添加到现有的不公平税收制度中时,也应进行类似的考量。我们进一步假设,在增加新税的情况下,现行税制不更改。然后,基于隐含的社会福利函数,政策可能必须在最小化额外的ΣWC和提高横向公平的整体水平之间做出选择。回到表中的第三列,假设需要增加 3 美元的收入,将额外的ΣWC减到最小,就要求从 H_1 收取 2.15 美元、从 H_2 收取 0.85 美元。横向公平可以通过多种方式来满足,例如,从 L_1 收取 0.60 美元、从 H_1 收取 0.55 美元,从 H_2 收取 1.85 美元。在次优设定中的策略选择,再次涉及横向公平与纵向公平之间的权衡。

(六)结论

我们还可以补充其他,但现有的例子已足以阐明如下中心论点:当必须在次优安排中进行选择时,横向公平的差异可能是决定性因素。这样的话,从事选择就要求对横向公平和纵向公平进行规范化赋值。横向公平是作为"最终状态原则",而不是像普罗特尼克(Plotnik,1987)所建议的那样,仅作为公平程序的规则。即使在功利主义的背景下也是如此,更不用说在第一部分讨论的有关分配正义的其他方法中。但庇古被广泛接受的结论与此相反,因而确实需要修正。完全符合纵向公平确实意味着符合横向公平,但是并不能因此认为横向公平缺乏独立性。一旦在次优解决方案之间进行选择,这一点就变得显而易见。我们需要在横向公平与纵向公平不足这二者之间进行权衡,并需要一个特定的权衡矩阵。诚然,这是一个复杂的任务,但是问题无法在不现实的完美设定下得到解决。

三、进一步的问题

在提出上述论点时,我们已经做出了许多简化的假设。这些假设不会影响我们关于横向公平独立性的主要结论,但还应做一些简要说明。

首先,我们对等额法定收入水平按差别税率征税,以此处理偏离横向公平的问题。在实践中,因税基的定义不完善而带来不公平,从而导致相同的法定税率在相同的"真实"收入水平上实施却造成不同的有效税率。因此,对于所得税,必须根据人们的"真实"收入水平(即应计收入)重新解释横向公平和纵向公平的完美状态。或者,在征收支出税的情况下,同样适用于正确地定义支出基础。依此类推,两类税基导致横向不公平的因素可能有所不同(Zodrow)。以上这些使推演变得复杂,但不会改变我们的基本发现。只需要补充一点,那就是,由于税基偏好而导致的差异会使纵向公平和横向公平之间的联系复杂化。随着收入规模的增加,各种类型的偏好都会带来权重的改变,这是税收政治和权衡问题的关键因素。

其次,我们假设税前的收入水平不受税种的影响,因此无须考虑闲暇对收入的替代,包括将闲暇效用纳入社会福利函数以及衡量税收负担的无谓损失问题。这些都需要进行更全面的分析。

再次我们必须相应地重新定义各种指标,无谓损失负担随着边际税率增加而增加,这使ΣWC最小化的最优税收分配也变得不那么累进。以上这些让情况变得复杂,但并不至于推翻我们的中心主张,即纵向公平和横向公平的政策目标可能会在不完善的政策环境中发生冲突,需要做出权衡取舍。

考虑收入变动提出了另一个问题,那就是应如何界定地位是否平等。假设遵从横向公平且效用函数相同,那么在零税收下拥有相同收入Y_z的个体,对相同税种的反应相同,因此税前收入Y_b(如果减少的话)或征税后的净收入Y_n相等。不完美的横向公平下,不再是这样的情况。由于不同的税收待遇,拥有相同收入Y_z的个体将产生不同的反应,并导致不同的Y_b和Y_n。应从相

同的 Y_z 而不是相同的 Y_b 的角度测量从横向公平出发的普遍偏离。严格来说,这将要求对个人按照 Y_n 重新分组,这就需要知晓不同收入水平的人的反应。

由于放弃了效用函数相同的假设,拥有相同收入 Y_z 的个体在效用方面不必再相同,因为他们的闲暇时间可能有所不同。在相同的税率下,他们现在可能遭受不同的福利损失。如果允许消费者的偏好有所不同,也会出现类似的困难。理想的横向公平理念要求,必须根据每个人的偏好调整税额(Rosen,1978),纵向公平也要求如此。

我们分析的重点,落在特定税种(仅所得税)的公平性。类似的论点,也适用于其他税种。任何一种税收所施加的横向公平和纵向公平方面的不平等,都可能被另一种税收所抵消或加剧,而这就要求根据净不平等程度评估不同税收系统的优缺点。虽然这样的分析通常针对纵向公平的情况,但也应将其应用于横向公平的分析中。

我们的关注点,始终是那些需要在横向公平和纵向公平之间进行权衡的情况,因为结构性的、政治的或其他障碍阻碍了最优解决方案的实现。仍需注意的是,即使没有这种障碍,横向公平和 ΣWC 最小化的功利主义规则(就此而言,具有帕累托最优)之间也会发生冲突。非凹收入效用函数之下可能就是这种情况,相似的个体面临着不同的价格(Stiglitz,1982),在城市规划中的运用尤其如此(Wildasin,1986)。如同由于错误的政策而导致次优解决方案一样,并不能因横向公平与功利主义有冲突而将其搁置。相反,这种情形需要有一种社会福利函数,既能涵盖这两个概念又能在它们之间进行权衡。

最后,我们在此命题上的说明(Feldstein,1976;Musgrave,1959)指出,横向公平的问题不要紧,因为对横向公平的偏离能够自我校正。由于通过征收差别税降低特定资产的收益回报,其总收益将上升,以恢复无税资产净收益之间的平衡。假设能力和要素流动性相等,这样的论证可以扩展运用到差别对待不同职位的工资。更可疑的是,它甚至可扩展至工资和资本收入之间的差别待遇(Feldstein)。税收差异可能会继续损害纵向公平,并带来持久的效率成本,但这将不再是横向公平不完美的问题之一。消除旧差异,确实可能导致对横向公平的新冒犯。

第十一章 再论横向公平(1990)

但是,这些结论并不会消除人们对横向公平的关切。一方面,该结论依赖于对市场调整的完善与速度的强有力假设,因此很难抛弃在此过程中对横向公平的持续关注。另一方面,由于引入了差别税而使得初始的不平等不会因调整过程而消除。相反,损失或收益被资本化,并完全落在最初的群体身上(Musgrave,1951:385)。因此,资本化并不能消除对税收变化中横向公平质量的担心,也不能消除对在次优体系中权衡取舍横向公平/纵向公平的担忧。

参考文献

Arrow, K. J. (1951), *Social Choice and Individual Values*, New York: John Wiley.

Atkinson, A. B. (1980), 'Horizontal equity and the distribution of the tax burden', in H. Aaron and M. J. Boskin (eds), *The Economics of Taxation*, Washington, DC: Brookings.

Atkinson, A. B. , and Stiglitz, J. E. (1980), *Lectures on Public Finance*, New York: McGraw-Hill.

Bentham, J. (1789), *The Principles of Morals and Legislation*, New York: Hafner Press, 1948.

Bentham, J. (1802), *Principles of the Civil Code*, as given in C. B. Macpherson (ed.), *Property*, University of Toronto Press, 1978, p. 47.

Bergson, A. (1938), 'A Reformulation of Certain Aspects of Welfare Economics,' *Quarterly Journal of Economics*, February.

Edgeworth, F. Y. (1897), 'The Pure Theory of Taxation,' *Economic Journal*, reprinted in *Papers Relating to Political Economy*, vol. II, London: Macmillan, 1925.

Feldstein, M. (1976), 'On the Theory of Tax Reform,' *Journal of Public Economics*, 6.

Harsanyi, J. C. (1953), 'Cardinal Utility in Welfare Economics,' *Journal of Political Economy*, 61. Reprinted in J. C. Harsanyi, *Essays on Ethics, Social Behavior, and. Scientific Explanation*, (1976) Boston: Reidel.

Harsanyi, J. C. (1957), 'Cardinal Welfare, Individualistic Ethics, and Inter-Personal (Comparison of Utility,' *Journal of Political Economy*, 63. Also included in above volume.

Hettich, Walter (1983), 'Reforms of the Tax Base and Horizontal Equity,' *National Tax Journal*, 36, no. 4.

Kaplow, Louis (1989), 'Horizontal Equity: Measures in Search of a Principle,' *National*

Tax Journal, 42.

King, M. A. (1983), 'An Index of Inequality With Application to Horizontal Equity and Social Mobility,' *Econometrica*, 51.

Locke, John (1689), *Two Treatises of Government*, ed. Laslett, 1960, New York, Mentor Books, p. 327.

Mill, J. S. (1848), *Principles of Political Economy*, ed. W. G. Ashley, Longman's, 1921, Book 5, Chapter 2, p. 804.

Musgrave, R. A. (1959), *The Theory of Public Finance*, New York: McGraw-Hill, pp. 161 and 385.

Musgrave, R. A. (1976), 'ET, OT, or SBT,' *Journal of Public Economics*, 6, (1), 2, p. 4.

Nozick R. (1968), *Anarchy, State and Utopia*, Basic Books, 1978, p. 178.

Pigou, A. C. (1928), *A Study in Public Finance*, 3rd ed., 1951, Macmillan, p. 50.

Plotnick, Robert (1982), 'The Concept of Measurement of Horizontal Equity,' Journal of Public Economics, 17.

Rawls, J. (1971). *A Theory of Justice*, Harvard University Press, Cambridge, MA.

Robbins, L. (1938), 'Interpersonal Comparisons of Utility,' *Economic Journal*.

Rosen, H. S. (1978), 'An Approach to the Study of Income, Utility and Horizontal Equity,' *Quarterly Journal of Economics*, 92, 357—69.

Sidgwick, (1874), *The Methods of Ethics*, University of Chicago Press, 1962, p. 267.

Simons, H. (1950), *Federal Tax Reform*, University of Chicago Press, p. 8.

Smith, Adam (1759), *The Theory of Moral Sentiments*, ed. E. G. West, Liberty Classics, 1969.

Smith, Adam (1776), *The Wealth of Nations*, Book IV, ch Ⅱ, Part Ⅱ.

Stiglitz, Joseph (1982), 'Utilitarianism and Horizontal Equity. The Case for Random Taxation,' *Journal of Public Economics*, 18 (1).

Vickrey, W. C. (1945), 'Measuring Income Utility by Reactions to Risk,' *Econometrica*, 13.

White, M. and White A. (1965), 'Horizontal Inequality in the Federal Income Tax Treatment of Homeowners and Tenants,' National Tax Journal, p. 142.

Wildasin, David (1986), 'Spatial Variation of the Marginal Utility of Income and Unequal Treatment of Equals,' *Journal of Urban Economics*, 19.

第十二章 横向公平:进一步的阐释(1993)[①]

一、引 言

在大约30年前的论文中,我认为"横向公平和纵向公平是同一枚硬币的正反两面。如果没有明确理由支持区别对待地位不平等的人,那有什么理由避免区别对待地位平等的人呢?"[②]我认为,如果没有纵向公平的规则,横向公平的要求充其量只能成为防范无端歧视的保障,但这个目标通过随机征税也能达到。[③] 我坚持这一观点[④],直到路易斯·卡普洛(Louis Kaplow)对类似观点的支持[⑤]让我再次回到这个问题。这么说也许有一点明智(如果不说是聪明的话),我后来得出的结论是,毕竟有种情况可以将横向公平视为一种独立的规范。[⑥] 卡普洛在《佛罗里达税收评论》杂志中做出回应,他以假设有待证明为由反驳了我说的情况。[⑦] 但我并没有被说服,在此想要提出进一步的

---

① 选自 *Florida Tax Review*,1 (5),1993,354—359.
② Richard A. Musgrave, The Theory of Public Finance: A Study in Public Economy (1959), 160.
③ 同上。
④ Richard A. Musgrave and Peggy B. Musgrave, *Public Finance in Theory and Practice* (2dedn 1976),216.
⑤ Louis Kaplow, 'Horizontal equity: measures in search of a principle', *National Tax Journal*, 42(1990),139.
⑥ Richard A. Musgrave, 'Horizontal equity, once more', *National Tax Journal*, 43 (1990), 113. 也是本卷第11章。
⑦ Louis Kaplow, 'A note on horizontal equity', *Florida Tax Review*,1 (1992),191.

阐释。

正如我在论文中所建议的那样,看待这一问题需要区分两种情况:一种是税收安排可充分遵从公平规范的最优情形设定;另一种是由于政治或其他制约因素的存在而选择次优方案的情形。在这里,我再次做出同样的区分。

二、最优情形设定

在本章,我先讨论最优的情形,此时既满足纵向公平的安排也满足横向公平的安排。[①] 这样我就能集中关注政治和实践的制约所造成的冲突。首先假设不存在政治和实践的制约,我们让 L_1 和 L_2 拥有相似的低收入,H_1 和 H_2 拥有相似的高收入。然后,假设纵向公平要求 H 组的纳税额为 L 组的两倍,此外,L_1 和 L_2 支付相同的税款,H_1 和 H_2 也是如此。这符合纵向公平规则,也符合横向公平规则。接下来我也大致如此假设,但故事并没有就此结束。虽然满足纵向公平也意味着满足横向公平,但并不意味着横向公平只是纵向公平的结果。

我再次从如下观察开始,那就是几乎每个人都同意横向公平规则,该规则要求平等地对待处于相同地位的人。[②] 因此,横向公平的一般原则几乎被普遍地接受。与此同时,对纵向公平的看法,即在不平等的人之间进行区分的理想模式(desirable pattern),差异很大。X 是一个以洛克式劳动所得乃天赋权利来看待分配正义的人,他认为正义的税收就是受益税,于是对公共服务估值相同的人,就应该支付相同的税收价格。采用功利主义方法的 Y 和 Z 会认为,税收负担的公正分配应该是最大限度地减少总福利损失,但二者的主观福

[①] 如果可行设定是非凸的,那么即使偏好相同,也会偏离良好的设定(A. B. Atkinson and Joseph E. Stiglitz, *Lectures in Public Economics*, McGraw-Hill, 1990, p. 354) 以及偏好差异(参见 Martin S. Feldstein, 'On the theory of tax reform', *Journal of Public Economics* 6(1), (1976) at 83)。

[②] 这并不是要否定对是否存在适当的平等指标存在争论的事实,例如,平等的收入或消费,应税单位的适当定义等。这些是税收实践中的重要问题,但可能会达成或多或少满意的解决方案。参见 Richard A. Musgrave, The nature of horizontal equity and the principle of broad—based taxation: a friendly critique' in John C. Hind (ed.) (1983), *Taxation Issues of the 1980s*, Australian Tax Research Foundation, 转载于 Richard A. Musgrave, *Public Finance in A Democratic Society*, (New York University Press, 1986). 也是本卷第九章。

利函数形状有所不同。另外还有一些人,可能会选择不同的公平标准,如按照等比例牺牲分配税负。假定所有这些规则都能完美地得以实施,那么它们就都关系到平等地对待地位相同的人,但结果显然并不相同。

我从上述观察中得出的结论,并不是说横向公平是多余的且只是纵向公平的衍生物。相反,横向公平规则遍及不同的纵向公平环境,这表明横向公平是一项首要的原则,反映了社会习俗的基本前提——如圣经中的黄金规则或康德式绝对律令所述——所有公正的人都将(必须)同意。但是,在遵守了这些规定之后,公正的个体可以自由地对纵向公平的理想模式各抒己见。他们在参与达成关于纵向公平政策的社会共识时,可以自由地捍卫自己的立场。普遍得到接受的横向公平规则和一致同意的纵向公平差异化模式,都会被吸纳进最终的规范中,但被吸纳的内容(inputs)有所不同。

处于"实践"中的人(男人或女人)可能会争辩说,将最终公平规范分解为横向公平和纵向公平两部分是没有实践意义的,因为无论如何这两部分都将包含在最终的解决方案中。也许从他(她)的角度来看是这样,但是对社会行为准则更为谨慎的观察者会发现,理解进入公平解决方案中的不同内容具有重要意义。此外,在一个不完善的环境中从事税制改革实践时,这一理解也至关重要。

三、次优设定

正如卡普洛所看到的,我在那种情形下对横向公平的关注,削弱了我将横向公平视为独立规范的理由。他认为,横向公平是分配理论的副产品,因为这类理论通常是在最优情形下推导出来的。他说,为了证明横向公平规则的独立性,我必须举一个例子,说明在所有的"相关"(即我认为是最佳的和广泛接受的)分配理论下,破坏横向公平都被视为决定性地违反了其他可取的政策。接着,他指出了这样一种情况,即从富人到穷人的再分配将产生巨大的福利收益,尽管富人无法一一识别这样的收益。他的结论是,在任何"相关分配理论"(包括通常的功利主义模型)下,都不允许因这一横向公平的缺陷来拒绝该政策。当然,如果相关规范是用纵向公平术语定义的,能够用它来只计算通常的福利损失,那当然就可以遵循了。我的论点恰恰是,这样的提法是不够的,需要一个更复杂的"元设定"(meta-set)(使用 Stiglitz 的术语)来考量横向公平。[①] 为了避免误解,请注意,这并不意味着将纵向公平分解为两个组件,而是在纵向公平规范中添加一个横向公平组件。一旦考虑一个新的维度,卡普洛的例子(纵向公平大增加,横向公平小损失)将被认为是按照于己有利的方式安排的(stack the deck),可以很容易地用相反权重的反例来说明。

为了说明在横向公平和纵向公平的考量因素中存在的可能冲突和需要权衡的情况,我在先前的论文中试图构造旨在衡量横向公平和纵向公平程度的指标,然后将它们应用于一组假设的简化的政策选择排序中。

表 12-1 重述了上面的例子。它包括两个低收入个体和两个高收入个体,并比较了从他们那里筹集相同收入的四种方式。第 6 行呈现了由此产生的纵向公平指标值,其中损失由超额损失与实际损失的比率度量,超额损失等于实际损失减去可能的最小损失。[②] 损失的计算基于如下假设,收入中的第一块钱的边际效用为 10,每增加一块钱边际效用就下降 10%。简明起见,不考虑无谓损失。第 7 行和第 8 行分别呈现的是两个低收入和两个高收入个体的横向公平指标值,其定义是未能达到横向公平而导致的超额损失。[③] 最后,第 9 行给出了以加权平均方式得到的两组综合的横向公平值。

[①] 见 Joseph E. Stiglitz,'Utilitarianism and horizontal equity: the case for random taxation, *Journal of Public Economics* 18 (1982) 28,其中认识到需要超越福利最大化规则的元原则来处理这样的情况。对于在能力和偏好方面存在差异的类似发现,请参见 Martin S. Feldstein,'On the theory of tax reform', Journal of Public Economics 6(1), (1976), 97。有必要在"对横向公平的期望与最优税收的功利主义原则"之间取得平衡。这些冲突在没有政治约束的税收设计中存在,由"无礼的设定"(ill-mannered setting)引起,而我所关注的是那些出于政治或其他原因而无法实施最优方案的不那么崇高的情形。然而,在两种情况下都需要斯蒂格利茨所说的元规则或费尔德斯坦所说的权衡。

[②] 每列的纵向公平指标定义为{[∑WCa−∑WCm] / ∑WCa}×100,其中,∑WCa 是所有 4 个纳税人的实际总福利成本,∑WCm 是可实现的最低福利成本。

[③] 每组平等的人的横向公平指标为{[∑WCa−∑WCe]/∑WCa}×100,其中,∑WCa 是该组的实际福利成本,而∑WCe 是在平等的人之间平均分配负担的成本。该列的综合横向公平指标为{[∑WCa−∑WCe]/∑WCa}×100,其中,∑WCa 是所有 4 个纳税人的实际福利成本,而∑WCe 是他们在两组中平等对待平等的人时的成本。

表 12－1　　　　　　　　　　　次优解决方案的位次排序

	初始收入	Ⅰ 税收	Ⅰ 净收入	Ⅱ 税收	Ⅱ 净收入	Ⅲ 税收	Ⅲ 净收入	Ⅳ 税收	Ⅳ 净收入
1. L_1	5	0	5	1	4	0.4	4.6	0	5
2. L_2	5	0	5	1	4	1.3	3.7	0	5
3. H_1	10	4	6	3	7	2.5	7.5	3	7
4. H_2	10	4	6	3	7	3.8	6.2	5	5
5. 总计	30	8	22	8	22	8	22	8	22
指标									
6. 纵向公平	—		0		6.4		6.4		1.6
7. 横向公平 L 组			0		0		2.3		0
8. 横向公平 H 组			0		0		3.5		1.1
9. 横向公平：总计			0		0		2.3		1.6

相对于Ⅲ和Ⅳ，Ⅳ在两个维度上都有优势，因此是首选。比较Ⅱ和Ⅲ，二者在纵向公平维度是相同的，但Ⅱ在横向公平维度上有优势，因此，Ⅱ是可取的。然而，当比较Ⅱ和Ⅳ时，情况变得有些困难，因为Ⅱ在横向公平方面有优势，而Ⅳ在纵向公平方面有优势。因此，需要一个尺度使二者能够比较。

卡普洛并没有对这一纵向公平指标提出严重的反对意见，它反映的是基于从面纱之后做出无偏选择，以使总福利损失最小化的有关平等的标准概念。[①] 但他对我的横向公平度量提出了两条批评。其一，他指出基于对差别福利损失度量的横向公平，成为基于福利的纵向公平度量的一部分。我对此并不同意。用超额福利损失来衡量横向公平的负担，并不需要得出结论说纵向公平必须在通常的福利条件下定义。提议中的横向公平度量，也可以与纵向公平的受益观点相结合。其二，卡普洛的批评提出了一个重要且有效的观点，即使同意我的横向公平指标用于简化图示（仅允许两个收入水平）是合理的，但一旦包含多个收入水平，就需要重新进行构造。因此，若将偏离横向公

[①] 我在上一篇论文中添加了一个替代性的纵向公平指标，在假设平等的人之间实际筹集的税额均等的情况下，该指标测量了各种情形的福利成本。参见 Richard A. Musgrave, 'Horizontal equity, once more', *National Tax Journal*, 43（1990），113。卡普洛反对这个看起来像横向公平指标的"分解"的情形，我对此版本也不满意。没有它，我的论证会更好，因此，在重制表 12－1 时，我省略了该版本。

平的考虑仅限于收入相同的个体,而忽视收入多少相似的个体的相应待遇,那将变得不合理。这是一个很好的观点,但这并不意味着他对我简化的横向公平度量的批评,击中了我提出的横向公平概念的"本质"。可以肯定的是,将更广泛的收入范围纳入考量,会使度量横向公平的任务变得非常复杂,但这并不会使政策结果的横向公平和纵向公平之间的质量区分无效。如果没有简单的解决办法,那问题将始终存在。这同样也不意味着,在更广泛的收入范围内对横向公平影响的考量,已经反映在纵向公平中。①

最后,还有一个进一步的问题(不同于如何度量偏离横向公平的情况),即如何制定一个"元规则"(meta-principle),或者说是一个能够相互衡量的尺度,用来衡量特定改革带来的纵向公平质量与横向公平质量。此外,坚持对这样的尺度或元规则的需要,并不要求我去定义其具体样子。确定它的具体样子,需要政治进程根据公众的公平感来决定,包括横向公平、纵向公平及其相互间的价值关系。这一进程类似于共同商定的社会福利函数(实现纵向公平所需)的形式。

总之,我接受卡普洛对我过于简化的横向公平指标的批评,但我认为,这样的批评并不至于使我的基本论点无效。我的基本论点是,横向公平作为独立的规范自有价值,特别是涉及次优情形之时。情况至今仍然如此,尽管很难制定一个令人完全满意的横向公平度量,或者说若用单一维度的分配理论来反对社会福利的元函数(meta-function)的复杂性,则丧失了"相关"分配理论的确定性(trading the determinateness of "relevant")并造成不适感。

四、与现实的相关性

最优理论是有趣的,但真实世界的税收改革中存在的次优现实并非无关紧要。因此,考虑到现实运用,我们可以很好地断言,横向公平和纵向公平之

---

① 我不主张这里提出的横向公平度量是唯一可能或必然是最好的度量。还提出了其他指标,例如,税前收入相等的人税后收入的离散程度或税率变化对其位次排序的影响,但是在大致均等的范围内应用该指标时,也会再次出现类似的问题。参见 Martin S. Feldstein, 'On the theory of tax reform', *Journal of Public Economics* 6(1), (1976), at 82—3.

第十二章 横向公平:进一步的阐释(1993)

间的区别确实发挥着主要作用。1986年的税收改革模式,因为扩大了税基而保持总体有效税率累进性不变,所以受到了赞扬。之所以就保持总体有效税率累进性不变达成了协议,是因为扩大了税基。当然,扩大税基的好处,不仅在于改善了横向公平(特别是对处于收入级上层的人来说),还在于减少了在较低的边际税率级引起的无谓损失。然而,诸如更加平等地对待资本收益(现在大部分失去征税的可能)等变化,则被视为消除了横向不平等的根源,并因此受到了欢迎。这都是概念混乱引起的问题吗?

221

第十三章　跨辖区的税收公平(1993)[①]

对于税收公平的讨论,通常是在简化的环境(单一和封闭的管辖区)内进行的:所有的居民都受同一税法的约束,所有的经济活动都在辖区内部进行。但这一情况忽略了复杂的跨辖区环境等情形,这样的多重辖区可能是独立的政府单位也可能是联邦中的成员单位。

随着经济活动日益国际化,跨辖区问题更需要我们重视,并由此产生两个新问题。首先,必须调整旨在确保人际间公平的税收安排,以便允许若干辖区实行多重征税。在所得税领域,A国如何对待自己的居民在B国境内取得的收入?它如何处理源于自己境内但流向B国居民的收入?特别地,A国应如何处理自己的居民因在B国取得收入而向B国缴纳的税收?在货物税领域,A国如何对在自己境内消费的商品(无论该商品是国产还是进口)征税?它应该对在自己境内生产的消费品(无论是在国内消费还是出口消费)征税吗?这些问题的答案,不仅会影响到资源流动的效率,而且还将影响在各个辖区居民之间分配税收负担的公平。

其次,跨辖区背景带来了如何在辖区间进一步划分多种税基的问题,而这种辖区间的问题有别于人际间的公平问题。在所得税领域,人们普遍认为,居住国有权对其居民在全世界范围内取得的收入征税,而不论该收入来自国内

---

① 本章和 P. B. Musgrave 合作,引自 A. M. Maslow (ed.), *Taxation in a Sub-national Jurisdiction*, Toronto: University of Toronto Press, 1993, 3–43. 此章第一稿是为"安大略公平税收委员会"准备的,并完成于1993年3月。两位作者感谢以下几位学者及"安大略公平税收委员会"有关人士的有益建议: Richard M. Bird, Robin W. Boadway, Allan M. Maslove, Wayne R. Thirsk。

还是国外。但东道国或者说收入来源国,也要求对产生于自己境内的收入征税,该要求必须与居民国的要求加以协调。相似的,商品的目的国和来源国都可以对商品征税,而这又再次涉及如何分派或分享税基的问题。

然而,与上述相同或相关的多个独立辖区问题也同样出现在联邦环境中。在国际环境中形成的结论,是否同样适用于联邦成员之间呢,或者运用于半独立的辖区(如加拿大各省或美国各州)时是否需要限定呢?此外,在联邦成员与中央政府之间的公平关系上,还有另一个问题——根据联邦的性质,处理税收问题可能与分派支出职能可能就不像在国际环境中那样能分开,这就使得成员间的公平上升为一个财政公平问题而不仅是税收公平问题。正如我们下述将讨论的那样,这一问题在财政平等计划中格外重要,其答案在很大程度上取决于如何看待联邦的性质。

要解决上述公平问题,就像在所有税收公平问题上一样,需要判断什么是公平,而这并不能像效率问题那样以明确的方式(in categorical terms)加以处理。但公平与效率二者又是有关联的,必须统筹考虑。虽然本章我们的主要任务是解决前者,但后者也会被纳入考虑。

一、封闭经济中的税收公平

要展开本章的讨论,有一种好方法是,可以先简要地回顾在更简单的封闭辖区内诞生的税收公平原则(参见一个综合讨论 Head,1993;另参见 Musgrave and Musgrave,1989)。所以,本章先提供这样一个背景,供讨论跨辖区情况时进行修改和补充。

多年来,有关公平征税的思想一直遵循两条路径:一是受益税,要求税收负担的分配与纳税人从支出中的受益相匹配,这样它也遵循了财政公平而不仅仅是税收公平。二是忽视支出端,只着眼于税收端,目的是确保将税收带来的损失公平地分配给纳税人。这二者都与多辖区和单一辖区的税收公平有关。

(一)受益税

我们首先从受益税背后的公平概念开始,它基于一个经典的假设,即人有权获得并使用自己的劳动收入。因此,公平征税意味着应该向公共服务的受益人就成本而收费。与市场向私人品的消费者收费的方式类似,公共服务受益人应该按照自己对公共品的边际估值来付费。在这种情况下,财政过程就是一个等价交换问题(a matter of quid pro quo)而没有再分配的功能。每个人都应该得到他/她已付费的东西,每个人都应该为他/她所得到的东西而付费。这一原则看起来与市场原则相似,但出于某些原因,它需要有"公共提供"。这里用的术语意味着,需要一个政治过程来决定什么被提供,以及必须通过预算来供应资金。政府本身是要成为生产者(像法院的服务一样),还是从私人生产者那里购买服务(例如,由建筑公司铺设高速公路),这不是同一个问题,我们在这里不做讨论。

作为公平分担公共服务费用的一项规则,征税的受益原则是足够简单的,但它难以实施。如果政府知道这类服务对每一个消费者来说的价值,那就可以相应地评估纳税人的税收价格(tax price)。但事实并非如此。为了使消费者显示他们的偏好,服务的可获得性必须根据消费者的支付意愿而定。如果市场提供的仅仅是私人品,那可以这么做,但这一情况并不能适用于公共品。公共品要么在排他方面不值得(undesirable)去做,因为 A 在享受收益时不会干扰 B 的享受;或者虽然具有排他性,却不可行(not feasible)。可得的天气信息是前者的例证,而拥挤交叉路口的交通灯是后者的例证,而国防支出则同时具有这两个特点。还有其他一些不直接收费的公共服务,尽管有排他性但消费时却有竞争性,教育或卫生设施就是这样。它们被视为"有益品"(merit goods),供应给所有人使用。还有其他情况,特别是在地方政府中,像高尔夫球场等设施是由公共维护的,此时若无上述理由,向使用者收费而非征一般税收才是合理的。

我们在这里关注的是那些必须或者应该免费提供而非直接收费的公共服务(不考虑遭到滥用)。但是,消费者没有理由显示他们的偏好,因此,恰当的供应水平,以及由谁付费,都必须通过投票来决定。个体寻求自己喜欢的结果,他们有动机记下自己的偏好,据此我们最终能得到一个既有效又公平的解决办法。这样的结果往往是有效率的,因为资源的使用和服务的提供符合消费者的偏好;它往往也是公平的,因为每个消费者根据自己所获服务的效用或

第十三章 跨辖区的税收公平(1993)

评价来承担成本。

此处要进一步阐明有别于私人品的情形。在市场上购买私人品,所有的消费者支付的都是相同的价格。对这一商品评价越高的人,购买的数量越多。而就公共品而言,同等水平的供给由全部消费者共同享用。为了在公共品方面让价格等于边际评价(就像市场上发生的情况一样),对产品评价更高的消费者,应该付出更大的代价;这样一来,消费者评价或效用的差异,就与不同的税率匹配。在理想情况下,要根据每个消费者的评价为其制定一个税率,但在更实际的层面上,不可能为数百万消费者各定一个税率。这样我们就必须根据反映评价的某个指标对个人分组。于是,为某一地区居民提供福利的公共服务,应该由该地区的成员来付费——在后续处理跨辖区的公平问题时,这一考量非常重要。主要属于地方类型的公共服务,可以根据受益特征来分摊其成本(例如,用财产税为消防服务提供资金)。但是,对大部分预算来说,不可能按使用状况对受益群体分组,而需一个更通用的应计受益指标,而这可以通过对总收入或消费等一般度量指标来进行。

若以收入为指标,并假设人们有相似的偏好,那么收入相近的人就可能会支付同样的费用,而收入较高的人可能会支付更多的费用。这样,纳税表(tax schedule)就把应纳税额与纳税人的收入联系起来。一个收入较高的人,会对给定的公共服务赋予更高的价值,并进而支付更高的税额。应纳税额将随收入而增加,而这又取决于每个人对公共服务评价及效用增加的速度。在经济学家的语言中,税率等级到底是累退的、比例的还是累进的,取决于需求的价格弹性是超过、等于还是低于其收入弹性。

因此,如前所述,税收公平是一个有关等价交换的问题。对消费者而言,特定的收入分配状况是可知的;人们也认为,按照自己的评价或效用去支付受益税是公平的,就像他们对私人品的效用评价一样。至于是否需要累进税,则是消费者偏好的问题,而不是因为想要纠正现行收入分配状况。于是,受益税制度将公共品融资的公平问题与收入分配中的公平问题(无论用于购买私人品还是用于购买公共品)区分开来。与此同时,利用预算机制来调整收入分配与利用受益规则为公共服务筹资,二者并不冲突,它们被视为分离的预算职能(Musgrave and Musgrave,1989:chapter 1)。

(二)税收公平和支付能力

我们现在来考虑第二种方法,也是得到更广泛应用的方法。在这种方法中,税收公平与是否受益于支出无关,而只是公平地分配税收负担。因此,这个问题与分配正义更紧密地相关,它无关乎劳动收入及其使用的天赋权利,而关乎社会认为怎样的分配才公平。

正如亚当·斯密在文献中提到的那样,一个人应缴纳的税收该与他/她的支付能力相符。具有同等(支付)能力的应税主体(taxable unit),应该缴纳相同的税款。按照"横向公平"原则的要求,应一视同仁地对待境况相同者。但是,为了满足"纵向公平"的原则,支付能力较高的纳税人,应该多缴一些税。拥有平等地位的人应被平等对待,这一观点很容易被人接受,但是不平等的人该如何区别对待,仍然存在争议。因此我们要考虑的问题:(1)如何定义境况相同者;(2)如何在境况不同者之间分摊税额。

1. 定义平等

要定义境况相同者,我们就需要有一个指标,而通过该指标就可以测量境况是否相同或者存在差异。再接下来,我们还需要定义适当的应税主体。

选择衡量平等的指标 我们必须根据可衡量的经济特征(如收入、消费或财产),来定义平等的支付能力。在传统意义上,收入被视为最合适的指标。若根据个人财富增值(accretion)来定义,那所有形式的个人收入都会被包括在内,就是说,收入无论来自劳动还是来自资本,是已获得的还是应计的,是已实现的还是持有中的资产增值,是凭能力挣到的还是作为赠与或遗赠而获得的。同样的,这一定义也应该涵盖所有使用收入的形式,无论是用于当前消费还是储蓄起来用于将来消费。由于支付能力取决于一个人收入的实际价值,因此应扣除通货膨胀因素,按照实际价格定义理想的收入。此外,该定义不仅包括所有收入来源,而且在以相应税率征税前,还应将它们合并成综合税基(global base)。

这样,纳税能力应该落实在个人身上,并将所有的收入都追溯至最终的接受者。如果收入是通过法人实体获得的,那么由此产生的支付能力应归于拥有法人实体的个人,而不是实体本身。在理想情况下,所有的营业收入都应归属到所有者身上,这样营业单位就不需要作为单独的纳税人缴纳额外的税收。企业层面的税收征收,将仅作为股东个人所得税的预扣。正如我们稍后看到的,虽然在跨辖区的情况下还要考虑其他因素,但至少在单一辖区的情况下就是这样的。

尽管将收入定义为增值(accretion)在基本原理上已经足够清晰,但在实施过程中却遇到了不少困难。考虑到现代社会存在着错综复杂的商业结构,衡量收入和确定收入的流动极其复杂,尤其是税收的存在本身会促使人们隐藏收入。因此,实现税收公平是长期的斗争,而且往往只能以不完美的方式实现。不幸的是,大多数理想目标都是如此。

最近,经济学家开始把消费作为衡量支付能力的另一种方式,或许这是一种更好的方式。有人认为,收入的价值在于消费。因此,消费多的人应该被课以更多的税,而且早消费的人没有理由受到优待,而让那些储蓄并晚消费的人遭受歧视。这种歧视是在所得税背景下产生的,因为对利息征税可能被看作涉及双重征税。若要避免这种结果,要么从所得税中免除利息收入,要么只在消费发生时征税。

基于消费税基征税并非没有道理,虽然确实存在一些问题。一方面,并非所有收入都在收入获得者的一生中消耗掉了;另一方面,未来的消费并不是从储蓄中获得的唯一收益。拥有财富还可以带来地位,在权力和独立性方面也有好处,此外遗产也可以传承下去。在应用时,以消费作为税基避免了收入衡量中存在的一些困难,不过又出现了其他的困难(如区分消费和投资,还有跟踪金融交易等)。此外,转移到以消费为税基是否会带来税制的极大简化,并不清楚。

界定应纳税主体 界定境况相同者的第二个方面,涉及应纳税主体。一个拥有特定收入的主体,纳税能力会有不同,具体取决于该纳税主体是单身、已婚,还是已婚且有需供养的人口。我们必须根据生活成本的差异,以免税或抵扣的形式给予适当补贴,以确保横向公平。除了这些考虑外,我们还应当将一些特殊需要纳入考量,从而给公平概念增加更多的维度。

2. 对境况不同者的差别待遇

尽管实施上确有困难,但"横向公平"的要求(即平等对待境况相同者)已得到普遍接受。不过,如何恰当地向境况不同者差别征税,引起了很大的争议。这并不令人奇怪,因为它牵扯到收入分配中的公平议题。

均等牺牲 从约翰·斯图亚特·密尔那里继承来的传统观点是,对地位不平等的人征税,应该让他们承担均等的负担或牺牲。从个人所得税的角度来看,若考虑收入中最后一美元的效用将随收入的增加而下降,那么收入较高的人就应该缴纳更多的税。至于应该多缴多少税,则取决于收入边际效用下降的速度。在此基础上,就可以确定使负担均等化的有效税率模式(即随着收入增加,税收对收入的比率)。

将均等程度的牺牲作为公平准则并非没有吸引力,但付诸实践的话就会出现严重的问题。一方面,收入的效用等级表(utility of income schedule)是未知的,很难衡量。另一方面,不同的人相互之间的效用等级表差异很大,要进行比较有难度。因此,学者用政治上商定的社会评价模型来取代"观察到的"和可比较的效用等级表概念,而这被称为"社会福利函数"。正如通常所说的那样,当收入增加时,社会福利函数将递减的权重分配给连续增加的单位收入。

福利损失最小化 到后来,经济分析的目标转为均等化边际牺牲水平而非均等化总牺牲水平。这样,税负分配应该如下:让最后一美元税收所造成的牺牲相等。作为公平规则,这个结果可能没有显而易见的吸引力,但经济学家却不这样认为,他们觉得通过让边际牺牲相等,税负分配会实现效率目标(最小化总牺牲或最小化福利损失)。若假设收入的边际价值随着收入的增加而下降,那这么做的话,确实很容易实现目标。

如前所述,我们必须先商定一个社会福利函数作为前提,有了这样一个函数,就可以推导出最小化总牺牲的税率级距表。假设随着收入增加,指派给额外收入的效用会递减,并且总收入固定,那么要实现牺牲或福利损失最小化,就需要实行最大限度的累进性,也就是说,通过对收入者自高向低征税,以确保获得需要的收入。

然而,这一结论必须加以限制。这是因为,征税(特别是按高边际税率征税)会引起纳税人的逆向反应,例如,以休闲代替劳动,或以消费代替储蓄。这些应对措施增大了税收负担,使纳税人的损失超过了政府获得的收入。这种额外或"超额"负担(也称"无谓损失"),将随边际税率提高而上升。如果在衡量纳税人负担时我们考虑到这一点的话,那么旨在让总牺牲或福利损失最小化的税率模式,就需要有一个更平坦的税率级距表和更温和的累进方式。

选择将纳税人作为一个群体并让总损失降至最低,这样的税负分配模式现已被经济学家普遍接受为合理规则。这并不奇怪,因为经济学家以提倡有效率地处理经济事务为己任。但是,尽管让总牺牲最小化的目标在经济上是有效率的,但为什么它也应该被视为公平和公正的(equitable and fair)却不甚清楚。与这一规则所暗含的均等边际牺牲不同,为什么不说均等绝对牺牲或其变体一样公正或更可信呢?

要将总牺牲或福利损失最小化确立为公平规则,就必须为以下两点辩护:(1)与受益原则的设定相反,收入分配是一个社会判断的问题,不必用劳动收入的天赋权力来决定;(2)文明社会中的个体,应当用不偏不倚的视角(impartial view)看待分配问题[①],应该重视他人的效用,就像他人的效用跟自己的效用一样。在此前提下,X不仅同意在不影响自己的前提下改善Y的地位,还会准许Y福利的增加多于其福利的减少。因此,上述不偏不倚的伦理(ethic of impartiality)支持这样一种结论,即把全部损失降至最低的税负分配方案是正义的或公平的解决办法。

3. 公平与效率

从前面对个体间公平的简要探讨,我们会再次看到,公平和效率二者可能会发生冲突。就公平而言,在这一方法路径下,税收必须根据纳税人的支付能力来征收,而这就要求税收必须与其经济地位相关,无论是从收入还是支出来衡量。结果,纳税人会回应这一税收,从而带来效率成本或负担。如果征收一种不影响纳税人经济活动的税收(如人头税或一次性总额税),就可以避免上述负担;但基于公平的理由,这样的税收是不可接受的。对横向公平的要求,本身也会降低这种成本。若对税基采用综合定义法(包括所有的收入来源或

[①] 中立原则可以解释为在不确定性下进行选择,即个人在不知道自己处境的情况下在不同的分配状态中进行选择(Rawls,1971;Arrow,1973;R. Musgrave,1992)。考虑到风险规避并假设总收入固定,个人将选择最大程度的累进税;但是考虑到不利的税收影响将带来无谓损失,这会再次要求已经同意的解决方案采取更为温和的模式。

使用项目),那税收带来的买卖决策变化将被最小化。至少在单一管辖区内,情况确实如此。但是,对纵向公平的考虑,特别是要求累进税和高边际税率时,可能会妨碍资源的有效利用,从而带来在运用量能税收模式时要考虑的成本。就像生活中的所有美好事物一样,税收公平也要付出代价。

4. 扩展至净收益

在离开讨论税收公平的上述方法路径之前,有人可能会提出这样一个问题:为什么公平分配原则只适用于税收负担,而预算的支出方及带来的好处却被忽视?通过将分配公平原则应用到由此产生的净收益或净负担的模式中,我们可以扩展上述分析并将受益也纳入考量。这就是我们接下来在"跨成员辖区的扩展公平"部分中将要讨论的想法。

5. 结论

最后,在考虑了受益原则和量能原则后,读者可能想知道哪一种原则才是正确的。答案是,就像对分配正义的看法一样,对税收公平的看法取决于考察者的价值观(value set of the beholder)。有些人可能认为,正义的收入分配由劳动收入的天赋权利决定,在此情形下,受益税是全部答案。而另一些人则认为,正义的分配取决于社会对平等和不平等的看法,在这种情形下,支付能力要考虑在内。但聪明的考察者不需要在这二者之间做出排他性的选择,他/她可以选择能够平衡二者的方法。

二、独立的多个辖区间的公平

在单一辖区内制定税收公平规则并非易事,但在多个辖区间考虑该问题时,就更加复杂,还会带来另外两个问题。第一,在跨国背景下纳税人可能被多个辖区征税,此时就需要重新考虑个体间公平的含义。与此同时,在辖区间的税率不同时,商品和要素的流动以及居住地点的选择,都会受到税收差异的干扰。第二,此时可能有多个辖区有权对同一税基征税,而这就要求处理辖区间的公平(不同于个体间公平)问题,即划分各辖区的征税权。

从概念上讲,在受益税体系下这两个问题都可以得到解决。提供公共服务的辖区,有权向受益人征税。那些具有最终产品性质的公共服务,政府向其消费者直接收税；那些进入生产过程的公共服务，政府在其投入端收税，而税负会被转嫁给最终消费者。产品无论是在公共服务的提供辖区内消费，还是出口给其他辖区内的消费者，上述收税方式均适用。当享用公共服务提高了赚钱能力时，就像在教育中那样，公共服务的成本就由这些赚钱的人承担。在上述情形下，收税和享有的服务一致，无须考虑收入分配问题。这样的安排，可以将基于受益原则的个体间公平扩展至多辖区范围内，并确保各辖区之间的税基按照此安排进行划分。

但是，如前所述，我们通常并不从受益角度来看待个体间的公平。相反，公平的分配被认为独立于受益情况。如是，跨辖区征税就使个体之间的公平问题变得复杂起来。我们必须决定，某一个成员辖区是否应仅就其本身的税收来定义"平等对待境况相同的人"，还是应该把是否以及如何给其他辖区缴税纳入公平的界定中？同样地，中央政府应如何对待纳税人向成员辖区缴纳的税款？此外，如果不向个体征收受益税，那么在公平地指派或划分跨辖区的税基时，是否应该重新引入这一原则？

(一)纳税人之间的公平

我们从纳税人之间的公平开始讨论。辖区是受地域限制的单位，每个辖区都试图施行自己制定的税法。但是经济活动若跨越了国界，那么问题就来了，将辖区征税权扩展到边界之外的潜力在哪里？在受益税规则下，哪个政府提供了公共服务，纳税人就向谁缴税，由此规则也决定了纳税人之间的公平。此时不会出现多重征税问题。可是，在量能税规则下，情形就并非如此了。

1. 个人所得税

在个人所得税下，我们必须区分从国外获得的工资收入和从国外获得的资本收入。

从国外获得的工资收入 对于综合所得税而言，从国外获得的工资收入必须纳入综合税基(global base)中，这一事实把落实纳税人之间的公平责任，主要放在居住国。虽然作为纳税标准，国籍是一种备选的可能，但实施起来几乎不可行，因此居民身份被普遍认为是判断税收忠诚(tax allegiance)的标准。但是，居住地管辖权面临这样的事实，即居民来源于国外的收入可能已被收入来源地征过税,而这就要考虑如何处理双重征税问题。

我们先前的结论是,应在综合税基上对收入进行评估征税,这样的税基包括所有来源的收入。也就是说,所得税的税基包括居民来自国外的收入。否则,居民的税收义务将随收入是从国内获得还是从国外获得而变化,这就违反了横向公平原则。但是,如前所述,收入来源国 S 可能已经对这一收入征过税,而居住国 R 如何处理已缴税收,要区分多种情况。R 的可能选择有:(1)忽略这一税款;(2)允许从应税收入中扣除该税款;(3)允许用该税款的全部或部分来抵扣自己要征的税款。居住国如何选择,取决于如何定义横向公平。具体而言,可以仅根据(1)来规定自己要征收的税项,或者根据(3)规定总税项,或者根据(2)所定义的净税基来确定来源于国外的收入。就税收公平而言,从居住国的角度来看,选择(2)意味着把来源国收取的税收作为成本来对待。但是,若考虑全球效率(worldwide efficiency),则(3)是首选解决方案。在此,居民 A 无论在何处获得收入,都将缴纳相同的(加总后)税收额。这样,税收对临时工作地点的扭曲影响得以抵消。正因如此,税收抵免作为国际实践,得到广泛应用,从而让效率考虑成为决定性的因素。

但是居住国无论采用上述三种方法中的哪一种,收入来源国所征税收都会让居住国蒙受国民损失(national loss)。给获得国外收入的居民 A 以税收抵免,只不过意味着居住国 R 放弃了对该收入征税,该税收被其他国家获得。因此,这里就出现了一个问题,即一个辖区是否有权对非居民从自己境内获得的收入征税。我们将在下面讨论这个问题。

从国外获得的资本收入　直接从国外获得的资本收入同样也应包括在股东的综合税基中,但这种收入在国外可能已经被以预扣税或者公司税的名义征过税。尽管预扣税可以从股东税中抵扣,但它通常远低于公司所得税;而公司所得税,从实际情况来看,却无法这么抵扣掉。因此,为股东综合税基而对国外公司税进行整合,充其量也是不完整的。

如果通过国内公司获得来源于外国的资本收入(实际中经常这样),那就可以把在国外缴纳的公司税从国内公司所得税中抵扣掉,从而计入股东的最终纳税义务中。现在我们来探讨这种情况。

2. 公司税

在封闭经济环境中,我们从规范的角度论证了公司税是一种从源征收机制,目的还是为了向股东征收个人所得税。不过在国际背景下,公司税与个人所得税的关系变得更加复杂。此外,征收公司税现在有了进一步的依据,即收入来源国有权向外国资本在自己境内获取的收入征收部分税收。我们将后一个方面留待以后讨论,在此处关注的是将居住原则扩展到公司税以及它与股东整合的关系。

无论是把公司税当作"绝对"形式("absolute" form),还是作为股东个人所得税从源预扣的一种手段,都有必要确定公司在居住国管辖范围内,即公司对这个国家具有主要的税收忠诚。在此,通常的惯例是使用公司注册地来确定税收忠诚。相应地,公司所在的国家可能会免除该公司的海外子公司所缴纳的公司税。在这种情况下,免税额可以采取扣除或抵免的形式。为使外国公司税与国内母公司股东的个人所得税合并,抵免是正确的处理方法。然而,从居住国的角度来看,在国外所缴纳的税收让自己遭受了国民损失(national loss)。无论居住国如何处理外国政府所征税收,这种损失都存在。但从国民效率(national efficiency)的角度来看,居住国可以通过不承认或不完全免除外国税收来制止这种损失,这样做可达到将资本留在国内的目的。但从世界范围的效率观(worldwide view of efficiency)来看,抵免方法是比较可取的(P. Musgrave,1986a)。鉴于任何一个国家的做法都会激起其他国家的反应,因此,通常的做法倾向于将来源于国外的收入承担的外部税收给予抵免,这不足为奇。

遵循上述基本规则,在现实中实行却会遇到较大困难。一个问题是,来自海外的外资子公司的收入,往往只在母公司收到时才被征税,若留存在当地,则不征税。因此,母公司可能会选择把收入留在低税的海外国家,甚至通过转让定价(transfer pricing)的方式将利润转移给低税率辖区的子公司。对母公司来说,这种做法是有利的。母公司和子公司之间的利润分配,从而成为一个充满争议的问题,收入来源地规则的执行也将问题重重。就国外分支机构而言,由于通常不会延期纳税,因此也就不存在这种避税问题,但仍存在的问题是,要确定有多少国外税收可以从国内母公司税收中抵免。

我们已对一个复杂的技术问题作了简单的说明。具体来说,根据外国投资的形式,适用的税收待遇会有所不同。这些形式包括:直接由股东进行的投资,国内股东以投资组合或占多数股权形式进行的海外投资(P. Musgrave, 1969:121—130)。

3. 消费税和产品税

我们现在考虑用消费替代收入作为税基。前面提及对个人消费征税有两种不同的方法,一种是基于个人消费而征收累进性支出税,另一种是基于消费的物(in rem basis)按单一比例税率征收消费税。在前一种情况下,公平税负原则会要求将综合收入作为税基;就个人所得税而言,主要是根据居民管辖权来征收。然而,他国对国外消费所征收的税,也应进行类似的调整(P. Musgrave,1989)。

不过,我们在此无须进行选择,因为在实践中消费税并没有对人征收而是对物征收的。也就是说,按统一税率,对消费品的生产者或消费者征收一般消费税。因此,在开放经济中,可由产品原产国征税(如以原产地为依据的增值税);也可以由目的地国征税(如以目的地为依据的增值税);再或者,征收本质上相同的零售税。现在看来,上述区分在收入来源地征税权方面非常重要,但在纳税人之间公平方面就没有调整的必要。

(二)辖区间的公平

接下来,我们考虑辖区间的公平问题,具体来说,应该由哪个辖区对跨越国境的经济活动征税、征收多少。在受益税视角下,不难回答这一问题,因为每个辖区通过向自己的受益者各自征税来负担公共服务的费用即可,但在更为常见的税收量能原则视角下,解决办法就没那么明确了。

1. 所得税

我们已经看到,在支付能力视角下居住国应对自己的居民来源于国内外的全部收入征税;基于纳税人之间公平方面来考虑,这种做法是合理的。然而,收入来源国也可以根据不同的理由,主张自己的征税权。这些主张的一个理由是,在辖区之间(与纳税人之间不同)应采用受益税规则。外国居民应向收入来源国纳税,因为来源国向他们提供了公共服务,这一点并非没有道理,但这也并不是完全正确,因为很难判断收入来源国在征税时涉及的现行地域是合理的。另一个可能的理由是,居民 X 从经营 Y 中获得收入,并使用了东道国的资源。这可能是事实，特别是对劳动力相对廉价、自然资源充足的发展中国家来说。鉴于以上原因，来源国认为有权对外国所有者积累的在本国产生的收入征收对物税(in rem tax)，以获得一部分"租金"。这种税收可能采取多种对物税的形式，如公司税、工薪税，也可能采用的形式是针对支付到国外的收入征收的所谓预扣税（P. Musgrave, 1984）。

在行使针对收入来源的征税权时，无论是基于受益规则还是基于分享租金的权利，我们都必须重新考量如何把收入归属给(be imputed to)各辖区的来源处。在前面探讨母公司和子公司关系时，这一问题已经讨论过。如果收入是由明确界定的各独立商业实体赚取的，没有共同的间接费用和其他相互依存关系，那我们就可以仅通过单独的会计核算在来源国之间划分税基。但通常情况并非如此，此时我们就可以采用公式法，例如，根据销售、工薪、财产份额等划分税基(P. Musgrave, 1984; Musgrave and Musgrave, 1972)。总之，在国际范围内将税基加以清晰划分，会带来复杂的技术问题，不过在此处无须赘述。

进一步地，收入来源国的征税权问题还涉及来源国可以征多少数量的税。由于收入来源国征税只能征收对物税，因此无法参照本国对居民征税（即对人税）的适用税率来回答这个问题。在没有国际法明确规定收入来源国征税应该使用的统一税率的情况下，根据双边互惠税收协定的条款来征税就是合理的。不过，国际税收协定的一个缺陷是，这种互惠性通常仅适用于预扣税，而不适用于基本的所得税（原则上它应与居民的预扣税分离）。最后，不妨再补充一点，即我们认为在寻求纳税人之间公平的背景下看起来成问题的公司所得税，是有意义且有必要的，它是实现收入来源征税权的一种手段。理想的方案应包含一个具有统一税率的公司税，然后每个辖区都按照税收抵免制度(avoir fiscale system)将税款从整合后的国内公司税中抵免掉。

2. *消费税和产品税*

现在我们来讨论如下问题：由谁对消费税基征税，是来源国还是目的国？与所得税制中的情形一样，一般认为目的国有权对其境内消费的居民征税。这样的征税，可以采取最终商品零售税的形式，也可以采取目的地型增值税的形式，即允许增值税采用出口退税的形式，这样就将出口产品从税基中免除。

如此安排,也是贸易中性的。然而,若增值税区分来源类型的话,就会有不同的情形(就是说,可能将出口部分也包含在税基中)。如果来源国有足够的能力影响世界市场的价格,而且没有完全灵活的汇率,那么目的国就会因来源国对出口商品征税而蒙受国民损失(national loss)。如果目的国允许来源国出口商的税收从应缴纳给本国的税收中抵扣,那么贸易中性就得以恢复,国内税负被重新分配,但目的国无法弥补自己的国民损失。

遗留的问题:来源国是否有权对目的国的消费征税? 由于出口受益于中间公共品的投入,因此来源国再一次地可以基于受益基础与范围来征收此种税收。但在这种情形下,租金共享似乎不如在所得税情形中那么令人信服。不过,这类受益税的应用不取决于生产的产品是用于出口还是用于国内消费,而是与受益情况(无论在国内还是国外消费)一致。这类受益税的数额应限于所受益的价值,而不应把它用作出口商品税负的补偿。

(三)协调与竞争

在封闭的经济体或在单一辖区内,居民可以通过民主政治过程自由地制定自认为公平的税法方案。可在多重辖区的情形下,选择并实施该方案的自由度可能受到严重的限制。高税率辖区 A 的居民,可以选择迁移到低税率的 B 辖区;或者更重要的是,他们可能选择在 B 辖区投资而不是在 A 辖区投资。公司也可以选择在税率较低的地方注册(incorporate)。然而,由此产生的税基转移(tax-base flight)会给 A 辖区造成国民损失。结果,B 选择的征税方式将限制 A 设定税率的自由;反之亦然。鉴于资本的高度流动性,上述考量对于公司所得税来说尤为重要。此外,由于资本收入的比重随收入规模的增加而趋于上升,因此,争相设定低税率的竞争,在限制任何单一辖区实施累进税方面尤其有力。

可能有人认为,上述论证方式未考虑到预算的支出方面。如果税率较高,支出水平及其带来的纳税收益也将增加。纳税人在选择居住地点或投资地点时,应该同时考虑两个方面。这一论点颇有价值,但它也假设了税收与支出体系遵循受益规则。若同时考虑到量能税、税收—支出政策的再分配目标的话,那么净受益或净负担就可能会有很大的差异,并因此影响税基的选择。

在缺乏协调的情况下,任何一个辖区实施自认为公平的税制的能力就受到严重限制。我们假定主权辖区的政策应由其居民而非贸易集团来制定,然而这是一个不合时宜的(unfortunate)限制,特别是对于发展中国家而言(P. Musgrave,1986b)。正如我们已经指出的,虽然可以通过允许来自国外的收入部分地抵免它在国外纳过的税来补偿纳税人,但这并不能遏制由于居住地和法人所在地的迁移而导致的税基转移。随着国际流动性的进一步提高,税收公平的实施和公平规则的制定,必然越来越成为一项国际性事务。

我们可以为上述论证添加两个限制性条件。首先,应考虑支出和税收的差额。如果税率较高,支出水平和由此产生的收益也将增加,纳税人在选择居住地点和投资地点时对此都要考虑。其次,协调的理由基于这样一个前提,即任何一个辖区及其选民都能运行一个公平、高效的财政体系(如果任由他们自行安排的话)。假定预算的过度扩张和税收的过度累进是一种内在的倾向(innate tendency)(Buchanan,1975),那么针对低税率的国际竞争就可被视为一种纠正的手段。如此依赖税收协调并不可取,因为它阻碍了用税基损失来惩罚过度征税的行为。然而,这一税收竞争的情形,建立在利维坦式政府(R. Musgrave,1981)这一可疑前提和充满争议的主张(即税收竞争提供了恰当的补偿)上。只要国际秩序允许管辖权分离且独立,那么每一个管辖主体都有权实施自己的公平征税,并通过税收抵免进行协调,以避免对来自国外的收入实行双重征税(P. Musgrave,1991)。

三、联邦国家中的公平税收设计

我们将讨论转向联邦国家内部的公平税收设计,这一背景介于单一制国家和真正的独立辖区之间。对于联邦(由成员辖区构成的联邦,每个成员继续运行自己的税收制度)来说,相互影响的问题再一次出现。而且,这些问题成倍增加,因为任何一个纳税人现在都可能受四种辖区征税,包括他/她的居住地、其他成员辖区、中央政府和外国政府。此外,由于成员辖区现在已加入联邦,这就出现了另一个问题,即必须确保成员之间公平地分享收益和责任。这为财政公平开辟了一个新的维度,即现在以辖区而非纳税人的形式出现。

(一)联邦主义的多样性

这些关系如何发挥作用,取决于不同辖区之间相互联结的契约。政治学家区分了主权国家联合起来的不同形式,一种是寻求某些共同但有限目标的联盟形式,称"邦联"(confederation)或"Staatenbund"[①],另一种是主权更大程度的让渡以便结合成更紧密的联盟形式,叫"联邦"(federation)或"Bundesstaat"[②]。在美国,初创时期有关联合的争论围绕着联邦;而加拿大的基本法阐释为邦联,因而反映的是一个不那么中央集权的联盟形象。

由此可见,不同程度的主权让渡或保留,都可以进入联邦的条款。这在很大程度上取决于如何去创建一个联邦,是像美国和加拿大那样源自帝国统治的崩溃,还是像俾斯麦治下的德国那样源自新征服的领土,抑或是像最终组建欧盟的欧洲国家那样自愿加入以实现一定的共同目标。恰当的财政关系必须符合特定联邦的起源和目标,但是具体采用何种形式并没有单一的答案。在任何一个联邦内,公正且平等的跨辖区安排取决于塑造该安排的政治、经济、种族和文化的力量。此外,联邦的结构可能会改变,一个鲜活的例子就是加拿大及其最近进行的宪政改革。

然而,我们必须面对一些特定的基本问题。首先,是为提供公共服务而安排支出责任并获取相应的收入来源。其次,恰当的财政安排将取决于如何在联邦内看待分配的责任。此外,还有一个更深入的问题,那就是在这样一个多辖区但通过联邦联结的体系中,如何看待和实施个体间的公平。

(二)分派公共服务的责任并安排财力(resources)

在经济学家看来,为联邦内部的财政公平和效率建模,首先要考虑辖区的空间性质——在受到区域限制的一整套财政规则内,将不同群体的人结合起来。因此,可以将财政联邦制的问题看作是一种空间财政安排。

1. 提供公共服务

不同的公共服务有不同的受益范围,因此,我们可以用受益税的理念来安

---

① Staatenbund 为德语,意为邦联、同盟国。——译者注
② Bundesstaat 为德语,意为联邦制国家。——译者注

排：在联邦范围内受益的服务，由中央政府通过联邦范围内的税收收入来提供（如国防）；受益范围较为有限的服务，则应由更小的单元来提供并为之付费。这样的安排是公平的，因为各自的成本都由受益者来分担；它也是有效的，因为各自的受益群体最清楚他们想要什么，也应由他们来决定提供方式。此外，当提供的服务涉及以非竞争方式来共享社会物品的受益时，本地的服务供给者应允许偏好相同的居民搬到一起，以分享最适合他们的公共服务的共同收益(Tiebout,1956;1961)。

因此，空间受益模型提供了基本原理，以在联邦内部公平且有效地分派支出责任与税收要求。即使每个辖区都可以根据量能原则来征收其内部税收，但跨辖区的安排基本上也要遵循受益原则：每个辖区都通过对受益的居民征税来为公共服务筹集资金。但是，尽管蒂博模型(Tiebout model)提供了在联邦内公平且有效地分担职责的基本原理，但历史进程中出现的真实世界中的联邦，并不是根据这样的规则构建的。这样的联邦由先前独立的单元不情愿地让渡其财政特权后组成，而且它们通常过于庞大，以至于无法与当地的受益区域相对应。因此，与划分跨辖区的职能和义务相比，空间模型在分配同一成员辖区内的支出与收入职能时更为适用。尽管如此，在这种情形下空间模型仍然不失为一种行之有效的思考方法。

因此，由中央政府提供整个联邦范围内受益的公共服务是有效的，因为在成员一级重复提供这种服务不会产生有效的结果。既然由中央政府提供，那么由整个联邦来承担费用也是公平的，对此通常会由中央直接筹集财政资金。个人作为成员辖区范围内的公民，也同时是联邦的公民。作为联邦公民，他们投票表决中央税收并为其筹资。这是通常的模式，典型的例子就是那些联系最紧密的联邦——如加拿大和美国。在那里，个人既是国家的公民又是其成员辖区的公民。在另一种程序下，就像在欧洲共同市场那样的松散联邦中，各个成员辖区的公民会指示各自的政府决定公共服务的水平，并通过自身的税务系统来筹集资金，因而无须中央层级的税收。

当各辖区为自己的居民提供服务时，无论是出于公平还是效率的考量，都需要由居民承担相应的成本。在各辖区内的受益没有外溢到其他辖区的情况下，对出口征税(burden export)是不合适的。因此，由于前面在国际情形中提到的原因,成员辖区这一级的产品税应在目的地计税,以将出口部分排除在税基之外。在所得税领域,会再次遇到来源地税收管辖权的问题。正如我们在国际情形下所讨论的那样,来源国或来源辖区有权对境外要素在其境内取得的收入征税。与在国际案例中一样,这再次证明了征收对物(in rem)公司税是合理的,但也伴随着同样的问题,即在关联公司和母公司之间如何分配利润以及确定税收来源。

2. 分配议题

正如我们在单一制背景设定中所讨论的那样,财政政策不应限于为公共服务公平地融资,还可以用来解决收入分配问题,这一点也同样适用于联邦制背景。作为联邦的公民,可以对中央税进行投票,个人也可以就联邦范围内的税收分配状况发表意见。但是,作为所在成员辖区的居民,他们也可能对自己辖区内的分配情况有意见。在这两种背景设定中应用不同标准的话,不一定会出现不一致的情况。但是,由于区域内要素和居民的高度流动性,政策选择是受到限制的。因此,累进税基本上只能由中央政府来实行。这样一来,毫不奇怪,对累进税的态度就进入了有关集权式财政与分权式财政的政治辩论中。

3. 税收分配

联邦内部的税收公平要求成员辖区有足够的途径获得财政收入,但是并不能因此而将多种税基单独划给一个层级的政府或另一层级的政府专用。当然,某些税种由一个层级的政府征收比由其他层级政府征收更合适。因此,正如我们已经指出的那样,累进所得税在中央一级征收更合适。财产税(特别是在受益情形下)在基层政府层级很合适,而用于公路维护的汽油税在成员辖区一级非常合适。同时,只要中央和成员辖区之间能进行适当的协调,就没有理由不在中央和成员辖区两个政府层级征收所得税或广泛的消费税。关于这个问题,我们现在来讨论。

(三)成员辖区间的税收公平

最初的那些独立辖区之所以组成联邦而不是加入单一制国家,是因为他们希望保持根据自己的喜好来安排公共事务的自由。他们也将这一想法用于税收结构设计中。虽然期望所有的人都重视横向公平的规则,但他们各自想要的征税水平可能有所不同;对纵向公平,即对不平等的人之间的税负分配,他们的看法也可能有所不同。因此,加入联邦制不适合以采用统一的征税方式为条件。同时,应避免税收差异对税收公平和经济决策的扭曲。与之前一样,应该通过协调寻求解决方案,而不是通过低税率竞争实现逐底均衡。这里会再次出现类似于先前在独立辖区范围内讨论过的问题,但形式有所不同,中央税收也增加了一个新的因素。

1. 个人所得税

个人所得税在成员辖区层级差异很大。在加拿大,这一过程始于让各省在联邦税的基础上获取单一百分比(flat percentage)的附加税收收入。当然,各省可能会增加附加税或实行低收入抵免(low—income credit)。在联邦帮助收取这些附加税后,再根据居民税基返还到各省。目前正在讨论的对此制度的一个可能改变是,要求使用一个共同的税基,同时用各省的单独税率结构取代当前基于联邦税率的制度(piggyback system)。然而,选择不同税率的自由仍受到了税收竞争的限制。

在美国,大多数州使用调整后的毛收入基数,一些州使用应税收入基数,二者都可对其税率有小幅度的调整和应用,还有两个州独立实行自己的税法。此外有两个州在联邦税的基础上附加一个固定的百分比。由此产生的问题是:已经向其他成员缴纳的所得税,是否应该被忽略、扣减或抵免?从公平的观点来看,处理外辖区征收的税收,同样取决于如何基于平等对待的目的来定义税收负担。但是,从效率的角度来看,有充分的理由支持把抵免(crediting)作为协调的手段,这样允许成员辖区税率多样化且避免决策扭曲。所以,通常的税务协调做法就是允许抵免在另一个州已经缴纳的税款。

现在,我们从讨论成员间税收关系转为讨论中央政府与成员辖区之间的税收关系,从中央针对成员辖区的税收采取对策开始。如果中央政府允许纳税人在中央税中抵免缴纳给成员辖区的所得税,那后者将获得免费搭车的机会,并通过将税率提高到中央税的水平来获得无成本的收入。如果像美国那样,在中央界定的税基中允许扣除成员辖区所征的所得税,那影响将大大降低;不过,对面临高边际税率的高收入纳税人来说,这一扣除价值更高一些。成员辖区按单一税率征的税可以扣除,这降低了整个税收体系的累进性。与此同时，这种可扣除，也能用来减少成员辖区之间的实际税率差异（伞形效应，the umbrella effect）。加拿大在实践中不允许在联邦层级进行扣除或抵免，但对税收"空间"（room）的使用具有类似的效果，因为联邦政府可能会根据省级政府的税率来将自己的税率降低几个百分点。接下来，我们讨论在成员辖区层级针对联邦税采取的对策。由于中央税率通常较高，因此成员辖区若采取抵免政策的话，就会使自己的所得税再也无法作为收入来源。成员辖区若对中央税采用扣除对策，则没那么痛苦，但也将大大减少成员辖区所得税的累进性。基于上述原因，成员辖区征所得税通常无视中央税就不足为奇了。至于其他可能的税收安排，像中央与成员辖区相互扣除对方的税收，在此处无须考虑。可以说，在成员辖区这一层级追求基于综合税基（globally based）、累进的所得税，不仅会受到税收竞争的限制，而且在追溯综合税基和处理扣除问题时也会遇到不小的困难。

2. 公司所得税

最初在单一制国家设定下考虑公司所得税时，我们认为在本质上它的作用应该是一种协助方式，将源自公司的收入涵盖在个人所得税的税基中，而这就意味着公司税应该与个人所得税合并。在国际背景设定下，我们注意到公司法人与居民个人在纳税待遇上无差异，因此应由注册国对公司来自全球的收入征税。由于对外国股东鞭长莫及，因此公司税是否可以作为预扣税来征收是值得怀疑的。将这样的因素应用到联邦成员中，对成员辖区而言，将企业来自全球的收入纳入公司所在地税收范围是不切实际的。这不仅很难确定全部的税基，而且由于公司可以轻易地选择注册地，这就会导致极端的税收竞争并由此带来剩余收入的高度任意分配。

不过，我们也要注意在国际背景设定下仍有理由征收绝对公司税（absolute corporation tax），即对外国资本来源于本国的利润征税，无论是基于受益原则还是基于其他应得权利。这样的情形同样适用于联邦中的成员，采取源头税（source-based tax）的形式征税，成员辖区便可以分享其管辖范围内产生的公司利润税基。与国际背景设定中的分支机构税一样，成员辖区所征税收独立于母公司所在地的税收。它以对物税（in rem）形式，按固定税率征收于辖区对应的税基份额。辖区间税源归属问题，比我们先前在国际背景下提到的要严重得多,因为在联邦内部业务运作的辖区交叉情况更多。因此,通过常用公式得出税源归属至关重要。另一个议题是,是否应将来源于外国的利润计入供相关辖区分属的税基,或者这种分属是否应停止在"边界"(water's edge)上。

为了能够实现对等待遇,可以说各成员辖区采用相同税率的情况很普遍。如果采用统一的税率和统一的收入来源公式,那就可以将税收按中央集权的方式加以管理,并根据税收来源将税收收入返还给成员辖区。美国各州可以按照自己的意愿自由行事,仅受宪法中有关商业的条款限制;加拿大的制度安排则引入了一定程度的协调机制。根据适用于七省的自治领-省份协议(dominion-provincial agreements),各省可以将自己的税率应用于共同领土的税基上,但必须遵循基于工薪和销售的中央统一分配公式。出人意料的是,公式中不包括财产(Boadway et al.,1988),也许是为了避免将其纳入后的麻烦。其余的三个省(安大略省、魁北克省和艾伯塔省)虽然也遵循共同的分摊规则,但可以确定自己的税基并管理自己的税收。还需要指出的是,联邦政府削减了10%的联邦税收,以促进税收的协调。

有一些观察家认为,对公司利润的征税不应在成员辖区这一层级进行。这种观点是正确的,因为中央层级征收的基于全球所得税基(worldwide income-based)的公司所得税在成员辖区的税制中并不适用。与此同时,在成员辖区征收基于收入来源的对物税可能比由中央层级政府来征收更为强大,因为在一个成员辖区的企业收入将有很大一部分由位于其他辖区的公司赚取。

3. 工薪税

美国的成员辖区的做法是,将来源权利原则扩展到外国居民的劳动收入,即向在本辖区内工作的非居民的劳动收入征税。由于该成员辖区不将这些人作为居民征税,因此采取对物税形式,尤其是对在客人辖区(guest jurisdiction)内赚取的收入使用单一税率征税。工资收入的这种源泉税通常被称为"通勤者的工薪税"(commuter's payroll tax),根据收入来源规则,这样征税应该视为具有跨辖区公平的合理特征。

4. 消费税

我们之前曾提到过一个基本规则,即在联邦背景下跨辖区公平要求在成员辖区实行为服务付费的原则,而不向税负可转移的出口商品征税。由于在成员辖区层级征收个人支出税是不可行的,因此必须对消费品征收对物税。如果以零售税的形式征收,税收负担将由国内承担。若以增值税的形式征收,若将出口商品排除在税基之外,或者由来源辖区实行出口退税,那税收负担也不会转移到国外。由于在多个成员组成的联邦中实行财政边境(fiscal frontiers)的边境税调整非常复杂,因此有充分的理由征收零售税而非增值税。至少在发达国家如此,零售店数量足够可观并且持续营业,让这一方法可以实行。

处于国际背景之中的国家,可以根据目的地税基对产品征税,而不必过多地担心其他国家的可比税收水平;对于联邦的成员辖区而言,情况可能并非如此,尤其是允许在边境沿线的人口密集地广泛跨境购物时。这一情况,只是以下一般情况的反映:从中央到联邦成员再到基层辖区,税收手段的选择越来越受到限制。尽管在受益税的背景下税收分权是可取的,但分权又会使税收贡献和受益之间的直接关系破裂,从而让效率与公平两个维度上的税收设计变得复杂起来。成员辖区运用差别税率征收来源地税收,还有另一个缺点,那就是会让生产地点的效率变低。在国际背景设定下,国家可以通过汇率调整来让税率影响中性化;与此不同,在采用共同货币制度的联邦内部不能调整汇率,因此税率差异会导致要素的流动。

根据来源地型税或目的地型税的不同,相应地,中央政府可能在高增值辖区或在高消费辖区获得更多的税收。但是,此结果不应被视为建议一组辖区去征收来源地型税收、另一组辖区去征收目的地型税收。按照一般的税负向前转嫁的假设,无论在哪种情况下,基于消费的增值税都将落在消费者身上。另外,如果有人争辩说税负又会转回到要素收入身上,那这两种类型的结果也是一样的。

5. 财产税

让我们来谈谈财产税。此时我们必须考虑这样一个事实,即联邦问题[①](广义上可解释为区域财政安排之一)不仅涉及中央与中间层级(省-州-邦)之

---

① 原文为德语 Länder,意为国家。——译者注

间的职能划分,也涉及中间层级辖区与基层辖区之间的职责划分。正如我们前面提到的那样,有关区域财政组织的空间受益理论在基层层级确实具有特殊的优点;它还解释了为什么通常在基层一级政府使用财产税,因为要将当地提供的服务种类(如警察、卫生设施、路灯)与受益人群的经济基础联系起来。对量能税方面的考量,姑且大部分留给更高层级的政府,而在基层政府则让受益税扮演着主要的角色。此外,税收负担,特别是在土地方面的税收负担,往往一直会落在基层政府辖区内,没有办法通过搬迁来轻易逃脱。通常,财产税在教育财政中占有很大比重,教育通常被认为是基层政府的特定关切。最后,地方税管理部门更熟悉地方财产的价值,因而由它去估征税收更便利,也更容易税及应税财产。

财产税作为对物税承担地方角色(local role),必须与征税于财富要承担的角色区分开,后者落在中央政府层级可能是适当的。在后一种情况下,对财富征税将被用作对人税,并与基于支付能力的所得税或支出税一起使用。

(四)将平等扩展至辖区间

接下来,我们考察将公平准则运用于联邦而产生的跨辖区公平问题,在此情形下要求实行转移支付。与中央政府集中征收并按照来源地返还给成员辖区的做法不同,此类转移支付涉及跨辖区的收益和损失,并因此体现出财政联邦制的基本理念。在美国,这一议题于20世纪60年代备受关注,而在加拿大则始终是人们关注的议题。传统上,此类补助被视为跨辖区公平的问题,它要求按财政能力均等化原则去处理问题或者设法减少富裕辖区与贫穷辖区之间的财政差距。最近,加拿大经济委员会(ECC)在其声明《财政考量》(1982)中采用的加拿大均等化补助的原理,已被重新解释为将个体之间横向公平原则扩展到联邦范围内,以确保个体在成员辖区间获得公平的税收待遇而与居住地无关。为此,政府间的补助可以有多种形式,并且要实现的相应目标也不尽相同。[①]

[①] 有关比较评估和拓展的参考文献,请参见 Grewal et al. (1980),特别是第四部分。有关联邦制作用的更广泛的看法,另请参见 Breton(1965)的文献。另外,请参阅 Bird(1980)的文章。

1. 辖区财政能力的均等化

在更传统的视角下，人们关注各个成员辖区的财政能力。成员辖区之间的人均收入相差很大，因此各辖区提供公共服务的财政能力也会相差很大。基于联邦的公民身份，高收入辖区 H 的居民也许希望向低收入辖区 L 进行转移支付，以提升对方财政潜力或使之与自己均等化。因此，财政能力均等化（FCE）的目的是，使人均税基水平不同的成员辖区获得相同的人均财政收入，从而能在采用统一的特定（通常是平均）税率基础上提供相同人均水平的公共服务。

这样的方法在澳大利亚、瑞士、德国等国家被广泛采用，在美国补助项目的某些方面也以更有限的形式采用过（Bird，1986）。加拿大的自治领-省份关系皇家委员会（Royal Commission on Dominion-Provincial Relations，1940）一开始就采用了这一理念，呼吁向不太幸运的省份提供"国家调节补助"（National Adjustment Grant），"以便让它们有机会将省内公共服务水平提升到全国平均水平"（ECC，1982b:4）。财政能力均等化这一目标也出现在 1982 年《宪法法案》中，该法令规定联邦政府致力于"均等化支付"，以确保省级政府有合理的相对税收水平并有足够的收入来供应合理的公共服务水平（《1982 年宪法法案》第 3.36.2 条）。

补助设计 严格来讲，财政能力均等化要求人均税基高于平均水平的辖区向低于平均水平的辖区进行充分的转移支付，以使各辖区的岁入相当于按照规定税率（通常定义为平均税率）获得的税收收入。为此，他们开发了一种均等化公式，用于计算每个辖区按照标准税率对税基征税获得的收入。然后，再将该税率标准（并非不合理，尽管没有必要）定义为总岁入与总税基之比，即实际税率的加权平均值。人均收入高于平均水平的辖区，应将盈余转移支付给收入不足的辖区，以便使人均收入均等化。为了确定标准税收水平的岁入，税基的主要组成部分（如收入、销售、财产）被加以区分，并将各个辖区采用的相应税率的平均值应用于每个部分。这一公式可通过多种方式加以完善，包括将提供规定公共服务水平的差异化成本作为修正值（allowance）。在实践中为了简化程序，可以先确认收入不足地区的缺口，然后用中央收入来补助，而不是要求有超额岁入的辖区进行差额补助。这么做，均等化的意图有些模糊,但是简化了程序,避免了直接的跨辖区转移支付。

在大多数情况下,对收入不足辖区的补助是无条件提供的,接受者可以按自己的意愿去使用,无论是用于额外的项目还是用来替代本地的税收。这是习惯性做法,尽管财政能力均等化的逻辑要求是前者。如果财政能力均等化的目的是让部分收入转归私人使用,那么对接受者的要求(claims)和赠予的款项(contributions)就不应与它的平均税收努力水平挂钩。再进一步,补助可以视接受者自己发挥的税收努力而定(如至少要按平均税率征税),这反映出资金转出辖区仅在转入辖区没有搭便车而是尽了自己努力的情况下才愿意提供支持。还可能增加一些其他条款,例如,将补助用于定向支持特定的项目,提供某些特定的公共服务(而不是大范围的公共服务)等。这些公共服务,在中央政府层级被视为"优值品"(merit goods)。

自然资源差异 在许多国家(尤其是加拿大),辖区之间的潜在人均收入和税基差异反映的是自然资源禀赋的差异。由于对自然资源征税比对工资或资本收入征税负担小,因此这一差异首先应纳入均等化机制。但是,如果这些资源是公共所有权并且/或者(如在加拿大的情况)受到宪法保护,那么由此产生的收入可能会被排除在税基之外,从而导致均等化水平不足。加拿大经济委员会(ECC)报告对这一问题进行了研究,并尝试着解决由此产生的财政能力均等化、横向公平及相应均等化等方面的困难。虽然不难理解,财政能力较高的辖区可能希望对自己转出的款项做出限制,但这种限制似乎应该参考其总财政能力,而不是对自然资源等特定项目给予特权待遇。

群体平等 这些细节(R. Musgrave,1961)在此处无须赘述,但基于跨辖区公平考量而进行均等化补助的观点也受到了不少挑战。有人认为,公平对应的必然是个体的福利问题,而不能应用于辖区间。这里隐含的批评是,将辖区或政府当成拥有自己权利的"人"(creature),是一种针对社会的极权主义观点(Buchanan,1950:190;Boadway,1986:9;ECC,1982a:26),因此不可接受。基于这些考量,有人提出了替代性的解释,我们将在下述讨论。在这里,我们只是表达自己的观点,即不管这种方法的优点是什么,拒绝财政能力均等化并将其视为"非民主",这样的观点是不成立的。为了决定共同事务,个体从来都不是独立行动,而是作为辖区中的一员进行的。联邦制的关键在于有这样一个前提,即个体希望成为一个以上辖区的成员并且彼此间建立起关联。这样,个体拥有双重角色,既在成员辖区内又在联邦中扮演公民投票者的角色。在联邦形成后,个体作为特定辖区的公民,不会像加入单一制国家的个体那样放弃辖区公民的角色。相反,他们通过在成员辖区政府中的代表去行动,也同意其他个体在自己的辖区采取类似行动并让辖区接受某些权利和义务。这可能涉及接受如下的财政能力均等化方案:较富裕的辖区,要去支持较贫穷辖区的财政能力。这一方案,仍是基于个体决策过程的结果,而不意味着享有受益或承受负担的主体是作为"整体"的富裕辖区或贫穷辖区;将富裕辖区或贫穷辖区作为"整体"来表述,确实暗示了一种极权主义观点。相反,已发生的事实是,在决策过程中的一组个体同意分担义务,以便让其他辖区中的另一组个体受益。

2. 将横向公平扩展至成员辖区之间

现在,我们根据以下原则再提出跨辖区补助的另一个理由,那就是个体之间的公平应该在各个成员辖区之间扩展,而不是像上文说的那样理所当然(参见"成员辖区间的税收公平")。在各个辖区间扩展横向公平的原则,可以有多种方式,比如:(1)仅仅均等化税收负担;(2)让总的净财政受益均等化;(3)仅仅均等化那些人均收入水平较高辖区的净财政收益。鉴于在加拿大的辩论中已经特别关注了第三种方式,我们的讨论将先从前两种开始。①

税收负担均等化 由于各个成员辖区的税收制度不同,收入相同的纳税人会因为居住地差异而承受不同的税负。从联邦角度看,这可能被认为是不公平的,因此需要进行均等化调整。

让我们用一个简单的例子来进行说明。假设辖区 J′ 由收入分别为 1 000 美元和 2 000 美元的纳税人 A 和 B 组成。他们按 10% 的税率纳税,于是分别缴纳 100 美元、200 美元税款,税后收入分别为 900 美元、1 800 美元。接下来,假设辖区 J″ 由收入为 1 000 美元的纳税人 C,以及收入为 2 000 美元的纳税人 D 和 E 组成。如果以相同的税率纳税,则 C 的税后收入将与 A 的相似,

---

① 读者可能会想知道,为什么在这里而不在前面部分中讨论这种涉及个体之间横向公平的均衡类型。原因是这种类型的均等化与财政能力均等化一样,带来可导致辖区间的转移支付,而且正如文中所示,有人认为采用横向公平均等化方法类似于财政能力均等化方法。

就像 D 和 E 的税后收入将与 B 相似一样。这样,横向公平占了上风,无须实行转移支付。但是现在,假设 J″税率为 20%,C 的税款增加到 200 美元,D 和 E 的税款增加到 400 美元,税后收入分别为 800 美元、1 600 美元和 1 600 美元。为了使平等的人得到平等对待,A 应该向 C 支付 50 美元,以便两人都剩下 850 美元。同理,B 应该分别向 D 和 E 支付 67 美元,以便三人都剩下 1 667 美元。从理论上讲,这些转移支付可以直接在纳税人基础上进行,也可以通过各自的成员辖区政府进行。

需要指出的是,无论平均收入水平如何,上述税收均等化措施都会引导转移支付从低税率地区流向高税率地区。若贫穷辖区征税的税率较低,以保证所需要的私人支出,则转移支付的方向可能与财政能力均等化所要求的方向相反。而且,任何一个辖区都会发现,按高税率征税并进而要求低税率辖区进行均等化转移支付是有利可图的。为避免发生"税率战争",成员辖区之间必须协商一套彼此能够接受的通用税率,但这样会剥夺辖区自行设定税率的自由,这与联邦政府下财政制度的理念(与单一制国家不同)是冲突的。

净受益均等化 正如刚刚讨论过的,将税收与预算支出分开来考察的横向公平原则,符合按支付能力征税的精神。但在原则上,也应该把因支出而得到的受益涵盖进来。在没有严格的受益税的情况下,净受益在收入规模的各个层级上都可能是正或负,并且很可能会有人说,旨在"平等对待境况相同的人"的横向公平应该从净受益视角重新解释。令人惊讶的是,尽管现在已有人建议在跨辖区设定下应用该原则,但在单一辖区背景下此原则并未得到遵循。

为简化起见,假设税收共享使用以便让辖区的所有居民人均受益相等。和先前一样,我们假设 J′的居民 A 和 B 分别获得 1 000 美元和 2 000 美元的收入,而 J″的居民 C、D 和 E 分别获得 1 000 美元、2 000 美元、2 000 美元的收入。在税率为 10%的 J′辖区的税收收入将为 300 美元,人均受益将为 150 美元。在税率为 20%的 J″辖区中,将产生 1 000 美元的税收收入和 333 美元的人均受益。如是,A 和 B 的净收益分别为 50 美元和 -50 美元,而 C、D、E 的净收益分别为 133 美元、-67 美元、-67 美元。均等化要求由 C 向 A 转移支付 41.5 美元,这样每个人都将获得 91.5 美元的净受益和 1 091.5 美元的相同"实际"收入(包括受益)。同理,均等化要求由 B 分别向 D 和 E 转移支付

5.7美元,总计11.3美元,这样三者的净受益均为－61.3美元,实际收入均为1 938.7美元。结合个人之间的转移支付情况,需要从J″辖区向J′辖区进行30.2美元的净转移支付,转移支付的方向是从高税率辖区流向低税率辖区;但是若根据收入和税率差异,流向可能会正相反。

上述综合均等化方案会遇到仅实现税收负担均等化时相同的困难。这样,它仍然与允许成员辖区以自己的方式处理自己的财政事务的联邦理念不相容。

横向公平均等化 接下来运用詹姆斯·布坎南(James Buchanan,1950;1961)提出的方法,从一个更为有限的视角去审视净受益均等化的恰当范围,即仅将由辖区平均收入差异而非税率差异引起的那些差异视为不合理的。这样,个人的净财政受益独立于他/她所居住的辖区的平均收入。有关横向公平均等化的观点最近在加拿大的讨论中得到了采纳(Boadway and Flatters,1982;Boadway,1986),并出现在加拿大经济委员会(ECC)1982年《联邦财政》报告中。此外,横向公平均等化下的结果被认为与财政能力均等化下的结果相同,因此,横向公平均等化的观点可以被视为在加拿大财政能力均等化类型下实行均等化支付的上好理由。

为了说明仅凭平均收入的差异如何导致平等的人被不平等对待,我们现在假设两个辖区的税率相同,均为10%。与之前一样,辖区J′中的个体A和B分别获得1 000美元和2 000美元的收入,在10%的税率下分别支付100美元和200美元税款。再次假设300美元的税收收入为每个人提供150美元的等值(公共)服务,则A享有50美元的净受益,而B遭受了50美元的净损失。辖区J″中的居民C、D、E再次分别获得1 000美元、2 000美元、2 000美元的收入,现在分别缴纳100美元、200美元和200美元的税。总税收收入为500美元,人均受益为167美元,C享有的净受益为67美元,而辖区J′中与其收入相同的A享有的净受益为50美元。D和E的净损失为33美元,而辖区J′中与其收入相同的B承受的净损失为50美元。即使税率相同,由于辖区J″的平均收入或人均收入较高,也导致了这样的结果;在给定的税率下,被假定平等共享的人均受益也随人均收入的增加而增加。在加拿大经济委员会的报告中,这种差异被视为是不公平的且与联邦中的横向公平要求相悖。因此应该对其进行修正,以使从成员辖区的财政系统获得的净受益独立于其平均收入水平。

这将要求由 C 向 A 转移支付 8.3 美元,如是二者都将获得 58.3 美元的净受益和 1 058.3 美元的总实际收入。同理,它将要求由 D 和 E 向 B 分别转移 5.6 美元,这样所有人都将承受 38.9 美元的净损失、剩下 961.1 美元的总实际收入。这些转移支付可以再次直接在纳税人基础上进行,并可以通过从中央所得税进行抵免或以附加于中央所得税的方式引入,也可以通过辖区 J″ 向辖区 J′ 跨辖区转移支付 19.4 美元来实现,由转出辖区从其居民那里收取适当收入,再由转入辖区将得到的收入转给居民接受。

现在将经横向公平均等化调整的结果与财政能力均等化下的结果加以比较。比较的结果很有趣,因为加拿大经济委员会的报告表明,加拿大现行的以及传统上基于财政能力均等化拨款,可被视为实现了横向公平均等化目标(ECC,1982b,2;30,35;Boadway,1986:15)。根据财政能力均等化计算所需的转移支付,两个辖区的合并税基等于 8 000 美元,按 10%税率计算的合并税收收入为 800 美元,这五个居民人均 160 美元。在辖区 J′ 人均收入为 150 美元的情况下,人均缺口为 10 美元,因此要求从辖区 J″ 转移支付的总金额为 20 美元。反过来,辖区 J″ 的人均收入为 166.7 美元,超出部分为人均 6.7 美元,应向辖区 J′ 支付的总金额为 20 美元。因此,所需的 20 美元的总转移支付接近财政能力均等化程序要求的 19.40 美元。如果现在辖区 J′ 将支出增加 20 美元,而辖区 J″ 进行了类似的削减,则 A 和 B 的净预算受益都将增加 10 美元,而 C、D、E 的净预算受益将分别减少 6.66 美元。最终,A 和 C 分别获得相似的净收益 60 美元、60.33 美元,而 B、D、E 分别承受相似的净损失 40 美元、39.66 美元、39.66 美元。结果与财政能力均等化程序下的结果大致相同。只有在确实发生了上述支出调整的情况下,才可以实现上述横向公平均衡化示例的目的。

在财政能力均等化和横向公平均等化程序下结果相同的结论,之所以成立是仅仅基于两个辖区采用相同税率这一不现实的假设。如果我们回到前面的示例中,辖区 J′ 的税率为 10%,而辖区 J″ 的税率为 20%,现在将财政能力均等化要求的转移支付进行比较,加权平均税率为 16.25%,相应的转移支付为

32.50美元。如何确定横向公平均等化下的相应转移支付,让人困惑。在平均收入(应予以更正)和税率(不应纠正)上的差异,使得区别开对待境况相同者的不同措施(to separate the differential in the treatment of equals)成为不可能。这两种效应相互依存。若税率分别为10%和20%,则要求不同的转移支付水平;只有假设两个辖区采用相同的平均为16.25%的税率,相应的转移支付才会是31.50美元(与财政能力均等化下适用的数额相似)。但税率确实有所不同——更不用说累进税的模式差异——以至于没有公认的方法能实现在个体之间分配收益和损失来校正由收入差异引起的差异。在财政能力均等化的要求下,可以使用平均税率来提供一个合理的标准以设定均等化程度,但是这对于横向公平均等化及其目标并不适用。

最后,应该指出的是,这两种方法都将公共服务从本质上视为具有私人品的性质。在公共服务的受益显然被视为具有竞争性的横向公平均等化的示例中,这是显而易见的。但是,它也遵循财政能力均等化程序,其中所需的转移支付是人均公共服务水平的函数。从非竞争性公共品的角度重新思考这一问题,将会是一项有趣的练习,不过此处不再讨论。仍然存在的差异是,横向公平均等化程序要求受益在居民之间平均分配,而在财政能力均等化程序下选择权仍然留在每个辖区。

一般来说,这两种方法在方向和理念上都不同。在横向公平均等化下,关注的是确保横向平等地对待不同辖区中平等的人。而在财政能力均等化下,关注的是辖区之间公共服务能力的均等化。在纵向维度上,重点关注的是跨辖区或基于群体的公平概念。除了先前考察过的一项不正确的指责(即公平考虑仅在应用于个体时才有意义)之外,需要考虑的问题并不在于哪一个才是正确的公式。二者在各自的背景设定中都是有效的;但是考虑到二者目标不同,不应将它们视为相似的方法,因为只有在相当不现实的假设下,它们才可能产生相似的结果。考虑到加拿大各省平均收入水平的悬殊差异及其强烈的认同感,在我们看来,财政能力均等化观点对加拿大的支付均等化似乎更为合适。

3. 效率方面

前面从公平的角度讨论了均等化方案的优点,但是效率方面的影响也应纳入考量。财政差异对投资地点选择的影响不仅可能导致不平等,而且可能导致经济活动的选址效率低下。如上所述,"独立的多个辖区间的公平"要求,可以通过税收抵免政策来抵消税收差异对投资选址的影响。但是,由于大多数劳动收入都来自居住辖区,因此财政差异将继续影响劳动的地点。财政能力均等化和横向公平均等化在这方面将有所助益,但程度有限,因为税率差异不会被财政能力均等化和横向公平均等化过程抵消,并且不能简单地假定可由相应的受益抵消。从中央政府的税基中扣除在成员辖区所缴税收可以缩小差异,但并不能消除差异。另一方面,纳税义务的完全横向均等化将要求统一的财政运行,如是,将与要求多元化的联邦精神不相容。相对于单一制的财政组织,联邦制有其优势,但同时也带来了成本,成员辖区财政运作相对于中央层级的份额越大,成本越高(the more so the larger the share)。

四、总结和结论

本章探讨了如何将常见于单个辖区的税收公平原则扩展到多个辖区。我们首先着眼于在国际背景中多个独立辖区的情况,然后进一步探讨构成联邦的半独立辖区的情况。

(一)独立辖区

在国际背景中考察税收公平时,出现了两个不同的问题:一是跨辖区的公平问题,即怎么界定任一辖区的合理征税范围。二是任一辖区如何对待自己参与国际贸易的居民,保持他们平等的税收待遇。

1. 跨辖区平等

在将受益税原则从个人扩展到跨辖区情形时,第一原则是每个辖区都可以向自己范围内的经济活动就自己所提供的服务征收受益税,这就使辖区 J′有权对辖区 J″的居民在本辖区所赚取的收入以及辖区 J′出口到辖区 J″的产品征税。但是,此类税将采取对物税形式,数额以受益幅度为限,同时保留针对居民的一般所得税和基于目的地的商品税。这些基于受益原则而设定的限制,可以进行如下突破:允许收入来源辖区 J′对辖区 J″的居民在本辖区获得的收入征税，以便从他们的经济活动收益或租金中分一杯羹。

2. 个体间平等

在主要基于受益原则形成的有关辖区间公平的基础规则指导下，居住国面临着如何在开放经济环境中管理其居民的纳税能力的问题。有一个重要问题在封闭经济环境中不会出现，那就是如何处理居民从国外挣得的收入中已缴纳过的税款。从居住国的公平视角来看，上述税款可以忽略、扣减或抵免；但是无论采取哪种方式，居住国都无法弥补因收入来源国征税所形成的负担。

(二)联邦

在联邦的情形中，最初的问题是如何给有关各方公平、有效地配置职能(allocation of functions)。一旦引入受益原则，就有一个颇具说服力的情况出现，那就是让每个层级的政府提供在自己境内受益的服务，并负责向居民征税以弥补成本。因此，中央服务将在全国范围内筹集资金，而成员辖区服务将在每个成员辖区范围内筹集资金。这样一来，上述筹资便要遵循应用于国际环境中的相同的优良税收规则。这可能会变得更加复杂，但是基本规则是一致的。

此外，联邦环境为辖区间(现为成员辖区间)的公平开辟了新的维度。在国际背景下，每个辖区都自主行事(除了需遵循公平的互惠税收关系的安排外)；但在联邦内，任何一个成员都可能与其他成员辖区在财政状况上有关联。我们可能需要采取措施来应对这样的关联，以便让各辖区之间的财政能力均等化。或者，成员辖区可能会同意放弃因处于高收入辖区而获得的被人看作不公平的财政优势，并提供为实行此类修正所需的跨辖区转移支付。尽管在严格的假设下有两种方法(财政能力均等化和横向公平均等化)可用来进行跨辖区转移支付，且结果相似；但在一般情况下，这种结果相似并不成立。两种方法的理念和目标皆不同。正如我们得出的结论，从财政能力均等化的角度可以更为现实地解释加拿大的均等化方案。

尽管我们讨论公平的财政安排主要从规范性视角进行，但必须意识到，现实世界有诸多其他因素阻碍上述标准方法的实行。在封闭经济案例中，政治和制度的力量相互作用，可能会产生不同于规范要求的财政安排。同样的情

第十三章 跨辖区的税收公平(1993)

况也适用于国际背景中,此时国家之间的财政安排将受议价能力和政策目标的影响。最后,上述限制也适用于联邦中的财政安排。联邦的形成并不是基于公平和经济效率的图景,而是以需承认的历史、种族和政治环境为条件的,必须在这些制度约束范围内再进行规范性的考量。但是,为了确保在这些限制内实现最佳财政安排,就有必要考虑这些因素。

参考文献

Arrow, Kenneth (1973), 'Some ordinalist-utilitarian notes on Rawls' theory of justice', *Journal of Philosophy*, 70, 245—65.

Bird, Richard M. (ed.) (1980), *Fiscal Dimensions of Canadian Federalism*. Toronto: Canadian Tax Foundation.

Bird, Richard M. (1986), *Federal Finance in Comparative Perspective*, Toronto: Canadian Tax Foundation.

Boadway, Robin (1986), 'Federal-provincial transfers in Canada', in M. Krasnick (ed.), *Fiscal Federalism*, vol. 65, Royal Commission on the Economic Union and Development Prospects for Canada, Toronto: University of Toronto Press.

Boadway, Robin and Frank Flatters (1982), 'Efficiency and equalization payments in a federal system of government: a synthesis and extension of recent results', *Canadian Journal of Economics*, 15, 613—33.

Boadway, Robin, I. Cromb and H. Kitchen (1988), 'The Ontario corporate tax and the tax collection agreement', Memorandum to the Ministry of Treasury and Economics, Toronto.

Breton, Albert (1965), 'A theory of government grants', *Canadian Journal of Economics and Political Science*, 31, 175—87. Reprinted in *The Economics of Federalism*, ed. B. S. Grewal, G. Brennan and R. L. Mathews, Canberra: Australian University Press, 1980, 9—24.

Buchanan, James M. (1950), 'Federalism and fiscal equity', *American Economic Review*, 40, 583—99. Reprinted in *The Economics of Federalism*, ed. B. S. Grewal, G. Brennan and R. L. Mathews, Canberra: Australian University Press, 1980, 183—200.

Buchanan, James M. (1961), 'Comments', in Public Finances: Needs, Sources and Utilization,122—31,National Bureau of Economic Research,Princeton,NJ:Princeton University Press.

Buchanan,James M. (1975),*The Limits of Liberty*,Chicago:University of Chicago Press.

Canada,Royal Commission on DominionvProvincial Relations (1940),*Report*,Book II. Ottawa:Queen's Printer.

Economic Council of Canada (1982a),*Financing Confederation-Today and Tomorrow*, Ottawa:Economic Council of Canada.

Economic Council of Canada (1982b),*Financing Confederation-Summary and Conclusions*,Ottawa:Economic Council of Canada.

Grewal,B. S. ,G. Brennan and R. L. Mathews (eds) (1980),*The Economics of Federalism*,Canberra:Australian University Press.

Head,John G. (1993),'Tax-fairness principles: a conceptual, historical, and practical review',in Allan M. Maslove,(ed.) *Fairness in Taxation:Exploring the Principles*, Fair Tax Commission,Research Studies,Toronto:University of Toronto Press 3—62.

Musgrave,Peggy B. (1969),*United States Taxation of Foreign Investment Income:Issues and Arguments*, International Tax Program:Harvard Law School.

Musgrave,Peggy B. (1984),'Principles for dividing the state corporate tax base',in C. E. McLure,Jr,ed. *The State Corporation Income Tax*,Palo Alto,CA:Hoover Institution Press,228—46.

Musgrave,Peggy B. (1986a),' Interjurisdictional coordination of taxes on capital income', in S. Cnossen,ed. *Tax Coordination in the European Community*,Deventer:Kluwer Law and Taxation Publishers,197—226.

Musgrave,Peggy B. (1986b),*Coordination of Taxes on Capital Income in Developing Countries*,World Bank:Report No. DRD286.

Musgrave,Peggy B. (1989),'International coordination problems of substituting consumption for income taxation',in M. Rose ed. ,*Heidelberg Congress on Taxing Consumption*,New York:Springer-Verlag,453—90.

Musgrave,Peggy B. (1991),'Fiscal coordination and competition in an international setting',in L. Eden ed. ,*Retrospectives on Public Finance*,Durham,NC:Duke University Press,276—305.

Musgrave,Richard A. (1961),'Approaches to a fiscal theory of political federalism',in *Public Finances:Needs,Sources and Utilization*,Princeton NJ:National Bureau of Economic Research 97—134. Reprinted in *The Economics of Federalism*, ed. B. S. Grewal, G. Brennan and R. L. Mathews, Canberra: Australian National University Press, 1980, 209—33.

Musgrave, Richard A. (1981), 'Leviathan cometh-or does he?', *in Tax and Expenditure Limitations*, ed. H. Ladd and N. Tidemann, 77—120. Washington, DC: The Urban Institute Press. Reprinted in R. A. Musgrave, *Collected Papers*, 1986. *Public Finance in a Democratic Society*, vol. II, *Fiscal Doctrine, Growth and Institutions*, Brighton: Harvester Press, 200—32.

Musgrave, Richard A. (1992), 'Social contract, taxation and the standing of deadweight loss', *Journal of Public Economics*, 49, 369—81.

Musgrave, Richard A., and Peggy B. Musgrave (1972), 'International Equity.' in *Modern Fiscal Issues*, ed. R. M. Bird and J. G. Head, Toronto: University of Toronto Press, 63—85.

Musgrave, Richard A., and Peggy B. Musgrave (1989), *Public Finance in Theory and Practice*, 5th edn New York: McGraw-Hill.

Rawls, John (1971), *A Theory of Justice*, Cambridge, MA: Harvard University Press.

Scott, A. D. (1950), 'A Note on Grants in Federal Countries.' *Economica*, 17, 416—22. Reprinted in *The Economics of Federalism*, ed. B. S. Grewal, G. Brennan, and R. L. Mathews, Canberra: Australian National University Press, 1980, 201—7.

Tiebout, Charles M. (1956), 'A pure theory of local expenditures', *Journal of Political Economy*, 64, 416—24. Reprinted in *The Economics of Federalism*, ed. B. S. Grewal, G. Brennan, and R. L. Mathews, Canberra: Australian National University Press, 1980, 59—70.

Tiebout, Charles M. (1961), 'An Economic Theory of Fiscal Decentralization.' In *Public Finances: Needs, Sources, and Utilization*, Princeton, NJ: Princeton University Press, 79—96.

第十四章 庇古论税收(1998)[①]

庇古关于税收的著作《公共财政研究》于1929年和1947年问世,并于1951年再版。该研究建立在他早期著作《财富与福利》(1912)和随后的著作《福利经济学》(1920)之上。在这些书中,庇古充分论证自己关于社会福利如何最大化的想法;他的写作依据是马歇尔精神(Marshall's spirit)——尽管市场失灵时有发生,但市场仍是决定供需均衡的首要机制。在其中,市场失灵包括未能实现国民福利最大化以及未能做到最优分配等情形,且这些情形在评估政策时必须同时予以考虑。人们逐步认识到,经济学在纠正市场失灵方面具有局限性,政府在调整资源错配方面能力也有限,但马歇尔精神仍对纠偏政策的潜力抱有乐观态度。

在献给马歇尔的悼词中,庇古引用了自己偶像老师的经济学观点——经济学是"道德的侍女","可以通过完善这一工具来改善人类的生活条件"。但是,"尽管对于经济学家来说,改善社会是他们的永恒目标,但他们自身的特别任务不是站在战斗的前沿,而是耐心地在后方准备好知识的武器"(Pigou,1947:82,84)。再也没有比用这本讨论税收问题的著作更好的方法,来让庇古表达马歇尔精神。

[①] 本文摘自 K. Griiske (Herausgeber), *Arthur Cecil Pigou's 'Wealth and Welfare'* Dusseldorf, Verlag Wirtschaft und Finanzen, 1998. 文中引用庇古的部分,均来自1951年的重印版。

第十四章 庇古论税收(1998)

一、预算的规模

庇古的著作,尽管名为《公共财政研究》,但将大部分篇幅献给了税收。在此书中,庇古遵循了英国财政学的传统——从斯密到李嘉图、米勒、埃奇沃斯,他们一直将税收经济学作为关注的焦点。庇古意识到自己对财政支出关注得较少,他指出,"财政的这一侧面(即支出)是一个重要的议题,但目前并不是我的研究最关注的"(1947:29)。在这一卷的第一部分,庇古用一章的篇幅讨论了公共品的性质及其适用的范围。

假设共同体像一个单一的人,那政府就像是人的大脑;政府应该像人脑那样,设法在多种用途中安排自己的开支,目的是"使所有这些用途的边际收益都相同"(1947:31)。恰当的支出组合,包括消耗性支出和转移性支出;同样的规则也适用于总支出,即要求公共支出的边际收益等同于私人放弃支出而牺牲的边际满足。反过来说,私人放弃的这种满足也取决于财政筹资的模式。若在征税时要使得总牺牲最小化并忽略掉"公告效应"(即无谓损失),那么税制越累进、收入分配越不平等,最优的支出水平就越高。如果再考虑到公告效应的话,那公共服务的成本就大于所付税款的金额,此时征收一次性总额税(lump sum taxation)形成的最优预算的规模就比较低。[①]

但是政府不是单个人的大脑,战舰并不是因为个人的用途而被需要,而是"为了普遍的利益而由政府使用的集体物品"(1947:33)。任何个人的需求,都依赖于他人提供的物品。因此,政府不是简单地执行个体公民指令的代理人,"作为公民的集体代理人,它必须对公民个人施加强制力"(1947:33)。比如说,政府必须征税,这就涉及强制。政府实施管理是有成本的,"除了纳税人付出的实际金钱外,还有税收对纳税人整体造成的间接损害"。这一切,降低了公共支出的最优水平。

庇古为最优预算规模设定的规则是不容置疑的,但他简短的探讨并没有给出全面的答案。他没有阐明政府为什么要强制,也没有注意到公地的悲剧

---

① 庇古(Pigou 1947),第34页,关于这一主张的限定条件,请参见 Atkinson and Stern(1974)以及 Zodrow 和 Mieszkowski(1986)。

（像休谟提出来的草地排水问题或密尔提出的灯塔问题）。他也没有说明，作为公民的代理人，政府如何学习提供公民需要的服务。庇古显然并不熟悉欧陆学者的讨论，这样的讨论可追溯到萨克斯(Sax,1887)，马佐拉(Mazzola,1890)，尤其是维克塞尔(Wicksell,1896)和林达尔(Lindahl,1919)的贡献，他们都关注将税收作为显示个人偏好的手段。相反，庇古将作为公民代理人的政府视为"全知全能的裁判"[此处借用萨缪尔森(Samuelson,1954)的术语]，认为它了解所有公民的偏好。于是，在财政活动过程中相当多的政策问题就被弃置在一边。

二、税收原则

接下来我们讨论庇古的税收原则时，无须再去考虑预算支出方面的内容。上面的讨论已给出信息，那就是庇古认为有办法制定正确的征税方法，为此他还制定了操作规则。

在公共支出不变的前提下比较两种税收制度，显然带来总牺牲较小的那个税制就是更好的税制。跟均等牺牲的所有讨论一样，这一结论也是以不同个体所承受的牺牲可进行比较为前提的，并且"看起来(prima facie)相似的人也将以相似的方式受到相近的心理影响……如果是这样的话，那我们就可以像我们的前辈一样自由地(但适当谨慎地)使用集体牺牲这一经典概念"(Pigou,1947:42)。庇古著作的第一版出版后不久，罗宾斯(Robbins,1932)就对不同个体之间边际效用的可比性提出了质疑。从那以后，这一质疑就一直困扰着效用论的追随者。从1928年起，庇古就不再对类似质疑做出回应，他的观点在后续的版本中也保持不变。他似乎在说，别为此犯傻了，继续工作吧，去采纳一个明智的主张，别管它能被证明还是被驳斥。

在此前提下，就可以使用"牺牲"这样的术语来讨论征税原则。庇古认为，对福利损失进行全面衡量，不仅要包括已付的税款，还要包括公告效应带来的消费者剩余的损失，因此"毫无疑问，总牺牲的最小化是征税的终极原则"(1947:43)。政府所有的活动都应增进公民的福利，在征税的背景下这就意味着总牺牲的最小。庇古说，这一原则"它的有效性对我来说似乎凭直觉就可决定"(同上)。他也许会补充说,在这种直觉背后,不仅有向下倾斜的效用曲线,而且还有边沁(Bentham)提出来的颇有疑问的推理:每个个体追求自身幸福最大化,加总在一起即得到总体幸福的最大化(1789:3)。

在谈到其他牺牲原则时,庇古指出密尔(Mill)所说的"均等牺牲可使总牺牲最小化"的结论是错误的,只有均等的边际牺牲才是总牺牲最小化的必要条件。不过,西奇威克(Sidgwick)的"均等牺牲"的观点值得考虑(Sidgwick,1883)。在将均等牺牲原则应用于对待境况相同的人时,它要求的就是实现横向公平(这是一个后来的术语),而这样的要求已被接受但隐含在总牺牲最小化的原则中,因此并不是一个必要的规则。① 在将均等牺牲原则应用于境况不同的人时,就像西奇威克指出的那样,这一均等牺牲原则有可能会带来冲突,但是庇古补充道:

> 直觉不能解决这个问题。如果它被接受为次要的终极原则,那将产生理念的冲突,并以此需要在处理终极事务的法庭面前加以协调,这一终极事务就是最大善原则(the principle of maximum good)……因此,对学者们来说,也许存在着更为复杂的深奥学说,但对于政治家和从事实务的人来说,我们可以恰当地断言,总牺牲最小化就是征税的终极原则(1947:45)。

从现代分析所使用的总体福利最大化模型可以清楚地看出,从密尔(1848)、埃奇沃斯(1897)、科恩·斯图尔特(Cohen Stuart,1889)再到最后的庇古,他们早期对"牺牲"的讨论看起来似乎既过时又没必要,在思想史上充其量只是一个有趣的插曲。但这么想是错误的。尽管总牺牲最小化或边际牺牲相等,都可以从福利最大化的效用模型推演而来,而且也符合经济学家的习惯,但这并不意味着必须用这些术语来评判税收的公平或公正(或就此而言的分配正义)。最小总牺牲作为终极原则的前提是,不存在针对勤劳收入的天赋权利。另一方面,正如西奇威克(1883:517)所指出的那样,基于勤劳收入的天赋权利而形成的税前收入分配被认为是公正的,这样均等牺牲(也许还有等比例牺牲)就可能成为在伦理上有意义的规则(如果不能最大化的话!)。"牺牲"

---

① 参见 Kaplow (1990) 和 Musgrave (1990)。

分析框架,尽管现在已被学者拒绝,但它有助于提出上面的问题。

三、对工资收入征税的最小总牺牲原则

基于总牺牲最小化原则,税收结构设计中的方方面面都得到了研究,以此寻求最优的税收组合,并获得必要的税收收入。我们必须同时考虑两个重要的但经常冲突的要求:一方面,基于收入分配的考量,要求采用累进税制,因为这能减少总体满意度的损失;另一方面,必须考虑公告效应带来的负担,而这又要求不去采用高边际税率。问题在于如何协调这两个要求。庇古从一个简化的情境出发来讨论该问题,即所有的收入都以工资收入的形式呈现,而将储蓄和利息留待后面再处理。

(一)分配效应

为了聚焦于研究收入分配效应,庇古先假设公告效应不存在,这种情况会出现在征收一次性总额税之时。在该情形下,因假设边际效用随收入增加而下降,于是最小化总牺牲原则或均等的边际牺牲原则就要求,要从处于收入级最高的群体中获取所需的税收收入。如果征收到所需税收收入后仍不能实现均等化,那就继续自上而下地征税,并辅以针对底层群体的转移支付,直到实现完全的均等为止。

不过,即使没有公告效应,上述结论的成立也是有条件的(qualified)。如果储蓄的收入弹性较高,那么上述均等化措施就会减少储蓄和资本积累;储蓄和资本积累的减少,又将导致收入减少(穷人的收入也因此减少)。如是,要征收的税款就会少于完全均等化时对应的税款。此外,在另一个方向上,对穷人征税会影响他们的健康和工作能力,这样的影响远甚于对富人征税。综合考虑这两个因素后得出,应主要针对相对富裕的中等收入阶层征税。

(二)公告效应

庇古接下来将注意力转向探讨税收对工资收入产生的公告效应。为了排除收入分配效应的干扰,他假定收入都是相等的。这样一来,因征税而减少的

工作量及其收入越多，造成的总牺牲就越大。若税收收入没有用完而以一次性总额形式返还，则结论仍然成立。对于任何既定的税收收入而言，若采用边际税率较低的税收形式，那它对工作的阻碍程度将低于采用边际税率较高的税收形式。由此可见，人头税是征税的最佳形式，然后依次是累退、比例及累进的工资所得税形式。

在不同的税收形式下，收入下降的幅度取决于劳动力供给的弹性，不过弹性有可能很小。在此情形下，虽然对工资收入征税，但低收入者无法承受自己工作量的减少或不能自主安排减少工作量，而高收入者可能愿意继续增加工作量。然而，对在高风险事业中工作的人来说，累进税率可能会产生歧视，因为在这类事业中收入更加集中。

（三）税收对工作收入（work income）的综合影响

若同时考虑收入分配效应和公告效应，那么理想的解决方案可能是选择收入分配效应视角下的最佳方案，再从公告效应的视角出发以最优方式来实践。但是，这样做就要求将税收形式根据每个纳税人来调整，从而与税收规则应具有的普适性要求不符。因此要解决的是，基于约束来寻求近似的最优解。

在收入相似的共同体中，人头税可以提供最佳的解决方案。在这里公告效应不存在，收入分配效应也已达到最佳水平。但在现实中收入是不同的，人头税因此在收入分配方面有缺陷，这就需要找到一个折中的解决方案。除了人头税以外，还有一些税种没有公告效应，包括对真实租金、意外收入和垄断利润征税。依靠这些税收，我们可以在收入分配效应方面进行平衡，但是这些税收的收入潜力是有限的。因此，带有公告效应的税种仍是需要的。

随后，庇古指出，我们必须在累进税的收入分配优势与不利的公告效应方面进行权衡。当收入相等的个体因其他原因（如家庭规模）而处于不同的纳税地位时，这种权衡将更加复杂。此时，公告效应并不一定总是随着税收累进程度的提高而上升，尤其是在收入差异很大的共同体中。

庇古得出结论，总而言之，征收于工资性收入的所得税，公告效应不会很大。我们不能"仅仅因为从公告效应的角度来看，不那么累进的税收方式会更好"，而拒绝采用在收入分配方面具有优势的税收形式（1947：75）。

四、均等牺牲的工资收入所得税

尽管庇古质疑先前将绝对牺牲均等作为税收的首要原则,但他还是以此原则来研究工资收入所得税。他简要考虑了应纳税所得的定义,让人意外的是,他的考虑仅写在探讨工资收入的章节。另外,他还考虑了对非货币收入、资本收益、支出费用和家庭规模等因素的处理。庇古认为,转移支付收入应该被包含在内,但只应计算一次,否则相同的实际收入将被重复征税。按照英国的传统,在国民收入账户中税基被视为与收入相等。在这里他没有提及替代性方案,也没有提及在税收方面更有意义的增值(accretion)概念。增值这一概念由德国财政学者发展出来,尤其在亨利·西蒙斯(Henry Simons,1938)手中得到了更大的发展。[①]

在确定税基之后,应该如何按照均等牺牲规则来分配负担呢?若以收入边际效用递减为假定前提,那并没有要求必须征收累进税。正如埃奇沃斯所证明的,税制到底应是累退制、比例制还是累进制,取决于收入边际效用曲线比矩形双曲线更平坦,或相等,还是更陡峭。对于低收入者,庇古猜想,曲线将更加陡峭,并要求采取累进税率;但在这一水平之上,伯努利(Bernoulli)对单位弹性和比例税率的假设"看上去并非没有道理"(1947:90)。然而,如果考虑到人们的满意程度不仅取决于他们的绝对收入,也取决于相对收入,那么这一结论就要受到一定的限制了。这一点在收入等级的最高级特别重要,因此比起中等收入来,大额收入要用更高的比例来征税。

五、牺牲最小的储蓄所得税

我们再回过来讨论将牺牲最小化作为第一原则,只是现在将所得税的视野扩大到包括储蓄和资本收入在内。庇古认为,将储蓄和利息收入纳入考量,这样的一般所得税就"歧视了储蓄,在储蓄之时和储蓄产生利息之时打击了储

[①] 见 Musgrave(1997)。

蓄行为"(1947:118)。这实际上是过去密尔和马歇尔所持有的观点,也因此可以认为一般所得税不如一般支出税(对收入的所有用途一视同仁)。由于人们倾向于对未来收益过度打折,因而储蓄会不足,这就使得情况更严重了。

庇古指出了限制这一结论成立的各种因素。有一些被视为消费的特定支出,如教育,实际上也会产生后期的回报,但跟储蓄一样也被双重课税;被储蓄起来的收入不仅有"利息回报"还会产生"愉快"(amenity),后者是产生满足感的一种来源(只是在现代讨论中经常被忽视!),但没办法通过支出税来税及这样的满足感。然而,储蓄因为被排除在外而产生缺陷,并不能证明它在通常的所得税制中遭受歧视就是正当的。

庇古认为,如果过去的储蓄从未被取出并被用于消费,那么不对储蓄征所得税就类似于对消费支出征收直接税。这样的税收可以像所得税那样运作,通过设立免征额和累进税率来达到想要的收入分配效果。但是不对储蓄征所得税,在储蓄资金减少时,实际上就意味着消费未被征税。因此,这一制度偏爱延迟消费。庇古显然没有预见到一种衡量消费的现金流方法(the cash-flow approach),该方法由费雪(Fisher,1942)和卡尔多(Kaldor,1958)提出,现已被广泛讨论。在这一方法下,动用储蓄资金进行消费既不受优待也不受歧视,因为在决定税基时净储蓄已被排除在外。①

从收入中扣除储蓄来实现对消费的征税,庇古对此抱有怀疑态度,并因此主张实行替代性方案,即对投资所得免征所得税。如果年投资所得与储蓄量相等,那么相应的税率将是相同的,投资所得的豁免与储蓄的豁免一样,符合牺牲最小化规则。但是,储蓄往往小于投资所得,因此,免征投资所得税就要求更高的税率。这样,减少公告效应带来的收益就较小。此外,免除投资所得的税收实际上是给富人奖赏,而这笔奖赏将大大超过对储蓄免税形成的奖赏,这就使前者在收入分配上劣于后者。但是,庇古认为,对投资所得免税是唯一可行的方法。作为一种折中的解决方案,应该将免税限定在投资后的一段有限的时间内。

---

① 正如庇古(Pigou,1951:123)所述,这段是根据本纳姆(Benham,1934)的评论重新组织的。

六、遗产税

相对于资本所得税，遗产税被认为更受欢迎。有人认为遗产税侵犯了基本的权利，但这样的主张已被驳倒。在财产的转让环节，国家有权取走其中的第一份。除了时间节点之外，遗产税在性质上与投资所得税或财产税相似，其收入分配效应也相似。对于工作努力程度的不利影响（即公告效应）也相似，但是跟对储蓄征税相比影响可能有所不同，也因此需要进行比较。

为此，我们将对以下两种情形进行比较：对一组相似的个体征税，要求他们在30年中每年支付100英镑的总额税；对同样的个体，要求他们在30年后一次性缴纳3 000英镑的总额税。由于预期寿命为30年，因此在这两种情况下纳税人缴纳了同样的税额，政府获得了同样的税收收入。在此处看起来有一个初步的假设，即遗产税将更不利于储蓄。由于遗产税的全部税款是一次性缴纳的，因此跟现行所得税相比更有可能是从资本中支付的。理性的个人可能会为遗产税缴纳提前做一些准备，但他们准备得不会很充分。所以，30年后一次性缴纳遗产税比按年缴税，对储蓄的危害更大。

一旦不是以一次性总额税形式征收而是以与所得税与遗产税等值的方式来征收，就会产生公告效应。个人在进行储蓄决策时，可能存在两种动机。他们可能只考虑在自己的一生中享受财富，他们也可能考虑继承人的利益。那些只考虑自己的个体，做出储蓄决策与征收总额税相同。但那些关心继承人的个体，会同时考虑两种动机，这样因征税而减少的储蓄将会少一些。结合收入效应和公告效应，庇古得出结论说，两种可能都会发生，这样所得税和遗产税几乎没有区别。最初的想法并没有被庇古坚持，即国家在纳税人死亡时征税，可能比在工薪者生命周期中征税更好。

七、用税收和补贴来纠偏

如前所述，在私人利益可以自由运行的场合，资源的使用可能会出现各种扭曲，此时通过税收和补贴进行调整是恰当的。在《财富与福利》(1912)一书中,庇古早已讨论过这一主题。

(一)外部性

自利行为会导致各个领域的边际私人净产出均等化;在私人净产出和社会净产出一致的地方,福利也会最大化。然而,当相关活动"给公众附带而来无法弥补的有益服务或损害"时,私人净产出和社会净产出就可能不再一致(1912:158)。私人宅第门前的路灯照亮了街道,使过路人受益,而汽车则破坏了道路,并伤害了他人。这样的不一致不能通过管制私人合约行为来减轻,因为它们发生在市场合约关系之外,但国家可以通过使用补贴和税收来鼓励或限制上述活动,从而增加国家的福利。

酒精饮料可能会被征税,就像对在拥挤的环境中建造大楼征税一样。其他活动,如警察管理和清洁贫民窟,也可得到政府的资助。虽然尚未使用"外部性"这一后世的术语。但庇古确实已经注意到这一现象,只是庇古没有详细阐述该议题。外部性涉及的人数可能不少(人数少的话,可以通过科斯式磋商将其内部化),它跟收入分配的关系问题(如是否支付补偿)也尚未得到考虑。

(二)报酬递增和递减

追随马歇尔(1890:464),庇古指出,在规模报酬并不固定的情况下,也需要采取进一步的税收措施来补救。"假定其他条件相同,在报酬递增的行业中投资,边际净产出往往超过一般行业的边际净产出;而在收益递减的行业中投资,边际净产出往往低于一般行业的边际净产出"(1912:177)。对前者征税,对后者给予补贴,可能会使投资于这些行业的资源的边际净产出更接近于一般行业的产出水平,从而提高国民红利(1912:178)。

(三)未来收益

市场结果的另一个重要缺陷,并未包括在《财富与福利》一书中,但庇古也注意到并认为这是最重要的。具体来说,这种缺陷的出现是因为"远视能力"(telescopic faculty,1947:97)不足,导致我们低估未来获得的满足感。死亡会让我们低估未来满足的价值,尤其是低估由他人获得的满足感。在上述情况以及在行政可行性的约束下,有些原来过度的活动可能会因征税而减少,而有些受到抑制的活动可能会因补贴而受到鼓励。

(四)再分配

延续早先在《财富与福利》一书中的讨论,庇古指出市场不能实现收入的最优分配。作为纠偏措施,庇古要求实行一种税收一补贴计划,以确保实行更加平等的收入分配,并确保提供必要的最低收入水平以防止贫困。

八、在无储蓄状态下产品税的差异化

我们的讨论再次回到这样一种假设的情形:所有的收入都被消费掉(因此没有储蓄),市场失灵都已被纠正。此时税收收入可以通过产品税来获得,但问题是,向不同的产品征税,应该一视同仁还是区别对待?马歇尔建议对供求无弹性的产品征税,这一建议被庇古重新加以考察,并报告了拉姆齐的发现(1927)。假设需求函数和供给函数是线性的且相互独立,那么总牺牲最小化的最优税制:所有商品的生产都因税收而呈一定比例的削减。在此情形下,需求和供给的弹性越小,税率就必须越高。

上述结果在需求函数和供给函数非独立、也非线性的情况就受到限制。庇古提起了拉姆齐的贡献,并进行了评论。于是,庇古在《公共财政研究》第九章所做的分析,可被视为最优税收理论的诞生地,该理论大约40年后才被加以形式化(Diamond and Mirrlees,1971),而这一理论形式的分析主体正是建立在庇古的优良税收体系之上并对其进行了拓展。

遵循他常用的方法,庇古接着转向考虑收入分配问题。理论上这要求对富人消费的商品征收更重的税,但同样的目标也可以通过对所有支出或所有收入征收普遍且累进的税收(这里再次假设没有储蓄)来简单实现。他补充道,只有无法从家庭层面税及支出的情况下,才有必要在供给端征收产品税。

九、理想的税收

在庇古眼中,理想的税收是征税于价值不能被所有者更改的客体身上的税收(如一次性总额税),这样的税收没有公告效应。

(一)对未改良的土地价值征税

这一税收,对未改良的土地或具有"公共"价值的土地(unimproved or "public" value of land)征收,相当于对土地纯租金的资本化价值征税。富人来自土地的收入比例往往更高,因此在收入不均等的人群中征收这样的税收,可以在收入分配效应与公告效应方面实现牺牲最小化。然而,在收入相同的人群中,不同的人从土地中获取的收入份额差别很大。因此,它"将表现得非常不均等,到目前为止,在收入分配方面的效果是糟糕的"(1947:152)。不过,考虑土地所有者能从公共项目带来的环境影响中获益,那这样的税收可以征收。

在权衡上述因素之后,庇古得出结论说,应该以恰当的税率征收土地税。它在公告效应方面优于其他税种,而且在收入不平等的人群中产生的收入分配效应也较好;在收入相同的人之间,征收这样的土地税所产生的不利的收入分配效果,似乎被人们过于重视。庇古没有提及亨利·乔治及其他学派对土地税的大力支持。

(二)对垄断收入征税

对垄断利润征税,就像对土地的公共价值征税一样,对避免公告效应而言也是理想的选择。在境况相同的人之间和境况不同的人之间,这样的税种产生的两种收入分配效应再一次被庇古提出来考虑。但更重要的是,政府现在有更好的选择,那就是在垄断行为出现之前就设法阻止它。

(三)倘来利得税

就公告效应而言,对倘来利得(windfalls)征税同样是理想的,就收入分配效应而言也是如此,因为意外之财往往更多地由富人获得。现在抛开对境况相同的人的歧视问题不谈,意外收入可被视为一个理想的税基。然而,这一税收的税基应该仅限于真正的意外之财。不应考虑因通货膨胀而来的明显意外之财,如果可能的话,也不应考虑因利率下降而获得的资本价值收益。因预支和打折而带来的价值增量,也不应该考虑。

十、国际方面

税收在国际方面的议题,庇古只是简单地加以讨论。而他所说的和赔款支付(reparation payments)相关的内容,此处不予讨论。

(一)避免双重征税

庇古认为,在一个对自己的居民用高税率征税的国家,资本和劳动力往往会流失,因为资源会流向低税率国家以寻求比较优势。然而,如果居住国在其税基中包括来自外国的收入,就像英国的所得税那样,那么这一点就没那么重要。如果收入来源国也同时对自己境内的外资收入征税,那就会产生双重征税问题。资源的有效流动会因此受到阻碍,如果这两个国家达成税收协议只对本国居民征税,那么两国整体上均会获益。但是,除非债权国按照国际联盟《关于双重征税的报告》(1923)中的建议给予一定的补偿,否则债务国的利益会因前述协议而受到损害。

庇古提出的上述问题,指出了税收协调中的核心问题,但使用的是一个高度简化的形式。仅从个人所得税来看,庇古的看法没有注意到目前在处理来自公司的所得方面出现的大量问题,不过,这些问题在20世纪20年代的晚期尚难以预见。

(二)贸易商品的一般产品税

对进口或出口征收一般产品税,引发的问题与征收选择性产品税类似。此外还有一个额外的问题,即是否可以通过对进出口产品普遍征税而从外国人那里获得大量税收。庇古对上述问题进行了研究,并重新考察了马歇尔的如下结论:如果出口国对自己所需的贸易商品需求弹性越大,而出口商品的需求弹性越小,那么出口国征收一般产品税的收益就会越大。

(三)保护性关税

对于保护性关税,庇古从一项提议开始论述,即自由贸易初看起来有正当理由,但他也注意到各种有利于贸易保护的例外情况。从效率的角度来看,为了加强国家安全,为了促进像李斯特所主张的早期经济发展,可能确实需要采取某些限制措施。

选择贸易保护还是自由贸易,对收入分配的影响不同。进口产品的国内生产者因贸易保护而受益,而消费者则将蒙受损失。于是,在此方面的分配效应,取决于哪些产品受到保护。与此同时,对非技术工人生产的产品征收保护性关税,将使低收入者受益,但也同时会损害广大消费者的利益。因此,我们必须考虑自由贸易与保护主义在收入分配方面的不同意义,以预判当前关于全球化的争议。尽管某种保护性税收确有必要,但庇古警告说,政府不太可能将保护措施限制在恰当的范围内。

十一、结 论

庇古的税收方案,因鲜明的结构设计而令人印象深刻。首先,他指出预算规模的临界点是边际收益等于边际成本,但也因此导致公共品被忽视,税收只从自身出发进行设计。总牺牲最小化标准被确立为税收的最终原则,支撑这一结论的假设包括:每个人的收入效用函数相等、效用可比、边际效用递减。

在奠定了这一基础之后,庇古用上述标准来考察各税种的质量。不同税种造成的牺牲程度,由函数的下列变量决定:(1)税种所产生的公告效应和收入分配效应;(2)税种的征收地点(即收入的各种来源和用途)。在这种整齐划一的方法中,我们得到了一个统一的、系统的税收观点。

然而,庇古得出的结论和由此形成的模范税收体系并不那么明确。公告效应可能与收入分配效应一致,也可能背道而驰,"税柄"(tax handles)的可获得性可能受到限制,对税收的分析也会受到可行性的限制。考虑到这一切,庇古的最优税收结构会是什么呢?假定在一个没有储蓄收入和资本收入的世界里,累进性工资税将构成税收体系的核心,而且它比相应的消费税更容易管理(若有选择地征收消费税也能产生同样的收入分配效果)。在产品之间进行适当区别征税,也能使公告效应最小化,但这样的区别征税在实践中很难操作。工资税的累进性可能会使公告效应恶化,但对较高收入者而言,工作努力的供给往往缺乏弹性,此时收入分配方面的效果将成为决定性的因素。

庇古认为,在考虑对储蓄收入和资本收入征税的情况下,一种对全部收入征税的个人所得税会产生严重的公告效应,因为它歧视了用于储蓄的收入或来源于资本的收入。对扣除存款后的个人支出实行累进征税,是避免双重课税的最佳方法,但被认为并不可行。对资本收入免于征税,虽然更可行,但将带来不公平,因为它无法税及那些用过去储蓄来消费的收入。然而,我们可以采用资本税来作为累进工资所得税的补充。此外,某些形式的收入(来自土地、意外收入、垄断利润)是良好的征税对象;同样,那些私人边际净产出与相应的社会边际净产出不一致的活动,也是较好的征税对象。最后,庇古建议征收遗产税,但税率应适中。

这些具体的结果及其潜在的假设可能会受到质疑,如果有机会进行最后修订的话,庇古的结论可能会有所不同。卡尔多的《支出税》(1958)一书,是在庇古著作第三版出版四年之后,也即庇古去世前四年才出现的。庇古对公司层面的税制关注不足,这也是他的模型的一个缺点,而这一税制在当前国际环境中尤其重要。尽管如此,或许正因为他分析的框架有些狭隘,庇古体系才提供了一幅紧凑且一致的图景。他依此阐释了那些自认为重要的议题,并勇敢地把那些不重要的东西弃之一边。

参考文献

Atkinson, A. B. and Stern (1974), 'Pigou, taxation and public goods', *Review of Economic Studies*, 41, 119—28.

Benham, F. C. (1934), 'Notes on the pure theory of public finance', *Economica*, New Series, 1, 436—458.

Cohen Stuart, A. (1889), 'On progressive taxation', in R. Musgrave and A. Peacock (eds), *Classics in the Theory of Public Finance*, London: Macmillan.

Diamond, P. and J. Mirrlees (1971), 'Optimal taxation and public production', *American Economic Review*, 61, 8—27; 261—78.

Edgeworth, F. Y. (1897), 'The pure theory of taxation' in R. Musgrave and A. Peacock (eds), *Classics in the Theory of Public Finance*, London: Macmillan.

第十四章 庇古论税收(1998)

Fisher, I. (1942), Constructive Income Taxation: A Proposal for Reform, New York: Harper.

Kaldor, N. (1958), An Expenditure Tax, London: Allen.

Kaplow, L. (1990), 'Horizontal equity: measures in search of a principle', National Tax Journal, 42, 139.

Lindahl, E. (1919), Die Gerechtigkeit der Besteuerung, Lund: Gleerupska.

List, F. (1991), The National System of Political Economy, Fairfield, N. J. , A. M. Kelly.

Marshall, A. (1890), Principles of Political Economy, London: Macmillan.

Mazzola, U. (1890), 1 dati dellafinancia publica, Rome. Also in Richard A. Musgrave and Allan Peacock (1958).

Mill, J. S. (1848), Principles of Political Economy, London: Longman's.

Musgrave, R. (1990), 'Horizontal equity, once more', National Tax Journal 43, 113—39.

Musgrave, R. (1997), 'Public finance and finanzwissenschaft, traditions compared', *Finanzarchiy*, Neue Folge, 53, (2), 134—91.

Pigou, A. C. (1912), Wealth and Welfare, London: Macmillan.

Pigou, A. C. (1920), The Economics of Welfare, 4th edition, London: Macmillan.

Pigou, A. C. (1929; 1947, 3rd edn, 1951 reprint), A Study in Public Finance, London: Macmillan.

Ramsay, F. (1927), 'A contribution to the theory of taxation', Economic Journal, 27, 47—61.

Robbins, L. (1932), *An Essay on the Nature and Significance of Economic Science*, London: Macmillan.

Samuelson, P. (1954), 'The pure theory of public expenditure', Review of Economics and Statistics, 36, 387—9.

Sax, E. (1887), 'Grundlegung der theoretischen Staatswirtschaft', in R. Musgrave and A. Peacock (eds) (1958), *Classics in the Theory of Public Finance*, London: Macmillan.

Sidgwick, H. (1883), The Principles of Political Economy, London: Macmillan.

Simons, H. (1938), Personal Income Taxation, Chicago: University of Chicago Press.

Wicksell, K. (1896), Finanztheoretische Untersuchungen nebst Darstellung und Kritik des Steuerwesens Schwedens, Jena: Fischer. Also in R. Musgrave and A. Peacock (eds) (1958), *Classics in the Theory of Public Finance*, New York: Macmillan.

Zodrow G. and P. Mieszkowski (1986), 'Pigou, property taxation and the underprovision of public goods', Journal of Urban Economics, 19, 356—70.

第三部分

多辖权中的财政问题

第十五章 联邦制、补助与财政均等化(1999)[①]

在财政联邦制的研究中,不同政府间的拨款一直是主要的关注点,由此形成的转移支付制度发挥了一系列的功能。借助联邦结构组织,这些转移支付用来弥补差额,以便维持不同层级政府在财力与责任之间的平衡。中央政府一般可拥有广泛的税基,但需要履行的支出职能可能集中度不高,二者之间因此需要协调。政府之间的转移支付,也可能被用来补偿低层级政府在财政运作时形成的外溢效应。此外,还特别关注用政府间转移支付来实现财政均等化的目的。

在联邦制环境下使用"财政均等化"一词,因观察者不同的视角,含义会不同。在美国、加拿大以及诸如澳大利亚、德国和瑞士这些联邦制国家,对财政均等化广泛采用的传统解释是,在相同税率前提下提供财政补助,以实现财政绩效的均等化。这一模型,此处称为"财政能力均等化"(Fiscal Capacity Equalization,FCE),它要求财政资源从具有较高人均收入、较低人均需求的低层级辖区(州或省),向具有相反特征的辖区转移。另外有一种与此不同的观点认为,它寻求通过在州和省之间的财政运作,以实现在全国层面上的横向公平(对相同处境的个体同等对待)。这样,处于相同境况中的个体,无论他们住在哪个辖区,低层级辖区对待他们的财政措施应该是一样的。这一视角,此处

[①] 本章由我与 Peter Mieszkowski 合作。载于 *National Tax Journal*,June,1999. 作者想感谢 Peggy Musgrave 以及该杂志两位匿名审稿人对本章早期草稿颇有帮助的建议和评论,同时也要感谢加拿大财政部 Doug Clark 提供的财政数据。本章的较早版本,曾在 1995 年加拿大经济学会年会上报告过,罗宾·博得威(Robin Boadway)是当时的讨论者,我们也从和他的通信中受益匪浅。

将其称为"横向公平均等化"(Horizontal Equity Equalization, HEE),首先由詹姆斯·布坎南(James Buchanan)提出,并特别在加拿大财政改革辩论(Canadian debate)中持续讨论。

加拿大联邦自建立初开始,就关注财政补助。它追随财政能力均等化(FCE)的传统原则,在1940年就由加拿大的罗威尔-西罗伊斯委员会(Rowell-Sirois Commission)采用,在1977年的《财政安排法》(Fiscal Arrangements Act)中进入立法,最后在1982年被赋予宪法的地位。不过,这一原则被加拿大经济委员会(Economic Council of Canada)拒绝。1982年,该委员会在自己的财政改革提案中,采用了横向公平均等化(HEE)原则。不过,在决定补助金额时,该委员会继续使用"财政能力均等化"的公式,无条件给予资金。本章的目的,评估上述两种原则的优缺点,并澄清二者间的关系。本章的第一部分,追踪横向公平均等化原则的发展。第二部分考虑一些剩下的关键问题,并考察替代横向公平均等化原则的财政能力均等化原则。第三部分比较横向公平均等化和财政能力均等化两个原则下的补助总额以及它们的决定因素。第四部分则对加拿大各省份的截断样本(truncated sample)以及美国城市数据进行经验检验。

一、横向公平均等化原则的学说发展史

我们从评论布坎南最初的横向公平均等化模型及其在加拿大财政改革讨论中的后续发展开始,以展开全文。

(一)詹姆斯·M. 布坎南

由布坎南最早提出的这一"横向公平均等化"学说(Buchanan,1950),不仅为财政联邦制中财政补助的作用发展了一个新视角,而且还主张它是唯一可接受的形式。他明确拒绝财政能力均等化原则,该原则要求在政府间开展转移支付时,应允许那些人均收入和需要不等的辖区以相等的税率为相同水平的公共服务筹资。他认为,要实现公平就应该以更基本、更得到普遍接受的横向公平原则(即同等对待处于相同境况的个体)为基础,而不应以更具争议

第十五章 联邦制、补助与财政均等化(1999)

的纵向公平(对境况不同的个人,对待不同)为基础。在高收入群体和低收入群体之间进行收入分配,则是已被接受的前提。他还明确地拒绝更进一步的纵向再分配:

> 极端情形(the limiting case)是,没有一种国家的制度具有再分配性,两种制度都只按受益原则运作。在这种情况下,每个个体获得与其捐税(contributions)等价的收益,也就是说,由此获得的剩余为零。因此,无论主体之间存在怎样的收入差异,收入相同者得到同等对待,此时并未表明需要转移支付。(1950:594)

此外,财政能力均等化原则之所以被拒绝,原因如下:"它似乎是在一个体系内各州之间进行财政协调。各州之间的平等是很难理解的,是否存在某种伦理准则,它支持各州通过政府间补助制度而获得平等的财政能力呢?"(1950:586)在收入分配领域,中央政府的干预措施只应针对个人,并由州或省财政来实现处于同等境况者受到同等的对待,而不应考虑个人居住在哪个辖区。

接下来布坎南将平等财政待遇定义如下:所有获得相同收入的人,获得相同的净财政剩余。此处的净财政剩余(Net Fiscal Residuum,NFR),又被定义如下:个人从财政支出中获得的收益扣掉自己的纳税额之后的余额。和在"财政能力均等化"原则下一样,"横向公平均等化"原则下预算的两边也都得到了考虑。在衡量净财政剩余时,公共提供的物品被视为具有竞争性(或者是私人品),它们的福利被认为按人均平等分配。假设自始至终使用相同的单一税率,那么一个辖区内的地位相同者,获得的净财政剩余就一样;但在平均收入较高的辖区,个人获得的净财政剩余也将较高。之所以如此,是由于收益是辖区内平均收入的函数,而税收只是特定居民个人收入的函数。为了修正这些不平等,中央政府应该实行个人之间的转移支付,以便让同等地位者得到相同的净财政剩余,而摆脱居住地的影响。这些转移支付可以被设想为,直接在两个辖区中的个人之间开展,或者用总额转移支付(aggregate transfer)来进行,并由付款的辖区负责筹资、由收款的辖区负责发放,以确保相同的结果得以实现。

在辖区之间使用"横向公平均等化"原则,有两个方面的考虑。第一,由于经济范围是全国性的,辖区之间实现横向公平要避免地区资源配置的扭曲。第二,由于个体之间收入分配会受全国各种力量的影响,因而任何均等化措施都应该在全国范围内使用(1950:590)。

布坎南在第一次提出"横向公平均等化"原则(1950:592)时,使用了一个简单的模型,在其中有两个辖区 J_1 和 J_2,每个辖区有 3 个居民。在 J_1,有两个 H(高收入)居民,每人收入为 1 000 美元,有一个 L(低收入)居民,收入为 500 美元。在 J_2,这种关系刚好相反。如果税率为 10%,J_1 辖区的人均税收收入及财政支出收益将为 83.3 美元,J_2 则为 66.7 美元。J_1 辖区的 H 的 NFR(净财政剩余)将为-16.7 美元(83.3-100),J_2 辖区的 H 的 NFR 将为-33.3 美元(66.7-100)。J_1 辖区的 L 的 NFR 将为 33.3 美元(83.3-50),J_2 辖区的 L 的 NFR 将为 16.7 美元(66.7-50)。如果生活在高收入辖区 J_1,H 和 L 的利益从财政看都得到改进。为了将 H 群体的 NFR 均等化为-22.2 美元,J_1 辖区的每个 H 居民应该给 J_2 辖区的每个 H 居民支付 5.5 美元,J_1 辖区的 L 居民应该给 J_2 辖区的每个 L 居民支付 5.5 美元。J_1 辖区向 J_2 辖区的总转移支付等于 22.0 美元。由于在实行这些转移支付后,联邦层面上的横向公平实现了,平等对待的道德要求得到了遵守。此外,全国范围内的效率增加了,因为财政变量不再扭曲居民选择。

布坎南的"横向公平均等化"原则在意思上很清楚,但"在真实世界中加以精确地使用"会"特别地困难"(1950:595)。他暗示说,可以通过在各州或省之间差别征收联邦税(根据它们的平均收入决定)来取得相同的结果,但是宪法要求的地区一致性不允许这种解决方案,至少在下述情况发生之前不允许,即"公众对于联邦制问题有更广泛的理解,当局能把横向公平均等化方法相对于其他方法的优势给公众说清楚"(1950:598)。与此同时,"基于平等标准而对不同政府进行补助的制度,除了采用加拿大方案外,可以做的事情很少"(1950:596)。基于"财政能力均等化"公式对政府进行补助,是可行的最佳方案,但由于预期"横向公平均等化"下的总额转移支付相对于"财政能力均等化"方案下的总额转移支付,"也许差别很小,如果真的有差别的话"(1950:591),于是从中可以找到一些安慰。这样,由各州来实施平等对待政策,即使不平等仍然存在,但它们也被降低到"不重要"(1950:596)的程度。此外,"剩余的不平等是因为各州政治决策的结果,而不因为某人是住在该州的居民"。

这些财政补助拨出时不附条件,也不会指定用途或要求资金配套(matching requirements)。"在全国经济中身处低收入州的公民拥有下述权利:他们所在的州,应收到足够的补贴收入,能让这些公民跟其他州同等地位者享有相同的财政地位"(1950:596)。低收入辖区的居民有权利获得这些收入,中央政府不应该指导他们如何使用资金(1950:598)。由于这种指导会干预居民们的选择自由,而且对横向公平也没有贡献,我们就是这么认为的。①

(二)约翰·F.格雷厄姆

在加拿大学者中,格雷厄姆(Graham,1963;1964)是最早追随布坎南的人,他提倡将横向公平原则作为联邦制国家政府间财政关系的恰当目标。在财政能力均等化方法下,"财政需要"的概念据说是模糊的,"对于财政需要概念的进一步以及更为根本的反对……在于它通常根据政治单位本身使用,而这意味着有机论的国家观(实际上,"财政需要"这一术语本身暗示了这一点),而财政公平原则更清楚地表明国家作为个人集合体的概念,这一概念最有用,在其中公平问题可以得到讨论"(1964:12)。格雷厄姆提到,"在财政发挥收入分配职能的过程中,财政转移与财政调整必然在政治单位中开展,必然由各级政府决定;但是只有基于个人来考虑意图与效果,才是有意义的"(1964:12,fn.14)。

追随着布坎南的思想,格雷厄姆赞成,在省一级按受益原则征税(benefit taxation),就不需要再实行联邦补助了。

如果公共服务可以分割,且可以按照受益原则或者根据个人收入水平来提供,那下面的情况就没有问题:在收益和负担方面,各省处于相似地位的个人可以得到平等对待,而不需要任何以均等化为目标的转移支付措施,即使平均收入或收入分配存在着差异。此时再讨论财政能力的差异就没有意义。(1964:5)

不过,在缺乏按受益原则征税时,从富裕地区向穷困地区进行转移支付就是必要的。这样的收入调整意味着,通过省和地方政府提供公共服务以及由

---

① 参见第289页的脚注①。

联邦政府提供公共服务,可以在国家层面上实现从富人向穷人的收入再分配。(1964:6)

和布坎南一样,格雷厄姆把转移支付和人际公平的目标绑定在一起。虽然与布坎南是同路人,但格雷厄姆接受了以财政能力均等化为基础的转移支付措施,以此作为"横向公平均等化"转移支付的替代方案,并加以发展。布坎南接受由中央政府来执行人际间的转移支付(至少在开始启动时),但格雷厄姆拒绝了这一要求。他认为,中央政府的意图是在个体间建立公平,但是执行应留给各省或各州自己处理。如果中央政府尽可能高地设定公共服务的最低水平标准(即当实施财政能力均等化转移支付方案时,财政能力通过共同的税率而得以均等化),那么由各省或各州完成任务就会比较方便(1963:178)。

尽管在总体上支持布坎南的模型,但格雷厄姆也怀疑作为核心的净财政剩余(NFR)概念的有效性。他说,仅用收益超过成本的余额来定义个体的福利收益并不合适,个体的福利收益还取决于绝对水平。某一个体也许会发现无论住在辖区 A 还是辖区 B,这样的余额是相同的,但是如果公共服务水平有差异,他们就会发现更适合居住在辖区 A 或辖区 B,更符合口味。即使按布坎南的办法来衡量的净收益相同,福利收益量也可能不同。

(三)安东尼·斯科特

在加拿大财政改革辩论中,安东尼·斯科特(Anthony Scott)是另一个主要的参与者。他不接受布坎南的财政均等化模型,而持有一种更广泛的财政联邦主义观点(Scott,1964),并考察了各种联邦主义模型。怎么看待横向公平,取决于财政联邦主义打算做什么。在单一制国家,要求城市之间的横向公平是适当的,因为这些城市都受上级政府控制;但是,这并不意味着相同的逻辑也适用于联邦制的成员辖区之间。联邦之所以存在,正是因为成员辖区虽希望有某种连接但并不想组成单一制国家,而是想在某些领域保持独立性。这些独立性,通常包含了安排它们自己财政事务的自由。在单一制国家,伦理上要求平等地对待处于同等地位者;但在联邦制国家,这样的要求并没有转化为在成员辖区之间实现横向公平。这是因为,如果这样转化,就和它们安排自己财政事务的自由以及选择自己的纵向公平模式发生矛盾。因此,联邦制国家必定不能将单一制国家作为参考点。

布坎南提出的计划,对联邦制的性质采用了错误的观察视角,此外在两个更具体的地方也有问题。首先,他的计划要付诸实际执行或仅仅潜在执行,就要失掉很多东西。一旦这个计划放弃人与人之间的调整,各州仅被给予实现横向公平的能力而非强制要求,"它就失去了也许可能拥有的所有伦理上的吸引力"(Scott,1964:255)。卡尔多(Kaldor)理论中所说的补偿潜力并不够,布坎南的计划变成了仅仅是计算财政补助额的一种指导意见。

其次,进一步的基本困难和布坎南的财政剩余这一核心概念有关,对此格雷厄姆也提出过。"让处于同等地位者的财政剩余相等",如同斯科特所论证的,"并不必然让他们的效用相等"(Scott,1964:254)。由支出收益减去税收负担所决定的特定财政剩余,也许是许多不同支出项目和税收水平共同产生的结果。对此,任何个人都不会感到无差别,收入相似的个人的评价也不会相同。结果是,在资源使用时保持中性这一解决办法将不再有效,对公平的要求也变得有疑问。如果按照收入而非效用来衡量结果的话,这样的要求仍然成立;但如果用效用来衡量,则不再成立。此外,从收益中扣除成本,也许不是唯一相关的指标。出于某些目的而言,收益和税收的比率(即征税的"回报率"),也许是更有趣的指标(Scott,1964:255)。

跟格雷厄姆提出的批评一样,斯科特的批评也带来了不少麻烦,而这些麻烦在单一制国家中不会出现,因为单一制国家中处于同等地位者面对的是相同的财政制度。在联邦制多辖区的环境下寻求更严格地衡量福利收益,就会带来一系列复杂的问题,包括在多辖区情形下如何衡量收益和损失等。因此,毫不奇怪,后来的学者不再去捅这样的"马蜂窝",而回到布坎南那个更具操作性的构想上。

(四)加拿大学者最近的文献

有关上述加拿大财政改革辩论的最近文献,则绕开了斯科特的批评,而敦促将布坎南的方法用于加拿大的制度中。尤其以鲍德威和弗拉泰斯(Boadway and Flatters,1982)提交给加拿大经济委员会的专题论文为代表,它为该委员会在最终报告(1982)中的主要政策评价及建议奠定了基础。

在论文中,鲍德威和弗拉泰斯认为,财政补助有三个基础需区分开:(1)为平衡各级政府的财政资源和财政责任而缩小缺口;(2)修正外溢效应;(3)确保财政公平。本章关心的是第三种,而这里的"财政公平"又被解释为横向公平均等化,即所有处于同等地位者获得相同的净财政剩余。对财政公平的其他解释,再次被排除在外,因为不能满足从"第一经济原则(first economic principles)"中引申出来的要求(1982:9)。

尽管希望将他们讨论的情况落实在布坎南的横向公平原则上,但鲍德威和弗拉泰斯还是偏离了布坎南对财政补助的计算方法。他俩用了一个有关辖区 J_1 和辖区 J_2 的简单例子(1982:20)来说明对横向公平均等化原则的应用,这个例子在结构上和布坎南较早时期的例子类似。假设辖区 J_1 人均收入为 16 667 美元,由两个收入均为 20 000 美元的 H(高收入)居民和一个收入仅有 10 000 美元的 L(低收入)居民构成。辖区 J_2 人均收入为 13 333 美元,由一个收入为 20 000 美元的 H 居民和两个收入均为 10 000 美元的 L 居民构成。每个辖区都征收 10% 的税收,并因此分别获得 5 000 美元和 4 000 美元的税收收入。然后和布坎南一样,鲍德威和弗拉泰斯也计算出转移支付之前两个辖区的居民 H 和 L 的 NFR(净财政剩余)的水平。由于收入水平较高,在辖区 J_1 的 H 居民的 NFR 水平为 −333 美元,在辖区 J_2 的 H 居民的 NFR 水平为 −667 美元;相应的,辖区 J_1 和辖区 J_2 的 L 居民,NFR 水平分别为 667 美元和 333 美元。不过接下来的分析方法就与布坎南不同了。鲍德威和弗拉泰斯接下来计算 J_1 和 J_2 两个辖区居民的平均收入(或人均水平),他俩在每种情形下都将 H 居民和 L 居民组合在一起。由于辖区 J_1 的平均 NFR 水平为 −333 美元、辖区 J_2 的平均 NFR 水平为 −667 美元,因而辖区 J_1 的居民每人的 NFR 要多出 334 美元。[①] 为了实现横向公平,鲍德威和弗拉泰斯建议将多

---

① 此处英文版原文为"With average FNR levels of − \$333 in J_1 and − \$667 in J_2, J_1 residents are better off by \$344 each",译为中文应为"由于辖区 J_1 的平均 FNR 水平为 −333 美元、辖区 J_2 的平均 FNR 水平为 −667 美元,辖区 J_1 的居民每个人的 NFR 要多出 344 美元"。这句话有两个错误:(1)"FNR"应为 NFR 之误;(2)333 美元和 667 美元的差值为 334 美元,所以其中的"344 美元"应为 334 美元之误。除了这两个明显的错误,按照前文对 NFR 的"相对于纳税额而言多出来的支出收益"的定义,在辖区间转移支付前,每个辖区内的平均 NFR 均应为 0 美元,而不是这句话所说的 −333 美元和 −667 美元(这两个金额实际上是两个辖区的 H 居民的 NFR 水平)。——译者注

第十五章 联邦制、补助与财政均等化(1999)

出来的一半或人均167美元从辖区J_1转移支付给辖区J_2。这一总额,不同于将布坎南的方法用于鲍德威和弗拉泰斯设定的收入水平上得到的444美元的总额。前面说过,布坎南那个程序是让H居民和L居民的NFR分别相等,然后再把二者相加;而鲍德威和弗拉泰斯,则是让每个辖区中的H居民和L居民组合形成群体内的人均净收益相等。最后的结果是,按照鲍德威和弗拉泰斯的程序得到的总转移支付额,和按"财政能力均等化"方法得到的结果相比,数字完全一样。在10%的税率水平下,两个辖区税收总收入为9 000美元,其中5 000美元从辖区J_1获得,4 000美元从辖区J_2获得。如果每个辖区有相同数量的人口,财政能力均等化要求总额的平均分配,因而要求500美元转移支付(和鲍德威与弗拉泰斯相同的)。也许没有想到这一结果,鲍德威和弗拉泰斯没有解释为什么他们偏离了布坎南的程序。

追随布坎南和格雷厄姆的理论,鲍德威和弗拉泰斯建议财政补助应该以无条件的方式开展。执行人际间均等化的要求即使可行也不可取,因为它会干扰各省设定自己的再分配和纵向公平标准的自由权,并因此"事实上破坏了加拿大政府联邦制的性质"(1982:52)。

就像之前布坎南和格雷厄姆论证的,如果所有的辖区按照受益原则征税,就不会存在横向的不公平;这样,就"无须任何诸如均等化这样的区域歧视性财政措施"(1982:53)。不过,此处仍有进一步的问题:

> 如同财政公平这一概念在文献中使用的那样,(他们论证说)[①],它不可能是财政均等化政策的全部根据。财政公平是完全基于横向公平而产生的一个观念,尽管看起来在有关均等化的政治争论中暗含着相当多的纵向再分配或最初再分配(prime redistribution)的要素。将均等化财政补助作为实现全国范围内纵向公平的工具是否适当,在文献中并没有得到仔细的讨论。我们要达到的目的之一是,把引入个体间的纵向公平作为政府的确定目标,并且看看是否存在一种情况,它能引导我们把均等化支付作为政策工具。(1982:8)

[①] 这一构想忽略了有关补助的文献中包含大量以财政能力均等化为基础的材料,提"以横向公平均等化为基础的文献"也许更为谦虚。只有横向公平均等化模型值得考虑,这一论点将在下文进一步予以考虑。

接下来将会说明,如果将纵向公平纳入考虑,会把分析从人际间转变为辖区间。

(五)加拿大经济委员会

在最终报告(1982)中,加拿大经济委员会采用了鲍德威和弗拉泰斯专题论文中提出的均等化原则。政府之间的财政补助,区别于以个人为基础的税收-转移支付制度,前者基于下述事实,即"生活在不同省份的加拿大人的'名义'或'市场'收入,并没有反映出由省级政府政策和项目带来的额外收益和(或)成本"(1982:26)。在按受益原则征税的条件下,"不需要在地区间实施不同财政措施以造就均等化。此时,横向公平和纵向公平都可以通过联邦政府针对个人实施的税收与转移支付制度来实现"(1982:27)。由于不存在按受益原则的征税,省级财政制度也存在差异,于是才会产生横向不公平,也因此需要采取额外的措施。所以加拿大经济委员会认为,如果仅仅运用个人的转移支付制度,这将会侵犯各省决定自己的再分配政策的权利。"此处提倡的妥协方案是,为了让实现纵向公平和横向公平在财政上可行而开展均等化工作,为所有的加拿大人而不考虑他们住在哪里而开展均等化。同时,必须允许各省以它们认为适当的方式来再分配自己的税收收入"(1982:28)。接下来要考虑的是,这确实是一个成功的妥协方案吗?

二、对横向公平均等化原理与财政能力均等化原理的质疑

在转向比较横向公平均等化和财政能力均等化之前,我先考察前面提出来的一些疑问,并对财政能力均等化背后的合理性进行更进一步的研究。

(一)解释横向公平均等化

接下来值得关注而需处理的议题有六个:(1)联邦制中横向公平的位置;(2)不应要求在成员辖区内去实行个体间的调整,而只应赋予这样做的能力;(3)横向公平均等化和不同的纵向公平模式之间存在不一致;(4)财政能力均等化转移支付可作为横向公平均等化的近似物;(5)对实现纵向公平的考虑;

此外,还有(6)将公共服务视为具有私人品而非公共品性质的意义。

1. 具有同等地位的群体

有一种强烈的伦理要求,认为政府应该平等对待处于相似地位的公民。在单一制国家,满足这样的要求比较简单,但在联邦制环境下则比较复杂。处于相似地位但生活在不同的成员辖区的个体,是否应该被成员辖区的财政制度平等对待,这取决于如何理解联邦。大体上,不能从单一制国家背后的横向公平原则出发简单地推导,也不能把适用于联邦制国家中央政府国库的公正规则拿来用。对此,布坎南的解释,之所以需要联邦,是因为收入是相互依赖的,基于效率原因联邦是有帮助的。但这种解释并不彻底,因为同样的理由也可以用到邻近的国家乃至整个世界。重要的是要认识到,由历史动力确定的某个联邦的性质,以及构成"恰当的财政联邦制"的内容,将会随着联邦的变化而变化。

2. 赋予能力 VS. 实际执行

就像布坎南首先说的,财政均等化的目的是在个体之间进行一系列调节,以便各成员辖区中的同等地位者能达到横向公平。后来,布坎南又提到,要搞清楚需要转移支付的数额并在个体间实施收入调节,并非易事。与此相反,为实现财政能力均等化而计算财政补助额很容易。因为预期为财政能力均等化而实施的转移支付接近于为实现横向公平均等化需要的转移支付额,所以前者就能被当作后者的替代物。这样,即使无法要求在现实中实施个体间的收入调节,这样的均等化可以运行起来;通过给各辖区赋予做这件事的能力,就可以向该目标取得进展。

3. 不一致的模型

格雷厄姆、鲍德威、弗拉泰斯,以及加拿大经济委员会,又向前走了一步。再一次地说,虽然不可能做到个体之间的调节,但个体间调节不可能也不再是一个让人遗憾的缺点。因为即使它可行,实行起来也不会让人满意的,它会减少各省实现自己设定的纵向公平和再分配政策的权利。[①] 这种对各省财政事

[①] 类似地,布坎南要求以不受限制的形式进行补助,但是在现实环境中存在差异。他这么做(如同我们读到的那样)是因为,普通类型的分类补助会干预各州使用自己资源的自由,同时不会增加横向公平。

务的干预,违背了"加拿大联邦制的本质"(Boadway and Flatters,1982:52;Economic Council of Canada,1982:27,28)。

如同斯科特之前提到的,将横向公平规定为基本的道德权利,然后再说由于它影响了其他基本权利而不应实行,这会让人感到很困惑。如果作为成员州的公民,若处于同等地位则个体有权得到同等待遇,为什么他们应该生活在有能力平等对待却又不实施的辖区内,还要表示满意呢?

此处的困难在于,它将两个互不相容的命题联结一起。一个是对财政联邦制的看法,这一看法认为加入特定成员州的群体个人,有权决定他们自己辖区内纵向公平的标准。作为群体的个人,是自己设计的游戏的参与者,这样的分析方法就不再是纯粹个人主义的了。另一个是,在联邦中处于同等地位的公民有权得到所在成员州同等对待的权利。这两个命题,都能加以论证——联邦制可以从不同的角度来考察——但是这两个命题本质不一,无法合并,就像橘子和苹果不能相加一样。如果要求的是辖区间的横向公平,那么辖区间的纵向公平也必须加以统一。加拿大经济委员会似乎意识到会出现这一冲突,但是它提议把不受限制的"横向公平均等化"财政补助和各省设定纵向公平标准的权利组合在一起,这样的"解决方案"并不能真正解决问题。要解决问题,就必须要么采用统一的纵向公平标准,要么回归到加拿大更为传统的基于财政能力均等化的财政补助方法。

4. 财政能力均等化转移支付近似于横向公平均等化转移支付吗?

在提倡横向公平均等化的人看来,横向公平均等化转移支付和财政能力均等化转移支付的结果估计比较相似,而且横向公平均等化可以并不要求在个体之间调节。于是他们说,仅就财政补助总水平而言,可以把财政能力均等化转移支付当作横向公平均等化的政策替代物。但是,这样做,不应混淆下述事实:这两种政策还是有基本区别的,两个目标实际上无法同时完全实现。

假设我们已经应财政能力均等化要求实施了总额转移支付,像下述将说表明的,这一总额比横向公平均等化规则所要求的要大一些。这似乎意味着,可以把基于财政能力均等化的转移支付额中的主要部分,用来满足横向公平均等化,而将剩余的部分用于财政能力均等化。但是,这一看法并不正确。在高收入辖区向低收入辖区进行额外转移支付时,过去所确立的横向公平就被破坏了。确切的结果由这额外转移支付资金的筹集方法和支付方式决定，但从高收入辖区向低收入辖区进一步转移支付这一事实，就意味着无法再维持横向公平，因为再次产生了不一致。使用财政能力均等化公式，与达到横向公平并不一致。对于任何现行的初始设置而言，比如在表15-1第一列和第二列所定义的，只存在一个转移支付水平能确保横向公平，也只有一个可以让财政能力均等化，但这二者并不一样。在这两种补助数量相当接近的地方，那种内在的差异也许在范围上有限，但不会消失。

表15-1　　　　　　　　　同等定额税率下的转移支付

情形		I 个体数量		II 人均税基	III 转移支付前人均NFR		IV 横向公平均等化转移支付后的人均NFR		V 转移支付总额	
		H	L		H	L	H	L	横向公平均等化	财政能力均等化
1	J_1	5	5	1 500	−50	+50	−50	+50		
	J_2	5	5	1 500	−50	+50	−50	+50	0	0
2	J_1	6	4	1 600	−40	+60	−48	+48		
	J_2	4	6	1 400	−60	+40	−48	+48	96	100
3	J_1	7	3	1 700	−30	+70	−42	+42		
	J_2	3	7	1 300	−70	+30	−42	+42	168	200
4	J_1	8	2	1 800	−20	+80	−32	+32		
	J_2	2	8	1 200	−80	+20	−32	+32	192	300
5	J_1	9	1	1 900	−10	+90	−18	+18		
	J_2	1	9	1 100	−90	+10	−18	+18	144	400
6	J_1	10	0	2 000	0	0	0	0		
	J_2	0	10	1 000	0	0	0	0		500

5. 增加纵向公平

尽管在一开始鲍德威和弗拉泰斯关注的是处于同等地位的个体之间的横向公平，但后来他们提出了进一步的问题，是不是不该考虑纵向维度的公平呢？(1982:8)怎么理解这个问题呢？答案是，一旦确保了横向公平，生活在不同辖区内相应的不同地位者，就应该经历相似的净财政剩余的转移过程。全国范围内或任一辖区内部的收入不平等状况，都不需要采用辖区间转移支付来减少。这样,辖区间的转移支付就加进了纵向维度,意味着要么辖区间平均收入的差异减少,要么辖区间财政能力的差异减少。因此,分析框架就此转向财政能力均等化,并从人际公平转向辖区间公平。

由于横向公平均等化涉及从高收入辖区向低收入辖区的转移支付,它也因此能够减少辖区间平均收入差异,进而提高纵向公平(就像刚才所定义的那样)。如同下述将说到的,由于财政能力均等化的转移支付数额往往更大,它也能做到横向公平均等化所做的,而且能更有效地做到。情况确实如此,但是并不能保证,由这两种转移支付实现的均等化程度以及因此减少的平均收入差异让人满意。横向公平均等化可以提高纵向公平,并将其视为副产品,但由此产生的纵向均等化程度并不一定令人满意。[1]

6. 公共品和私人品

横向公平均等化和财政能力均等化,二者的补助设计方法都将公共服务视为在消费上具有竞争性,都从人均的角度来衡量花费于公共品上的支出带来的满意程度。这里所讨论的物品,在性质上要么是需要公共融资的私人品,要么是俱乐部物品。因此,这两种物品都不同于典型的公共品(即在消费上具有非竞争性的物品)。与此同时也许有人会说,在地方层面提供的物品和服务经常是前一种类型,而在州和省一级则不一定如此。因此,考虑下面的问题将会很有意思:在纯粹公共品的情形下设计财政补助,将会受到怎样的影响?

在平均收入相同的两个辖区中,居住在居民数量大的那个辖区比较有利。人数增加,税基就提高;随着税基提高,财政收入和财政支出也增加,而且不会稀释因财政支出增加而带来的人均收益。在均等化的要求下,人口密集的辖区要向人口稀疏的辖区进行转移支付,即使前者人均收入更低可能也要这么做。收入的差异,在这里发挥的作用很小。在这种情况下,不需要重构财政补助理论,只要注意到以下事实就足够了:传统的观点(既适用于横向公平均等化模型又适用于财政能力均等化模型)仅基于私人品假设,需要扩展为考虑公共品。

---

[1] 表15-1给出了横向公平的目标偏离纵向均等化的目标说明。

(二)财政能力均等化的原理

接下来,我们简述财政能力均等化的原理以及背后包含的辖区间公平的概念。让人毫不吃惊的是,在联邦制国家,财政补助的结构和功能反映了它们运行于其中的政府结构。① 这种结构可以是具有松散关系的孤立州或省,或者基于特定目的的联盟,也可以是密切结合在一起的联邦,甚至是能形成单一国家的联合体。在历史力量、种族构成、语言和文化传统的影响下,组成联邦时所设定的目的会影响赋予财政补助的角色,也影响到成员辖区在多大程度上接受共同的责任抑或坚持自己的独立性。对经济学家而言,单一制国家很有吸引力,因为最有效率,但单一制国家并没有提供"恰当"的标准,以供经济学家来判断不同联邦制度安排的质量情况。

根据联邦性质的不同,政府间财政补助可以服务的目的也不同。任意一州提供的公共服务,都有可能产生外部性,而这种外部性又变为其他州的负担或者福利,于是通过财政补助就有助于把外部收益和外部成本内化。诸如州际公路这样的工程,就要求各州之间做出整体的努力;或者,在各层级政府间财政收入与支出责任配置不一致,就需要调整;自然资源收益的分享问题,也必须予以解决。此外,财政补助也有助于达到财政均等化的目的。所有以上这些,都是我们在这里需要关注的问题。

1. 一般均等化财政补助

我们从一般均等化财政补助(general equalization grants,即没有指定用途)开始探讨,这样的财政补助方式在澳大利亚、加拿大、德国使用,但在美国没用过。② 在那些国家,20 世纪 70 年代早期均等化财政补助曾短暂地采用"一般收入共享"(general revenue sharing)形式,但后来并没有继续使用。为什么要发放这种财政补助?通常联邦制国家包含着能力和需要都不同的成员辖区。尽管中央政府的政策可能减少了全国范围内人与人之间的收入不平

---

① 随着地方政府作为第三层次的政府被引入,出现了大致类似的问题,在州和地方政府间关系中尤其如此。在美国环境下的补助分析大多涉及地方政府,不过我们这里关注的内容仍聚焦于中央政府和州政府的关系。

② 见《比较财政联邦制研究》(*Studies in Comparative Fiscal Federalism*)(其中涉及加拿大、德国和澳大利亚,政府间关系顾问委员会,华盛顿特区,1981 年 7 月和 8 月)。

等,但在成员辖区中人均收入的实质性差异仍会存在。于是贫穷就会去寻求富裕州的支持,无论是通过直接支持的方式还是通过中央预算的中转。贫穷州在一开始就可能会将这种支持作为自己进入联邦的条件,或者作为自己不离开联邦的条件。随着联邦在居民中逐渐发展出国家的认同感,辖区之间存在严重差异就会被联邦组织视为不公平、不可取;当这样的严重差异发生在具有不同的种族和文化身份的成员辖区时,尤其如此。因此,在联邦制度内就出现了辖区内公平的问题。

辖区之间存在着收入差异,高收入辖区的居民确实享受到较好的私人服务和公共服务,这让用财政补助来特意实现公共服务提供能力均等化,并不那么显而易见。也许在实践中会进行财政补助以减少收入的差异,就像重新统一后的德国用财政补助来支持东部各州那样。但是,公共服务的特殊情形值得关注。为了供给既定标准的公共服务,成员辖区的公民都要缴纳税收。在人均收入较低的地方,征税努力或所需税率将因此较高,于是在联邦中要实现财政公平就要求财政能力均等化类型的转移支付,以实现财政能力的均等化或者缩小差距。标准水平应该设成多高,标准(也许是平均)税率应如何设置,取决于联邦如何看待自己对较穷的辖区的责任;接下来的问题是,如何衡量等式两边,即收入与支出两端的财政能力。[①] 在财政能力缺口主要表现在提供特别服务的地方,联邦可以对其进行选择性财政补助,这样来解决问题会更有效。[②]

2. 选择性补助

在优值品的环境下(Musgrave,1959;1987),或者在以绝对形式(categorical form)考察个体间公平(Tobin,1970)的场合中,会进一步地出现选择性财政补助的情形。这里涉及的物品,既包括私人品,也包括公共品。如果是私人品,政府可以补贴供应者或消费者,既可以用直接方式也可以用间接方式(为

[①] 有意义的能力均等化要求比资源方的人均收入差异、需求方的居民数量所表达的指标更精细的资源和需求指标。收入方税基的可获得性会不同于人均收入,而人口、地理及其他变量会进入需求端。参见 *Measuring State Fiscal Capacity*, Advisory Commission on Intergovernmental Relations, Washington, DC, M-156, December 1987。

[②] 见"财政均等化讨论会",特别是威廉·奥克兰(William Oakland)的文献,"财政均等化是一个空盒子"(Fiscal Equalization an Empty Box),以及海伦·莱德(Helen Ladd)和约翰·英杰(John Yinger),"均等化援助情形"(The Case for Equalization Aid)(*National Tax Journal*,47, March 1994)。

消费者减免税)。如果是公共品且涉及由成员辖区(或地方政府)提供的话,那么用源自联邦预算的辖区间转移支付来提供资金,绝对公平(categorical equity)就成为辖区间要关注的问题。由于并非所有公共提供的物品都值得这样的支持,因此作为政策工具,选择性财政补助(或指定用途的财政补助)就比一般性补助更为合适。

尽管美国在制度上不提供一般均等化财政补助,但选择性财政补助得到了广泛的使用。在实践中,转移支付可以从联邦到各州或省,再从后者到基层政府,或者直接从中央政府到基层政府。要选择适当的财政补助工具,就要考虑均等化提供服务,并考虑哪个层次的政府可以实现最优提供。此外,需要支持的服务在种类上有点广泛,无论是从狭义的分类补助还是更广义的没有指定用途的总额补助(block grants)。补助模式是否适当,取决于联邦政府对成员辖区间责任分配的看法,也取决于成员辖区对自己所属地方政府角色的看法。随着这一看法的变化,基于财政能力均等化的补助结构是否适当,也会发生变化。这一点体现在美国最近从狭义的分类补助向广义的总额补助的转型,以及将联邦制含义解释为较低的凝聚力、较低集权化的模式。[1]

无论是在一般性补助还是在选择性补助的前提下,财政能力均等化模型的精神都要求实现财政补助的目标。不同于横向公平均等化模型,要求实现财政能力均等化模型的精神,是可能的也是必要的。那些接受财政补助的低收入、低财政能力的辖区,应该用获得的补助来提供标准公共服务水平,而不是用于减税。类似地,旨在确保实现最低教育水平的选择性补助,也不应该用于公路项目。在政策意图被设定为支持特定服务的地方,"粘蝇纸效应"(flypaper effect)[2]在发挥作用。

3. 辖区间公平违反了"第一原则"吗?

因此,支持财政能力均等化类型的辖区间均等化原理涉及一系列考虑,所有这些考虑都不同于横向公平均等化。财政补助并不是一种单一目的的工

---

[1] 见 *Budget of the United States Government*, *Fiscal Year* 1988, Office of Management and Budget, 1987, p. H2. 中的特别分析。

[2] 此处的"粘蝇纸效应"指的是上级政府给予地方的补助,并未能转化为地方政府的公共服务,而是留在了地方政府部门或单纯扩大了地方政府的规模。

具。尽管个体之间横向公平均等化概念为我们设计财政补助提供了有意义的指引,但辖区间财政能力均等化模型同样能提供。财政能力均等化模型实际上反映了人们广泛持有的、传统的联邦制概念,它不需要去解释制度建构者的动机,而且似乎和加拿大宪法中有关均等化条款的用语一致。

那么,这将置下述命题于何处?那是由横向公平均等化的提倡者所推动的命题(特别参见 Buchanan,1950:586;Graham,1964:12;Boadway and Flatters,1982:9),即应该拒绝辖区间公平的概念,因为它冒犯了个人主义道德标准并基于有机的国家观,最终和"第一原则"不相容。不过,这一命题误解了财政能力均等化模型以及在联邦制中个体的角色。

当构建联邦时,由个体(作为他们各自辖区的公民)来决定联邦条款(即联邦及其成员辖区将履行什么样的职能)。作为成员辖区的公民,他们投票决定辖区的政策;而作为联邦的公民,他们投票决定联邦的政策。此外,作为辖区中的一员,在决定联邦政策时个人还以集团形式发出自己的声音,就像在美国参议院内那样,或者像省的首席部长(provincial premiers)在加拿大第一部长会议(Meeting of First Ministers)期间与加拿大总理谈判那样。自始至终,选择和投票都是由个人做出的,但结果由不同辖区内占上风的多数人观点决定。于是个体之间有共享的利益,包括公共服务提供时的普遍水平以及筹资方式。集团选择以及共享的集团利益此时扮演了重要的角色,尽管这样的集团选择源自集团内每个成员(而非集团"本身")的满意度。

所以,追求辖区间公平与"有机"国家观无关,它也不否定个体才是需求满足的最终主体。而且,它还反映了以下的基本事实:个体生活在紧密结合在一起的民主社会内,他们以集团为单位而非孤立地发挥作用。集团的定义可以有各种不同的方式,包括收入档次、性别、人种、种族、语言和宗教。对于这里关注的联邦制来说,集团是按照公民身份来定义的,包括联邦中的公民身份,以及个体身处的具体成员辖区中的公民身份。将个体结合在一起的纽带,决定了他们的选择(choices)和选项(options);但正是个体而非集团体验着快乐和痛苦。横向公平均等化模型为我们提供了有关财政联邦制的一个有用视角,但当横向公平均等化的倡导者说它是唯一的视角时,他们就错了。

三、比较财政能力均等化和横向公平均等化下的总额转移支付

现在我们转向比较财政能力均等化和横向公平均等化下的总额转移支付,探讨决定二者各自水平的各种因素。

(一)基本模型

第一步,我们设定有两个辖区 J_1 和 J_2,在这两个辖区中处于同等地位者之间发生了均等化。因此,处于同等地位者被定义为,获得相同数量的货币收入的个体。接下来我们选择一些标准的收入数量来探讨,还有在每个辖区内获得这些收入数量的个体数量。

为了解释财政补助水平为什么会有差异,我们必须理解财政补助水平是怎么确定的,对于财政能力均等化的补助来说,很容易就可以看出这样的差异。财政能力均等化的目的,就是在标准和统一的税率下,让 J_1 和 J_2 获得的人均收入均等化。如果 J_1 和 J_2 的人均收入相同,那就无须再进行补助。如果 J_1 的人均收入更高,那为了均等化就要对 J_2 实施转移支付。两个辖区的人均收入差异越大,该转移支付就越大。假设 J_1 和 J_2 的居民数量相同,那接下来重要的就只有人均收入的差异,[①]而在辖区 J_1 和 J_2 内部的收入分配并不重要。

但如果探讨横向公平均等化下的财政补助水平,那就不像刚刚财政能力均等化那样了,我们无法写出有效的公式。现在各种内部分配方式就变得很重要,因为它们影响具有相同收入的人数。收入相同者获得不同水平的补助收益,从而最终形成他们所居辖区内的人均收入。即使辖区 J_1 和 J_2 的税率相等,他们获得的净收益(NFR)水平也不同,需要均等化转移支付。如同财

---

① 从 J_1 向 J_2(低收入辖区)的财政能力均等化人均补助等于共同税率 t 乘以国家的平均人均收入,再减去 J_2 的人均收入。这等于 $t[\bar{y}_1 P_1-(1-P_2)\bar{y}_2]$,其中 t 是税率,$\bar{y}_1$ 和 $\bar{y}_2$ 是辖区 J_1 和 J_2 各自的平均人均收入,P_1 和 P_2 是辖区 J_1 和 J_2 在国家人口中占的比例。很清楚,对于既定的 P_1 和 P_2 值,$\bar{y}_1$ 和 $\bar{y}_2$ 的差异越大,给 J_2 的财政能力均等化补助就越多。

政能力均等化的情形,如果两个辖区的人均收入相等,那么总的横向公平均等化转移支付将再次为零。税率相同,不同辖区中 H 群体获得的 NFR 以及 L 群体获得的 NFR 将相同,不存在横向的不公平。但是在人均收入不同的地方,财政能力均等化和横向公平均等化下总额转移支付也将不同,而财政能力均等化下转移支付将比较大。

追随布坎南的例子,我们从比较辖区间转移支付的一个假设的例子开始,在其中只考虑两种收入水平 H 和 L,而且两个辖区中包含相同数量的个体,都使用相同的单一比例税。这一假设将在下文予以放松。辖区因人均收入不同而区分,并因此在 H 和 L 之间的个人分配也不同。如果 J_1 中 H 的份额比较大,它也将因此拥有较高的人均收入。随着这两个特征的差异变大,我们再比较变化着的财政能力均等化和横向公平均等化补助水平。

表 15—1 展示的是 J_1 和 J_2 两个辖区,以及两类个体 H 和 L(他们的收入分别为 2 000 美元和 1 000 美元)。每类个体的人数为 10 人,总人口为 20,在 J_1 和 J_2 平均分配。I 列给出了两个辖区间 H 和 L 的人口分配。这一分配是初始的外生变量,它和设定的收入水平一起决定表中所有其他的数量。

情形 1 是重要的参考点,两个辖区的人均收入和税基相等,这等同于一个统一的国家。假设所有地方都使用 10% 的税率,两个辖区的人均收入相同,所以无须财政能力均等化补助。这对于横向公平均等化也同样成立,因为数量相等也意味着不存在横向不公平。就像Ⅲ列所显示的,两个辖区 H 群体中个体的 NFR 等于—50,而 L 群体中个体的 NFR 等于+50。

接着我们转向情形 2,而这就需要开展财政能力均等化补助。H 群体中有 1 人从 J_2 迁居 J_1,L 群体中有 1 人从 J_1 迁居 J_2。J_1 辖区的人均税基增加 100 美元,而 J_2 辖区的人均税基下降 100 美元,对应的收入增加或损失 10 美元。为了维持人均收入相等,需要从 J_1 向 J_2 转移支付 100 美元。接下来转向次低的例子(the next-lower case),在其中个体迁居相同,所以所需的转移支付连续按照 100 美元的金额上升。如同在Ⅴ列所显示的,情形 6 的转移支付达到了最大的 500 美元,此时收入不平等或分化达到了最大。

在情形 2 中,横向公平均等化的补助同样也变成正值。在没有转移支付的情况下,辖区 J_1 中 H 群体的 6 个成员每人的 NFR 是—40,而 J_2 中 H 群体

第十五章 联邦制、补助与财政均等化(1999)

4个成员每人的NFR是-60。他们的平均NFR为-48。为了让J_2中H群体的4个居民每人的NFR增加12美元，就必须向他们总共转移48美元(6×8)。类似地，必须从J_1辖区L群体的居民那里向J_2辖区L群体的居民转移支付48美元，以便让他们的NFR都等于48美元(如Ⅳ列所示)。如Ⅴ列所示，要求总额转移支付为96美元。当沿着表格向下移动，Ⅴ列所显示的所需总额转移支付首先上升，然后下降。这种单峰模式反映了两种相互抵消的力量的影响。当沿着表往下移时，人均收入的不平等上升了，这就要求增加人均转移支付额。但是J_1和J_2中处于同等地位者的数量下降，这往往减少了所需的转移支付。在最开始，不平等的上升占据了主要地位，但是之后让位于处于同等地位者数量的下降。[①] 而在情形6中，不存在处于同等地位者，横向公平均等化转移支付下降到零。

如Ⅴ列所示，总的财政能力均等化补助自始至终超过总的横向公平均等化补助。若聚焦于整个国家的财政再分配(也就是在作为一个群体的H以及作为一个群体的L之间的再分配，而无论他们居住在J_1还是J_2)状态，那就可以更好地洞察为什么情况是这样。我们注意到，在采用补助之前，在从情形1向下移动到情形6时，全国范围的再分配下降了。随着我们沿着Ⅰ列向下移动，J_2辖区的L的数量增加了，而H的数量减少了。额外的L从J_1向J_2移动，以及与之相伴的H从J_2向J_1移动，具有3种效果。首先，它减少了J_2的人均收入，增加了J_1的人均收入。其次，如Ⅲ列所示，这减少(增加)了作为一个群体的J_2(J_1)居民的净财政剩余。最后，尽管J_2中L居民增加的集中度削弱了J_1中L居民的福利、提高了J_2中L居民的福利，这两个辖区L群体的整体福利下降了。当一个L群体的人迁移到J_2、H群体的人离开J_2，J_2的税收下降了100美元，J_1的税收增加了100美元。Ⅲ列显示的情形1再分配有利于L群体，总收益为500美元，或者J_1的收益为250美元(5×50)、J_2的收益为250美元(5×50)。对于情形2，收益下降为240美元(4×60)加上240美

[①] 这里原文为"but then gives way to the decreasing number of unequals"，即"但是之后让位于处于非同等地位者数量的下降"，但是联系上下文并对照表15-1，沿着表15-1往下，应该是J_1和J_2中处于同等地位者数量在下降。同样地，后面有关情形6的"no unequals are left"应为"no equals are left"。——译者注

元(6×40),或者总收益为 480 美元。随着收入分化的增加,全国再分配进一步下降,直到在情形 6 中下降为零。因此当沿着表 15—1 往下移动时,从 H 向 L 群体的全国性再分配(补助前)减少了。

接下来,我们转向下述问题,即实施补助时,这种模式如何受到影响。对于横向公平均等化补助的情形而言,转移支付只在 H 和 L 群体内部进行,因此补助后从混合 H 群体向混合 L 群体的再分配总是保持在其补助前水平。因此当沿着表 15—1 向下移动时,横向公平均等化补助后的再分配和补助前再分配一起下降了。这样,横向公平均等化补助越来越达不到重新确立情形 1 状态的再分配所需的水平。就财政能力均等化的情形而言,有关再分配的实际效应取决于如何筹集和使用资金,但是这里精确的模式并不重要。重要的是,通过均等化人均税收收入,并因此均等化两个辖区的财政能力,财政能力均等化补助将总是允许恢复情形 1 的再分配。这意味着财政能力均等化补助必须更大。①

(二)限制条件

现在我们放松基础模型的假设,以便考虑更现实的情形。

1. 数量的差异

在上述假想情形中,每个辖区的个体数量都固定在 10,尽管现实中的辖区人数会有明显的差异。假设全国人口数量不变,引入规模不同的辖区将减少辖区间转移支付的水平;然而,我们早前得出的财政能力均等化补助将永远大于横向公平均等化补助的结论仍然成立。财政能力均等化补助和横向公平均等化补助间的差额,也将维持在很小的水平,直到社区之间人均收入的差异变大。

在表 15—1,我们也做出了只有高和低两种收入水平的不现实假设。随

---

① 通过建构表 15—1,J_2 中 L 的数量总是超过 H 的数量。因此在横向公平均等化补助以后,不可能让 J_2 中 L 个体恢复到他们在情形 1 中的地位,而不同时让 J_2 中 H 个体较之他们在情形 1 中的地位恶化。由于财政能力均等化后的补助环境允许完全恢复到情形 1 的情形,而横向公平均等化补助环境则不允许,这意味着财政能力均等化补助必须更大。

同样地,注意到当沿着表 15—1 下移时,L 的财政剩余随着收入分化加剧以及 J_2 中 L 数量的增加而下降,因此财政能力均等化补助超过横向公平均等化补助的金额扩大了。

着引入更多的收入水平,原来两种收入水平中的人均收入差异与 J_1、J_2 内收入分配的差异,二者间的严格关系得以放松,分配方式本身的效应因此可以分离出来。以上的尝试表明,财政能力均等化的补助总额仍然较大,就像只有高收入群体大大集中于两个辖区中的一个时,财政能力均等化补助和横向公平均等化补助水平的显著差异才会产生。①

2. 税收差异

接下来,我们放宽对相同税率的假设,并考虑税率差异对财政能力均等化和横向公平均等化转移支付的影响。在开始时,我们保留单一比例税率的假设,但是允许 J_1 和 J_2 的税率有差异。表 15-2 情形 1 重复了表 15-1 情形 2 的情况,我们把它作为出发点。第一个尝试是,表 15-2 情形 2 将 J_1 的税率从 10% 提高到 15%,而将 J_2 的税率从 10% 降低到 5%,此时平均税率维持不变。如果我们设定标准税率为财政能力均等化操作时的平均税率,那么财政能力均等化和横向公平均等化的转移支付水平维持不变。②

---

① 我们考虑一下具有 3 个收入水平的情形,其中 3 类个体 H、M、L 居住在两个社区,收入分别为 2 000 美元、1 500 美元和 1 000 美元。最开始 J_1 由 3 单位 H、4 单位 M 和 3 单位 L 居民组成,人均收入为 1 500 美元;而 J_2 由 2 单位 H、4 单位 M 和 4 单位 L 居民组成,人均收入为 1 400 美元。对于这一初始设置,J_2 将收到 50 美元的财政能力均等化补助、48.8 美元的横向公平均等化补助,差距为 2%。然后我们将 J_1 和 J_2 的人均收入,即 J_1 的分配维持在这些水平,同时改变 J_2 的分配,以便聚焦于改变分配模式的效果。财政能力均等化补助将保持不变,但是横向公平均等化补助并不如此。和 J_2 固定的 1400 美元的人均收入这一约束相一致的新模式将给它留下 1.5 单位 H、5 单位 M 和 3.5 单位 L 的居民。总的横向公平均等化补助从 48.80 美元下降到 48.34 美元,只变化了 1%。H 个体数量的下降会降低 J_1 中常住的 H 人口所支付的人均横向公平均等化。然而,这一从 12 到 9.9 的下降大部分由 J_1 中 M 群体支付的较大的横向公平均等化补助所弥补了。

这个例子意味着,一个社区内既定人均收入水平下的收入分配方式对横向公平均等化补助总额只有很小的影响,这使得人均收入的差异成为更重要的因素。然而,如果 J_1 和 J_2 的分配模式有较大的差异,会导致横向公平均等化补助的更显著变化。比如,由 0 单位 H、8 单位 M 和 2 单位 L 居民组成的 J_2 将总的横向公平均等化补助降低到 28.68,或为初始水平的 80%。在 J_2 辖区 H 群体的消失所减少的横向公平均等化补助在数量上大于给予其 M 个体较大的补助所补偿的。

② 随着 J_1 辖区的税率提高了,H 个体将承受净收益的损失,因为他们额外增加的税将超过额外增加的收益。随着 J_2 辖区的税率降低了,H 个体将获得净收益,因此要求从 J_2 向 J_1 转移支付的数额增加。同时,J_1 中 L 个体将发现他们的净收益增加了,而 J_2 中 L 个体的净收益则发生了损失,因此要求从 J_1 向 J_2 辖区的转移支付增加。考虑到表 15-1 和表 15-2 的对称假设——J_1 和 J_2 有相同的总居民数,J_1 中 H(L) 居民的数量等于 J_2 中 L(H) 居民的数量——这两个调整将撤销。

表15—2　　　　　　　　　　　　不同比例税率下的转移支付

情形	J_1的税率(%)	J_2的税率(%)	横向公平均等化转移支付后的净财政剩余 H	横向公平均等化转移支付后的净财政剩余 L	总转移支付 横向公平均等化	总转移支付 财政能力均等化
1	10	10	−48	+48	96	100
2	5	15	−48	+48	96	100
3	10	15	−52.5	+52.5	120	125

作为第二个尝试,情形3在J_2将税率从10%提高到15%,而J_1的税率保持不变。得到的结果是,平均税率从10%提高到12.5%,或者提高了25%。财政能力均等化的转移支付和横向公平均等化的转移支付提高了相同的百分比。情形3中J_1从H到L的补助前再分配维持在240不变,J_2则从240增加到360。因此,在全国范围内H到L的再分配从480增加到600,或增加了25%,横向公平均等化的补助也增加了25%(从96增加到120)。因此横向公平均等化补助和财政能力均等化补助间的比率仍然保持在0.96不变。①

如表15—3所示,在累进税情形下刚才描绘的画面就发生了变化。再次将表15—1中情形2作为出发点,在后面的各行表明了用累进税率取代比例税率的影响。为了在累进时采用有效的税率,前1 000美元的收入被从税基中扣除,超过1 000美元以上的收入仍然收取人均160美元的税收。表15—3情形2和情形3只在一个辖区采用累进税,而情形4则在两个辖区同时采用累进税方案。由于税收收入不变,财政能力均等化的补助水平就不会变化,但是V列所显示的横向公平均等化的补助急剧上升。当在表15—3中从情形1移动到情形2或情形3时,随着累进税率让L群体更多地免于缴税,再分配效果增加了,因而此时需要更大的横向公平均等化转移支付。这样的两个补助额差距变大了,横向公平均等化补助现在超过财政能力均等化补助,即使收入

---

① 这个情形中两个辖区的人口相同,说明了完美的一般结果,即沿着表15—2向下移动时,每一特定情形下横向公平均等化和财政能力均等化补助的比率,总是等于该情形下全国范围内H向L再分配的金额相对于单一制国家中所发生的再分配金额的比率。这源自下述事实,即财政能力均等化补助允许单一制国家被复制,而横向公平均等化补助将全国范围内的再分配视为既定,这也适用于累进税制。

差距很轻微，也是如此。

表 15—3　　　　　　　　　　具有累进税率的转移支付

情形		I 分配模式		II 人均税基	III 税率	IV 横向公平均等化转移支付后的人均 NFR		V 总转移支付	
		H	L			H	L	横向公平均等化	财政能力均等化
1	J_1	6	4	1 600	比例税 10%	−48	+48		
	J_2	4	6	1 400	比例税 10%	−48	+48	96	100
2	J_1	6	4	1 600	累进税	−88	+88		
	J_2	4	6	1 400	比例税	−88	+88	176	100
3	J_1	6	4	1 600	比例税	−108	+108		
	J_2	4	6	1 400	累进税	−108	+108	216	100
4	J_1	6	4	1 600	累进税	−148	+148		
	J_2	4	6	1 400	累进税	−148	+148	296	100

四、案例研究

现在我们用两个简单的案例，即加拿大主要各省的均等化以及美国大都市的均等化，来比较横向公平均等化和财政能力均等化的运用结果。

(一)加拿大的案例

基于魁北克省和安大略省收入分配的详细数据，我们以此作为加拿大的简化模型。这两个省 1992 年平均家庭收入分别为 39 937 美元和 48 930 美元，假定由这两个省构成一个国家，那么平均收入为 45 264 美元。这两个大省，就被当作加拿大的代表。

表 15—4 显示了比较的结果。I 列显示了各连续收入层级的平均收入。II 列给出了魁北克省居民按收入层级的百分比分布，或者如同我们解释的，100 名魁北克居民的代表性样本的分布。III 列显示的是安大略省居民的百分比分布，由于安大略省的人口是魁北克省的 1.453 倍，IV 列给出了安大略省在考虑其较大人口规模后的比较性样本。

表 15－4　　　　　　　　　　　魁北克-安大略均等化

I 平均收入（千美元）	II 魁北克人口	III 安大略人口	IV III列乘以1.453	V 补助前 NFR 魁北克	VI 补助前 NFR 安大略	VII 补助后 NFR 横向公平均等化后	VIII 补助后 NFR 财政能力均等化后
6.0	9.30	5.50	7.99	3 394	4 293	3 809	3 926
12.5	11.40	9.00	13.08	2 744	3 643	3 224	3 276
17.5	7.90	7.30	10.63	2 224	3 143	2 751	2 776
22.5	8.10	7.20	10.46	1 742	2 643	2 251	2 776
27.5	7.80	6.40	9.30	1 244	2 143	1 733	1 876
32.5	7.30	5.90	8.57	744	1 643	1 229	1 276
37.5	6.20	6.80	9.88	244	1 143	706	776
42.5	6.30	5.60	8.14	−256	643	251	276
47.5	5.60	5.80	8.43	−756	143	−216	−126
52.5	5.10	5.70	8.28	−1 256	−357	−713	−724
57.5	4.10	5.00	7.26	−1 756	−857	−1 182	−1 224
62.5	3.70	4.40	6.39	−2 256	−1 357	−1 687	−1 724
67.5	3.20	4.00	5.81	−2 756	−1 857	−2 176	−2 224
72.5	2.70	3.20	4.65	−3 256	−2 357	−2 687	−2 724
77.5	2.00	2.80	4.07	−3 756	−2 857	−3 149	−3 224
85.0	3.10	4.50	6.54	−4 506	−3 607	−3 896	−3 974
95.0	2.10	3.50	5.09	−5 506	−4 607	−4 870	−4 974
100+	3.90 ⎫ 3.90	7.50	10.90 ⎫ 10.90	−8 556	−11 572	—	−11 939
120	3.62 ⎭	—	4.80 ⎭	−8 006	−7 107	−7 494	−7 494
200	0.28	—	6.10	−16 006	−15 106	−15 303	−15 474
所有群体	100	100					

数据来源：《加拿大统计年鉴》，1992，♯13－207，表34。

接下来，我们计算在每个收入层级上作为结果的两个省的净财政剩余（NFR）。我们假设为此目的，两个省都征收10％的税收，那么人均收益就等于每个省中人均收入的10％，这些收入被平分给居民。V列和Ⅳ列分别显示魁北克省和安大略省收到的补助前财政剩余。接下来，按横向公平均等化原则实行均等化，Ⅶ列显示了新方式下两个省相等的财政剩余。Ⅷ列显示的是财政能力均等化原则下实施均等化下所产生的财政剩余（两个省再次相等）。"全国"的平均收入为 45 264 美元，在居民间平分则产生了 4 526 美元的平均收益。收入为 6 000 美元的家庭纳税额为 600 美元，收到了 4 526 美元的收益和 3 926 美元的 NFR。最后，我们计算了两种原则下所需要的转移支付总额，在横向公平均等化原则下为 51 713 美元，在财政能力均等化原则下为 53 270 美元。

比较Ⅶ列和Ⅷ列，可以发现总的转移支付有差异但差额微小，财政能力均等化仅比横向公平均等化大 3%。[①] 布坎南过去的观察，再次受到了支持。这至少适用于表 15-4 的数据（基于 10% 这一相同税率的假设）。不过，此处忽略了魁北克省和安大略省在实践中的税收水平（税收收入占国民总收入的百分比）分别为 24.6% 和 18.4% 的差异，但我们对单一比例税的假设相当接近于现实。

比较Ⅶ列和Ⅷ列，很明显地，魁北克的所有居民在横向公平均等化下一直获得收益；比较Ⅶ列和Ⅵ列，很明显，所有安大略的居民都有损失。当收入规模上升时，魁北克居民按照百分比来衡量的收益似乎下降了，而安大略居民的损失增加了。因此，每个省内部的净分配效应是相等的，尽管在全国范围内并不如此。在财政能力均等化情形下，相同的结论仍然成立，但是程度较小。

（二）美国大都市的数据

尽管上述文献大多关注的是中央政府向省或州的补助，不过相似的问题也会在较低层级的政府中出现。表 15-5 和表 15-6 比较了从高收入的郊区向低收入的市中心进行横向公平均等化和财政能力均等化两种补助时，可能需要的补助水平，这样的假设情况可以应用于芝加哥和底特律两个城市。

---

① 这里英文原文为"with FCE a mere 3 percent larger than under FCE"。联系上下文并对照表 15-4，后一个"财政能力均等化"应为"横向公平均等化"。

表15—5　　　　　　　　　从郊区向芝加哥的居民补助

群体	家庭平均收入	家庭数量	每个家庭的横向公平均等化补助	总补助额（百万美元）
1	4 000	108 634	$284	30.85
2	7 500	104 202	445	46.44
3	12 500	90 406	553	50.00
4	20 000	183 624	664	121.93
5	30 000	157 138	829	130.27
6	42 500	169 045	986	166.68
7	62 500	130 806	1 294	169.26
8	87 500	41 181	1 203	49.54
9	147 994	35 875	1 209	43.37
总　计		1 020 911		$808.34

注：根据美国统计局"Census Tracts and Block Numbering Areas for 1990"中对芝加哥和底特律等主要大都市统计区进行统计的表19(华盛顿特区,1993)进行的计算。美国统计局按照从少于5 000美元(第一组)到超过10万美元(第九组)9个收入档次报告家庭分布情况。对每个大都市区而言,都要报告总的中心城市和单个的郊区数据。为了简化分析,我们把芝加哥和底特律的郊区加总成5组：平均收入少于40 000美元、40 000～50 000美元、50 000～60 000美元、大于70 000美元,以及家庭收入没有得到报告的"剩余"郊区。然后,对于每个大都市区,我们准备了一个表格,将9个收入群体分给7个辖区。这些表格是计算市中心居民收到的横向公平均等化补助的基础,计算结果如表15—5和15—6所示。

表15—6　　　　　　　　　从郊区向底特律的居民补助

群体	家庭平均收入	家庭数量	每个家庭的横向公平均等化补助	总补助额（百万美元）
1	$4 000	60 104	$696	42.83
2	7 500	60 692	985	59.78
3	12 500	40 846	1 197	48.89
4	20 000	61 515	1 386	85.26
5	30 000	48 501	1 552	75.27
6	42 500	50 922	1 709	87.03

续表

群体	家庭平均收入	家庭数量	每个家庭的横向公平均等化补助	总补助额（百万美元）
7	62 500	36 093	2 006	72.40
8	87 500	10 524	2 412	25.38
9	110 994	4 660	0	0
总计		373 857		$496.85

注：在底特律，第9群体的净财政剩余实际上和大都市区群体的平均剩余相等。底特律的第9群体有相对较低的收入，较之较高收入的郊区中第9组更富裕的成员，平均纳税额较小。尽管各辖区第9群体的成员并没有在事实上处于同等地位，对他们的同等对待对于计算总补助而言影响很小，因为该群体住在底特律的成员是如此之少。

基于普查数据，两个城市的居民被分成居住在市中心和居住在郊区，然后又被分成9个收入群体。为了计算转移支付，我们又假设两种情形下都征收10%的税率。如表15-5显示的芝加哥的例子，横向公平均等化和财政能力均等化两种原则下转移支付分别为8.08亿美元和10.11亿美元，财政能力均等化转移支付超出横向公平均等化转移支付25%。如表15-6显示的底特律的例子，横向公平均等化和财政能力均等化两种原则下转移支付分别为4.96亿美元和6.21亿美元，类似地，财政能力均等化转移支付超出横向公平均等化转移支付25%。财政能力均等化转移支付超出的幅度实际上要比加拿大的大，这反映了较大程度的市郊社会分层（suburban stratification）。然而，它实际上仍然还没达到前面表15-1的极端情形。

五、总结和结论

本章回顾了布坎南的财政联邦制模型，它将财政均等化视为在辖区间建立人际横向公平的一种途径。布坎南的模型于1950年首先提出，长期成为加拿大财政改革的辩论主题，并于1982年被加拿大经济委员会在原则上得以采用。与此同时，传统使用的财政能力均等化原则则被写进了加拿大的宪法。于是，如何解释财政均等化仍是一个鲜活的话题。

本章的第一部分，考察了布坎南的横向公平均等化模型，并追踪了它在加拿大改革辩论中的后续发展。该模型的纯粹形式提供了有关财政联邦制的有趣新视角,尽管将其视为唯一值得尊敬的模型则显得夸大其词。这一部分也提到了该模型在应用中的困难。要确定所需的转移支付总额以及人际间调节的实际执行,已被证明是不可行的。我们必须使用基于财政能力均等化原则的总额补助(其规模预计和横向公平均等化方案相似),且补助必须以无条件的形式进行,而不要求实际上执行个体间横向公平。尽管这样做只是次优解,然而布坎南暗示,这将实现纯粹的横向公平均等化的目标。

在后来的讨论中,大多数加拿大学者考虑的是,追随横向公平均等化构想,而不将其和财政能力均等化进行明确区分。此外,依赖于无条件补助而无须实际进行个体间调整,这样的情形开始得到重新解释。尽管在布坎南的初始构想中,它被作为次优解,是在无法实行横向公平均等化前提下所必需的,但现在它成为一种积极要求,是保护加拿大各省安排自己的财政事务时所需要的传统权利。正是以这种修正后的形式,横向公平均等化方案由加拿大经济委员会最终提出。

在第二部分,我们考察了由横向公平均等化所产生的一些关键问题,并考虑了以财政能力均等化为基础的财政补助背后的替代性原理(alternative rationale)。

我们注意到,在横向公平均等化原则下,平等对待要扩展到哪些群体并不显而易见;我们质疑,实施没有人际均等化而基于横向公平均等化的总额补助到底有没有价值。最重要的是,我们发现,基于横向公平均等化的总额补助与允许各州选择它们自己有关纵向公平的模式不相容。我们也证明,财政能力均等化总额补助一定超过横向公平均等化补助。最后我们注意到,如果公共品在性质上是非竞争的,如果在横向公平均等化背景中增加纵向公平,那么情况会发生怎样的变化。

然后,我们转向财政能力均等化类型下财政补助的原理,以及在它们背后的辖区间公平的概念。内在于联邦的契约,也许构成的一种理解是,成员辖区提供的公共服务明显不平等是不公平的,它需要辖区间补助来减少这种不平等。这些补助可以是一般性的,也可以是选择性的,而这取决于公平是以一般形式还是以绝对形式(in categorical terms)看待。有人认为财政能力均等化模型是反个人主义的、有机的、并非建立在"第一原则"基础上,这样的论断被我们拒绝,因为它是基于对联邦环境下个体角色的误读。

第三部分考察了布坎南的一个猜想,即在横向公平均等化和财政能力均等化两种原则下,总转移支付额不会有很大差别。我们使用数字例子来处理这个复杂的问题。我们探究了在这两个原则下不同因素对总额转移支付的影响,这些因素包括平均收入水平、收入分配的内部方式、税率。布坎南的假说,往往得以确认。我们用的是布坎南在最开始采用的假设(比如同样的单一比例税),结果显示财政能力均等化补助会超过横向公平均等化补助;只有在平均收入和收入分配方式存在明显区别时,两个补助的总额才会产生巨大的差异。不同的单一比例税对结果不会有很大影响,但是累进税率会造成两种补助水平差异较大。在第四部分我们还使用了加拿大省份中的部分数据以及美国两个大都市区的数据,研究确认了前面的发现,并且还发现日益增加的社会分层倾向会扩大两种补助的差异。但是即使在横向公平均等化和财政能力均等化下补助总额趋于相似的地方,无论是否需要人际间均等化,那些被用于公路或教育等特定工程方面财政能力均等化的补助,将不同于同等数量的横向公平均等化补助。因此仍然重要的是,要理解内在于两种方法中的分析性差异,以及它们对联邦制是什么的观点差异。

参考文献

Advisory Commission on Intergovernmental Relations (1981), *Studies in Comparative Federalism*, including Canada M—127, July; *West Germany* M—128, July; *Australia* M—129, August, Washington, DC.

Advisory Commission on Intergovernmental Relations (1987), *Measuring State Fiscal Capacity*, M—15, Washington, DC, December.

Boadway, Robin (1986), 'Federal—provincial transfers in Canada,' in M. Krasnick (ed.), *Fiscal Federalism*, vol. 65, Royal Commission on the Economic Union and Development Prospects for Canada, Toronto: University of Toronto Press.

Boadway, Robin (1992), *The Constitutional Division of Powers: An Economic Perspective*, Ottawa: Economic Council of Canada.

Boadway, Robin and Frank R. Flatters (1982), *Equalization in a Federal State: An Economic Analysis*, Ottawa: Economic Council of Canada.

Boadway, Robin and Paul A. R. Hobson (1992), *Intergovernmental Relations in Canada*, Canadian Tax Paper No. 96. Toronto: Canadian Tax Foundation.

Buchanan, James M. (1950), 'Federalism and fiscal equity', *American Economic Review*, 40 (4), 583—99.

Buchanan, James M. (1961), 'Comment, approaches to fiscal theory of political federalism', in Musgrave (1961), 122—9.

Economic Council of Canada (1982), *Financing Confederation: Today and Tomorrow*, Ottawa: Economic Council of Canada.

Graham, John F. (1963), *Fiscal Adjustments and Economic Development: A Case Study of Nova Scotia*, Toronto: University of Toronto Press.

Graham, John F. (1964), *Intergovernmental Fiscal Relationships: Fiscal Adjustment in D! a Federal Country*, Canadian Tax Foundation Canadian Tax Papers No. 40, Toronto: Canadian Tax Foundation, December.

Ladd, Helen F. and John Yinger (1994), 'The case for equalizing aid', *National Tax Journal*, 47 (1), 211—24.

Musgrave, Richard A. (1959), *The Theory of Public Finance*, New York: McGraw-Hill.

Musgrave, Richard A. (1961a), 'Approaches to a fiscal theory of political federalism', in *Needs, Sources, and Utilization*, Princeton: Princeton University Press, 97—122.

Musgrave, Richard A. (1961b), 'Reply, approaches to fiscal theory of political federalism', in Musgrave (1961a), 132—3.

Musgrave, Richard A. (1987), 'Merit goods', *in The New Palgrave: A Dictionary of Economics*, vol. 3, ed. John Eatwell, Murray Milgate and Peter Newman, London: Macmillan. Also Chapter 7, this volume.

Oakland, William H. (1994), 'Fiscal equity, an empty box?', *National Tax Journal*, 47 • (1), 199—210.

Scott, Anthony D. (1964), 'The economic goals of federal finance', *Public Finance*, 241—88.

Statistics Canada, *in Annual*, 1992, ♯ 13—207.

Tobin, James (1970), 'On limiting the domain of inequality', *Journal of Law and 1 Economics*, 13, 263—77.

第十五章 联邦制、补助与财政均等化(1999)

US Bureau of the Census (1993), *Census Tracts and Block Numbering Areas*, Washington, DC.

US Office of Management and Budget, Special Analysis (1987), *Budget of the United States Government Fiscal Year* 1988, Washington, DC, November.

Usher, Dan (1995), *The Uneasy Case for Equalization Payments*, Vancouver: Fraser Institute.

第十六章　应该由谁征税？在哪里征税？对什么征税？（1983）[①]

一、引言

假设有一群来自行星地球的难民登陆斐斯卡利亚（Fiscalia），它在一个未知的和平星系的中心。进一步假设，这里私人品的可获得性在空间上是中性的，而社会物品的收益局限于某个空间范围内。于是这些定居者根据自己对社会物品的偏好以及对拥挤的厌恶程度，选择了自己居住的位置。"用脚投票"的结果，形成了包含具有相同品位社群的一组财政辖区。"看不见的手"带来了最优的多单位财政制度，其中每个辖区的居民为他们自己的服务买单。考虑到拥挤、外溢效应以及其他各种复杂情况，此时需要有一些辖区间的调整以确保最优结果，但是自我调节机制的基本核心仍然发挥作用（Gordon，1983）。

比较一下这一假设的理想状况和现有财政制度的肮脏现实。现有的财政制度并不是按照财政逻辑建立的，有关区位的决策也主要不是出于财政原因。相反，现有的辖区反映的是地理的特殊性，以及国家形成、战争、领土竞争、殖民主义和地区争端等历史性力量。这些因素推动了各个辖区的形成，并因此分化组合为联邦，让成员辖区能主张自己的财政权并承担起相应的财政责任。

[①] 载于 C. E. McLure, Jr（编）. *Tax Assignment in Federal Countries*，堪培拉：澳洲国立大学出版社，1988年。

第十六章 应该由谁征税？在哪里征税？对什么征税？(1983)

由此形成的财政模式(包括各级政府间的税收安排),因特定的联邦目标与起源方式而不同,几乎无法用上述斐斯卡利亚模型中的最优设计来解释。这一模型尽管对我们设定效率标准、研究美国大都市地区的微观结构等方面很有帮助,但并不能把它用来探讨全国层面财政联邦制(及作为其结果的税收安排)中的重大问题,这些重大问题在诸如澳大利亚、联邦德国、加拿大等国家也存在,就此而言该模型也没有成为美国财政联邦制的宪法框架的指南。

因此,我们从现有的财政辖区开始研究,而不从建构最优的财政单位开始。我们也主要从税收这一端来处理问题。诚然,和任何公共部门理论一样,有效税收分派的恰当经济理论要求同时分析税收和支出两端作用。我们应记住的是,我们可以通过不时地修正来增加对财政问题支出端的讨论,但重点还是要放在税收方面。这和我们此次会议的焦点一致,也和税收政策的现实一致。接下来,我的一个任务是探讨以下问题:一个辖区的税收结构如何依赖辖区之间的环境？为什么潜在独立的各辖区会希望建立辖区间的税收行为规则？在结成联邦的各辖区间,横向和纵向的税收安排怎么会依赖于联邦的目标？[①]

在本章第二部分,我们从"无政府"状态(在其中不存在辖区间税收规则)开始继续探讨这一主题。在此处我们考虑的是,就某个辖区而言,商品贸易和要素流动如何扩大或限制税收政策的选择？尽管通常在国际税收政策的环境中处理这样的问题,但也可以在联邦内中级层次(州、邦、省)或地方辖区中加以思考。接下来,我们将在第三部分考虑这样一种情形:在独立的辖区,设立一些税收规则将对各方都有利;这样的税收规则,涉及辖区间税基的"产权秩序",还考虑有效的商品贸易和要素流动。关税及贸易总协定(General Agreement on Tariffs and Trade, GATT)及多种国际税收协议之中,包含了这些设置。在讨论完拥有这些条件的迷你联邦之后,我们将在第四部分考察税

[①] 这里"联邦"(federation)一词的使用有点宽松,既涉及政治科学家定义为"邦联"(confederation, Staatenbund)的内容,也涉及定义为"联邦"(federation, Bundesstaat)的内容。这样使用的邦联涉及独立的各个辖区为了有限的共同目的而加入一个联盟。联邦则被定义为把人民联合在一起的一种方式,这些人民已经通过在国家各组成单位(这些组成单位作为一个国家整体的固有部分而发挥作用)间分配政治权力的国家的联结而联系在一起。见埃拉扎尔(Elazar,1968)。在财政环境下使用,北约(NATO)或运行联合垃圾处理设施的大都市间的协议被认为反映的是邦联的观念,而澳大利亚、加拿大或美国这样的国家实体会被认为反映了具有不同程度的亲密感的联邦观念。

311

收分派的问题。只要各辖区组合成更紧密的联邦,就会出现这一问题。[1] 在此处将讨论的共同目标,涉及如下问题:在联邦范围内,针对有益项目的融资;在个体之间,开展收入分配的稳定与调整。我们将用美国作为例子来加以说明。最后在第五部分,我们将考虑,如果让联邦承担职责,以便均等化成员辖区间的公共服务水平或财政能力(这一情形类似于我们在澳大利亚和联邦德国看到的),那么税收分派问题会受到怎样的影响?我们的讨论从一个阶段转向另一个阶段,后一阶段的分析与较早阶段的分析始终相关,只不过增加了新的问题和管理方面的考虑。

二、辖区间的"无政府"状态

我们先从一种"无政府"状态开始,它的意思是在辖区之间不存在税收规则。在封闭经济中运行的辖区 A(以下简称 JA),可以按照自己的意愿来自由安排税收结构;而这些意愿反映了对公平、效率、管理可行性的考虑,也反映了经济的结构。无论做什么,税收负担都必须由各辖区内部承担。辖区间不存在税收规则,JA 的征税者不能进入其他辖区去收税。假设辖区 B(以下简称 JB)的经济边界此时恰好开放,于是 JA 的税收结构设计就多出新的选项,也面临新的限制。现在 JA 会向外输出一部分税收负担,这里的"输出"是指,JA 的税收归宿落到了 JB 的"成员"身上。在国际环境中,所谓的成员身份可以根据国籍或居住地来定义,但我们这里只使用后一种意义,因为这更适用于我们关切的主题(即探讨一个联邦内各辖区间的关系)。

(一)商品贸易

首先考虑商品贸易的含义。JA 会尝试去侵占"外国"的税基,即通过对从JB 进口的商品或出口到 JB 的商品征税,输出自己的税收负担。进口关税的水平,反映为 JB 的生产者所获净价格的下降程度;出口关税的水平,反映为JB 消费者支付价格的增加程度。JA 通过这样的进口关税水平、出口关税水

---

[1] 对于税收分派问题更一般的讨论尤其要参见奥茨(Oates,1972:ch. 4);布雷克(Break,1967:ch. 2);布伦南(Brennan,1977);格雷瓦尔(Grewal,1980)。

第十六章 应该由谁征税？在哪里征税？对什么征税？(1983)

平的变化,实现了税负的输出。税负输出的可行性,取决于JA影响"世界"价格的能力,也即贸易商品的供求弹性。因此,对于一个小辖区来说,"世界"价格往往是既定的,很难输出税负。而且,这样的税负输出最大化,并不符合JA的利益,因为要考虑由贸易萎缩造成的福利损失。因此,进口关税或出口关税的最优税率,低于(狭义定义的)税负输出最大化的税率。如果世界价格是给定的话,该税率将降为零。

尽管通常在国际层面上考虑以上问题,但这些考虑也适用于联邦内的各辖区。尽管在联邦内展开税收协调,没有进口关税或出口关税问题,但固定汇率的存在可以让某种程度的税负输出得以实现,即使是对初级产品、普通消费和生产征税也是如此。此外,对暂时出现在JA的JB成员征收歧视性消费税,也可以获得跟征收出口税相似的效果。比如,对旅游业征税,可以最方便地实现税负输出(Arnott and Grieson, 1981)。

不过,开放不仅带来税负输出的可能,也带来了税基外流的风险。如果小辖区的成员被诱导"在辖区外购物"(因辖区外的税率较低),这些小辖区就会面临消费税基流失的风险,并带来税负输入的结果。

(二)要素的流动性

将要素流动性考虑进去之后,税负输出(夺取外部的税基)的可能性就增加了。现在JA可能对JB的成员(接下来称为JBs)拥有的要素在JA辖区产生的收益征税。由于由这些要素产生的收入会流到辖区之外,于是JA可能希望按照让税收最大化的税率征税。这一税率取决于JB的要素相对于JA的供给弹性,而这样的要素和其他物品一样要受到JB税收的影响。但是和之前一样,JA更精明的政策是,不采用这种使收入最大化的税率。这是因为,JA的征税会让JB拥有的要素做出撤离的反应,于是JA拥有的要素收益下降。如果政策目标是最大化JA的福利,那就必须考虑到这点。

现在转向硬币的另一面,看看要素流动性怎么限制JA对自己拥有的要素征税的自由。在较大程度上,这取决于JA能否有效地触及由JA拥有但在辖区外运作的要素获得的收入。我们可以在国家课税层面上做这样的假设,比如说,美国政府对自己的公民从世界范围内获得的收入征税。由于JA对

JA从国外获得的收入征税仍由JA的成员缴纳,因此由这些要素缴纳的税收并没有"输出"。在这种情况下,JA的税收并不影响以下决策:由JA拥有的要素,到底是留在JA还是流动到JB。JA对自己的成员来自JB的收入征税,不涉及税负输出问题,也不影响JA可获得的税基。如果JB不征税的话,资本就会从JA流动到JB,直到JA的回报率(或者说r_A)等于JB的回报率(或者说r_B)。因此,在JA的自利动机和有效的资本配置之间不存在冲突。随着JB开始征税,情况将不再如此。现在资本流动中性,要求从JA税中抵免JB税。在这种情况下,资本将一直外流,直到$(1-t_A)r_A=(1-t_B-t_A+t_B)r_B$或$r_A=r_B$。但是这不利于JA,尽管对于承担税收的投资者而言没有差别,缴纳给JB的税收对JA而言是损失。因此JA将希望r_A和扣除缴纳给JB的税收后的r_B相等。这将伴随着扣除(而非抵免)JB的税收,这样资本将一直外流,直到$(1-t_A)r_A=(1-t_A)(1-t_B)r_B$或$r_A=(1-t_B)r_B$。后一种安排,被称为提供了全国性的资本流动中性,这不同于世界范围内的资本流动中性。再一次地,我们进一步的考虑和资本外流对JA中的互补性要素收益的副作用有关。为了考虑到这点,JA不会允许完全抵免JB的税收,以便能进一步地限制资本外流。

上述的推理,建立在JA可以触及其成员产生于辖区外(即JB)的收入的假设上。在国家层面上,这或多或少是个现实的假设。如前所述,美国对其公民从全世界范围内获得的收入征税。但是在一个联邦内的各辖区间,这一假设并不现实。如果JA无法触及自己的成员产生于JB的要素收入,资本流动就将一直持续到$(1-t_A)r_A=(1-t_B)r_B$。除非$t_A=t_B$,否则辖区间的资本流动会受到扭曲。但是,任何t_A相对于t_B的增加将会增加资本流动,并因此减少JA的税基,增加全国性损失(源自缴纳给JB的税收)。所以,JA对JA之中的要素征税,其能力受JB征税水平的严重限制。由于JA不再能触及其成员的境外收入,无法对JB所征税收进行抵免,于是这样的限制就更大了。所以,可以用受资本外流的限制来解释,为什么地方税(或者更普遍的小辖区税)的可取税源如下:对诸如土地和自然资源这样无法流动的要素征税,还有对诸如房地产等相对无法流动的要素征税。在极端情形下,JA只能将征税于无法流动的要素的税率t_A提高到t_B之上,才可以获得额外的收入,其中由境外拥有的

第十六章 应该由谁征税？在哪里征税？对什么征税？（1983）

无法流动的要素是理想的可以输出税负的税源。

（三）"成员"标准

需要注意的是，税负输出导向的政策设计，取决于对"成员"概念的界定。在居所标准下，对住在 JA 的 JB 侨民征税并不构成税负输出；但是在国籍标准下，却成为税负输出。针对旅游业的选择性征税，涉及在 JA 临时出现而非居住的人，对于上述任一标准，这种情况都构成了税负输出。

类似地，JA 对住在 JA 的 JB 侨民的要素产生的收入征税，也涉及税负输出，只要使用的是国籍标准，而不是居所标准。同时，JA 的居民移居 JB 后，仅在居所标准下涉及税基损失，就像 JB 对其新居民征税不再构成向 JA 输出税负一样。因此很明显，在国籍标准和居所标准之间的选择，不仅对形成有序的制度〔如下所示，它在确定"原初税收忠诚"（primary tax allegiance）时出现〕而言很重要，也对无政府条件下确定税负输出概念及设计最优政策很重要。

（四）报复

在上述无政府模型中的"猫鼠游戏"世界里，任何辖区在设计自己的税负输出政策时，都必定要考虑其他辖区会采取报复措施。因此，在一群辖区构成的集团中，税负输出会成为负和博弈。但在无政府的环境中，并不存在一个裁判来代表团体的利益。由于不同的辖区讨价还价的力量不同（不像在自然状态下所有人的力量基本相同，正如霍布斯的假设），这就会发生税负输出和输入，从而给集团内各辖区带来不同的收益和损失。

（五）支出收益

在这样的环境下，只需简述财政的支出端或收益端。在无政府的环境下，JA 将不考虑外溢到 JB 的收益，甚至会对外溢收益做出负的评价，因为它们会造成税基外流。出于同样的原因，对在 JA 活动的由 JB 拥有的要素，除了吸引 JB 要素并带来令人愉悦的效果外，JA 还将想办法令其收益最小化。从更广泛的视野看，财政政策的重商主义任务现在变成最大化地输出净税负。不过，在这种环境下，财政收支中的税收端，相形之下可能是更重要的工具。

(六)结论

在开放经济环境下实施管理的独立辖区,会通过对商品贸易征税(通过征收进出口税)和向流动要素征税(通过向在本辖区使用但由辖区外拥有的要素征税)来尝试输出税负。但是,开放也给这样的征税行为施加了限制,因为开放为税基流失提供了条件。特别是对所得征税,任一辖区的征税能力都取决于其他辖区做了什么。小辖区更会受到税基损失的威胁,很少有机会输出税负,除非是对境外所有者拥有的不流动的要素征税。尽管如此,税负输出可能是一个重要的议题。被中央政府征税的收入,因具有可抵扣性,也产生了税负输出;而将这样的税负输出排除之后,美国各州的税制中税负输出据估计占25%(McLure,1967;1981c)。

三、各独立辖区间的税收协调

现在我们来考虑税收协调。当不得不面临税负输出和税基外流等意外情况时,各辖区会发现,结束彼此间的税收战争、建立辖区间税收行为规则显得更为方便。其中一种可能的方法是约定:(1)将税收中性作为基本规则来约束彼此,意思是说,辖区间的税收实践不应扭曲商品贸易与要素流动。这有点类似于自由贸易之中的情形,人们会说它能最大化"世界福利",从而有利于整个群体。这种类比听起来比较有道理,尽管和所有的类比一样,都不是完全可信的。无论如何,以下问题同等重要:(2)确立税基中的应得权利(entitlements)或财产权(Musgrave and Musgrave,1972;P. B. Musgrave,1974)。就像我们现在要说的,前述(1)之下的效率考虑,和前述(2)之下的各种应得权利模式,要设法让二者相容。因此,两个方面都必须处理。下述做法是有不足的:在解决应得权利问题的同时,要求每个辖区使用"自己"的资源为自己的收益买单。这样的对等原则(principle of reciprocity),应该成为任何好的税收行为系统的一部分,但是只有当"自己的"资源的含义得到界定以后,才会变得具有操作性。为此目的,辖区间税基分配或应得权利制度必须首先建立起来。

第十六章 应该由谁征税？在哪里征税？对什么征税？(1983)

(一)分配的规则

1. 所得税

税基分配问题，与所得税与商品税(或产品税)有关，但在所得税情形下特别复杂。因此所得税基的分配将首先予以考虑。

(1)哪个规则？

如果对全部辖区的每一个体征税都以受益为基础，那么公共服务的发生地可以就那些能降低人们挣钱成本(cost of earning income)的公共服务而征税，这符合按属地规则征税。受益原则会自动地扩张，以便将辖区间关系包含在内。就像现在人们普遍赞同的，这样的税收跟企业所得税相比，更接近于增值税。然而，广泛地应用受益原则是不现实的。在不存在这种原则时，我们就必须选择税基分派(base assignment)的其他原则。在这些其他原则中，有一种被称为"初始税收忠诚"，另一种被称为"属地应得权利"。这两种规则，既可以单独使用，也可以组合在一起使用，以便限制JB，让它无法对JA拥有的要素在JA获得的收入征税。但在针对JB拥有的要素在JA获得的收入、JA拥有的要素在JB获得的收入时，适用这两个原则就存在差异。在忠诚规则下，前者被分配给JB，后者被分配给JA；而在属地原则下，方案正好相反。显然，在这两个规则间进行选择很要紧。资源丰富、资本输入的国家或辖区在属地规则下将会做得更好，而资本输出者将从忠诚规则中受益。对发达国家和低收入国家而言，属地原则往往有助于地区间均等化。但也有一些情形(特别是联邦内的各个辖区间)，运用属地原则扩大了财政差距。在涉及自然资源禀赋时尤其如此，就像在财政上将财富归于石油资源丰富的加拿大各省或者美国的阿拉斯加州那样，会造成不平衡的分配。

就分配正义(就像在辖区间)而言，为什么应该采用这个原则或另一个原则，其实并没有很好的理由。运用类似于个人财产权利来推理，也不能加以说明。假设有人根据洛克的传统，坚持人有权得到"他(她)挣到的东西"。但这样的收入权利赋予的是个人，而非辖区。如果有人进一步论证说，个体通过订立契约将征税权委托给各辖区，那我们依然存在这样的问题，即个体是和拥有"初始忠诚"的辖区间订立了唯一的契约，还是和作为收益来源的各辖区间订立了一组契约。如果我们以罗尔斯或公平的术语来考虑分配正义,我们也无法得到确定性的答案。公正涉及如何对待个体,在社会秩序中(在多辖区环境下)的中性选择可以根据任一种分配规则做出。

根据忠诚规则(国籍或居所)进行税基分配,与黑格-西蒙斯(Haig-Simons)曾指出的全球所得税税基分配,情形是一致的。按属地或收入来源原则所做的税基分配,可用以下两种方式来考察。一种是,允许收入来源国征税相当于是一种补偿,就是说 JB 拥有的要素享受到了 JA 管理的好处,这样的税收就可以被看做是一种对物征收(in rem charge),是对 JB 拥有的要素收取租金,因为它使用了位于 JA 的资源并获得好处。[①] 按照这一解释,JA 对 JB 拥有的要素获得的收入征税,且税率无须和 JA(或者就此而言,JB)对其自身要素所获收入征税的税率相同。另一种与个人所得税方法更一致的解释是,在对 JB 的成员从 JA 挣得的收入征税时,给来源国分一份。在这种情形下,对 JB 成员所挣得的收入,JA 会被期待使用和 JA 的成员挣到的收入一样的税率,JB 会被期待抵免这种已给 JA 缴纳的税。然而,这将带来进一步的问题,即 JA 是应该以 JB 拥有的要素在 JA 挣得的收入数量适用的税率对 JB 的收入征税,还是应该在确定税率时使用全部税基(包括在 JB 挣得的收入)并因此征税?

(2)效率方面

鉴于辖区间公平问题比较棘手,解决应得权利的问题是否仅考虑效率?很明显,在资源的辖区间流动方面,忠诚规则将是中性的,因为无论收入从哪里挣得,都将征收相同的税。相反,在属地规则下,税收的差异将扭曲资源对位置的选择。然而,这样的说法并没有为忠诚规则提供决定性的支持。让获得忠诚的辖区对从辖区外挣得的收入调整征税,属地规则(作为税基的应得权利)就可以轻易地变得有效率。[②] JB 可以对 JA 拥有但在 JB 经营的要素所获收益征税,而 JA 对相同的收入征自己的税,但对 JB 收的税给予税收抵免。

[①] 此处英文原文为"a rental for the advantages which JB-owned factors enjoy from the use of resources located in JB",翻译为中文应为"对 JB 拥有的要素收取租金,因为它使用了位于 JB 的资源并获得好处"。联系上下文,后一个"JB"应为 JA。——译者注

[②] 这里指的是全世界范围内的效率。前面提及的全国性效率要求抵扣而非抵免。

第十六章 应该由谁征税？在哪里征税？对什么征税？（1983）

作为替代做法，所有的税都可以由 JB 征收，再通过国库之间的转移支付，JA 将得到补偿。因此公平和效率规则是两个不同的目标，它们可以任何满意的组合形式来实现。

(3) 可行性方面

在一定意义上，至少在选择分配规则时，我们会因为考虑可行性而受到限制。若在联邦内的各个辖区中运用忠诚规则或居所规则，那几乎是不可行的，因为子辖区无法在全国范围内对收入征税。所以，税基的分配必须按照收入来源进行。在全国层面上，忠诚或居所规则就可用来对个体进行征税，但若用来对公司征税则不令人满意，因为公司居所和总部的位置的设立是相当随意且易于操作的。这样，要确定有意义的忠诚概念就有困难（特别是对公司而言），并因此使整个方法变得可疑。

但是，运用属地规则或收入来源规则也有困难。对于所有的经济活动都发生在一个辖区的企业而言，情况足够简单。但对于跨国或跨辖区经营的企业而言，并非如此（见 P. B. Musgrave, 1972）。假设有一个公司，它在 JA 生产，但在 JB 销售。一种方法是，将这两部分视为独立经营，一个部分由 JA 征税，另一个部分由 JB 征税。接下来的问题在于，如何确定每个单位挣得的利润？在特定条件下，这可以借助于在两个单位间采用公允定价的设定做到，但在其他条件下，这样做是不可行的。此外，若这两个单位是因内部经济或其他形式的相互依赖而联系在一起时，那也不能这样做。替代性的方法是，先在统一的基础上对待整体经营活动，然后在共同利润的基础上给有关辖区分配利润份额。尽管确定统一业务带来了一系列新的困难，但是较之单独实体的方法，这样的统一方法更为可行，尤其在一国内部各辖区中更是如此。

在单位的收入既定的情况下，需要有某种形式的分配公式，以便在各参与辖区间划分收入。这么做的话，利润税可以被转换为一组资本税、工薪税和销售税，并因此改变了征收的性质，还可能终止了潜在的应得权利目标（McLure, 1981b）。然而这一问题不如乍看上去那么严重，因为它只适用于税率有差异的情形，而这一差异相对较小（至少在美国的各州是这样）。总之，至少对公司税而言，较之忠诚规则，收入来源方法似乎没有那么随意。在各种收入来源方法中，统一税基方法似乎更让人满意。

319

(4)合并纳税

有必要在绝对的(经典的)公司税的环境下,进一步区分对公司利润的征税权和对股东源自公司的收入的征税权(McLure,1979:ch.6)。当JB的股东从他们位于JA的公司收到资本分红时,应该赋予JA对JB的股东征税的权利吗?如果是这样,它如何与累进税率结构下全面的所得税税基相容?应该允许JA对自身和国外的投资者使用不同的合并计算规则吗?(是明确使用,还是通过分立的税率制度来使用)考虑到上述的困难重重,应该允许东道国使用扣缴率(withholding rate)来劈开戈尔迪之结(Gordian knot),以便不再和收入来源国一起对股东征税?或者,关于分红,应该使用忠诚规则吗?而就公司税而言,应该使用属地规则吗?在国际层面,类似问题正变得越来越重要,因为资本的国际流动性日益增长。但在辖区内的财政安排中,这些问题也会出现。不过在此条件下,为了联邦的目的,可以通过使用更温和的征税水平及抵扣程度——如果没有这些,那在较低层级的政府中使用个人所得税和利润税(即按照有差别的税率和/或税基来征税)很可能行不通,它们的重要性受到了抑制。

2. 消费税

按照忠诚规则,JA应有对自己居民的消费征税的权利,比如征收目的地类型的产品税(如消费税,或就此而言,支出税)。问题在于,忠诚规则是否允许JA对暂时在JA的JB居民的消费征税?或者这一税基是否应该分配给JB?无论如何,这样细化的操作在现实中并不可行。JA会将JB成员的消费包含在自己的税基中,尽管它很可能认为征税的好方式不应使用差别税率,也即"旅游"税(对旅游者特别征税)。按照属地原则,JA有权对自己生产的消费品征税,而这可以通过对来源地类型的产品征税(比如增值税)来实现。JA通过将出口产品包含在税基中,获得了对生活在JB的JB消费者征税的权利。尽管它有权这么做,但JA要求从JB的消费者那里获取这种税收的能力取决于自己影响世界价格的能力。还要注意的是,按照忠诚规则,通过把来自JB的进口商品包含在消费税基中,JA可以将一部分税负施加在JB的生产者头上,但再一次地我们要说,JA这么做的能力取决于市场地位。另外,应该如何选择这两种应得权利规则——居所规则或属地规则——似乎并不清楚。如果

第十六章 应该由谁征税？在哪里征税？对什么征税？(1983)

税基限于消费品,如果 JA 出口消费品、进口资本品或资源,那它将倾向于属地原则;不过如果相反,它就注定要从忠诚规则中获益。因此,人们再次预期较不发达的辖区会使用属地规则。

3. 支出收益

如果考虑支出收益的话,那么好的财政态度(fiscal manners)就要求上述规则要受到一定的限制(qualification)。先假设每个辖区严格按照受益原则运作其税制。也就是说,通过向受益者收税或类税的费(charges or quasi-charges)来为公共服务筹资。在这样一种制度下,各辖区对税基的应得权利问题消失了。辖区有权向受益者收税的规则就取代了其他税收规则,无论这些受益者位于何处或具有何种忠诚。因此 JA 可以对享受位于 JA 的公共服务好处的 JB 居民收费,或者对从进口商品中受益的 JB 居民收费——因为 JA 提供中间公共服务,JB 居民进口商品的价格下降了。类似地,JA 可以对 JB 拥有的要素收费,因为这些要素的回报因 JA 提供的公共服务而增加。

不过,如前所述,这样严格的个体间受益制度几乎行不通。因此,从集体角度解释受益规则会让它更具有现实性。也就是说,要求每个辖区为"其"成员所享受的服务买单,并从"其"税基中拿点出来。这似乎是应得权利概念向税基的自然拓展,但是忠诚规则和属地规则的区别就再次随之出现。可以假定,相同的规则此后不得不同时用于收益方和筹资方。

按照忠诚规则,JA 应该利用其税基(被定义为归于 JA 成员的收入,或者 JA 成员的消费)为 JA 成员所享受的收益买单。让 JB 成员受益的 JA 的支出,转而应该由属于 JB 的税基来承担税负。这可以由 JA 直接执行,无论是通过将 JB 游客的购买包含在销售税基,还是通过出口税(或者在 JA 的增值税下,仅对出口进行部分抵免)来补偿带来成本降低的中间服务。再一次地,这种变化的可行性取决于 JA 的市场地位。更直接而有效的是,如同社会物品收益外溢一样,规则的执行会要求直接的政府间的补偿。

按照属地规则,对于所有在 JA 获得的收益(包括那些由 JB 成员获得的收益,无论这些收益是到了 JB 的居民那里,还是到了在 JA 的且由 JB 拥有的要素那里,或是通过出口到了 JB 那里),JA 将从自己的税基(现在定义为在 JA 中的经济活动)中征税来付费。再次地,在 JA 的 JB 成员被包含进 JA 的

321

销售税中,但不会有对出口的征税。就这两个规则而言,对于受益原则的忠诚解释似乎更合理,实际上也更有可能得到应用。有一种特别让人感兴趣的情形,即由于移民,JA提供的人力资本投资不再属于JA所有(如人才外流问题);或者人力资本投资提供给JB成员,这些成员后来又回到了JB(如为非居民学生提供的大学学费)。

(二)结论

我们已经看到,有两种截然不同的关于税基的应得权利原则,即忠诚原则和属地原则。它们不是相互替代的关系,而在事实上共存。在所得税层面,一个辖区被赋予对其成员收入的征税权,无论这种收入是在辖区内或是辖区外挣得,这样的做法反映了综合所得税基的精神。此外,辖区还被赋予权利,对位于辖区内而归属辖区外的要素的收入形成的税基征税。与辖区征收于自己成员的所得税的属人性质不同,这样的税收在本质上是对物税,是因授予在本辖区内经营的特权而收取的费用。对归于非辖区成员拥有的要素的收入征税,被视为对物税,使用的税率无须和适用于当地拥有的要素所获收入的税率相等。

尽管这些原则可以用于国家间,也能用于联邦内的各辖区间,但仍需注意二者存在两种重要的差别。首先,必须按照居所而非国籍来定义国家内各辖区的成员(国籍用在中央政府层面上的税收)。其次,在追踪它们的成员来自辖区外的收入时,国内的各辖区能力较差。其结果是,在使用忠诚原则对它们自己的成员征税时,国内各辖区的能力受到了限制。尽管这些国内辖区可以对它们的成员使用个人所得税,但在税基中包含来自辖区外的收入是行不通的。

类似的考虑也可以适用于对消费的征税。辖区可以使用支出税来对其成员在辖区内外消费总和征税,并对其辖区内的外地人的消费征收对物税。但由于缺乏针对个人的支出税,这种方法几乎是行不通的。如果采用销售税的方法对消费征税,那就无法触及自己的成员在境外的支出,非成员在本辖区内的支出也不能被排除在征税范围之外。

第十六章 应该由谁征税？在哪里征税？对什么征税？(1983)

四、联邦内自我筹资的协调

接下来，我们转向联邦内的税收协调。就该问题的常规实践而言，在三级政府[联邦或中央、州(邦或省)、地方等辖区]体制下，应该由哪一级政府征收哪些税？很明显，如果不能明确总收入在各层级政府间的分配方式，那这个问题就无法得出结论性的答案。也就是说，无法独立于支出分配之外解决税收分派问题。因此最初级的问题是，对于多种支出职能的筹资责任，应该如何在各级政府间划分？但在这里我们跳过这个问题，而假设支出职能按各种公共服务的地区受益归宿来设定；而作为一般规则，调节收入分配的主要责任必须由中央政府来承担。这样的话，我们就可以直接转向税收分派问题。

(一)按照政府层级来分税

假设有一整套由中央、州、地方等政府组成的辖区体系，在组成联邦的过程中，它们就要面对分税的问题。可用来分的税种，包括个人所得税、公司利润税、目的地型消费税(零售税或增值税)以及财产税。对于每级政府来说，这些税种的适用性如何？对于每个辖区而言，最低要求明显就是前面讨论过的，坚持优良税收的行为规则。也就是说，应该使税负输出最小化，每个辖区应该仅限于(在不存在收益外溢条件下)对自己的税基征税。那么，下述税收分派规则似乎就是适当的：

(1)在中级辖区、特别是在低级辖区，应该对那些辖区间流动性较低的税基征税；

(2)具有累进税率的个人所得税，应该由那些可以极有效地征税于全部税基的辖区来征收；

(3)用来确保再分配目标的累进税，应该主要由中央政府来征收；

(4)适合用来稳定经济的税收，应该由中央政府来征收，与此同时较低层级政府征税应该在经济周期之中保持稳定；

(5)在各子辖区间分布高度不平均的税基，应该由中央政府来征税；

(6)受益税和使用费，适合由所有各级政府来收取。

就像我们将要看到的那样,这些规则对于较低层级政府施加的限制较少,以便这些政府能优先选择适用于它们的税收。

我们从规则1开始讨论。在决定使用资源的地点时,联邦政府要考虑的是整个联邦范围的效率,避免辖区间因税收差异而带来扭曲性的地区效应。如前所述,这一考虑可以通过忠诚规则下的所得税或利润税来满足。但为了使忠诚方法有效,我们必须假设JA实际上能够触及其成员在JB的收入,但在一国内的辖区间该条件无法得到满足。因此我们必须使用属地原则,不过若使用的税率有差异,那就会干扰资源使用的地点。"解决"这一问题的最有效方式是,要求各辖区的税率统一,就像西德的所得税那样;或者改为使用起源地原则征收增值税,就像欧共体市场对内部贸易往来那样。但是这种中性的实现(如果它考虑的是中性的话),必然以转为更为单一、更少联邦性的制度为代价。

除使用统一性(uniformity)来解决问题外,还可以通过让"地方"(local)辖区专注于辖区间流动性较低的税基,来缓解该问题。这不仅对全国效率而言是合意的,而且还通过税基流失最小化而对各地方层次辖区产生吸引力。假设有一个封闭的经济体,税基流失在联邦层面上无关紧要,但是随着辖区规模的下降,税基流失的可能性就会增加。因此,土地和自然资源税、房地产税(在较小程度上),这两种税特别能达到中级或地方政府的税收目的。不过在单一制国家,这些税收的有效性也是可取的(由于总供给缺乏弹性)。对小辖区而言,这些税收的可取性就会倍增。这是因为,在这些小辖区,其他税基的辖区间流动性高(因而它们的地方供给弹性也高)。

出于类似原因,目的地型消费税在地方政府层面并不合适,但对于中级政府而言就很合适。这是因为,中级政府的区域足够大,不会带来"辖区外购物"的问题。除此以外,如同在以地方薪金所得税为例时说明的,较之于对资本所得征税,我们对薪金所得征税,税基流失的可能性往往比较小。普遍性的所得税,更适合由联邦政府来征收,而不太适合由地方政府来征收。因此,辖区间流动性为联邦政府的模范税收计划增加了一个重要特征。要知道,重要的不仅是总要素的供给弹性,还是辖区间流动性的程度。

对个人征税(特别是在涉及累进税的地方)要采用综合税基(global

第十六章 应该由谁征税？在哪里征税？对什么征税？(1983)

base)，由此产生了规则 2。按照忠诚规则，对个人征税的概念以及综合税基的要求，都需根据 JA 成员的全部收入来征税，无论其收入来自 JA 还是 JB（其中，被 JB 所征的税可进行辖区外税收抵免补助）。因此，究竟由哪些政府层级对个人征税合适，取决于多大程度上能满足整体性的要求（globality requirement）。很明显，对大的辖区而言这一问题显得更简单，因为"辖区外"收入的重要性相对下降了，而且可以获得征税于来自辖区外的收入所需的行政资源。在各中级辖区缺乏密切合作时，就更是如此。这样的考虑，要求在全国层面对整体所得征税；而如果考虑到次国家层面，归并源自公司的收入有难度（如果说不是不可能的话），那就更要在全国层面对整体所得征税（McLure,1981a）。

规则 3 是从应由中央政府征收累进税这一命题中产生的。如果联邦政府的目标是，在联邦范围内确保一定程度的个体间再分配且不考虑个体在较低层级辖区内的成员身份，那么它明显要求有一个中央的税收-转移支付方案。但是，是否存在这样一个联邦范围内的目标，取决于联邦的性质。对收入分配进行调节，也许不会基于个体而落实到每个成员辖区中由个人组成的集团身上；效用函数中体现出来的相互依赖性，也许只表现在邻居之间。[①] 在这种情况下，要求的可能是适用于特定辖区的税收-转移支付方案。然而问题在于，如果集团在规模上有显著差异的话，这样的方案几乎是行不通的。高收入者会逃离，而低收入者将寻找具有再分配性的辖区。这样造成的结果是，效率上会有沉重的代价，再分配性目标因此落空。

因此，在组成联邦时，各成员辖区并没有做以下简单选择：是在联邦范围内进行再分配呢，还是在地区内进行再分配？更何况，选择也许可以在中央层次上进行分配与不分配。从最好的方面说，分散进行再分配也会带来严重的效率成本。因此，财政集权和财政分权间的问题，就简单地变为实现或取消再分配目标的问题。实际上，大多数联邦似乎都将再分配政策视为联邦范围内的事务，其中较低层级政府较之中央政府，税制的累进性远远不如。考虑联邦税基具有的可抵扣程度，原有的累进性在实践中往往变成累退性。

规则 4 背后的原则是，为经济稳定目的而使用财政工具，也应该主要是中

[①] 非中央式分布函数见布坎南(1972)。

央政府的职能。在一个联邦内,某个地方实行经济稳定政策会通过联邦范围内的市场而产生严重的外溢,这会降低总需求控制的有效性。此外,中央政府有更优越的能力去运用信贷政策。因此,在经济周期中具有高度收入稳定性的税收,才是好的地方税;而内在的灵活性,是中央政府层次税收的优势。再次地,所得税和利润税似乎更适合中央政府,而消费税和房地产税更适合中低级政府。此外,中央政府应该控制那些适合进行反周期税率调整的税收。这又一次让中央政府有资格使用所得税,尽管就此目的而言,宽税基的消费税也许同样可取,甚至更可取。

规则 5 建议,应该由中央政府向在各辖区间的分布高度不均的税基征税。如同另一篇论文中提到的,若存在大量自然资源税基,那么地方政府可以既提供公共服务又降低税收,以此吸引资源直至达到无效率的规模(Mieszkowski, 1983)。因此,可以由中央政府对自然资源征税,而这就和我们原来在规则 1 下得出的结论(对无法流动的资源征税,应该留给中央以下层次政府进行)矛盾。为了调和这二者,可以这样做,联邦只对自然资源形成的过度税基(excess base)征税,而将"普通"或"平均"税基留给除中央以下层次的政府征税。诚然,这就提出了进一步问题,如果祖传的自然资源财产得不到保护,联邦以下各辖区是否还愿意加入联邦(或者愿意待在联邦内)。于是就有一个有意思的问题出现:辖区间的分配(不同于个体间的分配),是否应该成为联邦政策中需要关注的事情?

最后,规则 6 要求每个辖区使用适合于按受益原则征税的税基。对不同层级的政府而言,征收受益税是否重要,取决于它们提供的公共服务的性质,即这种公共服务产生的利益是普遍性的,还是归于特定的受益群体。基于实际的证据而非内在的逻辑,归于特定受益群体的利益,似乎在较低层级的政府比在全国更有可能产生。同时,在选择可以代替收费的税收工具时,也必须小心。因此,用财产税来为学校支出筹资的措施是值得怀疑的,而使用特别的摊派(special assessments)来为人行道建设筹资则是合适的。在全国性层面,再分配项目按照定义不适合采用按受益大小收税来筹资。驾照费和汽油税可以被当作对公路使用者的收费,但是只有设计得当才会如此。也许在全国层面上,关键的问题是国防筹资是否以及如何能够按受益原则来收税。

第十六章 应该由谁征税？在哪里征税？对什么征税？(1983)

将上述不同的考虑结合在一起，就形成下述适用于3级政府的税收安排：

表 16—1　　　　　　　　适于3级政府的税收安排[①]

中央政府	中级政府	地方政府
综合所得税	居民所得税	财产税
支出税	非居民所得税	工资税
自然资源税	目的地型产品税	收费
收费	自然资源税	
	收费	

剩余问题是，中级政府应该采取什么形式的非居民税？如上所述，这种税的理由产生于属地规则，认为收入来源辖区有权分享辖区外所有者的要素收入在本辖区产生的税基。这些要素可以采用资本或土地（自然资源）的形式，这样的税收可以采取公司税和自然资源税的形式。虽由辖区外企业支付但由辖区内劳动者挣得的工资收入，并不属于辖区外，因此这一收入可被恰当地包括在居民所得税的税基中。

除了针对辖区外所有者的要素收入，我们的表格里并不包含州公司所得税。在理想上，辖区内要素来自公司的收入，已被包含在所得税的综合税基内。在缺乏综合税基的地方（在州一级确有困难），作为次优方案，可以征收包含辖区内外所有者的要素收入的一般公司税。

类似收费的税收（charges），其性质按政府的层级会有差异，而这取决于所涉及的公共服务。不过，并没有很好的理由为此目的而使用州公司税。如前所述，基于价值增值的来源地型产品税是更好的税收；这一税种，接近于企业为各种服务而付费。

（二）多级征收与划分税源

尽管我们看到，某些税种对一级政府而言要比其他层级政府更适合，但也有税种适合于由几级政府同时征收。后一类税种，应该由中央政府及中央以下各级政府多次征收吗？或者说，好的税收设计需要在各级政府之间划分税

[①] 表 16—1 为译者根据英文版相应内容整理而成。——译者注

源吗？

追求整齐感的人，会觉得一种税源由多级政府征税是不可取的。比如在美国，反对联邦销售税的人往往认为，消费税基已经"属于"各州，因此联邦政府不应该"侵犯"它。然而更仔细的探究显示，这样的归属没什么价值。如果消费确实是不止一级政府的好税基，为什么不应该让多级政府来征税？如果得到适当的协调，多级征税事实上确实能够简化管理、降低成本。只有在对某一税基过度征税时，反对多级征税的理由才存在。由于税收的质量跟征收的程度并非没有关系，与广泛征税的制度相比，对一种税基过度征收会带来较大的无谓损失或效率成本。若多个辖区未经协调就使用累进税率，会导致过高的边际税率，甚至可能会超过100%。因此，对税源进行划分，并非是一种完全不合理的诉求，尽管它是次优选择，次于对相同税基多种征税进行协调。

有很多事情跟一个辖区要协调处理另一个辖区的税收相关。如果税收按照受益原则征收，那就有很好的理由将这些税视为购买公共服务的代价。除非由企业来缴税，否则税收抵扣并不合适，税收抵扣可以被视为"税式支出"。但是如果用量能原则来看待可税收入而不考虑支出带来的收益，那情况就不是这样。此时对任一辖区而言，允许企业抵扣支付给另一辖区的税收就变得合理。也就是说，此时按照净收入（减去支付给其他辖区的税收）来定义基于量能原则的收入概念。JA 已缴纳的税收可以从中央政府（或 JC）的可税收入中扣除，对于 JA 成员而言的总税率 t^* 变为 $t_A^* = t_A + t_C(1-t_A)$，而 JB 成员的总税率则变为 $t_B^* = t_B + t_C(1-t_B)$。总税率 t^* 再也无法超过100%，总税率的差异或 $t_A^* - t_B^* = (1-t_C)(t_A - t_B) < t_A - t_B$ 和位置选择带来的扭曲一样，辖区间总的税收差异下降了。由于 $t_A + t_C(1-t_A) = t_C + t_A(1-t_C)$，无论 JC 或 JA 是否允许抵扣，这些结果都成立。如果相互抵扣，那么混合税率的差异会进一步地下降。最后，传统的智慧坚持认为，在中央政府层面允许抵扣，会降低 JA 和 JB 税收的累进性，其理由是在 JC 层面因抵扣形成的税收节约随着边际税率的上升而增加。在 JC 层面的说法是正确的，但对于累进性的

第十六章 应该由谁征税？在哪里征税？对什么征税？（1983）

结论则需要更仔细地考虑，因为它们取决于如何衡量累进。[①] 处理辖区间税收问题的替代性方法是，允许对辖区外的税收进行抵免，而不是从可税收入中抵扣。假设JC允许纳税人用JA和JB的税收来抵免应向JC缴纳的税收。其结果是，JA和JB会被诱导提高它们自身的税收，最终跟中央政府的税率一致。这样，中央税就不再是中央政府收入的来源，它成为各州设置税率时的共同上限。不过，在处理横向的较低层级辖区之间的税收关系时，税收抵免仍然是更有意义的政策工具。在JA、JB、JC之间进行税收抵免，会让区位扭曲消失，它让按属地原则征税的权利有可能实现，也让按非统一税率征税与考虑效率这两个要求有可能相容。

（三）按照收入来源地分享及统一税率

为了避免因一国各辖区按不同税率征税而带来扭曲，我们可以使用统一的、全联邦范围内的所得税。这并不是说，所得税必须仅限于中央政府征收。所得税可以作为中央税来征收，然后再部分地或全部返还给税源所在的较低层级辖区。在主要联邦国家，都是这么做的；特别是在联邦德国，其一半所得税返还给各州（Lander，也可译为"邦"）。按照收入来源地返还的方案，并没有涉及辖区间的转移支付。它只是要求各相关辖区同意征收一种共同税，包括对税率、税基的共同定义。这一做法，解决了许多困难，但也意味着每个辖区必须交出它们选择自己的税收结构和税收水平的自由。[②] 在这里，就跟其他关系中一样，通过使用一种统一制度，很容易就解决了联邦制具有的复杂性和无效率。不过，这样做不是没有代价的。

在产品税的环境下，也有类似的考虑。如果产品税建立在真正的目的地基础上，那就需要以使用税来补充销售税。如果以增值税的形式来征收的话，那需要出口抵免及进口关税补偿。而这又转而要求维持边境控制。可以用起

[①] 如同乔治·布雷克（George Break）最近所证明的，该关系需要更仔细的考察。假设（1）累进性被定义为剩余收入累进，也就是说，剩余收入关于税前收入的弹性，以及（2）为州税目的剩余收入被定义为收入减去联邦税，以及（3）联邦税的剩余收入累进在所有的收入范围中都是常数；那么联邦抵扣将导致州税的累进性和联邦税无关。见布雷克（Break，1980）。

[②] 实现了某种行政简化，但是如果各州使用联邦税基、同时运用它们自己的税率，或者按照联邦税的非统一百分比征收它们自己的税收，基本的困难并没有消除。

329

源地原则来避免这点,但是成员辖区会被要求按统一税率征税,就像欧洲共同市场计划的那样。通过降低多样性并转向上述统一制度,联邦制的困难就被再次克服。因此,在西德,增值税有相当大部分实质性地返还给各州(大多按照增值税的来源)。这一解决方案很吸引人,但是要有意义地予以执行,就必须解决起源地的定义问题。

(四)协调方面进一步的问题

作为替代协调各辖区税制的方案,上述在联邦或中央层次上实施的制度,确实可以在缺乏州际协调时发挥作用。这样,在中央层次推行的制度,可用来弥补成员辖区间税制的差异,以便确保在联邦范围内对处于同等地位者同样的(横向公平)总税收待遇(中央层次加较低层次)。于是个体面临的是单一(混合)税制,选择生活在哪个辖区没有什么关系(Buchanan,1950)。在州税较低的地方,中央税将较高;反之亦然。其结果是,低税收的州被诱导在不增加自身成本的情况下提高税收,而高税收的州也没什么激励来降低他们的税收。这样的制度,将让各州的税收增加并趋于相等;要再次说明的是,通过转为统一税制,联邦制的优势将消失。有一种更具雄心、潜在也更优的方案是,让中央政府来实现辖区间的净财政收益均等化(也许是在边际上),或者允许就公共部门活动来收费(rents)。[①] 再一次地,如果没有辖区间的财政均等化模式(也就是说,不从联邦制转向统一制度),那这样的方案很难实现。

五、带有财政均等化目的的税收协调

还需要考虑在一个紧密联邦中税收分派的问题,其中联邦的哲学(或者说政治学)要求在辖区间应具有某种程度的财政均等化。有许多联邦国家(比如澳大利亚、联邦德国、加拿大,但也许瑞士和美国不是)接受了这一目标,甚至有些国家将该目标写进了宪法。各成员辖区经常在财富上不平等,其中较穷的成员要求较富的成员提供支持,并将它们的要求得到满足作为自己保持成

[①] 见 R. A. 马斯格雷夫(R. A. Musgrave,1961:97—122);以及布坎南在同一卷的回应(1961:122—9)。同样见布坎南和瓦格纳(Buchanan and Wagner,1970:139—58)。

第十六章 应该由谁征税？在哪里征税？对什么征税？(1983)

员地位的条件。由于这一原因以及其他原因，在加拿大和澳大利亚联邦的结构中，辖区间均等化是一个主要特征，该特征也坚定地嵌入了西德的联邦结构中(Thirsk,1983;Groenewegen,1983;Nowotny,1983)。

从经济学家的观点来看，辖区间均等化的价值非常值得怀疑。首先，通过移民而非通过补贴(补贴往往会长期维持凭自身无法维持的经济区位)，可以更有效地实现地区收入均等化。这一点很合理，但考虑到人口流动的障碍，以及对地区平衡的非经济面的(如历史的和政治的)关注，其合理性就受到了限制。其次，经济学家注意到，对调节收入分配的适当关注应该针对个体间的分配，而非辖区间的分配。虽然这一观点足够真实，但是人际间的调节没有得到充分的考虑。如果再考虑到穷人有聚集在一起的倾向，那就会产生财政资源和民众需要之间的严重不平衡。其结果是，要提供充分水平的公共服务，一些辖区所要做出的财政努力会比其他辖区高得多。这样的话，联邦的成员就会感到必须采用某种程度的均等化，尤其是在需求差异反映了国家政策(而非地方政策)的地方。

在纵向上，均等化可以运作，也就是说，中央政府可以按照不同成员辖区的需要和它们的财政能力来给予支持；或者均等化也可以是横向的，涉及处于相同层级的辖区间为均等化展开转移支付。在一些国家，特别是在联邦德国，均等化在纵、横两个方向上都得到了开展。在均等化过程中的财政补助，或多或少是指定用途的，它可以是完全补助，或者是配套补助。在这里，细节并不重要。相反，我们关注的是这样的行为对税收分派问题的含义。

在均等化是纵向的地方，这类转移支付要求较高层级的政府获得自有收入中的较大份额。至少在收入端，这样的财政制度必须更为集中。此外，为了让均等化有效地进行，财政补助在流向有需要的辖区时，不要让该辖区因承担中央税而使补助无效。然而，加拿大的例子也许提供了相反的证据(Thirsk,1983)。为了让均等化有效，中央税应该在辖区间和个体间具有累进性。在转移支付是横向的地方，需要较富裕的辖区付出更大的税收努力，要求税收能够动员额外的财富。因额外的财富(riches)采取收入形式还是财富(wealth)形式(特别地包括自然资源)的不同，两种税基各自都要做更大的开发。此外，均等化的要求，对我们的税收分派问题并没有重大影响(除了一个额外的考虑)。

为了让均等化方案运转起来,我们必须既考虑财政需求又考虑可征税能力。为了衡量可征税能力,通常的程序是规定一个"标准"的收入制度,然后比较这样一种制度在不同的辖区所能产生的人均收益。在决定标准税制的构成时,税收结构设计的问题再一次出现。而这就涉及在辖区间的不同税基中使用平均税率,或者要求一种"适当的"税制。所谓适当的税制,它强调的是采用适合于特定类型辖区的税收类型,并要求这些辖区征收这样的税收。因此,"模范"税制的理想,特别强调操作上的重要性,尽管这种重要性在实践中不存在。

参考文献

Aaron, H. and Boskin, M. (1980), (eds). *The Economics of Taxation*, Washington DC: The Brookings Institution.

Arnott, R. and Grieson, R. E. (1981), 'Optimal Fiscal Policy for a State of Local Government,' *Journal of Urban Economics*, 9(1).

Bird, R. and Head, J. (1972), (eds). *Modern Fiscal Issues*, Essays in Honour of Carl Shoup, Toronto: University of Toronto Press.

Break, George (1967), *Intergovernmental Fiscal Problems in the United States*, Washington DC: The Brookings Institution.

Break, George (1980), 'Tax Principles in a Federal System,' in Aaron, H. and Boskin, M. (eds). *The Economics of Taxation*, Washington DC: The Brookings Institution.

Brennan, H. G. (1977), 'Criteria for State and Local Taxes,' in Mathew, R. L. (ed.). *State and Local Taxation*, Canberra: ANU Press.

Buchanan, J. M. (1950), 'Federalism and Fiscal Equity,' *American Economic Review*, 40 (4).

Buchanan, J. M. (1961), 'Approaches to A Fiscal Theory of Political Federalism: Comment,' in National Bureau of Economic Research. *Public Finances: Needs, Sources, and Utilization*, Princeton University Press.

Buchanan, J. M. (1972), 'Who Should Distribute What in a Federal System?' *in Proceedings of Conference on Income Redistribution*, Washington DC: The Urban Institute.

Buchanan, J. M. and Wagner, R. A. (1970), 'An Efficiency Basis for Federal Fiscal Equalizations,' in J. Margolis (ed.), *The Analysis of Public Output*, National Bureau of Eco-

第十六章 应该由谁征税？在哪里征税？对什么征税？(1983)

nomic Research, New York: Columbia University Press.

Elazar, D. J. (1968), 'Federalism', *In International Encyclopedia of the Social Sciences*, 5.

Gordon, Roger H. (1983), 'An Optimal Taxation Approach to Fiscal Federalism,' in McLure(1983), ch. 2.

Grewal, B. S., Brennan, H. G. and Mathews, R. L. (1980) (eds). *The economics of Federalism*, Canberra: ANU Press.

Groenewegen, Peter (1983), 'Tax Assignment and Revenue Sharing in Australia,' in McLure(1983), ch. 12.

Margolis, J. (1970), (ed.). *The Analysis of Public Output*, National Bureau of Economic Research, New York: Columbia University Press.

Mathews, R. L. (1977), (ed.). *State and Local Taxation*, Canberra: ANU Press.

McLure, Charles E. Jr. (1967), 'The Interstate Exporting of State and Local Taxes: Estimates for 1962,' *National Tax Journal*, 20(1).

McLure, Charles E. Jr. (1979), *Must Corporate Income Be Taxed Twice*? Washington DC: The Brookings Institution.

McLure, Charles E. Jr. (1981a), 'Integration of the State Income Taxes: Economic and Administrative Factors,' *National Tax Journal*, 34 (1).

McLure, Charles E. Jr. (1981b), The Elusive Incidence of the Corporate Income Tax: The State Case,' *Public Finance Quarterly*, 9 (4).

McLure, Charles E. Jr. (1981c), 'Market Dominance and the Exporting of State and Local Taxes,' *National Tax Journal*, 34 (4).

McLure, Charles E. Jr. (ed.). (1974) State *Corporate Tax: Proposals for Legislative Reform*, Stanford, CA: The Hoover Institution.

McLure, Charles E. Jr. (ed.) (1983), *Tax Assignment in Federal Countries*, Canberra: ANU.

Mieszkowski, Peter (1983), 'Energy Policy, Taxation of Natural Resources, and Fiscal Federalism,' in McLure (1983), ch. 6.

Musgrave, P. B. (1972), 'International Tax Base Division and the Multi—National Corporation,' *Public Finance*, 27 (4).

Musgrave, P. B. (1974), The State Corporation Income Tax: Principles for the Division of Tax Base,' In McLure, Charles E. Jr. (ed.). *State Corporate Tax: Proposals for Legis-*

lative Reform, Stanford, CA: The Hoover Institution.

Musgrave, R. A. (1961), 'Approaches to A Fiscal Theory of Political Federalism,' in National Bureau of Economic Research, *Public Finances: Needs Sources and Utilization*, Princeton: Princeton University Press.

Musgrave, R. A. and P. B. Musgrave (1972), 'Inter Nation Equity,' in R. Bird, and J. Head, (eds). *Modem Fiscal Issues, Essays in Honour of Carl Shoup*, Toronto: University of Toronto Press.

National Bureau of Economic Research (1961), *Public Finances: Needs, Sources, and Utilization*, Princeton: Princeton University Press.

Nowotny, Ewald (1983), 'Tax Assignment and Revenue Sharing in the Federal Republic of Germany and Switzerland,' in McLure (1983), ch. 11.

Oates, Wallace E. (1972), *Fiscal Federalism*, New York: Harcourt Brace Jovanovich.

Thirsk, Wayne R. (1983), 'Tax Assignment and Revenue Sharing in Canada,' in McLure (1983), ch. 10.

第十七章 国家间的公平(1972)[①]

在封闭经济且单一制的财政环境中,税收公平问题相对比较简单。此时需要考虑的只有个体间的公平问题,而且是在单一税制下加以考虑。在复合政治单位体制中,情形要复杂得多,无论这一体制是由一国内的成员州构成,还是由一组国家构成。由于有不同的单位参与到贸易过程(进而带来产品和要素的流动)中,于是就出现了在州际或国家间如何对交易征税的问题。这就让个体间公平的实现变得更加复杂,还另行产生各州间以及国家间公平的问题。[②] 在本章中,我们主要关注国家间公平及其与人际间公平的关系。

本章探索的是国家间的公平问题,因为这样的公平观念可用于对收入和利润征税。[③] 在此情形下,国家间的公平问题产生于:要素的流动;商业交易跨越不止一个辖区。就前者而言,国家间公平问题主要关注国际税收协定;就后者而言,它既是美国范围内州征收公司税需协调的核心问题,也是至关重要的国际问题。

[①] 与佩吉·B. 马斯格雷夫(Peggy B. Musgrave)合作。载于 R. Bird and J. Head (eds), *Modern Fiscal Issues: Essays in Honour of Carl S. Shoup*, Toronto: Universityof Toronto Press, 1972: 63—85.

[②] 我们这里不关注国家间公平问题的另一方面,出现在收益外溢或者诸如圣劳伦斯海上航道或北约这样的联合体中,其中成本必须在各个辖区间进行分配。

[③] 类比问题随着对产品征税出现了,但是这里不处理该问题。因此效率考虑支持使用目的地原则,但是作为结果的国家收益的分配可能无法令人接受。在起源地原则下,被征税产品的净出口者(或被征收较高税率的产品的净出口者)将做得更好,而净进口者将从目的地受益。似乎欧洲共同市场计划使用政府间转移支付来为此做调整,并取得更符合国家间公平的结果,而在其他方面坚持起源地原则。

一、历史背景及当前实践

我们先从要素流动的情形开始，主要从资本流动及对资本所得征税展开讨论。近年来，劳动力流动（特别在欧共体市场内）也已作为重要的现象出现；但与劳动力流动相比，资本流动的问题仍然重要且更复杂。如果 A 国的居民在 B 国投资成立一家企业，但在 C 国经营，应该允许哪一个国家对资本所得征税？税率该是多少？应该有与之相关的规则吗？或者应该不受限制地多重征税吗？此外，如果存在相关规则，那它们应该同等地适用于对公司征税和对个人征税吗？

(一)历史背景

寻找分派(allocation)国际收入和税基的原则，并不是什么新鲜事。13 世纪意大利的神学家，就率先讨论了在财产位置和所有者居所之间分派财产税基的问题。[①] 16 世纪和 17 世纪德意志官房学者也在考虑这件事，而 18 世纪有很多学者讨论了如何在国与国间处理死亡税。到了 19 世纪末，所得税的国际处理被重新付诸讨论，这一主题也是保留至今的重点话题。自始至终，"双重征税"都被认为是一种恶，不断有人尝试通过适当地分派税基来避免它。[②] 在 19 世纪 70 年代，德国和瑞士都转而考虑，要防止自己的成员州相互间多重征税。大英帝国后来也广泛讨论过这种事情，最终产生皇家所得税委员会的建议(1919)，即通过立法极力避免在联合王国及其自治领间对收入双重征税。而国际税收协定可以追溯到1843 年，在第一次世界大战后数量大大增加。

在 20 世纪 20 年代，在国际联盟赞助的几份报告中，考虑了国际税收中的双重征税问题。1920 年，国际商会组织了一个经济专家委员会，该委员会提

---

① 关于这一主题的简单历史见塞利格曼(Seligman,1928:ch.2)。
② 在国际环境下，"双重征税"（由不止一个政府对既定的活动征税）这一术语的模糊性，不亚于在国内环境下的（由单一政府对某一既定活动的多重征税）。在两种情形下，重要的是混合税收负担和由其他活动所承担的税负之间的关系。在国内环境下，多重征税也许仅仅是取得合意的总税负的管理措施，在这种情形下它完全不会招致反对。在国际环境下，由不同政府对既定行为征税也类似地不会招致反对，假如这些税收得到协调、能够给予适当的总负担的话。

出了一组分摊税负的普遍原则(Seligman,1928:ch.6)。该委员会的杰出成员包括路易吉·艾因劳迪(Luigi Einaudi)、E. R. A. 塞利格曼(E. R. A. Seligman)和乔赛亚·斯坦普爵士(Josiah Stamp)。他们提出的基本方法是获得一个精细的税收分类模式并同时采用"经济忠诚"的概念,以便将以下几个因素考虑进去:(1)生产的地点或收入来源的地点;(2)最终产品的消费地点或获取收入的地点;(3)保护产权的法律机构的地点;(4)财产所有者的居所。理想的方法是,不同种类的税收分别征收于财富的地点或收入来源的地点,而这些地点按上述4个因素中的某一个划分出来的。但在实践中,这样的方法并不可行。因此有人建议,按照财产及收入来源地来分派落在有形财富上的财产税和落在财富收入上的对物税(in rem taxes)。对于可移动及无形的财产所征税收,以及对个人所得所征税收,则被分派给居所所在国。在后一种情形下,有人提议,由居所所在国在国内税中抵免国外税。可这一想法对债务国过于有利,因而受到抵制。

后来,这些建议被提交给国际联盟组建的技术专家委员会(Seligman,1928:ch.7)。该委员会在1927年的报告中,追随了之前委员会的一般建议,但更进一步地将收入来源原则运用于特定的非个人税,其中包括对收入征收"分类"税收("scheduler" taxes),该税收区别于综合税收(global taxes)。在后来的报告(1929)中,这些原则再次得到确认。这份报告建议,来自商业企业的利润由常设机构所在地征税。此后,国际联盟的常设财政委员会连续工作,形成了墨西哥(1943)和伦敦(1946)协定范本。在其中,主要条款类似于后来OECD财政委员会于1963年起草的《所得与资本税收协定公约范本》(Model Tax Treaty Convention on Income and Capital)中所采用的内容。

尽管不具有什么约束性,但上述协定草案已成为判断好的国际行为的基本框架,并成为欧盟各成员国后来签订的税收协定的范本。在基本哲学方面,它和国际联盟的较早建议有很多共同点。在这里分类方法(scheduler approach)再次得到使用:利润、其他收入、从不流动财产上获得的资本收益等,被分派给来源地国家;对分红及利息收入的征税权,大多被分派给居所所在国,分红的最大预扣税率为15%(对至少有25%股权联系的公司,分红最大的预扣税率为5%),对利息收入允许来源国实行最大的预扣税率为10%。在来源国是免税的特许权使用费(Loyalities),跟一些"可移动"资产上获得的资本收益一样,被完全分派给居所所在国。对这种辖区划分,给出的唯一(似乎有点循环)的辩护似乎是,据说来源国的生产性资产所产生的初始收入形式,与"收入来源和来源国间存在密切联系"(OECD,1963:78,para. 1)。[①]

上述观念也包含在"常设机构所在地"原则中,该原则在协定范本中扮演着重要角色。来源国家对商业利润的征税权,仅限于从所谓的常设机构中产生的利润,这个概念不很清晰。常设机构所在地的分类,将一些辅助性的服务活动排除在外,而这些活动"到目前为止先于母公司实际利润的实现,而利润无法适当地分派给它"(OECD,1963:74,para. 2)。与此同时,具有间歇性和偶然性的活动,也被排除在外。

(二)目前的实践

个人所得税和公司所得税目前的实践,反映了两种标准的混合:一种是居所原则,一种是收入来源或领土原则(迄今为止被简单地称为收入来源规则)。

在个人所得税中得以运用的居所原则认为,一个人挣得的所有收入(无论是在本国还是在国外)都可以由其居所(和/或具有公民身份)所在的国家征税。这就跟在国内环境中一样,只有投资所得已由个人收到而非以未分配公司利润的形式留在国外时,才适用个人所得税。对应的公司所得税的原则是,按照公司和/或管理部门所在地的位置来征税。比如,美国对在美注册的公司就其总收入征税,而英国的公司"居所"标准则是按照管理部门所在地来确定的。然而,和个人所得税一样,国内公司从国外公司获得的未分配利润通常不会被征税,这种税会被延迟到利润分配之后再征。

收入来源地规则认为,收入产生的辖区可以对其征税。这种"来源地规则",在征公司税时运用于对商业利润征税,而且在税收协定中常得到肯定,被用来允许收入来源国对自己境内经营的任一常设机构的利润征税;不过,只有在不区别对待来自国内还是国外的所有权收入时,才能这么做。然而,这些

[①] 对收入来源征税的原则也得到了欧洲经济共同体财政与金融委员会"诺伊马克报告"(Neumark Report)的认可。其理由是:(1)对于产生了管理税收活动的国家,它更有效;(2)外国人在其获得收入的地方被征税,在政治上是可取的(Commerce Clearing House,1963:para. 3458. 25)。

收入来源规则和非歧视规则只能完全适用于利润税。这样的规则,部分适用于对分红、租金、利息征收个人所得税,此时收入来源国家通常对这些收入征收预扣税。绝大多数税收协定都规定,国与国之间以相互同等的税率征收这些预扣税。

为尊重收入来源国家征税的初始权利(或能力),居所(注册地)所在国一般通过给予完全免税、允许国外税从本国应纳税所得中抵扣或从国内税收中抵免等方式,限制自己对来自境外的收入的征税权。然而,来自国外分支机构的分红若付给国内母公司而没有分给国内母公司的个人股东,那国外的预扣税就无法成为个人所得税的抵免。①

二、单一来源国家:公平的类型

在本部分及后续的部分,我们将探讨所有者的居所所在国(A 国)、收入来源国家(B 国)、注册地所在国家(C 国)各自的征税权。这些权利应该如何划分?这种划分应该基于哪些国家间公平规则?为了简化起见,我们假设所有的经营(生产和销售)都发生在 B 国,这样就不需要去确定收入的来源。如果公司跨国(B_1,B_2,等等)经营,会产生确定收入来源的问题,这一问题本章将在最后一部分处理。

(一)提出问题

前文叙述了过去与现在在此方面的实践并揭示出复杂性,但这样的叙述是用实用方式和法律术语展开的,对它们背后的原则应该是什么,并没有给出清晰的描绘。在此,我们区分以下 3 个问题:(1)国家间的公平问题;(2)人际间的公平问题;(3)避免扭曲国际资本流动。关键的问题在于,我们可以使用适当方法解决(2)和(3)两个问题,但(1)提出的问题无法得到回答。

---

① 加拿大有关税制改革的一个报告(Royal Commission on Taxation,1967,vol. 4:516)建议,将对支付给国内母公司分红所征收的境外预扣税转移给个人股东。

(二)国家间公平

国家间公平,涉及在国家之间如何配置收益与损失。假设 A 的居民 X 在 B 投资,由此挣得的收入构成了 A 国的"国民"收益。如果 B 国对 X 挣得的收入征税,那么归属 A 国(作为一个国家)的收益就会减少。这就是国家间的公平问题。B 国国库有收益,并不是此处最关键的看点,因为 B 完全可以通过减税措施将这部分收益转给本国纳税人,此时该收益仍然是国民收益的一部分。类似地,由于 B 的征税,A 承担了国民损失。如果 A 对 X 缴给 B 的税收给予抵免,那么这样的国民损失就给国库带来了损失;或者,如果这部分收入被 A 征税,X 就承担了税负。国民收益或损失既可能会、也可能不会伴随国库的收益或损失;后者是国库和个人之间的国内转移,不影响国民收益或损失的存在。因此,国民收益或损失(而非国库收益或损失),才是这里定义的国际公平问题的主题。[①]

(三)有关人际公平的观点

人际公平要求,纳税人对自己居所所在国的义务应该相同,无论他的收入是从国外还是从国内获得。[②] 但是,"税收义务"可以用国际的或国家的术语分别定义。

如果 A 国采取个人公平的国际观(international view),税收义务会被解释为总的义务(即国内加上国外)。只要有税收在上缴就行,至于谁来缴税并不重要。如果 X 在 A 国有初始税收忠诚,但在 B 国挣得资本收入,他要缴的总税额(付给 A 国和 B 国),应该与他全部收入都从 A 国所挣要缴的税相同。A 国的税法应该监控 X 的所有收入,但这并不意味着 B 国不能对这一收入征税。如果收入仅被 A 国征税,那就不会出现进一步的问题;但是如果它又被 B 国征税,那么个人公平就要求 A 国对 X 付给 B 国的税予以抵免。给予了这

[①] 国家间公平的概念可以进一步拓展,以不仅包含来自任何既定的国外资本单位的收入部分,而且包含任何税收对资本本身的分配效应。这方面导致类同于"最优关税"的"最优税收"概念。见 Hamada(1966),Jones(1967),Kemp(1964:chs13,14)。

[②] 为这里讨论的目的,假设"初始税收忠诚"国是居所(residence)所在国,而不是住所(domicile)或国籍所在国。

种抵免,可以在 X 和 A 国其他纳税人之间确立起横向公平。但是如前所述,这种抵免不涉及国家间公平,因为它只是在 A 国内部从国库向纳税人的转移。

如果 A 国采取个人公平的国家观(national view),平等对待仅被定义为 A 国征收的税。在这种情况下,A 国将把 B 国对 X 征的税视为费用,允许 X 抵扣它。由此产生的减税,再一次地只是 A 国内部国库和纳税人间的转移,不涉及国家间的公平问题。国家间的公平是由 B 国征税引起的,A 国选择税收抵免还是税收抵扣,只与国内个人公平有关。这样,X 居所所在国的法律对 X 的公平对待(无论是采用国际公平还是国家公平术语)就可以实现,而无论 B 国是否被允许对这部分收入征税。

(四)两种公平概念间的关系

因此,通过 B 国是否以及如何征税,可以处理国家间的公平问题。人际间公平(在 X 与 A 国其他居民之间)依赖于 A 对 B 征税的反应,做出何种反应也将决定 A 国国库可获得的税基。因此,以国库收益划分的方式来思考居所所在国和收入来源国之间的公平问题,是误导人的。相反,该问题应该参照国民收益份额或 B 国(收入来源国)的收入分享程度来思考。

(五)国家间公平与效率

类似这样,资本流动的效率就可以得到保证,而不用考虑国民收益如何分派。从世界的观点来看(from a world point of view),效率要求投资者对投资国的选择不应受差异税收的影响。无论他在哪里投资,他都应该缴纳相同的税。实现这一目标最容易的办法是,由 B 国征税,并由 A 国对国外税收给予抵免。这样的操作,也和个人公平的国际观一致。假如 A 国采取这一观点,无论 B 是否对该收入征税,都可以确保效率实现。

但是如果从国家利益的较狭隘视角来看待效率,那会出现什么情况呢?效率要求,在国外投资获得的回报减去在国外纳的税,其结果应等于国内的税前回报。这一要求可以通过抵扣的方法实现,它也是个人公平的国家观所要求的。和前面一样,我们发现,无论 B 国是否被允许征税,都可以满足效率标准。

(六)结论

让我们重述一下这件事:国家间公平,涉及B国是否被允许对A国投资者在B国投资所获得的收入征税。如果B国征收这种税,它就获得了国民收益,这种收益转而削减了A国从其国外投资所获得的收益。这既可能会也可能不会导致A国国库的损失,而取决于A如何选择处理(忽略、抵扣或抵免)B国所收的税。然而,处理方式会影响个人公平与资本流动的效率。这个问题可以用一种或另一种方法(如通过抵免或抵扣程序)来处理,但无论用的是何种方法,都涉及对B国的征税权的应对。①

三、单一来源国家:国家间公平的标准

前述我们已经把个人公平和效率问题从国家间公平问题中分离出来,现在我们可以转向探讨国家间公平的不同原则。

(一)按受益原则征税中的分派

其中有一种原则(也是最清晰的原则),那就是遵循受益规则。在按受益征税的制度下,每个辖区都会根据自己提供的服务来收税(费)。在这种制度中,所得税的作用微不足道。辖区政府会根据自己为消费者提供的最终公共品,以及为企业提供给消费者的中间物品,直接收税(费)。此时,对公司征税大多按照辖区来征收,因为生产过程发生在辖区内且公司从辖区受益(中间物品)。进一步地说,这种税收在性质上非常不同于利润税。如果要使用一种普通替代品(general proxy)来征公司受益税的话,那最好的是根据成本支出额来征从价税,这是因为可以假定作为中间物品的公共服务能同等地降低私人生产成本。在竞争性制度中,这将等于根据增加值来分配利润税的税基(但并不必然如此);在真实世界中,不同生产阶段的成本的加成会不一样。这样,在

---

① 有关这部分讨论的事情的更完整的分析,见 P. Musgrave(1969),R. Musgrave(1969:ch.10)。

受益原则下国家间公平将自我实现。

尽管上述制度有助于我们巧妙地解决问题,但不幸的是,这一观点并不现实。绝大多数税收,并非按照受益原则来征收,因此国家间公平无法以这种方式自动地得到实现。所以,我们必须找到另一种分派规则而非按受益征税规则来处理普遍性的征税问题。与此同时,在国家之间分派收益时,可以考虑受益的思想。也就是说,国家应该有权对受益于自己所提供的公共服务的国外投资者征税。

(二)居所与属地

让我们回到前面说过的 X 的例子(X 是 A 国的一个居民,他从对 B 国的投资中获得收入),并简单重述前面的论证。在不存在税收的情况下,从这笔投资中获得的收入将以"国民收益"(national gain)的形式归于 A 国。无论 A 国是否征税,情形都是如此,因为这种税纯粹是 A 国国库和 X 之间的一种国内转移。如果 B 国收税,情形就不一样了。A 国的国民收益下降,下降的这部分收益被转移给了 B 国。因此,国家间公平的问题仅仅:B 国是否应被允许征税?如果被允许征税,那应该征收多少?

就此而言,在法律上居所原则和收入来源原则意味着什么呢?如果"居所"原则仅仅被解释为赋予 A 国对 X 的征税权(因为 X 是 A 国的居民),那它对国家间公平没有影响。这样 A 国就通过"居所"原则获得了国民收益,而无论 A 国国库是否获得了税收。[①]

收入来源原则意味着,一个国家被允许对境内开展的活动所产生的收入征税。也就是说,B 国可以对 A 国国民 X 在本国境内的收入征税,可以占用 A 国国民收益的一部分。无论 A 国是否也按居所原则对这一收入征税,都是如此。这样的话,如果用收入来源原则补充居所原则,那国家间公平就受到了影响,产生了不对称的结果;但是如果用居所原则补充收入来源原则,结果就并非如此。

---

① 若使用一种更为广泛的解释,那居所原则会被视为意味着仅有居所所在国才被允许对收入征税。在这种情形下,该规则将界定国家间公平。收入来源国将被阻止对国外投资所获得的收入征税(并从中获得国家收益)。收入来源原则的使用将被排除在外。

如果使用收入来源地规则的话,那它应该是非歧视性的。该规则建立在这样的法律哲学上,即主权国家有权对所有发生在境内的活动征税。考虑到这一观点,并遵循法律面前人人平等的普遍原则,国境内发生的所有活动都应得到同等对待。因此,B 国应该对 X 获得的收入征税,就如同这种收入由 B 国自己的居民获得那样。就是说,应该使用非歧视规则。①

上述对辖区内活动的强调,解释了为什么属地原则在传统上与对物税(in rem taxes)相伴,而居所原则则与个人所得税相伴。然而,这样的关联并没有令人信服的理由。属地规则也可以被解释为,B 国有权对 X 在 B 国的经营活动所获收入(以所得税名义)征税。而在人际公平(X 承担的净纳税义务让他有权获得跟 A 国其他居民一样的待遇)的环境下,和居所原则相伴的所得税就能讲得通,但是这对非常不同的国家间公平问题来说就讲不通。

(三)国家租金收入

居所规则和收入来源规则都是基本的法律概念,并不包含清晰的经济学内容。② 从经济学家的观点看,如果更宽泛地看待国民收益(包括从利润中分得的税收以及税收之外的各种收益),就能得到更有意义的看法。若 A 国的居民在 B 国进行投资,那 A 的资本收入就能提高到超过仅在国内投资获得的收入。诚然,A 国的净收益并不等于增长后的资本收入,这是因为 A 国劳动力收入将会下降。然而,至少在资本输出规模突破一定范围前,A 国是获益的。B 国的劳动力收入将从这一资本流入获益(尽管它自己的资本收入会下降),但总的来说,B 国也注定会获益。问题是,这样的收益是否足够?

如果 B 国的资本稀缺而其他资源丰富,A 国居民在 B 国投资的收益会很大(A 国本国由此增加的投资将带来其他收益)。可能会有一些理由,让 B 认

---

① 如果将该规则的解释运用于个人所得税,在确定 X 的收入被征税的边际税率时,会产生 B 国是应该仅考虑 X 在 B 国所获得的收入,或是应该考虑包含其在 A 国获得的收入在内的总收入的问题。如果采取后一种观点,B 国的份额将更大,因为将会使用更高的边际税率。尽管在原则上是正确的,这种程序在实践中存在困难,因为它要求用文件记录多种收益。

② 因此,注意到经济学家往往使用"由收入来源国家征税"而非"属地"是很有趣的。这也许只是用词的差别,因为在两种情形下 B 被赋予征税的应得权利,属地规则也是收入来源规则。同时属地规则的法律哲学以及法律下的平等对待意味着非歧视,尽管经济学家的收入来源观念并没有包含这种含义。

为它应该从A国收益中获得一部分租金或特许费（当然B国还从本国劳动力收入中获取所得税），而让B国获益的适当方式是征收某种税收。

如果采取了这一方法，那这样的税收将独立于B国已有的税收结构。不同于原来的收入来源规则，即"对待外国人获取的收入，就像它由本国居民获得一样"，现在的方法是对外国人的经营收取租金或特许费，并在国内税制之外进行处理。实际上，这一税收就变成了对外国人的经营收取对物税（in rem tax）。

于是就出现了应该收取多高租金这样的问题。租金应该等于B国自己资本的收入损失（它是A国因资本投资于B国所获国民收益的一部分）吗？或者应该遵循其他什么规则吗？由于伴随资本流入而带来诸如技术、管理诀窍等无形收益，以及诸如国外控制、本国企业家阶层发育迟缓等无形成本，这一问题显得更为复杂。很明显，我们并没有方法精确地确定租金的水平，但提出一般观念也没什么吸引力。资本输出国可能会运用适当的税收抵免政策或抵扣措施，来抵消因征收租金而对资本流动和个人税收公平的影响，此时更是如此。在征收国家租金的逻辑中，并没有什么内容，因为它无非意味着针对外国人的税率和针对资本输入国居民的税率相同。很有可能的是，国家租金将低于资本输入国的公司税。

除了国家租金，一个国家还可以按受益征税，以弥补为外资提供公共服务的成本。如前所述，即使国内税大多并不按受益原则来征收，也可以为了国家间公平而这样做。然而对国家租金来说，这种资金的补充作用不可能很大，因为只有很一小部分公共支出用来为生产过程提供中间服务。因此，在国际层面也许会设定一个适度的征税比率，[①]只有在中间服务被证明对生产过程的作用异常大的地方，才可以使用较高的税率。

（四）分配方面的考虑

最后有人可能会认为，对外资获得的收入征税，应该被当作国际再分配的工具。由于国家之间存在着高度不平等的资源禀赋和人均收入分布，又缺乏

[①] 如同在本篇论文其他地方所讨论的，仍然有人反对，认为利润不是受益征税的适当税基。

足够的应对方法,因此可以用征税来形成收益与损失相配合的适当模式来实现某种程度的收入调整。

尤其是在征收公司税的条件下,安排采用统一的税率也许是可取的。国际公约已经对此达成了协议,并适用于所有的资本输出国。考虑到再分配要求,这样的税率不应基于对等或相等的税率(就像现在常见的预扣税率),但可以按照表 17—1 来安排。现在由 B 国对归属于 A 国投资者的收入所征收的公司税、预扣税,可以用这样的税率安排来取代。表 17—1 显示的适用税率和资本输入国的人均收入呈反向关系,和资本输出国的人均收入呈正向关系。这样的安排,将改善低收入国家的相对地位。

表 17—1　　　　　　　　　税率一览表

资本输入国的人均收入(美元)	资本输出国的人均收入(美元)			
	低于 250	250～500	500～1 000	高于 1 000
	税率			
低于 250	40	50	55	60
250～500	30	40	45	50
500～1 000	20	30	35	40
高于 1 000	10	20	25	30

也许有人会反对,上述税率安排反映出的纵向累进对低收入国家并不利,因为它会阻止资本的流入。不过,只有在资本输出国不用适当的税收抵免政策来实现居民间个人公平并维持资本流动中性时,才会出现此种情形。如果能普遍地接受这样的税率安排,那就可以阻止低收入国家征收极端的税率(高收入国家的国库将不得不补偿这种极端的税率)。同样地,采用共同的税率安排,也将预先阻止低收入国家为吸引外资而展开低税率的竞争。[1]

四、单一来源国家:公司问题

本部分将探讨单一来源国家的一些其他情形。迄今为止,本章还没有考

---

[1] 参见第 342 页的脚注①。

第十七章　国家间的公平(1972)

虑投资事实上常以公司的形式进行,而收入既在公司层面也在个人层面被征税。在实践中,国家间公平问题大多以公司所得税而非个人所得税的方式来处理。若将公司纳入考虑中,则会进一步地出现两个问题:(1)公司所在的国家成为第3个潜在的征税者出现;(2)在公司层面和股东层面同时征税。

(一)将居所原则应用于公司税

如果遵循收入来源地规则,那么公司在哪里并不重要。但是如果将居所规则用于公司税,那公司所在地就很重要了。

由于涉及对公司及其分支机构征税,因此这里的讨论必然是将公司税视为对公司本身征收的"绝对"税(absolute tax)。如果个人股东居住在A国但从投资于B国的公司中获得收入,那么在考虑该股东所在地点时就取决于如何看待公司税。也就是说,将公司税是视为(1)对股东征收的个人所得税,还是视为(2)对公司征收的绝对税。若按照(1),那么来源地原则要求由B国征税,居所原则则要求由A国征税,同时对B国所征税收进行抵免(基于国家间公平的观点)。若按照(2)的话,那么A国没有征税权,B国在来源地原则或居住地原则下都有征税权。如果居所被解释为成立公司的地点,那么国民收益的分配就取决于公司在哪里成立。在公司通过国外分支机构获取收入的情形下,该问题就显得特别重要,因为此时出现了居所是在母公司所在国还是其分支机构所在国。

第一,假设在A国成立了一家公司,该公司在B国有一个分支机构,并且从这个分支机构的经营活动中获取收入。如果将公司税视为"绝对"税,也就是说,是对公司"本身"而非股东征税,那么A国应该对这家公司分支机构的收入征税吗?按照收入来源规则,答案很清楚:否。但是,如果按照居所原则呢?在实践中,对于这样的"绝对"公司税,使用居所规则是什么意思呢?可以假设,成立公司的国家将会是公司的居所,这样的话只有A国具有征税权。但如果B国按照来源规则征税,那么A国可以抵免B国所征的税。这是按照美国的法律产生的实践活动,在原则上和前述所探讨的一样。

第二,假设在A国成立公司,又在B国设立了一家子公司,并在B国经营这家子公司,进而从在B国的经营业务中获取收入。B国现在既是收入来源国,也是子公司的所在地。我们要再一次地说,在收入来源规则下不存在问题,因为B国本身就有征税权。但是在居所规则下,就出现了难以解决的问题。如果现在把居所定义为B国,那么严格解释的居所规则意味着只有B国有资格对该子公司的所有利润征税,而A国只有资格对汇回国内母公司的那部分利润征税。

接下来的问题是,对纳税人之间的公平的考虑(只不过现在用于公司之间的横向公平),是否要求A国抵免B国所征的税收?答案为:否。这是因为,它和延期纳税规则(该规则的基础是,母公司和子公司是不同的实体)不相容。如果A国无权对子公司的未分配利润征税,那它为什么应该为本国公司(母公司)去抵免B国公司(子公司)所缴纳的税收?美国批准延期纳税然后再予以抵免的做法,是内在不一致的,应该取消其中一个(相比之下取消延期更可取)。这将意味着,放弃把居所作为判定公司所在国家的方法,而对母公司使用综合税收(global tax)。[①]

第三,如果在B国成立的子公司(从B国获取收入)又在C国成立自己的子公司,且从C国获得收入,那么处理难度将会进一步加大。这就是所谓的迭套问题(two-tier problem),在前面讨论过的各种问题将因此进一步复杂化。接下来,我们除了强调给予延期与允许"间接"税收抵免存在不一致外,不再考虑这些问题。

换言之,在没有子公司的前提下,选择仅发生在允许B国征税(收入来源规则)或仅由A国征税(排他性居所规则)。但在有子公司的前提下,在确定子公司"居所"时就出现了另外的问题,无论是确定这个居所为子公司成立地点还是母公司成立地点。如果在A国成立的母公司又在C国成立了一家子公司,该子公司在B国获得收入,那使用收入来源规则将决定B国是否可以征税。假设它可以这么做,那就是以A国或C国为代价来获得国民收益,而这取决于A国或C国哪一个被视为居所,但这还不是全部。如果居所被认为

[①] 实际上,由于B国不仅对子公司征收公司税,也对其支付给母公司的分红征收预扣税,该问题变得复杂。可以做出论证,A国在抵免这种预扣税的同时批准延期是一致的,原因是预扣税可以被视为对母公司直接征的税。美国目前的实践是既允许对预扣税进行"直接"抵免,也允许(这么做并不合适,因为存在延期)对B国收的公司税进行"间接"抵免。还可以注意的是,在证券投资的情形下,只遵循给予直接抵免的适当程序。

是在 C 国,因此允许 C 国进一步地征税,那么 A 国将承担额外的损失。在这种情况下,A 国的国民损失不仅取决于 B 国的征税水平,也取决于 C 国的。尽管在没有子公司的情况下,国民损失仅由收入来源规则的使用来决定,但现在我们看到,居所原则的运作不得不加以考虑。

(二)个人税加公司税

现在,我们转向探讨同时在公司和股东两个层面对公司利润征税这一事实。假如 B 国对国内资本的收益既征个人税也征公司税,那么,在收入来源规则下的非歧视性原则,应该被解释为允许 B 国对外资既征个人税又征公司税吗?我们看不出有什么理由不该这样做。如果将收入来源的理由用于一种税,那它也应该适用于另一种税。与此同时必须承认,和个人税相比,非歧视性原则更容易适用于公司税。这样的话,B 国除了要求 X 对来自本国的收益缴税外,还要对流向 A 国的分红征收统一的预扣税来作近似的处理(就像目前的实践所做的那样)。①

不过,将预扣税作为恰当估征个人税的近似角色,说明一个国家预扣税率的水平应该是本国个人所得税率安排的函数。比如说,该税率要和股东按平均分红支付的边际税率一致。按照这个原则,在非歧视性的前提下,预扣税率的对等性思想是不合适的。

(三)国家租金方法

按照国家租金的方法,如果采用它的纯粹形式,那前述的迭套问题就不存在了。B 国在适用于本国居民的税制(个人税或公司税)之外,还对外资挣得的收入征税。或者,如果将收取租金作为 B 国征收所得税与公司税的一部分,那么现在重要的是(与国家间公平相关),租金是 B 国对这两种税的组合征收方式。在这种前提下,单独考虑每种税"恰当的"征收问题是没什么意义

---

① 同样要注意的是,如果 B 国采用的是综合税,只有当 A 国以 B 国对其征的税作为对其个人所得税的抵免时,由 B 国实施的非歧视性原则才会让 X 和 B 国的居民处于同等的地位。如果 B 国同时使用的是绝对税,这将与 A 国中的个人公平不相容,因此要求对 A 国的公司税进行抵免。非歧视性的本质要求 B 国平等对待 X;它没有要求在考虑 A 国的税收处理后,X 的最终地位必须和其作为 B 国居民时一样。相反,A 国的横向公平取决于按照 A 国的法律平等对待 A 国其他居民。

的。此外，按照国家租金的观点，C将很清楚自己无权征税，因为它对A国国民收益的经济来源没有贡献。

五、有关单一来源情形的结论

很难将前面不同的讨论压缩为一组简洁的结论，但是我们还是提出了下述判断。

(一)国家间公平

按照居所原则征税来解决国家间公平问题是不可取的。从收入来源国来看，这样做也是不公平的，对低收入国家来说尤其如此。此外，对于非常重要的子公司情形和公司税而言，它将涉及武断决定哪里是公司所在地的问题。

按收入来源来征税的原则具有优先性，尽管它带来了如何决定收入来源地的困难(参见下一部分)，而这一困难可以用遵循有意义的经济原则来克服。收入来源国家征税的恰当税率，应该按照非歧视性原则来设定(即按照和国内资本相同的税率来对外国人的利润征税)，或者按照国家租金原则来设定。基于对分配问题的考虑，租金价格可以得到压抑并在国际上达成一致。后者是我们赞成的解决办法。

如果不存在子公司，上面的办法就可以解决问题；但是如果有子公司的话，由于子公司所在国各自选择征税水平，那就产生另外的国家间公平问题。可以这样认为，国家间公平主要关注的是，区分收入来源国和其他国家的征税权。对这一观点，还需要再讨论一二。不过，这跟在不同国家(作为公司的居所)之间分配征税权也是相关的。这里提供一种可能的解决方案，那就是，要么将公司成立时所在的国家承认为收入来源国，要么承认持有普通股主要份额的个人股东所在国拥有主导性税收忠诚[①]，只允许具备以上任一条件的国家拥有征税权。

无论承认上述哪个原则，无论设定实现国家间公平的税率结构是什么，只

[①] 至于这是应该按照居所或公民身份或是其他标准来定义，我们对此持开放态度。

要在每个国家的税制中恰当处理国外税收,就会带来不影响效率的结果。

(二)纳税人公平

在国际环境中,纳税人公平主要是指公司纳税人之间的横向公平。无论收入来源国以什么样的税率征税,居所所在国都可以按自身对纳税人公平的看法(或者基于国际公平或者基于国内公平),选择某种方式来处理纳税人在收入来源国所缴的税收,用抵免方式或者抵扣方式。

不过,无论选择哪一种解决办法,都应前后一致地使用它。因此,如果一个国家选择的是基于国际公平的观点,比如美国就以这一观点作为抵免方法的基础,规定只有美国的公司在国外因挣得的利润而被征税时,才给予抵免。国外税是由子公司缴纳的,这就意味着必须将子公司的利润视为母公司的利润。如果这样的话,美国的做法(将征税延期到国外收益汇回国内之时)就没有道理了。不过如果通过严格使用居所(公司所在国)原则,那么延期就具有正当性了。但这样一来,对国外公司的国外税进行抵免的做法,就不再具有正当性。

(三)对税收协定来说的意义

对于税收协定的改进,我可以提出下述建议:

(1)税收协定在形式上不应该完全是双边协议。类似于关贸总协定对于商品税的处理,我们需要在国际上达成一致的税收协定框架。在以下几个方面,国际协议尤其必要:引进对再分配的考虑,不干预资本流向低收入国家,不造成低收入国家的低税率竞争[像税收饶让(tax-sparing)就可能引发这一影响]。

(2)在考虑任意两国间的恰当税收协定安排时,对于预扣税和公司税的处理应该予以同时考虑,而不是分别考虑。这就直接带来对B国所征税收总体情况的注意,而从国际公平的观点来看,它才是重要的。

(3)尽管对等性原则(principles of reciprocity)作为讨价还价的条件很有意义,但在经济上没有多少正当性。该原则也和法律上属地规则所要求的非歧视性不相容,尤其在收入来源国具有综合税制(integrated system)时就更是如此。非歧视性原则要求,预扣税率需要调整,以适应每个国家的个人税税率结构。

(4)非歧视性原则尽管和法律上的属地规则一致,却和国家租金或再分配要求不相容。在与低收入国家签订税收协定时,高收入国家应该考虑到这一点。

(5)对特定收入来源的单独处理(比如利息、特许权使用费等),是因个人所得税分类(scheduler approach)征收方法而产生的,该征收方法应该为综合征收方法(global approach)让路,也就是将资本所得的全部收益综合成一个总额然后再征税。属地观点和国家租金观点都要求这么做。

在这个清单上,还可以增加其他建议。经过进一步考虑后,此处所提出的建议也可以进行修改。如同我们承认的,该主题高度复杂;如果加上对管理可行性的考虑(对此我们大多忽略了),那么尤为如此。不过,似乎很明显的是,该主题需要重新加以思考,需要让讨论的范围超出法律上对居所原则和属地规则的狭隘定义。在发达国家的关系中,需要如此;在涉及低收入国家时,更是如此。

(四)转嫁的影响

最后要注意的是,上述讨论建立在公司税由利润来承担这一假设上。如果我们假设它能转嫁给消费者,那么情况会发生变化。此时,由 B 国征收利润税,相当于对 B 国产品的消费者征收消费税。无论涉及的资本是由 A 国还是由 B 国的居民拥有,情况都是如此。假设消费在 B 国发生,则 B 国不存在国民收益,同时 A 国也不存在国民损失。①

由 A 国对自己居民在国外的投资征收利润税(假设税收在 B 国发生转嫁),现在 B 国就有国民损失而 A 国有国民收益。本章所探讨的任何规则,都无法为此做出辩护,无论是受益规则、属地规则抑或国家租金规则。类似地,出于再分配的理由,由 A 国征税将是不合适的,因为资本输出国几乎不会是低收入国家。在这种情形下,属地原则必须被拒绝。在全盘转嫁(all-shift-

---

① 读者会想起,在现在的讨论中,我们假设企业的所有产品在 B 国销售。如果产品有出口,B 国可以获得国家收益。但是 A 国此时会产生的国家损失是因为它是产品的进口国,而非资本的输出国。

ing)的世界,A国应该对其居民的国外收益免征利润税。由于同样的原因,按照关贸总协定的规则,出口商品应免征货物税。①

六、多种来源情形下的公平问题

为了单独讨论第一个问题(由征税于国外投资收入引出),我们之前假设A国居民在B国投资一家公司,该公司的所有经营活动都发生在B国。现在我们转向第二个问题,在一家公司的业务扩张到多个国家时,就会出现该问题。按照纯粹的居所原则来征税,并没有什么困难。但是如果涉及确定收入来源的其他规则(收入来源规则、国家租金规则、再分配规则),那就会产生如何在各相关国家划分收入的问题。按照我们以前的说法,现在存在一组B国,在这些国家间必须划分税基。假设它们使用相同的税率,那它们给A国带来的国民损失将相同,但是在各B国之间分配的国民收益则有差异。如果这些国家税率不一样的话,那么给A国带来的总国民损失也会受到影响。

(一)背景

随着居所原则被美国各州用于对公司利润征税,上面的问题已被广泛讨论过。尽管对局限于一州的公司的利润征税,统一按属地(收入来源)规则进行,但对活动于多个州的公司征利润税,以不同的方法进行处理。在这些方法中,被称为公式分派法或配置法(formula apportionment or allocation method)得到最普遍的使用;与此同时,以分离会计和特别配置法(separate accounting and special allocation methods)代表的其他技术也一起使用(司法委员会,1964:ch. 5f.)。在大多数情况下,财产、工资发放、销售等所在地,被赋予同等的要素权重。其中包含的假设是,将销售包含在内,对于工业较不发达的州将有帮助。但是最近的研究表明,如果将销售排除在外,分配给各州的税基不会有太大变化。原因在于,工业较发达的州自然也为销售提供了较大的市场(司法委员会,1964:ch. 16)。正因如此,再加上销售因素在公式中极难操

---

① 如果税收在一国被转嫁,而在另一国没有被转嫁或者以不同的程度被转嫁,会出现复杂性。这里无法处理。

作,最近有人建议将销售要素从公式中清除出去,而采用统一的"财产-工资"两要素公式(1964:ch.39)。假设没有转嫁,这会是合理的解决方案,但在发生转嫁的情况下,州之间的公平(国家间公平)将意味着公式中的销售部分应得到保留,并增加其权重。

如前所述,在国际层面,我们采用了不同的方法。在"税收协定范本"(the Model Treaty)中,处理方法主要依赖于对"永久企业"(permanent establishment)的定义。按照这一方法,一个彼国母公司的分支机构,被当作在此国经营的永久企业,此国在对它征税时视其为单独的实体,采用公允会计(arm's length accounting)来为其分派利润。在税收协定范本中,这成为划分利润的决定性方法。这一方法背后的原理,似乎多少像美国会计中的分离会计方法(separate accounting approach),并且遭遇到相同的困难。如果可能,在不同管辖地域区分一个公司所挣得的利润,会很有意义。但是,分离会计的困难相当大,而且"永久企业"概念本身就相当模糊。有些活动被视为由永久企业来开展,但另一些活动如销售,大多经常被排除在外。

(二)确定收入来源

在解释上述方法背后的原理应该是什么的时候,无论是对美国各州间分派税基的讨论,还是有关国际协定的文献,都不具有太大的启发意义。[①] 可以假定,要实现的目标是,按利润的属地来源划分税基。基于此,问题就变成了在经济上归因(economic imputation)的一种方法。

必须再次指出的是,这个问题不同于按受益原则征税时出现的问题。在那里,问题出在如何确定公共服务提供的位置。由于缺乏"明细账单",于是假设中间公共品的提供和其他相关成本(也发生在此处,用增加值减去利润可得)呈固定匹配关系,这样的话就可以用成本发生地来替代公共服务提供位置。如前所述,这一方法的逻辑指向了对发生的成本征收从价税(费)。基于竞争性的假设,它类似于根据增加值来分派,但和利润税没有关系。美国式划分公式(apportionment formula),与相关范围内工资增加值一致,但是和资本

[①] 不幸的是,《司法委员会报告》(1964)在对该问题的广泛分析中对这方面的讨论很少。

因素及销售因素无关。要让资本因素(在按受益征税的前提下)进入公式的话,应该运用折旧而非资本的价值;要让销售因素进入公式的话,应该运用销售毛利而非销售总额。由于过分强调资本和销售因素,这一公式大大低估了劳动力因素。

不过,我们关注的并不是受益税,而是向资本收益征税及追踪资本收益来源。首要且明显的问题是,资本收益来源不应与资本实际运营时的地点等同。利润应该按照资本使用时的地点来归因,这里的资本包括固定资本与流动资本。平均流动资本中包含了工资报酬,因此工资总额就进入了前述的公式;投资中包含了销售费用(sales establishments),因此销售就进入了公式。工资与销售就这样被算在内,不过与美国式公式相比,它们被赋予的权重应该大大降低,与此同时资本的权重应该大大提高。

上述配置方式与收入来源概念一致,要求对资本经营所在地获得的资本收益征税。但是,它运用了资本回报在所有地方都相等的假设。在竞争均衡情况下,的确如此,此时在边际上资本回报相等,边际内利润(intramarginal profits)被作为租金分派给其他要素。然而,这一假设几乎是不现实的。即使假设产品市场是竞争性的,但是生产所处的特定位置会允许该生产以较低的成本进行,其收益(至少一部分)归于资本。在这种情况下,在这一特定位置经营的资本,应该获得较高的利润份额。该问题的解决,原则上必须是,对活动于每一个国家的企业都使用"分离会计",并对在不同国家经营的各成员单位使用公平会计规则(the arm's-length rule)来划分成本和收入。①

妥协性方案是,可以用广义上的资本所在地方法作为规则,并在特定情形下对过度回报给予特别抵免措施(special allowance),比如涉及使用原材料和低劳动力成本的情况。很清楚,这样的调整是合适的。这也许可以被视为另一种表达方式,以说明国家租金观念所说的过度收益特征。大致上,在税基中安排较大的份额,与允许对未赋予权重的资本税基获得的利润以高税率征税,

---

① 然而,这种解决办法(多少类似于实际的国际实践)确实具有很多复杂性。其中之一是,并非所有的外国业务是通过建立永久企业的方式来开展的。然而在永久企业以外开展的国外活动无法通过单独会计得到考虑。除此以外,公平定价的概念在应用时经常有困难,如果不是在原则上有困难的话。因此,将企业视为一个单位,并根据活动地点来分派也许是可取的。见 Musgrave(1970)。

是一样的。

若产品市场是非竞争性的,那就出现了另一种复杂性。假设企业具有垄断地位,能够在不同的市场按照不同的价格销售。为了从总销售额中获得最大利润,每单位产品销售的平均回报在不同的市场会不一样。若情况确实是这样,那有理由对销售因素区别对待吗?比如,可以用更讨喜的方式来对待产生较大垄断利润份额的国家吗?在原则上,很难否认这样考虑是有理由的,但这样做还是有难度的。要确定垄断价格歧视(在考虑销售成本的不同后),几乎是不可能的。从生产方面运用国家租金思想,似乎比我们讨论销售更可行、更有意义。

(三)结论

对于按受益原则征税而言,有关税基分派的结论很简单。税基分派应该以成本发生为基础(cost-incurred basis)。对于总收入(general revenue)而言,如果使用纯粹的居所原则,就不会有什么问题。就收入来源规则来说,资本所在的位置是最合理的第一近似物。然而,对那些明显产生过度回报的地方,应该调整做法。

美国在各州间分派税基时,似乎 3 因素公式(给予资本、工资、销售大致相等的权重)没有满足任何要求。对收益目的而言,它大大低估了工资的权重;对总收入目的而言,它低估了资本的权重。一个合理的做法也许是,将税单拆分为以下两部分:(1)基于发生的成本而按受益征税;(2)主要按资本所在的位置来征利润税。可想而知,后者会获得较大比例的税收收入。

在被用于国际环境时(这涉及为中央政府的支出而筹资),受益因素在考虑征税时往往不太重要。此时,永久企业方法几乎不会令人满意;而执行真正的分离会计方法实在是太难了,对于什么构成分离企业、什么不构成分离企业,分界线并不确定。在另一方面,使用复杂的分派公式要求有多种收益;在缺乏国际行政力量的条件下,这几乎不可行。到最后,唯一令人满意的方法(和前面部分的结论一致)是,在国际基础上对这种收入征税,然后在各参与国之间按照分摊原则分派税收收入(还要考虑分配公平问题)。因跨国公司的快速增长,特别要求考虑这一观点。

第十七章 国家间的公平(1972)

在结论中还要提醒注意的是,上面讨论的问题无法完全分开。收入来源分派问题,很明显和国家租金方法下区别征税的税率有关。以统一的税率将较大比例的收入来源分派给特定的辖区,等于为该辖区分派了一个较小份额的租金但允许按较高税率征税。整体而言,可取的做法是,通过税率差异来实现再分配目标的同时,尝试按照"真正的"经济归因来划分收入来源。

参考文献

Commerce Clearing House (1963), *Tax Harmonization in the Common Market*.

Committee of the Judiciary (1964), *State Taxation of Interstate Commerce*, Report of the Special Sub-committee on State Taxation of Interstate Commerce, Washington: House of Representatives.

Hamada K. (1966), Strategic aspects of taxation on foreign investment income, *Quarterly Journal of Economics* LXXX, August.

Jones, R. W. (1967), International capital movements and the theory of tariffs and trade, *Quarterly Journal of Economics* LXXXI, February.

Kemp, M. C. (1964), The Pure Theory of International Trade, Englewood Cliffs, NJ. Musgrave, P. B. (1969), *United States Taxation of Foreign Investment Income*, Cambridge, Mass.

Musgrave P. B. (1970), 'International division of tax base and the less developed countries', UN Division of Public Finance and Fiscal Institutions.

Musgrave R. A. (1969), *Fiscal Systems*, New Haven, Conn.

OECD (1963), *Draft Double Taxation Convention on Income and Capital*, Report of the OECD Fiscal Committee.

Royal Commission on Taxation (1967), *Report of the Royal Commission on Taxation*, 6 vols., Ottawa.

Seligman Edwin R. A. (1928), *Double Taxation and International Fiscal Cooperation*, New York.

第十八章 权力下放、补助与财政竞争(1997)[①]

美国实行了半个世纪的财政积极主义和联邦政府领导,可现在的呼声是,降低联邦预算的规模、将财政责任下放给各州和地方。于是,在近50年的合作联邦主义(cooperative federalism,Kincaid,1991)之后,新开启的财政进程:分权、政府间竞争、市场约束(market discipline)。联邦政府在财政中的重要性下降了,财政援助以总额补助(block grants)的形式进行,而不再以赋予权利的形式(entitlement form)。

之所以出现这样的变化,是因为背后有一种令人担忧的趋势,那就是前所未有的预算膨胀与财政集中化。"联邦主义"的要求,在詹姆斯·麦迪逊(James Madison)时代意味着要确保中央政府处于更强的地位,[②]而现在则意味着寻求分权。但是从现有的数据看,显示出来的结果是什么呢?公共支出占GDP的比例,在20世纪30年代和40年代急剧攀升,然后呈现出平稳状态。各级政府的支出,从1960年占GDP的28%上升到1970年的33%,现在约为34%,而这样的水平仍然低于大多数工业化国家。1960年,在全部政府支出中联邦支出的比例(包括补助)是69%,而现在为67%。总体而言,政府膨胀已经放缓,并有望下降。可见,联邦在财政集中方面的份额和程度,变化已经很小。

---

① 载于 *Journal of Economic Perspective*,11(4),Fall1997:65—72。

② 詹姆斯·麦迪逊(1751—1836),美国建国者之一、第四任总统,和亚历山大·汉密尔顿、约翰·杰伊于1787—1788年在纽约的报纸上共发表85篇文章,以推动纽约民众批准美国联邦宪法。这些文章的核心思想之一,是倡导建立相对强大的联邦政府。后来这些文章被合编为《联邦党人文集》(又译为《联邦论》)。——译者注

第十八章 权力下放、补助与财政竞争(1997)

上述数字变化只是一部分。规模下降和权力下放的势头,还得到了以下理论支持:过度膨胀和过分集中,内在于政治过程。尽管政治过程自有缺陷,其结果既可能是公共部门规模及其在联邦层面的份额不足,也可能是规模扩大过度。政治家和官僚可能会追求自己的利益,但也可能受公共精神的感召(public-spirited)。不同层级政府工作人员的素质自有变化,但腐败既不是中央政府也不是地方政府的特质(prerogative)。分权的政府,为民众提供了退出某一辖区管理的可能性,并因此保护它们不受权力滥用的影响;但是小政府也可能意味着缺乏吸引力——也有人认为小政府更有吸引力(Brennan and Buchanan,1980)。

最后要说的是,是支持还是反对权力下放,其情形无法一概而论,需要在区分政府履行的不同税收和支出职能基础上进行。

一、提供公共服务:共担的任务

有一些特定的物品和服务,其性质决定了它们无法由市场提供,而只能以公共的方式来提供。蒂博特(Tiebout,1956)基于区位的财政联邦制理论(location-based theory of fiscal federalism),提出了公共提供的一种分析框架,并首次在安阿伯(Ann Arbor)我主持的财政讨论会上宣讲了他的论文。公共品和公共服务产生的收益,是被人们在一起共同消费的,只是在空间范围上不一样。因此,是否提供公共品,应该由受益地区的居民来决策并为之付款。

乍看上去,这一结论似乎意味着权力下放或"职能下移"(subsidiarity),该术语现在在欧盟展开讨论时得以使用。它的意思是说,"地方政府最了解情况",应该将选择权留给它们。这样的观念很吸引人,但是否正确在相当程度上取决于所说的物品是什么。在收益局限于当地(如路灯)时,由地方政府提供是有效的;但在收益扩大到全国范围(如国防)时,中央政府或全国政府来提供才是有效的。显然,只有收益是地方性的,当地政府才最了解情况。而在收益扩及全国或大片区域时,最了解情况的是整个国家或整个区域的居民。这里所说的,涉及有效辖区的视野,可以进一步说明如下:具有相似偏好的个体会居住在一起,以便享受由共同需要的服务产生的收益。我们可以将各个辖区看作：以最低的成本提供特定一组服务来争夺顾客（即居民）的企业。居民通过"用脚投票"，来选择他们偏爱的辖区。由此，"看不见的手"将让每个人根据自己的受益来纳税；而所有人的税收合在一起，就可以支付服务的成本。就这样，到最后，有效的辖区结构得以形成。

如果更仔细考虑的话，就会发现这种市场类比有各种各样的问题。作为历史，美国从殖民地到领土国家再到现在的 50 个州，其辖区发展模式并没有遵循空间效率的蓝图，也没有办法调整州的数量以满足标准。不同的服务，受益区会重叠；一个辖区的收益和成本会外溢到另一个辖区；居住地的选择，还受制于财政因素以外的许多考虑；等等。此外，从高收入邻居那里还可以获得财政利益，因为对于共同享受的服务，他们贡献的资金更多。前面把运行于市场中的辖区类比为产品市场，可市场是明显不完善的。

在决定该把什么视为地方公共品、州公共品或全国公共品时，困难更大。举例而言。首先，教育尤其是初等教育似乎是地方职能。然而，尽管教育由地方政府开展，但它的质量也是全国关注的问题。其次，类似的，医疗保健由地方政府提供，但是人口的健康对于全国的经济实力与精神力量而言都很重要。最后，探寻适当的辖区，这一问题与特定的项目放在哪个空间关系不大，反而与联邦成员辖区希望多大程度上紧密地组织国家更为相关（该问题在今天与我们密切地相关）。

二、收入分配：中央职能

这里提及的类比市场的模型，它指向在不同辖区间分派公共品提供任务时采用以下有效方式：每个辖区的居民都为他们的受益而付款，并得到他们想要选择的服务。但是这一模型，留下了收入分配问题未解决，而该问题是税收和支出过程的基本组成成分。就像维克塞尔（1896）在一个世纪前所提到的，按受益征税并由投票选择来决策，往往能确保公共服务的有效提供；但为了结果的公平与有效，这样的税收必须建立在收入分配公正的基础上。因此，必须将对资源有效配置的关注和对收入公平分配的关注结合在一起（Musgrave, 1959）。

第十八章 权力下放、补助与财政竞争(1997)

在联邦的环境中,分配应该是全国政府的责任,还是地方政府的责任? 在原则上,共同体个体成员的偏好应该是决定性因素。但在个人收入分配的偏好跟他的邻居或本辖区居民的幸福相关时,分配政策就是"地方物品"(Pauly,1973)。但是如果这种偏好跟整个国家相关时,分配政策就是全国关切的问题。在原则上,这两个方面都要考虑,这样就需要制定多个层级政府的收入分配措施。

在实践中,分散的再分配政策只能在有限的范围内运作。无论哪个辖区,若对高收入阶层单方面地以较高税率征税,都会招致流动资源的损失(包括资本和高收入居民的流失)。相反,若哪个辖区单方面地给穷人提供较大福利,那就会吸引外来者前来分享福利。这样的辖区间流动,发挥的是扭曲的作用。因此,分配政策必须是全国性的议题。

总之,恰当的制度设计指向公共品的分散提供:这些公共品由受益者付款,与此同时辅之以中央政府的再分配政策。然而,在实践中并没有出现这样的区分,征税通常都按照量能原则来进行。在此基础上,覆盖全国的中央政府可以使用累进税制,而州和地方政府由于害怕失去税基,不得不依赖税率平坦的所得税(flatter income taxation)以及大体上累退的销售税。因此,既喜欢由州和地方政府提供服务又支持累进税的人将感到为难,就像不喜欢累进税但支持由中央政府提供服务的人感到为难一样。当公共服务的筹资与对分配问题的考虑混合在一起时,对有关预算职能和预算规模的选择往往缺少效率。

很明显,这对联邦制结构和权力下放是有影响的。压缩联邦预算的规模,涉及削减社会项目,而这些项目不可能由州一级政府来代为提供。即使可以这么做,这些项目现在也要用比联邦累进税负担更重的州税(累退税)来筹资。无论怎么算,这都将降低财政制度的累进性。尽管没有公开强调,但这一点肯定是权力下放辩论中的策略性考虑,就是说,反累进税的意见成为支持权力下放的一种理由。

三、补助款:联系各辖区的桥梁

在划分职能时还有一个进一步的问题,它涉及宏观政策(以货币政策和财政政策的形式)的角色。由于宏观政策被广泛认为是中央政府的责任,因而在这里忽略掉这个问题。相反,我们专注于探讨补助款及其在联邦制度中的作用。通过使用补助款项,可以打破各级政府在收支安排之间原有的联系。税收若以更累进的形式存在,就可以留给联邦政府层面去征收,而将权力下放用于预算表中的支出端。

将收入保留在联邦政府,而将支出选择权下放给各州,就要求把部分联邦收入返还给各州。如果是完全的权力下放,那么通过联邦所得税在各州获得的收入额,就需要全部返还给各州。各州将以总额补助款(block grants)的形式收到这笔钱,并将有权自由决定如何使用。这样的做法,不会涉及各州之间的收入再分配问题。

更一般地说,美国财政补助政策的传统一直是进行收入再分配,致力于让各州的财政能力均等化。这样的补助款通过一般收入形式来筹集,款项大小和各州对一般收入的贡献无关。这样的补助在性质上可以是一般性的,而不指定专门的用途。在20世纪70年代的收入分享计划中,大略使用的就是这种方法。但一般而言,补助政策被用来引导向诸如教育这样的公共服务(即从全国的角度来看,一些被认为具有特别重要性或价值的服务)提供资金。提供这样的补助,是按种类而非以一般形式进行的,在其中带有配套的要求,为的是诱导接受补助的辖区贡献自己的力量。多年来,补助政策也许变得过于具有选择性、对用途的指定也过于具有局限性,但是分类及配套补助的使用总体是健康的。

因此,我们应该以怀疑的眼光看待最近要求财政补助转向基础广泛、非配套的趋势。总额补助增加了接受者使用资金的选择自由,但是降低了补助者指导补助用途的能力。在补助的目的是要确保提供基本服务(特别是社会安全网项目)时,减少这样的控制令人不安。从福利项目多样化开展中也许能学到很多,但是让福利项目资金不足则所获甚少。如前所述,收入分配问题应由中央政府来解决,在很大程度上它取决于成员辖区给联邦带来了多强的联合感。

从另一种视角来看,财政补助被视为让净收益均等化的措施;这样的净收益,是居住在不同辖区但具有相同收入的个人从自己所在州的财政运行中得到的(Buchanan,1952;Boadway and Flatters,1982)。对于具有相同收入的居民来说,高收入州的居民比起低收入州的居民要享受较高的净收益。这种结果是不公平的,它干预了区位选择的效率。由具有较高人均收入的州向具有较低人均收入的州提供补助,会提供必要的修正。在实践中,必要的辖区间补助,可能不会偏离使各州提供公共服务能力均等化所需的补助太远,但是这两种方法的目标是不一样的,正如接受补助者对用途的安排不一样。这样两种视角都有它们的价值,但在我看来,旨在提供基本服务的财力均等化的做法,仍然应该是美国补助政策的基本目标。

四、竞争抑或协作?

如果企业间的竞争是好事情,那为什么辖区间的竞争就不应该是好事情呢?在很大程度上,这取决于竞争的类型。旨在以低成本提供恰当服务的竞争,以及旨在设计有效而公平的税制的竞争,自然是好事。在多辖区中进行分权,可以支持这样的竞争(尤其是在基层政府的层级)。

但是,如果各辖区在竞争中提供低税率的目的,是希望吸引资本或高收入的居民,那情形就不同了。在短期内,某个辖区会从该过程受益,但是其他辖区会被迫追随,于是就会发生"逐底竞争"(race to the bottom)。从国家整体看,此时公共服务水平将会不足。此外,税收竞争会将资本引导到低效率的用途。尽管这样一种政策也许会让任一辖区受益,但从国家的角度看,这也许是以效率损失为代价的。基于完美市场的强假设(包括资本供给的无限弹性)可以证明,即使减税的辖区也会有损失(Oates and Schwab,1991),但这些假设不可能成立。破坏性税收竞争的威胁仍然存在(尽管可能局限于税率适度的州一级政府),但很快就会意识到,在从州际之间争相转向国际环境时,税收竞争造成破坏的可能性大大增加。

我们可以用合作和协调的方式来替代竞争,以处理财政辖区之间的关系。在联邦制中的税收协调,无须按照政府的层级来明确划分税基。就像在美国那样,所得税既可以用于联邦政府,也可以用于各州政府。而在有些国家,则以共享的形式(joint)进行管理。由于累进税只在中央政府层级有效,给各州留下的是零售营业税并辅以低税率的所得税。财产税则被用于为具体的基层政府支出筹资,并保留了按受益征税的成分,它只适用于基层一级政府。总之,在我们的各级政府间,现有的税基分配比较合理。

不过,这就需要辖区之间的合作。零售营业税要求通过合作来保护税收收入不受邮寄和跨境购物的影响。个人所得税要求合作以使得各辖区可以触及其居民的总收入,包括那些在境外获得的收入;若由联邦政府征收后再向各州税收当局返还,将使任务变得很容易。

在公司所得税中,有更复杂的情况需要协调。对于在多州经营的公司而言,收入来源必须在州之间进行分派,并在此基础上划分税基;而在处理关联企业之类的税收时,问题就更多了。

在国际层面,税收协调的必要性更大,尤其在经济一体化日益增加的世界中,更为如此。随着资本和其他资源的流动性变得越来越全球化,各国政府在性质上变得更具地方性。因此,各国政府间的协调非常必要,以免权力下放、竞争、全球化等混合力量破坏财政制度的完整性。用来进行协调的技术可以设计,就如同允许共存的办法可以设计一样,而在这么做时并不需要强求统一或放弃公平征税(Musgrave,1991)。在市场生产产品时,共谋也许是有害的;但是财政在辖区之间可以进行建设性的合作。如果恰当地操作,私人领域的坏事在公共领域也许可以被证明是好事。

五、结 论

在前述中,我尝试概述我看到的财政联邦制的主要特征,由此展现的景象在两个重要方面,不同于英曼(Inman)和鲁宾菲尔德(Rubinfeld)提交给本次讨论会的主导论文(the lead paper)。

首先,英曼和鲁宾菲尔德几乎完全没有考虑到收入分配问题,而在我眼中这是联邦制问题的核心部分。他们认为,给各级政府分派责任,只涉及公共服务的有效提供;在公共服务提供中若出现冲突,就应通过科斯协议来解决,并因此让所有人(或多数人)得益。在分派由此产生的剩余收入时,会简单地涉及收入分配问题;除此之外,收入分配只是政治讨价还价后的不完美结果,因为正是政治上的讨价还价,阻碍了产生能让所有人(或接近所有人)满意的结果。这两位作者描绘的图景是不完全的,基本的收入分配问题一定会出现。这个问题在政治过程中以及在建构联邦时,极为重要。之所以如此,不仅仅因为联邦结构会影响社会解决个体间收入分配的方式,还因为它对辖区间收入分配有影响。有效提供公共品很重要,但是忽视收入分配问题的联邦制模型是不完善的,可能具有误导性。

其次,英曼和鲁宾菲尔德严重忽视的问题是,辖区的角色是不同于个体的,也因此它们忽视了辖区希望组成多么密切的联盟问题。在他们论文的结束部分,英曼和鲁宾菲尔德设想了一个初始环境,在其中拥有主权的个体加入建构政府的行动中,并选择让自己满意的集权或分权水平。这个方法是构想该问题的好方法,但并不是唯一的方法。作为替代方法,我们可以将起点设定为历史上既定的辖区,每个辖区具有它们自己的历史、地理、宗教及种族特征。由于这些辖区选择进入联邦,它们各自的居民(作为集团而行动)必须决定:在形成一个真正的联盟的道路上,到底走多远?合作是仅限于国防及洪灾控制等事务,还是所有辖区的一切利益都要加以考虑?美国联邦制的历史表明,政策选择将取决于签订契约的各辖区寻求多大程度的联盟,以及所追求的联邦组织的适当结构。我的建议是,在我们当前有关美国联邦制何去何从的辩论中,将它作为一个至关重要的问题。

参考文献

Boadway, Robin and Frank R. Flatters (1982), 'Efficiency and Equalization Payment in a Federal System of Government: A Synthesis and Extension of Recent Results,' *Canadian Journal of Economics*, November, 15 (4), 613—33.

Brennan, Geoffrey and James F. Buchanan (1980), *The Power to Tax*, Cambridge: Cambridge University Press, 185.

Buchanan, James M. (1952), 'Federal Grants and Resource Allocation,' *Journal of Political Economy*, 60, 208—21.

Inman, Robert P. and Daniel, J. Rubinfield, 'Rethinking Federalism', *Economic Perspectives*, Fall 97, 11 (4), 43—64.

Kincaid, John K. (1991), 'The Competitive Challenge to Cooperative Federalism: A Theory of Federal Democracy,' in Daphne E. Kenyon and J. K. Kincaid (eds.), *Competition among State and Local Governments*, Washington, DC: Urban Institute Press.

Musgrave, Peggy B., (1991), 'Fiscal Coordination and Competition in an International Setting', in L. Eden (ed.) *Retrospectives in Public Finance*, Durham: Duke University Press.

Musgrave, Richard A., (1959), *The Theory of Public Finance*, New York: McGraw Hill, 179—83.

Oates, Wallace E. and Robert M. Schwab, (1991), 'The Allocative and Distributive Implications of Local Fiscal Competition', in Daphne Kenyon and J. K. Kincaid (eds.) *Competition Among States and Local Governments: Efficiency and Equity in American Federalism*, Washington, DC: Urban Institute Press in Cooperation with the Advisory Commission on Intergovernmental Relations; distributed by University Press of America, Lanham, MD, pp. 127—45.

Pauly, Mark V. (1973,) 'Income Redistribution as a Local Public Good', *Journal of Public Economics*, 2 (1), 35—58.

Tiebout, C. (1956), 'A Pure Theory of Local Government Expenditures', *Journal of Political Economy*, 64.

Wicksell, Knut, (1896), *Finanztheoretische Untersuchungen nebst Darstellung and Kritik des Steuerwesen Schweden*, Jena: G. Fischer.

第四部分

预算增长

第十九章 公共部门何时过于庞大(1983)[1]

本书的主题是如何衡量公共部门的增长,以及如何解释这种增长的原因。我的特别之处在于,不太关注公共部门是否已经增长以及为什么增长,而着重关注它是否已增长得太多。[2] 这一关注点和财政理论的最近发展趋势是一致的,那就是关注公共部门的失灵问题。该问题是对原有传统(把预算政策视为对私营部门失灵的补救措施)的急剧逆转,而所谓的传统是从 20 世纪 20 年代的庇古开始,中间经凯恩斯,再到 20 世纪 50 年代和 60 年代的社会物品理论等发展起来的。从这样的变化我们可以看出,财政理论已经从规范分析(什么构成有效的公共部门行为)转变为实证分析(对公共部门实际上如何行动进行实证考察)。现在广泛提出的关于公共部门变得过于庞大,这样的命题实际上跨越了规范与实证两个领域:如果公共部门被认为过于庞大,那么一定有一组关于恰当规模的标准,基于此才可以衡量实际上公共部门是否庞大。如果没有对恰当行为的界定,就不能定义异常行为,否则就会沦为特定观察者的纯粹价值判断。在本章中,我将在预算行为(即政府的收支过程)的意义上解释公共部门。因此,我省略掉规制这一重要的领域,尽管该议题因为在性质上相似而可以轻易地包括到预算活动中。

---

[1] 载于 C. Taylor(编),*Why Governments Grow*,Beverly Hills:Sage Publications,1983:50—58。
[2] 完整的讨论见 Musgrave(1981a)。

一、公共品的提供过度了吗？

为了分析得以进行，我们不能说公共部门过于庞大这一议题仅仅反映了特定观察者的偏好，而必须将其理解为，它暗含了公共部门活动已超过集体决策过程恰当运作时期望的水平。如前所述，此处的关键在于，必须将实际表现和某种标准进行比较。在比较时，我将区分两种重要的预算职能：(1)提供公共品或社会物品；(2)调节收入分配状态。如同将要看到的，我们没有办法总是严密地做出这一区分；但是这样的区分是方便的，特别是为第一种职能确定规范标准要比为第二种更为简单。

通过预算提供社会物品意味着，若要将分配资源用于社会物品的生产，必须经由预算过程做出决策，而这一方面涉及用预算来筹资，另一方面涉及要为使用者近于免费地供给这些社会物品。简言之，由于社会物品带来的收益大多是外部的且可以共同享用到，因此需要如此安排。确实如此，个体不会自愿地购买社会物品，而是会像搭便车者那样行动。这就需要有政治过程，通过该过程来决定社会物品的提供及其筹资。然而，这并不意味着这些物品必须由政府生产。公共企业的问题非常不同于预算提供的问题；公务员使用的铅笔可以从一个私营企业那里购买，或者政府可以在一家公共企业那里生产铅笔，然后将它们卖给私人使用者。在此处，我只讨论预算提供问题。

社会物品提供是否太多的问题，涉及前面说的如何界定社会物品提供的恰当水平。一个被大多财政经济学者接受的答案是，如果提供的社会物品会被消费者购买并自愿付费（如果价格支付可以作为消费社会物品的前提的话），那该水平就是恰当的。换言之，如果以所谓的林达尔价格收费，也就是说，如果每个消费者被要求根据自己对收益的边际评价来付费，那么成本就将得到补偿。或者，如果按照如此定义的受益来征税，那么提供就会是恰当的。因此，过度提供的假设就意味着，由于某些原因，预算超出了假设的恰当规模。关于为什么会出现这种情况？已经提出了各种假设，接下来我们就探讨这些假设。

需要提到的是，支出份额升降的证据，本身不能证明支出是过度膨胀还是膨胀不足。很明显,份额是否恰当,取决于公共品和私人品组合的收入弹性、价格弹性、相对价格的变化、人口和技术等因素,在合意的产出构成中这些因素影响了公共品与私人品的组合。

(一)投票偏差

在上述假设中,也许核心的是,多数票决策天生会导致预算的过度膨胀。假设有一个项目,它的费用平等分摊。于是多数票将通过该项目,因为他们只考虑部分成本,比如总成本的51％,而不考虑剩余的49％。因此,如果考虑这个项目的所有成本的话,那它原本不会被接受。进一步的考虑表明,这不是一个有效的论证。多数票决策会通过那种基于林达尔定价规则而被拒绝的项目,但它也会拒绝那些基于林达尔定价规则而通过的项目。这样一来,预算既可能会太大也可能会太小。为了确立投票偏差方向的假定,必须证明就结盟的交易成本(或者愿意承担结盟成本的意愿)而言,支持结盟大于反对结盟。情况大多如此,但是绝非显而易见。对于不同的议题,情况会很不一样。很明显,对预算的构成及其规模的投票,结果无法完美无缺。很多结果取决于投票程序和预算安排,但是不可能对偏差方向有简单的先验判断。

(二)低估税负

第二个假设是,投票者会低估他们的税收账单及公共服务的成本,这要么是因为征收产品税而使税负无形,要么是因为虽征收直接税但通过自动扣缴程序而隐藏了税负。对此,还可以加上一个原因,那就是纳税人只考虑支付的税额,而忽略与之伴随的无谓损失。这些观点是有价值的,尽管我们不能忽略下述事实,即在一些国家,大量的金钱被用于做政治广告,而这些广告旨在将存在的沉重税负戏剧化和夸大其词。

财政幻觉问题,既会在支出时产生,也会在预算的税收端产生。间接而无须努力就可收到的支出收益(就像阳光一样),由于无须和纳税联系在一起,于是很容易被人们所接受。若把所有的因素考虑在一起,那财政幻觉的净效应是导致预算水平过度还是不足,我没发现有显而易见的结果。可以看出来的是,直接而有形的税收优越于间接税,因此有效率的选择要求,在税收和支出措施间要建立起看得见的联系。

(三)垄断性官僚

前面对偏差的考虑和投票行为有关,另一类偏差据说产生于官僚的自主行为,他们的行为目标是使机构规模最大化。官僚(比如处长),据说会给拨款者(比如国会委员会)一个关于某种公共服务要么全有要么全无的提议,提议中的公共服务水平是总收益等于总成本时的水平,而非边际成本等于边际收益这一更有效率(且较低)的水平。拨款者被假设会接受这种提议,于是就带来预算的过度膨胀。

这一官僚主义模型很有趣,但是它在很多方面让我感到不安。首先,类比私营企业而纯粹以利润最大化来解释公共行政部门的行为,并不现实,因为肯定要考虑公共利益。虽然可以考虑官僚有将部门利益等同于公共利益的倾向,但将公共行政部门的行为类比为私营部门垄断者的利润最大化行为则走得太远了。其次,按自身利益行动的官员会发现,限制自己特定部门的活动以获得他们的上级的支持是有利的,他们会因此升迁到更好的位置(也许是一个更大部门的领导)。最后也是最重要的,任何特定部门的预算地位是作为整体预算过程的一部分而得以确定的,在其中,竞争性预算要求得以平衡。尽管这样的过程远非完美,然而它还是被施加上一个一般均衡框架,单个政府部门必须在此框架中运作,而对这些垄断模型并不能充分地予以考虑。

与此有关的一个观点认为,官僚会通过设定公众或立法机关投票时的议程来实现自己所在部门的最大化。通过将选票引导到能取得多数票的最大预算,预算结果就超过了中位数投票者偏好的规模。再一次地,我要说,问题在于:官僚实际上是否确实拥有这种权力?或者说,官僚行为是否会被投票集团推翻?

(四)无效率

接下来考虑一种观点,它认为政府运作往往无效,是因为官僚拥有终身职位,不像市场竞争,官僚不能被解雇,或者说政府不能破产。无论公共部门和私营部门无效率的相对水平到底是什么,需要注意的是,无效率和过度的预算规模不是一回事。如果公共服务的提供是内在无效率的,那意味着提供既定水平的服务的成本较高。假设有一个能发挥作用的投票制度,那么根据需求对价格无弹性还是有弹性,支出将会变得更大或更小。

(五)作为再分配的服务

到这一章的后面部分,我再考虑再分配政策。不过,在这里可以简单提一下再分配目标如何影响公共服务的提供水平。注意以下两个方面:

第一,再分配的提倡者会将公共服务的提供视为实现再分配目标的次优机制,这是因为出于政治原因而不能用直接的税收转移过程来实现。即使所提供的公共服务在总体上带来的是跟收入无关的均等的、绝对的收益,它也往往具有再分配性,因为低收入者大多可以从中获得较大比例的收益。此外,比起按受益原则征税,用更具累进性的税收为一般公共服务筹资,再分配的效果更大。如果征税水平低(这样可以对较高收入阶层施加递增的负担),那么公共服务预算膨胀就成为再分配的渠道,由此就会导致过度膨胀。从历史上看,由此形成的预算过度膨胀,应该超过由投票偏差或官僚权力带来的,但是现在的论证是从相反方向展开的。对财政再分配的恐惧,阻碍了人们对合意的公共服务水平的接受。

第二,再分配目标在正当性上可能涉及公共服务的提供,但并未成为过度膨胀的原因。在资金提供方愿意进行再分配的地方,如果接受方被要求以特定的方式使用其资金,那就正好如此。就是说,这种通过家长式给予的再分配类型,将公共服务和再分配绑在一起了。我们在后面将再论述这点。

(六)宏观转向

最后,还有一种可能是,基于宏观政策考虑带来的转向,让公共服务的实际提供偏离了恰当的水平。在凯恩斯萧条经济学的早期阶段,有一种强烈的倾向认为,公共支出(因此就是公共服务的提供)应该被用作创造就业的手段。这样做,往往带来预算水平的过度(与完全就业条件下公共服务的合适水平相比)。进一步而言,这样的扭曲不是必然如此的,因为可以通过减税来实现相同的就业效果。在目前通货膨胀的条件下,如果出现相反的信号,也能成立。

有人提倡用削减公共服务来减少需求,尽管减少需求这一目标可以通过增税来实现。由于以上这些原因,在持久的失业时期,预算往往会过度膨胀,而在持续通货膨胀时期预算又往往会有不足。当然,在当前同时存在失业和通货膨胀的环境下,原本简单的关系就变复杂了。

由于赤字财政(经济萧条时的要求)往往低估公共服务成本(特别是在边际上),并因此导致公共服务的过度提供。基于这样的事实,上面所说的类似倾向得到加强。再一次地,在盈余财政(至少在原则上要求在通货膨胀时实行)的情形下,相反的情况也成立,此时公共服务的成本似乎被高估。最后,过度预算的倾向可能出现在通货膨胀条件下,此时如果没有将通货膨胀指数化,那会导致所得税有效税率自动地增加,于是立法者不用增加名义税率就能增加支出;本来不可行的项目,现在因膨胀变得可行了。如果能指数化征税档次,就能防止这种现象发生。

更一般地说,对公共服务相对于国民生产总值水平而言,通货膨胀带来的影响取决于相对价格的行为(比如国防装备相对于消费品)、公共部门和私营部门的相对工资比率、社会保障收益的指数化模式等。这就提出了令人感兴趣的方法论问题,即公共支出相对于国民生产总值的比率是应该以名义的还是以减值后的方式计算。

(七)结论

在建立了正确的公共服务水平标准后,期待公共服务水平随着国民生产总值的增长而增加是合乎情理的。没有明显的假设,它应该上升得更快或更慢,从而使国民生产总值的比重增加或下降。在特定时期,这将取决于人口和技术因素。前已考察过的不同因素说明,存在着过度膨胀的地方性偏差。然而更严密的考虑表明,这些假设在先验的基础上并不令人信服,总体数据也没有强烈地支持积累性膨胀的假设。以美国为例,现在政府采购占国民生产总值的比重大约是它们在20世纪60年代的水平,而低于它们在20世纪70年代的水平。只有对民用项目的采购增加了,但是增长率明显下降。在考虑了通货膨胀水平之后,民用项目的采购份额实际上是下降的。目前的发展,也指向那个方向。就像最近的事情所生动表明的那样,政治过程能够逆转预算膨胀中的过度趋势,投票者绝非像过去文献所暗示的那么无助。相反,长期来看,投票者会让公共服务的水平服务于他们的愿望。我猜想,较之总体水平来说,真正的困难和缺陷在于如何组合各类公共服务。

二、再分配的范围

让人好奇的是,近来大多数文献都用到了公共服务过度膨胀的假设,尽管预算膨胀的主要动力与再分配有关。如前所述,再分配一直是公共服务增长的一个因素,但再分配更多采用的形式是转移支付项目。

和政府采购的情形一样,判断转移支付份额已经变得太大,必须和某种恰当的转移支付水平标准或概念联系在一起。不幸的是,要界定这一标准,要比界定公共服务提供的标准更难。公共服务提供的标准,可以在既定的收入分配水平下看消费者的偏好能在多大程度上得到满足来界定。而在前一种情形下,必须追溯到收入分配应当怎样,或者什么构成合法的机制(通过该机制可以改变转移支付水平)。对恰当的再分配水平的回答,取决于是从洛克的天赋权利假定开始,还是从罗尔斯的最大最小化假定开始,抑或是从一种社会福利函数(该函数把递减的社会价值安排给连续的收入增加、而不考虑再分配所导致的福利损失)开始。

假设社会契约是这样的:(1)确立勤劳所得的权利观(entitlement to earnings);(2)让这种权利可以通过多数票决策规则而调整。于是,再分配的正确水平,就取决于对勤劳所得的再分配以及投票者(资金供给者和接受者)参与再分配的意愿。对于再分配的偏好,会随着时间发生变化,而这又取决于时代的社会和政治气候。就我所见,过去50年来福利国家的兴起就反映了这种变化,而现在流行的态度意味着这一趋势的逆转。作为个体,我们自己会持有什么是合意、什么是不合意的观点,但是这不同于坚持认为一种或另一种发展趋势在客观上是正确的。然而,科学的观察者会考虑:(1)再分配的实际过程是否反映了投票者偏好;(2)它是否确实在事实上实现了合意的目标;(3)它是否以最有效的方式在做这件事。

(一)再分配选择

如前所述,较之再分配来说,公共选择方面的文献一直更关注公共服务的提供。在探讨公共服务提供问题时,研究者一开始会预期多数票决策规则倾向于确立平等的分配,而若没有出现这一结果,则说明再分配活动的水平不足。与这一理论一致的是,过去一段时间再分配的趋势(特别是在美国的环境下)日益增加,而这又可以解释成来自较低收入阶层投票参与度的上升。然而,很容易看出的是,再分配过程的扩展变得日益困难,因为随着利益获得群体的规模扩大,利益损失群体的规模也在增加。这似乎正是我们目前的场景,由此也导致再分配过程的放缓或逆转。

再分配方面,还有其他阻碍再分配的因素。比如,个体并非完全的风险规避者,低收入阶层的一些人不希望消灭贫富差距以致失去上升的机会。人们也意识到,馅饼的大小决定于划分的方法,过度的再分配只会适得其反。最后,再分配过程开展得越深入,漏洞就会越大,带来的结果和初始再分配目标可能因此大相径庭。

(二)过度再分配

特定的经济分析会指向各种各样的考虑,在思考当前的再分配水平是否过度时也需要如此考虑。其中需考虑的一个事实是,对于较高收入阶层征收的税收水平会被推进到如此远,以至于减少了财政收入,让可以转移给低收入阶层的收入数量下降。税率若超过能带来最大化财政收入的水平,就会被认为是过度的;这不是因为该税率会带来太多的再分配,而是恰恰相反。如果再分配政策的目标就是产生转移支付,那它至少产生效果了;但是如果目标只是缩小差距,那并未实现。还有一个考虑是,再分配过程本身给效率实现增加了成本或导致无谓损失;在评估从再分配所获得的社会收益时,我们必须考虑到这一点。

如果不能考虑到这些因素的话,那就会导致过度再分配;也就是说,相对于特定的社会福利函数所决定的恰当水平来说,过度了。最近,经济学家在发展最优税收理论时,就强调了这一结论。在这方面,基本困难在于无法对闲暇征税,以至于一个人在面临高边际税率时,会用闲暇代替收入以作回应。如果可以对潜在的而非实际的收入征税,那就不会出现该问题。

随着再分配政策影响经济增长,有一个与此相关的问题会出现。用于再分配的税收-转移支付制度,会降低增长率,阻碍生产力的增加,最终降低收入阶层中高、低两端的未来收入。如果不能考虑到这一问题,那就会导致过度的再分配水平。不过,这一效果也会被反对再分配的人夸大,于是带来相反的结果。

(三)再分配工具

在传统上,经济学家认为,通过转移支付进行的再分配要比用实物进行再分配更有效率,因为前者让接受者有权自由选择如何使用资金。最近有人已证明,结果未必如此。我们若采用将适当的选择性产品税与补贴加以组合,就可以降低无谓损失。不过,这一理论虽然对福利经济学很重要,但还不是一个很实用的方法,而且无论如何它都没法解释实物转移支付为什么如此广泛地使用。在实际预算政策中,这些实物转移支付都能找到,比如低成本的住房、医疗服务等。恰恰相反,这些实物转移支付项目的重要性,得到了资金供给者的偏爱。如果资金接受者确实能够按照资金供给者规定的用途使用资金,那资金供给者就愿意支持转移支付。家长主义式的赠予,在再分配政策中扮演着重要角色。如前所述,它会与公共服务的提供相互影响。这样,在确定什么构成恰当的再分配水平时遇到的困难,就变为如何确定恰当的公共服务水平。

三、结 论

并没有简单的方法,可用来确定在任何特定时间、特定地点的预算活动是否过度。如果(1)民主过程确实能成功地表达人们的真实偏好;(2)选择预算规模是基于完全认识到所有相关的隐性、显性成本与收益,那么就可以检验现有的预算活动范围是否大于它应有的范围。对于公共品和服务的提供而言,使用该检验是困难的,而对于再分配活动而言就更困难了。

诚然,在市场经济中政府预算活动是有限制的,因为提供公共品和再分配会减少人们用于私人活动的收入份额。在没有能根本反映公共服务的效用或者转移支付的接受者收益的前提下,存在预算活动就不可避免地意味着,能用来补偿个人努力的可获得收入被削减了份额。为此,劳动供给(至少在市场经济中)以及储蓄和投资都受到了影响。预算的膨胀给效率带来了成本,如果这种成本足够高,那最终会使得预算跟市场作用不相容。这些说法都是正确的,但比不上下述命题更为正确:如果没有公共部门的贡献,市场将无法发挥作用,有效而公正的秩序也将无法得到确保。对于秩序良好的社会运行而言,危险在于两个极端,而不仅在于向上突破边界。在两个极端之间的某个地方,我们必须依赖民主过程来选择合意的水平。若能设计恰当的制度框架,那么对这一任务就能贡献良多;但是改革朝向的目标应该是,要允许进行自由而有效的财政选择(Musgrave,1981a)。

参考文献

Musgrave R. (1981a), 'Fiscal functions: order and polities', Acceptance Paper, Frank E Seidman Distinguished Award in Political Economy, P. K. Seidman Foundation, Memphis, Tennessee.

Musgrave R. (1981b), 'Leviathan cometh — or does he?', in H. Ladd and N Tidemann (eds) *Tax and Expenditure Limitations*, Washington, DC: Urban Institute.

第二十章 过度偏差和预算增长的性质(1985)[①]

一、引 言

在财政学理论传统(Pigou,1928;Musgrave,1958)中,一直以来关注的是为市场失灵采取矫正行动(主要在出现外部性情形下)。除此以外,人们假定,政府一旦得到了恰当的行动指导,就能完成矫正行动。不过近年来在公共选择理论中,已有文献提出了财政决策方式的问题。早期的公共选择理论,将财政过程表达为一个民主的经济模型(Black,1958;Downs,1957),就是说,通过在政治市场中的互动,投票者(作为消费者)和政治家(作为企业家)结合在一起来决定公共品的提供,也由此接近有效率的结果。不过最近的公共选择理论,强调的重点却是政治过程的缺陷(Buchanan and Tullock,1962;Niskanen,1971)。于是,传统对市场失灵的关注,开始被对公共部门失灵的关注所取代。实际上,公共部门失灵已被认定为是预算增长的一个重要(如果不是主要的话)来源。就这样,一种财政危机的新理论就出现了(Musgrave,1980)。该理论的假设是:对于预算项目的采纳,政治和行政过程带有固有的偏差,因而没有反映公众的偏好;如果施加更为有效的程序,那些项目就不会通过。基于这一诊断,理论上的解决办法是实施制度变革以限制预算膨胀。随着预算比重日益上升,这样的论题颇受欢迎(特别是在美国),与此同时政治态度也从本

---

① 引自 *Journal of Public Economies*,28,1985:287—308。

世纪中期的自由立场转变为更具批评性的观点。实际上,财政学作品对这一态度转变有重要的贡献。人们对利维坦(一个让人感到压抑的巨兽,不同于霍布斯的父亲般君主)的想象,已经取代了原先对仁慈的福利国家的想象(Musgrave,1981b)。

在此处,我的目的不是为这一态度转变鼓掌或加以责难,也不是按自己的品位来论证预算规模已太大或者还太小。相反,我的目的是考察下面这样的假设:预算的增长,大部分可用朝向过度预算的内在偏差来解释。就像我所看到的,有关预算行为的建模,有许多正是基于该假设。但是,如果没能事先确定最优水平的标准(或者如果你愿意,就用最优增长率作为标准),那就不能判断过度偏差是潜在的原因。进一步的考察表明,对通过预算来提供产品和服务而言,要确定最优水平难以做到,而对再分配活动来说确定最优水平就更难了。在这两个方面,恰当的预算份额会随着时间发生变化。人口和技术的变化、相对成本的变化、人均收入的变化等,这些都会严重影响预算提供产品和服务的恰当水平(Musgrave,1969)。随着分配和收入水平的变化,再分配政策的最优水平也会变化。对于社会态度(即居于统治地位的有关分配正义的观点)的变化,再分配政策也会做出反应。由于推动预算活动最优份额变化的原因有很多,观察到预算份额增加并不能证明它就过度了。预算份额增加也可能反映出最优水平在增加,或者增加是为了弥补早前的不足。简言之,需要考虑一组复杂的因素才能确立最优预算规模的标准。如果没能确立这一标准,就无法断定实际的增长是否"过度";而如果不能做出这一断定,那我们对预算改革就无法开出合理的药方。

二、产品和服务的预算提供(1):投票偏差

尽管转移支付的增长已经成为公共部门近期增长的主要因素,但过度偏差理论还是主要与产品和服务的预算提供有关。

(一)提供公共品

按照萨缪尔森在他那篇决定性文献中定义的,公共品的最优提供必须满

足已让人耳熟能详的效率条件以及社会福利函数的分配要求(Samuelson, 1954;1955)。因此,将产出在公共品和私人品之间进行划分,与在个体之间分配私人品,是同步进行的。这一解决方案可以由一个无所不知的裁判来执行,他知道所有人的偏好,而税收不会进入此图景。但是,实际上并没有这样一个裁判。因此我们必须使用投票过程以显示偏好。这个过程必须基于既定的收入分配状态,然后征税以便为财政支出提供资金。给定这一更现实的环境,给定一般的收入分配状态,我们可以选择哪种标准,该标准能标志结果有效率?[①]

1. 单议题投票

先假设只有一种公共服务,这样对预算规模的决策是仅有的议题。一种最优标准,可以考虑林达尔定价方法下达到的预算规模(Lindahl, 1919)。让我们考察一种情景,在其中有 3 个投票者 H、M 和 L 一起对预算规模进行投票。他们的需求或边际评价曲线由 D_h、D_m 和 D_l 表示。如果该公共服务的单位成本等于 OS,林达尔解要求产出为 OV,我们的 3 个需求者分别要贡献资金 V_h、V_m 和 V_l(见图 20—1)。但是对于需求曲线我们并不知道[如同萨缪尔森所称的,它们是拟需求曲线(pseudo demand curve)],最终的答案必须由投票来决定。首先,让我们假设成本或税收份额的分摊在预算投票前确定。为了考虑最简单的情形,我们假设是人头税,这样在 3 人间可以平均地划分成本。因此,每个投票者面临的单位成本为 $OS'=1/3\ OS$。可以得到多数票的最大预算等于 OV',即让中位数投票者的成本等于价格的数量。由于 $OV'>OV$,预算过度了。这是一种可能的结果,但是为了确立相反的结果,我们只需要考虑替代性模式,其中 M 和 L 的需求曲线由 D'_m 和 D'_l 给出,而 D_h 和 D_t 没有变化。得到多数票的最大产出现在下降为 OV'',$OV''<OV$,此时预算不足。预算是过度或不足,仅取决于 D_m 和 $S'S'$ 是在 V 的右边或左边相交。多数票决策规则只是偶然地实现林达尔产出 OV,但偏差会在两个方向上发生。不过迄今为止,并不清楚会向何种方向发生偏差。

[①] 这一方法是在既定的收入分配的前提下看待公共品的提供,已被多方面批评为循环推理,但是实际并非如此。实际上,对于构建一个允许为政策的有效开展提供桥梁的财政理论而言,该方法是必不可少的。进一步的讨论见 Musgrave(1969;1984:67)。

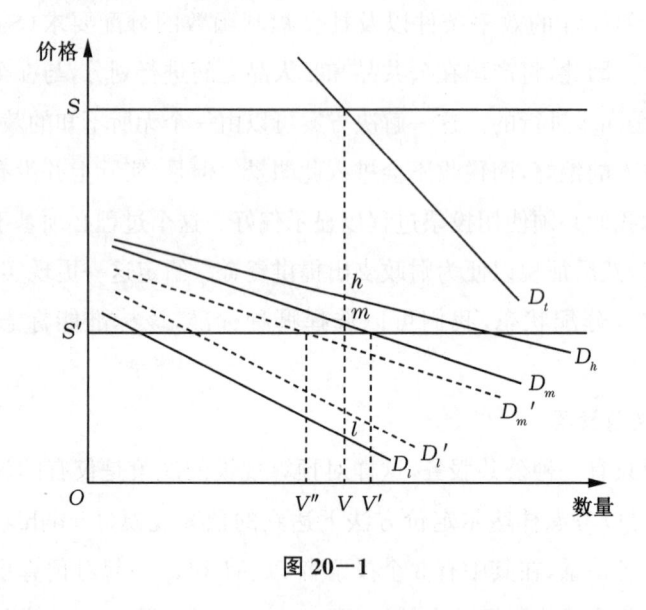

[图 20—1]

然而，和林达尔定价方法下的预算进行比较，采用的是一种可疑的标准。基于多数票决策规则而引入的预算，涉及从少数人向多数人的收入再分配，而在林达尔解下所有的人都从中获益。作为替代性方案，我们可以将最优预算定义为净收益（多数人的得利减去少数人的损失）最大化的预算。为了简化起见，我们假设1美元的消费者剩余在社会价值上是相同的，无论是谁获得它。然后，我们可以用图20—2来表示这一问题。其中 HM、MM 和 LL 表示投票者从连续增加的预算中获得的边际收益（正和负），此时税收份额的设定也是事先确定的。总的边际评价由 TT 给出。有效率的结果（考虑到事先给定的税收份额）是 OV，但是多数规则决定的结果是 OV′，这个最大预算仍然能获得多数人支持。由于 OV′>OV，预算过度了。但是假设 MM 下降到 M′M′，同时 LL 上升到 L′L′，而 HH 和 TT 不变。现在投票者选择 OV″，由于 OV″<OV，此时预算不足。我们再一次发现，可能会从两个方向偏离最优。因此，人们广泛持有的产生过度预算（仅仅是因为多数人会将一部分负担施加在不乐意的少数人身上）的假定并不正确。[①] 多数人也不接受这样的支出方案，在方案中少数人可以获得较大的收益。再一次地，需要进一步的证据来确立过

---

① 比如，见 Tullock(1959)、Buchanan 和 Tullock(1962:139)及 Buchanan(1975:155)。

度预算假说。

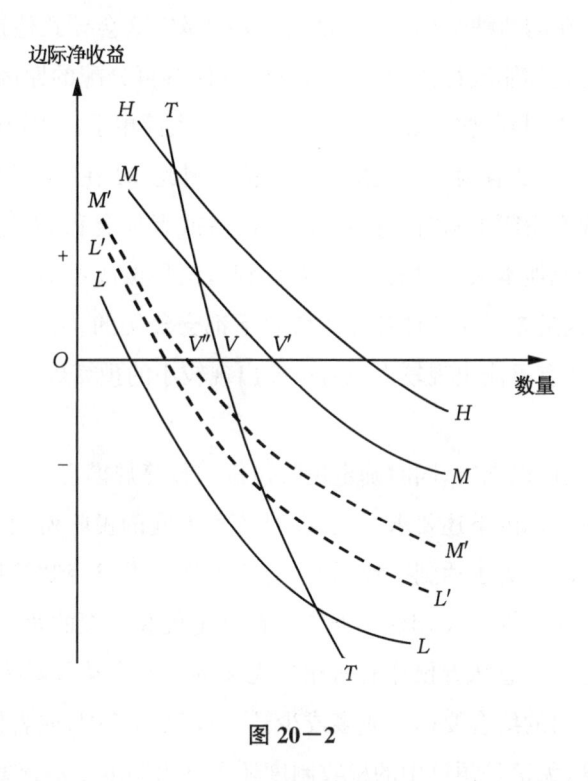

图 20—2

2. 税收-支出联系

迄今为止,我们假设在确定税收份额后再对预算规模投票。因此,其结果就取决于如何分配预算份额。回到图 20—1,需求曲线由 D_h、D_m 和 D_l 给出,最优供给等于 OV。假设相同的成本分配(比如人头税下的结果),每个人必须支付 OS' 的价格,投票规则将导致接受过度预算 OV'。但是现在假设 M 的成本份额增加了,而 L 的成本份额减少了,这样 M 的成本超过 V_m。预算会因此减少,现在就达不到 OV。该结果取决于中位数投票者的成本曲线,是和 D_m 相交于 V 的右边,还是左边。实际上,中位数投票者的身份取决于成本份额的分配。

如上所述,在实践中,林达尔模型所暗含的税收-支出同步解决的方案无法实现,因为在现实中不存在知道真实偏好的裁判。但是可以将这种税收-支出联系引入到投票过程中。对任一预算规模而言,M 和 H 都会同意降低他

383

们自己的成本份额,而增加 L 的份额;类似地,协议也可以在 M 和 L 或 H 和 L 之间达成。在前两种情形下,M 的份额将下降,这会导致他选择较大的预算。这也许是宣称制度往往会向中间投票者提供再分配的原因所在,我们将在后面的论述中回到这个原因。但是这一观点太简单了。为税收份额讨价还价的同时,也会伴随着为预算规模讨价还价。因此,M 在和 L 讨价还价时,会同意在他的成本份额下降时不扩张预算规模;或者他会和 H 达成一致,将预算规模扩张到比他本人喜欢的还要多。因此,结果取决于消费者剩余的潜在收益或损失,这是 3 方在各种各样的协议下都会经历的。和林达尔解下的预算规模相比,既有可能出现较大也有可能出现较小的预算规模,并没有现成的结论。

不过,我们可以期待,同时确定税收份额与预算规模会导致更有效率的结果。这和维克塞尔的下述要求一致,即对各种不同的税收份额与预算规模组合,连续进行投票(为了达到一致同意,或者更现实点,达到"接近一致同意")(Wicksell,1896)。尽管支出法案通常是在既定税收份额的背景下投票的(反之亦然),但它并不意味着预算的两端是无关的。至少从长远来看,投票者将要求税收和支出的组合要达到或多或少让人满意的匹配,或者他们将通过投票来修正制度,无论是预算中的税收制度还是支出制度。不管怎样,将预算的两端更密切地结合在一起的制度安排,会使偏差的幅度减小,制度也会因此得到改进。

3. 多议题投票

迄今为止我们考虑的只是对单一议题投票,也就是说,对既定组合的预算规模投票。现在我们转向对多议题进行表决的情形,也就是要提供两种公共品 X 和 Y。这就出现了投票交易和结盟的可能性,相伴而来的是"互投赞成票"的幽灵抬起它丑陋的头,而这再次包含着过度预算的假定。

由表 20—1 可知,其中的数字表明投票者对提供 X 和 Y 的预算提案分别赋予的价值。由于提案反映的是净收益(我们再次假设税收份额是既定的),因而评价值很可能是负的。从情形 Ⅰ 开始,对 X 和 Y 的单议题投票把两个提案都拒绝了。但是如果 B 给 C 承诺支持 Y,作为回报,C 承诺支持 X,此时 B 和 C 每个人获得 3 的收益,而 A 损失 2。预算得到了增加并且(假设可以相加)导致给群体带来净收益。B 和 C 可以补偿 A,并因此让所有人都得到改善。转到情形Ⅱ,单议题投票再次将两个提案都拒绝了,而 B 和 C 再次结盟导致两个提案都得到接受。B 和 C 每个人获得净收益 1 而 A 承担 4 的损失。预算得到了增加,但是现在给群体带来了损失。情形Ⅲ和Ⅳ表明,在单议题投票中,两个提案都接受,而 B 和 C 结盟现在将拒绝这两个提案。在这两种情形下,投票交易都让预算萎缩,在情形Ⅲ时得到了总的净收益,在情形Ⅳ时得到总的净损失。

表 20—1

投票者	情形Ⅰ 提案		情形Ⅱ 提案		情形Ⅲ 提案		情形Ⅳ 提案	
	X	Y	X	Y	X	Y	X	Y
A	−1	−1	−2	−2	+1	+1	+5	+5
B	+5	−2	+3	−2	+1	−10	+1	−2
C	−2	+5	−2	+3	−10	+1	−2	+1

我们再一次可以得到结论,即联盟的形成和投票交易既可能会增加也可能会降低预算,并因此提高或损害最终实现的效率。如果术语"互投赞成票"用来形容给预算留下损失的结果,那这个术语包含消极含义是合适的。但是这样的论证不能扩展,以致联盟的形成一定有害或往往会导致预算过度。相反,联盟在民主过程的运转中居于核心位置,因为它们有助于发现大家都可以接受的项目包(program packages)。结党(parties)可能会致力于实现社会福利函数最大化(Wittman,1974),并因此克服单议题投票中出现的分歧。

(二)提供私人品

尽管没有现成的理论解释公共品的过度提供,但过度提供这样的说法更适用于以预算手段来提供私人品的场合。

为了检验这样提供私人品是否过度,我们必须再次设定比较的标准。为此,我们可以比较公共提供和私人提供的水平。图 20—3 描绘了这种情形,D_l、D_m 和 D_h 是 L、M 和 H 的需求曲线,D_t 是水平相加的市场需求曲线,

图 20—3

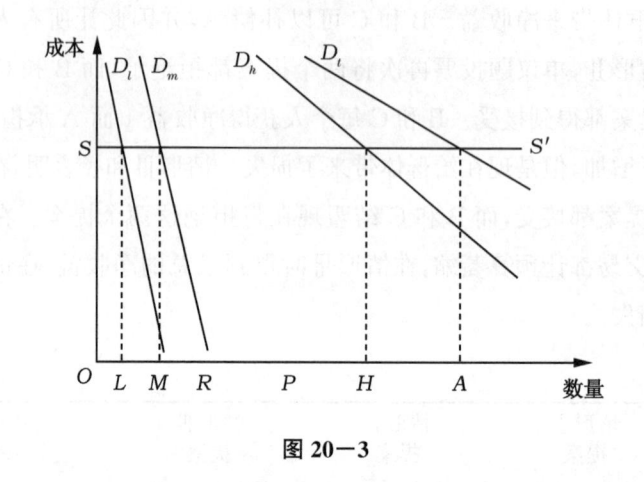

SS' 是供给曲线。私人购买的数量等于 OA。现在引入预算提供。① 让我们对此进行界定:(1)预算是平衡的;(2)物品数量和成本在 L、M 和 H 之间平分。这意味着 3 个投票者都被收取了单位成本 OS。多数票决策规则决定了 $OP=3OM$。由于 $OP<OA$,公共提供减少了供给。图 20—4 显示的是相反的结果,其中 $OP>OA$,以至于公共提供增加了总供给。结果到底如何,取决于 $3OM$ 是小于、等于还是大于 OA。再次地,似乎用公共提供代替私人提供,既可能会增加也可能会降低总供给。

但是故事到这里还没完。如果允许私人交易进行补充,那会带来进一步的调整。如图 20—3 所示,如果 OP 小于 OA,H 会想要多买 MH 数量的物品。由于 L 愿意出售 $LM=MR$,H 将在市场购买剩下的 RH。因此总供给等于 $OP+RH=OA$。② 就总供给及其在 H、M 和 L 间的分配结果而言,这一结果和私人提供的结果是一样的。现在考虑图 20—4,其中公共提供 OP 超过了私人提供水平 OA。H 又希望购买额外的数量 MH。由于这一数量小于 LM,他的需求通过从 L 那里购买得到了满足,不需要额外的市场购买。这样,总需求保持在 OP。不过需要额外的市场购买,如果 $MH>LM$,总需求

---

① 我们假设,相同物品的公共提供和私人提供的成本相同。这里考虑的问题因此不同于多种技术允许一种需求通过私人品或公共品来满足的情形,比如与私人门锁相对的警察巡逻。

② 为了证明在两种情况下总提供相同,我们设定 $OL+OM+OH=3OM+MH-LM$,左边等于私人提供,右边等于私人调整后的公共提供。通过替换可以证明这个等式是成立的。

将增加到 OP 以上。

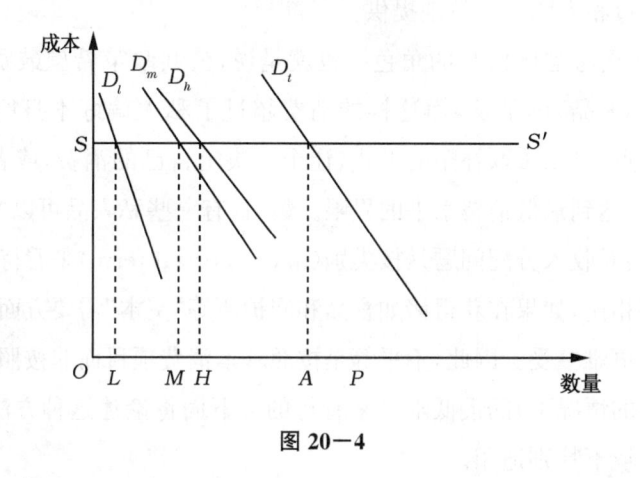

图 20—4

随之而来的有两个结论。如果不允许私人交易,公共提供既可能会超过也可能会低于私人提供情形下的数量。如果允许私人交易加以补充,公共提供的差额可以在此过程中得到弥补(或者公共提供过度会进一步增多)。但是,在大多数情形下,公共提供的效率较低。在公共品情形下,通过预算提供会给群体带来收益,因为公共品不能通过其他渠道获得。即使通过投票来决策,也只能接近最优结果,预算提供仍然会产生净收益。但是预算提供私人品并非如此。无论总供给是增加还是减少,在私人品方面,用公共提供来代替市场提供,在本质上是负和博弈。在不考虑收入分配因素的情况下,L 的损失将超过 M 和 H 的收益。若采用对 L 来说负担相同的现金转移支付,那会给 M 和 H 带来较大的收益。如果将收入分配因素考虑进去,相同的结果仍然成立。因此,提供纯粹私人品的最优预算是零。

无论增加私人品的提供在预算扩张中是否扮演重要的角色,上述问题都存在,也因此维持了预算过度理论。比如,列举出诸如居住、医疗卫生、选择性福利服务、区域发展等项目在预算上的增长,就可以支持这一理论。然而,仍然有待考察的是,这些项目是否都是纯粹的私人品。只有群体中的一部分人想要某些公共服务这一纯粹的事实,或者说这些人的福利和他们的某些特征(比如年龄或位置)绑定在一起,并不意味着这些项目就是私人品。人们对于公共品和私人品的偏好是不一样的,而结盟会将特定群体支持的多组项目包括在内。即使物品在本质上是公共品,情况也是这样。考虑到搭便车问题,公共品无法通过私人购买有效地提供。

此外,需要考虑优值品的角色。也就是说,公共政策希望鼓励一些物品(公共品或私人品)的消费,而这样的消费超过了私人偏好本身所要求的。① 要实现这一点,可以采取补贴的形式,让个人决定自己的消费,或者实行公共提供,以确保达到最低消费水平的界限。最后,有一些私人品可以实行公共提供,因为社会对收入分配问题是按类别(in categorical term)来看待的:与获得"花边装饰"相比,如果在获得诸如食品和庇护所等"基本"需要方面不平等,会被人们认为更难接受。因此,不平等是按照基本消费项目而非按照收入(在不考虑其使用的情况下)的最低水平来看待的。下面将论述这种方法在自愿性再分配的环境下特别适用。

在考虑上面这些以及其他相关因素后,貌似那些似乎不合适公共提供的私人品也会从不同的角度出现在预算提供中。在美国,诸如国防、福利救济以及(在某些方面特别是)社会保险等造成预算增长的主要成分,并不适合用私人品概念来形容。教育、住房以及一些公路也许适合,但是即使在这里也出现了外部性特征和优值品的特征。总之,尽管纯粹私人品的公共提供可用来为预算过度理论来解释,但它在预算增长中似乎并没有扮演决定性的角色,至少从美国的角度看不出来——在美国,过度预算理论得到了学者们最为有力的强调。对于剩下的物品,包括公共品和混合品的提供,需要更具体的证据才能证明,预算增长大部分反映了因投票偏差带来的非法(无效率的)扩张。现在我们转向这样一些证据,包括推广宣传成本的作用,以及要再一次地强调,压力集团的作用。

(三)推广成本和压力集团

在不完善的政治市场中,支出提案的成功大多取决于它们的宣传推广,比如要激发或说服投票者,组织联盟,或者要支持那些将投赞成票的立法者。所

---

① 我在我的早前作品(Musgrave,1959)中引入的优值品概念,被以各种不同的方式解释。为了说明其独特的性质,我认为最好不要将这个概念视为和外部性有关,或者甚至和追求教育目标(提高个体的选择能力)的情形有关,而是和社会希望对少数人的偏好施加影响的情形有关。

有这些都涉及成本。然而,为了确立过度预算理论,就必须证明较之支出提案的反对者而言,支持者可以更容易地开展宣传推广(交易或宣传成本更低)。必须证明,受益者的收益要比损失者的损失更大,或者受益者的组织成本更低。

无疑,投票者中的多数确实处于享受规模经济(比如宣传推广费用的分摊)的较好地位。但无论这多数是支持方还是反对方,该说法都能成立。

然而支持方受益注定更多,因为他们更重视所提供的服务,而反对者只损失了一般的税收。受益者彼此相邻(stand in a neighborhood relation)或者拥有可让人轻易识别的特征,而反对者则是分散的。因此,支持者更容易组织起来。不过,像这样的思考(Olson,1965)在简单的环境下更有效,此时巡回的政治家从一个村走向另一个村以进行解释;但在现代社会里,政治宣传通过媒体展开,广告触手可及,然而成本高昂。于是,能否获得可用于媒体的资金以及竞选财政的问题,就成了极为重要的因素。

所以,有关预算过度或不足的理论是否成立,取决于可用来促进或反对支出提案的资金数量对比。较之来自许多小的损失者的资金,来自少数大的获益者的资金,更容易获得,也因此预算的支持者往往占有优势。然而不应忽略的是,与推动特定支出议案相伴随的,是推动反税收的立法。不过,实施赤字财政的可能性毕竟有限,所以推动反税收立法就相当于在一般层面推动反对公共支出。将赞成支出者主张的财政水平与反对税收者主张的财政水平进行比较,并考察它们如何随时间而变化,会很有趣。特别地,在目前美国的环境中,可以肯定的是,赞成支出财政的理论并不占支配地位,相反的情形也很有可能成立。

那种认为因投票者目光短浅而导致预算过度偏差的看法,同样无法确定。投票者可能会意识不到税收负担,特别是在非直流税方面,反税收促进也可能导致对税收负担的夸大看法。此外,一些支出项目产生的福利,它拥有的间接的和疏远的性质会导致价值低估(Downs,1960)。但再一次地我要说,净效应不容易估计。

尽管投票模型通常关注的是单个投票者的行为,但对于财政政治过程而言,更为现实的解释是从利益集团来进行的。具有相似兴趣点的投票者联系在一起，表达出共同利益、建立起投票集团，并因此分摊为推动共同利益而花费的成本。此外，个体将从各种不同的视角来看待他们在群体中的成员资格。一方面，他们作为消费者，会和那些具有相似消费利益的人来往；另一方面，他们将加入那些生产者以共享生产利益。因此，国防支出的支持者，既有那些希望拥有更强国防力量的人，也有那些从国防产业中获得收入的人。公路建设，同时得到司机和建筑产业的支持。教育既得到支持学习者的推动，也得到职业教师的推动。来自生产方的共同利益，把资本和劳动力结合在一起，因此从一维（阶级或者收入群体）来解释群体冲突会得出相反的结果。由于对生产者利益的控制，往往集中于人数较少的决策者（公司和工会）身上，他们的影响比消费者群体可能更占优势。因此，尽管消费者推动能有助于有效率的预算选择，但生产者压力往往会扭曲预算结构（在预算总额既定的约束下）或导致过大的预算规模。

但要再一次地说，压力集团对预算规模的影响不仅仅来自支出方。推动支出项目的利益集团，得到了其他反对征税的集团的配合，无论它们是要求普遍性降低税收，还是要求对具体使用方向或收入来源实行优惠对待。如果可以依赖抵消性力量机制（Galbraith, 1952）建立起平衡的力量结构，那就会清除扭曲性影响，但情况很少会这样如意。随着持续进行的项目不断膨胀带来的增量收益下降和效率成本增加，再期待会出现精巧的平衡似乎不现实（Becker, 1983）。单独进行讨价还价的效率成本，不需要由讨价还价的各方来承担，而是会转变为社会成本。因此，不能期待压力集团之间的互动会产生最优的结果。但是一旦考虑到双方（即支持支出和反对征税）或压力集团的活动，那么预算规模的净扭曲效应不一定就导向过度的扩张，这种净效应也不一定就一直增长，由此可以解释预算增长问题。和社会过程的其他方面一样，这里的问题要比简单的定理考虑到的更复杂。如果和特定情形（比如在美国预算中，20世纪50年代的公路支出、20世纪60年代的教育支出、20世纪70年代的福利救济和社会保险支出，或者20世纪80年代国防支出的增长）相联系，那样再把财政上的讨价还价过程进行建模将会更成功。

第二十章　过度偏差和预算增长的性质(1985)

三、物品和服务的预算提供(2)：官僚强加

除了投票偏差之外，过度预算增长的另一来源据说是公共官员或者说"官僚"的行为。在这一理论中，政府被视为一种权力日益增加的强制性力量，它独立于人民的利益甚至和人民的利益相反。在财政学中，对官员的假设是，他们希望最大化其预算且有权力来强加他们的愿望。

(一)垄断性政府部门

这一理论认为，政府部门负责人希望最大化他们的预算规模(Niskanen, 1971)。就算预算总成本超过了总收益，他们也会给立法机关提交数额最大的可能预算，而立法机关将接受这种预算。由于这一预算超过了边际成本和边际收益相等时的有效率预算，于是过度预算就此产生。此外，日益增加的官僚力量，也增强了对预算增长的这一解释。这种对官僚行为解释背后的假说有点价值，但远非结论性的。

首先，这种解释假设立法机关有足够的意识来比较收益与成本(而不是温和地对待成本)，同时假设立法机关天真地只考虑总量而不考虑边际条件，这样的假设是不现实的。立法机关已经配备了越来越多的技术人员，他们并不乏精明，因此该来源产生的预算偏差应该下降，而不是增加。

其次，我们怀疑政府部门负责人的最重要目标是否确实为最大化他们的预算。这样的设想，从预算膨胀涉及个人收益、自利是"世界上唯一的主导力量"(the only game in town)等命题而来。这一极端的命题如果正确的话，那将意味着只有市场型的组织才能有效地发挥作用，而公共部门运营在天性上注定是无效率的。但是如此极端的假设误读了人性。政府部门负责人，也会受他们视为公共利益的内容引导(Colm, 1955)，受发挥自己专长的愿望引导，或者作为韦伯意义上的公务员，受执行那些已经安排给他们的政策的承诺引导。在以这些身份活动时，他们的目标将是最优化预算而非最大化预算。尽管政府部门负责人往往会高估特定项目的重要性，但这未必会让他不再考虑整体预算的构成。此外，即使自利是指引性动机，政府部门负责人也会发现，

审慎预算会让他们得到上级的回报。一时流行的话语在当时让人印象深刻（The semantics of the current discussion itself is telling）。在某个十年中，公务员的优点会被拿来跟资本家的缺点比较；而在下一个十年，官僚的缺点可能会被拿来和企业家的优点比较。

最后，绝对不能忽略的是，政府部门负责人通常是在一般预算过程中活动的。在这个竞争预算资金的环境中，每个政府部门的负责人都要陈述自己所在部门的预算要求，然后他的这些要求会被拿来跟其他人的要求进行比较，最终的选择受到预算整体规模的限制。预算整体规模又基于税收政策或可接受的赤字金额的考虑，并最终受投票者的控制。由选票决定的政务官又受到各种约束，这一切进而影响到政府部门负责人的可行选择。预算过程的质量和相关人员的技术专长，会随时间流逝而不断得到提高，而不是变得更坏。尽管现实状况和理想公务员图景并不完全一致，但现在流行的笨拙的官僚（heavy-handed bureaucrats）将自身利益强加在公众之上的漫画图景，也没有反映出现实状况。

（二）议程设置

政府官员用来扩大预算的第二个手段，被说成是动用议程设置。在直接民主的环境下，政府官员被认为有权决定投票者将要表决的议题。他们会提交带来最大预算规模的议案，而该议案能获得多数票支持，可是如果让投票者自由选择的话，投票者将倾向于赞成较小的预算规模。不过，此处要再次质疑权力、动机、天真的投票者等。也就是说，管理者是否真的拥有设置议程的权力？他们是否前后一致地希望预算最大化？投票者是否确实无助地被动地受制于官僚设置的议程？"抗税"运动以及越来越多地用全民公决来限制财政活动的现象，让这一命题显得并不怎么可信。

四、再分配政策

如前所述，由预算来提供物品和服务，会附带分配性作用；不过这样的作用并非政策的目的，只是因投票过程产生的方案并不完美而出现的。不同于这一副作用,我们现在转而讨论目的就在于以系统方式来实现收入再分配的那些政策,比如说将高收入群体的收入再分配给低收入群体,或者在代际间或地区间进行再分配。需要区分两种类型的再分配(Tullock,1983),即无意的再分配和有意的再分配,不过我们现在只关注后者。如前所述,再分配项目对预算增长的贡献很大;在分析这一增长的性质时,我们必须再次考虑下面的问题:这些导致过度预算规模的再分配项目,是反映了政治制度的合法选择呢,还是反映了政治制度的偏差? 和前面说的一样,如果没有建立起最优水平的标准,就无法加以考虑。如果说对公共品提供设置操作性标准是困难的话,那么在分配方面设置操作性标准,困难会大大增加。

(一)自愿性再分配

我们先从自愿性再分配的简单例子开始讨论。在这里作为起点的是,现行的收入(或财富)分配并没有受到质疑,因此只有自愿性再分配是被允许的。由此又可以区分两种情形:(1)高收入者 H 自己赠予给低收入者 L 一部分收入并从中获得满足;(2)H 看到 L 收入增加并得到满足,而不管这笔钱是由 H 自己赠予的还是由其他人赠予的。

在第一种情形下,再分配是一种私人品。没有外部性出现,也因此无须预算行动出现。[①] H 不断地赠予金钱给 L,直到由此获得的边际效用等于将金钱投入其他用途获得的效用为止。就这样,帕累托最优赠予的均衡实现(Hochman and Rogers,1969)。

在第二种情形下,再分配是公共品。赠予者独立行动,然后遭遇了搭便车的问题。A 向 Z 赠予并因此取得的收益,由 B 和 C 来分享。再一次地,搭便车问题会要求由预算出面,此时的情形类似于图 20—1。现在再分配预算的规模可以由横轴来衡量,而纵轴上 $OS=1$(美元)表示的是 1 美元再分配的加总成本。现在 D_h、D_m 和 D_l,分别表示的是 H、M 和 L 转移给 Z 的各连续金额的边际评价。Z 确实获益,但是他的偏好(或者对转移资金的需求)并没有得到考虑,或者只是通过影响赠予者的收益间接地得到考虑。由于我们处理

[①] 这里我们不考虑会出现违反常理的外部性。即使此时随着由 H 给予,通过提高 L 的收入,会降低由类似的赠予能让 H 可以获得的满足。

的是自愿分配的情形,Z 并不参加投票。再分配的最优预算要求达到 OV(林达尔解),其中 H 捐助 V_h、M 捐助 V_m、L 捐助 V_l。但是相应的偏好并不知道,因此需要投票。投票结果会再次导致较小或较大的预算,这取决于以前提到的条件。和之前一样,根据 H、M 和 L 获得的总福利(见图 20-2)来定义最优结果是可取的,但仍然不支持预算结果将过度或不足的说法。

(二)初始分配的标准

无论前面的结果可能是什么,都要注意这一自愿性再分配(无论是将再分配视为私人品还是视为社会物品)的过程,只涉及第二个方面。它们的结果反映了收入的初始主导型分配及其接受者的偏好(Musgrave,1970)。需要进一步考虑的是初次分配(以及与之相伴的潜在自愿性再分配的基础),它是一个更基本的问题。尽管讨论了这么多年,近年来这一问题又成为活跃的话题。在此我们可以分别用 3 个不同的模型,即应得权利(entitlement)模型、功利主义模型和公平模型来进行分析。

在天平的一端,站着的是应得权利模型。该模型从洛克的传统中成长而来,以神法或自然法为基础,坚持认为从市场中获得的收益构成合法的应得权利。在该模型基础上再加上公平转让(通过交换或赠送)的概念,那由此出现的分配结果(无论会是什么)都将被认为是公平的(Nozick,1974)。尽管公平转让的概念并不简单(如要求存在竞争性市场吗?外部成本怎么办?),但它的基本前提还是清楚的。如同在前面部分讨论过的,只有自愿性再分配是可许的。在多数票规则或者某种其他的具体投票规则下,初始的再分配将被排除在外。若用这一标准来衡量,最近几十年转移支付方面的大量增长就会被视为非法。

在应得权利之外,其他模型认为,能力是任意分布的,获取收入的能力并不构成赏罚的基础(a basis for desert),因此分配正义需要另外的标准。在分配正义思想发展的较早阶段,从边沁经密尔、埃奇沃斯再到庇古,他们的思想确定将群体总效用最大化作为标准。随着 20 世纪 30 年代"新福利经济学"的出现,这一标准背后的效用可比较的假设被放弃了,于是就出现了社会福利函数的概念。在开始时,有人认为该函数反映的是某个特定指导者(a particular

第二十章 过度偏差和预算增长的性质(1985)

counsellor)的社会价值(Bergson,1938),后来认为它是经由投票反映出来的集合性群体的偏好,对它能否达成一个前后一致的函数也有人表示怀疑(Arrow,1951)。不过,社会福利函数现在仍被广泛地采用,并使用诸如固定弹性这样数学上方便的形式,以便将分配的权重引入到政策评价中来。

不过哲学家采用的社会正义观要求,必须去探究在构建社会福利函数时所采用的方便数学之后的东西,并寻求应该满足的那种标准。让我们回到《圣经》中的黄金法则,或者罗尔斯(1971)予以形式化的康德理论中的普遍性原则、公平原则,这些法则或原则都要求参与社会契约形成的个体,必须从不偏不倚的角度看待分配正义问题。当一个人不知道自己在分配中将要处于何种位置,他对合意的分配状态(比如基尼系数的水平)的选择行为,就变成在不确定状态下追求效用最大化的一种练习。因此让人毫不吃惊的是,这一方法的早期贡献由经济学家做出(Harsanyi,1953;Harsanyi and Vickrey,1960)。在被分配的收入数量固定的前提下,风险规避者会要求实行平均分配。但在考虑收入再分配的效率成本后,极度的风险规避行为会导致出现最大最小状态(maximin),而较低水平的风险规避行为会要求程度不同的不平等。在这一方法背后的公平观念很吸引人,但是按照风险规避来分析分配正义似乎是有疑问的。我发现,在最初阶段,将面纱后的无偏私(disinterestness under the veil)的假设和基于自身的风险规避做出选择的假设结合在一起,是令人烦恼的。我也发现,先以无偏私的方式选择,在经过"宪法阶段"后又恢复到自利状态,然后通过在劳动力供给上的逆反应(adverse responses)来阻碍再分配措施,这样的逻辑是前后不一致的(Musgrave,1974)。但是正是这样的反应,(在极端风险规避的假定前提下)才带来最大最小的结论。当然也可以不接受极端风险规避的假设(Arrow,1973)。在不确定情形下追求效用最大化,是解释投机行为的良好工具,但它并不等于可以由此产生一个正义理论。

那么,我们从哪里才能找到一个有效的标准呢?尽管我找到了符合我的喜好的公平方式,但我看不出有客观的基础可以让我们得出结论说,某个特定的公平模式是"恰当的",或者洛克的应得权利是"错误的"。诺齐克被批评为视洛克的应得权利为理所当然,而没能证明其正确性(Nagel,1975)。我怀疑,是否可以给出这样的一种证明(无论是对应得权利来说还是对公平来说)。由于同样的原因,当哈耶克(1976)断言只有正义的过程概念有意义而作为结果状态的分配正义只是一种幻想时,他是错误的。如果像哈耶克所说的那样,我们无法想象正义的结果状态是什么,那么正义的起点又如何定义呢?从不正义的起点出发的正义过程又有什么价值呢?诺齐克意识到了这一点,但是他用一个"底线"概念(baseline concept)来回避其实几乎不能解决的问题(Musgrave,1983)。总之,可以有不止一个辩护位置,选择哪一个(比如洛克的应得权利或公平)不仅仅取决于在社会过程中的可行性(workability),也取决于个人的价值判断,即一个人如何看待好社会以及个体在其中的角色。

尽管上面的这些观点在社会成员间存在着差异,但这并不意味着无论采用哪种政策,都必然真实地反映了这些观点。在判断再分配政策的水平是过高还是过低时,必须参考从社会成员的观点中派生出来的所谓社会考虑过的意图。这实际上要求的是,把应得权利和公平的考虑结合在一起(比如说,交易税率不要超过 $x\%$,或者收入水平不要低于 y 美元)。此外,分配方面的考虑可以以一般的方式进行,也可以用类别的方式(in categorical terms)进行(Tobin,1970),把它作为优值品的一种特例。如上所述,在初始分配中正义的运用也会和某些物品的可获得水平相关,而不是跟收入的整体水平相关。

由于对分配正义的理解会随着时间而发生变化,因此设定分配正义标准的问题就变得进一步复杂了。社会价值是文化现象,而不仅仅是个体孤立的理解。从 20 世纪 30 年代到 70 年代(福利国家兴起的年代),对多数人似乎合意的社会价值,在 80 年代及之后变化了的氛围中似乎不再如此。康德拉捷夫周期(Kondratieffs)既会在文化领域也会在经济领域起作用。[①]

(三)对分配的讨价还价

现在考虑这么一个环境,在其中,社会将勤劳收入的应得权利接受为正当标准,但是要求按多数票决策规则接受调整(即再分配)。假设有 3 个人 H、M 和 L,他们对收入再分配进行讨价还价。为了简化和避免总的不确定,我们进一步假设转移支付受排名次序不能逆转的约束,这样就将针对变化所做的调

[①] 康德拉捷夫周期由苏联经济学家康德拉捷夫提出,他认为经济发展过程中存在着周期为 50 年左右的景气与萧条交替的长期波动。——译者注

整限制在初始收入分布的范围内。如此一来就会出现3种组合状态；L 和 M 结盟 Vs H；M 和 H 结盟 Vs L；L 和 H 结盟 Vs M。[①] 哪一种结盟会胜出，取决于许多因素，包括执行的可行性、收入水平的分布、投票参与情况等。

L 和 M 结盟（从 H 那里转移收入），可以通过负所得税或者将累进所得税和累退性（支持穷人的）转移支付组合在一起，以执行再分配任务。M 和 H 的结盟将要求执行累退税和累进性转移支付任务，而 L 和 H 的结盟将要求实行 U 型转移支付模式以及具有隆起曲线的有效税率。现代财政制度的发展（特别是累进所得税的兴起），有利于实现 H 和 M 间的结盟(Stigler,1970)；但是也可以认为（也许这样更正当），这些制度的发展已经顺应了那种结盟的目标。

接下来，联盟的选择取决于 H 和 M 间以及 M 和 L 间的收入分配。为简化起见，让我们进一步假设各个联盟在盟友间平均分配收益。然后可以证明，在什么条件下，会产生某个联盟或其他联盟。如果 1/3(H-M) 超过 1/2L 和 1/2(M-L)，联盟 M、L 将胜出；如果 1/2L 超过 1/3(H-M) 和 1/2(M-L)，联盟 M、H 将胜出；如果 1/2(M-L) 超过 1/3(H-M) 和 1/2L，联盟 H、L 将胜出。考虑到收入分配通常表明 H-M 超过 MvL，所以平均收入超过中位数收入，M、L 联盟最可能胜出(Meltzer and Richard,1981)。由于 H 注定从最可能胜出的两个联盟中获益，"迪雷克托法则"(Director's Law)(Stigler,1970)意味着再分配将倾向于中间群体。[②] 但是并非一定如此。M、L 联盟的主角（而不是平分收益）很可能将收入从 H 转移到 L。我们对美国分配净收益的估计（尽管一定是粗糙的）表明，较高收入者损失，而较低收入者获益，盈亏平衡点大体是在中位数收入处(Musgrave et al.,1974)。

而且，联盟的选择也取决于投票参与。如果参与度和收入正相关，就像美国的情形，那么 L 作为联盟盟友的权重将下降。出于同样的原因，低收入投票者的参与度（实际的或潜在的）上升，会提高 L 的权重。在解释 20 世纪 60

---

① 这3种组合的最后一个，原文为"H versus M and L"。这实际上就是第一种组合，而非新组合。联系上下文，这里第3种组合应为 L 和 H 对 M。——译者注

② 迪雷克托法则(Director's Law)的具体内容是，大量的公共项目主要是让中间阶层受益的，但是其资金来源主要是社会上层和下层纳的税。该经验法则首先由芝加哥大学法学院教授、芝加哥学派代表人物之一迪雷克托(Aaron Director,1901—2004)提出，故以其名字命名。——译者注

年代美国公民权立法后社会项目的膨胀时,这一点是其中的重要原因。不过,再分配的实际水平,事实上少于讨价还价模型所暗示的。H 和 M,M 和 L 间的实际差距(在调整后)仍然存在。这一现象有各种不同的原因。由于希望在收入级别上达到较高的水平,个体会反对再分配。而且,他们的自利也会受限于他们所认为的洛克式正义分配状态。或者,他们也许会害怕再分配对总收入水平(以及伴随收入而来的自身地位)的有害效果。

(四)搅动

从稍微不同的角度来看,有人认为,尽管分配项目在范围上快速扩大,但它们对分配的综合净效应一直很轻微。其论据是,这些项目是无效率的,其结果只是资金的纯粹"搅动",而没有多少面向底层的再分配。在相当程度上,这反映了将福利救济与社会保险制度两类项目结合在一起的情况,而这二者在转移支付的膨胀中一直是重要因素。但是考虑到此二者在项目上的不同目的,将它们结合在一起是不适当的。福利救济项目被设计成用来向下再分配,而养老保险项目(恰当理解的话)是以避免代际间不平等的方式来提供保障的(Musgrave et al.,1981a),而不是致力于在高收入群体和低收入群体之间进行再分配。再一次地要说,预算增长的原因必须给予解释,它跟特定项目相关的价值必须进行评估。如果对特定项目进行考察的话,那似乎总体上的搅动可以显示出更有意义的模式(pattern)。

(五)效率成本

仍然需要提及的是,预算活动——无论是提供公共品还是执行转移支付——涉及效率成本,而这种成本可能会超过预算数额。因此,公共项目会带来无谓损失,而这增加了它们的社会成本。这当然不构成反对这些项目的先验理由,但是在权衡项目收益时,需要考虑这些额外的成本。因为这些额外的成本被忽视,于是就产生了过度预算的偏差倾向;而如此日益增加的倾向,就会成为过度预算增长的来源。由于1美元收入的效率成本往往随着税收水平的上升而上升,无效率的决策在可能性上就增加了。与此同时,变高的效率成本也更容易被发现,并更可能被考虑到(甚至被过度考虑)。

从更广阔的视野看,预算部门的扩张会在某个点上和市场经济的运作不相容。但是,也可能是要求制度进行调整来适应公共部门的目标。尽管在任何组织形式中,工作激励问题都不可回避,但激励储蓄和投资确实是经济组织的一个功能。因此,这样的关系可能在两种方向上发挥作用:公共部门的目标会受到经济组织的限制,但是后者也会调适自己去服务公共部门的目标。如果进一步在更广阔的背景中讨论的话,那么分配政策会影响普遍规则(个体在此框架内活动),并进而会对自由的范围与质量产生影响。但是那种质量与分配正义并非不相干(忍受贫穷的自由并不是什么高价值的自由),二者必须联系在一起加以判断。因此,当我们的讨论回到如何看待"好社会",回到在民主过程中如何调和不同的观点时,就完成了一个循环(the circle)。

再分配项目的增加——无论是现金还实物——已经成为预算膨胀的重要因素。但是,并不清楚的是,这种增加,在多大程度上来自投票者用"合法过程"来反映自己不断变化的有关收入分配的偏好,在多大程度上又是因政治制度(预算决策由它形成)功能故障而产生的结果。

五、结 论

在本章的开头,我们断言,在提供公共品方面不存在过度偏差的现成理论;在推导"客观"标准(基于该标准来衡量再分配的"恰当"范围)时,困难甚至更严重。如我所看到的,现实的评估并不支持那种认为财政过程的扭曲是预算增长的主要原因的理论;它也不支持偏差一定是偏向过度的命题。很有可能的是,公众(大致来说,并随时间而修正)总的来说得到了想要的。一个人自身的偏好会赞成或者谴责预算的增长,但是这不同于发现预算过度,而判断是否过度的标准又异于我们前面考察过的那些。

如果上述解释是正确的话,那么我们就不该基于预算过度的前提来开展财政改革,也因此不该像现在一样,只是要求限制预算规模(Brennan and Buchanan,1980;McKenzie,1984)。相反,我们应该对财政改革进行设计,以改进信息传递方式并方便将投票者偏好转变为政策行动,这样做可以改进预算的构成与范围,而不管结果是增加还是降低预算的规模。

参考文献

Arrow, Kenneth (1951), *Social choice and individual value*, Wiley: New York.

Arrow, Kenneth (1973), 'Some ordinalist-utilitarian notes on Rawl's theory of justice', *Journal of Philosophy* 70, 245—80.

Becker, Gary S. (1983), 'A theory of competition among pressure groups for political influence', *The Quarterly Journal of Economics* XCVIII, (3), 371—406.

Bergson, Abram (1938), 'A reformation of certain aspects of welfare economies', *Quarterly Journal of Economics*, 52, 310—34.

Black, R. D. (1958), *The theory of committees and elections*, Cambridge: Cambridge University Press.

Brennan, Geoffrey and James Buchanan (1980), *The power to tax*, Cambridge: Cambridge University Press.

Buchanan, James (1975), *The limits of liberty*, Chicago: University of Chicago Press.

Buchanan James and Gordon Tullock (1962), *The calculus of consent*, Ann Arbor: University of Michigan Press.

Colm, Gerhardt (1955), *Essays in public finance and fiscal policy*, Tubingen: Mohr.

Downs, Anthony (1957), *An economic theory of democracy*, New York: Harper and Row.

Downs, A. (1960), *Why the government budget is too small in a democracy*, World Politics.

Friedman, Milton (1948), 'A monetary and fiscal framework for economic stability', *American Economic Review*, XXXVIII, (3), 245—65.

Galbraith, Kenneth (1952), *American capitalism; The concept of countervailing power*, Boston: Houghton Mifflin.

Harsanyi, J. (1953), *Conditional utility in welfare and in the theory of risk-taking*, Journal of Public Economy 61, 434—5.

Hayek, Eriedrich (1976), *Law, legislation and liberty, vol II: The mirage of social justice*, Chicago: University of Chicago Press.

Hochman, H. and Rogers, J. (1969), 'Pareto-optimal redistribution', *American Economic Review*, 59. 542—57.

Lindahl, E. (1919), *Die Gerechtigkeit der Besteuerung* (Lund. Sweden) See also excerpts in

Musgrave and Peacock, eds. , 1967, Classics in the theory of public finance, New York: St. Martins Press.

McKenzie, R (1984), (ed.)*Constitutional economics*, Lexington, MA: Heath & Company.

Meltzer, A. H. and S. F. Richard (1981), 'Tests of a rational theory of the size of government', *Journal of Political Economy*, October.

Musgrave, R. (1959), *The theory of public finance*, New York: McGraw-Hill.

Musgrave, R. (1969), *Provision for social goods*, in J. Margolis and T. Guitton (eds), Public economics, London: Macmillan.

Musgrave, R. (1970), 'Pareto optimal redistribution: Comments', *American Economic Review*, 60, (5).

Musgrave, R. (1974), 'Maximin, uncertainty, and the leisure trade-off', *Quarterly Journal of Economics*.

Musgrave, R. (1980), 'Theories of fiscal crisis', in: H. Aaron and M. Boskin (eds), *The economics of taxation*, Washington DC: Brookings Institution.

Musgrave, R. (1981a), 'Financing social security', in Skidmore (eds), *Social security financing*, Cambridge: MIT Press.

Musgrave, R. (1981b), Leviathan cometh-or does he?, in H. Ladd and H. Tideman, (eds), *Taxable expenditure limitations*, Washington DC: Urban Institute Press.

Musgrave, R. (1983), 'Private labor and common land', in: C. Break (ed), *State and local finance*, Madison: University of Wisconsin Press.

Musgrave, R. , K. Case and H. Leonard (1974), 'The distribution of fiscal burdens and benefits', *Public Finance Quarterly*.

Musgrave, R. and P. B. Musgrave (1984), *Public finance in theory and practice*, 4th edn, New York: McGraw Hill.

Nagel, T. (1975), 'Libertarianism without foundation', *The Yale Law Journal*.

Niskanen, W. (1971), *Bureaucracy and representative government*, Chicago: Aldine.

Nozick, R. (1974), *Anarchy, state, and Utopia*, New York: Basic Books.

Olson, Mansor (1965), *The logic of collective action*, Cambridge: Harvard University Press.

Pigou, A. (1928), *A study in public finance*, London: Macmillan.

Rawls, John (1971, *A theory of justice*, Cambridge: Harvard University Press.

Samuelson, Paul (1954), 'The pure theory of public expenditures', *Review of Economics* and Statistics, 36, 350—56.

Samuelson, Paul (1955), 'Diagrammatic exposition of a theory of public expenditures', *Review of Economics and Statistics*, 35, 387—9.

Stigler, George (1970), 'Director's law of public income redistribution', *Journal of Law and Economics*, 13, 1—4.

Tobin, James (1970), 'On limiting the domain of inequality', *Journal of Law and Economics*, 13, 263—79.

Tullock, Gordon (1959), 'Some problems of majority voting', *Journal of Political Economy*, 67, 571—9.

Tullock, Gordon (1983), *Economics of income redistribution*, Kluwer: Boston.

Vickrey, William (1960), 'Utility, strategy and social decision rules', *Quarterly Journal of Economics*, 74, 507—35.

Wicksell, Knut (1896), 'Finanztheoretische untersuchungen' (Jena: Fischer). For excerpts, see Musgrave and Peacock (eds), (1968), *Classics in the Theory of Public Finance*, New York: St. Martin's Press.

Wittman, Donald (1974), 'Parties as utility maximizes', *American Political Review*, 9.

第二十一章　论财政搅动(1988)[①]

由于过量的"搅动"或"横向拖动"(crosshauling)(即不发挥作用的税收和支出流动,它们增加了预算规模,但因收支相互抵消而增加了不必要的负担)的存在,财政制度一直以来都受到批评。[②] 对此,更进一步地思考可以发现,搅动的概念似乎并不确定,它的含义因预算环境而发生变化。在这里我们区分出问题的两个方面:一是,以一组实质性项目为既定前提来考虑,怎样以最低的搅动来执行这些项目,从中可以得到什么;二是,思考搅动是怎么进入有关项目设计的政治过程中的。尽管本章第一部分让考察财政搅动相对简单且在应用时具有可操作性,但第二部分对概念的修正让它不容衡量,且在概念解释时更具有争议性。

一、无法相互抵消的财政搅动

在这一部分,我们思考的是:在实施内容既定的项目时,如何让财政搅动最小化?为此目的,"搅动"可以被定义为总税收减少的百分比;或者,假如预算是平衡的,那"搅动"可以被定义为不用改变项目内容而通过抵消即可得到

---

① 与 Peggy B. Musgrave 合作。载于 G. Brennan, B. Grewal and P. Groenewegen(eds). *Taxation and Fiscal Federalism*, *Essays in Honour of Russell Mathews*, Canberra: Australian National University Press, 1988:14—28。

② 当写这一章时,我们认为财政搅动的概念是个经常使用的术语,在文献中已经得到定义和处理。然而情况似乎不是这样。实际上,我们注意到,对我们的研究有贡献的唯一一篇参考文献是 Assar Lindbeck 最近的文章 '*Distribution policy and the expansion of the public sector*' (*Journal of Public Economics*,1986)。在这篇文章中,财政搅动被认为是带来过度预算的政治过程的副产品。

403

确保的支出。相互抵消的可能性与含义会有差异,而这又取决于以下环境或情形:税收和收益采用的是定额的形式,还是和收款人或受益者的经济基础相关?支出是采用转移支出的形式,还是采用实物的形式?支出是一般形式,还是采用类别形式?提供的物品在性质上是私人品,还是社会物品?

(一)税收和定额转移支付

让我们从最简单的情况开始思考,假设支出以现金转移支付形式进行,与此同时税收和转移支付又以定额形式(也就是说,与纳税人或受益者的经济基础无关)展开。

表21—1的情形Ⅰ表明,A、B、C每人缴纳100美元的人头税,同时收到相等数额的转移支付。很明显,这涉及100%的财政搅动,因为预算的净效应为零,而如果废除它,除了节省"交易成本"外,什么都没有改变。情形Ⅱ显示了另一个100%财政搅动的例子。我们再次假设预算统一由人头税筹资,而转移支付通过3个项目实施,即P_1是针对盲人的转移支付,P_2是针对聋人的转移支付,P_3是针对哑巴的转移支付。假设转移支付的数额相同,群体内的所有成员都有资格获得其中一个或另一个转移支付项目,其结果再次是100%的财政搅动。和之前一样,如果废除它,就可以节省交易成本。但是这些都是不现实的情形。

现在再转向情形Ⅲ。我们假设,向盲人A和哑巴B发放福利,但对没有这些苦难的C不发放。现在相互抵消(Netting out)政策允许,在A和B减少纳税的同时减少他们的福利发放,只有C的税收仍需缴纳。由此可见,通过相互抵消政策,我们去掉了2/3的搅动率。在情形Ⅳ下,我们取消等额税收的假设,再假设按照一个人的身高来征收不同的税收。在相互抵消前,搅动率等于1/2。通过给A和B免税,同时削减他们对应的转移支付,并仅对C征税,搅动可以再次得到清除。如果允许税收和转移支付存在差异的话,前面的考虑仍然适用。

在上述所有情形中,相互抵消的做法允许同时削减税收金额与转移支付额,因而能带来规模较小的预算,这么做不会影响预算的实质。注意,相互抵消是在总的税收和福利模式确定后展开的,而这一模式又由各种不同的税收和福利项目决定。相互抵消只涉及文书的过程和交易成本的节省,[①]而不是用来代替潜在项目的需要的。如下所述,在福利项目构建过程中,实际上会因把相互抵消加入税制(即将支出项目转变为"税式支出"项目)而变得混乱。如果将清理"税式支出"作为税制改革一个可以接受的目标的话,那么相互抵消的情形(尽管在原则上有效)在实践中很可能也是有限的。

表 21-1

	搅动水平				
	A	B	C	D	相互抵消前的搅动率
情形 I					
税收	100	100	100	300	
转移支付	100	100	100	300	
净收益	—	—	—	—	1
情形 II					
税收	100	100	100	300	
转移支付 P_1	100	—	—	100	
转移支付 P_2	—	100	—	100	
转移支付 P_3	—	—	100	100	
净收益	—	—	—	—	1
情形 III					
税收	100	100	100	300	
转移支付 P_1	125	—	—	125	
转移支付 P_2	—	175	—	175	
净收益	+25	+75	−100	—	2/3

[①] 这里使用的"交易成本"术语,和加快支出与收入流的行政成本(花费的时间、使用的邮费等)有关。即使在定额收支的情形下它也适用,和无谓损失问题无关。

续表

	A	B	C	D	相互抵消前的搅动率
情形Ⅳ					
税收	50	100	150	300	
转移支付 P_1	125	—	—	125	
转移支付 P_2	—	175	—	175	
净收益	+75	+75	−150	—	1/2

(二)非定额税和定额转移支付

现在我们放松税收和转移支付是定额形式的假设,把它们和纳税人或受益者的经济基础联系起来,以便将无谓损失考虑进去。如表21−1中的情形Ⅳ,现在假设税收采取所得税的形式,而转移支付和情形Ⅲ一样仍然是定额形式。相互抵消将减少A和B支付的税收,但是它不会降低征税的无谓损失。和之前一样,从相互抵消中获得的收益节省了交易成本。

图21−1说明了这点。A在引进预算前的位置是在无差异曲线 i_l 上的 M点。随着征收所得税,净工资曲线从 EF 向下旋转至 EG;而随着加上了定额转移支付 GH,它上移到 HJ。取决于其有关物品和闲暇的偏好,A会移动到诸如N这样的位置,此时他留下净税收 WN,这等于税收 VW 减去转移支付 VN;若移动到 P,此时二者都取消了;若移动到 Q,此时他收到 QS 的净转移支付。无论是什么精确结果,在这里重要的是,如果用净转移支付代替分成两步的税收−转移支付计划,可以实现相同的结果。在图21−1中,这一净转移支付曲线由 KJ 给出,它等于转移支付数额 GH 减去税收数额(由 EF 和 EG 之差表示)。将 KJ 加到 EF 之上,得到和两步程序相同的机会轨迹(opportunity locus)HJ。就所得税导致无谓损失的程度而言,无谓损失的大小

不会受相互抵消的影响。①

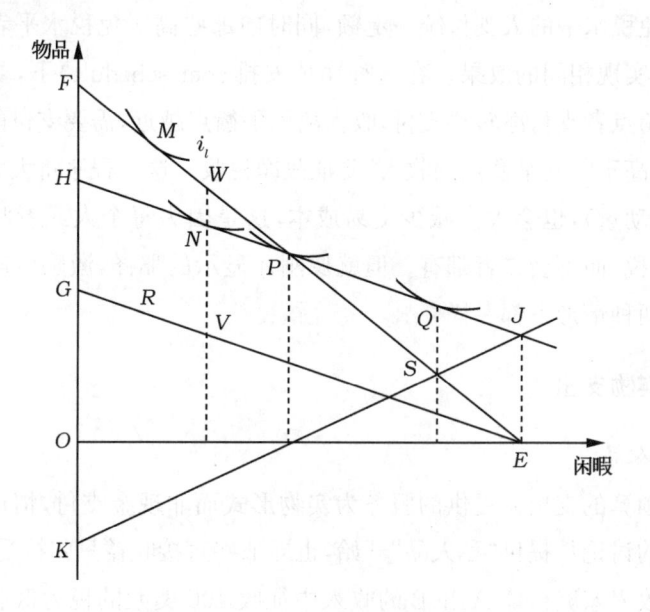

图21—1 无谓损失和相互抵消

给定项目中所得税和定额转移支付这样两个组成成分,净转移支付就变成了收入的负函数,因为无论是两种措施分开,还是只是相应的净值方案,A的反应将完全一样。

如果将定额税和收入转移支付组合在一起,相同的推理仍然适用,因为净收益或净损失再一次地成为收入的函数,纳税人对净所得做出回应,并由此产生了无谓损失。

(三)非定额税与非定额转移支付

最后,考虑预算的两边都和收入相关的情形,即此时随着收入的增加,税收增加而转移支付下降。当然,这是在负所得税情形下。像经常有人提议的那样,这种措施包含两个部分:一是付给所有人一个统一定额,二是对免税额

---

① 如果没有转移支付项目(并且将纳税人置于诸如 R 这样的点上),源自既定所得税的无谓损失的大小,将会不同于税收得到转移支付项目匹配时的结果。在图21-1中,如果移动到 N 或 P,A 的净地位将恶化。但是考虑到他回应的结果将把他置于 P 点的右边,他的地位将会经历净提高,因为他从转移支付收入中得到的收益会超过纳税额及其无谓损失。

以上的收入开征所得税(为转移支付而筹资,使用统一比率)。通过只向那些收入低于免税水平的人支付统一定额,同时向那些高于免税水平者征收净所得税,可以实现相同的效果。在这种净值安排(net schedule)下,要向收入低于收支平衡点者支付净转移支付,收入离该平衡点越近,需要支付的净转移支付越少;对高于收支平衡点的收入,要征收净税收。这一程序将大大减少交易量(也即搅动量),也会大大减少交易成本,这是因为每个人或者收到转移支付,或者纳税,而不会二者都有。但就像刚才显示的那样,激励效应和相应无谓损失在两种情形下都一样。

(四)实物支出

1. 私人品

如果预算的支出方提供的服务为实物形式而非现金支付,情形会如何不同?我们的讨论从提供"私人品"开始,也即那些直接收益只归接受者的物品。假设从高收入家庭群体 A 和 B 的收入中征收 100 美元的税为低收入家庭群体 C 的婴儿供应牛奶。C 群体的成员会倾向于接受现金,因为他们可以将现金用于购买牛奶以外的一些东西,假设他们可以从 70 美元的现金补助中获得相同的满意度。于是他们建议进行抵消,将税收金额从 100 美元减少到 70 美元。但是 A 和 B 并不同意,这是因为,他们从贫穷家庭婴儿的牛奶消费中获得的人际效用,多于从这些家庭的收入增加中获得的人际效用。"抵消"虽然减少了支付的数量,但也改变了项目的本质。因此,在这里并没有搅动发生。

还有一种可能性是,即使补助是实物形式的,但接受者会减少他们自己的牛奶购买量。他们自己购买牛奶的数额会减少 20 美元,在这种情形下,项目的结果只是增加了 80 美元的牛奶消费,同时增加了 20 美元的现金补助。在这种意义上,可以认为产生了某种形式的搅动。但是,该办法并非搅动,而是其他的手段。因此,与之相应的补助或价格补贴,较之统一定额(无论是以实物形式或是专项转移支付形式),会引起较少的漏出;与额外支出相匹配的转移支付,较之与总支出相匹配的转移支付,更有效。因此这就会产生漏出式财政搅动,但是抵消的简单情形(和转移支付有关)就不再适用。

2. 公共品

前面说到的物品和服务的提供,涉及的都是私人品的概念,也即那些其收益归于特定接受者的物品。现在考虑公共品的情形,也即那些收益并没有内化,而是普遍地可获得的物品。与私人品的区别在于,公共品如果没有预算出面,就无法提供。假设通过使用林达尔定价,对既定的公共品提供达成了一致,以至于对每个参与者而言,税收价格等于边际收益。由于边际内收益(intramarginal benefit)超过边际收益,所有成员都享受到了消费者剩余或者净收益。为了避免财政搅动,税收成本能否和前者相抵消呢?很明显不能,因为净收益将在过程中消失。在特定的转移支付以外,财政搅动的概念再次不适用。

(五)进一步的环境

在前面的讨论中,我们的论证以对特定个体的收益征税或者付给其特定利益为基础,但是同样的论证也适用于地区或者群体。

1. 财政联邦制

在联邦环境下,地区间财政安排具有极端的重要性,这些安排包括预算的收入方和支出方。在这里,可以区分出问题的不同方面。注意现在提到的交易,不涉及有偏差的政策决定,比如产生于财政政治学(将要在下述内容中考虑)的各种交易,而涉及那些各方能理解实质内容且达成了一致的交易。

(1)如同联邦德国的情形,全国政府 N 提供下述方案:从不同的地区 S 收取 T_s 的税金,并将收取的税金返还给它们。同时,N 也从 S 地区居民那里征收全国税 T_n。如果这两种税收有类似的税基,它们可以结合在一起征收,并因而降低纳税人的遵从成本。然而这并没有削减总税额;由于 T_s 在被 N 收取后,又被返还给 S 地区的政府而非 S 地区的个体纳税人,于是不产生相互抵消效应。

(2)全国政府 N 会使用自己的税收向地区政府提供一般性(非配套性)转移支付。在诸如澳大利亚和加拿大等联邦国家,这些政策得到了广泛的使用,而在美国以收入共享项目的形式也得到使用。如果这种转移支付被 S 地区居民的应纳税额抵消,财政搅动会无法避免吗?答案是"否",因为 S 地区居民的净结果将取决于 S 地区政府如何使用它们得到的补助。因此以下情形并不适于使用财政搅动的概念,即此时 N 地区从 S 地区居民那里收取所得税,并向 S 地区政府提供补助,S 地区政府转而给 S 地区中的盲人(其中一些人也向 N 纳税)提供现金支付。可以想象的是,会发生中性的抵消,但是只有在以下复杂过程的基础上:通过该过程,所有地区的转移支付立法,被整合为全国性税收立法。这样的抵消过程会增加而非减少交易成本。

(3) N 地区给 S 地区补助经常(如果不是通常的话)不以无限制的现金形式,而是以实物形式发放,或者和 S 地区承担的特定项目绑定在一起。这就进一步地加强了下面的结论:相互抵消会改变项目的实质。基于遗漏的财政搅动问题会再次出现,但正如前所述,这是无法通过相互抵消来解决的。

(4)从任何特定地区(比如 S_1)的角度看,它都会有兴趣去了解自己在全国预算中的净收益或净负担。因此,地区会将自己从全国支出中获得的收益(无论这些收益是通过从国家购买物品和服务中获得的收益的增加,还是通过消费者从全国性公共服务中获得的收益),和自己的税收贡献进行比较。假如 S_1 获得了 100 亿美元的收益,而给全国收入贡献了 70 亿美元,于是就产生了 30 亿美元的"净收益"。我们再假设地区 S_2 得到了到相应的"净损失"。很明显,如果取消全国预算,代之以由 S_2 向 S_1 转移支付 30 亿美元,[①]那情况不会不变。尽管地区净收益和净负担的分配是有趣的,也并非与政治无关,但这并不代表相互抵消是合适的解决办法。

2. 财政职能三分中的相互抵消

我们进一步来解释,如何将现在的讨论应用于财政职能三分的预算方案中,看其中存在的相互抵消。[②] 在那样的方案中,人们认为,由于将预算的资源配置、收入分配、经济稳定三个职能,安排在一个相互依赖的系统中,这样财政职能三分预算中包含的税收和转移支付就可以相互抵消,并因此给个体仅留下单一的现金支付或收入。这一情形很棒(par excellence),相互抵消只作为一个行政程序(clerical procedure)而引进,用来减少现金支付流;它不用取代财政职能三分预算中不同的项目,也不会影响无谓损失的结果。

3. 结论

我们已经考虑了一系列不同的情形,在每种情形下都询问,通过相互抵消

---

① 此处原文为"transfer from S_1 to S_2"。联系上下文,应为 S_2 向 S_1 转移支付。——译者注
② 见 R. A. Musgrave,*The Theory of Public Finance*,Newyork,McGraw-Hill,1959:ch. 2.

或者消除财政搅动,是否可以让实质性项目的结果相同? 能不能同时削减预算的名义规模? 同时还问,这么做可以获得什么? 我们发现,在一些情形下,相互抵消是可能的,由此减少了现金流、节省了交易成本,而不用事先放弃单个子预算的需要。在其他情形下可以证明,这种相互抵消不仅涉及节省交易成本,也减少了无谓损失。我们也看到,和转向转移支付或实物形式的服务相比,财政搅动的概念更适用于一般现金转移支付的情形。尽管可以将漏出的结果视为财政搅动,但这也许将此概念过度拓展了。我们已经证明,财政搅动的概念不能轻易地用于社会物品的提供,而只能将其主要的适用范围限于无条件转移支付的领域。

二、作为财政政治结果的财政搅动

现在让我们离开有效率的项目设计框架,考虑财政搅动作为政治过程固有的部分及作为项目结果的确定因素而出现的情形。由此可以区分各种不同的情形,包括设计项目在不同收入群体间进行纵向再分配,以及设计项目用于满足人口中特定群体(他们分享诸如年龄或区位等共同特征)的需要。

(一)纵向再分配项目

如同在中位数投票模型(不存在人际间的效用)环境中看到的,通过与低于中位数收入的投票者结盟,向高于中位数收入的人征税,再向那些低于中位数收入者转移收入,这样就能带来纵向的再分配。这一过程会继续下去,直到形成平等的分配。[①] 实际上,纵向再分配在远远没有达到这一目标之前就停止了,对此可以给出各种不同的解释。这其中包括,如果超出最大化收入点,那种再分配的实现将会减少可用于再分配的总收入,因此便会减少而非提高低于中位数收入者的收入。这一效果会超过进一步减少不平等带来的优点。此外,对再分配的支持,受到低收入投票者的下述期望的限制,即某天他们也

[①] 见 A. Meltzer and S. F. Richard, 'Tests of a rational theory of the size of government', *Journal of Political Economy*, 89, 1981; 以及 R. A. Musgrave, 'Excess bias and the nature of budget growth', *Journal of Public Economics*, 1986。

许会成为高收入群体的一员。最后,对再分配的支持,也受到承认获得收入的应得权利的分配正义观的限制。由于这些以及其他原因,显然,我们需要限制运用简单的中位数选民结果的公式。

纵向再分配的政治过程,如何与财政搅动产生关联?考虑一个按收入排列的5个投票者构成的群体,其中L_1的收入最低、L_2的收入次低。L_1和L_2想要从L_3、L_4和L_5那里获得再分配收入,但是这种计划无法形成多数。为了获得多数,就必须改变计划,以便将L_3也包含在受益者中。因此为了赢得多数,必须扩大受益者群体,但是这不涉及财政搅动。L_1、L_2和L_3将收到转移支付而不用纳税,而L_4和L_5将纳税而得不到转移支付。这一结果可以直接通过一个与收入相关的净值方案来取得:开始时在最低收入处的征收比例为负(转移支付),①在收支平衡点征收比例达到零,在更高的收入水平上征收比例为正(税收)。

只有当执行的方案涉及向所有的收入群体进行定额转移支付,并从某个较低的收入处开始征税时,才会出现财政搅动。然而如前所述,这样的再分配结果和使用相应的净值方案是一样的,因而可以轻易地避免财政搅动。总之,在纵向再分配的政治学中,财政搅动似乎并不是什么重要问题。

(二)特殊利益项目:单一项目

现在我们考虑特殊利益项目的提供,它不同于纵向转移支付。考虑项目P_1,投票者A、B和C分别给该项目赋予70美元、55美元和20美元的收益价值。项目的成本为150美元,假设采用定额税来筹资,这样每个人支付50美元。投票者A和B支持该项目,而C反对该项目,最终该项目通过了。尽管这个项目并没有效率,它也被接受了。然后可以想象发生一种侧面支付(side-payments)的过程,在其中C付给A 20美元,付给B 10美元,如果他们同意拒绝该项目的话。其结果是,A和B的处境较之前并没有改变,而C的处境

---

① 这里原文为"beginning with a positive(transfer)rate at the bottom"。联系上下文,这里应为负的征收比例,而非正的征收比例。——译者注

得到了改善。① 或者,考虑一个具有相同成本的项目 P_2,A、B 和 C 分别给该项目赋予 80 美元、40 美元和 35 美元的价值。尽管现在通过的这个项目是有效率的,它也会被拒绝。再假设 A 现在给 B 支付 10 美元、给 C 支付 15 美元,如果他们同意通过该项目的话。这样 B 和 C 的处境较之前并没有改变,而 A 的处境得到了改善。总之,多数票决策规则可能会导致无效率的结果(赞成无效率的项目或拒绝有效率的项目),我们可以考虑通过后续的侧面支付来解决这一缺陷。

图 21-2 显示的是相同的事情。假设每个人的纳税额是 OT,提供的公共品数量是 A,公共品的单价是 $OS(3 \times OT)$。最高需求者 H、中等需求者 M 形成了多数,他们的纳税额低于其的林达尔价格(分别等于 AG 和 AD),而最低需求者 L 被多数票击败,其纳税额多于其林达尔价格 AC。② 现在如果将公共品的提供量降低到 A^*,最低需求者 L 的消费者剩余将增加 KBC,这会超过最高需求者 H 和中等需求者 M 的消费者剩余损失 $KEDB+KFGB$。通过讨价还价再形成一个减小规模的预算契约,将对每个人都有利,这可以被视为

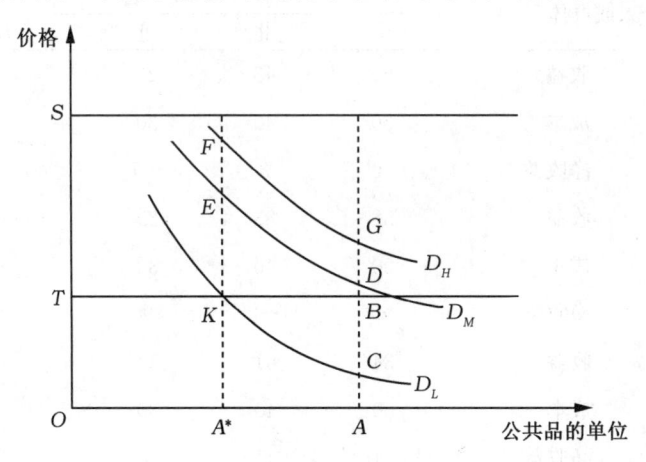

图 21-2 多数规则下的财政搅动

---

① 这个结论有点问题。如果按照这里的方案,由于 B 在项目 P_1 未通过时得到 10 美元的转移支付,相对于该项目通过时的 5 美元净收益,此时 B 的净收益为 10 美元;而无论 P_1 是否通过,C 的净收益均为 -30 美元。因而结果应是 A 和 C 的处境较转移支付之前并没有改变,而 B 的处境得到了改善。要得出正文中的结论,应该是 C 付给 A20 美元,付给 B5 美元。——译者注
② 根据图 21-2,需求最高和需求中等的需求者分别应为 H 和 M(而非英文版中的 M 和 H),他们各自的林达尔价格分别为 AG 和 AD(而非英文版中的 AD 和 AG)。——译者注

消除"财政搅动"的一种方式。但这样解释这一术语实在太复杂了。由于也可以从相反的方向进行论证，就显得更是如此了。讨价还价的解决办法要求预算向上调整，这就使得最低需求者的损失少于其他人的收益的增加。在这种语境下，我们倾向于不使用"财政搅动"这一术语。

(三)特殊利益项目：多个项目

然而，如果我们考虑的是包含多个项目的完整预算，那就会出现财政搅动问题，其中每个项目都可为多数成员带来净收益，而给少数成员施加净损失。这跟前面所说的纵向再分配情形不同；在前面，每个个体都按照他在收入阶层中的排位，或者缴纳税收或者获得福利，但不会二者都有。在这里，特定的个体或群体会发现，他们自己在一些项目中处于多数，但是在其他项目处于少数。因此我们有表21－2所显示的模式。

表21－2　　　　　　　　多数票决策规则下的收益或损失

个人或群体		项目 Ⅰ	项目 Ⅱ	项目 Ⅲ	合计
A	收益	60	43	23	126
	成本	50	40	30	120
	净收益	10	3	－7	6
B	收益	58	38	39	135
	成本	50	40	30	120
	净收益	8	－2	9	15
C	收益	34	51	34	119
	成本	50	40	30	120
	净收益	－16	11	4	－1
所有人	收益	152	132	96	380
	成本	150	120	90	360
	净收益	2	12	6	20

为简化起见，我们再次假设每个项目的成本平摊，或以某种别的和收益无关的模式进行，但不同的投票者对服务的估价不同。在我们的例子中，所有的

项目都通过了,因为在每种情形下都有两个人形成多数。在上述3个项目中,每个参与者都从其中的两个获得净收益,而在另一个那里获得净损失。有两个参与者从完整预算中获益,而另一个参与者则遭受损失。那对于财政搅动而言这意味着什么呢?

投票者A(或A群体,比如农民)发现,他从受益项目中获得的净收益中有54%(或7/13)被他在受损项目中的净损失所抵消。投票者B的相应比率为12%(或2/17)。而投票者C发现,她在受损项目中的净损失有93%(或15/16)被她从受益项目中的收益补偿。也就是说,A愿意从项目Ⅰ和项目Ⅱ中放弃54%的收益,如果他能从项目Ⅲ中退出的话,对于B和C而言同样如此。因此,这些比率可用来反映不同的群体对他们参与预算活动的感受。群体A(比如农民)对项目Ⅰ(比如支持农产品价格)和项目Ⅱ(比如农业研究)感到高兴,但是由于不得不参加项目Ⅲ(比如城市福利支付),而感到不高兴。或者,加利福尼亚州和俄勒冈州可以从沿海开垦及人工降雨(cloud seeding)中获益,同时从减少佛罗里达州飓风危害的项目中受损。每个群体都会感到,它参与到预算中的某个实质性份额作为整体而言是"多余的",这部分可以被抵消掉,而其处境不会发生变化。这种通过用"净福利的增加或损失"来代替"项目实质",由此涉及的"财政搅动",其观点不同于我们早前的定义(在那里可以削减总的交易成本,而不用改变项目实质)。不过,这两个概念在其精神上是相似的。

然而,这一"财政搅动"的修改版定义还有其他的困难。首先,这样的成本收益衡量无法轻易地用于整个群体。总的净损失(A是7、B是2、C是16)等于25,而净收益(A是13、B是17、C是15)等于45。乍看上去,这意味对于整个群体而言有着24/45或56%的搅动率。然而,这种加总很可疑,因为不同成员的净收益和净损失是相互依赖的。比如取消掉项目Ⅲ的同时缩减项目Ⅰ和项目Ⅱ,不仅会让A的地位不变,也会改变B和C的地位。因此,将这一修改版财政搅动的概念,用于任何单一的个体或群体而不是用于整体的参与者,似乎更好。

此外,还存在如何衡量收益和损失的问题。多数票决策规则下的负担分配,不太可能和纳税人的评价相匹配,也就是说,不太可能重现林达尔定价。①对收益的真实评价会进入决策过程,但和最终的结果不匹配。若要对财政搅动的衡量赋予操作性含义,则需要有这样的评价。诸如按照接受者的数量来划分支出,用这样简单的替代物并不足够。若收益采用现金支付的形式,该问题就不会产生,但是它会大大减少其他情形下该修订版概念的操作价值。

同样需要注意的是,不要把我们有关财政搅动的指标和对预算效率的衡量混淆。回到表21-2的项目Ⅰ,对群体而言的项目效率接近(152-150)/150,而财政搅动率(如果适用的话)等于16/18。财政搅动的存在将取决于预算决定以分散形式(in fragmented fashion)达成的程度,其中每个项目都是单独投票,而不是像维克塞尔所描述的那样打包决策,这样个体或群体就可以将一个项目的价值和另一个项目的价值进行交换。用综合的方法,就可以降低财政搅动。

(四)作为过度预算偏差结果的财政搅动

在上述中,我们提到了多数票决策规则带来了受益者和受损者,并考察了其中财政搅动问题的结果。现在我们进一步转向多数票决策规则带来的过度预算偏差命题,以及它对财政搅动水平的影响。这一情况,在最近林德贝克(Lindbeck)所发表的趣味盎然的论文中进行了探讨。②

表21-2所显示的所有项目,都能找到多数票支持并给群体留下净收益。然而,多数票决策规则也可能让那些给群体带来净损失的项目通过,如果按照效率原则,这种项目应该被拒绝。因此,在表21-2中,假设C从项目Ⅰ中获得的收益降到31,该项目仍然会通过,但是群体现在净损失为1。原因在于,A和B决定通过该项目时,不考虑C承担的成本份额。③"过度预算假说"的提倡者,特别强调这一点。但是多数票决策规则也可能会否决给群体带来净

---

① 财政搅动问题的某种更精细的形式,即使在林达尔定价下也会保留下来。尽管这种定价规则排除了在边际处的财政搅动,但仍会获得消费者剩余,不同的群体这种剩余会有差异。由于同样的原因,多数规则下(也就是不存在林达尔定价的情况下)获得的净收益应该用消费者剩余的净增加来衡量。

② 见前面引过的论文 Lindbeck,'Distribution policy and the expansion of the public sector', *Journal of Public Economics*,1986。

③ 最初的陈述见 G. Tullock,'Some problems in majority voting', *Journal of Political Economy*,67,1959。

收益的项目。假设 C 从项目Ⅲ中获得的收益降到 29,同时 B 的收益增加到 44。现在尽管该项目会给群体带来净收益 4,也没法通过。多数票不仅忽略了少数人承担的成本份额,也忽略了少数人将放弃的收益。因此,多数票决策规则带来过度预算的命题,需要另外的证明。

由于以下两个更进一步的主张,提倡者将过度预算假说视为理所当然。[①] 其中一个命题是,特殊利益项目的支持者明确意识到他们的收益,而那些获益较少或者根本没有获益的人,往往忽略他们在税收成本中的份额。假定收益和税负之间的反向关系为人所知,只有在税收短视(tax myopia)的情形下才会通过的那些项目,有可能会得到多数票的支持。这样的结果,被下面的第二个命题加强。第二个命题是,组织成本对于小群体而言要小于大群体。因此,较之必须分担成本的大量纳税人而言,特殊利益群体具有优势。同时由于这两个命题的原因,有人认为,即使项目会产生净损失,这些项目也会得以通过。或者换言之,政治家发现,有些项目本来他们是不会支持的,但考虑到这些项目能争取选票,因而改为支持是有利可图的。可以进一步地论证说,这一过程假设了一个动态的维度,那就是政治家为了竞争选票,必须持续产生新的项目,而且这一过程无法轻易逆转。就像投票者往往会忽略税收但会意识到有收益一样,政治家对于批准减少福利犹豫不决,因为他们往往忽视税收减免会产生的结果。据说政治家陷于"囚徒困境",难以从中逃脱。如同林德贝克在前面提到的论文中得到的结论,这一理论"和在真实世界中观察到不同群体的投票者之间'横向拖动'(cross-hauling)(或'搅动')是一致的"。[②] 因此,财政搅动现象被置于预算膨胀理论的正中心。

林德贝克并没有提供财政搅动的定义,但是他对该术语的使用似乎和前文提供的修改后的解释一致。基于税收短视和有差别的组织成本而产生的预算过度膨胀,让个体投票者(或群体)日益面对会对某些人有净损失的项目,并因此增加了财政搅动。再分配措施往往被扩张到将福利延及更多的社会成

[①] 基本陈述见 J. Buchanan 和 G. Tullock, *Calculus of Consent*, AnnArbor, University of Michigan Press, 1962。

[②] 见前面引过的论文 Lindbeck, 'Distribution policy and the expansion of the public sector', *Journal of Public Economics*, 1986。

员,以便获得多数票。这些额外增加的社会成员将会赞成新项目,但他们忽略了自己要承担的总成本(以及落在他们身上的负担)会因此增加。在财政联邦制的环境中实施再分配措施,会出现本用来帮助特定地区(比如那些具有较低财政能力的地区)的福利项目被扩展到其他地区,以便得到更多的选票。一个特别重要的事实是,此时选票是按地区分配,而不是和居民的数量有关。其结果是,项目的总成本增加了,额外加入的地区会发现它们自己其实并没有得到净收益。在美国的收入共享计划中,在表决福利规则时,就可以发现这种适得其反的策略;在诸如澳大利亚这样的联邦制国家中,地区再分配项目也出现了这种适得其反的策略。[1]

这种因过度膨胀而产生的财政搅动,程度取决于过度膨胀模型对财政过程的解释有多么现实。如同我在其他地方指出的,过度膨胀假说下的理论很值得怀疑。[2] 全部预算并不是以分散的形式开展的。对收益的认识及对税负的低估,会转变为对收益的低估和对税负的夸大,这一切取决于政治气候的状况。人数多既会带来优势也会带来不经济,也就是说,较之选择性项目引起的焦虑(agitation),反对征税引起的焦虑可能会吸引大量的纳税人。政治家未必是利润最大化者,他们会去宣传自己认可的代表公共利益的项目。由于这些原因,认为是异常程序(a diabolical process)利用了公众的良好动机并造成财政膨胀,这样的观点并不能轻易地成立。它很可能(无论是否明智)反映了公众想要的东西,也反映了公众现在希望从哪个位置开始退却。

因此,林德贝克解释的财政搅动,其程度并不是一个可以轻易衡量的因素,它涉及对政治过程的特有解释。因此,仍然重要的是,要区分简单的财政搅动的概念和操作上可衡量的财政搅动的概念。比如,本章第一部分发展出的财政搅动概念,其中消除财政搅动只涉及交易成本的减少。第二部分涉及对财政搅动的解释,因其和预算过度膨胀之间的联系而更成问题。

---

[1] 见 R. L. Mathews, 1975 *Report and Review of Fiscal Federalism in Australia*, (Centre for Research on Federal Financial Relations, Australian National University, Canberra 1975);同样见 Peggy B. Musgrave, 'Commentary on tax assignment and revenue sharing in Australia'(原文作者 Peter Groenewegen),以及 Groenewegen 教授在 *Tax Assignment in Federal Countries* (Centre for Research on Federal Financial Relations, Canberra, 1983)(澳大利亚国立大学 ANUTECH 发布)中的回应。

[2] 见前面注 1 所引 R. A. Musgrave 的论文。

第二十二章　论公共部门的财政职能(1994)[①]

一、引　言

　　下面的命题,很少有研究者会反对:总体来说,在民主社会,市场能最好地服务于经济需求。不过,市场并非无所不能。就像亚当·斯密在很早时期就提出的那样,有一些领域存在着市场失灵,需要公共政策作为矫正措施,而这些政策大多以财政措施的面貌出现。在本章的前四部分我将考察下面的问题:如果要以有效和公平的方式来完成财政职能,那应该如何来完成？在本章后面的部分,我将针对在财政事务中增加竞争作用作一些评论。由于本章涉及许多问题,此处无法详细描述。但是,我将提出基本的观点,而将部分观点在附录中予以交代。对这一主题感兴趣的读者,也许可以继续研读其他文献资源(比如,Musgrave and Musgrave,1989)。

二、公共品的有效提供

　　在古典经济学家看来,经济运行是自然秩序的一个内在部分。在竞争性市场中,"看不见的手"将确保稀缺资源得到有效使用。此外,赚钱者被视为确

[①] 引自 R. Boadway, A. Breton, N. Bruce, R. Musgrave, *Defining the Role of Government*: *Economic Perspectives on the State*, Government and Competitiveness Research Series, Kingston, Ontario: School of Policy Studies, Queen's University, 1994, 1—54.

实有权获得市场回报,这样的结果不仅是有效的,也是公平的。在此框架下,为什么需要公共政策和公共部门呢?特别的,为什么需要财政操作?为什么有一些物品和服务必须通过公共预算来提供?

(一)共同的利益

从古典经济学的开端起,就承认有一些物品和服务由预算提供的需要。斯密在《国富论》(1776)中宣称,"明了而简单的自然自由制度会自发建立",因此君主"没有任何责任监管私人产业"(1776:184)。然而正如他所承认的那样,仍需要君主来做以下事情:(1)保护社会免受外敌的入侵;(2)保护每个社会成员免受其他社会成员的不公对待;以及(3)提供一些公共机构和公共工程。我们需要第(1)项和第(2)项职能来保护一种体制,在这个体制内,契约的神圣不可侵犯得到保证,市场交换得以发生,商业因此繁荣。但是为什么国防和公共工程要求公共提供呢?是斯密第一个给予了解释,值得在这里引用:

> 国家的第三项(也是最后一项)责任,是建立并维持公共机构和公共工程。这类机构和工程,尽管对于一个伟大的社会很有益处,但就其性质而言,如果由个人或少数人办理,那么获取的利润无法偿付花费的成本。所以,不能期望个人或少数人来创办或维持这种事业。(1776:214)

在之前休谟(1739)就表达过类似的想法。他考虑,两个邻居如何会同意排干草地的积水,他的结论是,若邻居有 1 000 人,那就无法达成这样的一致,因为每个人会尝试让其他人承担费用:

> 因此,由于政府的关照……桥建好了。这个政府由具备人性所有缺点的人组成,却通过可能是最好的、最精巧的发明,让这个政府成为某种程度上免去了所有缺点的一个组织。(1739:539)

密尔(1854)认为,一般而言,政府的干预"从来都得不到认可,除非带来了很强的利益"(1854:800);但是他也提到了"在多种情形下政府提供了重要的公共服务;没有人对提供这些服务特别地感兴趣,也没有充分的报酬让人能自然地或自发地提供这些公共服务"(1854:975)。因此,他意识到外部性(此处用一个后来才出现的术语),认为市场交换无法处理这种外部性。密尔还回到

第二十二章 论公共部门的财政职能(1994)

休谟的主题,并更进一步地提到,"基于个人自利的动机,除非通过国家强制征税来补偿或给予回报,否则没有人会去建造灯塔"(1854:976)。这些早期的作者都是自由市场的信徒,在意识形态上远离国家的行动,但他们意识到,存在一些会导致市场失灵的技术问题,这些问题与自然秩序的设计有不一致的地方。考虑到这样的失灵,必须让自利的个人共同关切矫正行为。

(二)公共品的性质

由此可见,对财政问题的理解可以追溯到现代经济学的起点。从起点出发,花了很长时间才清楚认识到这些"技术性困难"的性质,并弄懂它们的含义。为了更好地加以理解,第一步可以先说说将公共品从私人品中区分开来的那些特征,然后再说说为什么公共品无法由市场提供。私人品的性质是,它们在消费上具有竞争性。A消费的一顿饭,B不可能再消费。相反,公共品是非竞争性的。C船可以享受灯塔的服务,而不会影响灯塔为D船同时提供服务。因此之故,在公共品提供中有效使用资源的条件,不同于那些适用于私人品的条件。此外,由于不需要在市场中购买,公共品的普遍可获得性导致个人会像搭便车者那样行动。市场不会显示出对公共品的偏好,因此我们需要替代性的(政治)机制。

(三)有效提供:"出售"公共品

在19世纪80年代,当经济理论转向边际效用分析时,公共品的有效提供问题开始得到考察。在私人品的情形下,消费额外单位物品的边际效用是下降的,这导致消费者的消费量将增加到边际效用等于市场价格时为止。这就暗示着,我们可以将类似的原则用到公共品的情形下。这一时期奥地利(Sax,1883)和意大利(Mazzola,1890)学者探究的结果是,在一个重要的方面,公共品和私人品存在区别。当私人品在市场上被出售时,单个消费者将在相同的价格下购买了不同的数量。而当这一相同原则应用于公共品时,单个消费者将享受相同的供应量,但是会对公共品赋予不同的边际评价。要让边际效用等于价格,就要让不同的消费者(他们的收入和偏好不同)对相同数量的公共品支付不同的"税收价格"。这转而指向按受益征税的制度,在其中,个人按照其所获得的边际收益支付单位价格,他们的税收价格的总和等于该产品的市场价格。就像之后由埃里克·林达尔(Eric Lindahl,1919)用公式表达的那样,这种受益税后来被称为"林达尔价格"。就像已论证过的那样,这样的结果不仅有效率,正如下面将提到的那样,还是公正的。附录注1将用图对此进行说明。

(四)有效提供:最优设计

半个世纪以后,与经济学从局部均衡分析进展到一般均衡分析同步,公共品有效供给的条件也在此基础上得到了重新地表述。就像在萨缪尔森(Samuelson,1954)的基本公式中所表明的那样,公共品的有效提供现在不是在既定的收入分配前提下通过模仿私人市场出价来确定,而是通过假定有一个无所不知的裁判,他知道所有的偏好,且可以在此基础上推导出有效的结果集。林达尔定价尽管仍然满足这些效率条件,却不再是解决方案中必要的部分。现在,假设有个无所不知的裁判,他使得确定公共品的有效提供成为可能,而不用涉及市场出价及其特殊的筹资模式。操作上,先将总产出特别划分为公共品和私人品,然后按某种方式在消费者 X 和 Y 之间划分这些物品(裁判会找到其他的组合,这些组合使 X 的福利水平不变,而 Y 可以选择自己偏好的)。接下来,对于不同的总产出划分,重复相同的实验,从而发现一组解决方案,使 X 消费者保持既定的福利水平,而 Y 可以获得福利最大化。在这样一组"帕累托效率"的解决方案中,基于既定的"社会福利函数",这位裁判将选择使总福利水平最高的那个方案。注意这样的解决方案不仅实现公共品有效提供,而且更进一步,实现人们所认为的福利分配的最优状态。因此,该方案不同于之前的步骤,后者是在既定的初始收入分配状态的背景下看待公共品的有效提供的。附录注2对此处的重述做了进一步的解释。

(五)偏好显示与预算投票

上述的一般表达形式是为了将公共品理论并入福利经济学理论中去,但它也带来了无法在实践中加以执行这样的重要问题。在面对那些尝试将公共品理论整合到边际分析范式的早期做法时,奈特·维克塞尔(Knut Wicksell)

第二十二章 论公共部门的财政职能(1994)

接受了边际主义者的方法,以便确定公共品的有效提供。不过,他主要聚焦于关注这样的解决方案在现实中如何实现,这一研究对未来有重要的影响(Wicksell,1896)。维克塞尔考虑的是,由于不用直接缴费就可以获得公共品,而参与公共品消费的人数众多,因而对任何个人而言,没有理由现身并主动付费。理性的个人(这个虚构的人,处于古典和新古典经济学的核心)会选择像一个搭便车者那样行动,就像休谟在很久以前所观察到的那样,任由其他人为公共品买单。

如果仅仅无法让消费者自愿付费但能知道他们的偏好的话,那还没什么关系。政府可以提供有效率水平的公共服务,并通过向消费者征收林达尔税来为这些公共服务付费。但是情况并非如此。由于不用直接付费就能受益,个体就没有什么激励来显示他们的偏好。这是个体的共同利益发挥作用的地方,即寻求合作或政治的解决方案。像维克塞尔论证的那样,为了克服搭便车问题,人们需要对具体的税收和支出方案组合进行投票,这样的投票过程会持续地淘汰较差的选择,直到对最优解决方案达成一致。由于实现的结果是投票者喜欢的,因而符合他们利益,这样自利的个体就被引导到投票过程中并显示出自己的偏好。有效率的解决方案因此就会达成或者接近达成,而按受益征税的原则也得到遵循。像维克塞尔提到的那样,如果在开始时初始收入分配是公平的(1896:108),那这样的投票结果也可以被认为是公平的。不过,在维克塞尔的方案中,使用受益原则征税与其说是公平课税的问题,不如说是投票机制要求的结果(这样的投票机制是确保偏好显示及公共品有效提供所必需的)。

从理想的角度说,为了实现最优解,必须连续投票,直到出现一致同意,但这会花费过度的交易成本(这是后来才出现的术语),并给处在两个极端的投票者太大的权力。因此,维克塞尔只能勉强同意"接近一致同意"的规则(1896:95)。现代学者,特别是詹姆斯·布坎南(James Buchann)将一致同意视为维克塞尔方案中不可或缺的部分,但是这一立场太极端了。在显示偏好方面,人们确有共同利益,因此自由选择的权利(就像在选择私人品时所实践的那样)在公共品的环境中必须受到一些限制。因此,我们可以将维克塞尔的方法视为运用公共选择于财政理论方面的早期尝试,接下来我们在讨论公共部门失灵的部分会再回到这一话题。

(六)公共品的类型

如上定义的公共品,在性质上有两个重要的特征,包括消费中的(1)非竞争性;(2)非排他性。但是这种视角太简单了。公共品并非千篇一律,在很多方面都存在区别。

1. 公共资本品

尽管公共品经济学大多根据公共消费品发展而来,但事实上类似的推理也适用于公共资本品的情形。公共资本品以产成品或者半成品的形式,进入到私营部门的生产中去。实际上,具有公共品性质的资本品,即使用时具有非竞争性以及/或者非排他性是公共品和公共服务支出的重要组成部分。国家的许多基础设施(比如交通网)正是这种类型,它们为促进经济增长所需的资本形成提供了必不可少的成分。在健康、教育或研究中的人力资源投资,也有这种贡献。如果公共品采取资本品的形式,基本的推理与消费品是一样的,但是有效提供的条件却需相应调整。在公共消费品的情形下,要求边际成本等于加总的边际效用;而现在在公共资本品中,与边际成本相等的加总边际效用,产生于消费品的生产者对公共资本品多重且非竞争性的使用。

2. 混合品

公共品理论的核心关切,在于所谓的纯粹公共品,即那些在消费中具有非竞争性和非排他性的物品。但在实践中还涉及混合品的情形,此时即使收益是非竞争性的,排他性也是可行的。在这种情形下,我们可以使用排他手段来显示偏好,并收取使用费。由于消费者的偏好得到记录,效率得以提高,这就为规划额外的服务提供了有用的信息。与此同时,由于这种混合品本来可以让更大范围获益,但使用了排他手段,于是也造成了效率损失。有线电视就是这种情形。在某些情形下,服务(如桥梁或高速公路)的性质会导致在拥挤的高峰时段使用收费手段是有效率的,而在处于非竞争性的空闲时段,让消费者免费使用则是适当的。在成本递减的产业(如在公用设施产业)以及在这些产业的恰当定价政策领域,这些主题以及类似的主题都得到了详尽的探讨。

3. 公害品

近年来,对防止公害品(提供公共品的反面)的关注日益增加。由于无须预算去采取行动,因而防止公害品和提供公共品并不相同,但基本原理是一样的。个人行动对其他人产生经济影响——无论是有益或有害——市场交换却没有考虑这种外部效应。在涉及人数较少时,我们可以让有关各方自己解决冲突,由侵害者补偿受害者的损失,补偿的水平等于将侵害者和受害者作为一个整体来考虑,同时给侵害者保留收益的水平。这一原则被称为科斯定理(Coase,1960),它在人数较少的情形下(如一个农民侵犯了邻居的土地)能有效运行。在类似环境中,科斯定理已经成为把经济分析用于诸如侵权行为和契约法规的前沿工具(Cooler and Ulen,1986)。

然而,科斯定理对财政问题却不怎么适用,因为财政问题通常涉及大量的受益者或受损者。在有些案件中(像污染伤害)有大量的牺牲者,我们可以运用由庇古(A. C. Pigou,1920)最早提议的规制方法,或者通过设定污染许可限额并拍卖可交易污染权利等措施,来确保效率的实现。

4. 私人品的公共提供?

在前述讨论中,最基本的命题是,尽管公共品必须以公共的方式提供,然而它们是用来满足私人偏好的。但是我们发现,公共预算经常提供诸如教育或卫生服务这样的物品,这些物品可以被视为既具有竞争性,又具有排他性,因此在性质上属于私人品。为什么会这样?

有一种可能性是这样的,这些物品具有重要的外部性,如果 A 消费了这些物品,它们就和 B 及 C 的福利有关。所以这些物品乍看上去是私人品,却具有重要的社会物品的性质。比如说,我邻居的教育和卫生状况,可以提高社区的欢乐或者减少传染的危险,因而对我的福利带来贡献。另一个解释是,从我邻居的总体福利或者他(她)获得的具体福利中,我也能获得效用。与投票给穷人受益的税收—转移支付方案不同,我可能想强加我的偏好,赞成提供诸如教育这样的公共服务,即使接受者倾向于其他公共服务。这种对实物再分配的偏好,可以解释预算中包含一些明显是私人品的现象。在后面讨论再分配时,我会对此详加讨论。

此外,我曾说过,社会可能认为(基于其文化和传统)有一些"优值品"(merit goods)是有价值的,因而它该为每个社会成员所接受(Musgrave,1959)。类似地,有一些收入的用途可以被视为劣值品,需要被处以惩罚性税收。考虑到以上这些情况,很明显,前面考虑的"纯粹"公共品并非预算活动唯一关心的事情。

(七)征税的成本

乍看上去,公共服务的成本似乎应由用在它身上的税款来衡量。不过如果更仔细考察的话,那实际成本似乎更大。为什么是这样?

如果有个无所不知的预算主管,他知道所有纳税人对支出福利的边际评价,那他接下来就可以估计与此对应的总额税,税款数额将衡量真实的成本。但是,没有人能知道纳税人的偏好,因此有必要通过政治过程来安排预算。个体要缴纳的税额必须根据一些经济基础来估计,无论这个基础是所得、消费还是财富。不过,纳税人可以通过避税行为做出反击。如果以所得为税基,为了降低税收,他/她就可以用闲暇来替代劳动。这样的税收就干预了纳税人的选择,并因此带来了效率成本。这种成本也被称为"超额负担"或"无谓损失",即除了国库从税收中得到的数额外,额外增加的纳税人的实际成本。附录注3说明了这种无谓损失的确定。就像下述进一步讨论的那样,税收设计的困难就在于,怎样选择税基和税收公式以最小化无谓损失,同时确保税负的适当分配。

(八)公共提供 vs. 公共生产

在这个部分,我们一直在考察为什么有些物品和服务不能由个体在市场中购买,而必须通过由公共预算来提供。至此仍有待澄清的是,公共"提供"意味着什么?在此使用的术语,意思是,个体对一些物品的需求必须通过公共政策过程及公共预算的过滤才能达到有效的状态。在这种意义上,公共提供和公共生产没有什么关系,而且前者也必须和后者区分开来。

如果在预算中决定要提供一条道路,那么建设该道路是以公共方式开展还是外包给私营建设公司,完全是一个开放的问题。一些公共提供的物品和服务,比如军队、法院或政府机关,必须在公共管理之下进行生产;也有一些物品的公共生产在本质上是私人的。所以,核电厂因为安全原因,必须实行公共生产,或者公用事业(具有自然垄断的性质)可以采取半公共生产的形式,以作为对规制的替代。公共企业的角色是一个重要的问题,但是这个问题和公共提供的财政问题有区别,二者不应混淆在一起。

(九)成本-收益分析

公共品能否有效提供,取决于政治过程能在多大程度上成功地将消费者对这些物品的偏好转化为预算计划。与此同时,我们可以通过技术分析来帮助这一过程。技术分析会表明特定项目的收益和成本状况,以及谁将受益或损失。基于这样的信息,投票者和他们在立法机关的代表以及预算机构,可以达成更明智的决定。这是公共部门经济学的一个分支即成本-收益分析的任务,这样的分析已经成为公共政策制定过程中存在的确定特征。

成本-收益分析的目标是:(1)在既定的预算约束下,决定如何最好地支出预算资金;或者(2)更为雄心勃勃地确定预算活动应该延伸到多远。前者涉及比较各种替代性项目及预算设计,以便让不同项目的边际净收益相等;后者涉及让私营部门和公共部门的边际净收益相等。

使用成本-收益分析,必须解决许多复杂且仍有争议的问题,比如:(1)在衡量未来收益的现值时,需要确定适当的折扣率;(2)如何处理市场不完全问题以及使用影子价格;(3)在对项目进行排名时,是否以及如何考虑分配权重(后面将考虑这一问题)等。尽管可以用让人满意的方式解决这些问题,但仍存在着衡量消费者对收益结果的估计问题,至少在产出属于公共品类型的情况下如此。因此,在项目涉及的基本上是提供私人品的地方,成本-收益分析最具有确定性。在像这样自相矛盾的情形下,就有人会问,为什么需要公共提供? 在国际贷款的环境中,也出现了一种特殊的情形。比如,此时像世界银行这样的债权人会希望确保项目的可行性。

(十)结论

无论是受私人品还是受公共品引导,经济活动的目的都是,基于个体的偏好来实现个体福利的最大化。然而,私人品和公共品之间存在区别,因为在消费时,前者具有竞争性,而后者具有非竞争性。我们在前面提到过,这产生了两个结果。首先,就像经济理论所表明的,有效使用资源的条件改变了,现在要基于预算主管知道个人偏好的假设,产生被认为是最好的结果。其次,由于非竞争性消费导致消费者像搭便车者那样行动,市场会被认为失灵。为了确保偏好的显示,我们需要基于多数票决策规则来确定预算的政治过程,这就需要粗略地估计按照受益原则征税的有效结果。

三、分配问题

现在,让我们转向公共部门第二个也是较为无形的职能,即如何处理收入和财富的分配问题。尽管通情达理的人都会同意,我们在前面说到的一些物品和服务确实需要以公共的方式来提供,但接下来要进一步探讨的问题跟前面的大不一样。从更广泛的视野看,这是一个判断市场活动产生的分配状态是否公平的问题,或者说是否需要对市场分配进行调整以达到社会认为的公平标准。用更狭隘一点的眼光看,那就是,税前的分配状态被视为前提条件,公平分配问题被限定为为了满足既定水平的公共支出而需要筹集的收入数量。范围虽然有所不同,但是涉及相似的原则。

(一)获得收入的应得权利和按受益原则征税

有关分配公平或正义的一种观点,建立在约翰·洛克(1690)所说的命题(人们有权获得自己的勤劳收入)之上:

> 尽管土地和一切低等生物属于所有人,但是每个人对他自己的人身具有所有权。除他以外任何人都没有这种权利。……所以只要他使任何东西脱离自然所提供的状态,并将它留下来,他就已经将其劳动加入进去,并在其中加入一些他自己的东西,因此使其成为他的财产。(1690:305—306)

以那样的方式,人类开始"在上帝给予人类、为人类共同所有的某些部分中拥有财产,而且这还无须全体世人的明确契约"(1690:304)。获得收入的应得权利因此成为自然自由体系的一部分,但是为了保护它,就需要保护财产,并需因此纳税。洛克因此得出结论说:"对于任何从这种保护中享用到自己份额的人而言,让他从其财产中拿出一定的比例,给维护这种财产的行为买单,是恰当的(1690:380)。"因此,在这种制度中的公平课税就意味着按受益原则征税。尽管后来的维克塞尔将按受益原则征税主要作为显示偏好的机制,但洛克此时是将按受益原则征税的基本情形建立在公平的基础上,而这种公平是勤劳收入具有应得权利的前提。

(二)亚当·斯密与量能原则

斯密作为务实的人,在角色上不亚于作为哲学家。他把分配问题和经济进步联系在一起,而不是将其视为自然状态下的应得权利问题。但在结论上,他基本上和洛克是一致的:

> 因此,所有的制度,无论是偏爱的还是限制的,都被完全废除了,于是明显而简单的自然、自由制度就自动建立起来了。每个人,如果他没有违反正义的法律,就可以完全自由地按自己的方式追求他自己的利益。(1776:184)

但并非完全如此。作为对"公正的旁观者"提出的有关善行忠告的回应(Smith,1759:PartⅡ,Section2),个体应该考虑他的邻居的福利,但是执行公共政策者却未必如此。尽管有呼声要让穷人受教育,但分配不是公共政策的议题。通过调整人口以及限制富人的消费能力,自然系统会解决此类问题,并最终为所有人的利益而运作(Musgrave and Musgrave,1989)。

在这样的背景下,有人可能期待斯密的税收公平感和洛克要求的按受益征税有共同的基础。在斯密的优良税收四原则中的第一个,就可以用这一精神来解读:

> 每个国家的国民应该尽可能地按照他们各自的能力为维持政府做出贡献。也就是说,按照他们各自在国家的保护下享得的收入的一定比例来做出贡献。一个国家中每个人都须缴纳给政府的费用,就如同一个大地产的共同承租人必须缴纳的管理费一样。(1776:310)

就像我们可以推断的那样,个体按照他们获得收入的比例而受益,因此可以按照受益原则来征税,让他们的纳税与受益一致。这仍然是从洛克的原则(一个人有权使用自己的劳动所得)而来,由此征税就被视为一种等价交换。

但是税收也可以按照一种独立于支出受益的原则来公平地获取,而这就是按量能原则的观点来解读。这种公平征税观在后来的文献中占据了支配性地位(也许是不幸地),它将税收公平仅视为分配问题,而将支出决定留在分析框架之外。我们现在转而探讨那种方法。

(三)功利主义的公平

边沁在早期确立了功利主义公平观后,将它应用到量能征税原则之中。在接下来的一个世纪里,该原则又由后面的学者发扬光大,并在不同的方面得到捍卫和再阐释。直到当代在税收公平的有关观点中,它仍然处于核心地位。

1. 边沁的规则

功利主义模型抛弃了应得权利的原则,不再用自然法来规定正义分配的形态,而将其归为人类以及基于理性的设计:"自然将人类置于两个至高无上的主宰,即痛苦和快乐的统治之下。它们本身就指出我们应该做些什么,并且决定了我们将做什么。"(1789:1)因此,效用的原则意味着赞成任何会增加幸福的行动,不仅个体如此,而且政府也是如此。边沁大胆地继续说道,由于共同体是其组成成员的化身,它的利益是"构成它的那些成员的利益的总和"(1789:3),能够最大化这一总和的政策就是正确的政策。因此,收入和财富的正确分配,是那种能最大化社会成员总幸福的分配。在后面他考察说,幸福随着财富的增加而以较慢的速度增加,而这就预示了收入的边际效用递减原则,于是分配就有了更加具体的形式。就是说,在可用于分配的财富既定的情况下,财富的分配越平均,总的幸福程度就越大(Bentham,1802:41—58)。

在原则上,上述推理对于收入的最优分配的看法,离公共品的提供相当远。但是如果在较狭隘的范围内应用的话,那它适用于以征税来补偿公共品提供所需的成本。最优的分配,是造成总幸福损失最小化的分配。考虑到边际效用递减,这就要求有这样一种税收分配方案,即从收入最高的阶层开始扣减收入,直到取得必要的税收量。边沁赶紧补充说(在后面会提到),我们需要计算这样做会对收入和财富水平带来的损害;但是由此可见,支持高度累进征税的基本情形在早期就已得到了确立。

2. 作为均等牺牲的公平

基于平等应该在所有的政府事务中都应成为规则这一原则,经济学家、杰出的功利主义哲学家密尔要求,在征税时应采用均等牺牲原则。他同时错误地认为,均等牺牲(不同于边际牺牲相等)也将有助于最小化总牺牲。西奇威克(1883)和马歇尔(1890)没有犯这一错误,没把相等的绝对牺牲当作公平解,而其他人则认为比例牺牲相等的负担分配是公平解。

随着19世纪80年代边际分析的兴起,埃奇沃斯(1910)为均等的边际牺牲提出了充分的理由,而庇古(1928)则将该规则确立为正确解。由于让边际牺牲相等相当于最小化总牺牲,这一解决方案回到了边沁较早时期将最大化总福利作为理性行动目标的假定。因此,正确的负担分配,开始更多地被视为是效率规则而非公平问题,这是最小化总福利损失所需的,因而也是将征税所带来的损失扣除后,由剩余收入带来的福利最大化。

上述这些以收入的边际效用递减为前提的构想,均要求税款随着收入的增加而增加。在均等绝对牺牲的情形下,税率结构是累退、比例或是累进,取决于收入的边际效用的弹性是低于、等于还是高于1。如前所述,均等边际牺牲将要求从收入最高阶层开始缩减收入,而均等比例牺牲并没有这么简单的要求。这些规则的应用将在附录注4进一步说明。

(四)重塑功利主义

在基本的功利主义视角下,分配正义与最大化福利等同,我们接下来的分析将从不同方面对此理论予以修正(qualified)。

1. 效用比较和社会福利函数

到20世纪30年代为止,上面的分析一直是建立在所有的个体效用在基数上可衡量、可比较且边际效用曲线(utility schedule)相似的简化假设之上,从这样的前提假设推导出了最大程度的累进税。当罗宾斯(Lionel Robins, 1932)质疑该假设时,这一分析结构就崩溃了。于是出现了下面的结果,即经济推理仍然表明,如果(按照帕累托规则)用政策X替代政策Y,将在改进A的境况的同时不伤害到B,那么政策X就优于政策Y。但是对在何处会产生让A受益的同时,会伤害B的结果,则无法解释。因此有关分配的判断(包括税收公平问题),似乎在高端的经济学讨论(respectable economic discourse)中被禁止了。

不过，再分配问题很快就得到了重新地承认，不过是以更谨慎的形式来表达。就算我们难以衡量效用曲线的具体形状，而且比较个体间效用有困难，但对于以不同的方式分配既定的总收入而可能出现的情形，任何人都会进行分级（Burk，1938）。通过政治过程，这些主观效用函数，或者有关"是什么构成正义分配"的观点，都可能以社会认可的代表性函数的形式组合在一起。在这样一个"社会福利函数"的基础上，如附录注5所示，将会再一次探讨有关再分配政策价值的分配问题，并在政策上赋予分配一定的权重，而不和已有的反对意见相纠缠。不过在此时，就分配方面能否做出正确的判断，取决于政治过程的质量；通过该过程，我们能推导出社会福利函数，并设置权重模式。但是，如果社会福利函数将递减的权重依次赋予各收入主体——这并不是一个不合理的提议——那么对既定总收入的最优分配仍然要求平等主义的分配方式，征税仍然要求最大程度的累进。

2. 累进的限制

然而，如同边沁在一开始就提到的，这样的做法忽略了再分配政策会影响可分配总收入的数量这一事实。他强烈地发出警告，必须考虑这种效应，因而他自己极不支持急剧的累进。自此以后，他的这种担忧不断地被学者们重新表述，就像最近在20世纪80年代供给侧讨论中反映出来的那样。如前所述，学术分析用无谓损失来看待征税的有害效应，或者用最小化征税负担时必须考虑的损失来看待这种效应。其结果是，功利主义规则不再要求最大化的累进，这是因为累进征税所要求的高边际税率往往产生较高的无谓损失。让我们考虑所得税的情形，在其中较累进的分配要求较高的边际税率。由于干预选择的（这里的选择是在工作和闲暇之间，或者在目前消费及未来消费之间），是边际税率而非平均税率的作用，因而随着累进程度增加，无谓损失往往不断增加。其结果是，（最小化总损失的）最优负担分配不再是最累进的了。相反，它取决于(1)对较高边际税率的需求和供给的反应，以及(2)社会福利函数的形式。由于(1)带来复杂的经验验证问题以及(2)带来的社会的政治福利判断问题，负担分配的"最优"模式就成为一个可疑的、有争议的问题。不过，即使不存在决定性的答案，我们也要理解结果所依赖的各种变量及考虑。

3. 重新审视功利主义伦理观

还需要简单回顾一下功利主义原则的哲学基础。如同我们在前面提及的那样，边沁认为，理性人"应该"同意最大化总福利的共同目标，但是他们为何"应该"？假设有两个人面对在他们之间分配既定财富的各种方案。通过掷骰子的方式，每个人都将面临得到多于或少于一半财富的相同概率。但是由于各主体的边际效用依次递减，接受少于一半的财富带来的损失，将超过从接受多于一半的财富所获得的收益。因此，理性的行动者将发现，同意平等的分配是符合他们利益的，这因此也让总福利最大化（Lerner, 1944）。这种从风险规避的考虑中尝试推导出平等原则的论证很吸引人，但也是不现实的。在真实世界的环境中，人们对他们将得到的份额并非无知。一些人会预期，市场化分配方案将给他们留下较大的收益，因此按照他们的自利行动，他们将不会同意平等分配的方案。

为了解决这一难题，为了将福利最大化的功利主义原则作为正义分配的基本原则，后来的学者建议，个体应该以中立的方式（in an impartial fashion）看待分配问题，以便像计算自己的福利那样计算其他人的福利。因此，他们被要求在无知之幕后面对各种替代性分配方案进行选择，而且不知道自己将处于何种位置（Vickrey, 1945；Harsanyi, 1953）。假设在这种环境中，他们要分配的是固定的收入，于是他们就遵循上述推理，选择了平等的分配方案。但是在收入并不固定的情况下，个体会对征税做出反应，于是带来无谓损失。一旦考虑到这些损失，更可取的方案将不是平等的收入分配或征税时的最大累进，而是为了规避风险而选择某种程度的不平等。因此，功利主义解决方案的理性选择基础得到了恢复，但是这种恢复只是建立在远离功利主义之后的基础上，实际上是康德的中立选择原则。一个多少有点类似的结果，是约翰·罗尔斯（1971）提出的最大最小原则（principle of maximin）；就是说，基于该规则，应该不断使用平等化（或累进）措施，直至最低收入无法再提高时为止。

4. 自愿赠予

在离开分配问题前，提一下获取收入的应得权利和赠予的自愿行为之间的区别这一基本问题是适当的。在前一种情形下，问题在于挣钱者是否有权获得其收入，或者分配的初始状态是否需要接受社会的一些约束（比如，在对自己的结果一无所知的状态下做出中立选择）。在后一种情形下，个体在应得权利的基础上，对于希望如何使用自己的收入有进一步的问题，比如，通过赠予的形式来利己或者利他。如果做出赠予的选择,可以采取现金的形式,也可以用实物的形式,即赠予者规定了接受者使用赠物的方式。就像在前一部分提及的那样,如果采用实物形式,政治过程中的投票者可能会支持再分配政策;而如果采用现金形式,由于接受者可以自由使用,投票者有可能不会支持。

(五)税制设计

一旦超越公平税制设计的那些宽泛议题,进入到各种应用细节时,就会产生许多问题。无论是评估个体纳税人获得的收益还是评估支付能力,都必须使用一个指标来确定其责任。在学者们的文献中,通常会区分横向公平规则(要求平等对待相同处境者)以及纵向公平规则(要求处境不同者之间有一个合意的差异模式)。要满足后一个规则,就必须同时满足前一个规则,但是区分这两个规则还是有必要的。尽管横向公平的要求得到了普遍的接受,但什么是实行纵向差别化对待的适当模式则存在争议。

1. 界定平等

因此,我们的第一步是界定"平等"到底是什么。在传统上,对这个概念的思考是用"收入平等"这一术语进行的,与对收入征税的原则保持一致。即使确定这种对平等的定义,那我们还有如何定义收入这种进一步的问题。就像税收理论家看到的那样,正确的收入定义应是财富的增值(accretion to wealth),而不用考虑收入的来源、有没有实现、是实物还是现金,怎么使用收入等问题(Simons,1938;Carter,1966)。不过在现实中的立法,使用的"收入"是一个比较狭义的概念,并因此给财富增值留下了一些免税的类别(它们应该包含在税基中)。比如说,免于征税的利息、未实现的资本收益、所有者自居住房的推断租金等,都是这种免税的例子。

有一种替代性的观点,可以追溯到密尔,在近年来得到越来越多的支持,那就是,将消费而非收入作为恰当的税基。就像这一观点所论证的,对收入征税是在歧视储蓄或未来消费,其实际上是对利息收入双重征税。因此,我们界定所得税税基,应该将利息收入排除在外;在特定假设下,这样的所得税等于对现在的消费征税。这一观点的提倡者,不仅认为消费税基更为公平,还指出它更有效率。所得税税基因扭曲了现在与未来消费的选择,从而带来了无谓损失,但消费税基并非如此。不过,两种情形都会导致闲暇替代收入,因此最终结果并不清晰。还有一个问题,那就是转向消费税税基是否能避免执行综合所得税税基时存在的一些内在技术困难?比如对折旧及推断收入的处理。事实上,答案确实如此,但是也会出现新的困难,比如如何区分消费和投资等。

2. 纵向公平

为了使将要应用的纵向公平模式是人们想要的,我们有必要(比例税除外,此时所有的地方都使用统一税率)基于总体税基估计税收,它把特定纳税人获得的所有来源的收入都放在一起。因此,除非使用所得税来征收,否则难以实现纵向公平。由于消费税直到近期都常采用间接形式(无论是作为消费税、零售营业税还是增值税)征收,因而人们认为消费税基是难以满足这一条件的。不过在最近,一种类似于所得税的个人支出税的想法开始崭露头角,它对总消费支出的各连续部分使用累进税率来征收。人们已经设计了执行这种税的各种不同方式,所以在所得税基和消费税基之间的选择不再是累进征税和累退征税的问题。不过,无论使用哪种税基,前面提及的无谓损失与累进税之间的联系仍然存在。

(六)结论

从迄今为止的讨论可以看出,和资源的有效使用问题相比,分配问题得到的结论性答案较少,这并不让人感到吃惊。如果对分配采取应得权利的观点,那就应该根据受益来征税,这样在分配上是中性的。如果采取功利主义的观点,这样的分配将更多地取决于社会福利函数的形式,以及无谓损失的比重。此外,到底为什么社会会采取一种或另一种观点,并没有原因。很有可能更现实的解释是,同时考虑应得权利和福利。无论最终的选择是什么,分配问题都仍是税收和支出设计中的基本组成部分,必须跟公共品提供问题一同解决。就理想而言,为了服务于这两种职能,我们要为每种职能使用不同的预算;但在实践中它们往往混在一起。在下述会论及,这让有效地达到这两个目标变得复杂起来。

四、财政职能与宏观政策

除了要确保公共品提供以及关注税负的公平分配,财政政策对经济的宏观表现(包括通货膨胀、就业及增长)也有影响。这样的预算角色既可以视为仅仅是最小化对宏观表现的破坏,也可以视为实施宏观政策积极而重要的工具。如何看待这样的问题,取决于如何解释经济波动。在此处我无法提供仔细的描述,但鉴于财政赤字及公债在财政问题上如此重要,以至于通货膨胀无法将其完全忽略。

(一)债务财政与代际公平

首先让我们考虑一个幸福的环境,在其中,经济具有灵活的要素与有弹性的产品价格,能够对出现的干扰进行快速的调整,以至于市场可以维持在高就业的稳定水平。在这样一个经济中(称为"古典模型"),财政制度在宏观政策中只有有限的职能。此时宏观政策关切的主要目标是,让货币供应量按实际产出的增长而增长,以避免通货紧缩。在这一环境中,无须使用赤字财政来增加就业,也无须让财政实现盈余以抑制通货膨胀。然而,这并不代表整体的预算就必须保持平衡,因为为了代际的公平可能会要求赤字财政或盈余财政。

1. 为公共资本形成筹资

我们从消费品开始分析。由于消费是从现期获得收益,因而我们有很好的理由基于受益原则来为此征税,再用现期的税收为消费品服务买单以实现代际的公平。但是对性质上属于资本品的公共品来说,情况就不同了。这样的物品有助于生产力发展和经济增长,在未来也可以产生收益。遵循和前面相同的理由,这种物品的成本也应该让未来的受益者承担。而这可以通过债务筹资来实现,也就是在随后每年支付利息费用并在资产生命周期内分期偿还债务。具体说,使用债务筹资,由现在的一代人借款给政府(通过购买公债),政府使用这些资金来配置公共资本品;在未来的某个时间,由获得这一公共资本品收益的孩子来偿还这些借款,用他们所纳的税收来偿还债务。在这种情形下,债务筹资不会增加需求水平,而只是让私营部门的储蓄改道用于公共投资。如果公共投资的边际产出等于或超过被替代的私人投资,那就通过了效率及代际公平两方面的检验。总之,这一政策要求复式预算,包括由税收筹资的经常预算以及由借款筹资的资本预算。以这样的方式,财政政策不会影响整体的储蓄和投资水平,而只是在私营部门和公共部门之间分别形成资本。

2. 为未来的偿付提供资金

在天平的另一端,还出现了要求财政盈余以确保代际公平的情形。在现行法律为老年人提供养老金时,情况正是如此。如果事先没有进行准备,未来的退休者得到的养老金,由那时的工作人口来支付。如果通过以盈余财政的形式积累储备金,那就可以避免这种代际之间的负担转移,一个人的勤劳所得(或源自债务减少带来的利息节约)可以用来支撑将来的成本。随着人口统计要素指向人口老龄化,这种为未来偿付提供资金的要求得到了越来越多的关注。

(二)稳定化政策

当我们不再持有经济自身能够提供持续的高就业和价格水平稳定的假设时,就会发现有更多的问题。更现实地说,会有一些时期,总需求无法维持高就业,或者总需求过度带来通货膨胀。在这一更现实的环境中,赤字财政和盈余财政就成为提高或降低总需求的工具。

1. 失业

财政政策在就业方面的角色,是在20世纪30年代的大萧条中走向前台的。在当时,市场本身的工具已无法确保完全就业,由此诞生了财政政策的这一角色。凯恩斯的宏观行为模型(1936)表明,因名义工资与商品价格具有下降的刚性,经济为此会遭受不利影响,与此同时储蓄数量超过投资所需资金的趋势也影响了经济;而要消除过度储蓄,收入和就业水平势必会下降。克服困境的方法,就是提高总需求水平。由于此时投资者不愿意投资,因此扩张性货币政策无效。就这样,由赤字提供资金的预算膨胀,成为提高需求及就业水平的唯一方法。第二次世界大战为测试巨额财政赤字的作用提供了实验室,并证明了赤字财政政策取得了明显的成功。

2. 新古典综合

第二次世界大战后的经济表现强劲,当时的问题变为在维持高的就业水平的同时,维持价格水平稳定。在那种环境中,货币政策再次成为重要角色,它和财政政策配合以实现就业与价格目标。虽然将总需求维持在适当水平仍然至关重要,但现在要实现这一水平,既可以运用货币措施也可以运用财政措施。若调整政策组合,就会影响经济增长的路径。宽松货币和紧缩预算的组合,将把资源从消费转向投资;反之亦然。于是,赤字财政或盈余财政的情形被视为不仅会影响就业水平,也会影响产出组合及经济增长率。这就需要依赖一种自动稳定器,在就业水平较高时让财政政策实行平衡预算,在经济衰退时允许财政自动产生赤字,在通货膨胀压力下允许财政产生盈余。在财政上更加雄心勃勃的想法是,对经济进行微调,采取预期行动,避免经济偏离稳定增长的路径。

在20世纪60年代,对上述方法的信仰达到了顶点。但随着在70年代发生诸如石油危机等结构性困难后,这样的信仰衰落了。

3. 最近的观点

此后,古典模型和凯恩斯的观点受到了重新审视。在古典模型理路这边,有学者回到首先由李嘉图提议的推理路线,强调理性预期的角色。这种推理认为,用债务筹资代替税收筹资对总需求水平影响很小。面对债务筹资的财政,理性的纳税人会意识到,这将给他们留下未来要负担的还本付息额,而债务还本付息负担的现值就等于现在用税收筹资带来的负担。因此,纳税人对债务筹资与立即征税,会做出相同的反应。当然,此处的问题在于,个体纳税人事实上是否有这样的预见;更重要的是,如果纳税人觉得是谁在未来买单具有不确定性,那他(她)是否会像上面说的那样反应。

在凯恩斯思想的背景下,关注市场失灵以维持宏观经济稳定的想法一直延续,尽管该模型潜在的行为假设已经被修正。名义工资和商品价格具有整体刚性的假设,已被无法对干扰做出迅速调整的假设所取代,同时预期的作用也得到了更多考虑。尽管宏观经济理论处于不断变化的过程中,但宏观政策的思考仍停留在新古典传统之中。由于可选择的、更有利于增长的政策组合,可以跟高就业水平兼容,于是学者们一直在关注赤字是否可能减少国民的储蓄以及它是否对生产力增长产生有害效应。除此以外,学者们还关注因债务占 GNP 比率上升所导致的债务还本付息负担日益加重的问题。

4. 预算平衡的措施

考虑到财政政策有这些不同目标,我们无法得出简单的结论说平衡预算是不是好,事实上也不存在实现预算平衡的唯一恰当的措施。负责任的财政行为要求,对产生当期收益的支出采取税收筹资方式,而对公共投资采取债务筹资的方式。于是,整体的财政就被划分为经常预算和资本预算。同时,整体预算是否平衡,跟它对总需求和经济增长的效果相关。所以,对实现需要的预算平衡状态,并没有唯一的应对措施;对于"正确"的状态应该是什么,也不存在唯一的标准。

(三)政策协调

在上述讨论中,很显然财政活动服务于各种各样的目标,包括:(1)提供公共品;(2)确保调节收入分配;(3)为代际公平以及高就业、价格稳定、经济增长等宏观目标做贡献。由于服务于上述任何一个目标的政策措施都要和服务于其他目标的政策措施互动,于是就出现了政策协调等复杂问题。在规范层面上,这不是不能完成的任务。无论宏观政策是要求扩张还是收缩,都无须干扰公共服务的有效提供水平,但是可以考虑调整征税水平和(或)转移支付水平。类似地,设计用来调整收入分配状态的政策,可以在现金转移支付的基础上展开,而不用扭曲服务水平等。即使财政必须服务于多种目标,也并不意味着无法做到目标和整体政策的持续出清(consistent clearing),这是我这些年来强调的(Musgrave,1959:ch.1)。若从规范的角度来看,这至少是在实践中的情形;尽管要提到的是,实践也是存在差别的。

五、财政联邦主义

到目前为止,我们的讨论涉及的是整个政府,但是现在必须考虑财政过程涉及管辖权多样性的事实。即使有国家以单一制的形式运行,有一个居于支配地位的中央政府(比如英国),它也要跟处于从属地位的地方政府打交道。

还有政府结构采用联邦制形式的情形,此时就有中层级政府管辖权的问题,比如美国的各州,德国的州(Länder),或加拿大、澳大利亚的省。这些辖区也许是密切结合的系统的一部分,也许享有较大的独立性。国家的政府结构如何影响财政安排?对于财政安排,到底应该如何组织,财政经济学需要说些什么呢?此外,在国际层面,有关国际财政关系(尽管各国相互独立,但是在贸易和资源流动方面相互影响)应该遵循什么原则呢?

(一)公共提供的空间模型

一个国家政府安排的形式(无论是单一制还是联邦制),大多是历史发展的结果,涉及经济、种族、宗教和军事等多种因素。因此,按照财政安排的效率来解释现行的政府结构是误导人的。不过,财政经济学仍有助于解释故事的一部分,并在既定的结构中实现更令人满意的安排。

一开始我们就要指出,不同的公共服务在空间影响方面是不一样的。其中一些服务(如国防或司法制度)的益处,具有全国性的影响,而其他一些服务(如街道清扫或交通信号灯)的益处,只有地方性的影响。由于公共服务应该适应消费者的偏好并由他们来决定,于是那些具有全国性益处的公共服务应该由中央政府提供,那些具有地方性益处的公共服务则由地方政府来提供,这样的安排是有道理的。同样,前者由征收自全国的税收来支持,而后者则从地方征税来支持,这样的安排也是有道理的。在前面有关税负怎么在一个地方的不同个体间分配的讨论中,提到过受益原则,现在我们讨论空间上相互分离的纳税人群体时,受益原则似乎再次出现。每个辖区都应该采用的是,可以将偏好类似的消费者迁居到一起的税收,并因此共享他们所偏爱的预算组合。尽管在历史上成长起来的制度很少能作重新安排,以满足空间财政主义的原理,但是空间财政主义的逻辑仍提供了有用的指南,供我们处理辖区间财政安排的诸多内在困难(Musgrave,1994)。

(二)益处外溢

对上述安排的争论,主要发生在征税的环境中,但是相关问题也在支出端出现,此处应简略提及。尽管一些服务的益处明显是全国性或地方性的,但还有其他一些服务的益处不适合运用这种简洁的模式。较高层级政府的服务益处,会在较低层级政府所在地区不平等地分布;而那些较低层级政府的服务益处,会外溢到其他地方。为了确保有效地提供这些服务,需要安排成本分担的机制,但在现实中很少有人加以应用。

外溢问题不仅仅和支出端有关。它也会采取成本的形式,比如将污染作为跨区公平事务,由补偿性支付来加以配合处理。

(三)税收安排

当我们转向税收端,会有各种不同的议题出现,这些议题关系到联邦内不同辖区对待纳税人缴税以及处理彼此间的联系。这些议题提出了很复杂的问题,此处职能简略提及(Musgrave and Musgrave,1994)。

1. 税收分派

如上所述,经济学家的财政联邦主义模型遵循地区受益财政原则。每个辖区的成员为自己享受的服务付费,这样每个辖区使用的税收,负担仍处于边界内。即使每个辖区内的税收安排并非按照个人受益原则征税,而是基于量能原则征税,这一原则也仍然成立。这就意味着有一些税种更适合地方,而其他税种更适用于全国和中层辖区。因此发现下面的事实并不让人吃惊,那就是财产税通常在地方财政中扮演着重要的角色,而所得税通常在全国财政中使用,销售税则在中层辖区中使用。

此外,大多数真实世界的税收并非建立在受益原则基础上。相反,负担会按照量能原则来分配,至于如何分配,取决于所在辖区怎么解释该原则。另外,各辖区的税收水平也存在差异。高收入纳税人将因此避免前往那些按照较大累进程度征税,且把预算项目更多安排给低收入者的辖区。对于低收入者而言,相反的情形也会出现。在辖区间流动性高的地方,特别是在联邦制情形下,对于任何一个成员辖区而言,都难以实施再分配的财政政策。若真尝试这么做的话,那就会造成高收入纳税人离开,以规避再分配的目标。由于资本较之劳动力具有更高的流动性,收入增加时资本所得的份额也会上升,情况就更会如此。为了能有效地对较高收入的累进征税,必须主要由中央政府来承担这一职能。由于同样的原因,更集权的财政制度为再分配政策提供了更广泛的空间,这一特征和有关政治上分权与集权的辩论并非没有关系。

2. 应用于个人所得税

不过,个人所得税也能在较低层级的政府使用。如同我们较早的讨论所提及的那样,基于量能原则的所得税,要求对纳税人的综合收入(global income)进行评估。在联邦制中,所得税主要在中央政府层面使用,但是它也经常由中层级政府(比如省和州)使用。就个人所得税而言,这种税经常根据居所征收,其收入包括居民在居所内外获得的各种收入。这一税收通常会和中央税进行协调,比如使用由中央立法的税基,或者甚至按照中央税纳税义务的一定比例来征收下级政府的税。此处还存在进一步的问题,那就是较高层级政府如何单独和共同处理由较低层级政府征收的税。在中央政府层级的税收中,抵扣较低层级政府的税收(crediting of lower-level taxes at the central level),可以消除较低层级政府之间的征税差别,因此在效率上是可取的,但也让中央预算承担了较低层级政府所征税收形成的成本。作为替代性办法,就像经常看到的那样,较低层级辖区可以采用税收的相互抵扣的安排(mutual crediting arrangements)。

3. 应用于企业所得税

现在让我们转向企业所得税和较低层级的辖区。此时,按照居所原则征税并不可行,因为避税动机会影响企业对居所(公司所在地)的选择。于是,按照收入来源征税更适合。这也和跨区公平的观点一致,该观点赋予辖区对产生于自己边界内的收入征税的权利。考虑到确定收入来源有困难,税基安排通常采用公式分配法(包括诸如工资、财产、销售额)来执行。

4. 应用于销售税

最后,还要考虑由较低层级辖区对销售征税的问题。辖区有权按目的地原则对销售征税,与此相应,可以用零售税作为可取的解决方案,而目的地型增值税已经由中央政府广泛征收。辖区间销售税税率的差异,又带来了因消费者流动而产生的难以克服的困难。

5. 国际环境

一旦存在多辖区的情况,税收设计的任务就在许多方面变得复杂起来。考虑到多重征税问题,我们必须设法保护个体间的公平;这样在安排税基时,就必须考虑额外的跨区公平问题,还必须考虑由差异化征税带来的无效率问题。

在国际环境中,这里提及的有关在联邦内由中层级辖区征税的问题,会以日益增加的复杂性重新出现。不过,我们在这里不再进一步地处理该问题。

(四)跨区均等化

在多辖区环境中考虑收入分配问题,不仅要注意多辖区对个体纳税人的相对地位有影响,也对特定辖区的相对地位有影响。在既定的联邦内,往往既有富裕的也有贫穷的成员辖区,比如加拿大的省或美国的州;而在任一成员辖区内,往往既有富裕的也有贫穷的地方政府。这些都反映了个体间收入分配的潜在不平等,而由于收入相近的人往往聚居在一起,不平等会进一步地加重。其结果是,各个辖区在财政境况(相对于财政需要的资源)方面存在着差异,它们提供公共服务的能力成为联邦政府的政策关注点。联邦内的较富裕辖区会有一种责任感,要给较贫穷辖区成员提供充分水平的公共服务。此外,较富裕辖区会发现,贫穷成员加入或留在联邦的意愿取决于某种程度的均等化。

均等化措施,会采取从富裕辖区到贫穷辖区进行直接的跨区转移支付的形式。或者更常见的,可以由中央筹资向中层级辖区提供补助,再由中层辖区向地方辖区补助。所有这些补助都可以采取不同的形式,可以是没有固定要求(open-ended)的一般补助,也可以要求接受补助的辖区配套出资;对收入的使用权可以留给接受者,也可以由补助者规定,等等(Musgrave and Musgrave,1994)。

六、公共部门失灵

我们前面说到的经济活动有一个特征,那就是市场自动发挥作用无法解决自身存在的问题。因此,这样的市场失灵需要公共的特别是财政方面的解决办法。在前面我们已经关注了这些财政职能的性质,并关注了如何以有效和公平的方式来履行这些职能。这是一个困难的任务,因为会发生政策失灵,就像市场会失灵一样。政策失灵问题,在过去的一二十年中得到了很多学者的关注,并被广泛地认为是导致公共部门过度膨胀的原因。在政策失灵最富戏剧性的版本中,有人强调经由政治过程产生了利维坦国家(Buchannan,1975),它表现为不断增长的预算,且该预算将让市场制度窒息。尽管我们可以质疑该结论,但它关注决策过程运行的方式,关注制定预算时的公共选择过程,这一切大大加强了我们对财政过程的理解。在本章的结尾部分,我来简单地介绍一下他们的观点。

(一)直接民主

潜在的政策失灵,第一个来源于投票过程内在的困难。在日益增加的有关"公共选择"的文献中,这些困难得到了探讨(Mueller,1979)。维克塞尔首先提出了偏好显示机制问题,公共选择学派是追随者。如前所述,有效提供公共服务需要知道消费者的偏好,而这就需要有政治过程。所以,我们必须用投票来代替市场以反映偏好问题,但是这么做不太可能产生完美的结果。

1. 个体投票

首先考虑"直接民主"的情形,此时按一人一票的原则投票决策。让我们进一步假设,有关预算规模的决策按照绝对多数票决策规则进行,并使用某种征税模式(比如人头税)。在这种最简单的情形下,多数票决策规则会达到"准确的"结果吗?假设偏好是单峰的,也就是说,投票者偏好某种确定的提供水平,将这一水平排在较小或较大的提供水平的前。不同投票者偏好的水平会不一样,多数票决策规则将选择中位数投票者所偏好的水平。该结果几乎不可能是最优的,甚至有无数不同的解释来说明它会是过度的,比如说,投票者会忽视少数人所分担的费用(Buchannan and Tullock,1962)。然而更仔细的考察表明,该结果可以低于也可以高于"正确的"水平。和公共部门活动的批评者常暗示的相反,并不存在多数票决策规则会导致过度预算的先验原因。根据所处的环境,多数票决策规则极有可能会导致供给不足,但也可能导致过度供给。附录注 6 将对此作进一步的考察。

一些更精妙的投票规则,如相对多数票决制或计分投票制(point voting)等,可能会产生更好的结果,但也会为策略行为提供更多的机会。这些策略行

第二十二章　论公共部门的财政职能(1994)

为会产生重要的影响,尤其在由代表来投票(大量的个体由少数政党代表来代替投票)时,因投票者数量较小,更是如此。已被证明的是,这种交易会导致过度的供给(Tullock,1959)。但要再一次表明,这并不是必然的结果,特别在同时对费用分配和支出水平投票时更是如此(Musgrave,1981;1985)。预算规模是太大、太小还是恰当,取决于特定的情形,而非先验的假定。

假设投票者偏好是单峰的,问题相对简单;但如果放松这一假设,选择就会变得更加复杂。由孔多塞(Condorcet)在1785年首先证明,由阿罗(Arrow,1951)在现代文献中探索的问题是,投票结果可能取决于配对议题的排序,而这将导致结果的任意性。让事情变得更糟糕的是,理性的投票者知道,他(她)只是100万人中的一个,只有微不足道的机会可以影响结果,因此理性的做法是应该放弃投票的努力。对于民主过程而言,幸运的是,人们并没有那么理性;或者更乐观地说,他们感到有共同的责任来让制度运转。即使投票过程不完美,它也是让那个过程发挥作用的唯一可行的方式。选举结果的质量如何,取决于过程如何组织,取决于潜在的宪法和法律框架所设定的规则。由于许多议题过于复杂,以至于无法由直接投票来决定,于是我们就需要代议制政府。这种政治结构可以采取多种形式,比如全国性政府可以采取总统制或议会制,同时较低层级政府也可采取相应的形式。此外,还存在着决策中多数票程度及决策种类等问题,由此产生了操作可行性及少数派权利与应得权利等基本问题。

2. 结盟

尽管公共选择文献主要以个体投票者从事选择的方式来处理问题,但按照相互间进行联合和交易的社会团体方式来考察公共选择行为,也许更切合实际。如前所述,在马克思主义的财政社会学视角中,这一方面涉及资方代表的共同利益,另一方面涉及劳工代表的共同利益。更一般地说,存在着许多按照收入水平、年龄、职业、地域等划分的不同经济团体。此外,立法交易可以将非经济议题和经济议题联系起来,并因此增加了有关经济事务问题的复杂性。基于从事投票选择的实际环境的不同,较之关注个体投票者的分析框架,从社会团体出发进行研究的方法,会产生更富成果的分析框架(Musgrave,1980)。同时,我们早前得出的下述结论仍然成立:作为结果的预算规模,既可能会不足,也可能会过度,这要取决于具体的情形和具体的环境。

(二)官僚和政治家

在文献中得到较多关注的另一个政策失灵的潜在来源,指向了官僚和政治家的角色。在直接民主制中,只有个体投票者起作用;不同于这一形象,现在的政治过程涉及中间人(middlemen),他们包括组织个体投票者并在立法机关代表个体投票者利益的政治家,还有公务员(civil servants)或者(使用更流行的术语)"官僚",即那些提供的服务是执行已确定的政策并为政策规划贡献技术专长的人。这两类中间人显然是处理复杂的政府事务所需要的,但问题是,他们做事时是作为公共利益的服务者呢,还是在行使职权过程中掺杂了自己的利益?利维坦的观点坚持认为,他们服务于私人的利益,这种私人利益是扩大自己的职能,并因此扩张政府的规模。学者们在争议,在不考虑腐败和权力滥用的前提下,官僚会不会推进那些在整体上会带来净损失的项目。如同附录注7所表明的,官僚可能会建议立法机关不断地扩张预算,以至于超出最优水平(Niskanen,1971)。同时,有效率地追求公共利益,也会带来对官僚自身的回报。

类似的考虑也适用于政治家的角色。假设他们的行动由再次当选的愿望驱动,那他们会从向受益群体承诺提供额外的项目中获得好处。但这样做有风险,只要公众意识到,额外的项目可能带来额外的税收成本(尤其是这些成本会落在非受益者身上)。此外,政治家做出的减税承诺,也符合自己的利益,尤其是这种承诺不和削减项目联系在一起的时候。我再一次地强调,不存在得票数最大化行为将导致预算过度膨胀的现成结论。这取决于具体情形的环境以及投票者的理解力,与此相反的结果也会在实践中出现。此外,得票数最大化行为的假设也值得商榷。我们无法排除代表公共利益(哪怕冒着损失选票的风险)的政治领导存在,实际上这样的领导在民主过程中仍扮演着基本的角色(Schumpeter,1942)。

(三)混合职能

如同我们已经看到的那样,有效率的财政安排是以一致的和不矛盾的方式追求实现多种职能。实际上,不遵循这一规则,有可能成为政策失灵的重要原因。因此,有一群投票者由于害怕某项目的税负份额超过自己的收益,就可能反对这个项目,尽管基于受益原则征税的话,这个项目是可接受的。由于同样的原因,另一群投票者可能会支持某一个项目,恰恰是因为没有征收相应的税负份额。因此,特定服务的水平以及服务的组合,会让牺牲者关注再分配问题。

政策策略扭曲的另一个例子,存在于20世纪80年代。当时的看法认为,带来公债增加的减税不可接受,因此一些观察者欢迎减税,并将其作为迫使支出削减的方式。但是后来的实践表明,支出在持续增加,由此导致赤字更快地增长。

(四)财政纪律约束和赤字财政

接下来我应该简单评价一下政策失灵和赤字财政。如前所述,在公共投资和宏观稳定政策的环境中,赤字财政或盈余财政可以扮演有用的角色。但是选择赤字财政也确实会招致政策失灵,因为它提供了虚幻收益的诱惑,比如减税而不削减支出,或者增加支出而不增加税收。后代不能参与投票,他们的利益因此被忽略。问题在于,如何设计一组规则,以此来确保财政纪律约束,同时在需要的时候还能够运用赤字财政,而这就要求将年度预算平衡的僵化要求排除在外。可行的建议是,对于经常性支出采取税收筹资,同时考虑用赤字来为公共投资筹资,以便在萧条的条件下增加总需求。

七、竞 争

这一章的目的是提供一个概览,说明公共部门和私营部门以多种方式一起进入经济运行中。对于"政府和竞争力"这一较广的议题(本章的议题只是其中一部分)来说,我们可以提供些什么呢?

(一)比较政府和企业

政府的财政运行,就像在预算操作中反映的那样,不同于竞争性市场中企业的运营。政府财政运行的关键目的,不是为了在竞争性市场中获得最大化的利润,而是通过一些活动来补充市场;这些活动尽管对社会福利而言必不可少,但不能由竞争性市场产生。如果与私营部门进行比较的话,公共预算的操作更类似于消费者家庭而不是企业,这是因为家庭成员都参与到家庭预算的设定中。不过,公共预算和家庭预算,二者存在着数量上的巨大差别。如同我们在第一部分提到的,在确定预算时,由于涉及公共服务的性质和巨大的数量,因而对政治过程的要求就比家庭账户复杂得多。不过,公共部门运行对私营部门竞争有多方面的影响,而这种竞争又影响到公共部门行为的不同方面。

(二)对私营部门竞争的影响

政府的运行,以不同方式影响了私营部门之间的竞争;这种影响既让竞争发挥作用,又带来了问题。

1. 提供基础设施

很明显,在一开始政府必须提供基础设施,否则市场无从发挥作用。竞争建立在交换的基础上,而交换建立在产权的基础上,产权的保障要求有法律秩序、法院和执行。随着市场扩大,物品流动要求有必要的交通设施,比如公路。为了让市场发展超越以货易货的阶段,就需要有货币制度,而这必须由公共机构提供。为了让市场发挥作用,又需要有受过教育的公众,等等。为了让市场制度繁荣,需要社会经济基础设施,而这些设施又必须由政府提供。如同我们在开始部分提到的,公共提供必须考虑"外部性",以便让市场能考虑满足"内部"的需要。

2. 规制竞争

竞争性市场要求企业必须生产消费者想要的产品,并有效地做到这点,以免市场份额流失到竞争对手那里。在理想状况中,这样的生产涉及大量的生产者,他们出售相似的产品,于是任何企业都没有价格控制权。不过在实践中,产品市场既有真正竞争性的环境,也有由少数大企业甚至单一企业支配的环境。考虑到有这种寡头或垄断市场,消费者并不能在最优价格得到需要的产品,还因此产生了垄断利润,于是资源的有效使用就被扭曲了。即使在有许多企业的市场中,由于这些企业生产和销售的产品虽然多少类似但依然有差异,也会产生这种结果。就是说,无效配置和赚取暴利的问题仍会出现。这就要求政府采取行动来阻止过度的市场权力,其途径是通过反托拉斯立法或相关措施来恢复竞争。当前在医疗保险领域对"受规制的竞争"的关注,就是这种规制性活动的一个新发展。

和在其他环境中一样,此处公共政策也可能会有误导作用。尽管大企业会抑制竞争,它们也可能会更有效率地生产,推动研究,帮助技术进步。在这种情形下,使用反托拉斯措施,损失会比收益更大。此外,如果是在政治环境中运行,规制可能会阻止竞争,最终不利于生产力的发展。

3. 自然垄断

如果一个产品的边际生产成本随着企业产出的增加而持续下降,那就会出现特殊的情形:此时产品由单一企业来提供最有效率。公共事业对此提供了标准的例证。在这种条件下,若由私人来提供此类服务,那就要求实行公共控制,以便在没有竞争的情况下保护消费者;更简单的做法也许是,由公共部门来运营公共事业设施。

4. 税收效应

支持私营部门竞争的公共政策,主要是规制性措施而非财政措施,但是税收政策也可以扮演一部分角色。例如,对那些在和大的对手竞争时处于不利地位的小企业,可以给予一些税收减免,以维持它们的市场地位,或者对垄断性企业施加税收惩罚。

然而更重要的是,征税对不同的企业会有不同的影响,并因此影响它们的竞争能力,扭曲竞争的过程。很明显,对啤酒征收消费税,会伤害啤酒厂商相对于烈酒厂商的竞争力。或者,它可能会导致隐藏行为,就像在征收所得税时那样。在计算所得税应纳税所得时,税法许可的不同折旧方式,会分别让资本密集型企业受益或者受损。税法许可的处理抵押利息的方式,也会影响房地产市场,工资税会伤害劳动密集型企业,偏好资本收益会扭曲投资选择,等等。因此,公平衡量应纳税所得的困难,或者由于受到政治压力(比如寻求税收优惠,或为特定经济部门寻求"税式支出"利益),让征税以多种方式影响了竞争力。

在对多辖区环境中纳税人的地位进行比较时,征税对竞争的影响显得特别重要。如果因为征税,在辖区 A 增加生产 X 的成本比在辖区 B 多,那前者的竞争地位就被削弱了。如果针对流动要素回报的税负,辖区 A 比辖区 B 重,要素就会流动到辖区 B,[①]等等。如同我们之前在讨论财政联邦制时所提及的,一旦在多辖区环境中,或者更重要的,在国际环境中看待财政问题,那我们就要重视这样的税收效应。

5. 公共采购

如同在第一部分所提及的,公共提供和公共生产截然不同。尽管诸如高速公路等一些服务必须通过财政过程来提供,但这并不意味着它们必须实行公共生产。一旦它们的提供通过政治过程来确定,它们的筹资通过公共收入来确保,它们就可以承包给私营建设企业来建造。

因此,政府可以作为私营部门产品的消费者,并以此来影响私营部门的竞争力。在购买供应品时,政府会只找价格最低的投标者,就像私人购买者那样参与竞争游戏。或者政府会定向采购(place its purchase)以实现其他政策目标,这些目标包括购买选票和寻求政治支持,或者其他更合法的目标。国防采购会专门找少数几个大企业来进行,以增进军事力量的基础,但这种做法会不利于小企业。公共住房可以承包给少数企业,等等。通过像私营企业的消费者那样行动,政府由此对私营部门的竞争产生了重要的影响。

(三)政府内竞争

即使在政府内部的运行中,也有竞争的角色。

1. 部门间竞争

政府的执行分支通常分为一系列履行具体职能的部门,如公共工程、教育、法院等。因此预算可以被视为在既定的预算额约束下,不同用途的资金相互竞争的过程。可以认为,不同部门为在预算这块馅饼中分得较大的一块而竞争,就像家庭成员努力在家庭预算中扩大其份额一样。但是,政府部门努力争取的强度,不是由既定的购买力水平来衡量的。相反,它(应该)由该部门所展示的项目具有较优越的边际价值来确定。

---

① 此处原文为"factors will move to A"。从上下文的逻辑来看,此时要素应流动到辖区 B 去。——译者注

2. 党派间竞争

在更大的政治环境中，预算份额就由投票的公众来决定，他们可以接受或拒绝政府提供的菜单。各党派则通过提供不同的项目来竞争选票。尽管此过程不同于经济学家构建的小企业在市场中竞争的模型，但竞争性特征在其中确实扮演着重要的角色。

3. 部门内竞争

在私营部门，工人们为了工作而竞争；在既定的市场条件下，根据雇员对最大化企业利润的贡献，由私营部门给予薪酬、提拔或解雇。在公共部门的雇员，可以被看做在部门中晋升而竞争，但是就业关系与私营部门并不一样。公共部门的雇员在传统上被尊称为"公务员"，公共部门就业提供终身职位，要求公务员有一种公共服务感。现在公务员被更有批判性的观点视为"官僚"，他们被怀疑会额外雇工和施加政治影响，并因此缺乏竞争性私营部门拥有的纪律约束。不过，无论从哪个视角来看，公共部门雇主和雇员的关系都不能以完全市场的方式来看待。

（四）辖区间竞争

最后，在考虑辖区的位置、是联邦成员还是独立国家等因素后，我们要问辖区间竞争的作用是什么？如果说私营部门竞争对有效的经济表现很关键，那为什么相同的约束不能适用于公共部门呢？在市场中，竞争有助于提高效率，因为那些能最好地满足消费者利益的企业将繁荣并存活下来，而其他的企业将失去它们的顾客并因此失败。在政府层面，辖区间竞争应该为它们提供动力，以服务于它们居民的愿望。如果有辖区做不到，居民就会流向那些能提供更好的财政待遇的地区。这样的类比有一些优点，在地方层面尤其如此，但是需要证明。

首先，在选择居住地时，公共部门的表现只是其中一个，而且往往并非决定性的原因。在辖区间流动，较之在社区商店间流动要更难。此外，实际税制并没有遵循按受益征税的规则，在其中加入了收入分配目标的考虑。根据公平征税的不同观点，不同辖区间合意的税负分配并不一样，合意的公共服务水平以及与此相伴的征税水平也是如此。如前所述，高（低）收入纳税人偏好那些累进征税程度较低(高)的选区,这就导致体育明星喜欢居住在蒙特卡洛(Monte Carlo)。① 这样一来,对于被视为公平税负分配的方案,辖区的执行能力会受到严重的削弱。

此外,居住地的选择并非唯一的议题。资本具有流动性,这样居所所在的辖区无法将居民在辖区外获得的收入纳入税基中,这就鼓励了对外投资,以延缓或逃避对居所的征税,而这再次限制了任何辖区按照其愿望开展财政事务的能力。于是辖区间的竞争可能发展为,不是为了按居民的愿望去实现有效的公共部门绩效,而是为了避税和搭便车的可能去竞争,这样做会削减公共部门规模,让税负分配失去作用。

由于以上种种原因,竞争的原则不能轻易地从市场领域移植到辖区间关系中。相反,辖区间需要的是一个协调制度,该制度允许不同的辖区可以按照它们自己的喜好来开展财政事务,允许它们在这么做的同时最小化对贸易和资本流动的扭曲。为了提供这样一个环境,要求做到以下几点:(1)对源自辖区外部的收入抵免外部的税收;(2)做出一些管理上的安排,以便居民所在的地区可以知道自己的居民来自地区外的收入;(3)各辖区达成双边协议,这些协议规定东道主辖区对非居民源自本辖区的收入分享征税权。在这种环境中,财政竞争将会扮演建设性的角色,引导各辖区满足自己居民的偏好。再一次地我要说,在跨国层面,这些问题以更大的力量重新出现,不过它们不在本章讨论的范围内。

八、结 论

这一章的主要目的,是探讨发生市场失灵并需要财政过程的一些情形。特别地,这些情形涉及公共品的提供,由于技术原因,"看不见的手"无法进行这样的提供,而是要求采取预算行动。这就需要引导预算行动来满足个体偏

---

① 蒙特卡洛是摩纳哥公国的一个城市,由于其所在的摩纳哥免征个人所得税,蒙特卡洛吸引了其他国家大量的高收入者来定居。据维基百科,目前在蒙特卡洛定居的体育明星有网球明星比约·博格(Björn Borg,瑞典人)、诺瓦克·德约科维奇(Novak Djokovic,塞尔维亚人),F1赛车手刘易斯·汉密尔顿(Lewis Hamilton,英国人)等。——译者注

好,分担实现主观福利最大化目标的责任,就如同市场提供私人品所满足的那样。接下来,本章考察了涉及分配问题的财政职能,结果表明,在公平的财政政策中要考虑的内容,由潜在的分配正义观决定。不同于公共品的提供(它可以从经济学家所采用的效率视角来考察),收入分配问题打开了更宽广的、也更具争议性的领域。接下来,本章简单考察了宏观政策中的财政角色,包括它对就业、价格稳定、增长以及代际公平的影响。最后,本章考察了多辖区环境中财政运行的性质。

尽管财政运行被视为解决一些领域市场失灵问题的办法,但这并不意味着财政运行本身不会失灵。这种失灵是会发生的,无论是因为投票机制的不完美,还是因为所需的中间人(官僚和政治家)会把有效的结果导向为满足他们自己的利益。不过,在任何环境中都不存在预期预算将过度膨胀或过度缩小的先验原因,事实上任何结果都可能会发生。因此,财政表现取决于财政制度能组织得多好,而这就要求有一个框架,在其中,所有的参与者(投票者、管理者及政治领导人)都能发挥他们最佳的作用。在本章的最后部分,我考察了财政运行中竞争的角色,这既适用于分析财政对市场竞争的影响,也适用于分析政府内部职能的发挥。

如同本章的研究所表明的,对公共部门有需要就意味着市场失灵的存在,因此在依赖无所不能的"看不见的手"的哲学框架中,存在着缺漏。像公共品、外部性这样的问题,都必须得到解决。在这些领域,经济学的效率原则仍然适用(就像在市场中提供私人品一样),但是公共政策毕竟取代了市场。此外,财政制度也必须考虑公平问题和分配问题。比如,必须考虑下述意识形态问题和价值观问题:社会是否能仅仅依靠"看不见的手"的规则和以自利为基础的个体行动来发挥作用?它是否也需要靠合作来实现共同利益?针对这些问题有不同的答案,也吸引了不同的观察者以及他们对良好社会的想象。对于外部性的存在,一些人会深感遗憾,而其他人则会举手欢迎;而对于什么是公平,人们的观点也不一样。因此,不应感到吃惊的是,财政辩论往往带有意识形态的色彩。在设定目标时,意识形态的考虑有其位置,但是我们不应用意识形态的偏见来影响我们用有效的方式从事必要的经济分析。

附 录

下面的各个注释,是对正文中讨论的一些关键点进行拓展和详细说明。

注1 对公共品进行税收定价

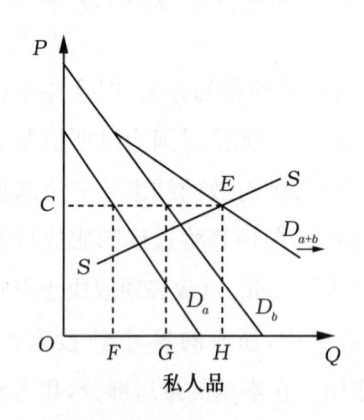

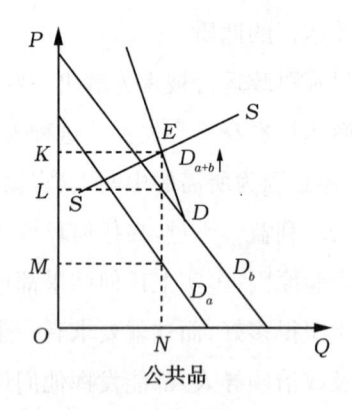

资料来源:作者的编辑。

图 22—1 私人品和公共品的定价

图 22—1 说明相对于私人品,如何对公共品定价。该图比较了私人品和公共品的定价。

在图的左边,D_a 和 D_b 是消费者 A 和 B 各自的需求曲线,表明他们在不同的消费水平下对消费额外单位的私人品的边际评价,SS 是供给曲线。将两条需求曲线水平相加,我们得到了总需求曲线 D_{a+b},而市场价为 OC。在这个价格下,消费者 A 将购买 OF 数量的消费品,而 B 将购买 OG 数量的消费品,总的需求量为 OH=OF+OG。每个消费者支付相同的单价 OC,总支出等于 OCEH,这也等于总费用。

在图的右边,给出了公共品情形下的对应解。D_a、D_b 和 SS 还是需求和供给曲线。不同于前面的情形,现在总需求 D_{a+b} 是通过将 D_a 和 D_b 垂直相加得出,此时合价为 NE。两个消费者享受了共同的供给量 ON,其中 A 支付 OM 的单价,B 支付 OL 的单价,这样 OM+OL 等于 OK 或 NE。

注 2 公共品的最优提供

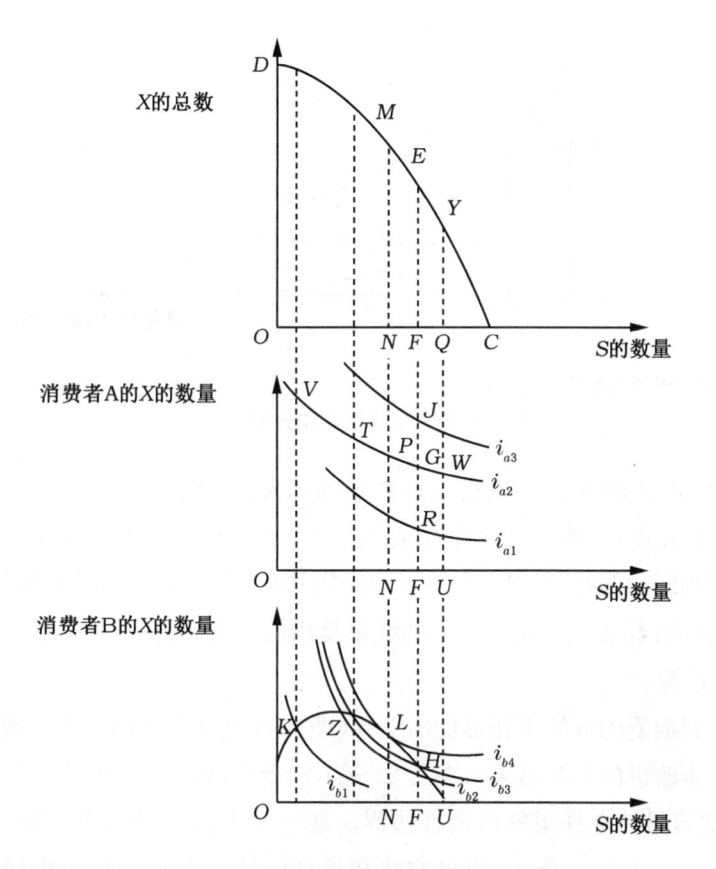

图 22－2a　私人品和公共品的最优组合

资料来源：作者的编辑。

如同我们无所不知的裁判所追求的，这一过程的性质由图 22－2a 和图 22－2b 来说明。图 22－2a 的最上部分显示的是"生产可能性边界"DC，它描绘了在可用的资源下能生产的私人品 X 和公共或社会物品 S 的各种不同组合。我们的两个消费者 A 和 B 享受了相同数量的公共品 S，可获得的 X 的数量在他们之间进行分配。中间这张图中的凹线是无差异曲线，表明（A 可获得）的 X 和 S 的不同组合，这些组合让 A 具有相同的富裕水平。在 i_{a1} 上的所有点，A 的福利水平相同，而在 i_{a2} 上他的福利水平更高。在最下面一张图，对 B 重复使用相同的模式。A 从点 P 开始，A 和 B 都被提供 ON 数量的

图 22-2b 最优组合和分配

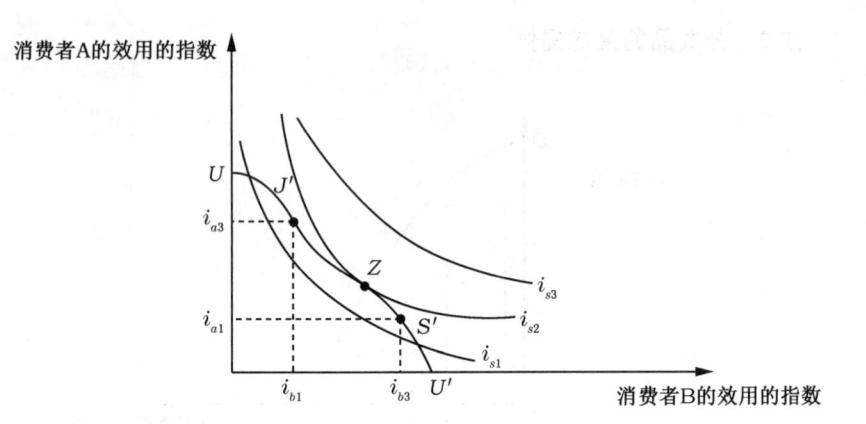

资料来源：作者的编辑。

公共品，同时 A 获得 NP、B 获得 NL 数量的私人品，这样 NP＋NL＝NM。接下来，让 A 沿着 i_{a2} 曲线移动，B 沿着 KLU 曲线移动。尽管 A 对于所有这些位置都有相同的偏好，但 B 将偏好 L，因为这让其处于最高的无差异曲线。裁判接下来将沿着 A 的其他无差异曲线重复相同的实验，在每种情形下都为 B 选择最佳位置。

这些受到偏爱的或帕累托最优的结果（即 X 的境况在不伤害 Y[①] 的情况下无法进一步改进的那些结果），在图 22-2b 沿着凸线 UU' 绘出，它们反映了对 A 和 B 而言最佳选择集的可能性边界。通过使用由 i_s 凹线给出的"社会福利函数"，通过选择组合 Z（边界曲线和最高的社会无差异曲线相切的切点），得到整体最优解。现在将考察该社会福利函数的性质，但是这里需要提到的是，该解不仅实现公共品的有效提供（即在推导 KL 中涉及的部分），而且如果进一步，再加上 i_s，它也被认为是福利分配的最优状态做准备。如前所述，它不同于早前的讨论，当时公共品的有效提供被视为基于既定分配状态的背景下。

注3 衡量无谓损失

图 22-3 说明如何衡量无谓损失。作为开始，在图的左半部分，适用于对

---

① 原文如此，Y 字母前面未出现过，估计是字母"S"之误，后者代表社会物品。

工资所得征税，OS 是劳动供给曲线，工资水平由纵轴衡量，劳动供给由横轴衡量。DK 是对劳动的需求曲线，这里假设它具有无限弹性。如果不征税，劳动供给等于 OC。现在对工资征收 DD'/DO 的税率，这将使得净需求降低到 D'K'。工作小时降低到 OE，税收收入等于 D'DGB。现在转向工人，他的税前福利收益（工人剩余）等于 ODAC（他从他的收入中获得的效用）减去 OAC（工作的负效用），或 ODA。在征税后，他的收益降低到 O'DBE 减去 OBE，或者 OD'B。他的损失等于 D'DAB，其中 D'DGB 由税收补偿，留下 BGA 的无谓损失或超额负担。OS 越平（越有弹性），该负担将越大。

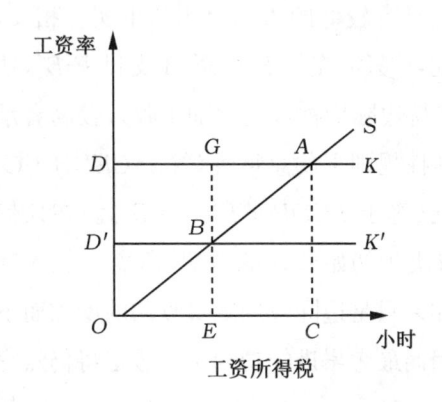

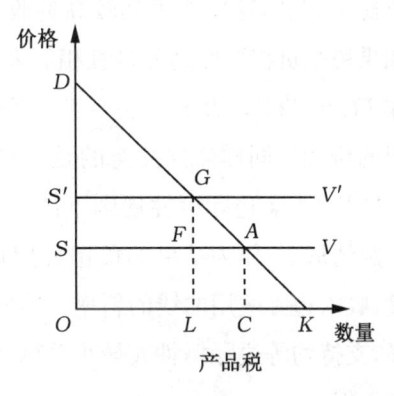

资料来源：作者的编辑。

图 22—3 无谓损失

该图的右边说明产品税的相同原则。SV 是税前的供给曲线；DK 是需求曲线，它衡量了额外单位商品的边际收益。价格等于 OS，OC 是购买的数量。消费者的福利或剩余由 ODAC − OSAC = SDA 来衡量。现在征收税率为 SS'/SO 的产品税。随着在价格上加税，总供给曲线上升到 S'V'，购买的数量下降到 OL，价格上升到 OS'，税收收入等于 SS'GF。然而，消费者剩余从 SDA 降到 S'DG。损失等于 SS'GA，其中 SS'GF 由税收收入补偿，留下了 FGA 的无谓损失。就像从图 22—3 中看到的，需求曲线越平坦（越有弹性），损失往往越大。如同经济分析所表明的，随着边际税率的增加，每一美元的额外收入的无谓损失快速增加，因而削弱了累进税的主张。

注4 均等牺牲规则

图22-4说明将牺牲规则运用于两个纳税人L和H的情形。纵轴衡量了收入的边际效用,横轴则衡量收入,凹线表明收入的边际效用随着收入的增加而下降。L和H的税前收入分别为OB和OB'。L和H的福利水平分别由$OMDB$和$OM'D'B'$来衡量。现在假设按照均等总牺牲,要征收既定收入T。然后在L和H间分配账单,其中L支付CB,而H支付$C'B'$,其中$CEDB$等于$C'E'D'B'$,$CB+C'B'$等于T,因此对所需的收入,H支付的金额要比L多些,这反映了其较高的收入也具有较低的边际效用的事实。相反,如果税收负担按照边际牺牲相等来分配,L只需支付FB,而H支付$F'B'$,这样$FG=F'G'$,$FB+F'B'=T$。因此坚持边际牺牲规则增加了收入较高者承担的份额。同样需要注意的是,绝对牺牲规则下的总牺牲(等于$CEDB+C'E'D'B'$)大于边际牺牲规则下的总牺牲(等于$FGDB+F'G'D'B'$)。在任何特定情形下,作为结果的负担分配将取决于初始收入的位置、所需的收入数量、收入边际效用曲线的斜率。然而,如果只是边际效用随着收入的增加而下降,支持均等边际牺牲或最小总牺牲,因而最大累进的功利主义假定将仍然完好无损。

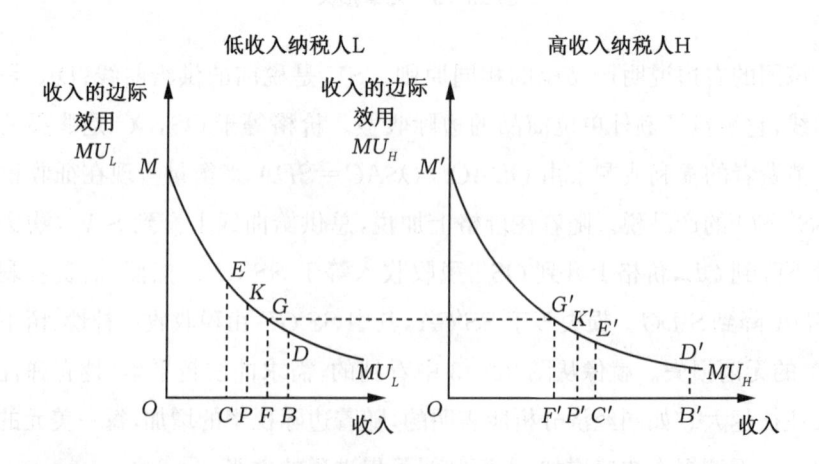

资料来源:作者的编辑。

图22-4 均等牺牲的措施

第二十二章 论公共部门的财政职能(1994)

注5 最优分配

图 22-2b 表示了最优分配原则,其中 A 和 B 的福利水平分别沿着纵轴和横轴排列。UU' 反映了机会边界或者最好的可能政策组合,即一些安排,对于这些安排而言,A 的任何进一步改进只能以 B 的地位恶化为代价;反之亦然。凹线组 ii 再一次代表了社会福利函数,以至于任何 ii 曲线上的所有点都同样好,而那些在较高曲线上的点就更好。而最优解是在 Z 点,此时曲线 UU' 和最高的无差异曲线相切。

注6 中位数投票者模型

如图 22-5 所示,中位数投票者模型的结果既会产生过度的预算水平,也会产生不足的预算水平。我们假设,预算成本通过比如人头税在 3 个投票者 H、M 和 L 间平分。HH、MM 和 LL 然后反映了边际价值或者净收益,它们是三个投票者从连续的预算膨胀中获得的。按照多数票决策规则,中位数投票者的偏好或预算水平 OV' 将获选。为了评价这个结果,假设恰当的结果被定义为可以在林达尔定价下将取得的结果。为了找到这一水平,我们通过将

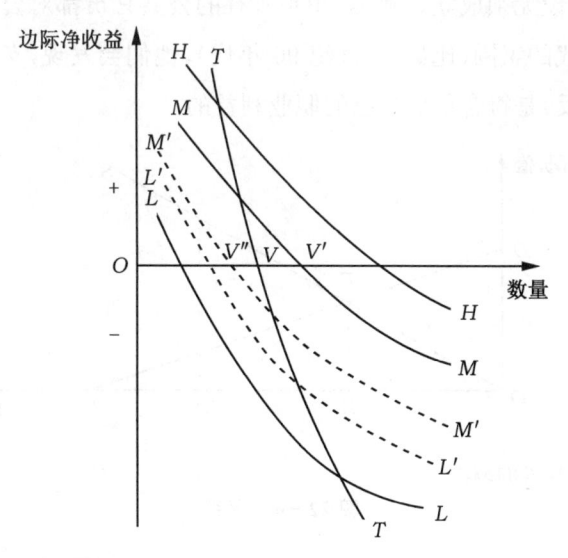

资料来源:作者的编辑。

图 22-5 中位数投票者模型

HH、MM 和 LL 垂直相加推导出总需求曲线 TT。最优产出将在 V 给出，表明投票结果过度了。但是可以对图解轻易做出调整，以给出相反的结果。为此目的，假设 LL 向上移动到 $L'L'$，而 MM 向下移动到 $M'M'$，而 TT 和 HH 不动①。现在结果是 V''，它低于恰当的水平。如果恰当的水平被定义为产生最大总收益的水平，类似的结论也适用（Musgrave, 1985）。

注7 官僚与寻租

图 22—6 说明了官僚的寻租行为，其中 OS 给出了边际项目成本，DD' 给出了额外项目单位的边际价值。最优提供水平是在 OE 处，此时边际成本等于边际收益。由于边际成本超出边际收益，超过该点是无效的。然而，寻租的官员将给天真的立法者提出产出 OA，超过该点，总收益减去总成本将为负值。面临着或者接受或者拒绝该水平的全有或全无的选择，尽管立法者应该会倾向于产出 OE（如果他们被给予那个选择的话），他们也会接受产出 OA。当然，这种推理建立在下述假设基础上：(1) 官僚希望将他们项目的规模置于公共利益之上；(2) 由于不允许在所有项目范围内做出选择，他们将被允许这么做。这些假设无须成立。确实，并非所有的公共官员都对公共利益视而不见，取决于时代的氛围（比如 20 世纪 90 年代），他们会发现，支持减税和削减预算（而非相反）是符合他们自己的职业利益的。

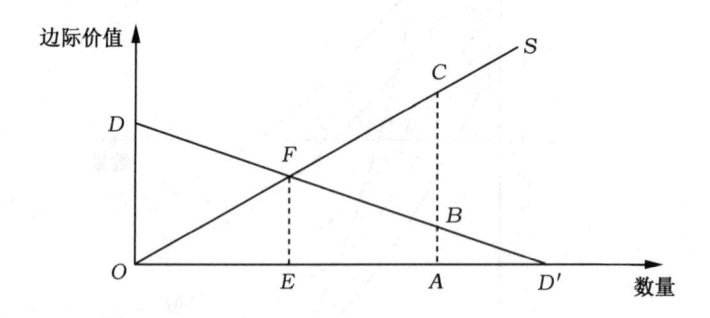

资料来源：作者的编辑。

图 22—6 寻租

---

① 此处英文原文为"leaving MM and HH unchanged"，但是前面已经说 MM 向下移动了，所以这句中的"MM"肯定有误。由于 LL 向上移动到 $L'L'$、MM 向下移动到 $M'M'$，二者的移动可能相互抵消，且图中没有显示 TT 移动后的 $T'T'$，因此这里的"MM"应该是"TT"。——译者注

第二十二章 论公共部门的财政职能(1994)

参考文献

Arrow, K. (1951), *Social Change and Individual Values*, New York: Wiley.

Atkinson, A. B. and J. E. Stiglitz (1980), *Lectures on Public Economics*, New York: McGraw-Hill.

Bentham, J. ([1789] 1948), *An Introduction to the Principles of Morals and Legislation*, with an introduction by L. J. Lafleur, New York: Hafner Press.

Bentham, J. ([1802] 1978), *Principles of the Civil Code*, Excerpts in *Property, Mainstream and Critical Positions*, ed. C. B. Macpherson. Toronto: University of Toronto Press.

Buchanan, J. M. (1975), *The Limits of Liberty*, Chicago: University of Chicago Press.

Buchanan, J. M. and G. Tullock (1962), *The Calculus of Consent*, Ann Arbor: University of Michigan Press.

Burk, A. (1938), 'A reformulation of certain aspects of welfare economics', *Quarterly Journal of Economics*, 52 (2), 310—34.

Carter, K. L. (1966), *Report of the Royal Commission on Taxation*, Ottawa: Supply and Services, Canada.

Coase, R. (1960), 'The problem of social cost', *Journal of Law and Economics*, 3, 1—44.

de Condorcet, M. (1785), *Essai sur l'Application de l'Analyse à la Probabilité des Décisions Rendues à la Pluraliste des Voix*, Paris.

Cooter, R. and T. Ulen (1986), *Law and Economics*, Glenview: Scott, Foresman Co.

Diamond, P. A. and J. A. Mirrlees (1971), 'Optimal taxation and public production', *American Economic Review*, 61, 8—27.

Edgeworth, F. Y. ([1910] 1925), 'Minimum sacrifice vs. equal sacrifice', in *Papers Relating to Political Economy*, II, 234—^2. London: Macmillan.

Harsanyi, J. C. (1953), 'Cardinal utility in welfare economics and in the theory of risk taking', *Journal of Political Economy*, 61, 434—5.

Harsanyi, J. C. (1955), 'Cardinal welfare, individual ethics and interpersonal comparison of utility', *Journal of Political Economy*, 63, 309—21.

Hume, D. ([1739] 1939), *A Treatise on Human Nature*, Oxford: Clarendon Press.

Keynes, J. M. (1936), *The General Theory of Employment, Interest and Money*, New

York: Harcourt Brace.

Lerner, A. P. (1944), *The Economics of Control*, New York: Macmillan.

Lindahl, E. ([1919] 1958), Die Gerechtigkeit der Besteuerung. Translated by E. Henderson under title *Just Taxation—A Positive Solution in Classics in the Theory of Public Finance*, ed. R. A. Musgrave and A. T. Peacock, London: Macmillan.

Locke, J. ([1690] 1960), *Two Treatises of Government*, ed. p. Laslett, Cambridge: Cambridge University Press.

Marshall, A. (1890), *Principles of Economics*, London: Macmillan.

Mazzola, R. ([1890] 1958), Dati Scientifici delta Finanza Publica (Rome), excerpts translated by E. Henderson in *Classics in the Theory of Public Finance*, ed. R. A. Musgrave and A. T. Peacock, London: Macmillan.

Mill, J. S. ([1849] 1854), *Principles of Political Economy*, London: Longman's.

Mill, J. S. (1979), *Public Choice*, Cambridge: Cambridge University Press.

Mueller, D. (1979), *Public Choice*, Cambridge: Cambridge University Press.

Musgrave, R. A. (1959), *The Theory of Public Finance*, New York: McGraw-Hill.

Musgrave, R. A. (1976), 'ET, OT and SBT', *Journal of Public Economics*, 6, 3—16.

Musgrave, R. A. (1980), 'Theories of fiscal crises', in H. Aaron and M. Boskin (eds), *The Economics of Taxation*, Washington, DC: Brookings Institution.

Musgrave, R. A. (1981), 'Leviathan cometh—or does he?', in H. Ladd and N. Tideman (eds), *Tax and Expenditure Limitations*, Washington, DC: Urban Institute.

Musgrave, R. A. (1985), 'Excess bias and the nature of budget growth', *Journal of Public Economics*, 28, (3), 287—308.

Musgrave, R. A. and P. B. Musgrave (1989), *Public Finance in Theory and Practice*, 5th edition, New York: McGraw-Hill.

Musgrave, R. A. and P. B. Musgrave (1994), 'Tax equity and multiple jurisdictions', in A. Maslow (ed.), *Taxation in Subnational Jurisdictions*, Fair Tax Commission, Research Series. Toronto: University of Toronto Press.

Musgrave, R. A. and A. T. Peacock (1958), *Classics in the Theory of Public Finance*, London: Macmillan.

Niskanen, W. A. (1971), *Bureaucracy and Representative Government*, Chicago: Aldine.

Pigou, A. C. (1920), *The Economics of Welfare*, London: Macmillan.

Pigou, A. C. (1928), *Public Finance*, London: Macmillan.

Rawls, J. (1971), *A Theory of Justice*, Cambridge, MA: Harvard University Press.

Ricardo, D. (1817), *The Principles of Political Economy and Taxation*, London: Dent.

Robbins, L. (1932), *An Essay on the Nature and Significance of Economic Science*, London: Macmillan.

Samuelson, P. A. (1954), 'The pure theory of public expenditure', *Review of Economics and Statistics*, 36, 387—9.

Sax, E. ([1883] 1958), *Grundlegung der Theoretischen Staatswirtschaft* (Vienna), excerpts of restatement translated by E. Henderson in R. A. Musgrave and A. T. Peacock (eds), Classics in the Theory of Public Finance, London: Macmillan.

Schumpeter, J. (1942), *Capitalism, Socialism and Democracy*, New York: Harper.

Sidgwick, H. (1883), *The Principles of Political Economy*, London: Macmillan.

Simons, H. (1938), *Personal Income Taxation*, Chicago: University of Chicago Press.

Smith, A. ([1759] 1969), *The Theory of Moral Sentiments*, ed. E. G. West, Indianapolis: Liberty Classics.

Smith, A. ([1776] 1904), *The Wealth of Nations*, vol. 2, ed. E. Cannan, London: Putnam.

Tullock, G. (1959), 'Some problems in majority voting', *Journal of Political Economy*, 67, 571—9.

Vickrey, W. (1945), 'Measuring marginal utility by reaction to risk', *Econometrica*, 13, 319—33.

Wicksell, K. ([1896] 1958), *Finanztheoretische Untersuchungen*, Jena: Fischer, Excerpts translated by E. Henderson in R. A. Musgrave and A. Peacock (eds), *Classics in the Theory of Public Finance*, London: Macmillan.

第二十三章 政府财政角色的再思考(1997)[①]

本章重新思考政府的财政角色,实际上这是一件难以完成的任务。我在本章分析曾出现的错误,考虑变化了的条件,或者处理新的政策目标,真的是正确的事情吗?不过无论喜欢与否,所有这些都是本章的任务,政府及其财政问题都要在这里论述。在外部性导致市场失灵的地方需要政府提供产品,收入分配问题需要政府出面解决,在实施宏观经济政策方面需要政府参与分担职责。政府在这些领域的职能并不完美,就像市场在这些方面发挥功能一样。而且,在不同时期,政府职能受欢迎程度也不一样。但是,政府职能仍然是市场制度的必要伙伴。

一、缩小规模

我要从评论现在流行的要求缩小政府规模的观点开始论述。该观点认为,政府已经变得太大了,它永远都在增长,因而政府的规模应该削减。在20世纪中叶,公共支出(从其占 GDP 的百分比来看)急剧增长,但此后的增长一直是适中的。所有各级政府的支出,占 GDP 的比例从 1960 年的 23% 增加到 1980 年前的 28%,再增加到 1996 年的 30%。联邦政府支出(包括对下级政府的补助在内)对 GDP 的比例,则相应地分别为 18%、22% 和 23%,总体而言近几十年来的增长一直是适中的。此外,政府的许多支出金额用于转移支付,

---

① 载于 The American Economic Review Papers and Proceedings, 87(2), 1997:156—9。

而不是由公共部门在使用这一资源。公共预算的设计和管理确实应该改进，但是说公共部门已不可阻挡地增长，这样的图景远非事实。

政府规模过度地膨胀，也不是政治过程的固有属性。对于政治过程的批判性考察工作一直在改进，公共选择分析也对此做出了重要的贡献。但是公共选择理论的过多工作（特别是在美国），呈现的一直是霍布斯的利维坦图景，那就是有一个一直增长着的、滥用权力的政府。这未必是事实。投票结果既会导致预算不足，也会导致过度预算；官僚（为什么不能是公务员呢？）既可以具有公共精神，也可以是自私自利的；政治领袖既可能具有建设性，也可以具有破坏性。

把缩小政府规模作为最终的政策目标毫无意义，问题是如何改进政府的表现。在有些情况下，改进政府表现会要求削减政府规模；但在其他情况下，就如同在福利改革中需要儿童看护设施那样，改进政府表现会使其更昂贵。如同维克塞尔一个世纪前所要求的那样，[①]在编制预算时，和在国会中审议时一样，应该在选择税收和支出之间建立更密切的联系。而外部监控应该确保更有效率的项目执行。政府应该提供（那就是实施并供应资金）社会需要的项目，但在可能的地方，这些项目的供应和服务应该外包给出价最低的私营投标人。不过，这就要求有监管，以确保最终产品的质量和内容仍然符合公共提供时所设想的样子。建设公路，应该取消由公共施工队来进行，但是这并不能证明私立学校教育补助券或法院私有化是恰当的。

能让预算膨胀但又不破坏市场制度，确实需要有一些限制。随着税率的提高，无谓损失肯定会增加，但是几乎不会达到极点。美国税收占GDP的比例在OECD国家中排在末尾，历史上在税收超过目前水平的那段时间，美国曾出现了多年的强劲经济增长。无论是公共经济还是私人经济，都能够提高体面的生活水准。

[①] 维克塞尔在《财政理论研究》(1896)中提出，为实现税收正义，在立法机关进行决策时，应同时表决公共支出及其税收分摊方案。见《财政理论史上的经典文献》（上海财经大学出版社2015年9月版）第131页。——译者注

二、权力下放

现在我转向探讨对权力下放的那些要求,也即认为联邦政府的支出份额太大而应削减的观点。在 20 世纪中期,联邦政府支出在国家财政支出中的比例急剧增长,1960 年增加到了 77%,但是此后下降到了目前 71% 的水平(包括对下级政府的补助)。最近几十年来,并不存在日益增加的集中化趋势。和大多数联邦制国家一样,美国处在天平中的"权力下放"一端而非权力集中的一端。

然而,"地方最了解情况"的观点很有吸引力。就是说,地方政府的公共服务菜单不应该由上级政府来规定,而应由居住于服务利益所及的那些民众来选择。但是这种说法过于简化了。这个国家并不是由独立的、封闭的各个村庄构成,各种各样的服务受益区既有差异也会重叠,而受益区既包括联邦的又包括州和地方的。人们需要中央政府提供服务,而且这种服务很重要。

上面所说的也还不是完整的故事。中央以下各级辖区(subjurisdictions),在提供基本服务的能力上存在差异——这些服务可能是全国而非仅仅为州和地方关注的事项。州和地方的民众,无论住在哪里,都应该有权得到这些服务而且服务应该充分提供,这就需要联邦的补助。在传统上,这些补助以选择性、配套的和基于需要等形式给予,而现在的趋势则是以更广泛的项目范围、固定的数量、总额补助(block-grant)的形式给予。现在的做法是为避免过度的联邦管制,就像在具有内生增长性的应得权利支出(entitlement claims)那里一样。但是通过总额补助的形式,也降低了补助制度维持全国性重要服务时的效率;让中央以下各级政府来处理各种意外事件(比如衰退),也有问题。在福利制度方面的权力下放,就是一个恰当的例子。以前选择性补助项目的扩散很可能是过度了,但是现在向总额补助的剧烈转变也几乎不是解决办法。

如果由下级政府使用中央政府提供的资金补助,那么权力下放意味着下级政府拥有的权力仅限于支出方面。但是除非中央政府能不断地增加补助,否则支出责任的下放,就意味着下级政府在收入上要日益依赖于州和地方自己的财政(也即依赖于财产税和消费税)。这样的话,就意味着减少对累进性所得税的使用,因为在较低层级政府,累进所得税制的范围有限。这是因为,在任何地方政府层次上,如果资本面临较高的税率,它就会流动到税率较低的地方去。就像我很久前所主张的那样,财政制度的分配职能必须授予中央政府。因此,支持(或反对)权力下放的理由,可以用来同样地用来反对(或支持)累进税制。尽管这一情况隐藏于字里行间,但它是权力下放讨论中与税收相关的重要问题。

权力下放也被提倡者认为是促进政府间竞争的一个手段。这一想法很有吸引力,但是将政府间的竞争类比为企业对客户的竞争则过于简单。真实世界的税收竞争,并不是在纯粹的蒂布特设定(Tiebout setting)[①]下开展的。在蒂布特设定下,具有相同口味的选民聚居在一起,竞争性地按受益原则征税,这样能有效地满足消费者的偏好。相反,现实中的各辖区会通过减税来努力留住或吸引流动的资本,而这将会导致税基不足、税负不公平以及服务水平潜在不足。为了克服这样的不利结果,较低层级政府日益增加的征税责任需要加强彼此间的税收协调而非税收竞争。

三、联邦税改革

接下来我要谈论对联邦税进行根本改革的呼声。在这方面我的主要诉求是,必须在联邦税收结构中保留个人所得税的核心地位。如果没有这一点,公民身份和财政责任之间的基本联系(如同税收平等所要求的)就会遭到破坏。这样一来,用增值税取代个人所得税的方案就要被排除。于是仍需争论的关键问题在于:(1)是否应该用单一税率取代我们现有的多税率结构;以及(2)在税基上,我们是否应该从个人所得转向消费。

大多数单一税率的提议,都保留了对低收入个人的免税额或零税率档。这就使得实际税率(税收额与免税前所得之比率)从零一下子上升到某个单一税率。但是这样的累进性在面对中等收入时就几乎耗尽,于是在较高收入档,

---

[①] 即蒂布特模型中的相关设定。具体见 Tiebout(1956),'A pure theory of local expenditure', *Journal of Political Economy*,64(5),416—424。——译者注

所得税率接近于单一的有效税率。因此,单一税率的意义在于,在较高的收入档排除了有效的累进税率。鉴于目前个人所得最高的1/5纳税人拥有一半以上的税基,为了保持现有的个人所得税收入不变,那么设想中的单一税率必须很高(超过目前个人所得税第一档税率15%)。由于低收入享有免税的待遇,其结果必然是,税收负担从高收入阶层转移到中等收入阶层身上。如此并不合理,我们还是应该保留多档税率,如此才能针对较高所得实行某种程度的累进征税。

尽管用对物的、累退的销售税或增值税来替代个人所得税不可接受,但对人的、累进的消费税是值得考虑的,该税收的传统是由欧文·费雪(Irving Fisher)和尼古拉斯·卡尔多(Nicholas Kaldor)等人奠定的。提倡者认为,这种消费税的税基避免了对未来消费的惩罚,因而在效率和公平方面具有优越性。提倡者强调的理由确有价值,但仍需要加以限制。作为财富保留及未来消费,储蓄确实带来了快乐,但并不是所有的储蓄都在未来被投入消费之中。因此,我们若要转向将消费作为税基,就必须加征适度的财产税并将遗产纳入到税基之中,以此作为征收消费税的补充。

消费税基的确可以避免所得税碰到的一些重大困难。由于将投资作为费用列支(with expensing of investment),就不用再去衡量折旧。但是消费税基也会带来一些问题。比如,它不容易区分涉及消费的支出和涉及投资的支出,也难以税及由国外的收入支持的消费,而且严重的税制转型过渡问题一定会碰上。转向新税基,在根除税式支出方面的作用也不明显。

在足够抽象的层面上,作为税基,薪金所得可说是等同于消费,因此有一些方案实质上建议,用只对薪金所得课税取代一般所得税。这么做确实简化了事情,但是从所得方面来看,我发现它还是有矛盾的。比如说,薪金所得被征税了,可资本所得却没被征税。有些人觉得,这一做法已不再是一件可以选择的事情,因为在全球化的世界,对资本所得征税已经变得不可行。我想这样的看法太悲观了。我们必须要考虑全球化,但是接受它的统治地位则过于偏激了,就如同在权力下放的情况下不应允许推翻累进税制那样。对税收协调和公平征税的要求,不应该轻易地放弃。

考虑到所有上述情况后,我们发现,保留具有宽税基的简化所得税仍被证明是最好的选择;但无论怎么做,相当程度的复杂性仍不可避免地要保留在税制中。在一个日益复杂的世界里,有什么理由期待优良税制(兼有公平和效率的特征)就应该是简化的呢?恰当的税制对民主社会必不可少,就像所有的好事情一样,它物有所值。

四、预算平衡

转向财政政策的宏观方面,我们发现目前理论界最重要的关切是平衡预算。即使我们的赤字占 GDP 的比例(现在低于 2%)在发达国家中最低,即使我们的公债占 GDP 的比例同样最低,情况也是如此。在 20 世纪 80 年代债务增加为原来三倍的基础上,近年来这两个比例又都提高了。但是立即实现预算平衡不应成为我们崇拜的偶像,而忽视我们应有的其他关切。

同时,将预算平衡视为财政纪律约束,仍是合情合理的。公共服务的受益者应该为受益买单,而不应给后代留下负担。然而,这并不要求整个预算都通过税收来融资。就像我 50 多年前写的那样,它要求经常性支出现在就要买单,而资本性支出则通过借款来筹资,并用收益的积累来分期偿还。

这种预算规则确实施加了合情合理的纪律约束,但是需要在不同的方面加以限制。在遭遇战争或自然灾害时,必须暂停使用该预算规则。在预算平衡的状态下,也应允许逆周期的财政波动以抑制经济周期,这也是一个很好的例子。此外,在几乎完全依靠货币政策而效果不佳时,同样需要暂停使用该规则,并转而借助于各种财政措施来引导总需求。即使将理性预期和李嘉图等价定理提出的反对意见考虑进去,作为政策指南的新古典模型也仍有价值。

基于以上这些不同的考虑,若要制定宪法修正案来公平地处理如此复杂的问题,就算并非不可能也是非常的困难,而且还要让它在实践中可行。若要选择的是正确的程序性规则,那并不要求修改宪法,而且对规则的信仰也无法取代负责任的政策选择。此外,谨慎性要求我们,不要去动宪法及其少数服从多数等原则。

五、社会保障

不管怎样,仍需要让社会保障适应于人口的不断老龄化。而要这么做,原因不仅是为了维持可行的社会保障,而且是为了不让它正在增长的支付要求挤走其他基本的公共服务。

按照现行规则,OASI 信托基金①在 2019 年前一直会有盈余;然后随着婴儿潮一代开始退休,该基金总额就开始缩小,直到在 2029 年前该基金会用尽。这种情况给我们留下了一些呼吸的空间,不过还是要求我们尽早地采取行动,以打消那些现行缴费者的疑虑,并实施可行的过渡措施。无论细节会如何——是提高享受该基金的年龄(entry age)或现在的捐税额,还是调整未来的福利水平或现有退休人员的可税性(taxability)——它们都应该维护社会保障的原则(即提供在精算上有偿付能力的制度)。只有这样,才能保持社会保障对劳有所得的回报感(the sense of earned returns),才能避免给后代留下过度的负担。把社会保障私有化,并不能改变要保证收支平衡的基本问题。因此,社会保障制度必须保留强制保险的要求,必须保证普遍的可获得性(general availability),必须进行多种监督与管理。由大量私营公司来运营的社会保障制度,成本会大大超过由公共系统来运营。此外,社保储备资金可以进行股权投资,但并不需要私有化。尽管有可疑的优点,但考虑到日益增加的风险,这样的投资也可以由公共基金来承担。

六、卫 生

基于需求而设置的应得权利项目,从 20 世纪 60 年代中期到 20 世纪 70 年代一直在膨胀,而且它们还处于自动增长中,这一现象一度让预算处于愁苦

---

① OASI 信托基金,全称为 The Old-Age and Survivors Insurance Trust Fund,也即老年和遗嘱保险信托基金。该基金接受按照美国《联邦保险捐税法》(Federal Insurance Contributions Act,FICA)的要求上缴的社会保障税在扣除日常运营费用后多余的款项,并将这些资金投资于各种联邦有息证券上,同时为美国的劳动者及受赡养者支付退休及存活者福利。——译者注

的困境。应得权利项目让接受者确定可以期望得到什么,而政府对它们的提供不是作为慈善而是作为权利,这对接受者来说是有好处的。但是应得权利项目也使预算处于不确定的未来要求之下,尤其在那些内在增长难以预测的地方更是如此。所以在较长期限的预算中,我们必须找到灵活性和应得权利之间的妥协。

在这其中,涉及各种各样的项目,而联邦医疗保险(Medicare)项目和医疗补助计划(Medicaid)项目是其中的大头。由于成本一直在快速地提高,联邦医疗保险基金马上就会用完。这就需要我们快速地行动,包括调整福利支付水平及缴费额,以及对交付方式(delivery system)进行改革。如果现在就运用稳健的措施,那么情况仍然可控,不过人口老龄化将在 20 年后提出更大的问题。那时我们将不得不面对一些棘手问题,即社会希望在多大程度上为良好的健康及生命的延长买单。

七、结 论

就像前述评论所表明的,政府的财政职能很复杂;而在一个老龄化和全球化的社会中,就更为复杂。不过,我对此重新思考,只是要确认它们作为弥补市场制度、促进经济有效运行、服务社会公平目标的基本角色。尽管财政图景似乎令人苦恼,但是放弃并不能解决问题,超越我们民主制度中的规则去寻求方法也不能解决问题。

第二十四章 更为长远的视角(1994)[①]

给我的任务,是用3 000字[②]来评价财政领域目前所处的状态,并预测其未来的发展方向。这的确是一个令人生畏的任务,但我还是来试试吧。

一、从过去到现在

如果基于过于短暂的视野来判断,我们现在站在哪里,将来会出现什么,那会带来严重的误导。因此,考察一下我们的领域长期演进的进程是有益的。这一演进之旅漫长而多变,而且和经济学总体的成长密切相关。休谟(1739)和斯密(1786)认识到,"看不见的手"并没有能力做所有的事情,这一认识标志着公共品理论的开端。李嘉图用税负归宿来阐述分配理论(1817),进而塑造了分配领域的研究格局。密尔的比例牺牲理论(1848)和埃奇沃斯的边际牺牲理论(1897),引领着庇古提出以福利为基础的最小总牺牲原则或者最大福利原则(1928),而我那一代的人则将这样的基本术语视为现代财政学的开端。

(一)对各主题的评价

以刚才所说的为起点,接下来我要简单地评价财政领域内的重要主题(以较少战斗性的形式重申熊彼特著名的章节标题),这些主题是我从20世纪30年代首次进入财政领域后不断看到的。由于篇幅限制,我无法一一提及多年

[①] 载于 *International Tax and Public Finance*,1,1994:175—81。
[②] 译为中文约6 000多字。——译者注

来对这些主题做出贡献的当代学者的名字,而只能简单地论述这些主题的内容。

(1)首要的主题来自经济大萧条的巨大影响,它把人们对宏观经济的关切注入财政学思考中。尽管财政运行对就业水平的影响,在较早时期就被提及——比如被马尔萨斯(1820)、迪策尔(Dietzel,1855)、霍布森和马默里(Hobson and Mummery,1889)提起——但类似的主题在背景上仍基本处在微观经济学主导的领域。按照凯恩斯的模型(1936),财政扩张成为经济体系的救世主,而对宏观的关注则成为财政的主要角色(Hansen,1941),并因此获得了"功能财政"(Lerner,1944)的名称。经济复苏以及20世纪60年代新古典模型的出现,削弱了财政政策作为稳定器的角色,然而财政政策仍然是重要因素。此后,财政政策因为被应用于经济增长问题,地位得到进一步加强。尽管最近李嘉图效应在财政领域得以复兴,但财政政策作为稳定器的职能仍得以保留。

(2)处于经济大萧条中的20世纪30年代,也带来了福利经济学的修正。它放弃了效用函数中基数效用及人际间效用可比较的假设,并进而质疑庇古的总牺牲最小原则在操作上的有效性。到后来,学者们构想了以主观为基础、由民主方式决定的社会福利函数,从而拯救了最优原则在操作上的使用,并因此指出了财政经济学对政治及哲学的依赖。

(3)随着所得税在第二次世界大战中占据税制的核心地位,选择恰当的所得定义,开始在财政学中具有极端的重要性。"增值"(accretion)的概念在19世纪90年代德国的所得税辩论中就已得到探讨,随着准确的增值成为衡量支付能力的恰当标准,它变成了美国税制结构设计中的核心问题(Simons,1938)。

(4)跟传统更重视税收不同,从20世纪50年代起,财政领域的注意力转向了公共品的性质。尽管斯密预见到了公共品,在19世纪80年代和90年代欧洲大陆的文献中也讨论过公共品,但在英文文献中这个核心问题长期以来都被忽视。对公共品性质的研究,有两条路径:其一,在福利经济学的框架中开展,即假设可以获得消费者偏好的必要信息,然后在此基础上探索提供公共品的效率条件。其二,追随维克塞尔的开拓性工作(1896)以及林达尔以此为基础的拓展(1919),关注在提供公共品时如何克服搭便车问题,该路径预示了后来财政分析和公共选择之间的关系。尽管财政学聚焦于公共资源的使用,但公正分配问题仍需面对,不论是在确定社会福利函数形式的时候,还是在确认投票者选择是基于正当的初始收入分配状态之时。财政模型包含了收入分配和资源配置两个分支,它们需要以不矛盾的方式加以解决。

(5)基于受益归宿有空间的限制,公共品理论很快就被拓展到地方财政的研究中,进而在20世纪50年代和60年代完成了核心财政理论的复兴。

(6)和财政学对支出理论的关注相伴随的是,成本-收益分析为支出评价提供了一种操作性的方法。建立在杜普伊特(Dupuit)早期工作的基础上,一种衡量替代性投资的边际回报的方法发展出来,而这又涉及诸如影子价格和选择恰当折扣率等关键问题。成本-收益分析的应用,后来拓展到公共工程、国防和社会项目上,而最近则用于评价环境和医疗卫生政策。

(7)对环境问题日益增加的关注,将人们的注意力从外部经济和公共品,转向外部不经济和公害品(public bads)。这些是同一硬币的不同侧面,但在分析时要求使用相似的工具。

(8)在较早的财政学传统中,维克塞尔和庇古就已提出了善意政府需满足的条件,那就是,这样的政府应努力确保公共事务有效而公平地开展。从20世纪60年代中期开始,财政学又出现了一种新的取向,那就是质疑公共政策事实上是否遵循上述条件,因为必须考虑政治家和官僚按他们自己的利益来行动。这样,财政学就必须考察公共部门失灵而不仅是市场失灵,政府过程中的投票效率与交易效率因此被研究。公共选择理论得到了发展,并被用来研究预算过程。

(9)在20世纪70年代早期,财政领域的注意力回到了优良(现在称为"最优")税收这一传统议题。该议题紧接着20世纪50年代公共品理论的革命,不过处理的是财政学的另一个核心问题。税负问题是马歇尔(1890)、庇古(1928)和拉姆齐(1927)在半个世纪前留下来的问题的继续,此时进行了重新定义以便包含无谓损失,而最优税制被认为是能将总负担最小化的那种税制。于是税收分析在两个方面改变了方向。现在的最优税制,被看作是对各种产品和要素征税的组合,以便使无谓损失最小化,这样税制关注的焦点从作为最佳形式的所得税转移开。特别地,所得税的最优累进程度实际上远远达不到之前期望的水平,尽管设定的社会福利函数形式仍具有战略重要性。

(10)从20世纪40年代到70年代,对税负分配的估计,一直基于李嘉图传统的一般理论演绎,依靠特定的税负归宿假设(specified incidence assumptions)而进行。此后由于得到了新的建模和计算技术的武装,原有的方法现在被基于竞争性市场而在一般均衡模型下计算出来的直接税负估计取代了。这是一波新的量化研究,将会强有力地持续下去。

(11)在税收结构的辩论中,对所得税的批评重新恢复了。多年来,密尔(1848)、马歇尔(1890)、庇古(1928)和费舍尔(1937)一直认为,所得税对储蓄实行了双重征税。由于对所得税复杂性日益增加的不满,以及个人支出税概念的出现(Fisher,1942;Kaldor,1955),于是财政领域兴起了偏爱消费税基的观点,因为较早时期批评消费税基的观点(间接性、累退性)在个人支出税上不再成立。

(12)跟有关个人征税的观点变化相伴的,是重新考虑在公司层面征税的恰当形式,并出现一种新视角来衡量有效税率和产业间差异的效率成本。曾经有这样一种看法,它的关注点在于让公司税和个人所得税合并,但最近它的兴趣转向使用消费税基并针对现金流征税。在税收设计的技术方面,财政分析开始复兴,这一状况可以拿来跟较早时期对所得税的讨论相提并论。

(13)多年来,财政学对税收结构设计的关注,也扩展到关注发展中国家以及技术援助的提供问题。最近,在税务咨询中的议程和范围中增加的,是对前社会主义国家的援助。

(14)经济事务的全球化尤其是资本流动,从20世纪60年代起到现在,重要性一直在增加,并为税收政策提出了新问题。迅速传播的增值税的要求,在设计目的地型税基(destination base)时,需要恰当地处理贸易物品。所得税问题,因为需要将源自国外的收益纳入税基,也变得复杂了;与之相伴的更深层问题是,如何在收益的目的地国家和来源地国家之间,分享公司税税基,以及确定收益来源本身等。因不同的征税水平相互冲抵会导致低效率,这就要求财政学设计出协调措施;与此同时,还要保留各辖区有权做出自己的税收选择。在此方面,观点会随人们对税收竞争作用的看法而变,无论是把它看作对政府过度行为的矫正、对累进征税行为的缓解,还是把它看作对单个辖区处理自身财政事务自主权的干预。早期有关单一辖区财政分权的议题,现在正以更大的规模重新讨论。

(15)不受欢迎的人口变化问题,目前仍处于形成期并尚在早期阶段,但它让人们重新对代际公平产生了兴趣。在此方面涉及的问题有,债务筹资、社会保障、用当前的立法给未来施加责任等。

上述议题(当然还可以加上其他),可以或多或少地在传统视为财政议题的范围内考虑。除了这些议题,财政经济学的工具也已渗透到新领域,比如将经济逻辑应用于法律规则,甚至(范围较小地)用于哲学家的正义理论上。

(二)需要吸取的教训

回头看上述这些丰富的主题,我们会看到旧问题是如何重新出现的,并随着新的洞察力的出现而得以更好地探讨,还有新的问题如何通过结构性变革而产生,新的分析方法如何修正旧的解答。这些问题的不断产生,实际上让人眼花缭乱,有人可能会怀疑这样的现象是否会延续下去。很有可能的是,我这一代人所处的时期,在建设财政学科方面取得了特别丰硕的成果,因为它让财政学跟上了较广泛的分析经济学的步伐,并在某些情形下,财政学甚至推动了分析经济学的发展过程。财政学的发展潜力也许有自己的行进路径,我的建议是不要担心能否延续的问题。研究生的数量和流行领域的氛围会起起落落,热门的主题来来往往,就像在特别鼓舞人心的老师和研讨会小组那里发生的那样。如果把视野放得更长远一些,就会发现延续问题并不重要。财政领域永远都不会缺乏新问题,也没有必要去预测这些新问题会是什么。去指导研究的未来并不容易,最好的做法是追随它自身分散的发展进程。

二、未来的视角

我将对我们领域迄今为止发展的一般方向作一些简单的评论,并以此作为本章的结尾。在我们的领域,已经从关注私人部门失灵转向关注公共部门失灵,已经从财政学转变为公共经济学,也已经扩展到对一些新领域进行

第二十四章　更为长远的视角(1994)

探究。

(一)对"罪魁祸首"(culprit)关注的转换

从斯密那儿开始,财政经济学的主流就接受这样的前提,即资源配置问题最好交由市场来处理,与此同时承认仍需要政府设定法律框架,提供一些特定物品,并处理(更有争议的)分配问题。正是这种对混合经济的想象,将财政模型与纯粹市场模型、社会主义模型区分开来。在混合的经济中,分权的市场仍然处于经济组织的中心,但并不会无限地支持那种拥有无所不能的"看不见的手"的自然秩序。财政措施基于社会政治的合作过程而得以采用,它们确有必要但是需要有理由来支持。考虑到财政措施背后的各种理念冲突,因财政而带来意识形态的紧张并不让人感到惊奇,而这种意识形态的紧张在诸如如何更好地组织社保市场(structure security markets)的分析中是缺乏的。外部性的存在,既可以被视为是给经济学家的世界增添了一个富有挑战性的问题,也可以被视为是对"看不见的手"的令人讨厌的诋毁。

一般而言,我这一代的财政经济学家对此混合任务持积极的态度。为建设一个良好的社会,既需要合作过程又需要市场过程,这一发现是吸引人的。最近,对混合任务的态度,已经转变为持一种批判的立场。原来说的对公共政策的需要以及提供解决方案的效力,现在受到了质疑。质疑者认为,科斯谈判能产生帕累托最优解,并可以取代政治过程,他们还把过去对分配方面的关注(包括是否需要支付补偿款这样的棘手问题)撤在一边。政府本身往往被他们认为是对市场的干扰,而不是矫正弊病的工具。

上述这种视角的转变,回应的是正在增长的预算以及过去政策带来的困难,也呼应了这个时代有关政体与意识形态氛围的变化。这样的意识形态循环(ideological cycles),并不让人感到吃惊。财政学就其本性而言,既建立在政治经济学(注意从20世纪70年代到90年代间政治经济学这个术语内容的急剧转变)的基础上,也建立在纯粹经济学的基础上。尽管有那么一瞬间,财政分析工作中主观事务似乎已变得多余,但是观点的转换似乎又一次正在形成中。如同我所看到的,所有这些增加了我们学科的魅力,尽管它们同时也让无偏见的分析变得更加困难、更加重要。

(二)财政学抑或公共经济学？

对于我们的领域称为"公共经济学"(public economics)而非"财政学"(public finance)，我有许多需要说的。首先，"筹资"(finance)真的从来都不是一个合适的术语。即使是在我们传统中，财政议题也不仅仅涉及筹资事务。公共服务的提供要求支出，并进而要求筹集收入，因而在两种情形下都涉及资金的流动。但是这两种资金流，还涉及真实资源的使用以及实际负担的归宿。因此财政学若聚焦于筹资问题，就偏离了我们要处理的基本问题。这个术语在和金融、流动性、风险承担等现代观念，以及和金融工具和金融市场的性质联系在一起时，就显得更不合适了。在前面的评论中我们说过，财政学领域在变广，而这更增加了"筹资"术语的不恰当性。因此，对于把"筹资"一词拿掉，我们有很多可说的。

但是"公共经济学"(它划分出私人领域和公共领域)是正确的答案吗？公共政策会引起私人反应，私人市场带来公共政策。即使我们划分出私人领域与公共领域，但"公共"一词本身涵盖的议题范围难道不是显得太广泛，以至于要求我们进一步地进行划分吗？尽管这也许可以迎合专家探究的本能而显得有吸引力，但专家们若用自己的技术、方法论(如果不是神话的话)将公共领域持续细分为特殊领域，并创办越来越多的期刊的话，那也会带来沉重的成本。最为重要的是，各种议题是相互依赖的，服务于经济的需要(也许不同于经济学家的需要)要求有一种综合的理解。

不过，我们再也不可能回到过去的幸福日子了。在当时，经济学的所有内容都可以被囊括在像马歇尔的《经济学原理》那样的单卷书本里。现有的各种不同的主题非常丰富，那么多的事情并不能一次性地得到考虑。因此，私人领域和公共领域的初始划分是一个明智的起点。在公共领域的范围内，尽管存在专业化的危险，但我认为能够很好地将一组传统上由财政学涵盖的主题放在一起。同时，去掉"筹资"而使用"财政经济学"(fiscal economics)，将其作为一个更具代表性的术语也比较好，只要重新命名的交易成本不是太高。

(三)更广阔的视野

最后，我希望对技术分析日渐增加的需求，不会让我们学科失去较宽广的视野。用改进的技术来处理重要的议题,是一件好事,但是如果它让年轻学者只选择那些可以运用自己所学技术来研究的问题,而不是去解决实质性的重要议题的话,那就不再是好事。而这就提出了像我们这样的学科存在的特殊风险,那就是结合制度的洞察力和分析的技巧是如此重要,以至于我们不能忽视。

我呼吁更宽广的框架,意思不仅仅是要在关切分析和关切制度之间保持平衡,以及将财政的逻辑拓展到诸如法律这样的其他领域;我的意思尤其在于,要对其他的、外来的视角保持开放的态度。一个恰当的例子是,20世纪70年代哲学家们对分配正义的争论,为我们提供了一种新的视角。如果我们不常忽略基于社会利益的动机(这也很重要)的话,那么公共选择理论对公共代理人最大化行为的探索,还是很有帮助的。但是其他的理论构想也可以产生丰硕的成果,比如在变化的历史环境中如何形成财政制度,行动者会是谁(集团、阶级、个体),他们的动机如何由社会变革塑造等。经济学家的思想贸易,不应该是重商主义式的只追求出口,也应该在"我们的"问题中采用替代性的视角。熊彼特的"税收国家的危机"(Schumpeter, 1918)一文,以及其他在财政社会学中曾经流行的作品,正是恰当的例子。

参考文献

Dietzel, C. (1855), *Das System der Staatsanleihen*, Heidelberg.

Dupuit, J. (1844), *De l'utilite de sa mesure*, Turin: La Riforma Sociale.

Edgeworth, F. Y. (1897), 'The pure theory of taxation,' *Economic Journal*, 7. Reprinted in *Papers Relating to Political Economy*, vol. II, pp. 63—125, London: Macmillan.

Fisher, I. (1937), 'Income in theory and income taxation in practice', *Econometrica*, 5, 1—55.

Fisher, I. (1942), *Constructive Income Taxation*, New York: Harper.

Hansen, A. (1941), *Fiscal Policy and Business Cycles*, New York: Norton.

Hobson, J. A. and A. Mummery (1889), *The Physiology of Industry*, New York: Kelley.

Hume, D. (1739), *A Treatise on Human Nature*, Oxford: Clarendon Press.

Kaldor, N. (1955), *An Expenditure Tax*, London: Allen.

Keynes, J. M. (1936), *The General Theory of Interest, Employment and Money*, New York: Harcourt.

Lerner, A. (1944), *The Economics of Control*, New York: Macmillan.

Lindahl, E. (1919), *Die Gerechtigkeit der Besteuerung*, Lund: Gleerupska.

Malthus, T. R. (1820), *Principles of Political Economy*, New York: Kelley.

Marshall, A. (1890), *Principles of Economics*, London: Macmillan.

Mill, J. S. (1848), *Principles of Political Economy ed.* W. J. Ashley, London: Longman's.

Pigou, A. C. (1928), *A Study in Public Finance*, London: Macmillan.

Ramsey, P. P. (1927), 'A contribution to the theory of taxation', *Economic Journal*, 37 47—61.

Ricardo, D. (1817), *The Principles of Political Economy and Taxation*, London: Dent.

Schumpeter, J. A. (1918), 'The crisis of the tax state', reproduced in C. Seidl and W. Stolper (eds), (1991), *Joseph A. Schumpeter: Essays in Economic Policy*, Princeton: Chicago University Press.

Simons, H. (1938), *Personal Income Taxation*, Chicago: Chicago University Press.

Smith, A. (1786), *The Wealth of Nations*, ed. E. Cannan (1904), New York: Putman.

Wicksell, K. (1896), *Finanztheoretische Untersuchungen*, Jena: Fischer.

第二十五章 对布坎南"福利民主国家的财政危机"一文的评论(1999)[①]

布坎南教授的论文,就像我们早已学会从中期待的那样,承载着强烈的信息。那就是,福利国家只有放弃其歧视性实践并回到早前对普遍性项目的依赖,才能存活下去;除非做到这一要求,否则它将因特殊利益集团的政治压力而陷入困境。作为相信福利国家历史性贡献的我,欢迎他对福利国家存活的关切,并愿意一起携手来拯救它。然而,他的论文中包含得更为一般的推理(general thrust),让我感到疑惑,这位我自认的同盟到底跟我有多相像。

实际上,让我惊奇疑惑的是,他对普遍性项目的坚持和对歧视性(我宁愿说"选择性",这样倾向性少一点)项目的拒斥,能否跟福利国家(或许用"福利民主国家"这一术语会更好些)的观念相融? 我们需要区别以下事项:(1)在用提高人均收入等措施来帮助提升一般福利时,国家扮演的角色;以及(2)在特定必要情形下出面支持个体或群体时,国家扮演的角色。这两种角色都很重要,但是国家作为福利国家的身份涉及的是后者;而就其本身而论,它在性质上是选择性的而非普遍性的。

真正普遍的而非选择性的福利国家(不同于关注普遍福利的国家)的概念,若将其推进到逻辑的极限,它就变成了一个空盒子。向每个人付出 100 美元福利同时征收 100 美元的总额税,这样的福利国家在账册的收支两端完全是普遍性的,但它并没有完成多少东西。福利国家的目的,是在有特定需要的

---

① 载于 H. Shibata(编),《福利国家、公共投资与增长》(H. Shibata (ed.), *Welfare State, Public Investment and Growth*, Tokyo: Springer, 1999.)。

情形下保护个体或群体；为此目的，国家需要选择性的技术以避免预算中包含不必要的、有害的搅动。表 25—1 给出说明。

表 25—1　　　　　　　　提供 15 美元最低收入的项目

	L	M	H	总计
		选择性项目		
收入	10.00	50.00	100.00	160.00
税基	—	50.00	100.00	150.00
税率(%)	—	3.33	3.33	3.33
纳税额	—	1.67	3.33	5.00
收益	5.00	—	—	5.00
净变动	+5.00	−1.67	−3.33	—
		普遍性项目		
收入	10.00	50.00	100.00	160.00
税基	10.00	50.00	100.00	160.00
税率(%)	11.54	11.54	11.54	11.54
纳税额	1.15	5.77	11.54	18.46
收益	6.15	6.15	6.15	18.46
净变动	+5.00	+0.38	−5.38	—

假设有 3 个人 L、M 和 H，各自的收入为 10 美元、50 美元和 100 美元。进一步假设政策目标是确保 15 美元的最低收入。在选择性项目下，M 和 H 将被征收 3.33% 的所得税以从 150 美元的税金中筹集所需的 5 美元收入，然后将这 5 美元转移支付给 L。L 获得 5 美元的收益，而 M 和 H 分别损失 1.67 美元和 3.33 美元。可在普遍性项目下，3 个人都得到相同的补助，同时按照相同的税率纳税。为了给 L 留下 15 美元的净收入，就要求筹集 18.46 美元的税收收入。由于税基为 160 美元，这要求税率为 11.54%。L 纳税 1.15 美元，在收到 6.15 美元的补助后，如项目所希望的，留下 15 美元的净收入；M 纳税 5.77 美元，收到 6.15 美元的补助，留下的净收益为 0.38 美元；H 纳税 11.54 美元，在收到 6.15 美元的补助后，净损失为 5.38 美元。净收益扩展到 M，而

第二十五章　对布坎南"福利民主国家的财政危机"一文的评论(1999)

他并不是项目要帮助的对象,需要使用的税率为11.54%,而非选择性项目下的3.33%。

如果有一个项目,目标是确保有小孩的家庭能获得最低收入水平,那么只把钱款付给有小孩的家庭而非所有家庭,花费会较低。如果目标是保护老年人,那么在项目中不将婴儿包含在受益群体中似乎是明智的。如此所需的预算将比较小,所需的税率也将比较低,征税的效率成本也因此比较低。在20世纪70年代讨论负所得税时,我曾对此做过详细的论证。由此可见,有效的政策应该将收益限制在目标群体身上,但这似乎是布坎南教授所拒绝的,尽管他本人并不喜欢高税收。

布坎南可能会回答说,这种担忧尽管在原则上是正当的,但不如政治制度对这两种方法的回应方式来得重要。在他看来,使用选择性或歧视性项目会带来过度支付,而普遍性项目可以避免这一点。也许确实如此,但即使这样,选择性项目的基本效率情况作为总体的一部分,也应该得到考虑。

我也不确定,政治所具有的弱点,能用来决定性支持普遍性项目并反对选择性项目。布坎南教授认为,由于多数人联盟会将选择性项目强加给少数人,这样的项目将会变得过度。于是,能用来做交易的量越大,普通人的悲剧就越惨。在某些背景下可能确实会如此,但是我也能想象到相反的情形。比如说,普遍性项目有更广泛的吸引力,可以获得更广泛的支持;而项目越具有选择性,它就越难找到结盟伙伴。分割的预算项目,将会因此限制而非扩张预算。

此外,我们必须更清晰地定义术语。我认为,普遍性项目是将许多目标或受益群体组合在一起的项目,而选择性项目是具有单一目标群体的项目。因此,普遍性项目不一定就大,而选择性项目不一定就小。在大多数国家,福利政策的增加,目标群体大多集中于针对老年人和病人的选择性项目上。但是这些项目占这么大的比重,原因不在于它们是选择性的,并由此带来多个群体的联盟,而是因为它们有庞大的受保护群体,涉及的利益要花大价钱。

作为长期支持宽所得税基、批评选择性税收偏向(tax preferences)的人,我现在难道不应该同情普遍性方法吗?收入作为能力或幸福的指标,应该以宽广的"增值"(accretion)方式来定义;而在我所处的地方,现在税收偏向的扩张如此受欢迎,确实是可耻的。然而,将这样的看法类比到福利项目则是错误

483

的。在定义收入时,普遍性原则并没有告诉我们,应该以相同的税率向每个人征税。它只告诉我们说,应该统一地衡量能力。类似地,如果一个项目是为了确保低收入者的最低收入或者让他能获得一些物品,那么我们确实需要有关最低收入的广泛定义,但并不意味着应该向所有人支付同样的福利。

对于应该如何打包项目,确有许多内容可以讨论;但是为节省时间,我不得不略过而继续往下说。我必须转而讨论布坎南教授用来考察福利民主的更宽广的框架。他画的图并不漂亮,对于用这些术语描绘出来的福利国家为什么值得拯救也让我感到困惑。

布坎南概述出来的福利国家浓缩史,是一连串的不幸。由于多数票决策规则和其中存在的"选举谬误",原先启蒙的理性声音和对国家怀疑的观点,已经让路给了普选权和大众民主。正像马克思的天才所指出的,消费开始跟生产分离,而这就是哈耶克说过的"社会主义的致命的自负"。为了结束这种分离,就出现了凯恩斯和他的"坏经济学",到现在最终造成福利国家的危机。这也许浓缩得有点太多,但是它说出了基本的信息。

如果时间允许,我自己写的简史讲述的将是一个稍有不同的故事。市场制度的缺陷——尽管它具有伟大的生产力——并没有随着工业革命早期阶段的结束而消失,后来古典经济学的繁荣也没有证明市场不会失灵。19世纪80年代当俾斯麦(Bismarck)认为需要社会保障时,他也许错了,但是从较长远的眼光看,他是对的。福利国家的兴起(伴随着民主的兴起),是一种必要的发展,这是对市场的必要补充,以便在享受市场益处的同时让它的缺点变得缓和一些。

很明显,生产必须先于消费,而为了引导生产就必要有回报。然而,这并不意味着用市场结果来充当所有事情(包括收入分配)的最终裁决者。要素定价是一回事,而分配正义是另一回事;二者都应得到考虑,以便达到一种平衡。社会主义的失败,并没有证明"看不见的手"完全正确,也没有让民主社会对社会政策的需要变得无效。

至于凯恩斯,我们可以在这里回顾一下,他的赤字政策是基于严重失业和总需求不足的情形下得出来的。鉴于他的卓越而实用的思想,当市场力量强大时,他就不会再建议采取赤字政策。我至今还历历在目,1945年在华盛顿

第二十五章 对布坎南"福利民主国家的财政危机"一文的评论(1999)

研讨会上,他精确地表达了这一观点。但是,现实中既存在公共投资又存在私人投资,按时间摊销成本在这两种情形下同样合适。对人力资源的投资,现在日益被承认为是福利政策的重要关注点。这一主题在布坎南教授的论文标题中提到了,但是他在正文中只做了简单的处理。

对布坎南教授如何看待民主社会的运作,我也有点担心。他提到了"具有开放的普选权的政治环境"的兴起,而这种开放甚至到了如此程度,以至于"它将福利接受者和纳税人都包含在内"。布坎南所指向的是,在多数票决策规则下,少数人可能会滥用权力;他强调在任者会用立法通过那些时间跨过自己任期的项目,并认为在任者有这样的能力是令人遗憾的。对于允许潜在的受益者参与到项目投票中,我并不怎么感到吃惊。收入分配问题必须在民主社会予以解决,而这并不意味着要实行全体一致的选择。我也不要求将项目时间限制在立法周期内。福利国家的目标不仅是在时间上提供连续的保障,也要在门槛条件上提供连续性。环境改变会出现,并要求项目也改变,但是在可能的情况下,连续性仍应有效。美国以及英国最近获得的经验,并不意味着无法做出这样的调整。政治氛围有其周期,我们可以从经验中学习到教训;民主过程尽管很少一帆风顺,却有其生存之道。

对福利国家的危机及其即将到来的崩溃,布坎南教授在论文中描绘得太夸张了。自56年前贝弗里奇报告(Beveridge Report)出现以来,福利国家完成的改革一直是最成功的;这些成功是如此之大,以至于福利改革的基本启示已经被认为是理所当然的,它们横跨具有不同信念的各种政党。

不过,当布坎南教授指出福利国家现在必须面对三个严重的问题时,他是对的。这三个问题,包括人口结构的变化、医疗服务不断上升的成本以及全球化。这些问题没有一个可以归咎到马克思或凯恩斯的邪恶智慧(evil geniuses)上去,或者甚至归咎为多数票决策规则的坏习惯。它们外生于福利国家的本性,但是我们必须面对。

人口的老龄化让养老保障问题变得复杂,但是这个困难是可以解决的。无论特定的技术是什么,退休人员的人均收入必须得到不时地调整,以便让它和工作人口的收入减去他们支付给养老保障制度后的净额保持合理的关系。

医疗保险方面提出了更艰难的问题。人口的老龄化导致对医疗需求的增加,医疗科学的进步提供了日益增加的新颖但昂贵的可能医疗措施。社会希望将收入的较大份额用于医疗卫生,但是保险费市场的传统设定是在病人和健康者之间公正地分配成本且不受逆向选择的影响,但对健康者而言这意味着医疗将变得日益昂贵。

不过,这些都是可管控的问题,它们不会破坏福利民主。只是对全球化而言,这一命题则不一定成立。就像多年来我主张的那样,在联邦主义制度环境中,收入分配政策必须成为必不可少的中央政府职能。如果由下级辖区来实施收入分配,流动的要素(特别是资本)将逃离高税收地区,而低收入人群将寻找高福利住所。而随着全球化的进展,全国政府变成地方性政府,并可能会出现向下的螺旋,于是类似联邦制的结果正在形成中。全球化在此方面产生的结果,可以通过国际合作和税收协调来解决,我希望会有人做这些事。在能带来更有效率的绩效之时,政府间的竞争是好事,但是若造成税收和福利政策竞相削减到最低共同标准之下,那就不再是好事。布坎南教授不同意"卡特尔"式的合作,而赞同不受限制的政府间竞争。我再次留下这样的印象,即布坎南教授尽管给处于溺水中的福利国家扔出了救生用具,但如果它淹死了,他也不会有多么忧伤。

第五部分

税制改革

第五部分

解剖制本

第二十六章　澄清两个税制改革方案中的问题(1996)[①]

近些年来,有许多人提出建议,要彻底改革联邦税制,而在改革目标上这些建议又跟过去几十年的建议有根本的差异。这样一些建议具有标志意义,它们意味着始于为第二次世界大战筹资的所得税年代即将结束,因为建议的目标不再是通过扩充税基以增加所得税,而是以新的模式(全部或部分)来取代所得税。有些人要求用消费型增值税取代古老的销售税或同类税收,而其他人则引进新的构想,认为这些新构想相对于原有的所得税制优势很大。这些新税制以"单一税率税"(flat tax,又译平税)、"无限制储蓄免税"(unlimited savings allowance,USA)、"消费后所得税"(consumed income tax)、"预付税"(prepayment tax)以及更多其他的标签提出,而这些标签让公众处入困惑中。[②] 很不幸,如果不能理解这些计划实际上可以做什么,我们就无法做出明智的选择。我在这里所述的目的,不是在这些计划之中做出选择,而是澄清其中存在的一些关键问题。

为简化起见,我将根据两个原型(prototypes)来开展澄清工作,即"单一税率税方案"和"无限制储蓄免税方案":前者首先由罗伯托·霍尔(Robert Hall)与阿尔文·拉布什卡(Alvin Rabushka)提出,并得到得克萨斯州共和党众议员迪克·阿梅(Dick Armey)的支持;后者由新墨西哥州共和党参议员皮

[①] 引自 Tax Notes, February 1996:732—6.

[②] 对于各种方法的简要评论,参见 Charles E. McLure Jr and George R. Zodrow, 'A hybrid approach to the taxation of consumption', 载于即将出版的 *Handbook of Tax Reform*, ed. M. J. Boskin, Stanford: Hoover Institution Press.

特·多米尼克(Pete Donemici)及佐治亚州民主党人山姆·纳恩(Sam Nunn)提出的。① 这两个构想都是在保持税收收入量不变的前提下,用来取代个人所得税和公司利润税。二者都在企业和个人层面征税,但是它们的税基和税率会有差异。单一税率税方案是在企业和个人层面使用17%的税率,而无限储蓄免税方案在企业层面使用11%的税率、在个人层面使用10%~40%的税率。在单一税率税方案中,企业税的税基是消费型增值税税基减去工资;而在无限制储蓄免税方案中,税基则包括整个增加值。在单一税率税方案中,个人所得税的税基等于企业支付的工资和养老年金(pension);而在无限制储蓄免税方案中,个人所得税税基等于所得减去储蓄(余额等于消费)。净储蓄额由个人在被监管的银行账户(regulated financial accounts)中存入和取出金额的差额决定。在这两种情形下,在对个人层面征税时,都会考虑实行充分的免税,但是现行个人所得税制给予的其他抵扣和抵免大多会被取消。虽然还有一些其他方案,在细节上纵然存在差异,但是通过考察我们所说的这两种原型,就能把关键的问题说清楚。

一、单一税率税方案的困境

对单一税率税的想象,一直占据着公众的想象力,因为它会把对个人的征税缩减成明信片般的简洁(postcard form),而这将标志着税制的大大简化。但是,进一步的考察表明,单一税率税的简化作用容易被高估。因简化而取得的收益,大多是拓宽税基并从税基中移除资本所得的结果;如果在个人层面上结合累进税率,同样可以取得这样的结果。单一税率税的本质其实不在于简化,而在于作为其后果的税收负担的再分配。

假设所得税的5档税率,现在被可获得同等税收收入的单一税率(如30%)取代。政府的税收收入相同,但是纳税人不必再承担原来计算多档税率

---

① 见 Robert E. Hall and Alvin Rabushka, 1995, *The Flat Tax*, 2nd edition, Stanford: Hoover Institution Press, 重印于 *Special Supplement*, *Tax Notes*, 4 August 1995, and 'USA tax system, description and explanation of the unlimited savings allowance income tax system', *Special Supplement*, *Tax Notes*, 10 March 1995.

第二十六章 澄清两个税制改革方案中的问题(1996)

时的纳税申报责任。乍看上去,这意味着重大的简化,但是这一好处有许多虚构的成分。这是因为,对于大多数纳税人而言,这一计算实际上并无必要。考虑到国内收入署(IRS)纳税申报表的可获得性,只要确定了应纳税所得额,在多档税率的税制下确定税收责任,就不会比单一税率制度下更难。

撇开计算的简化不谈,转变为单一税率可能有一个好处,那就是家庭成员间不需要为了规避较高税率而相互混淆收入,这样就能通过源泉扣缴税款(source withholding)而征到大部分税收。只有在单一税率结合激进的税基拓宽(包括取消个人免税及扣除额,以及从税基中移除资本所得)之后,税制简化才能获得很大的好处。这样实行的单一税率税方案,才可能以不对人的形式管理税收(类似于本章评论的两个方案中的企业税那样),即取消在个人层面的征税而改为只在企业层面征收增值税。于是个人纳税人就会从场景中消失,纳税人数量会大大减少。

由此,基于简化的优点,单一税率税方案可以胜出,但是代价极大。从现行税制转变为整体上不再对人征税,会削弱财政过程中的纳税人意识,并因此淡化负责任的财政公民意识(fiscal citizenship)。同时,将合法的扣除项目取消是不公平的;更重要的,若取消个人免税额,将会把税负转嫁给社会底层民众。对个人若设免税额,那实际上就形成了一档零税率,这样的话,对免税额之上的所得按单一税率征税,将会导致税收占所得的比例上升,并带来有效税率的上升。对大多数纳税人而言,这种有效税率的上升主要是因个人免税额的存在而形成的;上升的税级只对(比如)所得最高的7%纳税人(他们经调整后的总收入超过70 000美元)来说很重要。尽管使用较高的累进税率具有争议,但对较低收入者免税却得到广泛认可。甚至"单一税率税"方案也保留了最低所得免税的原则。即使按这种单一税率方案征税,也不是完全在企业层面进行评估;即使使用相同的税率,对薪水征税也是在个人层面进行,以便允许实行免税额或初始收入的零税率。这么做,实际上增加了语义上的混乱,更合适的称呼应该是"累进单一比率税"。[①]

[①] 见 Hall, R. and A. Rabushka, The flat tax: a simple progressive consumption tax, Hoover Institution Conference Paper, Frontiers of Tax Reform, 11 May 1995, National Press Club, Washington, DC.

就像有些改革方案所建议的,应将不针对个人的增值税和向低收入个人支付现金(作为退款或对个人免税的替代)结合在一起,这样最低收入免税原则就能令人信服地得以保留。但这样做很不方便,在考虑家庭规模后尤其如此。这样,就解释了为什么这些单一税率税方案还了保留了针对个人的成分。但是一旦保留针对个人的成分,单一税率税方案拥有的许多简化优点就丧失了。无限制储蓄免税方案中的消费税基,若进一步增加税率档次,并不会显著增加遵从成本。不过,单一税率税方案中的薪资税基若增加税率档次,同样不会增加遵从成本。因此,使用单一税率取代多重税率,与简化没什么关系,我们不应该将简化作为单一税率税方案的标签。

相反,单一税率税的真正重要性,在于它影响了高收入阶层所承担的税负。尽管高收入纳税人的数量相对较小,但他们的税基分布高度集中,并占有税基的绝对份额。收入前10%的纳税人(他们每个人调整后的总收入都超过20万美元)贡献了约40%的应纳税所得,前1%则贡献了约17%的应纳税所得。若使用单一税率来替代目前的累进税率,那就会使大量的税负向下转嫁,转移给中低收入阶层。这种转移的价值如何此处暂不讨论,但简化确实只能被当作是转移注意力的话题而弃置一边,这是在有关单一税率和多重税率争论时应该关注的。

二、拿什么作为税基?

前面说过的有关单一税率税的话,可适用于所有的税基,无论是所得、工资还是消费。工资税基和所得税基,都可以和单一税率或多重税率相结合。这样对税基的选择就成为一个不同且独立的问题。

如同通常理解的且所得税提倡者力求的那样,"所得"这一术语是指在不考虑来源或用途的前提下一个人获得的全部"收入":从收入的来源看,资本所得和工资所得应受到同等对待,都应该扣除获取它们的成本;从用途的角度看,消费和储蓄都应该包括在内。单一税率税方案建议,将资本所得从来源处排除以缩小税基,而无限制储蓄免税方案则建议从用途方将储蓄排除以缩小税基。

第二十六章　澄清两个税制改革方案中的问题(1996)

在所得、工资、消费三种税基构想中,应该选择哪一个呢?这并不是一个新问题。在150年前,密尔第一次发现,对利息所得征所得税,有"双重征税"的缺点。考虑C和S两个人,二人都在Ⅰ期得到了100美元的初始工资所得。按照10%的税率,两个人都在纳税10美元后剩下90美元。现在让C在Ⅰ期消费掉全部的90美元,因而不再涉及纳税问题。而S则将90美元用于储蓄及投资,假设利率是10%,这样在Ⅱ期他就得到9美元的额外收入。由此,S在Ⅱ期需要再纳税0.90美元,这笔税款换算到Ⅰ期的价值是0.81美元。这样的征税方式被认为是不公平的和无效率的。

我们可以通过两种方法来纠正上述缺点。一种方法是,在消费发生时对消费征税。这样C会在Ⅰ期消费100美元,于是纳税10美元;而S在Ⅱ期消费110美元、纳税11美元。S的11美元的纳税额按现值计算,等于C在Ⅰ期的10美元纳税额。另一种方法是,利息所得免税,使得C和S在Ⅰ期都纳税10美元。从上述简单的说明可以看出,对消费征税和对工资所得征税是等价的,二者都不同于对所得征税。[①]

(一)公平

在以上三种税基之间进行选择时,公平、效率、可行性等方面的考虑格外重要,另外还需要解决税制转换过程中特殊的过渡问题。就"横向公平"问题而言,人们普遍地同意,处于同等情况下的人应该缴纳相同的税收。而就所得税来说,横向公平要求对所有具有相同"所得"的人征相等的税,并因此给他们留下相同的选择机会。从消费的角度看,所得税基被认为没有满足横向公平的要求,如前所述,即使S和C在开始时所得情况相同,但到后来S纳了更多的税。这样的论证确有价值,但是有关情况并未说清楚。

首先,这样的论证必须考虑下面的事实,即并非所有储蓄所得后来都会被消费掉,它可能会以礼物或遗产的形式转移给他人。在无限制储蓄免税方案

[①] 这并不是说,对任何个体而言,在任何既定年份工资税基一定等于消费税基。如果在当年获得非工资所得或者发生了净储蓄,这二者会有不同。这意味着,对任何个体而言,无论是对所得征税还是对消费征税,如果满足下述4个条件:(1)所有收入会在生命周期内消费掉;(2)开始时不持有资产,资产也会在生命周期内被消费掉;(3)不做或不接受任何交易;(4)税率不会改变,那么他(她)的整个生命周期纳税额的现值都是相同的。

中,这样的转移将规避掉征税,直到(或如果)后来有人把这些所得都消费掉。由于捐赠者可以在消费和转移之间进行选择,因而将转移视同消费并包含在捐赠者的消费税基中是很好的做法;类似地,也可以将转移包含在接受者的工资税基中。其次,在上述论证中假设了(目前或将来的)消费是收入能提供的唯一好处,这就忽略了源自积累和持有财富的益处,无论这种益处是安全、权力还是社会地位。[1] 考虑到这些益处,要公平的话,就要对财富征收附加税。有些研究文献已包含了这样的建议,但是现在主要的税收改革方案并没有将其考虑进去。[2] 然而,若要确定财富税基,那现在在所得税中处理资本所得时遇到的很多困难,会再次碰到。

可以再加一个进一步的考虑。尽管消费税基很吸引人,工资税的吸引力相对较小。可是,为什么源自工作努力和放弃闲暇获得的收入应该被征税,而从储蓄和投资获得的收入却可以免税?使用"勤劳收入"和"非勤劳收入"意味着,即使有什么区别的话,也会得出相反的结论。如果说对储蓄者歧视是不公平的,那歧视挣工资的收入者不也是不公平的吗?公平是个复杂的概念,更多地取决于我们如何看待这一问题。

让我们转而考虑"垂直公平",需要注意在这里有视角的急剧转变。尽管在传统上使用消费税基,与增值税所包含的间接性与累退性联系在一起,然而现在的情况不再如此。就像无限制储蓄免税方案所表明的,消费税可以对个人直接征税且使用累进税率;尽管单一税率税方案只使用一个税率,但在其他方案中,对工资税基也已使用了累进税率。[3] 不过,有人会补充说,为了取得相同的分配结果,消费税基和工资税基,与所得税基相比,需要更快速上升的边际税率。情况确实如此,因为收入阶层越往上,储蓄率就越会上升,在收入总量中工资的份额就越会下降。

---

[1] 见 Henry C. Simons, *Personal Income Taxation*, The University of Chicago Press (1938): 96.

[2] 考虑征收附加财富税的建议见 George R. Zodrow and Charles E. McLure Jr, 'Implementing direct consumption taxes in developing countries', *Tax Law Review*, 47 (4), New York University School of Law.

[3] 见 Charles E. McLure Jr and George R. Zodrow, 'A hybrid approach to the taxation of consumption', forthcoming in *Handbook of Tax Reform*, ed. M. J. Boskin, Stanford: Hoover Institution Press.

第二十六章　澄清两个税制改革方案中的问题(1996)

(二)效率

因为对利息"双重征税",所得税同时受到了从效率和公平两方面的批评。因为在现在消费与未来消费之间插入一个税收的楔子,所得税干预了有效率的选择,储蓄会因此受到阻止,经济增长被延缓。但这样的所得税也有优点,我们可以从公平角度给予合法性证明。储蓄对利率的反应决定了很多东西,这是一个已得到广泛讨论但仍具有高度争议性的问题。

(三)简化

对不同税基征税的可能性,仍然需要考虑,由此带来的"简化"方面的好处,也一直处于讨论的中心。所得税因为有许多缺点(包括可以避免的一些缺陷,比如不适当的扣除和豁免,以及在衡量资本所得时固有的复杂性——在通货膨胀环境下尤其如此),越来越受到批评。如果在现金流的基础上处理实际投资,无论是采用单一税率税方案还是无限制储蓄免税方案,这些困难大多都可被绕开。如此一来,就实现了实质性的简化。我们还可以通过取消那些不必要的扣除和豁免,来实现进一步的简化。

作为结果,简化是可以得到的好处,但同时会出现新的问题。来自拓宽税基的简化不会一直延续下去,在无限制储蓄免税方案中保留利息免税以及扣除抵押利息等,就拓宽税基而言也并非好的做法。在无限制储蓄免税方案中,消费支出和投资支出之间的差异将极为重要。此方案要求,在衡量储蓄时需要监控金融账户的交易,而这并不容易做到。[①] 这样的困难在工资税下不会出现,由此也证明工资税是更简单的程序。然而,此处又存在区分到底什么构成工资、什么构成资本所得这样进一步的问题。

在单一税率税和无限制储蓄免税两种方案中,结果会有不同,尤其在过渡阶段更是如此。若用工资作为税基的单一税率税取代现行的所得税,就会使消费者的(在改革前)旧的资本存量免于征税,因此在再分配上就有利于老一代。而取代以消费作为税基的无限制储蓄免税方案,会有利于新的储蓄者,因

[①] 见 Alvin C. Warren Jr,"The proposal for an 'unlimited savings allowance'", *Tax Notes*, 28 August 1995:1103.

而在再分配上有利于新一代。这样，代际公平问题、效率问题、增长的效果问题等就出现了。

总之，单一税率税方案和无限制储蓄免税方案，可以绕开确定资本所得的问题，并因此带来简化和效率等重大好处。不过同时，仍有待观察的是，这么做会出现什么新的问题？抛弃曾经的对累进及税负分配问题的追求而单独追求简化，到底有多好？说到底，对税制进行重大彻底的改革，会产生不确定性，并因此带来自身的成本。诚然，彻底改革方案提出了挑战，对于新一代税收分析家而言尤其如此，但是我们不应忽略1986年所得税改革方案中包含的不同精神。

三、平等对待各种所得？

我们现在来简单考察一下，在单一税率税方案和无限制储蓄免税方案下，将企业税和个人税打包在一起，那到底是什么在被征税？之后我们再来考察一下两个方案的支持者所断言的，这两个方案对一切所得都征收相同的税收。

（一）单一税率税方案

如前所述，单一税税率税方案在企业层面及个人层面征收17%的税收。对企业征税的税基，定义为销售额减去从其他企业购买的金额，再减去投资及工资支付。工资在个人收到之时，就构成了对个人征税的税基，同时减去个人拥有的一切免税因素。因此，这一揽子方案类似于减法型、以消费为税基的增值税，它一部分在企业层面征收、一部分在工资获得者层面征收，因此它需要较高的税率，以便弥补因个人获得免税额而带来的工资税减少额。

从账户的来源方来看时，税基看起来是怎样的呢？在这一方，根据支持者所声称的，其中有一个主要优点是，该一揽子方案"对一切所得征收相同的税收"。[①] 企业所得被定义为扣除开展业务、购买设备及支付工资等成本之后的余额，我们可以就此余额在企业层面上征税，而支付给工人的工资所得可供在

[①] Robert E. Hall and Alvin Rabushka, 1995, *The Flat Tax*, 2nd edition, Stanford: Hoover Institution Press, p. 55.

个人层面征税,一切税基都按 17% 的税率来征税。如此一来,一切所得都同等地被征税,但确实是这样吗?

此处的关键问题在于,费用化(expensing)的角色以及"企业所得"的概念。单一税率税方案所界定的企业所得,适用于现金流分析的背景,但没有给出标准来估测个人所得或国民所得相对于工资的份额。这样的所得概念,类似于国民收入中的所得份额,当平等地对待各种所得被视为确保个人间平等所必需之时,这一概念就有重要意义了。在那样的语境下,企业所得应该被定义为相对于资本的净回报,就如同在公司税下所尝试定义(如果说不完美的话)的那样。[①] 为了衡量那种净回报,企业必须被允许弥补其投资成本,但是必须在整个资产使用期内进行,不能在刚开始使用资产时就全部通过费用化而计入当年的成本。

此处的基本要点在于,单一税率税方案在设计时就忽略掉下面的问题:通过费用化可能会让正常的资本回报免于征税。政府若允许企业从其他所得中即时扣除投资成本,那实际上是给予投资者免息贷款。在连续的再投资过程中,这种贷款会产生连续的收入流,其现值在税后等于对初始投资的正常回报征税的金额。[②] 这样留在税基中的唯一回报,仅剩下租金、垄断利润、风险补偿金以及卓越企业家努力的报酬。保留租金和垄断利润是有好处的,对风险补偿征税,往往被可能的亏损补偿所冲抵。但将企业家报酬保留在税基里,同时在税基里却不包含正常的回报,在今天这个供给侧的时代(supply-side age)就很有讽刺性。

---

① 这里需要注意的是,以正确的所得税方法(在国内税的环境下可以看到),将不会有绝对的公司税,如果所有的净所得都归于股东的话(无论是以分配或是保留的方式)。

② 为了说明这点,假设投资了 10 万美元。现在还没有挣到所得,但是在费用化规则下,会马上被征收一个金额,这个金额是作为以前其他投资的收益或所得所付出的代价。如果税率是 34%,则将节省 34 000 美元的税金。将这一数量的资金用于投资会进一步节省 11 560 美元,因此可用于投资的总额为 151 500 美元。投资 151 500 美元所获得的回报是没有这种税的情况下所获得收益的 1.515 倍。但是现在必须在此基础上征收 34% 的税。投资者因此留下没有这种税的情况下 0.66(1.515)=1 倍的收益。由 1.515 因子增加的收益被所引进的 34% 的税收抵消了。如果初始金额是借来的,如果支付的利息不被从税基中扣除,这一结果同样成立。如果扣除掉,费用化会给投资者留下补贴。

然而如果税率为零,只有当投资的回报率等于正常的或市场利率时,上述结果才会成立。当回报超过市场利率,上述正常回报就要被征税。见斯蒂格利茨,《公共经济学》,纽约:诺顿出版社,第 455 页(1986),以及阿特金森和斯蒂格利茨,《公共经济学讲座》,纽约:McGraw-Hill,第 146 页(1980)。

一旦使用了正确的所得概念,那种声称在单一税率税方案中一切所得都受到平等对待的优点就不存在了。"企业税"这一术语也具有误导性,好像它是企业所得税的一种类似物。通过使用相矛盾的所得概念,以及提供一揽子方案向一切所得平等征税,企业税的真实性质被歪曲了。从来源看,单一税率税方案对所得征税,应该被当作对工资征税,而资本所得大多被免税,因而这样两个所得的来源受到了相当不平等的对待。与"对一切所得平等征税"的目标相比,这样的做法并不怎么吸引人。

在提倡者介绍单一税率税方案时,他们并没有揭示通过费用化让正常资本回报免税这一关键作用。读者们被告诉说(正确然而语义模糊地),和纯粹的简化相比,费用化有更深厚的理由支持。储蓄在投资之先,对投资免税意味着对储蓄免税,而对储蓄免税就意味着对消费征税。[①]这样做也算好,但是它并不支持下面的说法:允许费用化的税收,会导致平等地对待资本所得和工资所得。相反,实践表明,这两种来源的所得(按照要素份额或要素收入确定)并没有得到相同的对待。

(二)无限制储蓄免税方案

在陈述"无限制储蓄免税"制度时,类似的问题也出现了。这一方案再次包含两部分:在企业层面上对"毛利润"征税,在个人层面对消费征税。我们以征收10%的企业税为开端,此时税基等于销售额减去从其他企业的采购额,这个采购额包括经常性投入及资本设备。企业支付的工资,现在保留在税基里,但收到的利息并不包含在内,而付出的利息也没有得到扣除。由此确定的企业税税基,是消费型的、十足的减法增值税。在此基础上,再对消费按19%~40%的税率征税。两项结合之后形成的一揽子方案,等于是一种累进的消费税,使用的第一档税率为11%(没有免税额),接下来较高档次的税率为29%~50%(适用于超过免税额后的消费额)。

再一次地,方案的提出者也是从所得来源来看待自己的一揽子方案的。他们宣称,无限制储蓄免税方案可以用来"穿越标签的灌木丛、各种偏见及一

[①] 见 Robert E. Hall and Alvin Rabushka,1995,*The Flat Tax*,2nd edition,Stanford:Hoover Institution Press。

第二十六章　澄清两个税制改革方案中的问题(1996)

些混乱情形",①但实际上他们将构成累进消费税的内容陈述为无限制储蓄免税方案的"所得"税制,并因此加重了混乱。在该方案中包含的企业税和个人税成分,被认为是包含在相同的税基中具有一致性的东西,可以在产生"所得"的过程中经不同的点来征税。

当企业通过生产和销售产品与服务来创造收入时,税基第一次出现了,此时也是征收企业税的时候。接下来,在扣除企业税后,个人以工资、薪金、利息、分红以及给企业所有者其他类似的分配等形式,实际收到了一笔收入,此时税基再次出现了。正是在这个时候,适合征收个人税。

总之,"企业税对因企业活动而产生的劳动所得与资本所得征收相同数量的税收,就此而言它是不偏不倚的(even-handed)"。② 为了和现在从公司税获得的税收收入相匹配而设定的企业税税率,也给人们留下了这样的印象,即这一种形式的企业税是另一种形式企业税的替代物。

再一次地,问题在于没有注意到下面一点:在处理资本所得时费用化的基本角色,与经济折旧之间是有差别的。对资产在有用生命期内提取折旧,这一做法现在被费用化所取代。如前所述,资本的正常回报因此被免税,只有剩余利润还留在税基中。尽管提出者详细说明了无限制储蓄免税计划,但这一决定性区别再一次地没有放在台面上。读者没有被告知,随着将资本的正常回报费用化,这些资本的正常回报就这么被免税了。因此,鉴于工资所得和资本所得受到了相当不平等的对待,再将"企业所得"类比为工资所得就不成立了。和单一税率税方案一样,无限制储蓄免税计划听起来吸引力也不大,而且再一次地公众应该被告知会发生什么。

---

① 'USA tax system', Robert E. Hall and Alvin Rabushka, 1995, *The Flat Tax*, 2nd edition, Stanford: Hoover Institution Press, p. 1525.
② 'USA tax system', Robert E. Hall and Alvin Rabushka, 1995, *The Flat Tax*, 2nd edition, Stanford: Hoover Institution Press, p. 1489.

第二十七章　发展中国家的税制改革(1987)[①]

　　发展中国家的税制改革，涉及诸如经济政策、具体税制结构设计和管理等广泛的议题。所有这些议题都很重要，不可忽视。不过首要的核心问题是，如何满足对财政收入的需要以及如何把获取收入的结构结合到发展政策中。在此领域学者的关切有：不同税收对储蓄和投资的影响；税收对于宏观经济平衡（国内外）的意义。与此同时，还有一个重要的目标是确保税负分配的公平。在更具体的税收议题中，还需要关注的有税收结构的构成，税制各重要组成部分的设计等。税制改革自始至终存在的问题是，不仅要简单地去决定什么是合意的，还要评估什么在管理上是可操作的，以及确保它处于政治可行性的范围内（就像所有税收改革者所深知的那样）。

　　尽管上述这些重要问题很多时候都会碰到，但需要做什么、可以做什么这样的问题，与所要考察的特定国家的地理、制度、政治、发展阶段等紧紧联系在一起。税制改革，和发展中国家其他公共政策领域类似，并不适合一概而论。跟发达国家相比，发展中国家的各类市场往往更加分散、更不完全，流动性也较低，因此这样的市场对国外市场和特殊商品市场的依赖更大，政治与行政对市场的约束力量也更大。必须考虑所有这些因素，我们才能形成不仅是合理的，而且有望得到执行的经济政策建议。

　　因此，我在此要探讨的是那些在构建合理的税制结构时会面临的各种基本问题，而不讨论在财政不平衡或财政崩溃等紧急情形下面临的问题，后者需

[①] 引自 D. Newbery and N. Stern (eds), *The Theory of Taxation for Developing Countries*, New York and Oxford: World Bank/Oxford University Press, 1987, 242—63.

第二十七章　发展中国家的税制改革(1987)

要即时的反应。在要探讨的问题领域内，我将遵从一代税制改革研究者所采用的一般方法，该方法首先是从世界银行1949年向哥伦比亚派遣的代表团开始使用的。我当时曾在劳克林·库里(Laughlin Curry)的指导下开展工作，并参与了世界银行有关税制改革的第一个重要报告的写作。从今天经济发展的更广阔的背景下看，我认为这份报告已经在某种程度上成为样板。

一、税制改革和发展政策

我一开始先讨论那些把税制和发展政策联系起来的较宽泛的问题，然后再考虑税制设计中更具体的问题。

(一)财政收入目标与税收努力

如果不与财政收入目标相联系，那么税收政策是什么以及要对特定的税收做什么，是没有办法确定的。因此，一个好的开端是，考察发展计划(如果不存在发展计划，就考察经济增长的预期模式)的预算含义。产生财政收入的条件会是什么？期望现行的财政收入制度产生何种结果？财政收入估计值和计划的增长率一致吗？怎么拿它们跟计划的支出水平进行比较？为了维持内外部的平衡，需要有什么样的额外收入？要回答这些问题，发展计划对财政收入的规划和要求，就必须清楚陈述、相互一致。

不过，这并不意味着，财政收入目标在制度中就是因变量。隐含于经济计划之中的对财政收入的要求，可能会不切实际地高；在此情形下，就需要调整其他变量，以使这些变量与可行的财政收入目标相一致。这一点似乎是显而易见的，然而经常出现的现象是，在整体经济计划中并不存在这样的一致性。原因之一在于，财政部门通常处理的是税收政策和经常性支出，而资本性支出和一般计划是计划部门的工作。由于这两个部门之间的沟通不够(计划部门主管通常依靠一群高级技术官员而非财政部门官员的支持)，税收政策往往得不到充分的关注，反而处于政策思考的核心之外。

我注意到，经济计划(或者没有正式计划时的政策思考)必然涉及财政收入目标，但是这一目标不能被简单地视为"必须"予以实现的目标。我们必须考虑一个国家可以承受的征税水平,以及它应该承受的最低水平。很明显,税收政策的目的不应是财政收入的最大化,更不用说把税率推升到超出这一最大化水平。在一个混合经济中,经济发展要求私营部门和公共部门都要做出适当的贡献,同时要避免税负过度。然而,我们也很容易看到,征税行动经常遭人们抱怨说是征税过度,甚至在征收额远远低于适当水平时也是如此。因此,对于税收努力,必须有一些操作性准则。在大多数情形下,税收占 GNP 的比重至少应达到(比如说)18%,但在发展中国家,通行的比重常常远远低于该水平。在拉丁美洲国家,这一比率通常为 14%,而亚洲国家的比率则多少要高些。

不过,要寻求通则同样是困难的。如果我们要考虑某个国家的纳税能力,那就需要关注一些明显的特征。其中一个特征是人均收入水平,它显示了从私营部门消费中转移资源的可能余地。一个国家越穷,这种转移形成的负担就越重。同时,如果收入分配呈高度不平等状态的话(发展中国经常如此),那么转移的余地也会变大。其次,"税柄"(tax handles)的可获得性是一个限制性因素。在私营部门的制度环境中,管理税收收入的转移,或多或少是可行的。因此,若有大规模零售场所、大型制造企业,以及相当部分劳动力以正式雇员的身份工作,这样的经济与只有少量进口单位的开放经济一样,都存在便于管理的税柄。但若是小农经济、小零售场所,以及相当大一部分劳动力自我雇佣,都会让征税工作复杂化。能否获得行政管理人才,也会严重影响征税工作的难易程度。还有,政治制度是否愿意广泛使用税收,以及最后但并非最不重要的,司法制度执行税收规则的意愿(在必要时能实行充分的惩罚)等,都会影响征税工作的难易程度。

然而,将特定国家的税收努力与同一地区的其他国家(这些国家身处大致类似的环境中)进行比较,仍然是有用的。作为结果,我们现在拥有大量衡量和比较税收努力技术的文献。如果有关国家在人均收入及经济结构等方面类似,就可以简单地比较它们的税收收入占 GNP 的比重。然而,各国之间确有差异,我们在比较时必须考虑到这些差异。因此,一国的税收努力,可以通过将它的实际财政收入与 GNP 的比值(或财政收入占 GDP 的比重)和下述比值进行比较得出,而该比值是此国以通常方式对一系列相关的经济特征做出反应的结果。这些反应可以用下面的方法得出,即考虑一组样本国家,并由此模拟出一个方程,用于从某些特征中预测税收与 GNP 的比值(或税收占 GDP 的比重)。在这一研究中,出口、进口、采掘业、农业占 GNP 的比重,都是非常好的解释变量,而人均收入相对来说不那么重要。我们可以将估计系数应用于特定国家的各个变量,并将估计的比率和实际比率进行对比,这样就可以来衡量平均的税收努力。尽管相关特征的"平均"行为并不必然是合意的,但是和仅参考未经调整的实际税收占 GNP 的比率这一衡量方法相比,它提供了更有意义的比较标准。

(二)储蓄水平和投资

接下来,我们必须考虑征税效应和经济发展目标之间的关系。在此关系中,征税对消费和储蓄的影响最为重要。

发展中国家的家庭储蓄率通常都很低,在总体储蓄率中几乎微不足道。就仅有的储蓄产生来看,它几乎完全来自收入前 10%(或者更低一些)的家庭。因此,对较高收入阶层征收累进所得税能威胁到的家庭数量很少;而将较高收入家庭排除在征税之外,或者对他们征税不充分,就意味着忽视了对高收入者奢侈消费的调节。我们会发现这是装载可转移"剩余"的主要钱袋子,不对它征税,税收政策就会陷入困境。就理想而言,这一困境可以通过征收累进支出税来解决,但是在发展中国家的可能环境中,征累进支出税会受制于严重的行政管理局限性。若在个人所得税中使用具体的储蓄激励(比如,对储蓄带来的收入提供税收抵免,或者将资本所得排除在征税范围外),可以提供一部分解决方案,但是仍然存在问题。通常来说,较之确保较高的净储蓄率,这样的激励对于侵蚀税基、造成横向不公平有更大的危害。不过总的来说,在发展中国家,鼓励较高的家庭储蓄率,更大程度上是出于抑制通货膨胀、创建有效储蓄机制的动机,而与税收政策关系不大。

然而,税收政策和企业储蓄之间事实上有更直接的联系。企业储蓄,特别是大公司的储蓄,通常是发展中国家储蓄的重要来源。在那里,利润税似乎是这样一种征税形式,它让储蓄承受最重的负担。因此这一点在确定对公司征税的水平及结构时,必须予以考虑。发展中国家对留存利润(retention)给予优惠待遇,也许是适当的,尽管这样的待遇有悖于发达国家常有的整合企业所得税和个人所得税的想法。

然而,对私人部门征税只是问题的一部分。问题的另一部分虽不明显但也更重要,那就是公共部门在储蓄方面的作用。如果仅用政府预算盈余或赤字来衡量,就不能让我们充分认识这一作用。税收和支出结构也很重要。因此,对消费征税并用形成的资金进行公共投资,也增加了资本形成,而对储蓄征税并因此形成的资金来进行公共消费,会减少资本的形成。很清楚,与公共投资相关的概念,不能仅仅表现为公共购买的资产或建设的工程;用于健康或教育的"经常性"支出,也给经济增长带来了相同或者更多的贡献。

由于资本是流动的(至少在缺乏汇兑控制时),这样从国外可获得的净回报水平,就成为国内向资本所得征税的明确限制。因此,如果要留下国内的资本并吸引外资的流入,那对公司的征税水平就必须适度。同样,为了能广泛地激励投资,降低税率就是更可取的选择;这样的压力,在发展中国家和在其他地方一样真实存在。不过,对这一激励的益处的怀疑,理由同样强烈(如果说不是更强的话)。如下所述,这特别是因为这样的激励措施经常是很有选择性地使用,而选择标准与发展计划的关系既模糊又不充分。

有一个重要问题在于,这些特殊激励是否应该给予外国资本。对这些资本给予优惠待遇,也许既能吸引它们流入,又不用放弃国内资本带来的税基。因此,这样的特别补贴政策很吸引人,但是需要注意考虑两个条件。首先,如果资本来源国对寄回国的收益进行更严格的征税,并进而抵消了这种激励,那就什么好处都没有得到(本国还流失了有价值的财政收入)。其次,发展中国家之间可能就更大和更好的税收激励措施展开竞争,如此产生的税收减免会超过吸引外资所需的水平。总之,对于发展中国家而言,设计各种税收激励以便吸引资本实质性地在本国停留一段时间,并给当地带来能产生增加值的投资,这样的做法还是有利可图的。

(三)国外和国内平衡

从国内平衡的角度考虑,重要的是,将税收落在消费上还是落在储蓄上。从国外平衡的角度考虑,重要的是,将税收多大程度上落在国内产品身上,又多大程度落在进口产品身上。因纳税人支出模式的不同(也就是花在进口产品上的支出与花在国内产品上的支出之比值),所得税的效果会有差异。高收入阶层的消费更集中于进口产品,征收累进税更有利于贸易平衡。利润税的效果,取决于受影响的投资类型中相关资本性进口产品的比重。普通销售税会对进口产品和国内产品有同等影响,而生产环节货物税和进口关税则分别影响国内产品和进口产品。对出口产品提供补贴,可以改进贸易平衡,而对国内产品征税则会对贸易平衡带来不利影响。在综合考虑国内和国外平衡的基础上,对税收搭配的选择是制定经济政策过程中的重要因素。经常出现的是,国内税基发展得不够,而进口产品提供了更好用的税柄。因此,维持国内平衡的必要性会带来过度的保护,而进口关税的水平往往高于为维持国外平衡所需的税率。

二、分配模式

发展中国家税负分配问题的重要性,不亚于发达国家。当然,环境有差异。在发展中国家,要解决贫困问题,基本的方法一定是提高人均收入;而这种提高,就要求有资本形成,无论它来自公共部门还是私人部门。为了给公共部门提供资金,就需要征税,但是累进税会干扰私人部门。这句话似乎在暗示,税负的公平分配是一个奢侈品,贫穷国家无法消费。然而似乎同样明显的是,在收入水平较低且收入分布高度集中的地方,公平征税特别重要。此外,公平地分享经济增长的好处与负担,这一意识对于民主制度的进步而言,也很有必要。在其中,征税公平是一个重要部分。由于这些以及其他的原因,发展中国家必须面对税负分配问题。

(一)收入的分配

在发展中国家能获得的收入分配数据常常不完整,且质量可疑。不过,显示出的常见图景,是一种高度不平等的(实际上是扭曲的)分配状况。它拥有一个巨大的底层,包含了(比如)2/3 的人口,且获得的一律是很低的收入。这一群体包括传统的农业部门的民众和移居城市中心的民众。接下来的一个或两个10%,反映的是小规模的"中产阶层",收入明显高于生存水平,但是和发达国家中产阶层的收入相比,仍然相当低。仅占人口一小部分的顶层,其收入之高可以比得上发达国家的收入最高阶层。在发展中国家,收入最高的10%人口可以获得一国总收入的50%;与之相比,发达国家的比重为30%或者更低。现在我要指出,这种收入分配的扭曲模式让税负分配具有重要意义。

尽管发展中国家的一般图景就像我刚才所描绘的那样,但对作为考察对象的特定国家来说,有关收入分配的信息可能有欠缺或者完全不够。然而,要判断税负分配的话,就需要收入分配的信息。因此,我们的分析不得不从为收入分配建模(modeling)开始。对于某些经济部门而言(比如政府雇员以及大型制造企业雇员的收入),建模并不是太难。但对于其他部门来说,我们就必须根据间接证据来估计。也许我们不得不根据生活标准(包括家庭种植的食物以及其他非金钱来源)来估计传统部门中的主要群体的收入水平。自我雇佣人员的收入,也只能从间接证据中进行推测。资本所得的数据特别难以获得,尽管运用来自纳税申报单的样本信息并参考国民收入数据会有帮助。在按部门估计完分配模式后,再按照劳动力、就业和国民收入数据赋予权重,我们就可以得到全国的图景。然而,谨慎同样是必要的,因为国民收入数据也许无法提供可靠的支撑,而所得税数据也许无法以便利的形式获得。总之,估计收入分配是一项危险的任务。然而,由于高度的总体不平等源自不同部门之间平均收入水平的明显差异(比如,传统农业部门雇员和发达部门雇员之间的收入水平差异),因而哪怕是推测收入分配的大致模式也是有帮助的。总之,和高收入国家相比,发展中国家的收入分配实际上更偏向于顶层,其分配模式在低水平上更扁平。

(二)税负的分配

对税负的分配进行估计,涉及按收入档次划分征收到的税收总额。以这一信息为前提,每一档次征收到的税收,都可以表示为在该档次中的税收占收入的百分比。

在这样的分析中,最关键的步骤在于选择税负归宿的假设。一般的做法是,把个人所得税的税负归宿安排给纳税人,把产品税、销售税以及进口关税的税负归宿安排给应税商品的消费者,而把财产税和土地税的税负归宿安排给所有者。公司利润税的税负归宿通常安排给公司的股东或股票的所有者,或者假设它们会部分地转嫁给消费者。最后,对资本品征收的关税的税负归宿,安排给用这些资本品所生产的产品的消费者。对公共企业利润征税,通常不在分析之中。

这样的税收分配,所需的基础数据包括按所得类型区分收入分配,按照收入水平区分支出模式,以及财产的分配。收入分配数据通常不完整,而有关消费者支出模式的数据就更缺乏了。然而,如果要在消费者中分配商品税,就需要这种数据。在消费税税基广泛的情况下(比如增值税或者零售税),必要的信息和具有相当包容性的消费支出的分配有关;然而对于特定的国内货物税或者进口关税而言,我们就需要知道选择性消费模式(比如对酒、香烟和汽车的消费)。由于消费模式不仅会因为收入而存在明显的区别,还会因为经济部门而存在明显的区别,于是这一图景显得很复杂。从家庭预算调查中收集数据不是特别困难,由此获取的信息价值重大——不仅在税负分析中如此,而且在发展政策等更高的目的上也是如此。

和有关支出模式的数据相比,有关财产和财富分配的数据甚至更稀缺。然而,由于应纳税财产高度集中于高收入和富裕阶层,因而在资本所得中只有一小部分不归人口的前10%或5%的财产所有者,这使得分析的困难没那么严重。

要估计税负,其他且较为简单的方法,涉及要比较各家庭的负担,而这些家庭具有不同的构成、规模和区位。这样,考虑家庭环境及地区税收差异就有可能,而且还无须估计收入分配。然而,税收归宿假设的角色和前述的方法一样,同样需要有关支出模式的信息,但是和在整体基础上使用信息相比,现在可以按照家庭的特定区位及类型来使用这些信息。这是一个重要的优点,因为在不同区域的消费模式会有明显差异,在发展中国家尤其如此。这样的话,同时采用两种方法是可取的。

在这两种方法下,估算程序都涉及方法论上的困难,而这些困难要比作为其基础的分配数据的缺点更为严重。最重要的是,作为结果的税负分配,取决于使用的税负归宿假设。就此而言,估算的分配不是经验推测的结果,而只是表明潜在假说的量化含义。这种方法的另一个局限性在于其有偏性。所得税的税负分配被认为仅从预算的来源或者收入端来影响家庭,而产品税被认为仅从消费或者使用端来影响家庭。因此,没有考虑对产品价格征收收入税以及对各种收入模式征收要素税的二次效应。由于生产 X 时产生的收入分配不同于生产 Y 时的,而改变 X 和 Y 间产量组合的产品税也会影响收入分配。类似地,对所得征税会影响产品的相对价格,因而会影响消费者的实际收入。这种分析的更深层次的缺点在于忽略了无谓损失,因此低估了总负担。此外,对于所有用来缴税的资金来讲,这种损失并不一样,因此对于估算的税负分配,增加了潜在的偏差。

就理想做法而言,我们应该考虑二次效应和无谓损失,就像最近基于一般均衡分析估算税收归宿所尝试做的那样(Shoven and Wally,1984)。然而,这种研究还处于早期阶段,不易应用于发展中国家。在这些国家,所需数据很难获得。此外,这一方法依赖于经济以完全竞争的方式做出反应这一假设,这对于发展中国家来说特别可疑。也就是说,税收归宿不是根据观察经济对过去税收变化的实际反应来估计,而是基于完全竞争市场的假设下会做出什么反应来估计。无论这一假设对发达经济体有什么优点,在大多数发展中国家的环境下,它的现实性确实可疑。

然而,仍应考虑将一般均衡模型拓展到这样的环境中。由此产生的问题(short thereof),可以考虑一些特殊的例子来解决,在其中,产品组合的差异对要素收入的分配有直接的影响。事实上,传统上适用于对美国和英国各种特别税分析的局部均衡假设,如果应用于发展中国家,是否依然有效的问题同样存在。与发达国家相比,发展中国家存在着各种重要的结构性差异,比如较高程度的部门分离、一些部门隔离于市场交易之外、发展中国家在国际市场上处于价格接受者的地位、它们的开放程度,以及资本流入具有的极端重要性等。这些差异意味着,需要的合适假设也会存在差异。

三、所得税基与消费税基

我现在转向探讨税收结构设计中的选择问题,从以所得作为税基还是以消费作为税基开始。尽管在传统上税收方面的文献把宽税基的所得税作为税制的最好形式,最近的文献已经转向将消费作为可取的税基。这些文献强调,由于相对于未来的消费,所得税更倾向于支持即期消费,因而会产生无谓损失或者效率成本;在此方面,消费税则是中性的。此外,这些文献认为,消费税更鼓励储蓄,因而更有利于经济增长。

无论消费税基对英国或美国这样的国家有什么优点,消费为发展中国家提供了特别有吸引力的税基。为何如此呢?原因有下面几个。首先,发展中国家急需形成资本,需要有储蓄来维持它,因此应该从消费中而非储蓄中征税。其次,大部分人口的消费水平很低,只有很少的"剩余"可以转移到预算中使用,或者根本就没有。然而,考虑到高度不平等的收入分配和私人部门的低储蓄率,在高收入一端,存在着以"奢侈消费"形式表现出来的实质性剩余。无论是家庭储蓄者还是公司股东,这部分人口也是私人部门储蓄的来源。因此,如果采用充分累进的所得税,就会吸收掉消费剩余的大部分,同时也会威胁大部分私人部门的储蓄。而由于有些资本可以在国外获得收益,对资本所得有效征税就会受到限制,这就使问题更加严重。因此,明显的答案是直接集中地对高收入阶层的消费征税。

就理想而言,对高收入阶层的消费征税,应该采取累进支出税的形式。这种税可以作为个人税征收,累进税率可以适用于纳税人的整体消费支出。对于如何征管这种税,最近的文献有许多讨论。在这样的税收中,所得税的一些困难(比如衡量折旧、处理资本收益等)得以避免,这当然是重大优点,在通货膨胀的环境下尤其如此。然而,这一税收也会产生其他新困难。对支出税的现代关注,要追溯到尼古拉斯·卡尔多(Nicholas Kaldor,1956),他实际上尝试将它应用于印度,但是这种试验证明是失败的。这种结果并不让人惊讶,因为征管这种税要求对金融交易进行精确的计算。此外,较之于所得税,这种税较少地依赖于从源代扣税收。

因此,对于发展中国家而言,我不相信个人支出税是一种可行的解决办法。销售税能税及消费税基,但并不是以公平的方式,于是需要着重通过对"奢侈品"征税来向奢侈消费行为征税。必须注意的是,识别"奢侈品"并不是对什么形式的消费是必要的或合意的进行道德判断。相反,确定奢侈品是基于这种产品在不同收入水平的家庭中所占的收入比重,也就是说,按照收入弹性来确定。要确定"奢侈"的程度就需要考察不同的商品,而这同样需要有关支出模式的数据,下面我们再回到这一点。

要替代正式的支出税,可以采取"购买税"的形式,也就是对多种商品征税的制度,或者将它植入增值税的税率结构中,尽管这样做会更困难。此外,通过不同形式的财富税(包括累进财产税),也可以带来更多的收入和作用。所有这些可能性操作意味着有一个重要的研究领域,和严重依赖于累进所得税率相比,它更有希望。

由于奢侈消费占据了进口的一个重要部分,同样由于稀缺的外汇对发展至关重要,于是征收奢侈税可以获得额外的支持。然而需要注意的是,对进口奢侈品征税是作为税及奢侈消费整体(无论是进口奢侈品还是本国生产的奢侈品)的一部分,还是将只对进口奢侈品征税作为一种差异化关税的特殊措施,这二者之间存在着实质性的差异。这是因为,只对进口奢侈品征税影响了资源的有效配置,并不像征收累进消费税那样有必要。同样需要注意的是,被课税产品的种类范围必须被定义得足够广泛,以避免消费者用实质上相似的产品来实现消费替代的情形。

四、个人所得税

不像发达国家,由于明显的原因,在发展中国家的税收结构里,个人所得税并不占据核心的地位。不过,它仍是税制中的重要部分,尤其适用于发展中国家的现代经济部门。在发展出有关奢侈税的综合制度之前,所得税是税制结构中能采用温和累进方式实行税负分配的重要手段。然而,税率结构中的累进并不是我们主要的关注点。在此处应主要关注的是,个人所得税税基通常会因经济中有一些部门处于所得税覆盖范围之外而存在大量的漏洞;这一事实的存在,使统一覆盖这一合意的要求无法满足。为了避免可能带来横向不平等和无效率,应该根据总收入(不考虑收入来源或用途)来评估税收的义务。

第二十七章 发展中国家的税制改革(1987)

(一)税基全覆盖

税基覆盖不足,不仅限于发展中国家,但在发展中国家显然更加严重。然而,并不是整个GNP都应反映在应纳税所得中。毕竟税基只关注净所得,而在国民账户的语境下,个人所得税税基是国民收入而非GNP的一部分。因此,要将折旧和间接税排除在外。此外,国民收入的有些部分(比如公司税)也不进入税基,那些不是国民收入构成部分的其他项目(主要是转移支付)则需要被包含在内。因此毫不奇怪的是,即使是广义的应纳税所得,也仅能解释GNP的(比如)不到1/3。然而,我们反对的并不是这个,而是反对因为应纳税所得实际上仅达到恰当确定的数额的一部分(经常低于50%)而造成的税基缺失。这种税基缺失的原因有:(1)经济中有一些部门产生的所得无法计算,或者只能非常不完整地计算;(2)法律允许将一些形式的所得排除在外,而实际上这些所得应该是税基的一部分。

为了推测税基缺失的大小,我们从估计经济中各部门获得的个人所得总和开始。接下来,我们扣除无须纳税的所得额(这些所得由于低于免税额而无须纳税)。由此,我们可以确定各个部门"完整"的应纳税所得额是多少。然后,我们扣除因法律许可的各种豁免和扣除而对应的那部分免税所得。这些税收豁免实际上正当性不足,包括奖金、休假工资等。其他的税收豁免,源自法律中的激励条款。扣除掉所有这些项目后,我们可以确定,如果法律得到完全的执行,可税的所得额应该是多少。将这一数字与实际的应纳税所得额进行对比,我们就可以按部门计算税基的缺失额。需要注意,这一差额不包含因免税、法定课税豁免或扣除所导致的税基减少,它只衡量因现行法律没有得到完全执行所导致的缺失。如果我们考虑税法中的优惠和漏洞,并将实际的税基与"正确的""全面的"税基进行比较,差额就会更大。

无效率执行导致不同部门税收收入损失的程度,取决于有多大份额的所得仍处于应纳税所得之外(哪怕法律完全得到执行也是如此)。因此,农业部门没有有效执行导致税收收入损失就很少,因为即使在税基中包含源自农业部门的所得,在其中有许多所得(至少在传统部门)低于免税的标准。

不过,在获取上述这些信息时,有实质性的困难。公共部门和大型私营企业的雇员,他们的收入数据可以广泛获取,但是自我雇佣群体的数据就无法广泛获得。自我雇佣群体,包括小型贸易商、农民以及在职业和贸易中获得实质性收入的群体。由于问题的性质,在应纳税所得差额最大的地方,数据也最不精确。由于无法从税收数据推测信息(基于这些信息来对比相关的数字),必须根据人口、就业和国民收入数字来估计收入。此外,为了将部门总所得大致分解为应纳税和不应纳税部分,需要收入分配方面的信息。在某种程度上,去估计因豁免和扣除而导致的税基损失更为容易,因为至少在税收统计中有基本数据。诚然,这些数据的可获得程度,取决于纳税文件如何保存,也取决于在多大程度上可以获得经计算机处理过的信息。

尽管并非所有必需的信息都能获得,但即使并不完美,以下类似的分析也是有用的:识别存在重要税基缺失的经济部门,并确定哪些地方最需要努力去改进管理与执行。

(二)难以征税的群体

上面的讨论,马上就把人们的注意力吸引到处理那些存在最大税基缺失的问题群体身上。在发展中国家,难以征税的群体显得特别重要——这些群体通常包括小型零售企业、专业人士及农民。对这些群体,除了运用精细的税收征管手段以及税法所提供的各种条款(这些条款借鉴自发达国家,它们也适用于发达国家)外,还需要其他处理方法。就此而言,需要有更现实的方法,那就是在通常的所得税和销售税框架之外运用并以此作为替代的方法,比如使用推定课税法(presumptive taxation),并在正常的税制环境中使用估测的税基。

对小规模纳税人(雇员人数不超过 5 人)而言,最有效的征税方式是推定税(presumptive tax),可以此作为正常所得税和销售税的替代方法。以推定的方法确定在收入和销售方面的特定纳税人,然后再根据推定的税基征税。为了不超过常规税制下会缴纳的税收数量,推定税以保守的方式来计算,纳税人也可以证明自己的纳税义务更少。

通过简化,税制致力于征管成本的最小化,同时提供合理的最低税收水平。为了完成这一计划,就必须通过一张矩阵表(matrix table)来确定征税额。在这张表格中,纵向显示的是活动类型,横向显示的是销售水平。为了计算所得税,需要估计边际利润(通常适用于每一行的活动),然后将其运用于推定销售额。尽管按照活动类型分类且确定代表性边际利润相对简单,但这种方法(估计推定收入和销售税义务)的有效性取决于按销售水平分类。由于使用推定方法覆盖的小型企业通常没有充分的销售会计,因而必须使用诸如占地面积、位置等实物性指标。很明显,这些指标必须根据具体情况来发展。

推定方法适用于很小的纳税人,对于稍微大点的纳税人,可以使用更精确的方法。对于这些纳税人而言,使用估计税(estimated tax)会被视为向正常处理的过渡措施。在这里,按照正常的所得和销售税状况来征税,但是税收征管者应该基于具体的估计程序来评估纳税义务。纳税人同样可以基于充分的文件和会计记录来证明"真实的"纳税义务,而使用估计程序可以避免估税者和纳税人因讨价还价(这会导致共谋)而带来的额外优势。

税收估征程序可以基于3个步骤,涉及如下几个方面:(1)根据具体指标估计总销售额;(2)通过从总销售额中扣除无法用单据证明的费用,得到总收入;(3)通过从总收入扣除可以用单据证明的费用得到净收入。按照步骤(1)估计总销售额,可以基于诸如雇员数量和技能水平、装配的设备、活动水平、存货规模、原材料采购等指标。按照步骤(2)扣除无法用单据证明的费用(包括大多数较次要的项目),可以基于适用于特定活动类型的推定数来进行。只有基于适当的文件材料,按照步骤(3)做进一步扣除才是正当的,这些文件材料包括工资、原材料采购、利息、折旧等大额支出。

对于不同类型、不同分支的活动而言,使用这些方法(特别是在推定层面)也提出了很多不同的问题,这些问题必须一类一类地加以解决。在使用估计税的较大纳税人中,小型制造商、零售商及服务企业是比较重要的。还有些特别的问题跟专业人士及大型农业企业、养牛户特别相关。由于普遍存在着少报,后两个群体的多数经常处于正常的所得税制之外。由于他们的收入相对较高,因而在征税范围上会存在特别严重的亏空。将这些群体更多地纳入,需要的不仅仅是技术,还要得到司法系统和政治制度的坚决支持,否则问题无法解决。通常,起诉他们是无效的,罚款金额也很小,惩罚延迟支付的力度(特别是在通货膨胀的条件下)微不足道。

(三)通货膨胀

对发展中国家而言,考虑到它们倾向于容忍高通货膨胀率以及它们在管理清算账户(settling accounts)方面的长期滞后,通货膨胀给所得税征管带来的困难就显得特别重要。尽管税级攀升问题可以在某种程度上通过指数化程序来解决,但它对税基的扭曲效应是一个更困难的问题,尤其当有关资产的真实价值变化时更是如此。因此,控制通货膨胀不仅要求充分地征税,更要求以建设平稳运转的税制为前提。

(四)个人储蓄激励

增加储蓄已成为发展政策中的一个重要关切,为了刺激储蓄,发展中国家经常对从政府债券及储蓄机构获得的利息收入免税,还对储蓄账户中增加的收入不课税等。大多数税收分析师对此类条款持批判态度,认为它们对税收公平的破坏作用超过了因刺激储蓄而带来的可能收益。对于小型储蓄者而言尤其如此,他们要么本来就低于所得税的免征额,要么适用的边际税率本来就很低。此外,对利息免税所提供的减税额,会随着所得的增加而增加(由纳税人的边际税率决定),并因此带来了有关税收公平的额外问题。如果使用税收抵免而非扣除,可能会避免这些问题;但若代之以向消费征税来鼓励储蓄,会更为可取。

对储蓄的所得税激励,也许最好的期望是,将储蓄从非正式或场外交易市场引导(而非增加)到有组织的储蓄机构中去。但是由于储蓄存款对利率通常存在着滞后反应,通货膨胀率对储蓄的真实回报率的影响可能超过了税收因素。因此和税收政策相比,利率调整和指数化债券供应更加重要。

(五)进一步的问题

还有许多其他问题,在这里我无法详细地讨论了。这些问题在发展中国家和发达国家都必须得到解决,包括所得税的税率结构,低收入减免、扣除、税收豁免及其他技术问题。另外还有税收征管中的重要问题,包括纳税人代码的发布、提供税务档案以使区域间交叉检查成为可能、大额税收返还的集中处理,还有计算机化处理等。由于税收返还要接受审计和最终评估,因而经常出现的漫长拖延带来了严重的缺陷。在通货膨胀环境下,更迅速地处理税收返还特别重要,此时清算和支付的拖延减少了债务[①]的真实价值,因为通常情形下,对这种债务不会收取足够的利息费用。在处理这些问题时,为税务官员提供培训设施及充足薪水就有策略上的重要性,尤其是因为私营部门常将富有经验的税务征管人员挖走。这些问题大多并不是经济分析问题,但对于创建有效的税制而言却很重要。

五、公司税

由于商业单位运营的法律形式多种多样,发展中国家的公司税结构因此变得复杂。在发展中国家,以独资企业形式运营的小型商业单位较之发达国家重要得多,而大公司则占据着小得多的地位。在这二者之间是各种各样的实体机构,包括合伙制企业以及各种各样的有限责任公司,所有这些都给征税带来了种种特殊的问题。

(一)结构

应该如何对待大公司?也就是说,是否应该有独立于个人所得税(所谓的经典方法)的绝对公司税(absolute corporation tax)?或者是否应该整合这两种税收形式,其中来自公司的收入只在股东层面征税?基于各种原因,跟发达国家相比,在发展中国家对这两种税收进行整合更显无效。以未分配利润形式存在的储蓄,是私营部门储蓄的主要来源,应该予以鼓励。但对股息的"双重征税"(在经典税制下一样),不利于收入分配,也不利于储蓄。诚然,如果在公司层面不征税,情况亦相同,但这样就不会税及外国资本。因此若同时考虑这两个因素的话,那对于发展中国家而言,用温和的公司税率征税通常是适当的。

在大公司层面之下,存在的是各种各样的有限责任公司及合伙制组织。

[①] 在从纳税人那里收税后,在将其返还给纳税人之前,即构成政府对纳税人的负债。——译者注

这里的问题是,线应该划在哪里,然后在此线之上,单独征收利润税?与此同时,怎么做到这一点,以避免带来歧视,也不会阻止采用更有效的有限责任公司形式?在有限责任公司水平以下,通常是大量的小型独资企业。此时,征税应该在个人所得税的环境中进行,用前面提及的估计及推定征税,并采用执照制度。尽管只能近似地征税,但较之考虑对公司税法进行技术改进(这些改进只会用于相对小的商业部门),开发合理有效的粗略估计程序可能更加重要。

(二)通货膨胀

如前所述,通货膨胀干扰了所得税税基的确定。在考虑公司税时,就更是如此,尤其涉及有关折旧时。虽然公司税征收经常对旧资本进行定期再评估,但进行持续通货膨胀调整相比之下要可取得多。为折旧准备而开发指数化程序(这并非没有困难),提供了最可行的解决方法,与此同时还应允许根据经济折旧来设定折旧日程。

(三)外资企业

发展中国家的大公司经常是外资企业的分支机构,所以公司税大多适用于对国外投资所得征税。对于东道主国家而言,问题在于要从这个收入中获得合理的份额,尤其在国内劳动提供的增加值相对较小时更是如此。同时,征税还不能阻止想要的资本流入。如前所述,这些公司的存在需要经典的公司税,而非整合的税制。接下来的问题是,东道主国家如何对股东层面分配的收入参与征税。这种参与必须通过预扣所得税(withholding tax)的形式来安排,这种征税形式对于阻止外资回流本国也很有帮助,可以将资本留在东道主国家。最后,在识别税基(也即分支机构利润中安排给东道主国家的比例)时也有困难,此处有公平定价以及商誉处理等复杂问题,这些问题通常必须经过谈判来解决。

当外资涉及出口自然资源(东道主国家以特许权使用费的形式参与,而不用正常税制)时,也会产生一组特殊问题。要确定恰当水平的特许权使用费,就需要在资源开发者和东道主国家之间分配国家资源和利润份额,为此产生了进一步的问题。

(四)公共企业

在发展中国家,公共企业的角色是一个很重要的问题。这些企业经常处于正常的税制之外,可以获得免税待遇或者特殊对待。很明显,这种情形是不可取的。区别对待公共企业,就让它们在和私营企业竞争时,拥有不公平的优势,从而掩盖了它们可比较的获利能力,也不让它们受正常税制中严格会计要求的约束。这样,公共企业会计的实践水平就无法提高,也无法以此接受公众监督,如此结果令人遗憾。哪怕只是为了抵消发展中国家公共企业以独立代理人的角色行动的倾向,也需要受到来自财政部门的审计。

由于所有这些原因,我们需要对公共企业征收正常的企业税。至于税后利润如何处理,即它们是应该留在企业中,或者还是应该转移到政府的资本预算中以用于再分配,则是一个需要进一步考虑处理的单独问题。同样的考虑,也适用于公共企业定价是否以及多大程度上应该将定价作为一种机制使用的问题;基于定价措施,政府可以征收产品税或者将补贴转移给消费者。因此,国内生产的燃料经常以低于出口价的价格在国内销售;或者给予公共企业免税待遇,使其降低出售给消费者的价格。和其他"税式支出"的例子一样,如果公共企业被要求采用边际成本定价策略,那会产生更有效率的市场决策。在需要时,通过支持消费者而非给予税款减免,也可以非常好地对公共企业实施价格补贴。

(五)投资激励

投资激励可以采取各种形式,包括加速折旧及投资信贷。这两种形式都提高了净回报率,但都不是中性的。前者有利于长期投资,后者有利于短期投资。技术上更为中性的做法,是允许一部分成本费用化,剩余成本则根据经济年限折旧。在发展中国家,还经常使用的方法是对投资设定免税期。

就像我之前提到的,发展中国家的投资激励经常以选择性的形式给予,以便将资本引导到有税收优惠的产业和地区。产业特征之间的差异,可以和发展战略相关,包括资本和劳动力的比率、进口替代程度、外汇需要、国内增加值、产出的连续性等。因此,发展中国家必须基于政策设计的意图确立优先性,并对这些产业特征赋予相应的权重。其他的选择则跟政治有关,在安排税收优惠地位时,宽松的定义将会导致腐败。和激励方法相反,有人认为,市场方法最适于做出有效的选择,应该避免选择性造成的干预。因此,税收政策特别是具有差别性激励政策,能否发挥作用取决于资本形成的结构由经济计划引导的程度,以及留给市场发挥作用的程度。同样,如果要使用差异化政策,应该基于严格的、定义明确的、有意义的分类,而不能给个体官员留下自由裁量的空间。

采用地区性激励政策带来了类似的问题。从经济学家的角度来说,可以举出很好的例子来反对地区差异化。有学者认为,通过容许落后地区衰落而先进地区快速发展(spurt ahead),可以最好地服务于经济发展。维护地区平衡可能会限制劳动力的流动,但有历史、政治、社会和战略等原因的支持。接下来的问题是,应该如何使用地区性激励政策。为了实现想要的目标,较之以资本为基础的激励,以就业为基础的激励更为合适。在地区政策的背景下尤其如此,在更普遍的环境下也是如此。在劳动力价格过高而资本价格过低的地方,以就业为基础的激励有助于鼓励更多劳动密集型的技术。

让我们再次回到对待外资的问题。我们必须区分吸引新资本的激励(比如对企业运行的第一年予以免税)和保留旧资本的激励(比如对留存资本的特殊对待,或者通过预扣税款对流回母国的资本施加惩罚)。自始至终(特别是在后一种环境下),这种激励的效果取决于资本来源国的税收处理,以及竞争中的发展中国家在多大程度上能提供类似的甚至更大的激励。

六、产品税

在发展中国家的税收结构中,产品税持续地扮演着重要的角色。其原因仅仅在于,产品税比所得税更容易征收。和所得税相比,对产品税征税需要的征收环节较少,可以集中对产品征税,无论是在进口环节或是在国内生产阶段,都有便利的抓手。此外,还有前面提及的对奢侈品征税的情形。因此,发展中国家经常会出现产品税的大杂烩,这些产品税以实用主义的方式征收,相互之间没有内部的一致性,比如会同时使用从量税和从价税,也会在生产的不同阶段征税。

(一)一般消费税

追随所得税以宽税基征税的观点,税收改革者支持从特别消费税向一般消费税的转变,这样的税收按照宽税基来评估,并按统一税率来征税。在发达国家,这一税收可以对消费征收销售税,或者征收消费型增值税,也就是说,在税基中扣除资本品后征收增值税。在这两种选择都可行的地方,在它们之间如何选择看管理的便利,因为这两种税涵盖相同的税基,税负分配也相同。然而在发展中国家,由于销售企业往往小而不正式、不稳定,对消费征收销售税通常不可行,因为不容易确定销售额,在销售环节执行有困难。所以,发展中国家倾向于以增值税的方式征税。这是因为,这一技术更容易实行,特别是由于它采用的发票方法便于征税,且引入了自我执行的成分。

如果我们采用实用主义的方法,那增值税也可以和对生产征税结合起来征收。这样,在存在大规模制造企业的情形下,可以首先对生产征税,在此基础上,无论采用哪种增值税都证明是可行的。很明显,进口环节也提供了便利的征税抓手。

(二)分配方面

这种一般消费税的不利之处在于,它实行的宽税基、单一税率的制度,没有对高收入阶层的消费给予足够的重视。如同我之前所提及的那样,在这方面上有很大的余地,可以利用税收把资源转移给公共部门。我可以通过下述说明来显示潜力的大小。假设收入最高的10%人口获得收入的50%,这些收入的90%又被消费掉,同时假设其余90%的人口把所有的收入都消费掉了。如果我们将"过度消费"定义为人均消费超过平均水平的两倍,按此定义的过度消费将占总收入的26%。[①] 当然,这种陈述只是一种举例说明,但足以表明

---

① 如果Y=总收入、N=人口,收入最高的10%人口消费掉$0.9(Y/2)$。人均则为$(9/2)(Y/N)$。类似地,其余90%人口总共消费掉$(Y/2)$,人均则为$(9/5)(Y/N)$。因此,人均消费为$0.95(Y/N)$。如果对收入最高的10%人口超过人均消费2倍的部分征税,税基为$[(4.5)(Y/N)-(1.9)(Y/N)]N/10=0.26Y$,这是总收入的26%。

牵涉到的收入数量大小,而一般消费税不能对这些潜在的税源充分地征税。

问题在于如何解决困难。在发达国家,较大一部分人口被个人所得税覆盖,因此对缴纳一般消费税的低收入阶层,可以通过个人所得税抵免的形式给予一定的补偿。这一补偿办法很有用,但是在发展中国家不可行。另一种可能性是,将较高的消费税税率和减免低收入阶层消费比较多的消费品税结合起来。这种方法有助于低收入阶层,但是也大大减少了税基。最重要的是,它没能以足够高的税率征税于高收入家庭。如我之前所提到的,最好的办法是征收个体化的、累进的支出税,这种税最适于发展中国家的需要。然而不幸的是,在那种环境下,其适用性似乎不太可行(特别的,它需要审计金融交易)。在发展中国家的环境下,甚至属于个人所得税管理中比较简单的地方,也存在实质性的困难。

唯一似乎可行的方法是,对那些在高收入家庭消费预算中占据重要比例的物品,征收从价税,以此来补充宽税基的消费税。这一方法涉及进口,在此情况下,税收可以便利地在进口环节征收;或者如果产品是在本国生产的话,最好在生产环节征税。在其他的情形下,如果涉及奢侈性服务,可以在零售环节征税。

(三)与关税结构整合

最后,我们注意到将产品税整合进关税结构有重要意义。整合的基本原则是,销售税和消费税应该同样适用于进口产品和国内产品。除了基本的和统一的关税税率(这往往让有效保护得以均等化)外,只有在有必要保护幼稚产业而非特别向奢侈进口品征税时,才附加征税。对奢侈消费征税可以通过对诸如国内生产的产品和进口产品征税进行,否则的话,会给国内生产这种商品提供了不必要的保护。

七、对财产和土地征税

接下来我还要考虑以三种主要形式对财富的征税。这三种形式是:对房地产征税,对可能的财富和净值征税,最重要的是对土地征税。

(一)房地产

发展中国家和所有其他国家一样,对房地产征税通常是地方政府(经常是市政府)的事情。然而,在全部的税收问题中,对房地产征税的问题占据了很大的比例。作为农村人口流入的结果,各个城市通常都缺少资金,并因此显得房地产税的地位更加重要。此外,对居住性房地产征税,也是税及高收入家庭消费的一种便利方式。房地产看得见,可以被扣押,也被视为财富的指标。因此,分类计征、税率温和累进的房地产税是税制改革的一个颇有吸引力的目标。然而,这里也存在很多执行上的问题,因为它们涉及要采用可行的评估程序。而这一程序一旦得以应用,就可以进行定期更新,以便为通货膨胀而调整。

(二)财富

一般财富税是对净财富征税,特别的,它能和个人所得税的征管整合在一起,于是就很有吸引力。然而在实践中,由于无形财富(作为资本所得的对应物)难于触及,这种税通常退化为对房地产征税。

(三)土地

由于在大多数发展中国家农业部门都很大,土地收入潜在地(经常并非实际如此)具有很大的重要性。由于在个人所得税下,来自土地的收入往往不能被完整地税及,情况就更是如此了。大地主和牲畜饲养者经常属于难以征税的一类人,而对农民征税则会带来社会和政治问题。

在完全竞争的体制下,土地到底是按市值、实际产生的收入抑或若完全开发所能得到的潜在收入来评估,差别很小。然而实际上,这三种税基存在着很大的差别。土地经常开发不足并被用来投机。很明显,在原则上依据潜能而对可以获得的收入征税是可取的,因为这么做增加了土地开发不足者的成本。然而为达成此目的,就需要进行充分的土地调查,并在资料更新的基础上进行土地管理。和对财产征税的情形一样,对地籍系统的改革是税制改革的第一步,这种改革往往成本高昂;如果地籍系统处于军队控制下,通常难于实行。

需要注意土地税的另一方面,那就是:是否有可能用财政体制将传统的小土地所有制部门整合进现代经济和社会一政治系统中?温和的土地税会鼓励农民投入并参与市场活动,而在当地使用由此征收的资金(比如,为当地农业合作社提供化肥或农场设备)则让这一过程变得可以接受。

八、结 论

我希望展现在前述发展中国家税收政策观察中的图景,包含了有关税制设计的大量具体问题。这些问题,有待于在特定国家的经济、制度和政治环境中解决。前面用的基本上是一种零碎的办法,而将碎片拼合到一起的,是探讨可行的财政收入要求并尝试加以实现。拼合碎片,还有就是建立起它们与经济发展政策目标之间的联系,而这又涉及对国内和国外的平衡(储蓄、投资和外汇)的影响,以及对结构性目标(比如经济中一些产业和部门的发展)的影响。最后,为了能恰当地分配税收负担,以便从私营部门(且通常是高度不平等的收入分配)中释放出有限的资源能力,也必须将这些碎片拼合在一起。

我们已经看到,在具体政策有需要的地方,也许要差异化征税才能确保实现目标。作为起点,我们将平等且宽税基的征税作为应有的前提,也就是说,所得税税基应该包含所有的收入来源,销售税税基应该广泛涵盖所有的产品。只有通过坚持这样的规则,才可能消除随意的、扭曲性的差别征税,才可能抵挡对扩大差异化的持续压力。这是税制改革的经验,对发展中国家的适用性不亚于对发达国家。

宽税基的税制设计,会被人认为与最优征税的方法论相冲突。但这种冲突似乎是在可行性和侧重点上的,而不是理论分析上的。在其他情形相同的情况下,最小化无谓损失、按照广为认可的社会福利函数决定的权重分配税负,当然是可取的。换言之,建立能带来由社会福利函数确定的最小福利损失的税制,是值得肯定的。就像过去十年理论工作所表明的那样,这一办法涉及所得税和产品税差异化税率的组合。如果可以确定和应用这样一组税率,按照定义,结果将确实是最优的。然而问题在于侧重点和可行性。

作为实际的政策,以朝着宽税基和统一征税方向变革为开始,消除现有的差别税收(这些差别是由避税政治而非追求效率目标造成的)形成的任意组合,似乎是一件好事。许多传统税制改革的潜在假设是,用综合税基及横向统一覆盖来替代现有的税制,既能提高效率又能提高公平。更具体而言,其中存在的假设是:(1)与差异征税中的任意相比,统一征税可能更有效;(2)现有的差异化模式(基于和最优征税无关的考虑)并不比随机模式(random pattern)更好。一旦确立按宽税基征税的框架,在确实可行且和其他政策目标相容的地方,就可以引进差别征税以便让无谓损失最小化。然而,为了最小化无谓损失而引入的差别,不能作为基本的出发点。情况正是如此,特别是在我们需要把税收作为发展政策的一种优先工具使用之时。在这时,征税的动态效果,以及它们在发展中国家具体经济结构中的运作,对于经济发展而言具有决定性的重要意义。

参考文献

Kaldor, N. (1956), *An Expenditure Tax*, London: Allen.

Shoven, J. and J. Wally (1984), Applied general equilibrium modelling', *Journal of Economic Literature*, 22.

第二十八章　财政政策的微观方面和宏观方面(1997)[①]

　　财政政策——宽泛一点解释的话,包含税收、支出及债务等方面的政策——有多重目标,涉及微观和宏观两方面的考虑。它的微观目标(比如提供公共品及调节分配状态),如何和它在(在就业、通货膨胀和经济增长等方面承担的)宏观政策方面的角色互动? 更基本的是,微观问题和宏观问题之间的区别合理(valid)吗? 按照课本的惯例,微观经济学处理个体的行为、相对的价格、资源配置等问题,而宏观经济学处理经济总体的行为。但是总体行为是微观行为的结果,宏观分析除了进行加总之外,还提供了别的东西吗? 基于多种原因,宏观分析确实提供了别的东西。

　　一方面,宏观分析在加总个体选择行为时,涉及的个体互动过程很复杂,即使在市场出清的情况下也是如此。另一方面,总体结果(诸如经济增长率、要素份额或收入分配的模式等),并非微观动机的明确目标。然而,对于公共政策来说它们很重要,值得进行考察。就我们的情况而言,特别重要的是,在那些战略市场没有出清、个体的微观行为无法合起来达到想要的结果的地方,宏观结果有它们自己的生命(assume a life of their own)。在其中,某个特定产品市场出现的市场失灵会有限地破坏某种具体资源的使用效率,并导致整个市场在战略点上的市场失灵,比如利率的失灵,带来可借贷资金的供求无法出清,最终产生大规模的绩效失灵。于是,政府有必要为此动用矫正性的宏观

[①] 引自 E. Blejer and T. Ter-Minassian (eds), *Macroeconomic Dimensions of Public Finance: Essays in Honor of Vito Tanzi*, London: Routledge, 1997: 13—26.

工具,包括货币措施和财政措施。

因此,财政政策的角色和事实上财政行为的结果,取决于经济中宏观功能和微观功能的发挥。但是在微观分析已经沿着稳定的路径前进的地方,宏观模型仍停留在变动不居的状态,就像对财政政策的宏观角色、对微观和宏观的相互影响的理解那样。

一、变化中的情境

财政政策的地位和角色的变化,是一个吸引人的故事,它反映了过去50年来宏观分析所走过的激荡不安的道路。

(一)古典观点

在20世纪30年代凯恩斯革命之前,使用财政工具(包括支出、税收和债务政策)是基于资源使用效率及收入分配公平等"微观"环境考虑的。提供公共品需要财政操作,就像斯密已深知的那样,这是"看不见的手"无法解决的任务。而且(有人可能会更不情愿),还需要财政操作以调节收入分配。与此同时,为了实现这些目标,财政政策必须考虑市场的反应。尤其在税负分配方面,它与产品价格和要素份额的反应有密切的关系。

有效的财政操作依赖于私营部门的反应,与此相关的是,我们还要关注财政影响对市场制度有效运行发挥的作用。在微观层面,需要考虑的是征税对激励的影响,在此方面应优先关注对租金征税(早先的这一洞见后来发展为最优税收理论)。而宏观方面,应该关注财政运行对经济增长率的影响,尤其要考虑财政对储蓄和资本形成的影响,以免财政运行延缓了经济增长。在这种背景下,随之而来的是要求区分:为公共投资的筹资,为消费的筹资。为了避免扭曲总体资本形成水平,公共投资通过贷款来筹资,从而将储蓄从私人部门引向公共资本支出,而公共消费则由当期税收来承担和支付。这样对宏观的关注就进入分析过程中,不过它被视为是把公共部门运作整合进市场出清系统的一种方式,而不是将经济活动维持在有效水平的一种措施。

以上是财政分析领域从斯密到密尔再到马歇尔所形成的主流,它不同于李嘉图的理论(李嘉图支持萨伊所说的公共部门在本质上是浪费的观点);也不同于马尔萨斯的观点(它质疑宏观体系的完美性,从而预见了更广泛的财政职能)。

(二)凯恩斯模型

当凯恩斯经济学在20世纪30年代成为主流后,宏观模型就从市场出清假设转变为市场堵塞(market jamming)假设。在其中,过去对财政运作的关注主要集中于把需求从私人品引向公共品或家庭间产品,现在的注意力转向财政运作对总需求的宏观效应。此时失业已经成为财政政策的主要关注点,凯恩斯对市场失灵的观点(市场无法平衡储蓄和投资以达到完全就业,货币政策无法克服具有无限弹性的流动性偏好或者说流动性陷阱),赋予了财政政策在克服经济病症方面拥有的独特地位。

在凯恩斯主义理论中,起初用增加支出并形成赤字财政的办法来解决问题,后来又增加了以减税作为创造需求的可选工具。就预算平衡来说,此时关注的是预算补偿的角色(在功能财政的标题下),而排除了公共部门那些传统的微观问题。在经济停滞被视为成熟经济体的命运的背景下,赤字财政就成为延续的状态,由此带来了公债的不断增加。那么问题来了,债务的还本付息只是资金的转移呢,还是一种真实的负担,并进而削弱了财政制度实现补偿功能的能力?如果只是资金转移的话,那还可以得到一些安慰,因为GNP增长会延缓债务占GNP比例的增加;只要债务增加得不比GNP快,那这个比例会逐渐减少直至某个稳定的水平。

(三)新古典模型

自那以后,发生了很多事情,颠覆了财政政策的崇高地位,即作为经济体系的救星及宏观政策的核心。从第二次世界大战中崛起的各国经济地位得以增强,之前的经济停滞假说不再适用,人们开始重新关注通货膨胀问题。补偿财政因此成为"双刃剑",它除了能创造需求外,也会潜在地限制需求。赤字财政作为治理失业的积极角色,让位于通货膨胀来源这一消极的角色。

随着西方经济体的宏观行为与政策议题发生上述变化,宏观经济学也发展了自己的模型以作为回应。基于希克斯的 IS-LM 模型设计,收入决定机制得到了重新表述,以容纳储蓄、投资和就业等各种结果。货币政策重新恢复了自己作为有效工具的地位,并与财政政策结合使用,以形成恰当的政策组合。宽松的货币政策-紧缩的财政政策组合有利于经济增长,而宽松的财政政策-紧缩的货币政策组合则有利于消费。因此,在 20 世纪 60 年代"新古典综合派"出现了,财政政策的独特地位被剥夺了,但仍然扮演着重要角色。

(四)均衡增长

即使在 20 世纪 60 年代对补偿财政提出意见的新古典学派繁荣之前,经济增长经济学(growth economics)也已偏离了凯恩斯模型,而回归到市场出清的古典视野。此时经济增长经济学可以构建出简洁定义的均衡增长模型,预算平衡状态承担了新的角色。在经济稳定的背景中,财政赤字既可视为有利于潜在地增加总需求,也可视为是通货膨胀的原因并带来有害的作用,但在经济增长经济学中,财政赤字的角色现在转变为对总储蓄率进而对资本形成产生效应,这是一个古典经济学的结论。其结果是,如果债务的增长率不超过利率,那么利息负担占 GNP 的比率将稳定下来。

由于短期宏观模型和长期宏观模型的假设未保持一致——一个基于市场失灵,另一个基于市场出清——这让决策陷入困惑中。这两个版本的模型,可以同时提供政策指导吗?或者说,它们提供的是相互替代的模型,每一个在分析上是前后一致的,但二者却基于不相容的假设?如果把完全就业从政策目标中拿掉而持有自然失业率的观点,可以避免冲突吗?是否可以认为,在经济的更长趋势(经济围绕国民收入的完全就业水平上下波动)中,这两种方法间的冲突可以消除?或者说货币政策足够有效以至于可以实现短期稳定,从而允许财政政策像古典经济学要求的那样发挥作用?如果不是这样的话,考虑到私人部门的资本形成滞后,那依靠公共投资作为矫正手段以确保经济增长,又该怎样依靠呢?

由于短期建模和长期建模建立在相互矛盾的基础上,由此产生出上述问题,得不到令人满意的回答,这使得宏观政策框架以及财政在其中扮演的角色,仍处于令人不安的状态。同时,新古典经济学对经济稳定政策(货币的和财政的)能发挥作用的信念,因现实中私人部门反应迟钝而被动摇。然而,即使考虑到新古典经济学指责的短期政策效果以及古典经济学体系指出的长期逻辑,货币和财政政策的实施仍然是需要关注的事情。

(五)新古典模型

近来的学术发展避开了上述微观和宏观的二分法,运用的方法是回归古典经济学的市场出清模型,并对其进行全面拓展,将经济的短期及长期运作都包含进去。如果市场出清了,个体的欲求会转化为他们意图的宏观结果。这就好像经济由单个家庭构成,在其中,消费者在消费和资本形成之间安排资源。即使考虑扩展到多个主体,总体的过程也是如此,因而无须宏观政策。

但是即使在总需求控制是可取的情况下,实施这种控制的有效性也值得怀疑。稳定政策(无论是货币政策还是财政政策)被认为是无效的,因为市场个体能预期政府的行动,以至于会抵消掉政府行动的效果。哪怕批评这种观点的学者也同意,这样的反应确实会发生,以至于使政策制定更难。这确实需要考虑,但很难说反应会及时且良好,以至于能抵消货币和财政政策的效果。

(六)李嘉图等价定理

李嘉图等价定理包含的新观点,是对政策有效性的进一步打击。补偿财政理论的核心看法是,政府在征税和借债两方面的财政效果是相同的,这样的看法首先由李嘉图作为"理论奇谈"(theoretical curiosum)而非实际的命题提出(Ricardo,1817;1820)。[①] 最近有人重新提出了这一等价定理,用于描述实际的市场反应,且将其置于政策分析中的核心位置(Barro,1974)。他的论证

---

① 在讨论战争的财政负担时,李嘉图考虑这样一个纳税人,他通过借款来缴税,并因此和他购买国债处于相同的境况中(Ricardo,1817:244 and 1820:187)。李嘉图的结论是,"就经济而言,这两种模式没有真正的差别"(1820:186)。无论是在开始时对这个人征税,还是后来要求其为国债还本付息提供资金,战争所带来的负担是一样的。但是,李嘉图并没有继续推导出这样的结论,即在真实世界中,征税和借债也有相同的效果。对于政府通过征税来筹资,他认为,纳税人将"迅速储蓄"以恢复其财富;如果政府通过借债来筹资,纳税人的储蓄将仅仅是未来国债还本付息时因纳税而减少的财富数额。"因此,借债筹资往往使得我们的节俭程度降低——使我们无视我们的真实处境"(1817:247)。在"经济学"中能成立的状况,在真实情境下不会成立。如果李嘉图发现这一定理的现代版本以他的名字命名,他不会高兴。

直截了当。由于债务负担(在政府借债时被要求在未来承担的负担)的现值等于他们在征税情况下的即期纳税额,因而理性的个体对于政府是征税筹资还是借债筹资无所谓。由于借债被用来代替征税,纳税人的财富就不会受影响。在消费以生命周期最优模式配置的情况下,当期的消费不受影响。于是,可支配收入和储蓄增加了,而储蓄被用来购买公债。利率和私人投资不受影响,因而没有挤出效应的发生。

上述推理表明,在借债及征税之间进行转换没有总需求效应,也不具有增长效应,因而宏观政策工具是无效的。虽然从这个理论又产生了许多内容,但要再一次地说,必须有一组相当苛刻的假设才能使该理论成立。这些假设包括:无限时间范围内的最优消费行为、完全资本市场、以总额税形式征税、持续债务增长不可行性等(Haliassos and Tobin, 1990)。除了这些假设外,还要加上一个假设,即税收结构和税收负担不会在将来有无法预测的变化。总之,这一组假设不太可能成立,而且这一定理作为预测性手段,也没能证明它是正确的。可以预期,鉴于问题的复杂性,经验证据一直不确定,在未来可能还是这样。对债务还本付息的预期,会抑制政府改变筹资形式的有效性,但几乎不会让这样的改变失去意义。

然而,李嘉图等价定理还有一个重要的方面,在我们的语境下,这个方面还很重要。尽管在补偿财政的语境下,该定理的正确性得到了详细的讨论(Seater, 1993),但这些讨论尚未考虑该定理与支持资本预算的传统理论之间的关系。也就是说,未考虑使用税收支持公共消费和将借债用于公共资本形成之间的关系。

在重新表述传统中的这一问题时,我们接受了李嘉图等价定理中包含的理性行为和市场出清的假设。但是,考虑到公共支出能发挥的作用,会反映在消费者行为中,于是假设的背景就被改变了。在生命周期消费模式中,理性的消费者会将公共提供的和私人提供的消费品都包含进去。因此,用公共消费代替私人消费会带来私人消费的减少,就像用公共投资代替私人投资会带来私人投资的减少一样。因此,私人部门的反映会有不同,这取决于公共提供的性质。

但是,无论使用哪种来源的资金,反应会有不一样吗?如果政府选择使用税收而非借债来为公共投资筹资,私人部门有可能并不维持目前的消费水平,而从减少了私人的可支配收入中增加储蓄,并最终削减私人投资吗?或者,如果政府决定用借债来为目前的公共消费筹资,私人会从未变的可支配收入中提高储蓄率,最终私人投资会不恢复吗?如果是这样的话,把税收和公共消费联系起来、将借债和公共投资联系起来,也许仍然是一件很方便的事,但是除此以外,还有更多的东西吗?简言之,尽管我们的推理不同于"李嘉图"的版本,但这两个结果对私营部门消费和投资的效果,不是再次相同吗?而如果是这样的话,筹资的途径真的有影响吗?

为了回答这一问题,我们必须回到财政理论的核心问题,即在提供公共品时,如何确保资源的有效配置?尽管通过个别家庭的单向市场行动,可以迅速直接地提供私人品,但公共品(由于非竞争性消费及搭便车行为这些熟悉问题的存在)需要一个政治过程来执行提供任务。政治过程的目的在于,以类似于私人品的形式来产生一个满足需要的结果。因此,政治过程中的投票者,不仅需要知道应提供什么公共品,还要知道它们是如何筹资的。是用税收还是借债来筹资更适当,取决于到底投票表决的是消费品还是资本品。就这样,选择筹资的条款就进入了偏好显示的过程,也因此进入决定提供何种公共品的政治过程中。

毫不奇怪的是,在李嘉图的语境(在其中公共服务被认为是无用的)中,这一方面的内容被忽略了,因而使公共品的内容显得与此过程不相干。偏见较少的观察者,不会同意这样的前提。尽管在此处跟在其他环境下一样,民主过程只会接近于有效的结果,但这对我们来说是最好的。社会需要公共服务,它们对于资源的有效使用有重要贡献。在税收筹资和债务筹资之间的选择,以及诸如资本预算之类的程序,仍然是调整总消费(公共消费加私人消费)时间路径的有效工具。在古典模型中,很明显是这样,尽管当其推理和补偿财政的要求进行协调时会出现冲突。

二、相互冲突的目标

尽管宏观经济理论近年来一直在变化,但政策讨论仍大多在新古典的框架下延续,同时关注财政政策和货币政策。因此,前述财政政策在微观目标和宏观目标之间存在的潜在矛盾,仍令人担心。这样的矛盾是不可避免的吗,或者通过适当的制度安排,可以让它们协调一致吗?

(一)规范情形

在有效财政行为的规范层面上,这种协调一致应该是可能的。在此背景下,我们似乎有足够的工具以不矛盾的方式来应对不同的政策目标。就像我之前建议的那样,可以将财政运作视为由三个"分支"构成,它们分别处理资源配置、收入分配和经济稳定问题(Musgrave,1959),而这些目标似乎可以用相互协调的方式得到实现。

(二)配置

资源配置是指提供公共品,这些公共品由一种以受益为基础的出资制度来提供资金,该资金作为代价付给经过同意的支出预算中的那些项目(现期支付或跨期支付)。如同受益财政所反映的,为了确保偏好显示和有效地选择公共服务,需要建立起这种预算内税收和支出两方的联系。此外,如果基于分配的公平状态来考察,也可以将这种筹资方式视为实现了公平的负担分配(Wicksell,1896:108)。

就像前面提到的那样,以受益为基础提供公共品,要求通过税收或借债来筹资,而这又取决于是为现在还是为未来的消费提供资金。其结果是,这样做不仅在每个消费者(他们会给同样的服务赋予不同的价值)之间,而且在各世代消费者(他们在不同的时代受益)之间,按受益原则分配费用。

(三)分配

分配这个"分支"是指在收入分配方面发挥矫正职能,这是把现行的分配状态(由市场所得和遗产决定)调整到一种目标模式;而这种目标模式的基础,来自投票者对分配公平的感觉或者社会福利函数(就像经济学家称呼的那样)的决定。由于这个分支关注的是收入分配状态,而不是收入是怎么来的或者怎么使用的,因而需要有一个基础广泛的税收-转移支付制度。

至少这是最初的假设,尽管我们也许可以用社会福利函数来为其辩护(实践中越来越如此);从这样的社会福利函数可以看出,有一些物品(比如婴儿喝的牛奶或者卫生服务)应该以比大多数收支更为平均的方式提供给消费者。如果是这样的话,那么财政的收入分配制度就要为这些物品提供补贴。然而,这一行动不同于也不应该干扰提供公共品的资源配置任务,后者根据非竞争性消费的要求提供公共品。实物方式的再分配,既会涉及私人品也会涉及公共品,实际上经常涉及前者。

(四)稳定

经济稳定这个分支,目标和货币政策一样,就是要解决总需求水平问题。为了做到这点,在不干预其他两个分支的前提下,需要通过一组比例性的转移支付或税收手段来实现,而具体操作取决于是要增加还是限制总需求。因此,在财政运行中无须以"雇人挖沟填沟"的方式创造工作,也无须为了限制总需求而削减需要的公共工程;而且财政不用通过调整公共服务的水平来适应补偿性需求(compensatory needs),以免影响对公共品的有效提供,也无须通过扭曲性方式去调整分配的合意模式。

然而,考虑到以上三种不同的分支,在资源配置和经济稳定两个目标方面,仍存在需要协调的一些预算平衡问题。在经济稳定的目标下,要求财政实现赤字或盈余,就要集中关注总需求的总体水平,并因此依赖于在资源配置目标下以举债为资本支出筹资而对预算平衡产生影响。也就是说,因资源配置目标带来的资本预算的赤字,必须得到经济稳定目标下赤字的减少(或盈余的增加)的弥补,才能让预算保持平衡;在资本预算产生盈余时,情况正好相反。如果是这样的话,那要在有效实施资源配置职能和实现经济稳定职能之间进行政策选择吗?

如前所述,在古典体系下没有这样的选择难题,因为古典体系是根据最优生命周期和市场出清等假设进行消费决策的。此时政府无须去稳定经济,私人部门的需求水平(消费和投资)也不受财政选择的影响。但是在市场不出清的模型下,就需要财政实行某种补偿措施。如果对补偿政策的要求赋予优先性,那么资源配置预算将不再和支出的收益与成本的时间路径匹配。为了能同时满足这两个目标,需要有额外的工具。在第一代及第二代受益者重叠的情况下,可以采取先对第一代征税,然后再对第二代征税并返还给第一代的形式。然而,如果没有重叠的话,这样的措施就不再有效。

(五)现实背景

从规范层面看,财政政策的微观和宏观之间的矛盾大多可以避免,但在实践中二者却存在种种矛盾。将预算的各种职能整合到单一的财政运作中,并同时服务于所有的目标很困难。在实践中,政策设计是不完美的,财政政治加入政策目标之间的相互影响中。

(六)预算平衡

就目前学术界思考的问题而言,核心的命题是财政纪律(fiscal discipline)要求预算保持平衡。投票者们显然没有意识到有李嘉图等价定理,或者他们忽略了债务还本付息的负担,或者对施加于他人(特别是后代)身上的负担漠不关心,所以他们把由赤字提供资金的支出视为免费的。这样的话,赤字财政会导致过度的支出水平,也因此需要紧缩银根,并预示着通货膨胀的发生。

上面这些关切并非一无是处,但是固定的预算平衡规则也自有其代价。如前所述,如果将审慎财政应用于市场出清的体系中,那就要求公共消费由税收筹资,而公共资本形成则由借款筹资(这样可在资产存续期内分期偿还债务)。如果要求现在就为将来的公共消费付费,那会扭曲对总体预算保持平衡的要求,并使公共资本形成处于不充分的水平。如果通过放松银根、增加私人资本的形成,可能会抵消对经济增长率的不利影响,但这是以偏离经济总体的公共部门及私人部门的有效划分为代价的。因此,预算平衡法则可以作为阻止过度预算的力量,但也有机会成本。虽然将预算分成经常预算和资本预算两部分会有困难(在存在各种形式的人力投资时尤其如此),但显然要求组合在一起的预算实现平衡也不是最优的解决办法。

在市场无法出清、需要经济稳定政策的情况下,尤其如此。在这种背景下,要关注的目标是总预算的平衡状态(一般是指收付实现制的平衡),此时区分经常性支出和资本性支出与此目标不相干。基于预算平衡法则,扩张性财政活动必须在增加支出的同时增税,限制性财政活动必须在削减支出的同时减税。只要收支水平同步变化,就仍然还是补偿性财政政策工具。这样做的结果是,财政活动的乘数效应在很大程度上消失了,此时出现更大规模的预算增减变化,公共服务的有效提供水平也被扭曲。要避免此种局面,鉴于财政政策对私人部门资本的形成和消费有影响,于是稳定经济的整个负担就应由货币政策承担。由于任何政策工具都具有局限性,因此毫不让人惊讶的是,在实践中会不断考虑两种政策并用,在需要补偿性财政政策时应暂停遵循预算平衡规则。

作为一种妥协措施,需要考虑各种各样的安排,比如周期性平衡预算、完全或高就业均衡,或者用具体的立法规则来规定何时可以产生不平衡的预算。这一切,目的在于最小化潜在的政策矛盾,不过这些只提供了次优解。

关注平衡预算规则,也改变了我们对上升利息负担含义的考虑。结合平衡预算的要求来看,上升的利息负担意味着必须增税,或者必须削减其他支出。考虑到没人乐意接受前者,那只剩下后者了。上升的利息费用的幽灵,将把其他项目排挤出去,为此赤字财政又新增了一个后果,那就是带来了批评的升级。原来反对赤字财政与防止预算膨胀有关,而现在增加了一个考虑,那就是维护有限的税收资源以便为债务还本付息之外的项目提供资金。

(七)支出

就像曾经提到过的,在规范的环境下,公共服务无须受补偿财政的干预,因为我们可以在预算的税收-转移支付方面做出必要的调整。尽管可以用反周期的方式来改变那些可延迟支出的时间安排,但要做到这点并无必要去扭曲长期的水平。然而,问题不仅仅在于修正总需求的水平,还在于要处理特定经济部门的过剩或不足。因此,我们需要有特定目标的支出项目,并从此处产生净收益,哪怕它违反了市场出清经济中的最优支出预算的安排。

(八)税收结构

在实践中,税制(或者称为"税收-转移支付"制度更好)不可能为不同的结

第二十八章 财政政策的微观方面和宏观方面(1997)

构提供资金;设计税制中不同的结构,目的在于满足各自的资源配置、收入分配和稳定经济的职能。如果所有这些职能都由单一税制来实现的话,就会出现矛盾。

在涉及资源配置和收入分配这样的微观职能时,尤其如此。首先,收入分配目标会扭曲公共服务的水平。在这一水平还比较低时,对较高收入阶层征收较高的税收还有现成的空间;但是伴随着预算规模提高,征税水平也在上升,于是这样的空间往往会缩小。因此,伴随较高公共服务水平的,是对高收入阶层较大程度的收入再分配。随着预算继续膨胀,税负将向较低收入阶层转移,预算规模和再分配程度之间的关系将会逆转。就像在专用目的税被用于为特定的转移支付筹资的情况下那样(尽管这是例外,而非规则),如果对财政职能的这两个分支,采用单独的税收安排,那么预算规模和再分配之间的关系就会相互抵消。作为再分配的手段,预算膨胀的回报是递减的。

这样的话,财政就需要转而使用公共服务(不同于转移支付)来作为再分配的措施。就是说,提供让低收入阶层受益的一些公共服务,尽管接受者可能倾向于得到现金支持。如果基于分配正义观中的"实物"观点,那它反映了真实的投票者偏好,不过它也是实现分配目标的次优途径,因为这些目标在政治上无法直接通过税收-转移支付机制得到实现。

在此背景下更重要的是:单一税制能多好地服务于宏观政策职能,而不会破坏其他的职能?如果通过改变征税总水平来调整总需求,那对于公共服务的影响将中性化,但是分配效果会不同,这取决于如何实施征税水平的变化。尽管乍看上去似乎是中性的,但总负担成比例的变化仍然不同于实施有效税制的结果,这一结果只有在分配目标支配下通过比例性税收-转移支付制度的变化才能达到。

然而,问题不仅仅在于调整征税水平,也在于在不同税种之间进行选择。从稳定经济的观点来看,征税的主要功能在于削减需求。如果要让征税水平最小化,那就要让税负大多落在那些完全用于支出的收入上。但是如果要限制赤字的规模(为实现既定的总需求效应所需),那就会得出相反的结论,同时要求较轻的税负。因此,在 20 世纪 30 年代早期凯恩斯主义的语境下,消费税被认为是坏的税种,因为它们抑制消费;同时资本所得税、特别是对未分配利润征税是好的税种,因为它们不会抑制消费。在这样两种情况下,税收工具的选择应随其在资源配置和收入分配方面的恰当职能为转移。

在市场出清的背景下,宏观方面主要关注的是对经济增长的影响,税收工具的选择不取决于它们的总需求效应,而取决于在消费和储蓄间分配收入。在增长导向的政策下,财政会倾向于对消费征税。这样的观点,进一步支持了对消费而非对所得征税的论点,以避免"对储蓄的双重征税"。它也确立了反对累进征税的推论,无论是处在所得税环境中,还是处在支出税环境中。在这两种环境中,无论采取何种政策,都高度依赖于储蓄的利息弹性。不过在经验分析中,迄今为止这还是一个富有争议的问题。

在严格的市场出清假设下,我们仅需考虑利息对储蓄的影响,但是在更现实的环境下,也要考虑利息对投资意愿的影响,并因此确立反对对资本征税的观点。在所得税制度下,若反对向资本征税则会干扰横向公平,因为所有财富的增加(无论其来源为何)都应该被同等征税。反对向资本征税也干扰了纵向公平,因为随着收入的增加,资本所得在总所得中的比例增加了。在对个人支出征税的制度下,可以避免前一个困难,但是后一个困难仍然存在。如果投资所得能被允许用于未来的消费,那么累进税将使投资的吸引力变小,即使以消费为税基也是如此。尽管财政制度的补偿职能和分配职能之间存在的矛盾大多可以规避,但那些由经济增长效应提出来的问题仍是难以解决的麻烦。

三、开放经济方面

在现代财政政策辩论刚开始时,学者们大多在封闭经济环境中考虑宏观模型和财政工具;但世界经济的日益一体化,很快就要求在开放环境下重新考虑所有的问题。开放经济如何影响财政政策的角色,并进而与微观职能、宏观职能相互影响?

(一)稳定政策的组合

封闭经济环境中的政策组合提供了两条选择的路径,而这两条路径具有相同的总需求效应。一条是紧缩货币政策-宽松财政政策组合,该组合是为了

第二十八章　财政政策的微观方面和宏观方面(1997)

确保产生高消费的经济;另一条是宽松货币政策-紧缩财政政策组合,该组合是为了确保带来高投资的结果。

在开放经济下,国际资本不停地流动并发挥着战略性的角色。紧缩货币政策-宽松财政政策的态势加上较高的利率,会吸引资本的流入,因而在财政宽松的同时,可以将投资维持在较高的水平上。在20世纪80年代的美国,正是这一情形。紧缩财政政策-宽松货币政策的态势则有相反的效果,它减少了可获得的资源,在既定货币宽松程度的情况下,要求较紧的预算。财政—货币政策组合的选择及其对产出结构的影响,取决于国内外资本对利差的反应,以及汇率对此做出的反应并进而对贸易账户的影响。

然而需要补充的是,资本的流入可能在某个时候结束,尽管在持续流入时令人愉快。由于资本撤离时会带来巨大的不稳定效应,因而一国拥有大规模的外债会限制它在未来的政策选择。特别是在外资集中流向金融资产时(就像20世纪80年代外资购买美债那样)尤其如此,因为这些外资可以轻松地撤离。其结果是,宏观政策不得不停留在紧缩货币的位置上。由于较宽松的预算会被外国投资者视为有带来通货膨胀的危险,于是他们可能就此发出撤离资本的威胁,而这又会让本国政府更难维持灵活的宏观政策,更难支持高水平的国内就业。

密切的国家间依赖,也限制了任一国家实施独立的经济稳定政策的能力。这尤其适用于开放的小型经济体,但也会影响到大国。所以,在欧共体(European Economic Community,EEC)的讨论中,共同的货币进而货币政策问题占据着支配性地位;欧共体对各国可允许的赤字水平及债务占GDP的比例施加统一的限制,以此作为没多少野心的稳定汇率的举措。

(二)微观目标

在开放环境下考虑预算政策的宏观含义,也限制了任一国家追求微观财政目标的能力。这既会影响公共服务与税收的整体水平,也会影响税收-转移支付政策实现收入分配目标的能力。资本的高流动性,再一次扮演着决定性的角色。

首先让我们考虑,较大规模的预算及较高的税收水平,怎么影响资本的净流入。在预算的支出方,吸引资本的是那些让投资更富生产力的项目。尽管在发展中国家,建设基础设施有特别的重要性;但是在发达国家,随着预算的膨胀,这方面的重要性往往不断地减小。然而对税收的担忧还在,并且日渐增长。总之,考虑到资本的流动效应,各国往往会限制公共服务的提供水平,使其低于封闭经济环境中的水平。

其次,资本流动的效果限制了政府对收入分配目标的追求。考虑到资本的高流动性,任何国家都无法以事实上超过其他国家的税率对资本所得有效地征税;再加上资本所得对较高收入阶层的重要性,任一国家单独使用累进所得税的能力就受到了严重的限制。可以设计税收协调的措施,以便能够按照居所原则向来自国外的收入征税,这么做能减少差异税率的作用。但是在处理跨国公司的税收问题时,仍有许多问题,因而在现实的实践中,离充分的税收协调还很远。此外,居所外流(residence flight)仍然是逃避税收的进一步渠道,在公司税的条件下更是如此。

最后可以加上的是,较低收入阶层也会进行对比,那些拥有良好福利和支持项目的国家会吸引移民。和征税情况一样,这里的问题不仅仅在于各国中央政府的财政差异,还在于同一个联邦国家中各下级政府之间的财政差异。

在此处,我们将开放经济带来的资本流动和要素流动视为国内政策选择的障碍。但从不同的视角出发,也可以将其视为实施有效财政绩效的有益约束。不过,由资本流动带来的财政竞争,几乎谈不上是用中性的方式实现目标的适当手段,而所谓中性方式就是不干扰一个国家提供合意的公共服务水平并实现财政公平。

参考文献

Barro, Robert J. (1974), 'Are government bonds net wealth?', *Journal of Political Economy*, December.

Haliassos, Michael and James Tobin (1990), 'Macroeconomics and public finance', in B. M. Friedman and F. H. Hahn (eds), *Handbook of Monetary Economics*, vol. II, Amsterdam: Elsevier.

Musgrave, Richard A. (1959), *The Theory of Public Finance*, New York: McGraw—Hill.

第二十八章 财政政策的微观方面和宏观方面(1997)

Ricardo, David (1817), *The Principles of Political Economy and Taxation*, in P. Sraffa (ed.) (1962), *The Works and Correspondence of David Ricardo*, vol. I, Cambridge: Cambridge University Press.

Ricardo, David (1820), *Funding System*, in P. Sraffa (ed.) ibid., vol. IV.

Seater, John S. (1993), 'Ricardian equivalence', *Journal of Economic Literature*, 31 (1), March.

Wicksell, Knut (1896), 'A new principle of just taxation', in R. A. Musgrave and A. Peacock (eds) (1958), *Classics in the Theory of Public Finance*, London: Macmillan.

本书翻译分工

本书的翻译分工如下:刘雪梅,翻译"致谢"、"前言"、第一章至第四章;王瑞民,翻译第八章至第十四章;王晓丹,翻译第五章至第七章、第十五章至第二十八章。全书译完后,由刘守刚负责统校。

译丛主编后记

财政活动兼有经济和政治二重属性,因而从现代财政学诞生之日起,"财政学是介于经济学与政治学之间的学科"这样的说法就不绝于耳。正因为如此,财政研究至少有两种范式:一种是经济学研究范式,在这种范式下财政学向公共经济学发展;另一种是政治学研究范式,从政治学视角探讨国家与社会间的财政行为。这两种研究范式各有侧重,互为补充。但是检索国内相关文献可以发现,我国财政学者遵循政治学范式的研究中并不多见,绝大多数财政研究仍自觉或不自觉地将自己界定在经济学学科内,而政治学者大多也不把研究财政现象视为分内行为。究其原因,可能主要源于在当前行政主导下的学科分界中,财政学被分到了应用经济学之下。本丛书主编之所以不揣浅陋地提出"财政政治学"这一名称,并将其作为译丛名,是想尝试着对当前这样的学科体系进行纠偏,将财政学的经济学研究范式和政治学研究范式结合起来,从而以"财政政治学"为名,倡导研究财政活动的政治属性。编者认为,这样做有以下几个方面的积极意义。

1. 寻求当前财政研究的理论基础

在我国学科体系中,财政学被归入应用经济学之下,学术上就自然产生了要以经济理论作为财政研究基础的要求。不过,由于当前经济学越来越把自己固化为形式特征明显的数学,若以经济理论为基础就容易导致财政学忽视那些难以数学化的研究领域,这样就会让目前大量的财政研究失去理论基础。在现实中已经出现并会反复出现的现象是,探讨财政行为的理论、制度与历史的论著,不断被人质疑是否属于经济学研究,一篇研究预算制度及其现实运行的博士论文,经常被答辩委员怀疑是否可授予经济学学位。因此,要解释当前的财政现象、推动财政研究,就不得不去寻找财政的政治理论基础。

2. 培养治国者

财政因国家治理需要而不断地变革,国家因财政治理而得以成长。中共十八届三中全会指出:"财政是国家治理的基础和重要支柱,科学的财税体制是优化资源配置、维护市场统一、促进社会公平、实现国家长治久安的制度保障。"财政在国家治理中的作用,被提到空前的高度。因此,财政专业培养的学生,不仅要学会财政领域中的经济知识,也必须学到相应的政治知识,方能成为合格的治国者。财政活动是一种极其重要的国务活动,涉及治国方略;从事财政活动的人有不少是重要的政治家,应该得到综合的培养。这一理由,也是当前众多财经类大学财政专业不能被合并到经济学院的原因之所在。

3. 促进政治发展

18—19世纪,在普鲁士国家兴起及德国统一过程中,活跃的财政学派与良好的财政当局,曾经发挥了巨大的历史作用。而在当今中国,在大的制度构架稳定的前提下,通过财政改革推动政治发展,也一再为学者们所重视。财政专业的学者,自然也应该参与到这样的理论研究和实践活动中。事实上已有不少学者参与到诸如提高财政透明、促进财税法制改革等活动中,并事实上成为推动中国政治发展进程的力量。

因此,"财政政治学"作为学科提出,可以纠正当前财政研究局限于经济学路径造成的偏颇。包含"财政政治学"在内的财政学,将不仅是一门运用经济学方法理解现实财政活动的学科,也会是一门经邦济世的政策科学,更是推动财政学发展、为财政活动提供指引,并推动中国政治发展的重要学科。

"财政政治学"虽然尚不是我国学术界的正式名称,但在西方国家的教学和研究活动中却有广泛相似的内容。在这些国家中,有不少政治学者研究财政问题,同样有许多财政学者从政治视角分析财政现象,进而形成了内容非常丰富的文献。当然,由于这些国家并没有中国这样行政主导下的严格学科分界,因而不需要有相对独立的"财政政治学"的提法。相关研究,略显随意地分布在以"税收政治学""预算政治学""财政社会学"为名称的教材或论著中,当然"财政政治学"(Fiscal Politics)的说法也不少见。

中国近现代学术进步的历程表明,译介图书是广开风气、发展学术的不二法门。因此,要在中国构建财政政治学学科,就要在坚持以"我"为主研究中国财政政治问题的同时,大量地翻译西方学者在此领域的相关论著,以便为国内学者从政治维度研究财政问题提供借鉴。本译丛主编选择了这一领域内的68部英文和日文著作,陆续予以翻译和出版。在文本的选择上,大致分为理论基础、现实制度与历史研究等几个方面。

本译丛的译者,主要为上海财经大学的教师以及该校已毕业并在外校从事教学的财政学博士,另外还邀请了其他院校的部分教师参与。在翻译稿酬低廉、译作科研分值低下的今天,我们这样一批人只是凭借着对学术的热爱和略略纠偏财政研究取向的希望,投身到这一译丛中。希望我们的微薄努力,能够成为促进财政学和政治学学科发展、推动中国政治进步的涓涓细流。

在本译丛的出版过程中,胡怡建老师主持的上海财经大学公共政策与治理研究院、上海财经大学公共经济与管理学院的领导与教师都给予了大力的支持与热情的鼓励。上海财经大学出版社的总编黄磊、编辑刘兵在版权引进、图书编辑过程中也付出了辛勤的劳动。在此一并致谢!

    刘守刚 上海财经大学公共经济与管理学院
       2023 年 7 月

"财政政治学译丛"书目

1. 《财政理论史上的经典文献》
   理查德·A.马斯格雷夫,艾伦·T.皮考克 编　刘守刚,王晓丹 译
2. 《君主专制政体下的财政极限——17世纪上半叶法国的直接税制》
   詹姆斯·B.柯林斯 著　沈国华 译
3. 《欧洲财政国家的兴起 1200—1815》
   理查德·邦尼 编　沈国华 译
4. 《税收公正与民间正义》
   史蒂文·M.谢福林 著　杨海燕 译
5. 《国家的财政危机》
   詹姆斯·奥康纳 著　沈国华 译
6. 《发展中国家的税收与国家构建》
   黛博拉·布罗蒂加姆,奥德黑格尔·菲耶尔斯塔德,米克·摩尔 编　卢军坪,毛道根 译
7. 《税收哲人——英美税收思想史二百年》(附录:税收国家的危机 熊彼特 著)
   哈罗德·格罗夫斯 著,唐纳德·柯伦 编　刘守刚,刘雪梅 译
8. 《经济系统与国家财政——现代欧洲财政国家的起源:13—18世纪》
   理查德·邦尼 编　沈国华 译
9. 《为自由国家而纳税:19世纪欧洲公共财政的兴起》
   何塞·路易斯·卡多佐,佩德罗·莱恩 编　徐静,黄文鑫,曹璐 译　王瑞民 校译
10. 《预算国家的危机》
    大岛通义 著　徐一睿 译
11. 《信任利维坦:英国的税收政治学(1799—1914)》
    马丁·唐顿 著　魏陆 译
12. 《英国百年财政挤压政治——财政紧缩·施政纲领·官僚政治》
    克里斯托夫·胡德,罗扎那·西玛兹 著　沈国华 译
13. 《财政学的本质》
    山田太门 著　宋健敏 译
14. 《危机、革命与自维持型增长——1130—1830年的欧洲财政史》
    W.M.奥姆罗德,玛格丽特·邦尼,理查德·邦尼 编　沈国华 译
15. 《战争、收入与国家构建——为美国国家发展筹资》
    谢尔登·D.波拉克 著　李婉 译
16. 《控制公共资金——发展中国家的财政机制》
    A.普列姆昌德 著　王晓丹 译
17. 《市场与制度的政治经济学》
    金子胜 著　徐一睿 译
18. 《政治转型与公共财政——欧洲 1650—1913年》
    马克·丁塞科 著　汪志杰,倪霓 译
19. 《赤字、债务与民主》
    理查德·E.瓦格纳 著　刘志广 译
20. 《比较历史分析方法的进展》
    詹姆斯·马汉尼,凯瑟琳·瑟伦 编　秦传安 译
21. 《政治对市场》
    戈斯塔·埃斯平一安德森 著　沈国华 译
22. 《荷兰财政金融史》
    马基林·哈特,乔斯特·琼克,扬·卢滕·范赞登 编　郑海洋 译　王文剑 校译
23. 《税收的全球争论》
    霍尔格·内林,佛罗莱恩·舒伊 编　赵海益,任晓辉 译
24. 《福利国家的兴衰》
    阿斯乔恩·瓦尔 著　唐瑶 译　童光辉 校译
25. 《战争、葡萄酒与关税:1689—1900年间英法贸易的政治经济学》
    约翰 V.C.奈 著　邱琳 译
26. 《汉密尔顿悖论》
    乔纳森·A.罗登 著　何华武 译
27. 《公共经济学历史研究》
    吉尔伯特·法卡雷罗,理查德·斯特恩 编　沈国华 译
28. 《新财政社会学——比较与历史视野下的税收》
    艾萨克·威廉·马丁 阿杰·K.梅罗特拉 莫妮卡·普拉萨德 编,刘长喜 等 译,刘守刚 校
29. 《公债的世界》
    尼古拉·贝瑞尔,尼古拉·德拉朗德 编　沈国华 译
30. 《西方世界的税收与支出史》
    卡洛琳·韦伯,阿伦·威尔达夫斯基 著　朱积慧,苟燕楠,任晓辉 译
31. 《西方社会中的财政(第三卷)——税收与支出的基础》
    理查德·A.马斯格雷夫 编　王晓丹,王瑞民,刘雪梅 译　刘守刚 统校
32. 《社会科学中的比较历史分析》
    詹姆斯·马汉尼,迪特里希·鲁施迈耶 编　秦传安 译
33. 《来自地狱的债主——菲利普二世的债务、税收和财政赤字》
    莫里西奥·德莱希曼,汉斯—约阿希姆·沃思 著　李虹筱,齐晨阳 译　施诚,刘兵 校译

34. 《有益品文选》
    威尔弗莱德·维尔·埃克 编　沈国华 译
35. 《美国财政成规——一部兴衰史》
    比尔·怀特 著　马忠玲,张华 译
36. 《金钱、政党与竞选财务改革》
    雷蒙德·J.拉贾 著　李艳鹤 译
37. 《牛津福利国家手册》
    弗兰西斯·G.卡斯尔斯,斯蒂芬·莱伯弗里德,简·刘易斯,赫伯特·奥宾格,克里斯多弗·皮尔森 编　杨翠迎 译
38. 《政治、税收和法治》
    唐纳德·P.雷切特,理查德·E.瓦格纳 著　王逸帅 译
39. 《西方的税收与立法机构》
    史科特·格尔巴赫 著　杨海燕 译
40. 《财政学手册》
    于尔根·G.巴克豪斯,理查德·E.瓦格纳 编　何华武,刘志广 译
41. 《18世纪西班牙建立财政军事国家》
    拉斐尔·托雷斯·桑切斯 著　施诚 译
42. 《美国现代财政国家的形成和发展——法律、政治和累进税的兴起,1877—1929》
    阿贾耶·梅罗特 著　倪霓,童光辉 译
43. 《另类公共经济学手册》
    弗朗西斯科·福特,拉姆·穆达姆比,彼得洛·玛丽亚·纳瓦拉 编　解洪涛 译
44. 《财政理论发展的民族要素》
    奥汉·卡亚普 著　杨晓慧 译
45. 《联邦税史》
    埃利奥特·布朗利 著　彭骥鸣,彭浪川 译
46. 《旧制度法国绝对主义的限制》
    理查德·邦尼 著　熊芳芳 译
47. 《债务与赤字:历史视角》
    约翰·马洛尼 编　郭长林 译
48. 《布坎南与自由主义政治经济学:理性重构》
    理查德·E.瓦格纳 著　马珺 译
49. 《财政政治学》
    维特·加斯帕,桑吉·古普塔,卡洛斯·穆拉斯格拉纳多斯 编　程红梅,王雪蕊,叶行昆 译
50. 《英国财政革命——公共信用发展研究,1688—1756》
    P.G.M.迪克森 著　张珉璐 译
51. 《财产税与税收争议》
    亚瑟·奥沙利文,特里 A.塞克斯顿,史蒂文·M.谢福林 著　倪霓 译
52. 《税收逃逸的伦理学——理论与实践观点》
    罗伯特·W.麦基 编　陈国文,陈颖湄 译
53. 《税收幻觉——税收、民主与嵌入政治理论》
    菲利普·汉森 著　倪霓,金赣婷 译
54. 《美国财政的起源》
    唐纳德·斯塔比尔 著　王文剑 译
55. 《国家的兴与衰》
    Martin van Creveld 著　沈国华 译
56. 《全球财政国家的兴起(1500—1914)》
    Bartolomé Yun-Casalilla & Patrick K. O'Brien 编　匡小平 译
57. 《加拿大的支出政治学》
    Donald Savoie 著　匡小平 译
58. 《财政理论家》
    Colin Read 著　王晓丹 译
59. 《理解国家福利》
    Brain Lund 著　沈国华 译
60. 《债务与赤字:历史视角》
    约翰·马洛尼 编　郭长林 译
61. 《英国财政的政治经济学》
    堂目卓生 著　刘守刚 译
62. 《日本的财政危机》
    莫里斯·赖特 著　孙世强 译
63. 《财政社会学与财政学理论》
    理查德·瓦格纳 著　刘志广 译
64. 《作为体系的宏观经济学:超越微观—宏观二分法》
    理查德·瓦格纳 著　刘志广 译
65. 《税收遵从与税收风气》
    Benno Torgler 著　闫锐 译
66. 《税收、国家与社会》
    Marc Leroy 著　屈伯文 译
67. 《保护士兵与母亲》
    斯考切波 著　何华武 译
68. 《国家的理念》
    Peter J. Steinberger 著　秦传安 译